한국사
능력검정시험
심화 1·2·3급 대비
기출문제

2026

한국사능력검정 연구회

3개년
총·정·리
2023~2025년도

2026 한국사 능력검정시험 심화 123급 대비 기출문제 3개년 총·정·리 2023~2025년도

인쇄일 2026년 1월 1일 4판 1쇄 인쇄	**발행처** 시스컴 출판사
발행일 2026년 1월 5일 4판 1쇄 발행	**발행인** 송인식
등 록 제17-269호	**지은이** 한국사능력검정 연구회
판 권 시스컴2026	

ISBN 979-11-6941-828-7 13910
정 가 19,000원

주소 서울시 금천구 가산디지털1로 225, 513호(가산포휴) | **홈페이지** www.nadoogong.com
E-mail siscombooks@naver.com | **전화** 02)866-9311 | **Fax** 02)866-9312

발간 이후 발견된 정오 사항은 홈페이지 도서 정오표에서 알려드립니다(홈페이지→자격증→도서 정오표).

이 책의 무단 복제, 복사, 전재 행위는 저작권법에 저촉됩니다. 파본은 구입처에서 교환하실 수 있습니다.

머리말

역사는 시대의 거울이자 과거와 현재의 생생한 기록이다. 그러나 아직까지도 역사를 과거의 전유물로 인식하는 사람들이 많고, 주변 국가들은 역사 교과서를 왜곡하고 심지어 역사 전쟁을 도발하고 있다. 한국사의 위상 제고가 시급한 실정에서, 우리가 살아온 발자취와 삶의 다양한 흔적을 담고 있는 역사를 올바르게 아는 것은 매우 중요한 일이다.

국사편찬위원회가 주관하는 한국사능력검정시험은 우리 역사에 대한 관심을 제고하고 한국사에 대한 폭넓고 올바른 지식을 공유함으로써 균형 잡힌 역사의식을 갖도록 하는 것을 목적으로 한다. 이를 위해 한국사능력검정시험은 역사에 대한 기본 지식의 습득과 적용, 보다 수준 높은 역사 지식의 이해와 창의적 문제 해결 능력의 함양 등을 평가기준으로 하여 문항을 구성하고 있다.

이 책은 국사편찬위원회가 주관하는 '한국사능력검정시험(심화)'의 3개년 기출문제와 상세한 해설을 수록하여 수험생들이 단시간 내에 문제를 충실하게 이해하고, 보다 효과적으로 시험을 대비할 수 있도록 돕고자 출간되었다. 구체적으로는 다음과 같은 특징을 지니고 있다.

첫째, 최신 기출문제 14회분을 회차별로 풀어볼 수 있도록 구성하여 한국사 시험을 처음 접하는 수험생들도 시험의 패턴과 문제 유형을 쉽게 익힐 수 있도록 하였다.

둘째, 이론을 뛰어넘는 상세하고 구체적인 해설을 통해, 따로 이론서를 깊게 공부하지 않아도 시험에 자주 나오는 핵심 내용들을 간파할 수 있도록 하였다.

셋째, 문항별로 핵심 키워드와 암기 요소들을 정리하여 출제의도를 보다 빨리 파악하고 반드시 알아야 할 내용을 쉽게 학습할 수 있도록 하였다.

본서는 단기간에 한국사능력검정시험 심화에 합격하고자 하는 수험생들에게 최적의 교재가 되길 바라는 마음으로 출간되었다. 이 책과 함께한 수험생 모두에게 좋은 결과가 있기를 바란다.

시험 안내

1 한국사능력검정시험이란?

한국사능력검정시험은 우리 역사에 관한 패러다임의 혁신과 한국사 교육의 위상을 강화하기 위하여 국사편찬위원회에서 주관하고 시행하는 시험이다. 국사편찬위원회는 우리 역사에 대한 관심을 제고하고, 한국사 전반에 걸쳐 역사적 사고력을 평가하는 다양한 유형의 문항을 개발하고 있다. 이를 통해 한국사 교육의 올바른 방향을 제시하고, 자발적 역사학습을 통해 고차원적 사고력과 문제해결 능력을 배양하고자 한다.

2 한국사능력검정시험의 목적

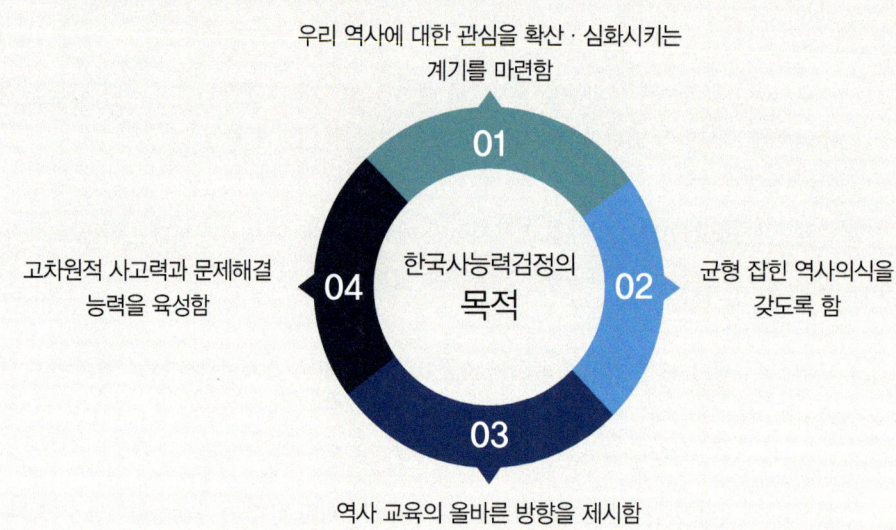

3 한국사능력검정시험의 응시 대상

- 한국사에 관심 있는 대한민국 국민 (외국인도 가능)
- 한국사 학습자
- 상급 학교 진학 희망자
- 공공기관이나 기업체 취업 및 해외 유학 희망자 등

4 한국사능력검정시험의 출제 유형

역사 지식의 이해	역사 탐구에 필요한 기본적인 지식, 즉 역사적 사실·개념·원리 등의 이해 정도를 묻는 영역이다.
연대기의 파악	역사의 연속성과 변화 및 발전을 이해하고 있는지를 묻는 영역이다. 역사 사건이나 상황을 시대순으로 정확하게 이해하고 인과 관계를 파악할 수 있는가를 묻는다.
역사 상황 및 쟁점의 인식	제시된 자료에서 해결해야 할 구체적 역사 상황과 핵심적인 논쟁점, 주장 등을 찾을 수 있는지를 묻는 영역이다. 문헌 자료, 도표, 사진 등의 형태로 주어진 자료에서 해결해야 할 과제를 포착하거나 변별해내는 능력이 있는지를 측정한다.
역사 자료의 분석 및 해석	자료에 나타난 정보를 해석하여 그 의미를 파악할 수 있는가를 묻는 영역이다. 정보의 분석을 바탕으로 자료의 시대적 배경과 사회적 의미를 해석할 수 있는가를 측정한다.
역사 탐구의 설계 및 수행	제시된 문제의 성격과 목적을 고려하여 절차와 방법에 따라 역사 탐구를 설계하고 수행할 수 있는 능력이 있는가를 묻는 영역이다.
결론의 도출 및 평가	주어진 자료의 타당성을 판별하고, 여러 자료를 종합하여 결론을 도출할 수 있는가를 묻는 영역이다.

5 한국사능력검정시험의 특징

한국사능력검정시험은 한 나라의 국민으로서 가져야 하는 기본적인 역사적 소양을 측정하고, 역사에 대한 전 국민적 공감대를 형성하기 위한 시험으로 다음과 같은 특징을 갖고 있다.

한국사 학습능력을 측정할 수 있는 대표적인 시험이다.

한국사 전반에 걸친 지식을 폭넓게 이해할 수 있는 시험으로서, 역사를 올바르게 이해할 수 있도록 심층적인 지식을 제공한다.

응시자의 계층이 매우 다양하다.

한국사능력검정시험은 입시생이나 각종 채용 시험과 같은 동일한 집단이 아니라, 다양한 연령층과 직업군을 가진 사람들이 응시하고 있다. 한국사에 대한 관심과 애정만 있다면 응시자의 학력수준이나 연령 등은 더욱 다양해질 것이다.

국가기관인 국사편찬위원회가 주관한다.

국사편찬위원회는 우리 역사에 대한 자료를 관장하고 있는 교육부 직속 기관이다. 한국사능력검정시험은 우리나라 역사에 관한 자료를 조사·연구·편찬하는 국사편찬위원회가 주관·시행을 함으로써, 수준 높고 참신한 문항과 공신력 있는 관리를 통해 안정적인 시험 운영을 하고 있다.

참신한 문항 개발에 노력하고 있다.

매회 시험마다 단순 암기 위주의 보편적인 문항보다는, 다양한 영역에서 여러 접근 방법을 통해 풀 수 있는 참신한 문항을 새로 개발하고 있다. 또한 탐구력을 증진할 수 있는 문항 개발을 통해 기존 시험의 틀을 탈피하려고 노력하고 있다.

'선발 시험'이 아니라 '인증 시험'이다.

합격의 당락을 결정하는 선발 시험의 성격이 아니라, 한국사의 학습 능력을 인증하는 시험이다.

6 응시자 유의사항

- 입실 시간 및 고사실 확인
  - 시험 당일 고사실 입실은 08:30 부터 10:00 까지 가능하다(10시부터 고사실이 있는 건물의 출입문 통제).
  - 오전 10시 20분(시험 시작) 이후에는 고사실(교실)에 들어갈 수 없다.
  - 시험장을 착오한 응시생은 시험에 응시할 수 없다.
  - 수험번호대로 고사실의 지정된 자리에 앉아 응시해야 한다.

- 시험 진행 중 유의사항
  - 시험 시간 중에는 신분증과 수험표를 자기 책상의 좌측 상단에 놓아야 한다.
  - 시험 종료 15분 전까지는 퇴실할 수 없다.
  - 시험 중 퇴실할 경우에는 답안지를 감독관에게 직접 제출하며 다른 응시자에게 방해가 되지 않도록 조용히 퇴실해야 한다.
  - 시험 도중 화장실 이용 등으로 부득이하게 고사실을 출입할 상황 발생시에는 복도감독관의 인솔 하에 이동하여야 한다.

7 평가 내용

시험 종류	평가 내용
심화	한국사 심화과정으로서 한국사에 대한 체계적인 이해를 바탕으로 한국사의 주요 사건과 개념을 종합적으로 이해하고, 역사 자료를 분석하고 해석하는 능력, 한국사의 흐름 속에서 시대적 상황 및 쟁점을 파악하는 능력을 평가
기본	한국사 기본과정으로서 기초적인 역사 상식을 바탕으로 한국사의 필수 지식과 기본적인 흐름을 이해하는 능력을 평가

8 한국사능력검정시험의 시험 종류 및 인증 등급

시험 종류	심화	기본
인증 등급	1급(80점 이상) 2급(70점~79점) 3급(60점~69점)	4급(80점 이상) 5급(70점~79점) 6급(60점~69점)
문항 수	50문항(5지 택 1형)	50문항(4지 택 1형)

※ 100점 만점(문항별 1점~3점 차등배점)

9 한국사능력검정시험의 활용 및 특전

- 2급 이상 합격자에 한해 인사혁신처에서 시행하는 5급 국가공무원 공개경쟁채용시험 및 외교관후보자 선발시험에 응시자격 부여
- 한국사능력검정시험 3급 이상 합격자에 한해 교원임용시험 응시자격 부여
- 국비 유학생, 해외 파견 공무원, 이공계 전문연구요원(병역) 선발 시 한국사 시험을 한국사능력검정시험 3급 이상 합격으로 대체
- 2급 이상 합격자에 한해 인사혁신처 시행 지역인재 7급 수습직원 선발시험에 추천 자격요건 부여
- 공무원 경력경쟁채용시험 가산점 부여
- 4대 사관학교(공군·육군·해군·국군간호사관학교) 입시 가산점 부여
- 군무원 경력경쟁채용시험에서 한국사 과목을 한국사능력검정시험으로 대체
- 일부 공기업 및 민간기업의 직원 채용이나 승진 시 반영
- 경찰청 및 해양경찰청 순경 등 공개경쟁채용시험에서 한국사 과목을 한국사능력검정시험으로 대체

10 시험 시간

시험 종류	시간	내용	소요 시간
심화	10:00~10:10	오리엔테이션(시험시 주의 사항)	10분
	10:10~10:15	신분증 확인(감독관)	5분
	10:15~10:20	문제지 배부	5분
	10:20~11:40	시험 실시(50문항) ※ 파본 확인	80분
기본	10:00~10:10	오리엔테이션(시험시 주의 사항)	10분
	10:10~10:15	신분증 확인(감독관)	5분
	10:15~10:20	문제지 배부	5분
	10:20~11:30	시험 실시(50문항) ※ 파본 확인	70분

한국사능력검정 시험과 관련된 각종 수험정보는 위의 내용과 다르게 변경될 수 있으므로, 시험 주관처의 홈페이지(www.historyexam.go.kr)에서 꼭 확인하시기 바랍니다.

구성과 특징

한국사능력검정시험 3개년 기출문제

최신 기출문제 14회분 수록

최신 기출문제 14회분을 회차별로 풀어볼 수 있도록 구성하여 한국사 시험의 패턴과 문제 유형을 쉽게 익힐 수 있도록 하였다.

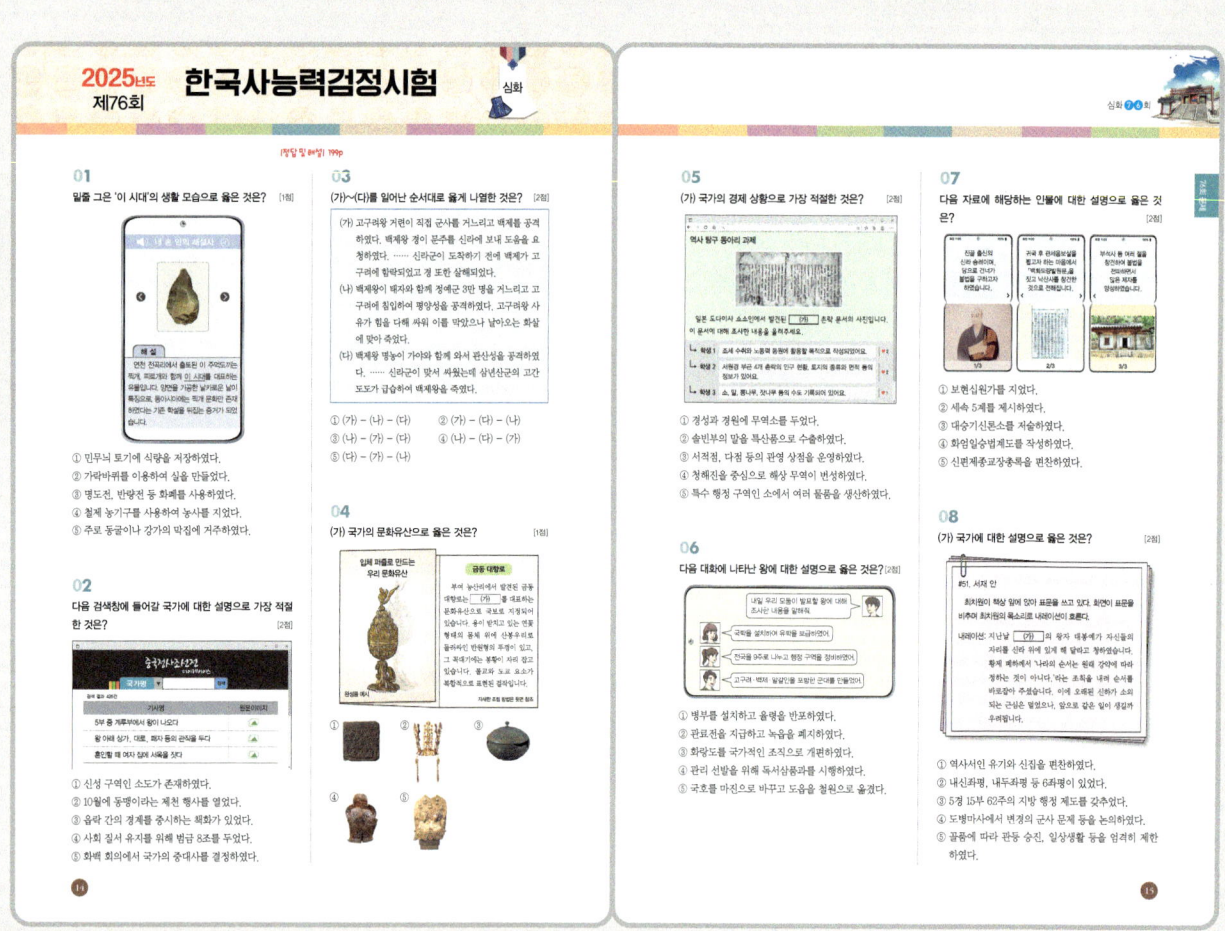

정답 및 해설

① 문항별 주제
출제의도를 파악함으로써 문제의 본질을 파악하기!

② 암기박사
이것만 알면 정답이 보인다! 정답을 여는 핵심 Key!

③ 정답 해설
군더더기 없는 깔끔한 해설로 문제 완전 정복

④ 오답 해설
오답 선택지의 상세한 해설로 핵심 이론 간파!

⑤ 핵심노트
문제와 관련한 심화 학습을 통해 고득점을 향해 한 발짝 나아가기!

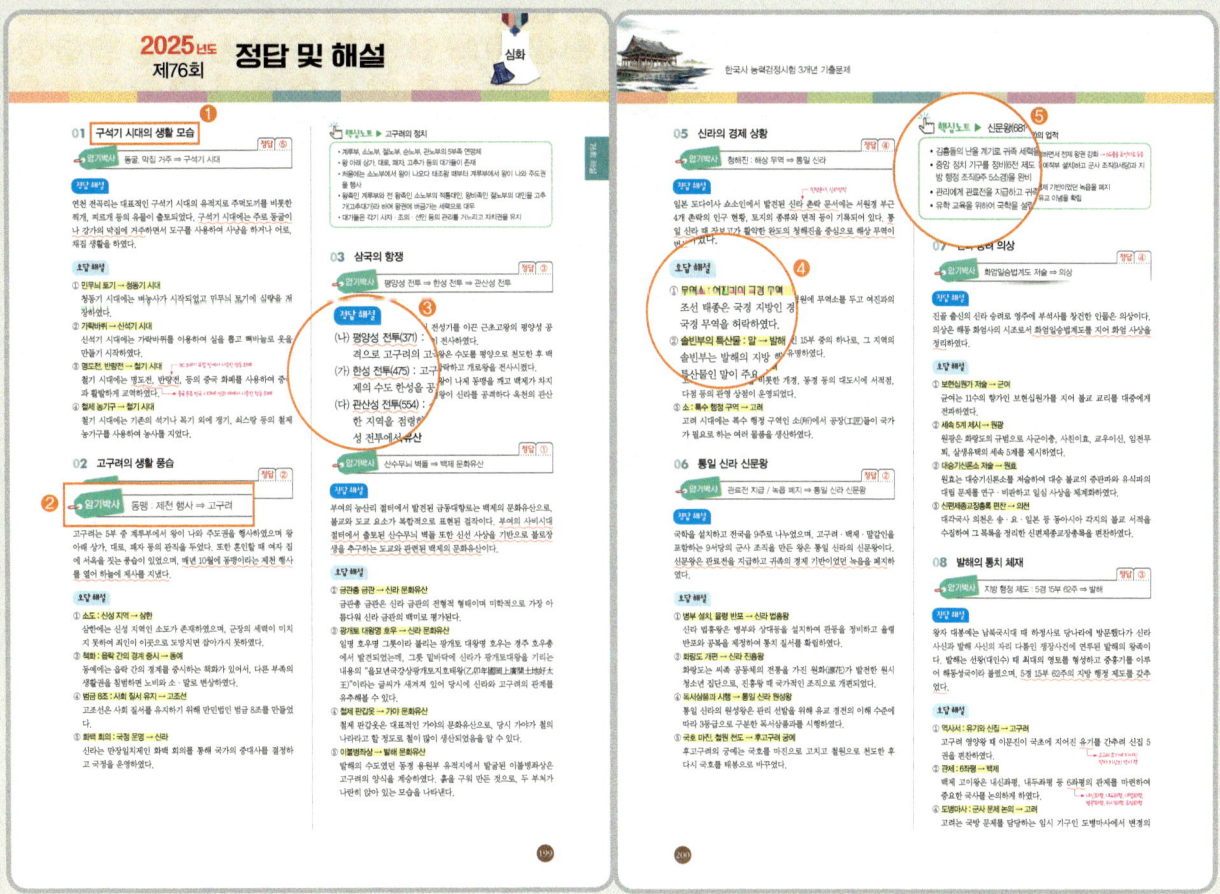

목차

한국사능력검정시험 심화 기출문제

2025년도
- 제76회 14
- 제75회 27
- 제74회 40
- 제73회 53

2024년도
- 제72회 68
- 제71회 81
- 제70회 94
- 제69회 108

2023년도
- 제68회 122
- 제67회 134
- 제66회 146
- 제65회 158
- 제64회 170
- 제63회 182

한국사능력검정시험 심화 정답 및 해설

2025년도
- 제76회 ······ 199
- 제75회 ······ 212
- 제74회 ······ 225
- 제73회 ······ 238

2024년도
- 제72회 ······ 251
- 제71회 ······ 264
- 제70회 ······ 277
- 제69회 ······ 290

2023년도
- 제68회 ······ 303
- 제67회 ······ 315
- 제66회 ······ 327
- 제65회 ······ 339
- 제64회 ······ 351
- 제63회 ······ 364

 ◀ 김좌진 장군 / 단장지통

적막한 달밤에 칼머리의 바람은 세찬데
칼 끝에 찬 서리가 고국생각을 돋구누나
삼천리 금수강산에 왜놈이 웬말인가
단장의 아픈 마음 쓰러버릴 길 없구나.

- 단장지통(斷腸之痛) -

한국사능력검정시험 심화 | 1·2·3급

한국사능력검정시험
2025년도 기출문제

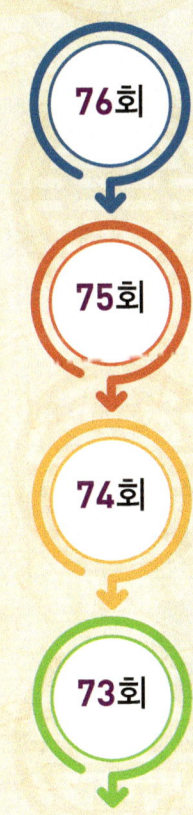

한국사능력검정시험 심화 | 1·2·3급

2025년도 제76회 한국사능력검정시험 심화

|정답 및 해설| 199p

01

밑줄 그은 '이 시대'의 생활 모습으로 옳은 것은? [1점]

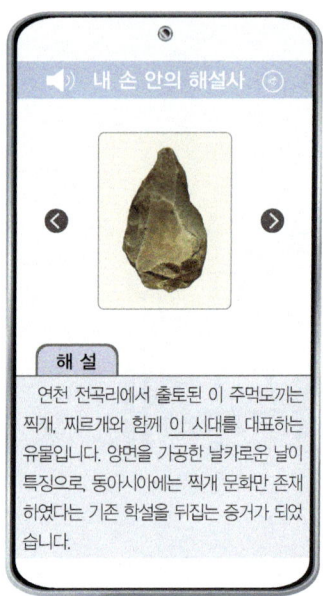

해설: 연천 전곡리에서 출토된 이 주먹도끼는 찍개, 찌르개와 함께 이 시대를 대표하는 유물입니다. 양면을 가공한 날카로운 날이 특징으로, 동아시아에는 찍개 문화만 존재하였다는 기존 학설을 뒤집는 증거가 되었습니다.

① 민무늬 토기에 식량을 저장하였다.
② 가락바퀴를 이용하여 실을 만들었다.
③ 명도전, 반량전 등 화폐를 사용하였다.
④ 철제 농기구를 사용하여 농사를 지었다.
⑤ 주로 동굴이나 강가의 막집에 거주하였다.

02

다음 검색창에 들어갈 국가에 대한 설명으로 가장 적절한 것은? [2점]

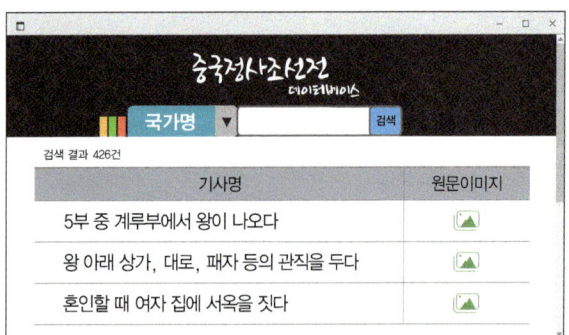

중국정사조선전 데이터베이스
검색 결과 426건

기사명	원문이미지
5부 중 계루부에서 왕이 나오다	
왕 아래 상가, 대로, 패자 등의 관직을 두다	
혼인할 때 여자 집에 서옥을 짓다	

① 신성 구역인 소도가 존재하였다.
② 10월에 동맹이라는 제천 행사를 열었다.
③ 읍락 간의 경계를 중시하는 책화가 있었다.
④ 사회 질서 유지를 위해 범금 8조를 두었다.
⑤ 화백 회의에서 국가의 중대사를 결정하였다.

03

(가)~(다)를 일어난 순서대로 옳게 나열한 것은? [2점]

(가) 고구려왕 거련이 직접 군사를 거느리고 백제를 공격하였다. 백제왕 경이 문주를 신라에 보내 도움을 요청하였다. …… 신라군이 도착하기 전에 백제가 고구려에 함락되었고 경 또한 살해되었다.

(나) 백제왕이 태자와 함께 정예군 3만 명을 거느리고 고구려에 침입하여 평양성을 공격하였다. 고구려왕 사유가 힘을 다해 싸워 이를 막았으나 날아오는 화살에 맞아 죽었다.

(다) 백제왕 명농이 가야와 함께 와서 관산성을 공격하였다. …… 신라군이 맞서 싸웠는데 삼년산군의 고간 도도가 급습하여 백제왕을 죽였다.

① (가) - (나) - (다)
② (가) - (다) - (나)
③ (나) - (가) - (다)
④ (나) - (다) - (가)
⑤ (다) - (가) - (나)

04

(가) 국가의 문화유산으로 옳은 것은? [1점]

입체 퍼즐로 만드는 우리 문화유산

금동 대향로
부여 능산리에서 발견된 금동 대향로는 (가) 를 대표하는 문화유산으로 국보로 지정되어 있습니다. 용이 받치고 있는 연꽃 형태의 몸체 위에 산봉우리로 둘러싸인 반원형의 뚜껑이 있고, 그 꼭대기에는 봉황이 자리 잡고 있습니다. 불교와 도교 요소가 복합적으로 표현된 걸작입니다.

완성품 예시 / 자세한 조립 방법은 뒷면 참조

①  ②  ③

④  ⑤

05

(가) 국가의 경제 상황으로 가장 적절한 것은? [2점]

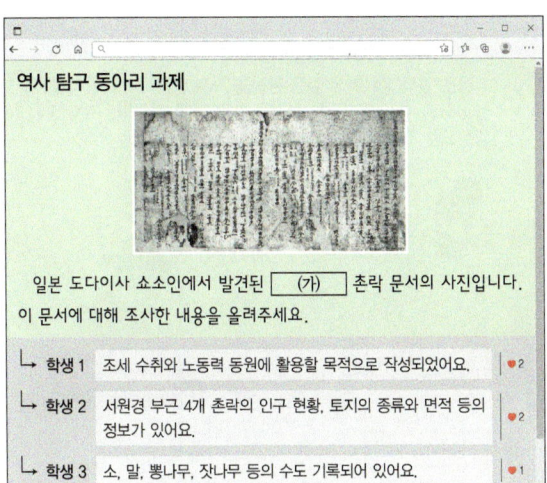

① 경성과 경원에 무역소를 두었다.
② 솔빈부의 말을 특산품으로 수출하였다.
③ 서적점, 다점 등의 관영 상점을 운영하였다.
④ 청해진을 중심으로 해상 무역이 번성하였다.
⑤ 특수 행정 구역인 소에서 여러 물품을 생산하였다.

06

다음 대화에 나타난 왕에 대한 설명으로 옳은 것은? [2점]

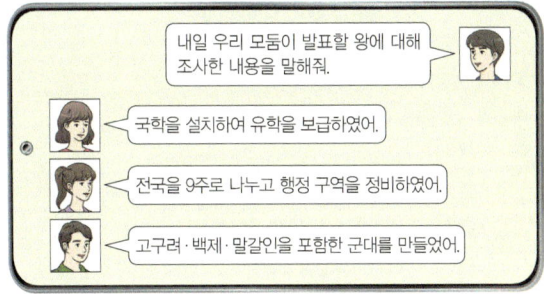

① 병부를 설치하고 율령을 반포하였다.
② 관료전을 지급하고 녹읍을 폐지하였다.
③ 화랑도를 국가적인 조직으로 개편하였다.
④ 관리 선발을 위해 독서삼품과를 시행하였다.
⑤ 국호를 마진으로 바꾸고 도읍을 철원으로 옮겼다.

07

다음 자료에 해당하는 인물에 대한 설명으로 옳은 것은? [2점]

① 보현십원가를 지었다.
② 세속 5계를 제시하였다.
③ 대승기신론소를 저술하였다.
④ 화엄일승법계도를 작성하였다.
⑤ 신편제종교장총록을 편찬하였다.

08

(가) 국가에 대한 설명으로 옳은 것은? [2점]

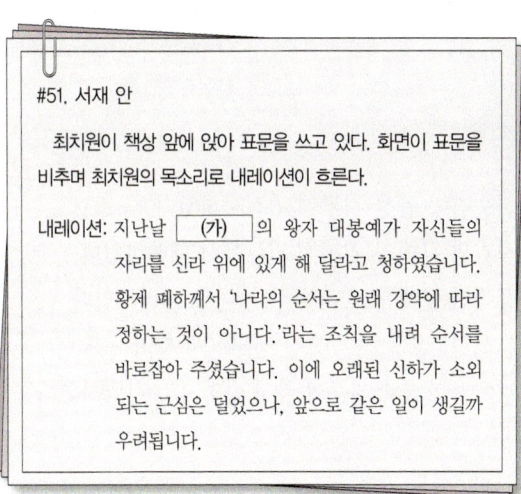

① 역사서인 유기와 신집을 편찬하였다.
② 내신좌평, 내두좌평 등 6좌평이 있었다.
③ 5경 15부 62주의 지방 행정 제도를 갖추었다.
④ 도병마사에서 변경의 군사 문제 등을 논의하였다.
⑤ 골품에 따라 관등 승진, 일상생활 등을 엄격히 제한하였다.

09

(가) 시기에 있었던 사실로 옳은 것은? [3점]

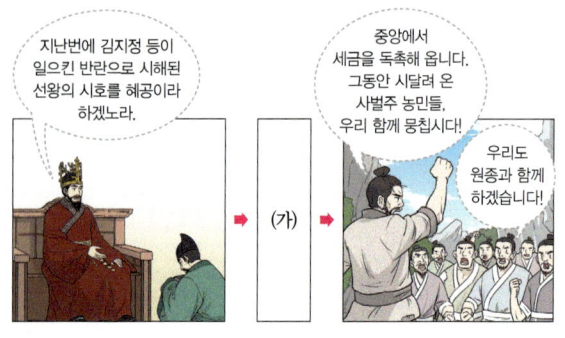

① 비담과 염종의 난이 진압되었다.
② 김헌창이 웅천주에서 반란을 일으켰다.
③ 연개소문이 정변을 일으켜 권력을 잡았다.
④ 만적을 비롯한 노비들이 반란을 모의하였다.
⑤ 김춘추가 당으로 건너가 군사적 지원을 요청하였다.

10

다음 상황 이후에 전개된 사실로 옳은 것은? [2점]

> 견훤이 금산사에 있은 지 3개월 만에 막내 아들 능예, 딸 쇠복, 총애하는 첩 고비 등과 더불어 금성으로 달아나 사람을 보내 왕에게 만나기를 청하였다. 왕이 기뻐하여 유금필, 왕만세 등을 보내 그를 위로하고 맞아오도록 하였다. 견훤이 도착하자, 두터운 예로써 대접하였다.

① 신숭겸이 공산 전투에서 전사하였다.
② 신검의 군대가 일리천 전투에서 패배하였다.
③ 궁예가 군대를 보내 나주 일대를 점령하였다.
④ 김선평, 권행 등이 고창 전투에서 활약하였다.
⑤ 경애왕이 후백제군의 왕경 습격으로 사망하였다.

11

다음 장면에 등장하는 왕에 대한 설명으로 옳은 것은? [2점]

① 국자감에 7재라는 전문 강좌를 개설하였다.
② 지방 12목에 경학 박사를 처음 파견하였다.
③ 서적포를 설치하여 출판을 담당하게 하였다.
④ 대도에 만권당을 세워 중국 학자와 교유하였다.
⑤ 외국어 교육과 통역을 관장하는 통문관을 설치하였다.

12

(가) 인물에 대한 설명으로 옳은 것은? [3점]

한국사 탐구 보고서

■ 주제: 인물로 보는 무신 정권
■ 방법: 문헌 조사, 인터넷 검색 등
■ 조사 내용

인물	내용
정중부	보현원에서 이의방 등과 정변을 일으킴
이의민	조위총의 난을 진압하여 상장군이 됨
최충헌	봉사 10조를 올려 시정 개혁을 요구함
(가)	야별초를 좌·우별초로 나누어 편성함

① 원종을 폐위하고 안경공 창을 즉위시켰다.
② 9재 학당을 설립하여 유교 교육에 힘썼다.
③ 인사 행정 담당 기구로 정방을 설치하였다.
④ 전민변정도감의 책임자로서 개혁을 이끌었다.
⑤ 오월에 사신을 보내고 검교태보의 직을 받았다.

13

(가) 국가의 경제 상황으로 가장 적절한 것은? [2점]

황비창천 명 거울은 (가) 에서 사용했던 것으로 풍랑이 몰아치는 바다 위에 배 한 척이 돛을 펴고 나아가는 모습이 표현되어 있습니다. 이 거울에 묘사된 배를 토대로 오른쪽 사진과 같이 당시 무역선의 모습을 유추하였습니다. (가) 시대 사람들은 송, 일본뿐만 아니라 동남아시아, 아라비아 상인들과도 교역을 하였습니다.

*황비창천: 밝게 빛나는 창성한 하늘

① 초량 왜관을 통해 일본과 무역하였다.
② 덕대가 광산을 전문적으로 경영하였다.
③ 당항성, 영암이 국제 무역항으로 번성하였다.
④ 거란도, 영주도를 통해 주변국과 교역하였다.
⑤ 주전도감을 설치하여 해동통보를 발행하였다.

14

(가)~(다)를 일어난 순서대로 옳게 나열한 것은? [2점]

(가) 이자겸과 척준경이 군사를 동원하여 궁궐을 침범하고 불태웠다. 왕을 위협하여 남궁(南宮)으로 거처를 옮기게 하고, 안보린·최탁 등 17인을 죽였다. 이외에도 죽인 군사가 헤아릴 수 없을 정도였다.

(나) 왕규가 광주원군을 [왕으로] 세우고자 하였는데, 일찍이 밤에 왕이 깊이 잠든 것을 엿보고 자신의 일당을 침소에 잠입시켜 대역죄를 행하려고 하였다. 왕이 그것을 알아차리고 한주먹으로 쳐 죽인 후 좌우 시종들에게 끌어내게 하였다.

(다) 강조의 군사들이 들어오자, 왕이 어쩔 수 없음을 깨닫고 태후와 함께 목 놓아 울며 법왕사로 갔다. 잠시 후 황보유의 등이 대량원군을 왕위에 올렸다. 강조는 왕을 폐위시켜 양국공으로 삼고, 군사를 보내 김치양 부자와 유행간 등 7인을 죽였다.

① (가) - (나) - (다) ② (가) - (다) - (나)
③ (나) - (가) - (다) ④ (나) - (다) - (가)
⑤ (다) - (가) - (나)

15

(가) 지역의 탐구 활동으로 가장 적절한 것은? [3점]

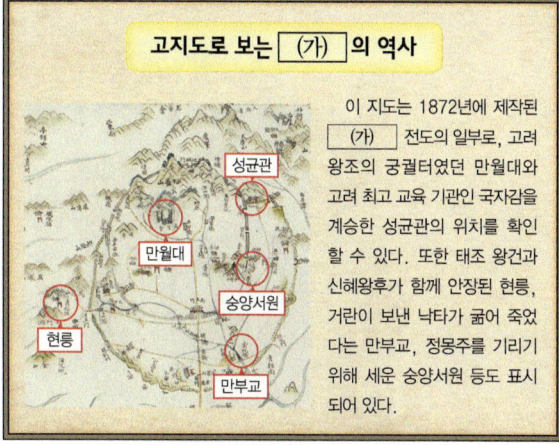

고지도로 보는 (가) 의 역사

이 지도는 1872년에 제작된 (가) 전도의 일부로, 고려 왕조의 궁궐터였던 만월대와 고려 최고 교육 기관인 국자감을 계승한 성균관의 위치를 확인할 수 있다. 또한 태조 왕건과 신혜왕후가 함께 안장된 헌릉, 거란이 보낸 낙타가 굶어 죽었다는 만부교, 정몽주를 기리기 위해 세운 숭양서원 등도 표시되어 있다.

① 몽골의 사신 저고여가 피살된 곳을 조사한다.
② 서희가 외교 담판을 통해 획득한 곳을 찾아본다.
③ 강감찬이 건의하여 건설된 성곽이 있는 곳을 검색한다.
④ 김보당이 무신 정권에 저항하여 봉기한 곳을 파악한다.
⑤ 최무선이 화포를 이용하여 왜구를 물리친 곳을 알아본다.

16

(가)에 대한 고려의 대응으로 옳은 것은? [2점]

이 탑은 방호별감 김윤후가 군인과 백성들을 이끌고 충주산성에서 승리한 것을 (가) 을/를 상대로 기념하여 세운 것이야.

당시 군인과 백성이 결사 항전하는 모습이 표현되어 있어. 탑 윗 부분의 1253은 승전 연도를 의미해.

① 강화도로 도읍을 옮겨 항전하였다.
② 광군을 조직하여 침입에 대비하였다.
③ 삼수병으로 구성된 훈련도감을 신설하였다.
④ 별무반을 편성하고 동북 9성을 축조하였다.
⑤ 철령위 설치에 반발하여 요동 정벌을 추진하였다.

17

다음 특별전에 전시될 문화유산으로 가장 적절한 것은? [1점]

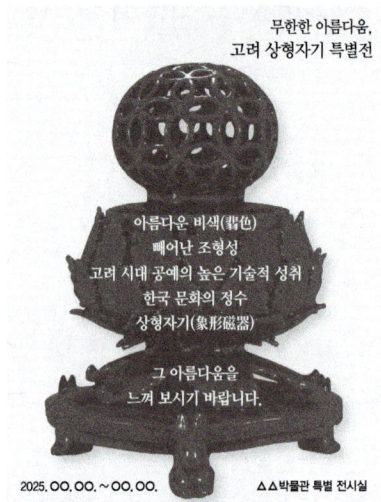

① 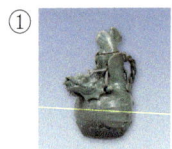 ②  ③

④  ⑤

18

다음 가상 뉴스 이후에 있었던 사실로 옳은 것은? [1점]

① 쌍기의 건의로 과거제가 도입되었다.
② 빈민 구제를 위해 흑창이 설립되었다.
③ 매를 기르고 훈련시키는 응방이 설치되었다.
④ 의천이 국청사를 중심으로 천태종을 개창하였다.
⑤ 망이·망소이가 가혹한 수탈에 저항하여 봉기하였다.

19

다음 가상 대화에 등장하는 왕의 재위 시기에 있었던 사실로 옳은 것은? [3점]

① 훈련 교범인 무예도보통지가 간행되었다.
② 전통 한의학을 정리한 동의보감이 저술되었다.
③ 음악 이론 등을 집대성한 악학궤범이 완성되었다.
④ 유교 윤리의 보급을 위해 삼강행실도가 편찬되었다.
⑤ 군정, 재정의 내용을 정리한 만기요람이 만들어졌다.

20

(가) 왕의 재위 시기에 있었던 사실로 옳은 것은? [2점]

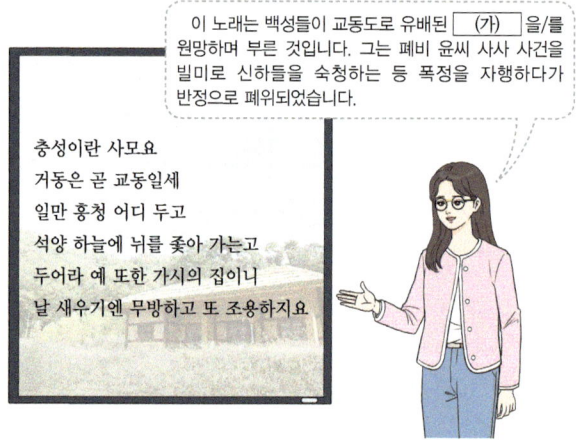

① 유자광의 고변으로 남이가 처형되었다.
② 기사환국으로 송시열이 죽임을 당하였다.
③ 외척 간의 권력 다툼으로 윤임이 제거되었다.
④ 위훈 삭제를 주장한 조광조 일파가 축출되었다.
⑤ 조의제문이 발단이 되어 김일손 등이 피해를 입었다.

21
밑줄 그은 '전쟁' 중에 있었던 사실로 옳은 것은? [2점]

> 이치(梨峙)는 금산에서 전주로 넘어가는 길목에 위치한 요충지이다. 이곳에서 전라 절제사 권율과 동복 현감 황진이 이끄는 관군은 치열한 전투 끝에 적의 진격을 저지하였다. 그 결과 전라도의 곡창 지대와 조선 수군의 배후를 지키는 데 기여하여 전쟁 초기 적군의 전략에 타격을 입혔다.

① 정문부가 북관대첩을 이끌었다.
② 정봉수가 용골산성에서 항쟁하였다.
③ 최윤덕이 이만주 부대를 정벌하였다.
④ 강홍립이 사르후 전투에 참전하였다.
⑤ 김준룡이 광교산 전투에서 항전하였다.

22
(가)에 대한 설명으로 옳은 것은? [2점]

> 이것은 옥당이라고도 불린 (가) 에 걸려있던 현판으로, '십팔학사들의 서책이 있는 관부'라는 뜻의 글이 있습니다. 이 관청이 궁중의 도서를 관리하고 문한(文翰)과 왕의 자문을 담당하였기에 당나라 황제를 보좌했던 십팔학사의 고사에 빗대어 표현한 것입니다.

① 수도의 행정과 치안을 담당하였다.
② 사헌부, 사간원과 함께 3사로 불렸다.
③ 대사성, 좨주, 직강 등의 관직이 있었다.
④ 왕명 출납을 맡은 왕의 비서 기관이었다.
⑤ 사초와 시정기를 바탕으로 실록을 편찬하였다.

23
(가)에 대한 탐구 활동으로 가장 적절한 것은? [1점]

> 서울에 있는 간사한 무리가 경주인(京主人)이라고 하며 각 도의 공물을 방납하면서 그 값을 두 배에서 수십 배까지 징수하였다. …… 영의정 김육이 (가) 을/를 충청도에서 먼저 시험할 것을 청하였다. 왕이 여러 차례 신하들에게 의견을 물었으나 서로 엇갈렸다. 이때에 왕이 다시 김육 등 여러 신하들을 불러 그것이 편리한지 여부에 대한 의견들을 듣고 비로소 호서(湖西)에 먼저 행하기로 정하였다.

① 전시과에서 전지 지급 기준의 변화를 찾아본다.
② 일부 상류층에게 선무군관포를 거둔 목적을 알아본다.
③ 과전 지급 대상을 현직 관리로 제한한 까닭을 검색한다.
④ 풍흉에 관계없이 전세 부담액을 고정한 이유를 분석한다.
⑤ 관청에 물품을 조달하는 공인이 등장한 배경을 조사한다.

24
밑줄 그은 '이 인물'에 대한 설명으로 옳은 것은? [2점]

① 의산문답에서 무한 우주론을 주장하였다.
② 북학의에서 절약보다 적절한 소비를 권장하였다.
③ 열하일기에서 수레와 선박의 필요성을 서술하였다.
④ 성호사설에서 나라를 망치는 여섯 가지 좀을 제시하였다.
⑤ 우서에서 사농공상의 직업적 평등과 전문화를 강조하였다.

25

다음 자료에 등장하는 왕에 대한 설명으로 옳은 것은?

[2점]

○ 개천이 점점 막혀 …… 장마 때마다 범람할까 근심하게 되었다. 왕이 이르기를 …… 이에 준천사(濬川司)를 설치하여 병조 판서와 한성부 판윤, 삼군문의 대장으로 하여금 준천 당상을 겸하도록 하고 도청, 낭청 각 1인을 두었다. 매년 개천 바닥을 파서 물이 넘치지 않도록 하였다.

○ 국초에 신문고를 설치하여 억울함을 지닌 백성들로 하여금 북을 쳐서 알리도록 하였는데, 그 법이 폐해진 지 이미 오래 되었다. 왕이 …… 마침내 복구하도록 명하였다. 북을 올리는 자가 있으면 …… 해당 관청에서 아뢰도록 하였다.

① 나선 정벌에 조총 부대를 파견하였다.
② 통치 규범을 재정비한 속대전을 편찬하였다.
③ 청과 국경을 정한 백두산정계비를 건립하였다.
④ 문신을 재교육하기 위한 초계문신제를 시행하였다.
⑤ 한성 방어를 위하여 총융청과 수어청을 창설하였다.

26

다음 가상 대화가 이루어진 시기에 볼 수 있는 모습으로 적절하지 않은 것은?

[2점]

지난달에 대왕대비께서 사학(邪學)에 대한 단속을 강화하라고 하교하셨다는군.

이승훈이 잡히고 정약종도 죄인으로 몰려 죽었다고 하네. 우리 교인들에 대한 탄압이 점점 심해지고 있군.

① 상평통보로 물건을 거래하는 객주
② 인삼 무역으로 크게 수익을 본 송상
③ 주자소에서 계미자를 주조하는 장인
④ 고추, 담배 등의 상품 작물을 재배하는 농민
⑤ 저잣거리에서 한글 소설을 읽어주는 전기수

27

(가)에 해당하는 작품으로 옳은 것은?

[1점]

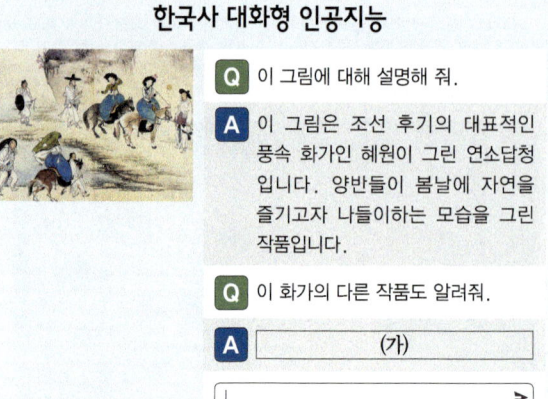

한국사 대화형 인공지능

Q 이 그림에 대해 설명해 줘.

A 이 그림은 조선 후기의 대표적인 풍속 화가인 혜원이 그린 연소답청입니다. 양반들이 봄날에 자연을 즐기고자 나들이하는 모습을 그린 작품입니다.

Q 이 화가의 다른 작품도 알려줘.

A (가)

①  ②  ③

④  ⑤

28

다음 상소가 올려진 시기를 연표에서 옳게 고른 것은?

[3점]

전 호조 참판 최익현 아룁니다. …… 다행히 성상의 뜻이 척화에 있는데 힘입어 기정진과 이항로가 상소를 하여 강화가 불가함을 말하자 전하께서 그 말을 받아들여 주셨습니다. 이런 연유로 10년 동안에는 양적들이 우리를 탐내었으나 감히 그 뜻을 펴지 못하였습니다. …… 옛날의 왜인들은 이웃 나라였으나 지금의 왜인들은 도적들이니, 강화할 수 없습니다. 왜인들이 양적들의 앞잡이가 되었기 때문입니다.

(가)	(나)	(다)	(라)	(마)
고종 즉위	신미 양요	갑신 정변	을미 사변	러일 전쟁 발발	국권 피탈

① (가) ② (나) ③ (다) ④ (라) ⑤ (마)

29

밑줄 그은 '중건' 시기에 있었던 사실로 옳은 것은? [2점]

> 사료로 보는 한국사
>
> 대원위께서 분부하신 내용, "지금 영건할 때에 이른바 원납전은 실로 힘닿는 대로 내어 공역을 도와야 하는 것인데, …… 모두 가난하지 않은 자들인데 아직 한푼도 바친 바가 없으니 또한 무슨 까닭인가. …… 여전히 책임을 면하려고 둘러대기만 하면서, 면제되는지 한 번 시험해 보려는 계책을 펴니 매우 통탄스럽다. 모두 일일이 불러서 그 이유를 따져 묻고, 상세히 회답하여 죄를 심리하고 처리하는 바탕이 되도록 하라."
> — 『영건일감』 —
>
> [해설] 이 사료는 경복궁 중건을 주관한 영건도감에서 평안도에 보낸 공문의 내용을 요약한 것이다. 당시 이 중건에 필요한 비용을 마련하기 위해 원납전을 내게 하였는데, 백성들은 이를 '원해서 납부하는 돈'이 아니라 '원망하며 납부하는 돈'이라고 불렀다.

① 청일 전쟁이 발발하였다.
② 삼정이정청이 설치되었다.
③ 영국이 거문도를 불법으로 점령하였다.
④ 김기수가 수신사로 일본에 파견되었다.
⑤ 한성근 부대가 문수산성에서 항전하였다.

30

밑줄 그은 '이 장정'에 대한 설명으로 옳은 것은? [2점]

- 이 장정이 맺어진 이후 나타난 변화에 대해 말해보자.
- 청 상인이 양화진과 한성에 점포를 열 수 있게 되었어.
- 조선의 상권을 둘러싸고 청과 일본 상인의 경쟁이 치열해졌지.

① 임오군란을 계기로 체결되었다.
② 거중 조정의 조항을 포함하였다.
③ 방곡령을 선포할 수 있는 조건을 명시하였다.
④ 부산항과 원산항이 개항되는 결과를 가져왔다.
⑤ 외국인을 재정 고문으로 두도록 하는 조항을 담고 있다.

31

(가) 운동에 대한 설명으로 옳은 것은? [1점]

> 특별 전시
>
> **(가) , 기록으로 되살아나다**
>
> 부패한 지배층과 외세의 침략에 맞서 새로운 세상을 꿈꾸며 봉기했던 (가) 관련 기록물이 세계 기록 유산으로 등재된 것을 기념하여 특별전을 개최합니다. 많은 관람 부탁드립니다.
>
> - 기간: 2025. ○○. ○○. ~ ○○. ○○.
> - 장소: △△ 박물관 특별 전시실
> - 주요 전시 자료
>
>
> ▲ 전봉준 공초   ▲ 갑오군정실기   ▲ 사발통문

① 일본의 황무지 개간권 요구를 저지하였다.
② 조선 총독부의 방해와 탄압으로 중단되었다.
③ 집강소를 중심으로 폐정 개혁안을 실천하였다.
④ 이른바 남한 대토벌 작전으로 큰 피해를 입었다.
⑤ 상황 수습을 위해 박규수가 안핵사로 파견되었다.

32

(가) 단체의 활동으로 옳은 것은? [2점]

> **역사 신문**
>
> 제△△호   1897년 ○○월 ○○일
>
> **독립관에서 토론의 장이 열리다**
>
> 지난 일요일 오후 독립관에서 (가) 의 첫 토론회가 '조선의 급선무는 인민의 교육이다.'라는 주제로 개최되었다. 이날 토론회에는 찬반 양측의 열띤 논의가 있었고, 법부대신 한규설 등 정부 고위 인사들도 참석해 교육 문제에 대한 다양한 의견을 제시하였다. 다음 토론회에서는 '도로를 개선하는 것이 위생을 위한 최고의 방법'이라는 주제로 (가) 의 위원 이상재 씨를 포함한 4인이 열띤 토론을 벌일 예정이다.

① 고종 강제 퇴위 반대 운동을 주도하였다.
② 만세보를 발행하여 민족의식을 고취하였다.
③ 파리 강화 회의에 독립 청원서를 제출하였다.
④ 관민 공동회를 개최하여 헌의 6조를 결의하였다.
⑤ 계몽 서적을 보급하기 위해 태극 서관을 운영하였다.

33

밑줄 그은 '개혁'의 내용으로 옳은 것은? [2점]

① 개혁을 추진하기 위해 군국기무처를 두었다.
② 행정 기구를 6조에서 8아문으로 개편하였다.
③ 근대식 무기 제조 공장인 기기창을 설립하였다.
④ 토지 소유권을 확인해 주는 지계를 발급하였다.
⑤ 개혁의 방향을 제시한 홍범 14조를 반포하였다.

34

(가)~(라)에 들어갈 내용으로 옳은 것을 〈보기〉에서 고른 것은? [3점]

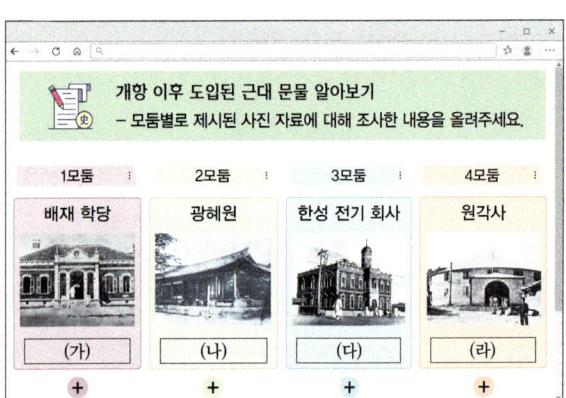

〈보기〉
ㄱ. (가) - 교육 입국 조서에 근거하여 설립되었어요.
ㄴ. (나) - 알렌의 건의로 세워진 최초의 서양식 병원이었어요.
ㄷ. (다) - 서대문과 청량리 사이를 오가는 전차를 운영하였어요.
ㄹ. (라) - 나운규가 제작한 영화 아리랑을 상영하였어요.

① ㄱ, ㄴ ② ㄱ, ㄷ ③ ㄴ, ㄷ
④ ㄴ, ㄹ ⑤ ㄷ, ㄹ

35

(가)에 들어갈 내용으로 가장 적절한 것은? [2점]

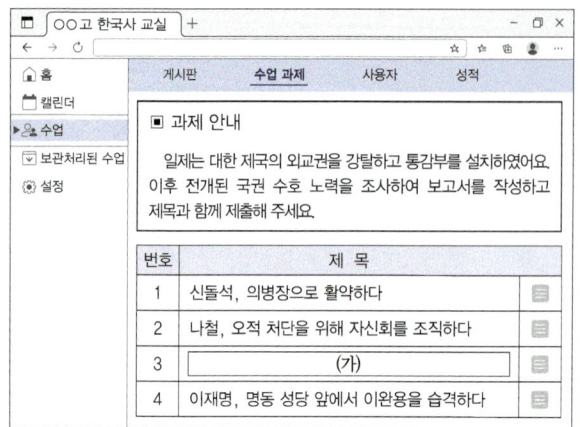

① 김홍집, 조선책략을 가져오다
② 김옥균, 개화당 정부를 수립하다
③ 김윤식, 영선사로 청에 다녀오다
④ 유길준, 조선 중립화론을 건의하다
⑤ 이상설, 고종의 특사로 헤이그에 가다

36

밑줄 그은 '이 시기'에 볼 수 있는 모습으로 가장 적절한 것은? [1점]

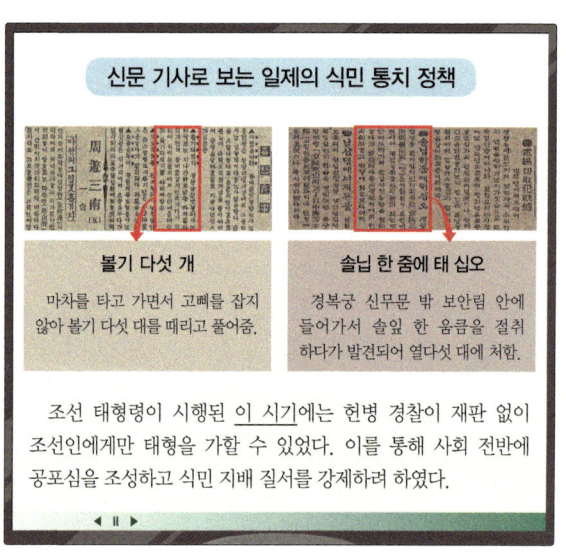

① 암태도 소작 쟁의에 참여하는 농민
② 제복을 입고 칼을 찬 채 수업하는 교사
③ 잡지 어린이에 실을 원고를 작성하는 작가
④ 토월회에서 연극 공연을 준비하고 있는 배우
⑤ 경성 고무 여자 직공 조합의 파업을 취재하는 기자

37
다음 법령이 발표된 이후의 사실로 옳은 것은? [3점]

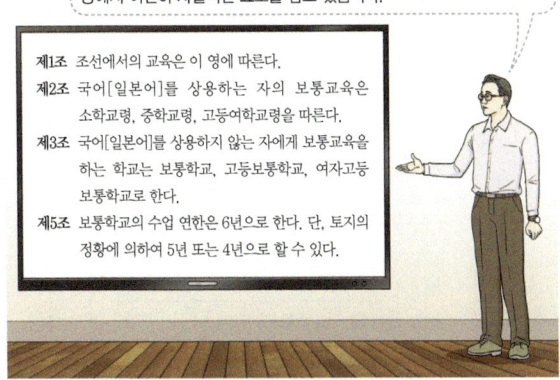

이 법령은 '내선공통(內鮮共通)'의 미명 하에 보통학교의 수업 연한을 소학교와 동일하게 적용하였습니다. 그러나 입학 자격과 학교 운영 등에서 여전히 차별적인 요소를 담고 있습니다.

제1조 조선에서의 교육은 이 영에 따른다.
제2조 국어[일본어]를 상용하는 자의 보통교육은 소학교령, 중학교령, 고등여학교령을 따른다.
제3조 국어[일본어]를 상용하지 않는 자에게 보통교육을 하는 학교는 보통학교, 고등보통학교, 여자고등 보통학교로 한다.
제5조 보통학교의 수업 연한은 6년으로 한다. 단, 토지의 정황에 의하여 5년 또는 4년으로 할 수 있다.

① 국권 회복을 위해 해조신문이 창간되었다.
② 평양 숭의 여학교에서 송죽회가 결성되었다.
③ 메가타의 주도로 화폐 정리 사업이 실시되었다.
④ 회사 설립을 허가제로 하는 회사령이 공포되었다.
⑤ 조선 민립 대학 기성회 창립을 위한 총회가 개최되었다.

38
(가) 단체에 대한 설명으로 옳은 것은? [2점]

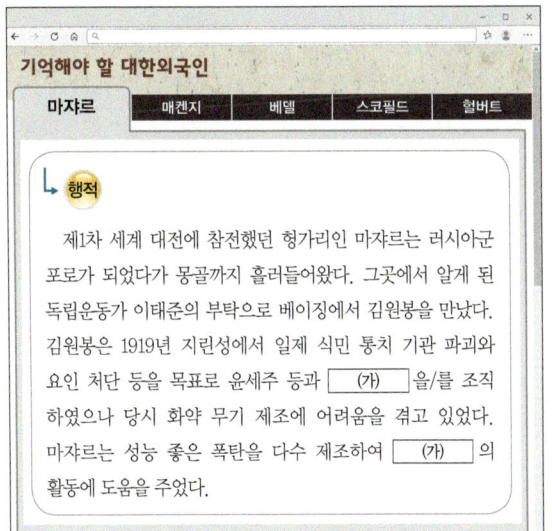

기억해야 할 대한외국인
마쟈르 | 매켄지 | 베델 | 스코필드 | 헐버트

행적

제1차 세계 대전에 참전했던 헝가리인 마쟈르는 러시아군 포로가 되었다가 몽골까지 흘러들어왔다. 그곳에서 알게 된 독립운동가 이태준의 부탁으로 베이징에서 김원봉을 만났다. 김원봉은 1919년 지린성에서 일제 식민 통치 기관 파괴와 요인 처단 등을 목표로 윤세주 등과 (가) 을/를 조직하였으나 당시 화약 무기 제조에 어려움을 겪고 있었다. 마쟈르는 성능 좋은 폭탄을 다수 제조하여 (가) 의 활동에 도움을 주었다.

① 신흥 강습소를 세워 독립군을 양성하였다.
② 구미 위원부를 설치하여 외교 활동을 전개하였다.
③ 단원인 이봉창이 일왕 행렬에 폭탄을 투척하였다.
④ 조선 혁명 선언을 통해 이념과 활동 방침을 밝혔다.
⑤ 조선 총독부에 국권 반환 요구서를 제출하고자 하였다.

39
밑줄 그은 '이 운동'에 대한 설명으로 옳은 것은? [2점]

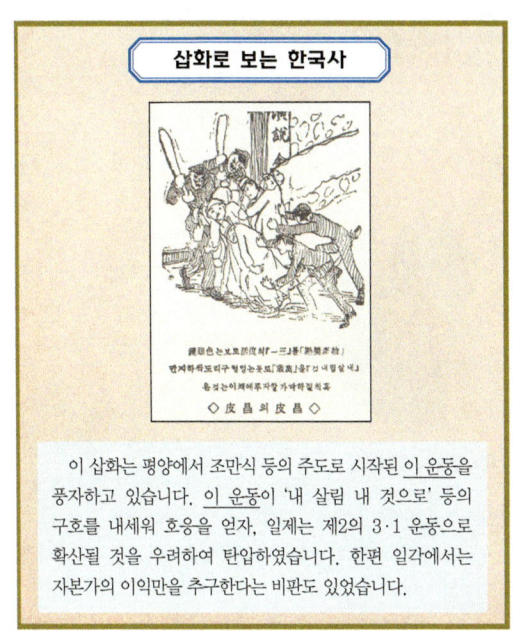

삽화로 보는 한국사

이 삽화는 평양에서 조만식 등의 주도로 시작된 이 운동을 풍자하고 있습니다. 이 운동이 '내 살림 내 것으로' 등의 구호를 내세워 호응을 얻자, 일제는 제2의 3·1 운동으로 확산될 것을 우려하여 탄압하였습니다. 한편 일각에서는 자본가의 이익만을 추구한다는 비판도 있었습니다.

① 대한매일신보의 후원을 받아 확산되었다.
② 순종의 인산일을 기회로 삼아 추진하였다.
③ 자작회, 토산 애용 부인회 등이 활동하였다.
④ 신간회가 진상 조사단을 파견하여 지원하였다.
⑤ 강주룡이 을밀대 지붕에서 고공 농성을 벌였다.

40
(가) 단체에 대한 설명으로 옳은 것은? [2점]

나는 1927년에 결성된 여성 운동 단체 (가) 의 집행 위원으로 강령과 규약 작성에 참여한 박신우입니다. 이 강령에서 조선 여성의 공고한 단결과 정치·경제·사회 등 전반적인 이익 옹호가 이 단체의 목표임을 분명히 하였습니다.

(가) 강령 및 규약

① 개벽, 신여성 등의 잡지를 발행하였다.
② 여성 교육을 위해 이화 학당을 설립하였다.
③ 좌우를 아우르는 민족 협동 전선으로 결성되었다.
④ 조선학 운동을 전개하여 여유당전서를 간행하였다.
⑤ 최초의 여성 권리 선언문인 여권통문을 발표하였다.

41

(가)에 대한 설명으로 옳지 <u>않은</u> 것은? [2점]

[이달의 독립운동가]

하늘에서 땅에서 독립운동을 펼쳐나간
이상정·권기옥 부부

이상정과 권기옥은 중국에서 독립운동을 하던 중 부부의 연을 맺고, 함께 독립운동에 헌신하였다.
중국군에서 활동하던 이상정은 (가) 의 한국광복군 창설에 기여하였고, 외무부 외교 연구 위원으로도 활동하였다.
한국 최초의 여성 비행사였던 권기옥은 대한민국 애국 부인회를 재조직하였고, 다른 한국인 비행사들과 함께 충칭에서 한국광복군 비행대 설립을 계획하던 중 해방을 맞았다.
이러한 공적을 인정하여 1977년 건국훈장 독립장을 각각 추서 및 수여하였다.

▲ 권기옥과 이상정

① 한인 자치 기관인 경학사를 조직하였다.
② 자금 마련을 위해 독립 공채를 발행하였다.
③ 삼균주의를 기초로 하는 건국 강령을 발표하였다.
④ 육군 주만 참의부를 편성하여 무장 투쟁을 펼쳤다.
⑤ 임시 사료 편찬회를 두어 한일 관계 사료집을 간행하였다.

42

다음 일기가 작성된 이후의 사실로 옳은 것은? [1점]

7월 13일(화)
경성은 뉴스를 듣기에는 참으로 빠르다. …… 중·일은 전쟁을 하게 되었다. …… 아아, 슬프다. 조선에서도 만약 이러한 때 영웅 한 사람이 있었더라면 회복할 가망이 많은데, 나는 아직 지위가 그렇지 않아 가슴만 태운다. 피만 끓는다. 영웅이여 일어서라 일어서라. 우리 조선은 영원히 죽었는가.

10월 8일(금)
조회할 때 일본인들이 조선인의 심장을 자기들의 심장으로 하려는 일본의 계략에서, 총독 미나미 지로가 소위 황국신민의 서사인지 뭔지를 만들어서 각 학생에게 암송하도록 하였다. 그래서 나도 그것을 읽었다. 그러나 우리 조선혼은 영원히 변하지 않을 것이다.

① 미쓰야 협정이 체결되었다.
② 치안 유지법이 제정되었다.
③ 조선사 편수회가 조직되었다.
④ 여자 정신 근로령이 공포되었다.
⑤ 동양 척식 주식회사가 설립되었다.

43

(가)에 들어갈 주제로 적절하지 <u>않은</u> 것은? [2점]

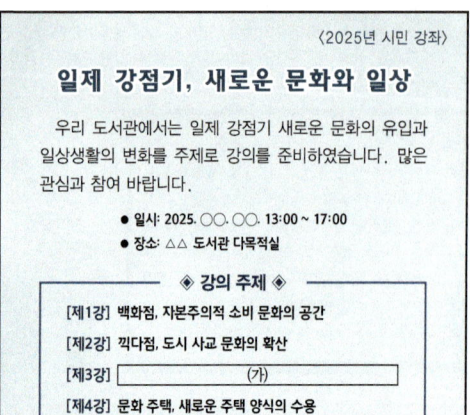

〈2025년 시민 강좌〉

일제 강점기, 새로운 문화와 일상

우리 도서관에서는 일제 강점기 새로운 문화의 유입과 일상생활의 변화를 주제로 강의를 준비하였습니다. 많은 관심과 참여 바랍니다.

● 일시: 2025. ○○. ○○. 13:00 ~ 17:00
● 장소: △△ 도서관 다목적실

◆ 강의 주제 ◆

[제1강] 백화점, 자본주의적 소비 문화의 공간
[제2강] 끽다점, 도시 사교 문화의 확산
[제3강] (가)
[제4강] 문화 주택, 새로운 주택 양식의 수용

① 몸뻬, 전시 체제의 의생활
② 라디오 방송, 연예 오락의 유행
③ 경평 축구 대회, 스포츠의 대중화
④ 새마을 운동, 농촌의 생활 환경 개선
⑤ 모던 걸, 전통적 여성상을 탈피한 신여성의 등장

44

(가)에 대한 설명으로 옳은 것은? [3점]

휘문중학 운동장에서 (가) 의 수반인 여운형 씨가 5천여 군중 앞에서 해방의 제일성을 힘있게 외쳤다. "조선 민족 해방의 날은 왔다. …… 어제 15일 아침 8시에 엔도 조선 총독부 정무총감의 초청을 받아 …… 나는 다섯 가지 요구를 제안하여 무조건 승낙을 받았다. 1. 전 조선 각지에 구속되어 있는 정치, 경제범을 즉시 해방하라 …… 4. 민족 해방의 모든 원동력이 되는 학생 훈련과 청년 조직에 대하여 간섭하지 말라 …… 이것으로 우리 민족 해방의 첫걸음을 내딛게 되었으니 우리가 지난날에 아프고 쓰렸던 것은 이 자리에서 모두 잊어버리자. ……"

① 신한공사를 설립하였다.
② 좌우 합작 7원칙을 제시하였다.
③ 한인 국방 경위대를 창설하였다.
④ 남북 협상 공동 성명서를 발표하였다.
⑤ 조선 인민 공화국 수립이 선포된 후 해산하였다.

45

밑줄 그은 '이 사건'에 대한 설명으로 옳은 것은? [1점]

이 비석에는 이 사건을 소재로 한 현기영의 소설 순이삼촌의 주요 내용이 새겨져 있습니다. 이곳 제주에서는 남한만의 단독 선거에 반대하는 세력을 진압한다는 명분으로 토벌대에 의해 수많은 주민들이 희생당했습니다. 비석을 세우지 않고 눕혀놓은 것은 이 비극을 표현하기 위함입니다.

① 향토 예비군 창설의 계기가 되었다.
② 조봉암이 간첩 혐의를 받아 사형되었다.
③ 유엔군이 한반도에 파병되는 원인이 되었다.
④ 허정 과도 정부가 구성되는 결과를 가져왔다.
⑤ 진상 규명과 희생자 명예 회복을 위한 특별법이 제정되었다.

46

(가)~(마)에 대한 탐구 활동으로 적절하지 않은 것은? [3점]

답사 계획서
* 주제: 내포 지역의 문화유산을 찾아서
* 기간: 2025. ○○. ○○. ~ ○○. ○○.
* 경로: 남연군 묘 → 윤봉길 생가 → 수덕사 → 임존성 → 추사 고택

(가) 남연군 묘 (나) 윤봉길 생가 (다) 수덕사 대웅전 (라) 임존성 (마) 추사 고택

① (가) - 오페르트 도굴 미수 사건에 대해 찾아본다.
② (나) - 한인 애국단의 활동을 조사한다.
③ (다) - 고려 시대 건축물의 공포 양식을 알아본다.
④ (라) - 백제 부흥 운동에 대해 파악한다.
⑤ (마) - 이황과 사단칠정 논쟁을 한 인물을 검색한다.

47

(가)~(다) 학생이 발표한 내용을 일어난 순서대로 옳게 나열한 것은? [2점]

주제: 우리나라 헌법 개정의 역사

(가) 대통령과 부통령의 임기는 4년으로 하며, 1회로 규정한 중임 횟수를 개헌 당시 대통령에게만 적용하지 않는다는 부칙을 달았어요.

(나) 대통령이 통일 주체 국민 회의의 의장이 되고, 국회의원 정수의 3분의 1을 추천하도록 개정된 헌법이 만들어졌어요.

(다) 대통령은 국민의 보통·평등·직접·비밀 선거에 의하여 선출하고 대통령의 임기는 5년으로 하며, 중임할 수 없도록 했어요.

① (가) - (나) - (다)
② (가) - (다) - (나)
③ (나) - (가) - (다)
④ (나) - (다) - (가)
⑤ (다) - (가) - (나)

48

밑줄 그은 '정부' 시기에 볼 수 있는 모습으로 가장 적절한 것은? [2점]

이것은 서울에 최초로 설정된 개발 제한 구역을 표시한 지도입니다. 경부 고속 국도를 준공하는 등 경제 발전에 힘쓰던 당시 정부는 도시의 무질서한 확산을 방지하고 도시 주변의 자연환경을 보전하기 위해 처음으로 개발 제한 구역을 설정하였습니다.

① 서울 지하철 1호선 개통식을 취재하는 기자
② 반민족 행위 처벌법을 통과시키는 국회의원
③ 한·중 자유 무역 협정(FTA)에 서명하는 장관
④ 금융실명제 실시로 신분증을 요구하는 은행 직원
⑤ 외환 위기 극복을 위한 금 모으기 운동에 동참하는 시민

49

다음 뉴스가 보도된 정부 시기의 통일 노력으로 옳은 것은? [2점]

하계 올림픽을 성공적으로 마친 대통령은 오늘 한국 국가 원수로서 처음으로 헝가리를 방문하였습니다. 헝가리는 우리 정부의 북방정책에 대한 지지와 협력 의사를 함께 표명하였습니다. 이것은 정부가 발표한 7·7 선언의 성과로 평가되고 있습니다.

① 남북 조절위원회가 구성되었다.
② 남북한이 유엔에 동시 가입하였다.
③ 금강산 해로 관광 사업이 시작되었다.
④ 개성에 남북 경제 협력 협의 사무소가 설치되었다.
⑤ 최초로 남북 이산가족 고향 방문단 교환이 이루어졌다.

50

(가)~(마)에 대한 설명으로 옳지 않은 것은? [3점]

역사 돋보기 — 우리나라의 연호(年號)

연호는 군주가 자기의 치세 연차(年次)에 붙이는 칭호이다. 중국에서 시작되었으며 그 영향으로 우리나라, 일본, 베트남 등에서도 사용되었다. 연호는 원칙적으로 황제만 사용 가능하고, 제후 왕은 독자적인 연호를 쓸 수 없었다.

우리나라에서 최초로 확인되는 연호는 고구려 (가) 의 영락이다. 신라도 (나) 이 건원이라는 연호를, 뒤를 이은 진흥왕은 개국·태창·홍제 등의 연호를 사용하였다.

발해 고왕은 연호를 천통으로 했으며, (다) 은/는 인안, 문왕은 대흥, 선왕은 건흥이라는 연호를 사용하였다.

고려 태조는 천수를 사용하고, (라) 은/는 광덕·준풍을 연호로 삼았다.

조선은 고종 대에 개국기년(開國紀年)을 공문서에 사용하다가 건양, 광무로 연호를 정하였다. 그 뒤를 이은 (마) 은/는 융희 라는 연호를 사용하였다.

① (가) – 군대를 보내 신라에 침입한 왜를 격퇴하였다.
② (나) – 금관가야를 복속하여 영토를 확대하였다.
③ (다) – 장문휴를 보내 당의 산둥반도를 공격하였다.
④ (라) – 노비안검법을 시행하여 호족 세력을 견제하였다.
⑤ (마) – 전제 군주제를 명문화한 대한국 국제를 반포하였다.

2025년도 제75회 한국사능력검정시험 심화

|정답 및 해설| 212p

01
(가) 시대의 생활 모습으로 가장 적절한 것은? [1점]

① 주먹도끼 등 뗀석기를 처음 제작하였다.
② 소를 이용한 깊이갈이가 널리 보급되었다.
③ 주로 강가의 동굴이나 막집에 거주하였다.
④ 많은 인력을 동원하여 고인돌을 축조하였다.
⑤ 가락바퀴를 이용하여 실을 뽑기 시작하였다.

02
(가), (나) 사이의 시기에 있었던 사실로 옳은 것은? [2점]

(가) 진승과 항우가 군사를 일으켜 천하가 혼란해지자, 연(燕)·제(齊)·조(趙)의 백성이 괴로움을 견디다 못해 점차 준왕에게 망명해 왔다. 준왕은 이들을 서쪽 지역에 거주하게 하였다.

(나) 좌장군이 패수상군을 격파하고 왕검성에 이르러 그 성의 서북 방면을 포위하였다. 누선장군도 좌장군과 합세하여 성의 남쪽에 주둔하였다. 우거왕이 끝까지 성을 굳게 지키니, 수개월이 지나도 함락시킬 수 없었다.

① 위만이 왕위를 찬탈하였다.
② 이사부가 우산국을 복속시켰다.
③ 온조가 위례성에 도읍을 정하였다.
④ 관구검이 환도성을 침략하여 함락하였다.
⑤ 미천왕이 서안평을 공격하여 영토를 넓혔다.

03
(가) 국가의 문화유산으로 옳은 것은? [2점]

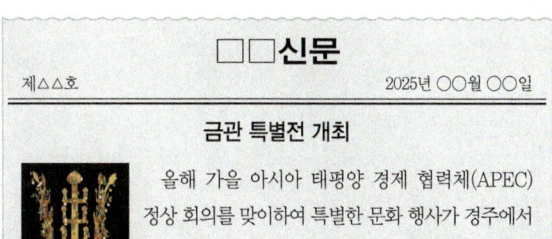

□□신문
제△△호 2025년 ○○월 ○○일

금관 특별전 개최

올해 가을 아시아 태평양 경제 협력체(APEC) 정상 회의를 맞이하여 특별한 문화 행사가 경주에서 열린다. 금관총 금관, 황남대총 금관 등 현재까지 발견된 (가) 의 금관 6점이 최초로 한자리에 모이는 '금관 특별전'은 세계 각국에 우리 문화의 우수성을 알리는 계기가 될 것으로 기대된다.

▲ 금관총 금관

①
②
③
④
⑤

04
(가) 나라에 대한 설명으로 옳은 것은? [2점]

국가유산청은 (가) 의 중심지였던 경상북도 고령군을 한국의 다섯 번째 고도로 지정하였습니다. 고령에는 궁성지, 지산동 고분군, 방어성인 주산성 등 (가) 의 문화유산들이 보존되어 있어 이와 같이 지정되었습니다.

경북 고령군, 다섯 번째 고도(古都)로 지정

① 신라 진흥왕에 의해 복속되었다.
② 광평성 등의 정치 기구를 마련하였다.
③ 화백 회의를 통해 국정을 운영하였다.
④ 대가들이 사자, 조의, 선인을 거느렸다.
⑤ 박, 석, 김의 3성이 교대로 왕위를 계승하였다.

05

밑줄 그은 '그 나라'의 경제 상황으로 가장 적절한 것은? [2점]

> 그 나라는 관(官)을 세움에 9등이 있다. 첫 번째는 토졸이라 하며, 1품에 비견된다. 옛 이름은 대대로이며, 국정을 모두 맡는다. 3년마다 교대하는데, 직에 걸맞은 자가 있으면 연한에 구애받지 않는다. …… 또 여러 큰 성에는 녹살(욕살)을 두는데, 도독에 비견된다. 여러 성에는 처려근지를 두는데, 자사에 비견된다. 또한 도사라 이르기도 한다.
> – 『한원』 –

① 수도에 동시전이 설치되었다.
② 집집마다 부경이라는 창고가 있었다.
③ 금속 화폐인 건원중보가 주조되었다.
④ 솔빈부의 말이 특산품으로 수출되었다.
⑤ 곡물을 대여하고 이자를 받은 내용을 좌관대식기에 남겼다.

06

(가)에 들어갈 내용으로 가장 적절한 것은? [2점]

① 김흠돌의 난이 진압되었어요.
② 만적이 개경에서 봉기를 도모하였어요.
③ 관료전이 지급되고 녹읍이 폐지되었어요.
④ 김헌창이 웅천주에서 반란을 일으켰어요.
⑤ 이차돈의 순교를 계기로 불교가 공인되었어요.

07

다음 자료에 나타난 상황 이후에 있었던 사실로 옳은 것은? [3점]

> 당(唐)이 광주사마 장손사를 보내 수(隋) 병사의 해골을 묻은 곳에 와서 제사를 지내고, 당시에 [고구려가] 세운 경관(京觀)*을 허물었다. 봄 2월에 왕이 많은 사람을 동원하여 동북의 부여성에서 동남의 바다에 이르기까지 천리 남짓에 걸쳐 장성을 쌓았다.
> – 『삼국사기』 –
> *경관: 승전을 기념하기 위해 적의 유해를 한곳에 모아 만든 무덤

① 을지문덕이 살수에서 대승을 거두었다.
② 고구려가 신라에 침입한 왜를 물리쳤다.
③ 김무력이 관산성에서 백제군을 격파하였다.
④ 연개소문이 정변을 일으켜 권력을 장악하였다.
⑤ 백제가 평양성을 공격하여 고구려 왕이 전사하였다.

08

다음 자료에 나타난 국가에 대한 설명으로 옳은 것은? [2점]

> • 조영이 죽으니, 시호를 고왕이라 하였다. 아들 무예가 왕위에 올라 영토를 크게 개척하니, 동북의 모든 오랑캐들이 두려워하여 신하가 되었다. 또 연호를 인안(仁安)으로 고쳤다.
> • 무예가 죽자, 시호를 무왕이라 하였다. 아들 흠무가 왕위에 올라 연호를 대흥(大興)으로 고쳤다.
> • 인수가 왕위에 올라 연호를 건흥(建興)으로 고치니, 그의 4대조 야발은 조영의 아우이다. 인수는 바다 북쪽의 여러 부(部)를 토벌하고 영역을 크게 넓힌 공이 있다.

① 골품에 따라 관등 승진을 제한하였다.
② 주자감을 설치하여 인재를 양성하였다.
③ 내신좌평 등 6좌평의 관제를 정비하였다.
④ 국경 지역인 양계에 병마사를 파견하였다.
⑤ 상수리 제도를 통해 지방 세력을 견제하였다.

09

(가) 지역에 대한 탐구 활동으로 가장 적절한 것은? [2점]

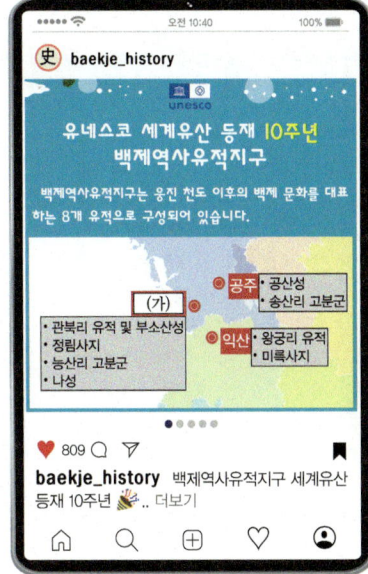

① 정약전이 자산어보를 저술한 곳을 알아본다.
② 비담과 염종이 반란을 일으킨 곳을 찾아본다.
③ 성왕이 새로운 도읍지로 정한 곳을 검색한다.
④ 윤충이 의자왕의 명을 받아 함락시킨 곳을 확인한다.
⑤ 신립이 배수의 진을 치고 왜군과 맞선 곳을 답사한다.

10

(가), (나) 사이의 시기에 있었던 사실로 옳은 것은? [3점]

(가) 견훤이 신라의 수도로 들어갔다. 포석정에서 연회를 벌이고 있던 신라 왕은 적의 병사들이 이르렀다는 말을 듣고 부인과 함께 달아나 성의 남쪽에 있는 별궁에 숨었다. 견훤은 신라 왕을 찾아내고 핍박하여 자결하게 하였다.

(나) 견훤이 고창군을 포위하자 유금필이 왕에게 아뢰기를, "싸워 보지도 않고 먼저 패배를 걱정하는 것은 어째서입니까? 신은 군대를 진격해 서둘러 공격하기를 바랍니다."라고 하니 왕이 허락하였다.

① 신숭겸이 공산 전투에서 전사하였다.
② 안승이 보덕국의 왕으로 책봉되었다.
③ 흑치상지가 임존성에서 군사를 일으켰다.
④ 최치원이 왕에게 시무 10여 조를 건의하였다.
⑤ 왕건이 일리천 전투에서 신검에게 승리하였다.

11

(가) 왕에 대한 설명으로 옳은 것은? [2점]

교서를 내려 말하기를, "태학조교 송승연과 나주목(羅州牧)의 경학박사 전보인이 [학생들을] 이끌어 잘 도와서, 학문을 널리 닦으라는 공자의 뜻에 합치된다. 가르침에 게으르지 않아서 내가 학문을 권장하는 뜻에 들어맞으므로 마땅히 그들을 발탁하여 특별하고 두터운 총애를 보이도록 하라."라고 하였다.

[해설] 위 사료는 (가) 이/가 유학 교육에 공이 있는 태학조교와 나주목의 경학박사를 치하하는 『고려사』의 기록이다. 중앙뿐 아니라 지방의 교육도 장려했던 (가) 은/는 처음으로 12목을 설치하고 지방관에 이어 경학박사와 의학박사를 파견하였다.

① 광덕, 준풍 등의 독자적 연호를 사용하였다.
② 신돈을 중심으로 전민변정 사업을 추진하였다.
③ 청연각과 보문각을 두어 학문 연구를 장려하였다.
④ 정계와 계백료서를 지어 관리의 규범을 제시하였다.
⑤ 최승로의 시무 28조를 받아들여 통치 체제를 정비하였다.

12

(가)의 침입에 대한 고려의 대응으로 옳은 것은? [1점]

이곳은 전라남도 진도의 용장성 유적으로, 삼별초가 조성한 궁궐의 터가 남아 있습니다. 고려 정부가 (가) 와/과 강화를 맺자, 이에 반발한 삼별초는 왕족인 승화후 온을 왕으로 삼고 이곳으로 내려와 궁궐과 성을 쌓아 항쟁을 계속하였습니다. 단기간 사용되었음에도 왕궁과 외성이 있고, 여러 개의 성문과 치(雉) 등 다양한 시설이 확인된다고 합니다.

① 윤관을 보내 동북 9성을 개척하였다.
② 상비군으로 구성된 훈련도감을 설치하였다.
③ 박위로 하여금 쓰시마섬을 정벌하게 하였다.
④ 서희를 파견하여 소손녕과 외교 담판을 벌였다.
⑤ 대장도감을 설치하여 팔만대장경을 간행하였다.

13

(가)에 들어갈 내용으로 가장 적절한 것은? [2점]

이 초상화 속 인물은 고려의 학자인 문헌공 최충으로, 해동공자라고 불리기도 하였습니다. 거란의 침입으로 개경이 함락되어 서적들이 소실되자 역사서 편찬을 위한 수찬관에 임명되었습니다. 유학을 보급하고 인재 양성에 힘쓴 그는 (가)

① 불씨잡변을 지어 불교를 비판하였습니다.
② 만권당에서 원의 학자들과 교유하였습니다.
③ 지공거 출신으로 9재 학당을 설립하였습니다.
④ 입학도설을 저술하여 성리학의 기본 원리를 해설하였습니다.
⑤ 성균관의 대사성이 되어 정몽주 등을 학관으로 천거하였습니다.

14

다음 상황이 나타난 시기를 연표에서 옳게 고른 것은? [2점]

서경 반란군이 검교첨사 최경을 개경으로 보내 표문을 올려 이르기를, "폐하께서 음양의 지극한 말을 믿으시고 도참의 비설을 고찰하시어 대화궁을 창건하시니 천제(天帝)의 도읍을 본떠 만드신 것입니다. …… 인심은 두려운 것이며 군중의 분노는 막기 어려우니 만약 폐하께서 수레를 타고 임하신다면 병란은 그칠 것입니다."라고 하였다. 표문이 도착하니 모두 말하기를, "신하가 감히 군주를 부르다니 그 사자(使者)를 베는 것이 옳습니다."라고 하였다.

918	1009	1126	1170	1356	1392
	(가)	(나)	(다)	(라)	(마)
고려 건국	강조의 정변	이자겸의 난	무신 정변	쌍성총관부 탈환	고려 멸망

① (가) ② (나) ③ (다) ④ (라) ⑤ (마)

15

교사의 질문에 대한 학생의 답변으로 가장 적절한 것은? [2점]

자료는 '이생규장전'의 일부입니다. 이 작품은 홍건적의 침입으로 왕이 피란하고 백성이 고통을 겪는 등 전란의 참혹했던 상황을 역사적 배경으로 하고 있습니다. 이 상황 이후에 전개된 역사적 사실에 대해 말해 볼까요?

[문학으로 만나는 한국사]
신축년에 홍건적이 개경을 점거하자 임금은 복주(福州)로 피란하였다. 적들은 집을 불태워 없애버렸으며, 사람을 죽이고 가축을 잡아먹었다. 부부와 친척끼리도 서로 보호하지 못했고 동서로 달아나 숨어서 제각기 살길을 찾았다. 이생은 가족들을 데리고 외진 산골로 숨었는데, 한 도적이 칼을 빼어들고 뒤를 쫓아왔다. 이생은 달아나 목숨을 건졌지만, 그의 아내 최랑은 도적에게 사로잡혔다.

① 김사미가 운문을 거점으로 봉기하였어요.
② 강감찬이 흥화진 전투에서 승리하였어요.
③ 후주 출신 쌍기가 과거제 도입을 건의하였어요.
④ 최충헌이 교정도감을 두어 국정을 총괄하였어요.
⑤ 이성계가 위화도에서 회군하여 정권을 장악하였어요.

16

다음 상황이 나타난 국가의 경제 모습으로 옳은 것은? [2점]

• 동소(銅所) · 철소(鐵所) · 자기소(瓷器所) · 지소(紙所) · 묵소(墨所) 등 여러 소에서 별공으로 바치는 물건들을 너무 과중하게 징수하여 장인들이 고통스러워 도망하고 있다.

• 왕이 명령하기를, "이제 처음으로 화폐를 주조하는 법을 제정하였으니, 주조한 돈 1만 5천 관(貫)을 여러 관리와 군인들에게 나누어 주어 이를 통용의 시초로 삼고 전문(錢文)은 해동통보라 하여라."라고 하였다.

① 청해진을 설치하여 해상 무역을 전개하였다.
② 재정 문제를 해결하기 위한 당백전이 발행되었다.
③ 계해약조가 체결되어 세견선의 입항이 허가되었다.
④ 육의전을 제외한 시전 상인의 금난전권이 폐지되었다.
⑤ 예성강 하구의 벽란도가 국제 무역항으로 번성하였다.

17

(가)에 들어갈 내용으로 가장 적절한 것은? [1점]

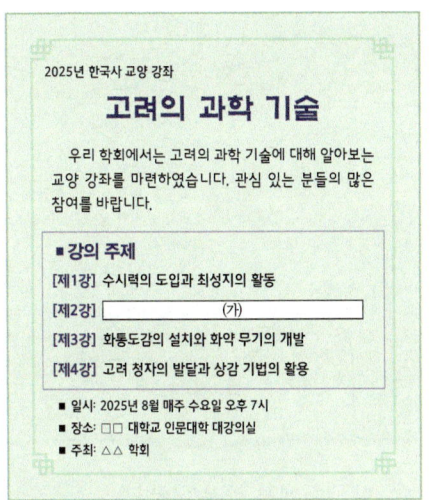

2025년 한국사 교양 강좌
고려의 과학 기술
우리 학회에서는 고려의 과학 기술에 대해 알아보는 교양 강좌를 마련하였습니다. 관심 있는 분들의 많은 참여를 바랍니다.

■ 강의 주제
[제1강] 수시력의 도입과 최성지의 활동
[제2강] (가)
[제3강] 화통도감의 설치와 화약 무기의 개발
[제4강] 고려 청자의 발달과 상감 기법의 활용

■ 일시: 2025년 8월 매주 수요일 오후 7시
■ 장소: □□ 대학교 인문대학 대강의실
■ 주최: △△ 학회

① 의약학의 발전과 향약집성방의 편찬
② 100리 척의 사용과 동국지도의 제작
③ 기하학적 원리와 경주 석굴암의 조성
④ 금속활자 기술과 직지심체요절의 간행
⑤ 농업 기술의 발달과 임원경제지의 저술

18

(가) 국기의 문화유산으로 옳은 것은? [2점]

19

다음 자료를 활용한 탐구 활동으로 가장 적절한 것은? [2점]

> 처음에 공신 배극렴·조준·정도전이 세자를 세울 것을 청하면서, 나이와 공로를 고려하여 정하기를 청하였다. 임금이 강씨를 중히 여겨 이방번에게 뜻이 있었으나, 공신들은 방번이 적합하지 않다고 생각하여 사적으로 서로 이야기하기를, "만일 강씨 소생이어야 한다면 막내가 조금 낫겠다."라고 하였다. 이후 임금이 "누가 세자가 될 만한가?"라고 물으니, 맏아들 혹은 공로가 있는 사람을 세워야만 된다고 간절히 말하는 사람이 없었다. 이에 극렴이 말하기를, "막내 아들이 좋습니다."라고 하니, 임금이 마침내 뜻을 결정하여 어린 이방석을 왕세자로 삼았다.

① 제1차 왕자의 난이 일어난 이유를 찾아본다.
② 수양대군이 정권을 장악하는 과정을 조사한다.
③ 사림이 동인과 서인으로 나뉘게 된 계기를 파악한다.
④ 폐모살제 등을 구실로 반정을 일으킨 세력을 검색한다.
⑤ 허적과 윤휴 등 남인이 대거 축출되는 사건을 알아본다.

20

(가) 기구에 대한 설명으로 옳은 것은? [2점]

① 수도의 행정과 치안을 담당하였다.
② 을묘왜변을 계기로 상설 기구화되었다.
③ 서얼 출신 학자들이 검서관에 등용되었다.
④ 역사서를 편찬하고 사고에 보관하는 일을 맡았다.
⑤ 대사헌을 수장으로 집의, 장령 등의 관직을 두었다.

21

(가)에 대한 조선의 대응으로 옳은 것은? [2점]

이 그림에는 1588년 북병사 장양공 이일이 변경을 침범하던 (가) 을/를 정벌하는 장면이 그려져 있습니다. 조선 초에는 (가) 을/를 회유하기 위해 경성과 경원에 무역소를 설치하기도 하였으나, 이들은 수시로 변경을 침범하였고 조선 정부의 토벌도 이어졌습니다.

장양공정토시전부호도

① 사신 접대를 위해 한성에 동평관을 두었다.
② 두만강 일대를 개척하여 6진을 설치하였다.
③ 강화도로 도읍을 옮겨 장기 항전을 준비하였다.
④ 철령위 설치에 반발하여 요동 정벌을 추진하였다.
⑤ 신기군, 신보군, 항마군 등으로 구성된 별무반을 조직하였다.

22

(가), (나) 사이의 시기에 있었던 사실로 옳은 것은? [3점]

(가) 대신 등에게 전교하기를, "조광조 등의 일은 내가 늘 마음 속에서 잊지 않았으나 선왕(先王)께서 전에 허락하지 않으셨으므로 감히 가벼이 고치지 못하였다. 이제는 내 병이 위독하여 비로소 유언하니 조광조 등의 벼슬을 모두 회복할 수 있으면 다행이겠다. 현량과도 회복하여 거두어 등용하도록 하라."라고 하였다.

(나) 부제학 정언각이 아뢰기를, "소신이 양재역에 이르러서 벽에 써 붙인 주서(朱書)를 보았는데 국가에 관계된 내용이었으므로 지극히 놀랐습니다. …… 또 반역의 잔당들은 이미 죄를 물었습니다만, 심영은 대왕대비를 가리켜 신하로서 할 수 없는 말을 하였습니다. 신하가 그와 같은 말을 하고서 어떻게 천지 사이에 용납될 수 있겠습니까."라고 하였다.

① 자의 대비의 복상 문제로 예송이 일어났다.
② 외척 간의 권력 다툼으로 윤임이 제거되었다.
③ 세자 책봉 문제를 계기로 정철이 유배되었다.
④ 희빈 장씨 소생의 원자 책봉 문제로 환국이 발생하였다.
⑤ 폐비 윤씨 사사 사건의 전말이 알려져 김굉필 등이 처형되었다.

23

(가) 전쟁 중에 있었던 사실로 옳은 것은? [2점]

문학으로 보는 한국사

남한산성 무너진 날 죽었어야 할 몸인데
초수(楚囚)*되어 아직도 못 돌아간 신하라네
서쪽으로 오며 형 생각에 몇 번이나
눈물 뿌렸던고
동녘을 바라보니 아우 그린 형이 가련하네
……
부부 은정(恩情) 중하기도 한데
만난지 두 돌도 못 되었네그려
이제는 만 리 밖에 이별하여
백년 가약이 헛되구나
길이 멀어 편지도 못 부치고
산이 높아 꿈조차 더디 넘네
나의 살 길 기약할 수 없으니
뱃속의 아이나 잘 보살펴주오
*초수: 포로를 뜻함

[해설]
이 작품은 송시열이 펴낸 『삼학사전』에 수록된 시로, 오달제가 형과 아내에게 보낸 것입니다. 삼학사는 (가) 때 척화론을 주장하다가 이듬해 심양으로 잡혀가 순절한 홍익한, 윤집, 오달제를 말합니다.
『삼학사전』에는 삼학사의 절개와 비극적 최후가 묘사되어 있습니다. 인조의 뒤를 이어 즉위한 효종은 (가) 의 치욕을 씻기 위해 북벌을 추진하는 한편 순절한 인물을 기리고 그 후손을 등용하는 정책을 펼쳤습니다.

① 송상현이 동래성에서 항전하였다.
② 김준룡이 광교산 전투에서 승리하였다.
③ 이괄의 반란 세력이 도성을 장악하였다.
④ 강홍립 부대가 사르후 전투에 참전하였다.
⑤ 신류가 조총 부대를 이끌고 흑룡강에서 전투를 벌였다.

24

(가) 왕에 대한 설명으로 옳은 것은? [2점]

이 책은 이인좌의 난을 평정한 직후 (가) 의 명으로 송인명 등이 난의 진행 과정과 원인에 대해 여러 자료를 참고해서 편찬한 것입니다. 어제(御製) 서문에는 이인좌의 난이 일어난 원인을 붕당에서 찾고 있으며, 이와 같은 변란의 재발을 막기 위하여 이 책을 편찬한다고 명시되어 있습니다.

감란록

① 경기도에 한하여 대동법을 시행하였다.
② 수도 방어를 위하여 금위영을 창설하였다.
③ 탕평 교서를 반포하고 탕평비를 건립하였다.
④ 문신을 재교육하기 위한 초계문신제를 실시하였다.
⑤ 통치 체제를 정비하기 위해 대전회통을 편찬하였다.

25

밑줄 그은 '시기'에 볼 수 있는 모습으로 가장 적절한 것은? [1점]

이것은 장용영이 존재하던 시기 한양 도성 일대를 그린 도성도입니다. 종묘 부근에 장용영의 위치가 표시되어 있습니다. 이 지도에는 또 어떤 특징이 있을까요?

두드러진 특징은 남쪽을 바라보며 정사를 보는 왕의 시각에 맞춰 그려, 지도의 상단이 남쪽으로 되어있다는 점입니다. 또한 산수화풍의 산세 표현은 겸재 정선의 화풍을 따른 것으로 보입니다.

① 세책가에서 춘향전을 빌리는 부녀자
② 동국정운을 편찬하는 집현전의 학자
③ 주자소에서 계미자를 제작하는 장인
④ 형평사 창립 대회 개최를 취재하는 기자
⑤ 시전의 상행위를 감독하는 경시서의 관리

26

다음 상황이 나타난 시기의 경제 모습으로 옳지 않은 것은? [2점]

> 비가 내리자 왕이 특별히 화성부에 이르기를, "흉년이 들었을 때 기근을 구제하는 데 서쪽 지방의 토란이나 남쪽 지방의 고구마보다 월등히 나은 것은 메밀이다. 내가 이 때문에 모내기의 시기를 놓치게 되면 반드시 메밀을 대신 파종하도록 권장하는 것이다."라고 하였다.

① 염포의 왜관을 통해 일본과 교역하였다.
② 상평통보를 발행하여 화폐로 사용하였다.
③ 관청에 물품을 조달하는 공인이 활동하였다.
④ 송상, 만상이 대청 무역으로 부를 축적하였다.
⑤ 덕대가 물주에게 자금을 받아 광산을 경영하였다.

27

(가) 왕의 재위 시기에 있었던 사실로 옳은 것은? [2점]

이 그림은 세도 정치의 주요 인물이자 (가) 의 장인인 김조순의 별저 옥호정과 그 일대를 그린 옥호정도입니다. 삼청동 북악산 백련봉 일대에 위치한 별저의 모습을 통해 당시 세도가였던 안동 김씨의 위세를 짐작할 수 있습니다.

① 오페르트가 남연군 묘 도굴을 시도하였다.
② 이만손이 주도하여 영남 만인소를 올렸다.
③ 이시애가 길주를 근거지로 난을 일으켰다.
④ 홍경래 등이 봉기하여 정주성을 점령하였다.
⑤ 곽재우, 고경명 등이 의병장으로 활약하였다.

28

(가) 사건에 대한 설명으로 옳은 것은? [2점]

> 김옥균 등은 청이 우리 자주권을 침해하는 데 분노하여 일본 공사와 (가) 을/를 일으켜 '일본당'으로 지목되었다. (가) 이/가 실패하자 온 나라가 그를 역적이라 하였다. 나는 조정에 몸을 담고 있어 그를 토벌하여 죽여야 한다는 것 외에 다른 목소리를 낼 수 없었다. 그러나 김옥균과 나의 마음은 그 뜻이 다른 데 있는 것이 아니라 나라를 사랑하는 데서 나온 것이었다.
> － 『속음청사』 －

① 개혁 추진 기구로 교정청이 설치되었다.
② 전개 과정에서 홍범 14조가 반포되었다.
③ 통리기무아문이 신설되는 배경이 되었다.
④ 김기수가 수신사로 파견되는 결과를 가져왔다.
⑤ 청일 간에 톈진 조약이 체결되는 계기가 되었다.

29

(가) 종교에 대한 설명으로 옳은 것은? [1점]

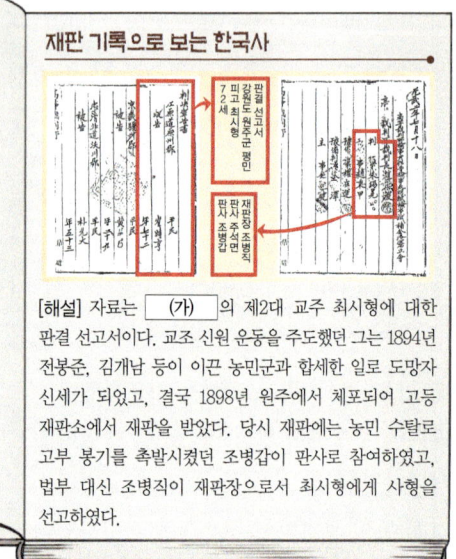

[해설] 자료는 (가) 의 제2대 교주 최시형에 대한 판결 선고서이다. 교조 신원 운동을 주도했던 그는 1894년 전봉준, 김개남 등이 이끈 농민군과 합세한 일로 도망자 신세가 되었고, 결국 1898년 원주에서 체포되어 고등 재판소에서 재판을 받았다. 당시 재판에는 농민 수탈로 고부 봉기를 촉발시켰던 조병갑이 판사로 참여하였고, 법부 대신 조병직이 재판장으로서 최시형에게 사형을 선고하였다.

① 포접제를 활용하여 교세를 확장하였다.
② 배재 학당을 세워 신학문 보급에 앞장섰다.
③ 박중빈을 중심으로 새생활 운동을 추진하였다.
④ 일제의 통제에 맞서 사찰령 폐지 운동을 벌였다.
⑤ 의민단을 조직하여 항일 무장 투쟁을 전개하였다.

30

밑줄 그은 '전쟁' 기간에 있었던 사실로 옳은 것은? [3점]

미국 잡지 '포퓰러 매거진'의 1912년 마지막 호에는 한반도를 둘러싼 대한 제국과 일본, 러시아 간의 암투를 다룬 첩보 소설(The cat and the king)이 실렸습니다. 베델, 민영환 등 당대 인물들이 등장하는 이 소설은 일제가 포츠머스 조약을 체결하여 전쟁을 끝내고 대한 제국의 외교권을 박탈하려는 등 긴박하게 전개되었던 당시 상황을 배경으로 하고 있습니다.

① 고종이 아관 파천을 단행하였다.
② 일본이 독도를 불법 편입하였다.
③ 러시아가 절영도 조차를 요구하였다.
④ 조청 상민 수륙 무역 장정을 체결하였다.
⑤ 평양 관민이 대동강에 침입한 제너럴 셔먼호를 불태웠다.

31

(가) 인물에 대한 설명으로 옳은 것은? [3점]

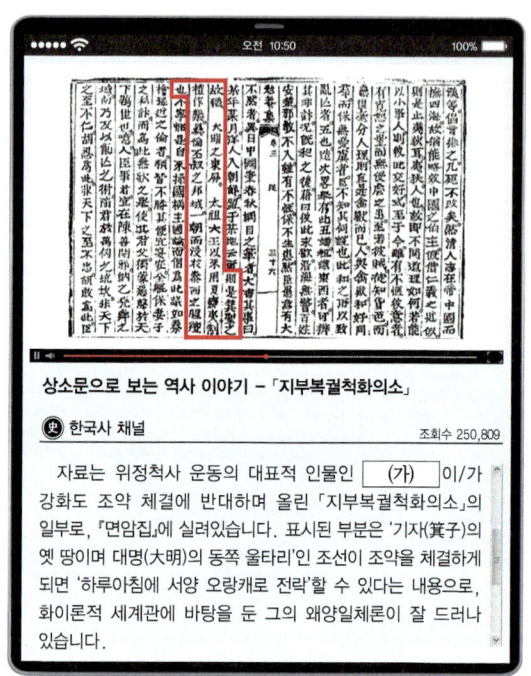

상소문으로 보는 역사 이야기 – 「지부복궐척화의소」

한국사 채널 조회수 250,809

자료는 위정척사 운동의 대표적 인물인 (가) 이/가 강화도 조약 체결에 반대하며 올린 「지부복궐척화의소」의 일부로, 『면암집』에 실려있습니다. 표시된 부분은 '기자(箕子)의 옛 땅이며 대명(大明)의 동쪽 울타리'인 조선이 조약을 체결하게 되면 '하루아침에 서양 오랑캐로 전락'할 수 있다는 내용으로, 화이론적 세계관에 바탕을 둔 그의 왜양일체론이 잘 드러나 있습니다.

① 고종의 밀지를 받아 독립 의군부를 조직하였다.
② 도쿄에서 일왕이 탄 마차를 향해 폭탄을 던졌다.
③ 을사늑약이 체결되자 태인에서 의병을 일으켰다.
④ 명동 성당 앞에서 이완용을 습격하여 중상을 입혔다.
⑤ 13도 창의군을 지휘하여 서울 진공 작전을 전개하였다.

32

㉠~㉤에 대한 설명으로 옳은 것은? [2점]

이준 연보
1859년 함경도 북청에서 출생
1895년 법관 양성소 졸업
1898년 ㉠ 독립 협회 가입
1904년 ㉡ 보안회 조직, 일제의 압력으로 황해도 철도(鐵島)로 유배
1905년 ㉢ 헌정 연구회 조직
1906년 ㉣ 대한 자강회 조직
1907년 ㉤ 신민회 가입, 네덜란드 헤이그 만국 평화 회의에 특사로 파견, 사망
1962년 건국훈장 대한민국장 추서

① ㉠ – 고종 강제 퇴위 반대 운동을 전개하였다.
② ㉡ – 일제의 황무지 개간권 요구를 저지시켰다.
③ ㉢ – 일제가 조작한 105인 사건으로 와해되었다.
④ ㉣ – 대성 학교를 설립하여 민족 교육을 실시하였다.
⑤ ㉤ – 조소앙의 삼균주의를 기초로 건국 강령을 발표하였다.

33

다음 자료를 작성한 인물에 대한 설명으로 옳은 것은? [1점]

> '동양 평화'와 '한국 독립'에 대한 문제는 이미 세계 모든 나라 사람들이 다 아는 사실이며 당연한 일로 굳게 믿었고, 한국과 청국 사람들의 마음에 깊게 새겨졌다. …… 만일 일본이 지금의 정책을 바꾸지 않고 이웃 나라들을 나날이 억누른다면, 차라리 다른 인종에게 망할지언정 같은 인종에게 욕을 당하지는 않겠다는 생각이 한국과 청국 사람들의 마음에서 용솟음칠 것이다. …… 동양 평화를 위한 의로운 싸움을 하얼빈에서 시작하고, 옳고 그름을 가리는 자리는 뤼순으로 정하였다.

① 샌프란시스코에서 흥사단을 창립하였다.
② 황준헌이 쓴 조선책략을 국내에 들여왔다.
③ 초대 통감이었던 이토 히로부미를 사살하였다.
④ 유만수 등과 함께 부민관 폭파 의거를 일으켰다.
⑤ 국권 피탈 과정을 정리한 한국통사를 저술하였다.

34

밑줄 그은 '시기'에 있었던 사실로 옳은 것은? [2점]

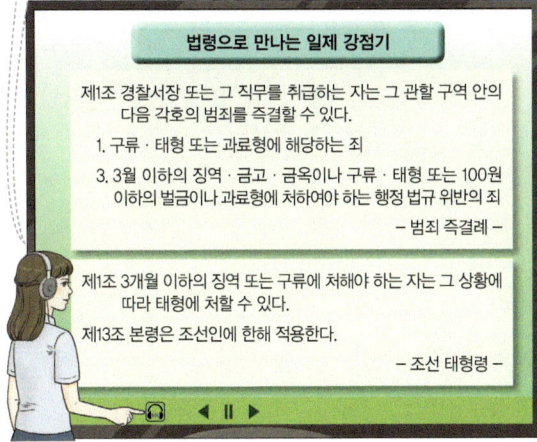

① 미쓰야 협정이 체결되었다.
② 조선 사상범 예방 구금령이 제정되었다.
③ 박문국이 설치되어 한성순보를 발행하였다.
④ 황국 중앙 총상회가 상권 수호 운동을 주도하였다.
⑤ 회사 설립 시 총독의 허가를 받도록 하는 회사령이 시행되었다.

35

다음 기사가 보도된 시기에 볼 수 있는 모습으로 가장 적절한 것은? [2점]

□□신문

[사설] 대홍수의 재난에서 조선의 형제들을 구하라

대홍수로 중부 지방에 엄청난 피해가 발생하였다. 7월 18일에는 용산과 뚝섬 일대가 완전 침수되었고 이튿날은 광주군 선리 주민 292명이 물에 빠져 죽었다. 경부선은 10일간 불통이었다. 그럼에도 총독부는 이와 같은 홍수 피해에 무성의하게 대처하고 있다. 재작년 일본에서 관동 대지진이 일어났을 때 조선인들이 박해를 받았음에도 불구하고 우리 조선의 형제들은 능력껏 구제의 손길을 뻗쳤었다. 그러나 지금 조선에서 홍수 피해로 각지에서 재난이 일어나고 있는데도 총독부와 일본인 거류민들은 모른 척하고 있다. 조선인이여! 조선인을 구하라. 재난을 당한 형제와 같이 울며 아프며 살 길을 구하라.

▲ 침수된 용산 일대

① 영선사 일행으로 청에 가는 생도
② 경성 제국 대학에서 공부하는 학생
③ 국채 보상 운동의 모금에 참여하는 상인
④ 육영 공원에서 영어를 가르치는 미국인 교사
⑤ 전차 개통식에 참여하는 한성 전기 회사 직원

36

(가) 운동의 배경으로 가장 적절한 것은? [1점]

파리 강화 회의가 진행되던 프랑스에서는 일제 강점기 최대 규모의 독립운동이었던 ◯◯(가)◯◯ 와/과 관련된 내용이 보도된 바 있습니다. 이와 관련하여 "일본 당국이 가혹한 탄압을 하고 있으며 혁명의 희생자 수가 이미 상당하다."라고 보도하며, ◯◯(가)◯◯ 에 대해 '혁명'이라는 표현을 사용한 기사가 주목됩니다.

① 간도 참변으로 민간인이 학살되었다.
② 민영익을 대표로 한 보빙사가 파견되었다.
③ 대한 제국의 마지막 황제 순종이 서거하였다.
④ 언론사의 주도로 브나로드 운동이 전개되었다.
⑤ 미국 대통령 윌슨이 민족 자결주의를 제창하였다.

37

(가) 단체에 대한 설명으로 옳은 것은? [2점]

【우리 고장의 독립운동가】

일우(一宇) 김한종 (1883~1921)

충청남도 예산군 광시면 출생이다. 1915년 대구에서 박상진 등이 국권 회복을 위해 조직한 (가) 의 충청도 지부장으로, 군자금 모금과 친일 관리 처단을 주도하였다. 이후 일제에 체포되어 총사령 박상진과 함께 사형을 선고받고 대구 형무소에서 생을 마감하였다. 1963년에 건국훈장 독립장이 추서되었다.

① 군대식 조직을 갖춘 비밀 결사였다.
② 정우회 선언의 영향으로 결성되었다.
③ 조선 혁명 선언을 활동 지침으로 삼았다.
④ 중국군과 함께 영릉가 전투에서 큰 전과를 올렸다.
⑤ 만민 공동회를 열어 열강의 이권 침탈을 비판하였다.

38

(가)~(라)를 발표된 순서대로 옳게 나열한 것은? [3점]

(가) 제1조 대한국은 세계 만국에 공인된 자주독립 제국이다.
제2조 대한 제국의 정치는 만세에 걸쳐 불변할 전제 정치이다.
제3조 대한국 대황제는 무한한 군권(君權)을 누린다.

(나) 중추원은 아래에 열거한 사항을 심사하고 회의하여 결정하는 곳으로 할 것이다.
1. 법률, 칙령의 제정, 폐지, 개정에 관한 사항
6. …… 중추원 의관의 절반은 정부에서 나라에 공로가 있는 사람을 추천하고, 그 절반은 인민 협회 중에서 27세 이상으로 정치·법률·학식에 통달한 자를 투표해서 선거할 것이다.

(다) 제1조 대한민국은 민주 공화국이다.
제2조 대한민국의 주권은 국민에게 있고 모든 권력은 국민으로부터 나온다.
제102조 이 헌법을 제정한 국회는 이 헌법에 의한 국회로서의 권한을 행하며 그 의원의 임기는 국회 개회일로부터 2년으로 한다.

(라) 융희 황제가 삼보(三寶)를 포기한 8월 29일은 즉 우리 동지가 삼보를 계승한 8월 29일이니 그 사이 순간도 멈춘 적이 없다. 우리 동지는 완전한 상속자이니 저 황제권이 소멸한 시점은 즉 민권이 발생한 시점이오, 옛 한국의 마지막 1일은 즉 신한국 최초의 1일이다.

① (가) - (나) - (다) - (라)
② (가) - (나) - (라) - (다)
③ (나) - (가) - (라) - (다)
④ (나) - (다) - (가) - (라)
⑤ (다) - (라) - (나) - (가)

39

(가) 지역에서 있었던 민족 운동으로 옳은 것은? [2점]

① 한인 자치 기구인 경학사를 조직하였다.
② 권업회를 조직하고 권업신문을 발간하였다.
③ 중광단을 결성하여 항일 투쟁을 전개하였다.
④ 숭무 학교를 설립하여 독립군을 양성하였다.
⑤ 유학생들이 중심이 되어 2·8 독립 선언서를 발표하였다.

41

(가) 단체에 대한 설명으로 옳은 것은? [3점]

① 최초로 한글에 띄어쓰기를 도입하였다.
② 국어 문법서인 대한문전을 편찬하였다.
③ 태극 서관을 설립하여 서적을 보급하였다.
④ 조선말(우리말) 큰 사전 편찬을 추진하였다.
⑤ 국문 연구소를 두어 한글을 체계적으로 연구하였다.

40

교사의 질문에 대한 학생의 답변으로 가장 적절한 것은? [3점]

① 양전 사업이 실시되어 지계가 발급되었어요.
② 함경도와 황해도에서 방곡령이 선포되었어요.
③ 전국 단위 조직인 조선 농민 총동맹이 결성되었어요.
④ 일본의 토지 침탈에 맞서 농광 회사가 설립되었어요.
⑤ 기한 내에 소유지를 신고하게 하는 토지 조사령을 제정하였어요.

42

(가)에 들어갈 내용으로 가장 적절한 것은? [1점]

① 나운규의 영화 아리랑이 상영되었습니다.
② 한글 신문인 제국신문이 간행되었습니다.
③ 정비석의 소설 자유부인이 출판되었습니다.
④ 잡지 사상계가 높은 판매 부수를 기록하였습니다.
⑤ 아침 이슬 등의 곡이 금지곡으로 지정되었습니다.

43

(가) 부대에 대한 설명으로 옳은 것은? [2점]

> **사료로 만나는 여성 독립운동사**
>
> 이중 삼중의 억압에 눌려 신음하던 자매들이여! 어서 빨리 일어나 이 민족 해방 운동의 뜨거운 용광로에 뛰어오라. …… 어둠 속에서 비추는 새벽빛 같은 (가) 의 자유를 쟁취하려는 봉화는 붉고 맑게 빛난다. 이미 모인 혁명 동지들은 뜨거운 손길을 내밀고 열정에 넘쳐 속히 달려옴을 기다리고 있다. 오라!
>
> [해설] 이 사료는 『광복』에 실린 지복영의 글 중 일부이다. 그녀는 1940년 9월, 충칭에서 자신의 아버지 지청천을 총사령으로 하는 (가) 이/가 창설될 때 오광심, 김송숙, 조순옥 등과 함께 참여하였다. 그녀는 대원 모집, 선전 활동 등을 이어오다 광복을 맞이하였다.

① 청산리에서 일본군에 맞서 승리를 거두었다.
② 미국과 연계하여 국내 진공 작전을 준비하였다.
③ 동북 항일 연군으로 개편되어 유격전을 전개하였다.
④ 쌍성보, 대전자령 전투 등에서 일본군에 승리하였다.
⑤ 중국 관내(關內)에서 결성된 최초의 한인 무장 부대였다.

44

밑줄 그은 '이 시기'에 시행된 일제의 정책으로 옳은 것은? [1점]

- 이것은 일제가 각종 놋그릇과 생활용품들을 공출한 후 찍은 사진이야. 당시 금속류 회수령이 실시되었지.
- 맞아. 중일 전쟁을 일으키고 침략 전쟁을 확대했던 이 시기 일제는 군수 물자 생산을 위해 사찰의 종까지 걷어가기도 했어.

① 언론을 통제하기 위하여 신문지법을 제정하였다.
② 애국반을 조직하여 한국인의 생활을 통제하였다.
③ 경복궁에서 최초로 조선 물산 공진회를 개최하였다.
④ 재정 고문 메가타의 주도 아래 화폐 정리 사업을 실시하였다.
⑤ 보통학교의 수업 연한을 4년으로 규정한 제1차 조선 교육령을 시행하였다.

45

다음 성명이 발표된 이후의 사실로 옳은 것은? [3점]

> 지금 이때 나의 단일한 염원은 3천만 동포와 손을 잡고 통일된 조국, 독립된 조국의 달성을 위하여 공동 분투하는 것뿐이다. 이 육신을 조국이 요구한다면 당장이라도 제단에 바치겠다. 나는 통일된 조국을 건설하려다가 38선을 베고 쓰러질지언정 일신에 구차한 안일을 취하여 단독 정부를 세우는 데는 협력하지 아니 하겠다. 나는 내 생전에 38선 이북에 가고 싶다. 그쪽 동포들도 제 집을 찾아가는 것을 보고서 죽고 싶다. 궂은 날을 당할 때마다 38선을 싸고 도는 원귀의 곡성이 내 귀에 들리는 것도 같았다. 고요한 밤에 홀로 앉으면 남북에서 헐벗고 굶주리는 동포들의 원망스런 용모가 내 앞에 나타나는 것도 같았다.

① 모스크바 3국 외상 회의가 개최되었다.
② 송진우, 김성수 등이 한국 민주당을 창당하였다.
③ 좌우 합작 위원회에서 좌우 합작 7원칙을 발표하였다.
④ 우리나라 최초의 보통 선거인 5·10 총선거가 실시되었다.
⑤ 여운형이 중심이 되어 조선 건국 준비 위원회를 조직하였다.

46

밑줄 그은 '정부' 시기에 있었던 사실로 옳은 것은? [2점]

이 사진은 6·25 전쟁 중 부산 임시 국회에서 개헌안을 표결하는 장면입니다. 정부는 부산 일대에 계엄을 선포하고 야당 의원들이 탄 통근 버스를 강제로 연행하는 등 공포 분위기를 조성하였습니다. 개헌안은 군인과 경찰이 국회 의사당을 완전히 포위한 상태에서 토론 없이 기립 표결로 통과되었습니다.

① 경부 고속 도로가 개통되었다.
② 한미 상호 방위 조약이 체결되었다.
③ 함평 고구마 피해 보상 운동이 전개되었다.
④ 대통령 긴급 명령으로 금융 실명제가 실시되었다.
⑤ 사회 정화를 명분으로 삼청 교육대가 설치되었다.

47

(가) 정부 시기에 있었던 사실로 옳은 것은? [2점]

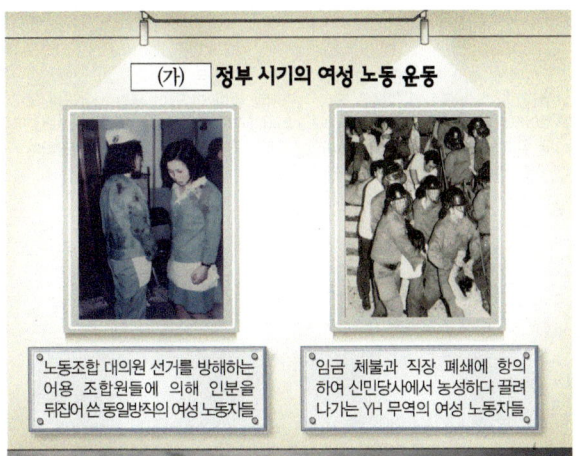

(가) 정부 시기의 여성 노동 운동

노동조합 대의원 선거를 방해하는 어용 조합원들에 의해 인분을 뒤집어 쓴 동일방직의 여성 노동자들

임금 체불과 직장 폐쇄에 항의하여 신민당사에서 농성하다 끌려 나가는 YH 무역의 여성 노동자들

① 부천 경찰서 성 고문 사건이 발생하였다.
② 정부에 비판적인 경향신문이 폐간되었다.
③ 최저 임금 결정을 위한 최저 임금 위원회가 설치되었다.
④ 자치 단체장까지 선출하는 지방 자치제가 전면 시행되었다.
⑤ 긴급 조치 철폐 등을 요구하는 3·1 민주 구국 선언이 발표 되었다.

48

밑줄 그은 '민주화 운동'에 대한 설명으로 옳은 것은? [1점]

사진 속 쓰러진 인물이 대학교 정문에서 시위 도중 경찰이 쏜 최루탄에 피격된 이한열이지?

맞아. 이 사건은 호헌 철폐와 독재 타도를 외친 민주화 운동이 확산하는 데 영향을 주었어.

① 유신 체제 붕괴의 배경이 되었다.
② 당시 대통령이 하야하는 결과를 가져왔다.
③ 5년 단임의 대통령 직선제 개헌을 이끌어냈다.
④ 시위 과정에서 시민군이 자발적으로 조직되었다.
⑤ 굴욕적인 한일 국교 정상화에 반대하여 일어났다.

49

다음 기사 내용이 보도된 정부 시기에 있었던 사실로 옳은 것은? [3점]

□□신문

제△△호   ○○○○년 ○○월 ○○일

군대 내 사조직 '하나회' 청산 매듭

어제 단행된 군 장성 정기 인사를 통해 하나회 회원으로 알려진 중장급 이상 장성 전원이 보직 해임되었다. 이번 인사는 문민정부 출범 직후인 지난해 3월 8일 육군 참모총장과 기무사령관을 전격적으로 예편 조치함으로써 시작된 군대 내 사조직 청산 작업을 마무리한 것이다. 군 내부에서도 이번 하나회 완전 제거가 군이 정치적 중립을 확보하고 안정과 결속을 다지는 계기가 될 것으로 기대하고 있다.

① 칠레와의 자유 무역 협정(FTA)이 체결되었다.
② 처음으로 연간 수출액 100억 달러가 달성되었다.
③ 서울과 평양에서 7·4 남북 공동 성명이 발표되었다.
④ 북방 외교를 추진하여 사회주의 국가인 소련과 수교하였다.
⑤ 거창 사건 등 관련자의 명예 회복에 관한 특별 조치법이 제정 되었다.

50

(가) 지역에 대한 탐구 활동으로 가장 적절한 것은? [2점]

(가) 여행 정보 안내

맞춤 여행 추천

끔찍한 학살의 흔적
너븐숭이 4·3 기념관
#역사 #4·3 #다크투어리즘

일제 군국주의의 흔적
알뜨르 비행장
#역사 #태평양전쟁 #다크투어리즘

① 원종과 애노가 봉기한 곳을 검색한다.
② 외규장각 도서의 약탈 과정을 조사한다.
③ 강주룡이 고공 시위를 전개한 장소를 알아본다.
④ 김만덕이 흉년에 굶주린 백성을 구제한 기록을 살펴본다.
⑤ 러시아의 남하를 견제한다는 구실로 영국군이 점령한 지역을 찾아본다.

2025년도 제74회 한국사능력검정시험 심화

01

(가) 시대의 생활 모습으로 가장 적절한 것은? [1점]

> 올해는 서울 암사동 유적 발견 100주년입니다. 1925년 을축년 대홍수로 우연히 모습이 드러난 이 유적은 수차례 발굴 과정에서 (가) 시대의 대표적 유물인 빗살무늬 토기와 갈돌, 갈판이 출토되고, 유구인 집터가 발견되었습니다.

서울 암사동 유적 발견 100주년 맞아

① 목책과 환호 등 방어 시설을 갖추었다.
② 소를 이용한 깊이갈이가 일반화되었다.
③ 농경과 목축을 통해 식량을 생산하였다.
④ 지배층의 무덤으로 고인돌을 축조하였다.
⑤ 거푸집을 이용하여 세형 동검을 제작하였다.

02

밑줄 그은 '이 나라'에 대한 설명으로 옳은 것은? [2점]

> 이곳 강화 참성단은 단군왕검이 하늘에 제사를 올리던 제단이라고 전합니다. 우리 역사상 최초의 국가인 이 나라를 세운 것을 기념하는 개천절 행사가 매년 열리며, 전국체육대회 성화 채화식도 이곳에서 거행됩니다.

① 여러 가(加)들이 사출도를 다스렸다.
② 동맹이라는 제천 행사를 개최하였다.
③ 민며느리제라는 혼인 풍습이 있었다.
④ 읍락 간의 경계를 중시하는 책화가 있었다.
⑤ 왕 아래 상, 대부, 장군 등의 관직을 두었다.

03

(가) 국가에서 볼 수 있는 모습으로 가장 적절한 것은? [2점]

> 이번에 촉각 전시물로 새롭게 제작된 장군총은 (가) 의 대표적인 무덤입니다. 반듯하게 다듬은 돌을 계단처럼 쌓아 만든 이 무덤의 높이는 약 13미터이고, 한 변의 최대 길이는 약 31미터에 달합니다. 거대한 크기를 고려할 때 왕의 무덤일 가능성이 높습니다. 이 무덤의 주인이 누구였을지 상상하며 만져보면 어떨까요?

① 녹과전을 지급받는 관리
② 경당에서 수련하는 청년
③ 팔만대장경판을 만드는 장인
④ 지방의 22담로에 파견되는 왕족
⑤ 황룡사 구층 목탑의 축조를 건의하는 승려

04

(가), (나) 사이의 시기에 있었던 사실로 옳은 것은? [3점]

(가) 백제왕 명농이 가야와 함께 와서 관산성을 공격하였다. [신라의] 군주(軍主)인 각간 우덕과 이찬 탐지 등이 맞서 싸웠으나 불리하였다. …… 고간 도도가 급히 쳐서 백제왕을 죽였다.

(나) 8월에 [백제왕이] 장군 윤충을 보내 군사 1만을 거느리고 신라 대야성을 공격하였다. 성주 품석이 처자와 함께 나와 항복하자 윤충이 모두 죽이고 그 머리를 베어 왕도로 보냈다.

① 백제가 국호를 남부여로 고쳤다.
② 진흥왕이 대가야를 공격하여 복속시켰다.
③ 계백이 이끈 결사대가 황산벌에서 패배하였다.
④ 김춘추가 당으로 건너가 군사 동맹을 체결하였다.
⑤ 신라가 한강 하류를 차지하여 신주를 설치하였다.

05

(가) 국가에 대한 설명으로 옳은 것은? [2점]

> 여러분이 계신 곳은 [(가)]의 능산리 고분군 중 동하총 중앙 현실 전시실입니다. 동하총 무덤방의 벽에는 사신도가, 천장에는 연꽃과 구름무늬가 그려져 있습니다. 이는 송산리 6호분과 함께 [(가)]의 고분 벽화 연구에 중요한 자료로 평가됩니다.

① 일길찬, 사찬 등의 관등이 있었다.
② 지방 장관으로 욕살, 처려근지 등이 있었다.
③ 특산물로 단궁, 과하마, 반어피가 유명하였다.
④ 사회 질서를 유지하기 위해 범금 8조를 두었다.
⑤ 왕족인 부여씨와 8성 귀족이 지배층을 이루었다.

06

밑줄 그은 '이 왕'에 대한 설명으로 옳은 것은? [3점]

> history_♡ 감은사지, 나홀로 역사 답사 #감은사는 삼국 통일의 위업을 달성한 이 왕이 부처의 힘을 빌어 왜구의 침입을 막고자 짓기 시작한 절이야. 그 뜻을 이어받은 아들 신문왕이 완공했고, 절의 이름을 #감은사라고 지었다고 해. 나는 이제 이 왕의 수중릉인 #대왕암으로 이동!

① 이사부를 보내 우산국을 복속하였다.
② 건원이라는 독자적 연호를 사용하였다.
③ 관료전을 지급하고 녹읍을 폐지하였다.
④ 거칠부에게 명하여 국사를 편찬하였다.
⑤ 지방관을 감찰하고자 외사정을 파견하였다.

07

(가) 국가에 대한 설명으로 옳은 것은? [2점]

> 이 지도는 [(가)]이/가 주변 국가들과 교역하는 데 이용한 교통로를 나타낸 것입니다. 이 국가는 교통로를 통해 담비·호랑이·표범·곰 등의 가죽과 인삼·우황 등의 약재를 주요 품목으로 주변 국가들과 교역하였습니다. 또한 소그드 은화, 청동 낙타상 등 출토 유물을 통해 서역과의 교류 사실도 확인할 수 있습니다.

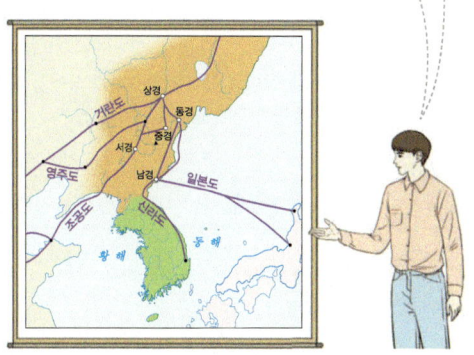

① 왜에 칠지도를 만들어 보냈다.
② 9서당 10정의 군사 조직을 운영하였다.
③ 광평성을 비롯한 각종 정치 기구를 마련하였다.
④ 제사장인 천군과 신성 지역인 소도가 존재하였다.
⑤ 서적 관리, 주요 문서 작성 등을 위해 문적원을 두었다.

08

(가) 종파에 대한 설명으로 가장 적절한 것은? [2점]

> 이것은 [(가)]의 9산문 중 가지산문의 대표 사찰인 보림사에 있는 철조비로자나불좌상입니다. 이 불상의 왼팔 뒤편에 헌안왕 2년 무주 장사현의 부관인 김수종이 아뢰어 만들었다는 새김글이 양각되어 있어 정확한 조성 연대를 알 수 있습니다. 이와 같은 철불은 승탑과 더불어 9세기부터 크게 유행하였습니다.

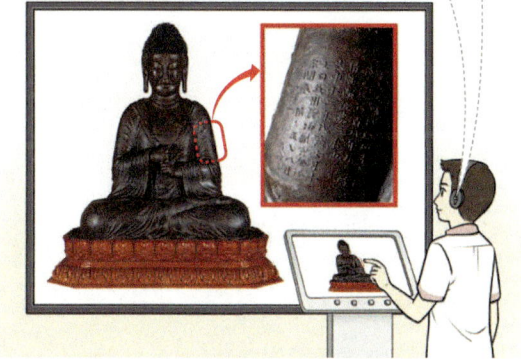

① 하늘에 제사 지내는 초제를 거행하였다.
② 참선과 수행을 통한 깨달음을 강조하였다.
③ 시경, 서경, 역경 등을 주요 경전으로 삼았다.
④ 신선 사상을 기반으로 불로장생을 추구하였다.
⑤ 인내천 사상을 내세워 인간 평등을 주장하였다.

09

(가)에 들어갈 내용으로 가장 적절한 것은? [1점]

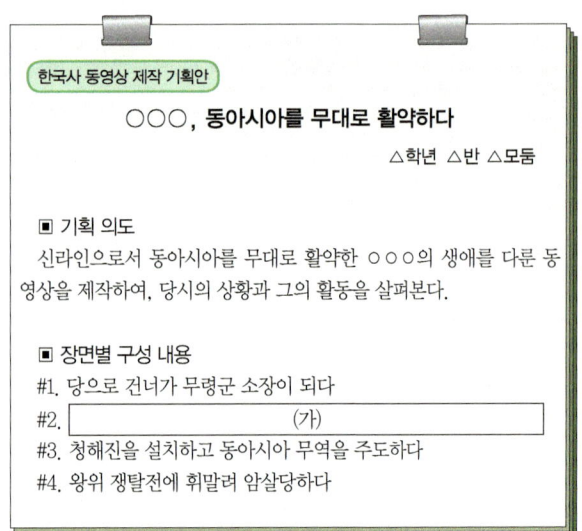

① 화왕계를 지어 국왕에게 바치다
② 산둥반도에 적산 법화원을 창건하다
③ 외교 문서인 청방인문표를 작성하다
④ 격황소서를 지어 세상에 이름을 떨치다
⑤ 구법순례기인 왕오천축국전을 저술하다

10

다음 가상 대화 이후에 있었던 사실로 옳은 것은? [2점]

① 안승이 보덕국왕으로 임명되었다.
② 신숭겸이 공산 전투에서 전사하였다.
③ 원종과 애노가 사벌주에서 반란을 일으켰다.
④ 왕건이 일리천에서 신검의 군대를 물리쳤다.
⑤ 견훤이 고창 전투에서 고려군에게 패배하였다.

11

밑줄 그은 '이 왕'이 추진한 정책으로 옳은 것은? [1점]

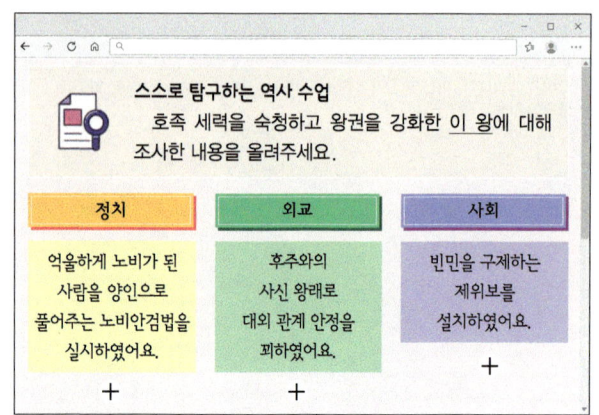

① 폐정 개혁을 목표로 정치도감을 설치하였다.
② 광덕, 준풍이라는 독자적 연호를 사용하였다.
③ 예의상정소에서 상정고금예문을 편찬하였다.
④ 전국에 12목을 설치하고 지방관을 파견하였다.
⑤ 관리에게 등급에 따라 전지와 시지를 지급하였다.

12

(가), (나) 사이의 시기에 있었던 사실로 옳은 것은? [2점]

(가) 거란에서 사신을 파견하며 낙타 50필을 보냈다. 왕은 거란이 일찍이 발해와 지속적으로 화목하다가 갑자기 의심을 일으켜 맹약을 어기고 멸망시켰으니, 이는 매우 무도하여 친선 관계를 맺을 이웃으로 삼을 수는 없다고 생각하였다. 드디어 교빙을 끊고 사신 30인을 섬으로 유배 보냈으며, 낙타는 만부교 아래에 매어두니 모두 굶어 죽었다.

(나) 왕이 나주로 들어갔는데, 밤에 척후병이 잘못 보고하기를, "거란 군사들이 이르렀습니다."라고 하였다. 왕이 크게 놀라서 밖으로 달려 나오자 지채문이 아뢰어 이르기를, "주상께서 밤중에 행차하시면 백성들이 놀라 혼란하게 되니, 바라옵건대 행궁으로 돌아가십시오. 제가 염탐하여 알아보고 나서, 그 후에 움직이셔도 됩니다."라고 하였다.

① 묘청이 칭제 건원을 주장하였다.
② 강감찬이 흥화진 전투에서 승리하였다.
③ 서희의 활약으로 강동 6주를 획득하였다.
④ 최우가 강화도로 도읍을 옮겨 항전하였다.
⑤ 윤관이 별무반을 이끌고 동북 9성을 개척하였다.

13

(가) 국가의 문화유산으로 적절하지 <u>않은</u> 것은? [3점]

① ② ③ ④ ⑤

14

(가)~(다)를 일어난 순서대로 옳게 나열한 것은? [3점]

(가) 김보당이 정중부·이의방을 토벌하고 의종을 다시 세우고자 …… 동북면지병마사 한언국과 군사를 일으켜 함께 하도록 했다. …… 정중부·이의방이 이 소식을 듣고 장군 이의민, 산원(散員) 박존위로 하여금 군사를 거느리고 남로로 가도록 했고, 또 군사를 서해도로 파견하여 대응하도록 했다.

(나) 최충헌은 최충수와 함께 봉사를 올렸다. "…… 낡은 제도를 혁파하고 새로운 정치를 도모하심에 오로지 태조의 올바른 법을 따르시어 중흥의 길을 환히 여시길 바랍니다. 삼가 열 가지 사항을 아뢰옵니다."

(다) 왕과 세자가 몽골에서 개경으로 돌아온 이후, 삼별초가 반란을 일으켜 승화후 왕온을[왕으로] 세우고 진도에 웅거하였다.

① (가) - (나) - (다) ② (가) - (다) - (나)
③ (나) - (가) - (다) ④ (나) - (다) - (가)
⑤ (다) - (가) - (나)

15

다음 자료에 나타난 시기의 사회 모습으로 적절한 것은? [2점]

- 7재를 설치하였다. 주역을 [공부하는 곳은] 이택재, 상서는 대빙재, 모시(毛詩)는 경덕재, 주례는 구인재, 대례는 복응재, 춘추는 양정재, 무학은 강예재라고 하였다.
- 왕이 결정하시기를 "…… 무학이 점차 번성하여 장차 문학하는 사람들과 각을 세워 불화하게 되면 매우 편치 못하게 될 것이다. …… 무학으로 무사를 선발하는 일과 무학재의 호칭은 모두 혁파하겠다."라고 하였다.

① 서얼이 통청 운동을 전개하였다.
② 사창절목에 따라 사창제가 시행되었다.
③ 왕조 교체를 예언하는 정감록이 유포되었다.
④ 병자에게 약을 지급하는 혜민국이 설치되었다.
⑤ 국산 약재와 치료 방법을 정리한 향약집성방이 간행되었다.

16

(가) 인물에 대한 설명으로 옳은 것은? [2점]

이것은 '불일보조국사'라는 시호를 받은 (가) 의 행적을 담고 있는 송광사 보조국사비입니다. 비문에는 그가 정혜결사를 조직하고, 「권수정혜결사문」을 지었다는 내용이 들어있습니다. 또한 당시 국왕이 그의 뜻을 흠모하여 그가 머물렀던 송광산 길상사(吉祥寺)를 조계산 수선사(修禪社)로 이름을 바꿔주며 직접 글씨를 써서 보냈다는 등의 내용이 기록되어 있습니다.

① 법화 신앙에 중점을 둔 백련 결사를 이끌었다.
② 돈오점수를 바탕으로 꾸준한 수행을 강조하였다.
③ 승려들의 전기를 기록한 해동고승전을 저술하였다.
④ 선문염송집을 편찬하고 유불 일치설을 주장하였다.
⑤ 성상융회를 제창하여 교종 내 대립을 해소하고자 하였다.

17

밑줄 그은 '이 시기'에 볼 수 있는 모습으로 적절한 것은? [2점]

① 농상집요를 소개하는 관리
② 흑창에서 곡식을 빌리는 농민
③ 사섬서에서 저화를 발행하는 장인
④ 선혜청에서 공가(貢價)를 받는 상인
⑤ 상평통보로 물건을 거래하는 보부상

18

㉠~㉣에 대한 설명으로 옳은 것을 〈보기〉에서 고른 것은? [2점]

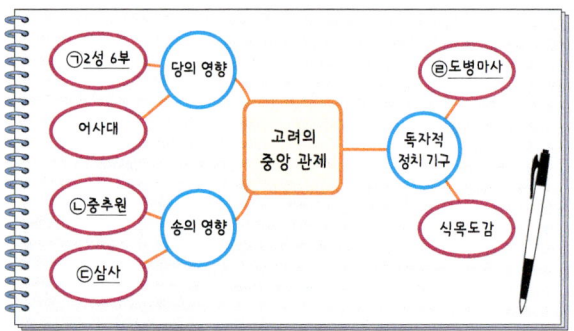

〈보기〉
ㄱ. ㉠ - 좌·우사정이 6부를 나누어 관할하였다.
ㄴ. ㉡ - 군사 기밀과 왕명 출납을 담당하였다.
ㄷ. ㉢ - 5품 이하의 관원에 대한 서경권을 행사하였다.
ㄹ. ㉣ - 재추를 중심으로 국방, 군사 문제를 논의하였다.

① ㄱ, ㄴ
② ㄱ, ㄷ
③ ㄴ, ㄷ
④ ㄴ, ㄹ
⑤ ㄷ, ㄹ

19

(가)에 해당하는 문화유산으로 옳은 것은? [2점]

□□신문

제△△호   2025년 ○○월 ○○일

조선 왕실의 신위 제자리로, 155년 만에 재현된 환안제

(가) 의 보수 공사가 완료됨에 따라, 창덕궁 옛 선원전에 임시 봉안 되었던 조선 왕과 왕비, 대한 제국 황제와 황후의 신위 49위를 (가) (으)로 다시 모셔오는 환안제가 155년 만에 재현되었다. 이번 의례에는 내외국인으로 구성된 시민 행렬단도 함께 참여하여 그 의미를 더했다. 환안제와 더불어 앞으로 전시와 체험 프로그램을 비롯해 다채로운 행사가 이어질 예정이다.

 ①
 ②
 ③
 ④
 ⑤

20

(가) 왕의 재위 시기에 있었던 사실로 옳은 것은? [2점]

이 그림은 무관 오자치를 그린 것으로, 현존하는 무관 초상화 중에서 가장 이른 시기의 작품입니다. 오자치는 (가) 이/가 호패법을 재실시하는 등 지방 세력 통제를 강화하자, 이에 반발하며 함길도에서 이시애가 일으킨 난을 평정한 공으로 적개공신에 책봉되었습니다.

① 간경도감이 설치되었다.
② 조선경국전이 편찬되었다.
③ 국조오례의가 완성되었다.
④ 부민고소금지법이 제정되었다.
⑤ 혼일강리역대국도지도가 제작되었다.

21

밑줄 그은 '이 전란' 이후에 있었던 사실로 옳은 것은? [2점]

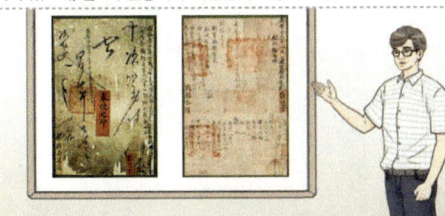

이것은 강화 교섭 결렬 이후 일본의 재침으로 시작된 이 전란 당시 흥양(현재 고흥군) 현감 최희량이 작성한 전과 보고서의 일부입니다. 여기에는 흥양에 침입한 일본군을 격퇴한 사실과 새로 제작한 전선(戰船)에 대한 내용 등이 자세히 기록되어 있으며, 삼도수군통제사 이순신의 서명도 있습니다.

① 신숙주가 일본에 다녀와 해동제국기를 저술하였다.
② 나세 등이 화포를 사용하여 진포에서 왜구를 격퇴하였다.
③ 포로 송환을 목적으로 회답겸쇄환사가 일본에 파견되었다.
④ 조선 정부의 교역 제한에 반발하여 사량진 왜변이 일어났다.
⑤ 국방 문제를 논의하기 위한 임시 기구로 비변사가 설치되었다.

22

(가) 시기에 있었던 사실로 옳은 것은? [3점]

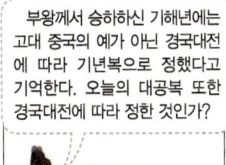 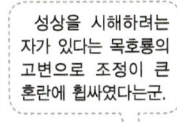 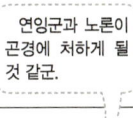
 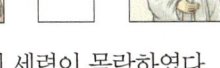

① 인조반정으로 북인 세력이 몰락하였다.
② 기축옥사로 이발 등 동인 세력이 축출되었다.
③ 양재역 벽서 사건으로 이언적 등이 화를 입었다.
④ 인현 왕후가 폐위되고 남인이 권력을 차지하였다.
⑤ 붕당의 폐해를 경계하기 위해 탕평비가 건립되었다.

23

(가) 인물에 대한 설명으로 옳은 것은? [2점]

이 그림은 강세황이 그린 도산서원도입니다. 여기에는 서원의 배치와 건물 크기, 방향 등이 실제와 부합하게 묘사되어 있으며 건물 이름도 표기되어 있어 당시의 모습을 잘 보여줍니다. 도산 서원은 성학십도를 지어 군주의 수양을 강조하고, 기대승과 사단칠정 논쟁을 전개한 (가) 의 학문과 덕을 기리는 곳입니다.

① 최초의 서원인 백운동 서원을 건립하였다.
② 명에 대한 의리를 내세운 기축봉사를 올렸다.
③ 동호문답을 통해 다양한 개혁 방안을 제시하였다.
④ 예안 향약을 시행하여 향촌의 교화를 위해 노력하였다.
⑤ 예학을 조선의 현실에 맞게 정리한 가례집람을 저술하였다.

24

(가) 왕이 추진한 정책으로 옳은 것은? [1점]

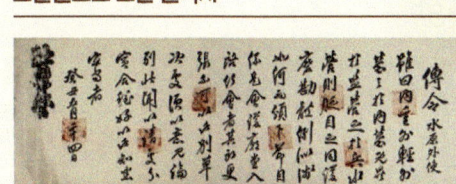

[해설] 이것은 장용영 내영에서 수원외사 번암 채제공에게 보낸 전령(傳令)입니다. 새롭게 마련된 장용영 절목의 문제점을 중앙에 아뢰어 고치도록 권한 내용을 담고 있습니다. 장용영은 (가) 이/가 조직한 친위 부대로 서울에 내영, 수원 화성에 외영을 두어 규장각과 함께 왕권 강화를 목적으로 운영되었습니다.

① 나선 정벌에 조총 부대를 파견하였다.
② 호포제를 시행하여 양반에게도 군포를 징수하였다.
③ 문신을 재교육하기 위한 초계문신제를 실시하였다.
④ 삼정의 문란을 시정하고자 삼정이정청을 설치하였다.
⑤ 각 궁방과 중앙 관서의 공노비 6만여 명을 해방하였다.

25

(가) 사건에 대한 설명으로 옳은 것은? [3점]

대한민국 방방곡곡 - 제천 배론성지
한국사 채널   조회 수 160,514
제천 배론성지는 순조 1년(1801)에 일어난 (가) 당시 정부의 탄압을 피해 천주교 교인들이 모여 살던 교우촌에서 비롯되었습니다. 이 안에는 (가) 당시 황사영이 교회의 재건과 신앙의 자유를 호소하기 위해 베이징에 있는 주교에게 보낼 백서를 쓰며 은신했던 토굴이 있습니다.

① 한성 조약이 체결되는 결과를 가져왔다.
② 정부의 요청으로 출병한 청군이 진압하였다.
③ 사태의 수습을 위해 박규수가 안핵사로 파견되었다.
④ 이필제가 영해 지역에서 난을 일으키는 계기가 되었다.
⑤ 전개 과정에서 이승훈, 정약용 등이 연루되어 처벌되었다.

26

밑줄 그은 '이 시기'에 볼 수 있는 모습으로 적절하지 않은 것은? [1점]

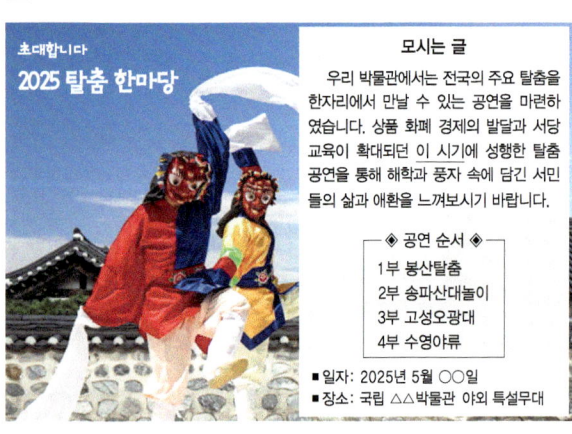

초대합니다
2025 탈춤 한마당

모시는 글
우리 박물관에서는 전국의 주요 탈춤을 한자리에서 만날 수 있는 공연을 마련하였습니다. 상품 화폐 경제의 발달과 서당 교육이 확대된 이 시기에 성행한 탈춤 공연을 통해 해학과 풍자 속에 담긴 서민들의 삶과 애환을 느껴보시기 바랍니다.

◈ 공연 순서 ◈
1부 봉산탈춤
2부 송파산대놀이
3부 고성오광대
4부 수영야류

■ 일자: 2025년 5월 ○○일
■ 장소: 국립 △△박물관 야외 특설무대

① 판소리 흥보가를 구경하는 농민
② 주자소에서 계미자를 만드는 장인
③ 옥계 시사에서 시를 낭송하는 중인
④ 세책가에서 춘향전을 빌리는 부녀자
⑤ 호랑이를 소재로 민화를 그리는 화가

27

밑줄 그은 '이 시기'의 경제 상황으로 옳은 것은? [1점]

이것은 한양의 모습을 그린 수선총도입니다. 지도에서 시전의 위치를 확인할 수 있습니다. 이를 통해 알 수 있는 내용에 대해 더 설명해 주시겠어요?

지도에는 종로에 위치한 시전 외에도 도성 내 이현, 남대문 밖의 칠패와 같은 난전이 표기되어 있습니다. 이를 통해 시장이 도성 밖으로 확대되고 있던 이 시기의 모습을 확인할 수 있습니다. 당시에는 서로의 취급 물품을 두고 난전과 시전 사이의 갈등, 시전들 간의 다툼이 일어나기도 하였습니다.

① 백성에게 정전이 지급되었다.
② 초량 왜관을 통해 일본과 교역하였다.
③ 주전도감에서 해동통보가 발행되었다.
④ 벽란도가 국제 무역항으로 번성하였다.
⑤ 시장을 관리하기 위한 동시전이 설치되었다.

28

다음 자료에 대한 탐구 활동으로 가장 적절한 것은? [2점]

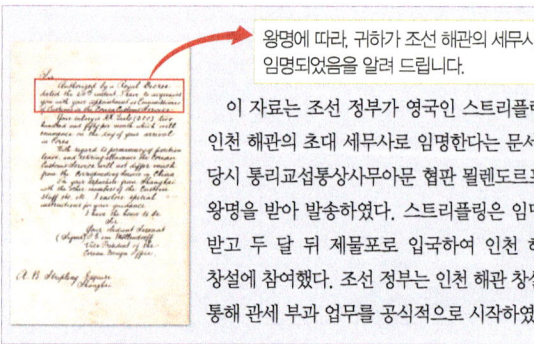

왕명에 따라, 귀하가 조선 해관의 세무사로 임명되었음을 알려 드립니다.

이 자료는 조선 정부가 영국인 스트리플링을 인천 해관의 초대 세무사로 임명한다는 문서로, 당시 통리교섭통상사무아문 협판 묄렌도르프가 왕명을 받아 발송하였다. 스트리플링은 임명을 받고 두 달 뒤 제물포로 입국하여 인천 해관 창설에 참여했다. 조선 정부는 인천 해관 창설을 통해 관세 부과 업무를 공식적으로 시작하였다.

① 한일 의정서의 체결 과정을 파악한다.
② 미쓰야 협정이 끼친 영향을 조사한다.
③ 강화도 조약이 체결된 계기를 알아본다.
④ 조미 수호 통상 조약의 내용을 분석한다.
⑤ 헤이그 특사가 파견되는 원인을 살펴본다.

29

(가)~(마)에 들어갈 내용으로 적절하지 않은 것은? [2점]

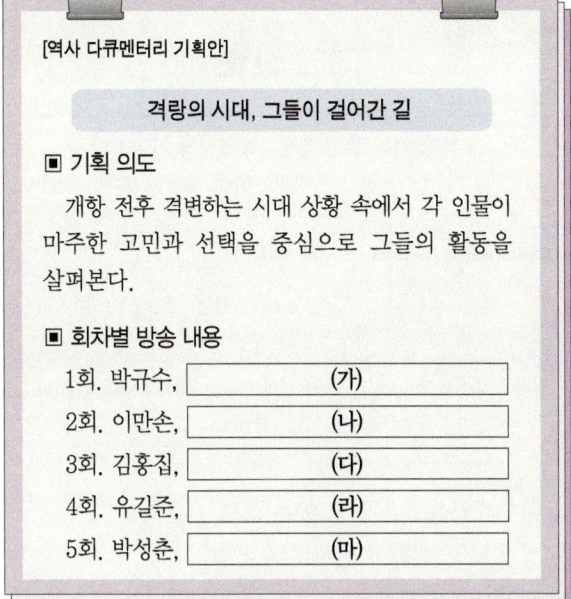

① (가) – 북학 사상을 바탕으로 통상 개화론을 주장하다
② (나) – 영남 만인소를 주도해 개항과 통상에 반대하다
③ (다) – 보빙사로 미국에 다녀와 개화 정책을 추진하다
④ (라) – 서유견문을 집필하여 서양 근대 문명을 소개하다
⑤ (마) – 백정 출신으로 관민 공동회에서 연설하다

30

밑줄 그은 '개혁'의 내용으로 옳은 것은? [2점]

이 자료는 파리 만국 박람회 당시 한국관의 모습을 담은 채색 광고 엽서이다. 고종은 황제 즉위 후 구본신참을 내세운 개혁을 추진하면서, 박람회를 서구 문물을 받아들이고 우리나라를 세계에 소개하는 기회로 활용하고자 했다. 이후 1902년 고종은 박람회 관련 업무를 담당할 정부 기관으로 농상공부 산하에 임시 박람회 사무소를 개설하였다.

① 지계아문을 설치하여 지계를 발급하였다.
② 건양이라는 독자적인 연호를 채택하였다.
③ 박문국을 설치하고 한성순보를 발행하였다.
④ 근대식 무기 제조 공장인 기기창을 설립하였다.
⑤ 개혁의 방향을 제시한 홍범 14조를 반포하였다.

31

(가)에 대한 탐구 활동으로 가장 적절한 것은? [1점]

① 삼국 간섭의 결과를 알아본다.
② 척화비가 건립된 계기를 조사한다.
③ 전주 화약이 체결되는 과정을 살펴본다.
④ 영국이 거문도를 점령한 목적을 분석한다.
⑤ 외규장각 도서가 약탈된 배경을 찾아본다.

32

다음 가상 대화 이후에 전개된 사실로 옳은 것은? [2점]

① 최익현이 태인에서 의병을 일으켰다.
② 일본이 독도를 불법적으로 편입하였다.
③ 스티븐스가 외교 고문으로 부임하였다.
④ 13도 창의군이 서울 진공 작전을 전개하였다.
⑤ 유인석이 이끄는 부대가 충주성을 점령하였다.

33

밑줄 그은 '이곳'에서 있었던 민족 운동으로 옳은 것은? [2점]

① 한인 자치 기구인 경학사를 설립하였다.
② 권업신문을 발간하여 민족 의식을 고취하였다.
③ 유학생을 중심으로 2·8 독립 선언을 발표하였다.
④ 신한 청년당이 파리 강화 회의에 대표를 파견하였다.
⑤ 대조선 국민군단을 결성하고 군사 훈련을 실시하였다.

34

다음 기사가 보도된 시기에 볼 수 있는 모습으로 가장 적절한 것은? [3점]

정기 연락선 부산 입항, 경부선과 이어지다

시모노세키를 출발한 연락선 '잇키마루'가 어제 부산항에 도착하며 정기 운항을 시작했다. 승객 317명, 화물 300톤을 실을 수 있는 이 배를 통해 일본에서 들어온 여객과 물자는 곧바로 경부선을 이용해 내륙으로 향하게 된다. 올해 1월 경부선이 개통된 이후 8개월 만에 해로까지 연결되면서, 한성-부산-도쿄로 연결되는 교통망이 구축되었다. 두 달 뒤 '쓰시마마루'도 추가 투입될 예정이라, 머지않아 이 노선은 매일 운행될 것이다.

① 대한매일신보를 읽고 있는 청년
② 경성 제국 대학에 입학하는 학생
③ 원각사에서 은세계 공연을 보는 여성
④ 통리기무아문에서 개화 정책을 논의하는 관리
⑤ 어린이날 기념 행사에 참여하는 천도교 소년회 회원

35

다음 상황이 나타난 시기를 연표에서 옳게 고른 것은? [3점]

- 어제 러시아 공사 파블로프씨가 용천군 용암포 삼림회사의 편의를 위하여 전화와 전선을 추가로 가설할 뜻으로 외부(外部)에 조회하였으니, 외부에서 답 조회하기를 "해당 사안은 결코 인준하기 어려우니 귀 공사도 해당 회사에 훈칙하여 전신주 가설 사항은 절대 마음먹지 못하게 하라" 하였더라.
  – 황성신문 –

- 일본, 영국, 미국의 각 공사가 우리 정부에 의주의 개방을 권고하더니, 영국 공사가 다시 조회하기를 "의주는 육지로 연결되어 화물을 운반하기가 매우 어렵고, …… 용암포는 크고 작은 선박들이 지장 없이 왕래할 수 있으니 용암포를 개항하라"고 하였고, 일본 공사가 또 조회하기를 "용암포 개항이 합당하니 속히 타결하라" 하였더라.
  – 황성신문 –

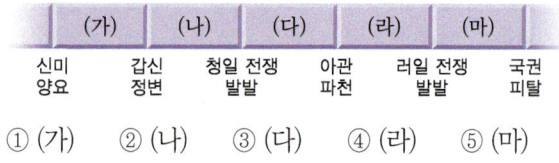

① (가) ② (나) ③ (다) ④ (라) ⑤ (마)

36
(가) 운동에 대한 설명으로 옳은 것은? [2점]

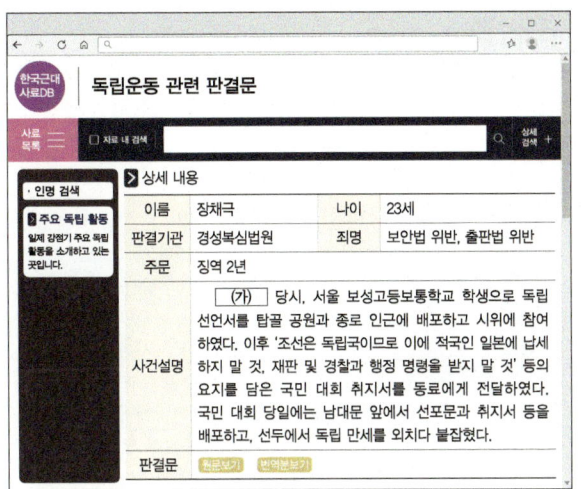

① 정우회 선언의 영향을 받았다.
② 통감부의 탄압과 방해로 중단되었다.
③ 순종의 인산일을 기회로 삼아 추진되었다.
④ 전개 과정에서 일제가 제암리 학살 등을 자행하였다.
⑤ 성진회와 각 학교 독서회에 의해 전국적으로 확산되었다.

37
(가)에 대한 설명으로 옳은 것은? [1점]

저희 모둠에서는 이번 체험 학습 답사지로 백산 상회 설립자 안희제를 기념하는 백산기념관을 선정하였습니다. 백산 상회는 백산 무역 주식회사로 개편된 이후 (가) 의 연통제 조직을 통해 독립운동 자금을 조달하였으며, 독립신문 보급 등의 역할도 담당하였습니다.

① 고종 강제 퇴위 반대 운동을 전개하였다.
② 일제의 황무지 개간권 요구를 저지하였다.
③ 영은문이 있던 자리 부근에 독립문을 건립하였다.
④ 독립운동 자금 마련을 위해 독립 공채를 발행하였다.
⑤ 조선 총독부에 국권 반환 요구서를 제출하려 하였다.

38
밑줄 그은 '이 단체'에 대한 설명으로 옳은 것은? [2점]

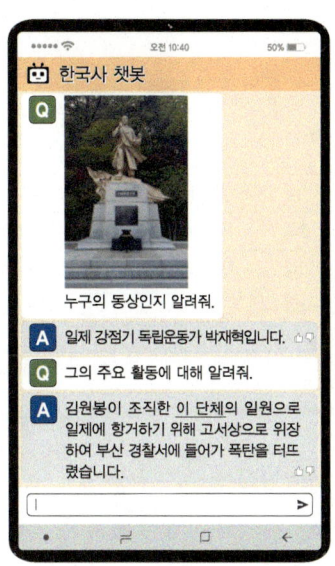

① 원산 노동자 총파업을 지원하였다.
② 신흥 강습소를 세워 독립군을 양성하였다.
③ 김익상, 김상옥 등이 단원으로 활동하였다.
④ 상덕태상회를 통하여 군자금을 모집하였다.
⑤ 도쿄에서 일어난 이봉창 의거를 계획하였다.

39
(가) 인물에 대한 설명으로 옳은 것은? [2점]

사료로 보는 한국사

조선사 연구는 과거 역사적, 사회적 발전의 변동 과정을 구체적이고 현실적으로 구명함과 동시에 실천적 동향을 이론화하는 것을 임무로 삼아야 한다. 그것을 위해서는 인류 사회의 일반적 운동 법칙인 사적 변증법으로 그 민족 생활의 계급적 제관계와 더불어 사회 체제의 역사적 변동을 구체적으로 분석하고 다시 그 법칙성을 일반적으로 추상화하는 것에 의해서만 가능하다.

[해설] 이 사료는 (가) 이/가 저술한 조선사회경제사의 일부입니다. 그는 이 책에서 한국사가 세계사의 보편적인 발전 법칙에 따라 발전하였다는 주장을 펼치며 한국 고대 경제사를 원시 씨족 사회, 원시 부족 국가의 제형태, 노예 국가 시대로 체계화하여 서술하였습니다.

① 조선불교유신론을 주장하였다.
② 식민 사학의 정체성론을 반박하였다.
③ 조선사 편수회에 들어가 조선사 편찬에 참여하였다.
④ 진단 학회를 설립하여 실증주의 사학을 발전시켰다.
⑤ 민족을 역사 서술의 중심에 둔 독사신론을 집필하였다.

40

(가)에 들어갈 내용으로 적절하지 않은 것은? [1점]

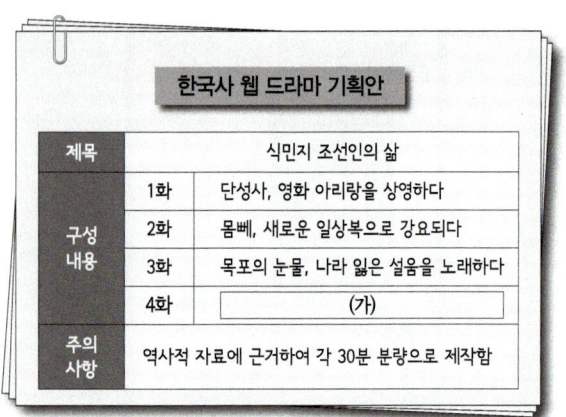

① 잡지 신여성, 여권 신장을 주장하다
② 조선 형평사, 사회적 차별 철폐를 외치다
③ 소설 상록수, 브나로드 운동을 널리 알리다
④ 경성 방직 주식회사, 광목 태극성을 광고하다
⑤ 새마을 운동, 근면·자조·협동을 기치로 내세우다

41

(가)~(마)에 들어갈 내용으로 적절하지 않은 것은? [2점]

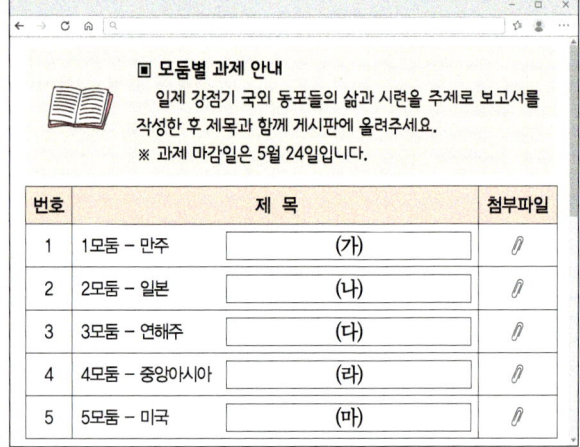

① (가) – 일본군의 보복으로 간도 참변이 일어나다
② (나) – 관동 대지진 당시 자경단에게 학살당하다
③ (다) – 에네켄 농장에서 고된 노동에 시달리다
④ (라) – 소련 당국에 의해 강제로 이주되어 오다
⑤ (마) – 교민들을 중심으로 흥사단이 창립되다

42

(가) 부대에 대한 설명으로 옳은 것은? [2점]

【우리 고장의 독립운동가】

이름에 조국의 광복을 담다

오광선
(1896~1967)

경기도 용인특례시 처인구 원삼면 출생으로 본명은 성묵이다. 1915년 중국으로 망명한 후 '조선의 광복'이라는 뜻의 광선(光鮮)으로 개명하였다. 1920년 대한독립군단 중대장으로 독립군을 지휘하였다. 만주 사변이 일어나자 (가) 의 총사령관 지청천 등과 함께 중국군과 연합하여 1933년 대전자령에서 일본군을 상대로 대승을 거두는 데 중요한 역할을 하였다. 1962년 건국훈장 독립장을 받았다.

① 봉오동 전투에서 일본군을 크게 격파하였다.
② 미국과 연계하여 국내 진공 작전을 계획하였다.
③ 중국 의용군과 연합하여 영릉가 전투에서 승리하였다.
④ 조선 민족 전선 연맹 산하의 군사 조직으로 결성되었다.
⑤ 한국 독립당의 군사 조직으로 북만주 지역에서 활약하였다.

43

밑줄 그은 '시기'에 있었던 사실로 옳은 것은? [1점]

이 자료는 조선어 학회가 추진하던 조선말 사전 편찬에 보탬이 되고자 함경도의 독자가 보내온 글로 '배우리(병아리)', '고얘앙(고양이)' 등 50여 개의 방언이 적혀 있습니다. 국가 총동원법이 시행되던 시기에 일제는 한글 연구를 민족 운동으로 간주하여 조선어 학회 회원들을 치안 유지법 위반 혐의로 대거 투옥하고 원고를 압수하였습니다.

① 조선 태형령이 반포되었다.
② 조선 노농 총동맹이 결성되었다.
③ 임시 토지 조사국이 설립되었다.
④ 황국 신민 서사 암송이 강요되었다.
⑤ 조선 민립 대학 기성회가 창립되었다.

44

(가) 사건에 대한 설명으로 가장 적절한 것은? [2점]

> (가) 사건에 대한 기록물이 마침내 유네스코 세계 기록 유산으로 등재되었습니다. 이 사건은 당시 남한만의 단독 선거에 반대하는 무장대와 이를 진압하는 토벌대 간의 무력 충돌, 그 뒤 토벌대의 진압 과정에서 수많은 제주도민이 희생된 비극이었습니다. 기록물에는 수형인 명부와 희생자 유족 증언 등이 포함되어 있는데, 이번 등재로 국가 폭력에 맞서 진실을 밝히려는 노력과 함께 화해와 상생, 평화와 인권의 가치가 세계의 기억으로 인정받게 되었습니다.

14,673건의 (가) 기록물, 세계 기록 유산 등재

① 대통령이 하야하는 결과를 이끌어냈다.
② 호헌 철폐와 독재 타도 등의 구호를 내세웠다.
③ 통일 주체 국민 회의가 구성되는 배경이 되었다.
④ 6·3 시위의 전개와 비상계엄이 선포되는 계기가 되었다.
⑤ 진상 규명 및 희생자 명예 회복에 관한 특별법이 제정되었다.

45

밑줄 그은 '이 전쟁' 중에 있었던 사실로 옳은 것은? [2점]

> 사진은 이 전쟁 당시 부산의 천막 교실 중 하나입니다. 임시 수도였던 부산에는 서울을 비롯한 각지의 학교가 피란해 와 천막 교실에서 수업이 진행되었습니다. 힘든 생활 중에서도 배움이 멈추지 않았다는 사실을 기억해 주세요.

① 발췌 개헌안이 통과되었다.
② 삼청 교육대가 설치되었다.
③ 한미 상호 방위 조약이 체결되었다.
④ 여수·순천 10·19 사건이 일어났다.
⑤ 국가 보위 비상 대책 위원회가 구성되었다.

46

(가)에 들어갈 민주화 운동에 대한 설명으로 옳은 것은? [2점]

> 이것은 2·28 민주 운동을 기념하는 탑입니다. 이 운동은 이승만 독재 정권이 선거를 앞두고 야당 부통령 후보 연설에 참석하는 것을 막기 위해 일요일 등교 조치를 내리자, 이에 반발한 대구 지역의 고등학생들이 시위에 나서며 시작되었습니다. 2·28 민주 운동은 이후 대전의 3·8 민주 의거, 마산의 3·15 의거와 함께 (가) 의 도화선이 되었습니다.

① 시위 도중 대학생 이한열이 희생되었다.
② 시민군이 조직되어 계엄군에 저항하였다.
③ 허정 과도 정부가 출범하는 계기가 되었다.
④ 5년 단임의 대통령 직선제 개헌을 이끌어냈다.
⑤ 야당 총재의 국회의원직 제명으로 촉발되었다.

47

교사의 질문에 대한 학생의 답변으로 가장 적절한 것은? [3점]

> 이 자료는 종교계와 재야 인사들이 명동 성당에서 독재 정권을 비판하며 발표한 3·1 민주 구국 선언의 일부입니다. 이 선언이 발표된 이후에 있었던 사실에 대해 말해 볼까요?

민주 구국 선언

1. 이 나라는 민주주의 기반 위에 서야 한다.
⋮
첫째로 우리는 국민의 자유를 억압하는 긴급 조치를 곧 철폐하고 민주주의를 요구하다가 투옥된 민주 인사들과 학생들을 석방하라고 요구한다. 국민의 의사가 자유로이 표명될 수 있도록 언론, 집회, 출판의 자유를 국민에게 돌리라고 요구한다.
둘째로 우리는 유신 헌법으로 허울만 남은 의회 정치가 회복되어야 한다고 주장한다. 자유로이 표현되는 민의를 국회는 입법에 반영해야 하고 정부는 이를 행정에 반영시켜야 한다. 이것을 꺼리고 막는 정권은 국민을 위한다면서 실은 국민을 위하려는 뜻이 없는 정권이다.
⋮

① 국회 별관에서 3선 개헌안이 통과되었습니다.
② 정부에 비판적인 경향신문이 폐간되었습니다.
③ YH 무역 노동자들이 야당 당사에서 농성하였습니다.
④ 최고 통치 기구인 국가 재건 최고 회의가 구성되었습니다.
⑤ 평화 통일론을 주장한 진보당의 조봉암이 처형되었습니다.

48

다음 기사가 보도된 정부 시기의 경제 상황으로 적절한 것은? [2점]

> □□신문
> 제△△호 ○○○○년 ○○월 ○○일
>
> **IMF 구제 금융 조기 상환**
>
> 오늘 정부는 외환 위기 당시 국제 통화 기금(IMF)으로부터 빌린 돈을 모두 갚았다고 밝혔다. 구제 금융을 신청한 지 3년 8개월 만에 전액 조기 상환하게 된 것이다. 이에 따라 우리나라는 앞으로 정책 수립 과정에서 IMF의 간섭을 받지 않아도 되며, 회원국이면 누구나 해마다 진행하는 연례 협의만 하면 된다.

① 경제기획원이 발족하였다.
② 제4차 경제 개발 5개년 계획이 추진되었다.
③ 미국과 자유 무역 협정(FTA)을 체결하였다.
④ 저유가·저금리·저달러의 3저 호황이 있었다.
⑤ 대통령 직속 자문 기구로 노사정 위원회가 출범하였다.

49

다음 연설문을 발표한 정부 시기의 통일 노력으로 옳은 것은? [2점]

> 6·15 공동 선언은 한반도의 운명을 바꾸어 놓은 역사적 전환점이었습니다. …… 남북 당국 간 회담이 100여 차례 이상 열리고, 인적·물적 교류도 크게 늘어났습니다. …… 참여 정부는 햇볕 정책과 6·15 정신을 계승, 발전시킨 '평화번영 정책'을 추진해 나가고 있습니다. 이대로 가면 한반도에 화해와 협력의 질서가 구축되고, 평화와 번영의 새로운 동북아 시대가 열리게 될 것입니다. 무엇보다 중요한 것은 남북 간 신뢰 구축입니다. 각 분야의 교류와 협력을 활성화시키고, 북핵 문제를 평화적으로 해결해 나가야 합니다.

① 판문점에서 남북 정상 회담을 개최하였다.
② 남북한이 국제 연합(UN)에 동시 가입하였다.
③ 남북 이산가족의 고향 방문을 최초로 성사시켰다.
④ 평화통일 외교 정책에 관한 6·23 특별 성명을 발표하였다.
⑤ 남북 간 경제 교류 활성화를 위한 개성 공단 착공식을 열었다.

50

㉠~㉤에 대한 설명으로 적절하지 않은 것은? [3점]

> **한국사 톺아보기 역사 속 관리 선발 방식**
>
> 신라는 국학 학생 등을 대상으로 유교 경전에 대한 이해 정도를 평가하여 관리로 선발하는 ㉠독서삼품과를 마련하였다. 하지만 골품제 때문에 관료제 운영에 큰 기능을 발휘하지 못하였다.
>
> 고려 시대에는 시험을 통해 인재를 등용하는 ㉡과거가 도입되어 운영되면서 제술과, 명경과, 잡과가 승과와 함께 시행되었다. 그러나 반드시 과거로만 관직에 진출하는 것이 아니라, 음서 등으로 관직에 진출하기도 하였다.
>
> 조선 시대의 관리는 과거, 취재, 음서, 천거 등을 통해 선발되었다. 과거는 ㉢문과, 무과, 잡과로 구성되었는데 문과와 무과를 중심으로 하여 양반 관료 체제가 갖추어졌다. 한편 조선 중기에는 ㉣현량과를 통해서 조정에 진출한 신진 세력들이 훈구 세력의 부정과 비리를 비판하기도 하였다.
>
> 개항기에는 군국기무처의 주도로 과거를 폐지하고 별도의 ㉤선거조례를 제정하여 과거 시험에서 평가하였던 유교 경전에 대한 지식이나 문장력보다는 실무에 적합한 재능과 능력을 갖춘 인재를 관리로 등용하고자 하였다.

① ㉠ - 원성왕 재위 시기에 시행되었다.
② ㉡ - 쌍기의 건의를 수용하여 실시하였다.
③ ㉢ - 식년시, 알성시, 증광시 등으로 운영되었다.
④ ㉣ - 중종 때 조광조를 비롯한 사림들이 실시를 주장하였다.
⑤ ㉤ - 대한 제국 수립 이후 개혁의 일환으로 처음 단행되었다.

01

(가) 시대의 생활 모습으로 옳은 것은? [1점]

〈집에서 만나는 박물관〉 2월호

부여 송국리 출토 유물

이번 호에서는 부여 송국리에서 출토된 대표적인 유물을 소개합니다. 사유 재산과 계급이 발생한 (가) 시대의 유물을 통해 당시 사람들의 생활 모습을 상상해 보세요.

🗿 유물 소개

◆ 비파형 동검
검몸[劍身] 아랫부분의 폭이 넓고 둥근 비파 모양을 이루며, 중앙보다 약간 위에 뚜렷한 좌우 돌기가 있는 것이 특징임. 또한 검몸과 자루를 따로 만들어 결합하는 방식으로 제작됨.

◆ 민무늬 토기
무늬가 없는 토기를 일컬음. 지역과 시기에 따라 다양한 형태를 보이는데 송국리형 토기는 평평한 바닥의 작은 굽, 계란 모양의 몸체와 바깥으로 벌어진 입구 부분이 특징임.

① 소를 이용한 깊이갈이가 일반화되었다.
② 반달 돌칼을 사용하여 벼를 수확하였다.
③ 주로 동굴이나 강가의 막집에서 살았다.
④ 주먹도끼, 찍개 등의 뗀석기를 처음 제작하였다.
⑤ 가락바퀴와 뼈바늘을 이용하여 옷을 만들기 시작하였다.

02

(가), (나) 사이의 시기에 있었던 사실로 옳은 것은? [3점]

(가) 연개소문은 왕의 조카인 장을 왕으로 세우고 스스로 막리지가 되었다. 그 관직은 당의 병부상서 겸 중서령의 직임과 같다.

(나) 검모잠은 남은 백성을 모아 궁모성에서 패강 남쪽으로 내려와 당나라 관인 및 승려 법안 등을 죽이고 신라로 향하였다. 사야도에 이르러 고구려 대신 연정토의 아들 안승을 알현하고, 한성으로 모셔와 임금으로 받들었다.

① 을지문덕이 살수에서 대승을 거두었다.
② 사찬 시득이 기벌포에서 당군을 격파하였다.
③ 관구검이 이끄는 군대가 환도성을 함락하였다.
④ 김춘추가 당으로 건너가 군사 동맹을 체결하였다.
⑤ 장문휴가 자사 위준이 관할하는 당의 등주를 공격하였다.

03

(가) 나라에 대한 설명으로 옳은 것은? [2점]

이 그림은 (가) 의 시조인 이진아시왕의 표준 영정입니다. 신증동국여지승람 등의 기록에 따르면 수로왕과 형제인 그는 고령 일대를 중심으로 나라를 세웠다고 합니다.

① 진흥왕 때 신라에 복속되었다.
② 집사부를 비롯한 14부를 설치하였다.
③ 지방 장관으로 욕살, 처려근지 등을 두었다.
④ 여러 가(加)들이 별도로 사출도를 주관하였다.
⑤ 왕족인 부여씨와 8성의 귀족이 지배층을 이루었다.

04

(가), (나) 나라에 대한 설명으로 옳은 것은? [2점]

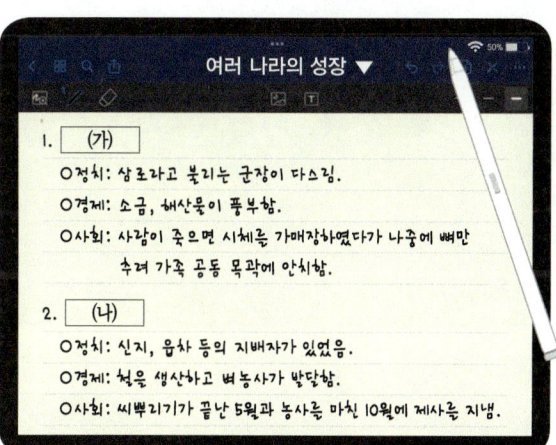

여러 나라의 성장 ▼

1. (가)
○정치: 삼로라고 불리는 군장이 다스림.
○경제: 소금, 해산물이 풍부함.
○사회: 사람이 죽으면 시체를 가매장하였다가 나중에 뼈만 추려 가족 공동 목곽에 안치함.

2. (나)
○정치: 신지, 읍차 등의 지배자가 있었음.
○경제: 철을 생산하고 벼농사가 발달함.
○사회: 씨뿌리기가 끝난 5월과 농사를 마친 10월에 제사를 지냄.

① (가) - 영고라는 제천 행사를 열었다.
② (가) - 사회 질서를 유지하기 위해 범금 8조를 만들었다.
③ (나) - 신성 지역인 소도가 존재하였다.
④ (나) - 제가 회의에서 나라의 중대사를 결정하였다.
⑤ (가), (나) - 도둑질한 자에게 12배로 배상하게 하였다.

05

밑줄 그은 '왕'에 대한 설명으로 옳은 것은? [2점]

- 고구려가 군사를 일으켜 쳐들어왔다. 왕이 듣고 군사를 패하(浿河) 가에 매복시켜 그들이 이르기를 기다렸다가 급히 치니 고구려 군사가 패배하였다.
- 옛 기록에 이르기를, "백제는 나라를 연 이래 문자로 일을 기록한 적이 없는데 이 왕 때에 이르러 박사 고흥을 얻어 처음으로 『서기』가 있게 되었다."라고 하였다.

① 금마저에 미륵사를 창건하였다.
② 윤충을 보내 대야성을 함락하였다.
③ 사비로 천도하고 국호를 남부여로 고쳤다.
④ 평양성을 공격하여 고국원왕을 전사시켰다.
⑤ 동진에서 온 마라난타를 통해 불교를 수용하였다.

06

다음 특별전에 전시될 문화유산으로 가장 적절한 것은? [2점]

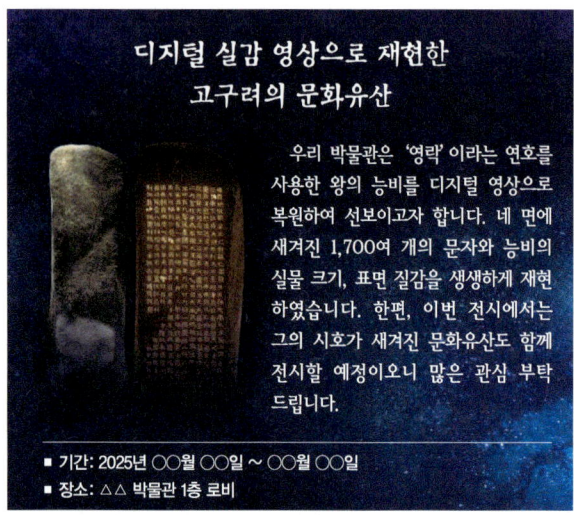

디지털 실감 영상으로 재현한 고구려의 문화유산

우리 박물관은 '영락'이라는 연호를 사용한 왕의 능비를 디지털 영상으로 복원하여 선보이고자 합니다. 네 면에 새겨진 1,700여 개의 문자와 능비의 실물 크기, 표면 질감을 생생하게 재현하였습니다. 한편, 이번 전시에서는 그의 시호가 새겨진 문화유산도 함께 전시할 예정이오니 많은 관심 부탁드립니다.

■ 기간: 2025년 ○○월 ○○일 ~ ○○월 ○○일
■ 장소: △△ 박물관 1층 로비

①  ②  ③
④  ⑤

07

밑줄 그은 '시기'에 있었던 사실로 옳은 것은? [3점]

이것은 보령 성주사지 대낭혜화상탑비로, 진성여왕의 명을 받아 최치원이 비문을 작성했습니다. 혜공왕 피살 이후 왕위 쟁탈전이 치열했던 시기에 당에서 수행하고 돌아와 9산 선문 중 하나인 성주산문을 개창한 낭혜화상의 행적이 기록되어 있습니다.

① 김흠돌 등 진골 세력이 숙청되었다.
② 김헌창이 웅천주에서 반란을 일으켰다.
③ 거칠부가 왕명에 의해 국사를 편찬하였다.
④ 복신과 도침이 부여풍을 왕으로 추대하였다.
⑤ 자장의 건의로 황룡사 구층 목탑이 건립되었다.

08

(가) 국가에 대한 설명으로 옳지 않은 것은? [2점]

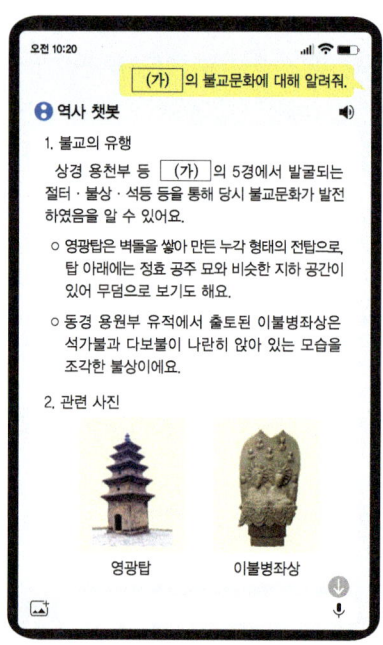

(가)의 불교문화에 대해 알려줘.

역사 챗봇

1. 불교의 유행
상경 용천부 등 (가) 의 5경에서 발굴되는 절터·불상·석등 등을 통해 당시 불교문화가 발전하였음을 알 수 있어요.

○ 영광탑은 벽돌을 쌓아 만든 누각 형태의 전탑으로, 탑 아래에는 정효 공주 묘와 비슷한 지하 공간이 있어 무덤으로 보기도 해요.
○ 동경 용원부 유적에서 출토된 이불병좌상은 석가불과 다보불이 나란히 앉아 있는 모습을 조각한 불상이에요.

2. 관련 사진

영광탑 / 이불병좌상

① 교육 기관으로 주자감을 설립하였다.
② 감찰 업무를 담당하는 중정대가 있었다.
③ 인안, 대흥 등 독자적인 연호를 사용하였다.
④ 거란도, 영주도 등을 통해 주변국과 교역하였다.
⑤ 내신좌평, 내두좌평 등 6좌평의 관제를 마련하였다.

09

(가) 제도를 시행한 국가에 대한 설명으로 옳은 것은?

[1점]

> • 풍월주(風月主), 원화(源花)의 법이 폐하여진 지 이미 여러 해였다. 왕은 나라를 일으키려면 풍월도를 먼저 하여야 한다고 생각하여 다시금 영(令)을 내려 귀인과 양가의 자제 중에서 얼굴이 아름답고 덕행이 있는 자를 선발해서 분장을 시켜 (가) 또는 국선(國仙)이라 이름하였다.
> • 좋은 가문 출신의 남자로서 덕행이 있는 자를 뽑아 (가) (이)라 하였다. 처음 설원랑을 받들어 국선으로 삼았는데 이것이 시초이다.

① 태학과 경당을 두어 인재를 양성하였다.
② 유랑민을 구휼하는 활인서를 설치하였다.
③ 정사암 회의에서 국가 중대사를 결정하였다.
④ 도병마사에서 변경의 군사 문제 등을 논의하였다.
⑤ 골품에 따라 관등 승진, 일상생활 등을 엄격히 제한하였다.

10

(가) 인물에 대한 설명으로 옳은 것은?

[3점]

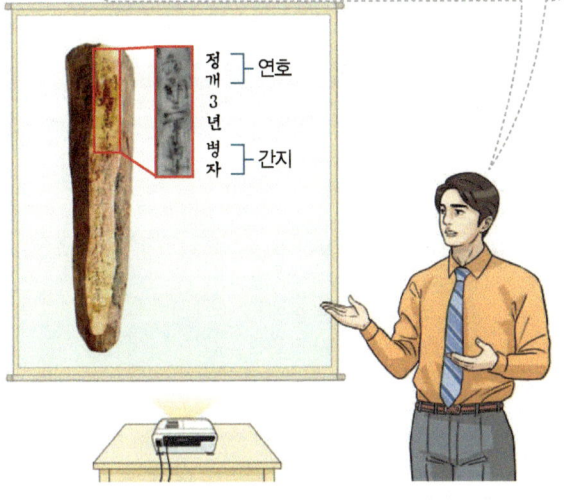

> 경기도 양주 대모산성에서 태봉의 연호가 기록된 목간이 출토되었습니다. 태봉은 신라 왕족 출신으로 알려진 (가) 이/가 세운 나라입니다. 목간의 정개 3년 병자는 916년에 해당합니다.

① 경주의 사심관으로 임명되었다.
② 12목에 지방관을 처음으로 파견하였다.
③ 폐정 개혁을 목표로 정치도감을 설치하였다.
④ 광평성을 비롯한 각종 정치 기구를 마련하였다.
⑤ 오월(吳越)에 사신을 보내고 검교태보의 직을 받았다.

11

(가) 왕에 대한 설명으로 옳은 것은?

[2점]

> **교외 체험 학습 보고서**
>
> △학년 △반 △△번 이름 □□□
>
> ⊙ 날짜: 2025년 ○○월 ○○일
> ⊙ 장소: 경상북도 안동 태사묘
> ⊙ 학습 내용
>
> 안동 태사묘는 고창 전투에서 (가) 을/를 도와 견훤을 물리치는 데 공을 세워 향직을 수여받은 권행, 김선평, 장길(장정필)의 위패를 봉안하고 있는 사당이다. 이번 체험 학습을 통해 안동이라는 지명이 고창 전투에서 승리한 (가) 이/가 고창군을 안동부로 승격시킨 데서 유래하였다는 것을 알 수 있었다.

① 한양을 남경으로 승격시켰다.
② 주전도감을 설치하여 해동통보를 발행하였다.
③ 쌍기의 건의를 받아들여 과거제를 실시하였다.
④ 청연각과 보문각을 두어 학문 연구를 장려하였다.
⑤ 정계와 계백료서를 지어 관리의 규범을 제시하였다.

12

다음 상황이 나타난 국가의 경제 모습으로 옳은 것은?

[2점]

> 무릇 장마·가뭄·병충해·서리 피해로 작황이 부실한 경작지를 촌전(村典)*이 수령에게 보고하면 수령이 직접 검사하여 호부에 신고하고, 호부에서는 다시 삼사에 보낸다. 삼사에서는 넘겨받은 문서를 조사한 뒤에 다시 그 지역 안찰사로 하여금 따로 사람을 보내 자세히 살펴 조사하게 하여 재해로 피해를 입었다면 조세를 감면한다.
>
> *촌전: 촌의 대표

① 벽란도가 국제 무역항으로 번성하였다.
② 고추, 담배 등이 상품 작물로 재배되었다.
③ 시장을 감독하는 관청인 동시전이 설치되었다.
④ 광산을 전문적으로 경영하는 덕대가 활동하였다.
⑤ 삼남 지방의 농법을 소개한 농사직설이 보급되었다.

13

다음 검색창에 들어갈 왕의 재위 시기에 있었던 사실로 옳은 것은? [2점]

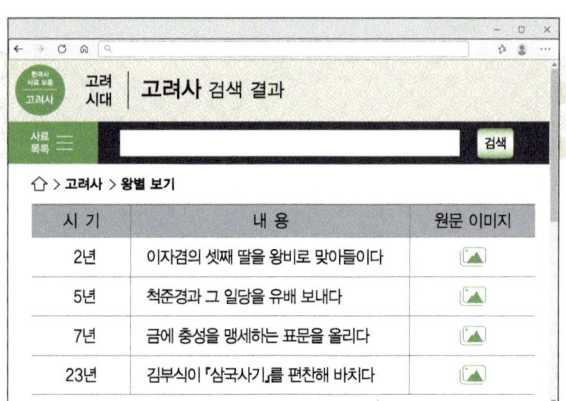

① 최충헌이 봉사 10조를 올렸다.
② 동북 9성이 여진에 반환되었다.
③ 국자감이 성균관으로 개칭되었다.
④ 묘청 등이 서경에서 난을 일으켰다.
⑤ 광덕, 준풍 등의 독자적 연호가 사용되었다.

14

다음 사건에 대한 탐구 활동으로 가장 적절한 것은? [1점]

> 망이 등이 홍경원에 불을 지르고 절에 있던 승려 10여 인을 죽였으며, 주지승을 위협하여 개경으로 서신을 가져가게 하였다. 그 서신에 대략 이르기를, "이미 우리 고을을 현으로 승격시키고 또 수령을 두어 안무하더니, 돌이켜 다시 군대를 내어 토벌하러 와서 우리 어머니와 아내를 옥에 가두었으니 그 뜻은 어디에 있는가? 차라리 칼날 아래 죽을지언정 끝내 항복하여 포로가 되지 않을 것이며, 반드시 개경까지 가고야 말겠다."라고 하였다.

① 안동도호부가 설치된 경위를 알아본다.
② 특수 행정 구역인 소에 대한 차별을 조사한다.
③ 신라 말 호족 세력이 성장하게 된 계기를 살펴본다.
④ 통청 운동을 통해 청요직으로 진출한 인물을 검색한다.
⑤ 경기에 한하여 설치된 과전이 농민에게 미친 영향을 파악한다.

15

(가) 군사 조직에 대한 설명으로 옳은 것은? [2점]

① 거란의 침입에 대비하여 설치되었다.
② 최씨 무신 정권의 군사적 기반이었다.
③ 원의 요청으로 일본 원정에 참여하였다.
④ 신기군, 신보군, 항마군으로 편성되었다.
⑤ 최영의 지휘 아래 홍산에서 왜구를 격퇴하였다.

16

다음 검색창에 들어갈 역사서에 대한 설명으로 옳은 것은? [3점]

① 남북국이라는 용어가 처음 사용되었다.
② 불교사를 중심으로 민간 설화를 담았다.
③ 단군의 고조선 건국 이야기가 수록되었다.
④ 왕명에 의해 고승들의 전기가 기록되었다.
⑤ 본기, 열전 등으로 구성된 기전체 형식으로 서술되었다.

17

(가) 왕의 재위 시기에 있었던 사실로 옳은 것은? [2점]

① 대각국사 의천이 천태종을 개창하였다.
② 신돈을 중심으로 전민변정 사업이 추진되었다.
③ 만적이 개경에서 노비를 모아 반란을 모의하였다.
④ 최충이 문헌공도를 설립하여 유학 교육에 힘썼다.
⑤ 이규보가 고구려 계승 의식을 강조한 동명왕편을 지었다.

18

(가)에 대한 고려의 대응으로 옳은 것은? [2점]

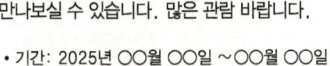

특별 기획
최무선과 화포 이야기

우리 박물관은 화약과 화기를 제조한 최무선 탄생 700주년 기념 특별전을 개최합니다. 특히 진포 대첩에서 나세, 심덕부 등과 함께 화포를 이용해 (가) 을/를 물리친 장면을 실감 영상으로 만나보실 수 있습니다. 많은 관람 바랍니다.

• 기간: 2025년 ○○월 ○○일 ~ ○○월 ○○일
• 장소: △△ 박물관 특별 전시실

① 광군을 조직하여 침입에 대비하였다.
② 경성과 경원에 무역소를 설치하였다.
③ 박위를 파견하여 근거지를 토벌하였다.
④ 어영청을 중심으로 북벌을 추진하였다.
⑤ 대장도감을 설치하여 팔만대장경을 간행하였다.

19

(가)~(마)에 대한 설명으로 옳지 않은 것은? [3점]

(가) 조선왕조실록 (나) 직지심체요절 (다) 조선왕조의궤
(라) 동의보감 (마) 일성록

① (가) - 사초와 시정기 등을 종합하여 편찬하였다.
② (나) - 청주 흥덕사에서 금속 활자본으로 간행되었다.
③ (다) - 병인양요 당시 일부가 프랑스군에게 약탈되었다.
④ (라) - 허준이 우리나라와 중국의 의서를 망라하여 집대성하였다.
⑤ (마) - 국왕의 비서 기관에서 발행한 관보이다.

20

(가) 인물에 대한 설명으로 옳은 것은? [2점]

사료로 보는 한국사

임금의 자질에는 어리석은 자질도 있고 현명한 자질도 있으며 강한 자질도 있고 유약한 자질도 있어서 한결같이 아니하니, 재상은 임금의 아름다운 점은 순종하고 나쁜 점은 바로잡으며, 옳은 일은 받들고 옳지 않은 것은 막아서, 임금으로 하여금 가장 올바른 경지에 들게 해야 한다.

[해설] 이 글은 이성계를 도와 조선 건국을 주도한 (가) 이/가 저술한 『조선경국전』의 일부입니다. 그는 국가 운영을 위한 종합적인 통치 규범을 제시하고, 재상의 역할을 강조하였습니다.

① 불씨잡변을 지어 불교를 비판하였다.
② 계유정난을 계기로 정계에서 축출되었다.
③ 최초의 서원인 백운동 서원을 건립하였다.
④ 일본에 다녀와서 해동제국기를 편찬하였다.
⑤ 성리학의 개념을 도식으로 설명한 성학십도를 지었다.

21

(가) 왕의 업적으로 옳은 것은? [2점]

월인천강지곡이라는 제목에는 하나의 달이 천 개의 강물에 비친다는 뜻이 담겨 있는데요, 이 책의 편찬 경위를 말씀해 주세요.

훈민정음이 창제되고 3년 후에 왕비가 세상을 떠나자, (가) 은/는 명복을 빌기 위해 아들 수양대군에게 부처의 일대기와 설법을 담은 석보상절을 편찬하도록 명했습니다. 그 내용을 (가) 이/가 한글 노랫말로 옮긴 것이 월인천강지곡입니다.

① 수도 방어를 위해 금위영을 설치하였다.
② 음악 이론 등을 집대성한 악학궤범을 완성하였다.
③ 한양을 기준으로 한 역법서인 칠정산을 간행하였다.
④ 역대 문물제도를 정리한 동국문헌비고를 편찬하였다.
⑤ 현직 관리에게만 수조지를 지급하는 직전법을 실시하였다.

22

(가) 국가에 대한 조선의 정책으로 옳은 것은? [2점]

그림 속 장소는 창덕궁에 있었던 대보단으로, 임진왜란 때 조선에 원군을 보낸 (가) 의 황제를 기리고자 숙종 대에 건립한 제단입니다. 조선은 이곳에서 제사를 지내 이미 멸망한 (가) 에 대한 의리를 지키고자 하였습니다.

① 나선 정벌에 조총 부대를 파견하였다.
② 하정사, 천추사 등 사절단을 보내었다.
③ 백두산정계비를 세워 국경을 획정하였다.
④ 한성에 동평관을 두어 무역을 허용하였다.
⑤ 공녀를 보내기 위해 결혼도감을 설치하였다.

23

(가)에 들어갈 내용으로 가장 적절한 것은? [2점]

[역사 다큐멘터리 기획안]

폭정으로 흔들리는 조선

■ 기획 의도
국왕이 대신, 삼사 등과 함께 국정을 운영한 선왕 대의 정치 구조를 깨고 폭정을 일삼다가 폐위된 ○○○. 그의 재위 시기에 일어난 정치적 혼란을 살펴본다.

■ 구성 내용
1부. 선왕 대에 성장한 삼사와 대립하다
2부. 조의제문을 구실로 사림을 탄압하다
3부. (가)
4부. 반복된 폭정으로 반정이 일어나 폐위되다

① 이괄의 난이 일어나 공주로 피란하다
② 단종의 복위를 꾀한 성삼문 등을 처형하다
③ 영창 대군을 죽이고 인목 대비를 유폐하다
④ 위훈 삭제를 주장한 조광조 일파를 제거하다
⑤ 폐비 윤씨 사사 사건을 빌미로 신하들을 숙청하다

24

(가)~(마)에서 있었던 사실로 옳은 것은? [1점]

답사 계획서

● 주제: 우리나라 성곽의 역사를 찾아서(서울·경기·인천 편)
● 기간: 2025년 ○○월 ○○일 ~ ○○월 ○○일(4박 5일)
● 경로: 강화산성 → 북한산성 → 서울 한양도성 → 남한산성 → 수원 화성

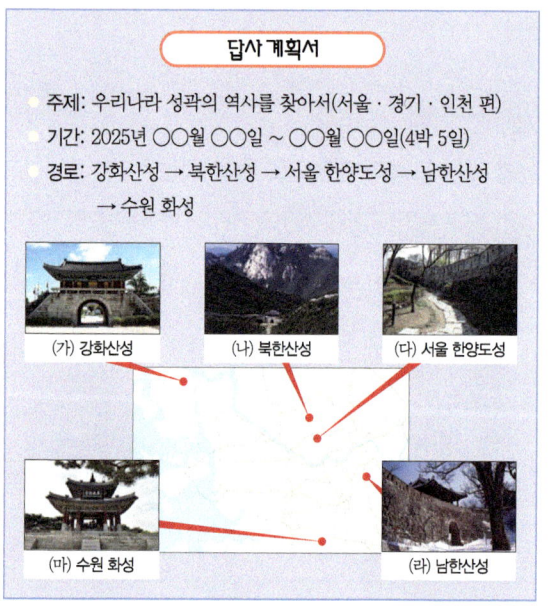

(가) 강화산성 (나) 북한산성 (다) 서울 한양도성
(마) 수원 화성 (라) 남한산성

① (가) - 정봉수가 후금의 침입에 맞서 싸웠다.
② (나) - 김준룡이 근왕병을 이끌고 적장을 사살하였다.
③ (다) - 신립이 배수의 진을 치고 전투를 벌였다.
④ (라) - 병자호란 때 인조가 피란하여 항전하였다.
⑤ (마) - 임진왜란 때 권율이 일본군을 크게 물리쳤다.

25

(가) 기구에 대한 설명으로 옳은 것은? [3점]

• 지방 고을에는 그곳의 유력한 집안이 있습니다. 그 가운데 서울에 살면서 벼슬하는 자들의 모임을 (가) (이)라고 합니다. …… 간사한 향리의 범법 행위를 살펴서 지방의 풍속을 유지했는데, 그 유래가 오래되었습니다.
- 『성종실록』 -

• 평소에 각 고을을 담당하는 (가) (이)라고 부르는 곳도 원래는 지방의 풍속이 법에 어긋나는지 살피기 위하여 설치한 것입니다. 그런데 지금은 향리를 침학하여 사람들이 대부분 괴롭게 여기고 있습니다.
- 『선조실록』 -

① 사헌부, 사간원과 함께 3사로 불렸다.
② 소속 관원을 은대 학사라고도 칭하였다.
③ 서얼 출신 학자들이 검서관에 등용되었다.
④ 관할 유향소 임원의 임명권을 행사하였다.
⑤ 대사성 이하 좨주, 직강 등의 관직을 두었다.

26

(가) 인물의 작품으로 옳은 것은? [1점]

이곳 철원 삼부연 폭포는 겸재 (가) 이/가 그린 그림으로도 유명합니다. 우리 산천의 아름다움을 사실적으로 표현한 진경산수화를 실제 모습과 함께 감상해 보세요.

①
②
③
④
⑤

27

(가) 왕의 재위 시기에 있었던 사실로 옳은 것은? [2점]

(가) 어진

이 그림은 (가) 의 초상화로, 조선 시대에 그려진 현존하는 어진 가운데 군복을 입고 있는 유일한 사례이다. 강화 도령으로 불렸던 그는 안동 김씨인 순원 왕후의 명으로 왕위에 올랐지만, 임술 농민 봉기가 일어나는 등 혼란한 상황 속에서 승하하였다. 6·25 전쟁 때 화재로 어진의 일부가 소실되었다.

① 윤지충 등이 처형된 신해박해가 일어났다.
② 오페르트가 남연군 묘 도굴을 시도하였다.
③ 국왕의 친위 부대인 장용영이 창설되었다.
④ 경신환국 등 여러 차례 환국이 발생하였다.
⑤ 박규수의 건의로 삼정이정청이 설치되었다.

28

다음 자료를 활용한 탐구 주제로 가장 적절한 것은? [2점]

선무군관 직책을 특별히 설치하고 서북을 제외한 6도에서 벼슬이 없는 자들 중 선정한다. 사족이 아니거나 음서를 받지 않은 자들, 군보(軍保) 역할에 그치기에는 아까운 자들을 대상으로 한다. 평시에는 입번(立番)과 훈련을 면해주고 다만 베 1필을 받는데, 유사시에는 관할수령이 지도하여 방비에 임하도록 한다.

① 토산물을 쌀, 동전 등으로 납부하게 한 원인
② 균역법 실시로 인한 세입 감소분의 보충 방안
③ 시전 상인의 특권을 축소한 신해통공 단행 배경
④ 전세를 풍흉에 따라 9등급으로 차등 부과한 이유
⑤ 설점수세제를 시행하여 민간의 광산 개발을 허용한 목적

29

다음 자료에 나타난 사건에 대한 설명으로 옳은 것은? [2점]

> 아, 고금 천하에 김옥균, 홍영식 등의 역적들처럼 극악하고 무도한 자들이 있었겠습니까? …… 처음에는 연회를 베풀어 사람들을 찔러 죽이고 끝에는 변고가 일어났다고 선언하고는 전하를 강박하여 처소를 옮기게 하였습니다. 일본 사람들을 끼고 병기를 휘둘러 재상들을 모두 죽여 궁궐에 피를 뿌리고 장상(將相)의 중직을 잠깐 동안에 차지하여 종묘사직을 위태롭게 하였습니다.

① 청군의 개입으로 3일 만에 실패하였다.
② 전개 과정에서 홍범 14조가 반포되었다.
③ 통리기무아문이 설치되는 계기가 되었다.
④ 조일 통상 장정이 체결되는 결과를 초래하였다.
⑤ 구식 군인에 대한 차별 대우가 발단이 되어 일어났다.

30

밑줄 그은 '이 시기'에 볼 수 있는 모습으로 적절하지 <u>않</u>은 것은? [1점]

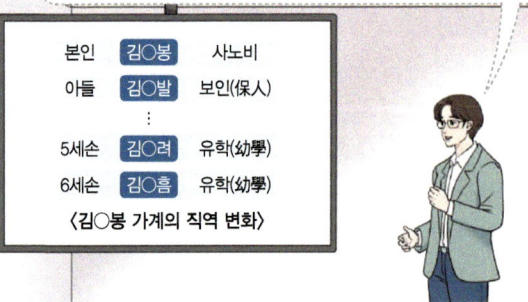

① 빈민을 구휼하는 제위보의 관리
② 시사(詩社)에서 시를 낭송하는 중인
③ 상평통보로 물건을 거래하는 보부상
④ 세책가에서 홍길동전을 빌리는 부녀자
⑤ 송파장에서 산대놀이 공연을 하는 광대

31

(가), (나) 사이의 시기에 있었던 사실로 옳은 것은? [2점]

> (가) 통문으로 장터에 모이라는 기별이 왔다. 저녁 먹은 후 여러 마을에서 징 소리며 나팔 소리, 고함 소리가 천지에 뒤끓더니 수천 명 군중들이 우리 마을 앞길로 몰려와 군수 조병갑을 죽인다며 소요를 일으켰다. 군중이 사방으로 포위하고 몰아갈 때 조병갑은 서울로 도망갔다.
>
> (나) 우두머리는 선화당을 점거하고 다른 동학 도당들은 나누어 사대문을 막으니 성 안의 백성과 아전, 군교 등이 미처 나오지 못하고 화염 속에 빠진 자가 많아 그 수를 알지 못하였습니다. 전주성이 삽시간에 함락된 것은 감영이나 전주부의 관속 무리 중 내응하는 자가 많았기 때문입니다.

① 남접과 북접이 논산에서 연합하였다.
② 최제우가 혹세무민의 죄로 처형되었다.
③ 일본이 군대를 동원하여 경복궁을 점령하였다.
④ 농민군이 황룡촌 전투에서 관군에 승리하였다.
⑤ 우금치에서 농민군이 관군과 일본군에 맞서 싸웠다.

32

다음 상황의 배경으로 가장 적절한 것은? [3점]

> **역사 신문**
> 제△△호 ○○○○년 ○○월 ○○일
>
> **시전 상인, 외국 상인의 퇴거를 요구하다**
>
> 며칠 전 시전 상인 수백 명이 가게 문을 닫고 외아문(통리교섭통상사무아문) 앞에서 연좌시위를 시작하였다. 시전 상인들은 몇 해 전부터 외국 상인의 한성 침투로 인해 입는 피해가 크다는 점을 주장하며 퇴거를 요구하였다. 향후 정부가 이 문제를 어떻게 해결해 나갈 것인지 귀추가 주목된다.

① 동양 척식 주식회사가 설립되었다.
② 일제가 황무지 개간권을 요구하였다.
③ 조청 상민 수륙 무역 장정이 체결되었다.
④ 메가타의 주도로 화폐 정리 사업이 시행되었다.
⑤ 회사 설립을 허가제로 하는 회사령이 공포되었다.

33

(가) 운동에 대한 설명으로 옳은 것은? [2점]

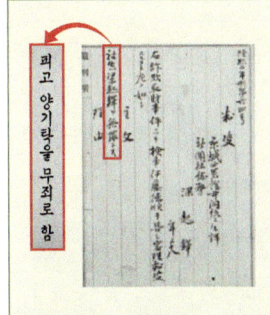

이 자료는 (가) 에 참여한 양기탁에 대한 판결문의 일부이다. 양기탁은 일본에서 들여온 차관을 갚기 위해 일어난 (가) 의 의연금을 횡령하였다는 이유로 기소되었다. 판결문에는 피고인 양기탁이 증거 불충분으로 무죄를 선고 받은 내용이 담겨 있다.

① 대한매일신보의 지원을 받아 확산되었다.
② 조선 총독부의 탄압과 방해로 실패하였다.
③ 백정에 대한 사회적 차별 철폐를 요구하였다.
④ 조선 민립 대학 기성회에서 모금 활동을 주도하였다.
⑤ 일본, 프랑스 등의 노동 단체로부터 격려 전문을 받았다.

34

(가) 조약에 대한 설명으로 옳은 것은? [1점]

저는 지금 워싱턴에 있는 옛 주미대한제국공사관 건물 앞에 나와 있습니다. 이곳은 1889년부터 외교 공관으로 사용되었으나, (가) 으로 외교권을 박탈당하여 그 기능을 상실하였습니다. 현재 이 건물을 대한민국 정부가 매입하여 전시관으로 활용하고 있습니다.

① 러일 전쟁 중에 체결되었다.
② 최혜국 대우를 최초로 규정하였다.
③ 천주교 포교 허용의 근거가 되었다.
④ 통감부가 설치되는 결과를 초래하였다.
⑤ 스티븐스가 외교 고문으로 파견되는 배경이 되었다.

35

다음 가상 대화가 이루어진 시기 이후에 볼 수 있는 모습으로 가장 적절한 것은? [2점]

자네 들었는가? 며칠 전 한성 전기 회사에서 개통한 전차에 어린아이가 깔려 죽었다고 하네.

나도 들었네. 사고를 보고 격분한 사람들이 전차를 전복시키고 불태웠다더군.

① 척화비를 세우기 위해 돌을 다듬는 석공
② 거문도를 불법 점령하고 있는 영국 군인
③ 연무당에서 일본과 조약을 체결하는 관리
④ 보빙사의 일원으로 미국에 파견되는 역관
⑤ 경부선 철도 개통식을 취재하는 신문 기자

36

(가) 지역에서 있었던 민족 운동에 대한 설명으로 옳은 것은? [2점]

이것은 (가) 에 세워진 신흥 강습소의 구성원이 만든 신흥 교우단의 기관지입니다. 이 기관지에는 군사, 교육, 역사 등 다양한 분야의 글이 게재되어 동포들의 민족의식을 고취하였습니다. 특히, 신흥 무관 학교의 전신인 신흥 강습소의 조직과 활동을 알려주는 내용이 많아 (가) 에서 전개된 독립운동을 연구하는 데 가치가 있습니다.

① 한인 자치 기구인 경학사를 조직하였다.
② 유학생을 중심으로 2·8 독립 선언서를 발표하였다.
③ 대조선 국민군단을 조직하여 군사 훈련을 실시하였다.
④ 대한 광복군 정부를 수립하여 무장 투쟁을 준비하였다.
⑤ 독립군 비행사 양성을 위해 한인 비행 학교를 설립하였다.

37

밑줄 그은 '시기'에 시행된 일제의 정책으로 옳은 것은? [1점]

이것은 어느 공립 보통학교의 졸업식 사진으로, 교원이 제복을 입고 칼을 차고 수업하던 당시 일제의 식민지 지배 정책을 잘 보여주고 있어.

맞아. 헌병이 일반 경찰 업무를 맡아 재판 없이 체포 또는 구금하고, 벌금을 물리거나 태형에 처하기도 했던 시기였지.

① 국가 총동원법을 공포하였다.
② 산미 증식 계획을 시행하였다.
③ 토지 조사 사업을 실시하였다.
④ 황국 신민 서사의 암송을 강요하였다.
⑤ 조선 사상범 예방 구금령을 제정하였다.

38

(가) 단체에 대한 설명으로 옳은 것은? [2점]

한 나라 한 사회나 한 집안의 장래를 맡은 사람은 누구인가. 곧 그 집안이나 그 사회나 그 나라의 아들과 손자일 것이다. …… (가) 은/는 어린이를 위한 부모의 도움이 두터워지기를 바라는 마음에서 5월 1일 오늘을 기회로 삼아 '어린이의 날'이라고 이름하고, 소년 회원이 거리마다 늘어서 "항상 10년 후의 조선을 생각하십시오."라고 쓴 인쇄물을 배포하며 취지를 선전했다. 이러한 일은 조선 소년 운동의 처음이며, 다른 사회에서도 많이 응원하여 노력하기를 바란다.

① 한글 맞춤법 통일안을 제정하였다.
② 기관지로 진단 학보를 발행하였다.
③ 오산 학교를 설립하여 인재를 양성하였다.
④ 김기전, 방정환 등이 주축이 되어 활동하였다.
⑤ 여성 교육의 중요성을 강조한 여권통문을 발표하였다.

39

밑줄 그은 '시기'에 볼 수 있는 모습으로 가장 적절한 것은? [2점]

이 영상은 면양 장려 사업을 선전하기 위해 제작한 영화의 일부로, 대공황 이후 일제가 농촌 진흥 운동을 추진하던 시기의 모습을 담고 있습니다. 면양 장려 사업은 일본 기업 등에 공업 원료를 공급하기 위한 목적으로 실시되었습니다. 이 사업은 한반도 남부 지방에 면화 재배를 확대하는 면작 증식 계획과 함께 남면북양 정책으로 불렸습니다.

① 근우회 창립총회에 참여하는 학생
② 경성 제국 대학 설립을 추진하는 관리
③ 원각사에서 연극 은세계를 공연하는 배우
④ 서울 진공 작전에 참여하는 13도 창의군 의병
⑤ 혁명적 농민 조합을 결성하여 일제에 저항하는 농민

40

밑줄 그은 '사건'에 대한 설명으로 옳은 것은? [2점]

□□ 신문
제△△호 1929년 ○○월 ○○일

신간회, 최고 간부를 광주로 특파하다

지난 3일 전남 광주에서 일어난 고등보통학교 학생 대 중학생의 충돌 사건에 대하여 신간회 본부에서는 지난 5일 중앙 상무 집행위원회의 결의로 장성, 송정, 광주 세 지회에 긴급 조사를 지시하며 사태의 진전을 주시하고 있었다. 지난 8일 밤에는 신간회 주요 간부들이 긴급 상의한 결과, 사건 내용을 철저히 조사하는 동시에 구금된 학생들의 석방을 교섭하기 위하여 신간회 중앙집행위원장 허헌 씨와 서기장 황상규 씨, 회계장 김병로 씨 등 최고 간부를 광주까지 특파하였다고 한다.

① 순종의 인산일을 기회로 삼아 일어났다.
② 조선어 학회가 해산되는 결과를 가져왔다.
③ 정우회 선언을 발표하는 데 영향을 주었다.
④ 전국적인 시위와 동맹 휴학으로 확산하였다.
⑤ 일제가 이른바 문화 통치를 실시하는 계기가 되었다.

41

(가)~(마)에 들어갈 내용으로 적절하지 않은 것은? [3점]

일제 강점기 대중문화 탐구 안내

일제 강점기에는 매체의 발달과 함께 대중문화가 유행하였습니다. 이 시기 대중문화는 다양한 측면에서 식민지 조선인의 일상에 영향을 미쳤습니다. 그러나 일제는 식민 지배를 합리화하기 위한 선전 도구로 대중문화를 이용하기도 하였습니다.

모둠별로 담당한 주제를 탐구하여 보고서로 제출하세요.
※ 과제 마감일은 2월 16일입니다.

모둠	문화 영역	주제
1	가요	(가)
2	영화	(나)
3	방송	(다)
4	소비	(라)
5	잡지	(마)

① (가) - 아침 이슬, 건전 가요에서 금지곡으로 지정되다
② (나) - 병정님, 조선인에 대한 징병제 실시를 미화하다
③ (다) - 경성 방송국, 우리말 방송을 검열하여 송출하다
④ (라) - 미쓰코시 백화점, 자본주의적 소비문화가 이식되다
⑤ (마) - 신여성, 여권 신장 등의 내용으로 여성을 계몽하다

42

(가) 단체의 활동으로 옳은 것은? [2점]

【우리 고장의 독립운동가】

조선 총독 암살을 시도했던 청년

유진만
(1912~1966)

세종특별자치시 연서면 출생으로 김구가 일제의 요인 제거 및 주요 기관 파괴를 목적으로 상하이에서 조직한 (가) 의 단원이다. 조선 총독 우가키 가즈시게를 암살하라는 지령을 받고 국내에 잠입하였으나 거사 전 검거되었다. 치안 유지법 등 위반 혐의로 징역 6년의 형을 선고받았다. 1990년 건국훈장 애국장이 추서되었다.

① 일제가 조작한 105인 사건으로 와해되었다.
② 파리 강화 회의에 독립 청원서를 제출하였다.
③ 단원인 윤봉길이 훙커우 공원 의거를 실행하였다.
④ 신채호가 작성한 조선 혁명 선언을 지침으로 삼았다.
⑤ 군사 훈련을 위해 조선 혁명 간부 학교를 설립하였다.

43

(가) 부대에 대한 설명으로 옳은 것은? [3점]

우리들은 군사 통일에 대한 구체적 의견으로 (가) 와/과 한국 광복군을 합병하여 조선 민족 혁명군으로 편성하자는 방안을 제출하였다. …… 그러나 대한민국 임시 정부와 한국 광복군 측에서는 우리들의 주장을 종래 찬성하지 아니하였고, 결국 본대는 한국 광복군 제1지대로 개편하게 되었다. …… (가) 은/는 1938년 10월 10일 우한(武漢)에서 성립된 이래로 김원봉 대장의 정확한 영도 하에서 가장 우수한 수백 청년 간부의 희생적 분투와 노력에 의하여 모든 험로와 난관을 충파하면서 전진하여 왔으며 또 이런 과정을 통하여 과거 43개월간 광영한 역사를 창조하였다. …… 본대 전체 동지는 한국 광복군을 확대 발전시키기 위해 노력할 것을 언명한다.

① 동북 항일 연군으로 개편되어 유격전을 전개하였다.
② 간도 참변 이후 조직을 정비하고 자유시로 이동하였다.
③ 쌍성보, 대전자령 전투 등에서 일본군을 크게 물리쳤다.
④ 조선 민족 전선 연맹 산하의 군사 조직으로 결성되었다.
⑤ 홍범도 부대와 연합하여 청산리에서 일본군과 교전하였다.

44

밑줄 그은 '운동'에 대한 설명으로 옳은 것은? [2점]

선생님께서 참여하신 운동은 '조선 사람 조선 것'이라는 구호를 내세웠다는 점에서 사실상 독립 운동이 아니냐고 일제 경찰이 심문할 때 어떻게 대응하셨나요?

조선 물산의 생산과 소비를 장려하는 운동에 조선인이 참여하는 것은 당연한 일이 아닌가, 오사카 사람이 오사카의 물산을 장려하는 것도 문제 삼을 것이냐고 반문하니 주의만 주고 가더군요.

① 조선 노동 총동맹을 중심으로 전개되었다.
② 보국안민, 제폭구민 등이 구호로 사용되었다.
③ 조선 관세령 폐지 등을 배경으로 확산하였다.
④ 황국 중앙 총상회가 설립되는 결과를 가져왔다.
⑤ 일본 제일은행권 화폐가 유통되는 계기가 되었다.

45

교사의 질문에 대한 학생의 답변으로 가장 적절한 것은? [1점]

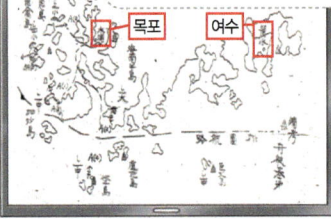 

지도는 목포와 여수 일대의 일본군 방어 시설을 표시한 것입니다. 일본군은 아시아·태평양 전쟁 말기 연합군의 상륙을 저지하기 위해 한반도 남서 해안 지역에 대규모 군사 방어 시설을 구축했습니다. 이 시기에 있었던 사실에 대해 말해볼까요?

① 고종의 밀지를 받아 독립 의군부가 결성되었어요.
② 만주 군벌과 일제가 미쓰야 협정을 체결하였어요.
③ 여자 정신 근로령으로 여성들이 강제 동원되었어요.
④ 상하이에서 주권 재민을 천명한 대동단결 선언이 발표되었어요.
⑤ 독립운동의 방략을 논의하고자 국민 대표 회의가 개최되었어요.

46

다음 상황이 나타난 시기를 연표에서 옳게 고른 것은? [2점]

미소 공동 위원회를 속개시킴으로써 국제적으로 약속된 조선 민주주의 임시 정부 수립을 촉진하려는 좌우 합작 운동은 김규식의 입원과 여운형의 피습 사건으로 말미암아 합작의 앞날이 우려되는 상황이었다. 그러나 최근 김규식이 퇴원하고 여운형의 치료도 순조로워, 22일 오후 7시 시내 모처에서 김규식, 여운형 두 사람을 비롯한 좌우 대표가 참석한 가운데 정식으로 예비 회담이 개최되었다.

(가)	(나)	(다)	(라)	(마)
8·15 광복	모스크바 3국 외상 회의	5·10 총선거 실시	대한민국 정부 수립	6·25 전쟁 발발	한미 상호 방위 조약 체결

① (가) ② (나) ③ (다) ④ (라) ⑤ (마)

47

(가)에 들어갈 주제로 가장 적절한 것은? [2점]

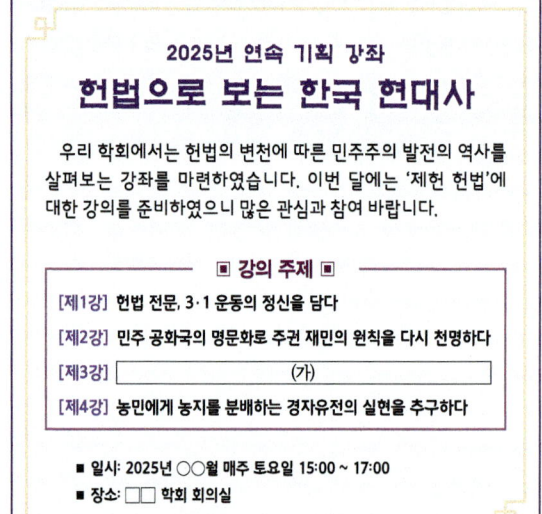

2025년 연속 기획 강좌
헌법으로 보는 한국 현대사

우리 학회에서는 헌법의 변천에 따른 민주주의 발전의 역사를 살펴보는 강좌를 마련하였습니다. 이번 달에는 '제헌 헌법'에 대한 강의를 준비하였으니 많은 관심과 참여 바랍니다.

■ 강의 주제 ■
[제1강] 헌법 전문, 3·1 운동의 정신을 담다
[제2강] 민주 공화국의 명문화로 주권 재민의 원칙을 다시 천명하다
[제3강] (가)
[제4강] 농민에게 농지를 분배하는 경자유전의 실현을 추구하다

■ 일시: 2025년 ○○월 매주 토요일 15:00 ~ 17:00
■ 장소: □□학회 회의실

① 양원제 국회와 내각 책임제 정부를 구성하다
② 반민족 행위자를 처벌할 수 있는 근거를 마련하다
③ 국민의 직접 선거로 5년 단임제 대통령을 선출하다
④ 초대 대통령의 중임 제한 철폐, 장기 집권 체제를 강화하다
⑤ 긴급 조치, 대통령이 국민의 기본권을 제한할 수 있게 하다

48

다음 자료에 나타난 민주화 운동에 대한 설명으로 옳은 것은? [1점]

> 우리는 왜 총을 들 수밖에 없었는가? 그 대답은 너무나 간단합니다. 너무나 무자비한 만행을 더 이상 보고 있을 수만 없어서 너도나도 총을 들고 나섰던 것입니다. …… 계엄 당국은 공수부대를 대량으로 투입하여 시내 곳곳에서 학생, 젊은이들에게 무차별 살상을 자행하였으니 …… 너무나 경악스러운 또 하나의 사실은 20일 밤부터 계엄 당국은 발포 명령을 내려 무차별 발포를 시작했다는 것입니다. 이 고장을 지키고자 이 자리에 모이신 민주 시민 여러분! 그런 상황에 우리가 할 수 있는 일은 무엇이겠습니까?

① 4·13 호헌 조치 철폐를 요구하였다.
② 시민군을 조직하여 계엄군에 대항하였다.
③ 시위 도중 김주열이 최루탄을 맞고 사망하였다.
④ 직선제 개헌을 약속한 6·29 민주화 선언을 이끌어 냈다.
⑤ 국민의 요구에 굴복하여 대통령이 하야하는 결과를 가져왔다.

49

(가) 정부 시기에 볼 수 있는 모습으로 가장 적절한 것은? [2점]

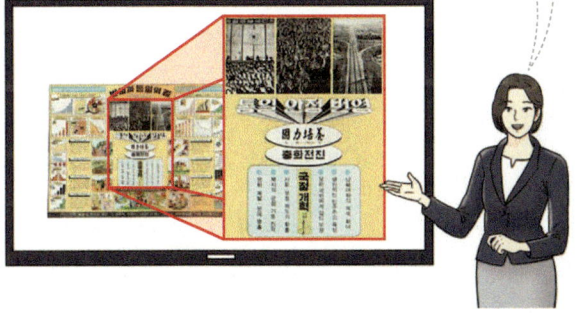

이것은 통일 주체 국민 회의에서 대통령을 선출하도록 헌법을 개정한 (가) 정부의 홍보물입니다. "우리 모두 불굴의 투지와 굳은 단결로써 조국의 안정과 번영, 그리고 평화 통일을 위해 전진합시다."라는 문구 등으로 헌법을 미화하였습니다.

① 거리에서 장발과 미니스커트를 단속하는 경찰
② 교복 자율화 조치로 사복을 입고 등교하는 학생
③ 금융 실명제에 따라 신분증 제시를 요구하는 은행원
④ 칠레와의 자유 무역 협정(FTA) 비준을 보도하는 기자
⑤ 전국 민주 노동조합 총연맹 창립 대회에 참가하는 노동자

50

(가), (나) 사이의 시기에 있었던 사실로 옳은 것은? [3점]

> (가) 1. 남과 북은 6·15 공동 선언을 고수하고 적극 구현해 나간다.
>   ⋮
> 3. 남과 북은 군사적 적대 관계를 종식하고 한반도에서 긴장 완화와 평화를 보장하기 위해 긴밀히 협력하기로 하였다.
> － 「10·4 남북 정상 선언」 －

> (나) 1. 남과 북은 남북 관계의 전면적이며 획기적인 개선과 발전을 이룩하여 공동 번영과 자주 통일의 미래를 앞당겨 나갈 것이다.
>   ⋮
> 3. 남과 북은 항구적이며 공고한 평화 체제를 구축하기 위해 적극 협력해 나갈 것이다.
> － 「한반도의 평화와 번영, 통일을 위한 판문점 선언」 －

① 7·4 남북공동 성명이 발표되었다.
② 개성 공업 지구 조성이 합의되었다.
③ 남북한이 국제 연합(UN)에 동시 가입하였다.
④ 남북 이산가족 고향 방문단의 교환이 최초로 실현되었다.
⑤ 평창 동계 올림픽 개막식에서 남북 선수단이 공동 입장하였다.

▲ 김좌진 장군 / 단장지통

적막한 달밤에 칼머리의 바람은 세찬데
칼 끝에 찬 서리가 고국생각을 돋구누나
삼천리 금수강산에 왜놈이 웬말인가
단장의 아픈 마음 쓰러버릴 길 없구나.

- 단장지통(斷腸之痛) -

한국사능력검정시험 심화 | 1·2·3급

심화

한국사능력검정시험
2024년도 기출문제

72회
71회
70회
69회

한국사능력검정시험 심화 | 1·2·3급

2024년도 제72회 한국사능력검정시험 심화

|정답 및 해설| 251p

01
(가) 시대의 생활 모습으로 옳은 것은? [1점]

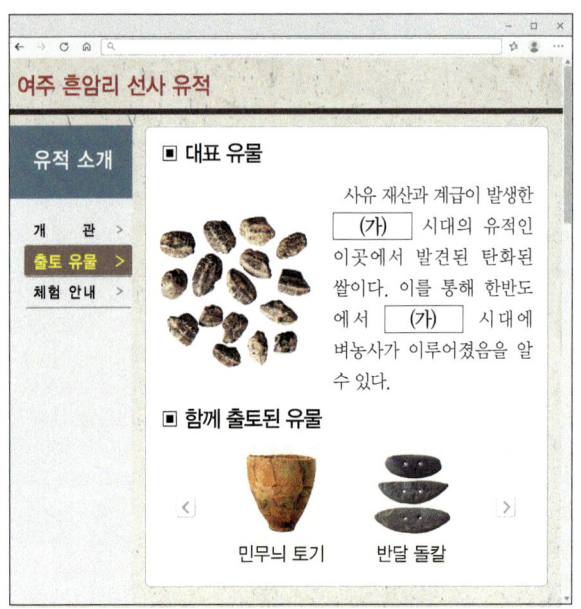

① 주로 동굴이나 강가의 막집에서 살았다.
② 지배층의 무덤으로 고인돌을 축조하였다.
③ 농경과 목축을 시작하여 식량을 생산하였다.
④ 호미, 쇠스랑 등의 철제 농기구를 제작하였다.
⑤ 주먹도끼, 찍개 등의 뗀석기를 처음 제작하였다.

02
밑줄 그은 '이 나라'에 대한 탐구 활동으로 가장 적절한 것은? [2점]

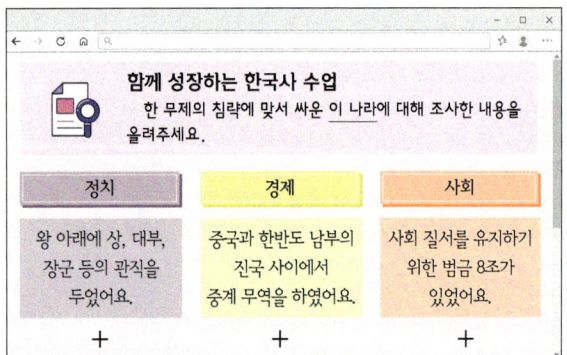

① 임신서기석의 내용을 분석한다.
② 칠지도에 새겨진 명문을 해석한다.
③ 수도 왕검성의 위치에 대한 자료를 검색한다.
④ 10월에 지냈던 제천 행사인 동맹을 살펴본다.
⑤ 국가의 중대사를 논의한 화백 회의에 대해 조사한다.

03
(가), (나) 사이의 시기에 있었던 사실로 옳은 것은? [2점]

(가) 겨울에 백제왕이 태자와 함께 정병 3만 명을 거느리고 고구려를 침입하여 평양성을 공격하였다. 고구려왕 사유가 힘껏 싸우며 막다가 날아오는 화살을 맞고 죽었다.

(나) 정월에 백제는 고구려의 도살성을 쳐서 빼앗았다. 3월에는 고구려가 백제의 금현성을 함락시켰다. 신라왕이 양국의 병사가 지친 틈을 타 이찬 이사부에게 명하여 병사를 내어 쳐서 두 성을 빼앗아 증축하고 갑사 1천 명을 두어 지키게 하였다.

① 신라가 기벌포에서 당군을 격파하였다.
② 고구려가 국내성에서 평양으로 천도하였다.
③ 계백이 이끈 결사대가 황산벌에서 패배하였다.
④ 연개소문이 정변을 일으켜 권력을 장악하였다.
⑤ 김춘추가 당으로 건너가 군사 동맹을 체결하였다.

04
(가)~(다) 지역에 대한 설명으로 옳지 않은 것은? [3점]

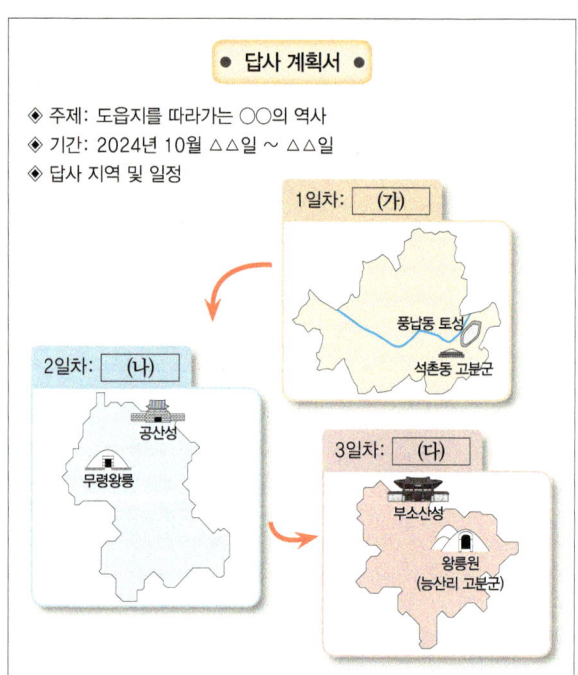

① (가) – 고구려에서 남하한 온조가 도읍으로 삼았다.
② (나) – 문주왕 때 천도한 곳이다.
③ (나) – 중국 남조의 영향을 받은 벽돌 무덤이 있다.
④ (다) – 왕궁리 오층 석탑이 있다.
⑤ (다) – 백제 금동 대향로가 출토되었다.

05

(가) 국가에 대한 설명으로 옳은 것은? [2점]

이것은 (가) 의 쌍영총 벽화의 개마 무사 부분 모사도입니다. 안악 3호분 등 (가) 의 다른 고분 벽화에서도 개마 무사가 그려져 있어 이 국가의 군사, 무기 등의 모습을 알 수 있습니다.

① 태학과 경당을 두어 인재를 양성하였다.
② 골품에 따라 관등 승진에 제한이 있었다.
③ 국경 지역인 양계에 병마사를 파견하였다.
④ 정사암에서 국가의 중대한 일을 결정하였다.
⑤ 여러 가(加)들이 별도로 사출도를 주관하였다.

06

(가)에 들어갈 내용으로 가장 적절한 것은? [1점]

◈ 강좌 주제 ◈
한국사 교양 강좌 통일 신라의 경제
제1강: 촌락 문서에 나타난 수취 체제의 특징
제2강: 서시와 남시 설치를 통해 본 상업 발달
제3강: (가)
■ 일시: 2024년 10월 △△일 △△시 ~ △△시
■ 장소: ○○대학교 대강당

① 상평창과 물가 조절
② 은병이 화폐 유통에 미친 영향
③ 진대법으로 알아보는 빈민 구제
④ 덩이쇠 수출을 통해 본 낙랑과의 교역
⑤ 울산항을 통한 아라비아 상인들과의 교류

07

밑줄 그은 '이 국가'에 대한 설명으로 옳은 것은? [2점]

정혜 공주 무덤의 구조도   정혜 공주 묘지석

지린성 둔화에서 발견된 이 국가의 정혜 공주 무덤은 모줄임 천장 구조의 굴식 돌방 무덤으로 고구려 양식을 계승하고 있다. 또한 내부에서 출토된 묘지석에 '황상'이라는 칭호가 사용된 점을 통해 이 국가의 자주성을 확인할 수 있다.

① 서경을 북진 정책의 기지로 삼았다.
② 정당성의 대내상이 국정을 총괄하였다.
③ 영락이라는 독자적인 연호를 사용하였다.
④ 군사 조직으로 9서당 10정을 편성하였다.
⑤ 관리 선발을 위해 독서삼품과를 시행하였다.

08

교사의 질문에 대한 학생의 답변으로 옳은 것은? [2점]

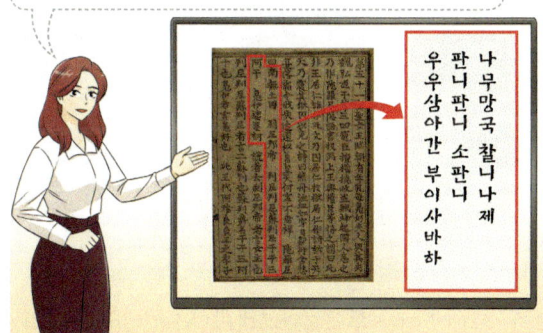

화면에 표시된 부분은 진성여왕 때 유포된 글로 당시 정치 상황을 비판하는 내용입니다. 삼국유사에 따르면 '찰니나제'는 여왕을, '소판니'와 '삼아간'은 위홍 등 간신들을 의미하는 것으로, 그들 때문에 나라가 망한다는 뜻입니다. 이 여왕의 재위 시기에 있었던 사실을 말해볼까요?

① 김흠돌이 반란을 도모하였어요.
② 김사미와 효심이 난을 일으켰어요.
③ 원종과 애노가 사벌주에서 봉기하였어요.
④ 김유신이 비담과 염종의 난을 진압하였어요.
⑤ 복신과 도침이 주류성에서 군사를 일으켰어요.

09

(가) 인물에 대한 설명으로 옳은 것은? [2점]

나는 지금 경주 포석정지에 와 있어. 삼국사기에 의하면 이곳은 경애왕이 연회를 벌이다가 (가) 의 습격을 받은 곳이야.

(가) 에 대해 더 알려 줄래?

그는 공산 전투에서 고려군에 대승을 거두기도 했어.

① 훈요 10조를 남겼다.
② 경주의 사심관으로 임명되었다.
③ 금마저에 미륵사를 창건하였다.
④ 완산주를 도읍으로 삼아 나라를 세웠다.
⑤ 광평성을 비롯한 정치 기구를 마련하였다.

10

(가)~(다)에 대한 설명으로 옳은 것은? [3점]

사진으로 보는 신라의 탑

(가) 경주 분황사 모전 석탑
(나) 경주 감은사지 동 삼층 석탑
(다) 화순 쌍봉사 철감선사탑

① (가) – 내부에서 무구정광대다라니경이 발견되었다.
② (가) – 1층 탑신에 당의 장수 소정방의 명으로 새긴 글이 있다.
③ (나) – 자장의 건의로 건립되었다.
④ (나) – 돌을 벽돌 모양으로 다듬어 쌓았다.
⑤ (다) – 선종의 영향을 받아 만들어졌다.

11

다음 검색창에 들어갈 왕의 재위 기간에 있었던 사실로 옳은 것은? [2점]

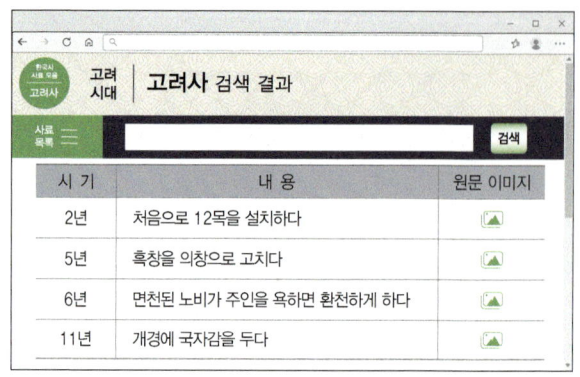

시기	내용
2년	처음으로 12목을 설치하다
5년	흑창을 의창으로 고치다
6년	면천된 노비가 주인을 욕하면 환천하게 하다
11년	개경에 국자감을 두다

① 관학을 진흥하고자 양현고를 설치하였다.
② 광덕, 준풍 등의 독자적 연호를 사용하였다.
③ 주전도감을 설치하여 해동통보를 발행하였다.
④ 정계와 계백료서를 지어 관리의 규범을 제시하였다.
⑤ 최승로의 시무 28조를 받아들여 통치 체제를 정비하였다.

12

(가)에 대한 고려의 대응으로 옳은 것은? [2점]

이 자료는 초조대장경의 일부입니다. (가) 의 침입으로 현종이 피란을 가고 개경이 함락되자 부처의 힘으로 나라를 지키려는 마음을 담아 조판하기 시작하였습니다.

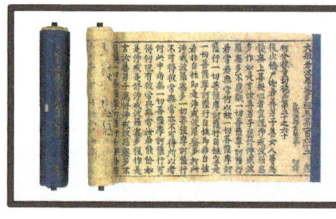

① 윤관을 보내 동북 9성을 개척하였다.
② 화통도감을 두어 화포를 제작하였다.
③ 광군을 조직하여 침입에 대비하였다.
④ 박위를 파견하여 근거지를 토벌하였다.
⑤ 철령위 설치에 반발해 요동 정벌을 추진하였다.

13

(가)에 들어갈 내용으로 적절한 것은? [2점]

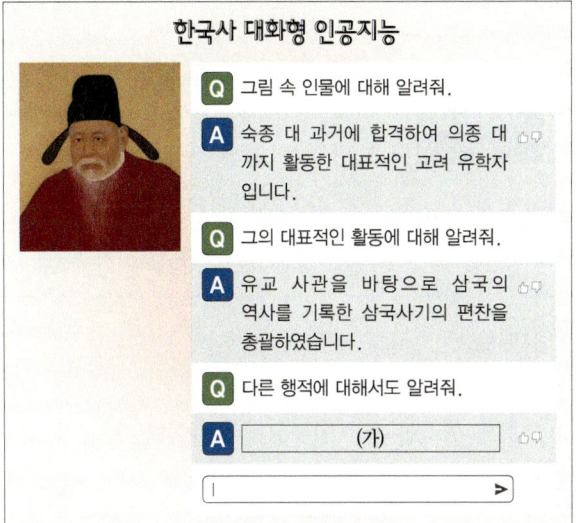

① 봉사 10조를 국왕에게 올렸습니다.
② 관군을 이끌고 묘청의 난을 진압하였습니다.
③ 만권당에서 원의 유학자들과 교유하였습니다.
④ 불씨잡변을 저술하여 불교를 비판하였습니다.
⑤ 9재 학당을 설립하여 유학 교육에 힘썼습니다.

14

(가)~(다)를 일어난 순서대로 옳게 나열한 것은? [3점]

(가) 왕이 먼저 나라 안의 신하들을 권유하여 개경으로 환도하게 하였다. 여러 신하들이 말하기를 "임금의 명령인데, 감히 따르지 않을 수 있겠는가?"라고 하였으므로, 임유무가 화가 나서 어떻게 해야 할지를 알지 못하였다.

(나) 조위총이 군사를 일으키자, 이의방이 이의민을 정동 대장군 지병마사로 임명하였다. 이의민이 군사를 거느리고 전투에 나섰다가 날아오는 화살에 눈을 맞았으나, 철령으로 진군하여 사방에서 북을 치고 고함을 지르면서 급습하여 크게 격파하였다.

(다) 백관이 최우의 집에 나아가 정년도목(政年都目)을 올렸다. 최우가 청사에 앉아 그것을 받았다. 6품 이하는 당하(堂下)에서 두 번 절하고 땅에 엎드려 감히 고개를 들고 보지 못하였다. 이때부터 최우는 정방을 그의 집에 두고 백관의 인사 행정을 처리하였다.

① (가) - (나) - (다)　② (가) - (다) - (나)
③ (나) - (가) - (다)　④ (나) - (다) - (가)
⑤ (다) - (나) - (가)

15

밑줄 그은 '시기'의 사실로 옳은 것은? [2점]

① 권문세족이 도평의사사를 장악하였다.
② 왕조 교체를 예언하는 정감록이 유포되었다.
③ 강조가 정변을 일으켜 김치양을 제거하였다.
④ 김보당이 의종 복위를 주장하며 난을 일으켰다.
⑤ 국정을 총괄하는 기구로 교정도감이 설치되었다.

16

(가) 국가의 경제 상황으로 옳은 것은? [2점]

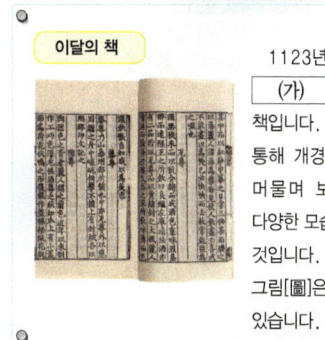

이달의 책

1123년 송 사절의 한 사람으로 (가) 에 왔던 서긍이 지은 책입니다. 이 책은 서긍이 예성항을 통해 개경으로 들어와 한 달 남짓 머물며 보고 들은 (가) 의 다양한 모습을 그림을 곁들여 설명한 것입니다. 현재 남아 있는 판본들은, 그림[圖]은 없어지고 글[經]만 남아 있습니다.

① 솔빈부의 말이 특산품으로 유명하였다.
② 송상이 전국 각지에 송방을 설치하였다.
③ 서적점, 다점 등의 관영 상점을 운영하였다.
④ 집집마다 부경이라고 불리는 창고가 있었다.
⑤ 광산을 전문적으로 경영하는 덕대가 나타났다.

17

(가) 국가의 탑으로 옳은 것은? [1점]

이 탑은 원래 개성에 있었는데 지금은 국립 중앙 박물관에 옮겨져 새로운 영상 기법으로 전시되고 있습니다. (가) 시대에 만들어진 이 탑은 이후 원각사지 십층 석탑에 영향을 주기도 하였습니다.

①    ②    ③

④    ⑤

18

밑줄 그은 '임금'에 대한 설명으로 옳은 것은? [2점]

자네 들었는가? 임금께서 민무구, 민무질에게 자결을 명하셨다더군. 몇 해 전 어린 세자를 이용해 권세를 잡으려 했다는 죄로 귀양을 보내셨었지.

나도 들었네. 중전마마의 동생으로 임금께서 정도전을 숙청할 때 공을 세웠던 사람들이었지.

① 공신들에게 역분전을 지급하였다.
② 주자소를 두어 계미자를 주조하였다.
③ 정치도감을 설치하여 개혁을 추진하였다.
④ 구황촬요를 간행하여 기근에 대비하였다.
⑤ 유자광의 고변을 계기로 남이를 처형하였다.

19

(가) 기구에 대한 설명으로 옳은 것은? [3점]

도로명으로 보는 역사 : 만리재로

 이 도로명은 만리재에서 유래한 것이다. 만리재는 조선의 문신 최만리가 살았다고 하여 붙여진 지명이다. 세자의 스승이기도 하였던 최만리는 세종이 학문 연구, 편찬 사업 등을 수행하도록 설치한 (가) 의 부제학으로 활약하였다. 그러나 훈민정음 창제를 반대하는 상소를 올려 세종과 갈등을 빚기도 하였다.

① 은대(銀臺)라고도 불렸다.
② 전문 강좌인 7재를 운영하였다.
③ 고려의 삼사와 같은 기능을 수행하였다.
④ 단종 복위 운동을 계기로 세조에 의해 폐지되었다.
⑤ 대사성을 수장으로 좨주, 직강 등의 관직을 두었다.

20

밑줄 그은 '전하'의 재위 기간에 있었던 사실로 옳은 것은? [2점]

전하께서 성군을 이으셨으니, 예악(禮樂)으로 태평 시절을 일으키실 때가 바로 지금이다. 장악원 소장의 의궤와 악보가 오랜 세월이 지나서 끊어지고 문드러졌다. 다행히 보존된 것 역시 모두 엉성하고 오류가 있으며 빠진 것이 많다. 이에 성현 등에게 명하여 다시 교정하게 하였다. 책이 완성되자 악학궤범이라고 이름 지었다.

① 예악을 정리한 가례집람이 저술되었다.
② 국가의 기본 법전인 경국대전이 완성되었다.
③ 외교 문서를 집대성한 동문휘고가 편찬되었다.
④ 붕당의 폐해를 경계하기 위한 탕평비가 건립되었다.
⑤ 이조 전랑 임명을 둘러싸고 김효원과 심의겸이 대립하였다.

21

밑줄 그은 '이 사건'이 일어난 시기를 연표에서 옳게 고른 것은? [2점]

이곳은 최근에 개방된 효릉입니다. 조선 국왕 인종과 그의 왕비 인성왕후가 모셔져 있습니다. 인종은 즉위한 지 1년도 되지 않아 사망하였습니다. 인종의 죽음은 윤원형, 윤임 등 외척 간의 권력 다툼으로 사림이 피해를 입은 <u>이 사건</u>의 계기가 되었습니다.

(가)	(나)	(다)	(라)	(마)
이시애의 난	연산군 즉위	중종 반정	기묘 사화	선조 즉위	이괄의 난

① (가) ② (나) ③ (다)
④ (라) ⑤ (마)

22

(가) 사절단에 대한 설명으로 옳은 것은? [2점]

그림으로 보는 조선 사절단의 여정

『사로승구도』는 1748년 에도 막부의 요청으로 조선이 일본에 파견한 (가) 이/가 부산에서 에도에 이르는 여정을 담은 작품입니다. 일본의 명승지나 사행 중 겪은 인상적인 광경을 30장면으로 표현하였는데, 위 그림은 사절단이 에도로 들어갈 때 보았던 모습을 그린 것입니다.

① 연행사라는 이름으로 보내졌다.
② 암행어사의 형태로 비밀리에 파견되었다.
③ 민영익, 홍영식, 서광범 등이 참여하였다.
④ 사행을 다녀온 여정을 조천록으로 남겼다.
⑤ 관련 기록물이 세계 기록 유산에 등재되었다.

23

(가)에 들어갈 작품으로 옳은 것은? [1점]

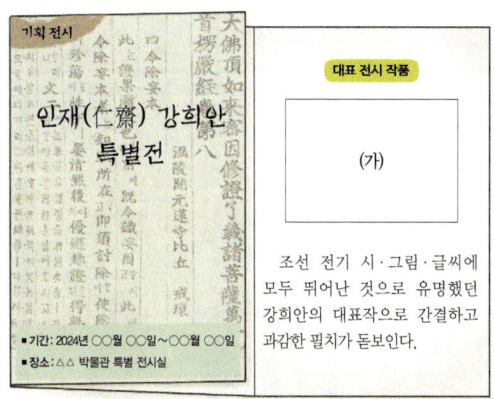

인재(仁齋) 강희안 특별전

- 기간: 2024년 ○○월 ○○일~○○월 ○○일
- 장소: △△ 박물관 특별 전시실

대표 전시 작품
(가)

조선 전기 시·그림·글씨에 모두 뛰어난 것으로 유명했던 강희안의 대표작으로 간결하고 과감한 필치가 돋보인다.

①    ②    ③

④    ⑤

24

밑줄 그은 '전란' 중에 있었던 사실로 옳은 것은? [2점]

초대합니다

창작 뮤지컬
비운의 의순 공주, 애숙

삼전도에서의 굴욕적인 항복으로 <u>전란</u>은 끝났습니다. 이후 조선의 공주를 부인으로 삼겠다는 청 섭정왕의 요구로 조선 국왕의 양녀가 되어 원치 않은 결혼을 해야 했던 의순 공주 이애숙. 그녀의 굴곡진 삶을 한 편의 뮤지컬로 선보입니다.

- 일시: 2024년 ○○월 ○○일 ○○시
- 장소: 의정부 △△ 문화회관 대극장

① 이종무가 대마도를 정벌하였다.
② 강홍립이 사르후 전투에 참전하였다.
③ 김준룡이 광교산 전투에서 승리하였다.
④ 조헌이 금산에서 의병을 이끌고 활약하였다.
⑤ 신립이 탄금대에서 배수의 진을 치고 전투를 벌였다.

25

밑줄 그은 '이 법'에 대한 설명으로 옳은 것은? [1점]

① 양반에게도 군포를 거두었다.
② 토지 1결당 쌀 2두의 결작을 부과하였다.
③ 전세를 풍흉에 따라 9등급으로 차등 과세하였다.
④ 부족한 재정 보충을 위해 선무군관포를 징수하였다.
⑤ 관청에 물품을 조달하는 공인이 등장하는 배경이 되었다.

26

(가) 인물에 대한 설명으로 옳은 것은? [2점]

① 기해 예송에서 기년설을 주장하였다.
② 지전설을 주장한 의산문답을 집필하였다.
③ 양명학을 연구하여 강화학파를 형성하였다.
④ 역대 명필을 연구하여 추사체를 창안하였다.
⑤ 양반의 허례와 무능을 풍자한 양반전을 지었다.

27

다음 자료에 나타난 시기의 경제 상황으로 옳지 않은 것은? [1점]

> 비변사의 계사에, "현재 시전의 병폐로 서울과 지방의 백성이 원망하는 바는 오로지 도고(都庫)에 있습니다. 시중 시세를 조종하여 홀로 이익을 취하니 그 폐단은 한이 없습니다. 한성부에서 엄히 금하도록 하되 그 가운데 매우 심하게 폐단을 빚는 3강(한강·용산강·서강)의 시목전(柴木廛)·염해전(鹽醢廛)과 같은 무리는 그 주모자를 색출하여 형조로 송치해서 엄한 형벌로 다스려 후일을 징계하도록 분부하는 것이 어떻겠습니까?" 하니 윤허한다고 답하였다.

① 금속 화폐인 건원중보가 주조되었다.
② 담배와 면화 등의 상품 작물이 재배되었다.
③ 보부상이 장시를 돌아다니며 상업 활동을 하였다.
④ 모내기법의 확대로 벼와 보리의 이모작이 성행하였다.
⑤ 설점수세제의 시행으로 민간의 광산 개발이 허용되었다.

28

(가) 왕에 대한 설명으로 옳은 것은? [2점]

① 백두산정계비를 세워 청과의 국경을 정하였다.
② 삼군부를 부활시켜 군사 업무를 담당하게 하였다.
③ 통치 체제를 정비하기 위해 속대전을 편찬하였다.
④ 규장각에 검서관을 두어 서얼 출신 학자들을 기용하였다.
⑤ 한양을 기준으로 역법을 정리한 칠정산 내편을 제작하였다.

29

(가)~(라)에 들어갈 내용으로 옳은 것을 <보기>에서 고른 것은? [2점]

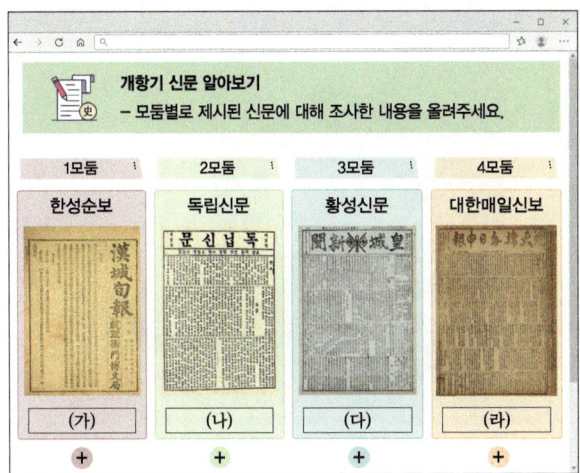

보 기
ㄱ. (가) – 정부에서 발행한 순 한문 신문이었어요.
ㄴ. (나) – 서재필의 주도로 창간되었어요.
ㄷ. (다) – 일장기를 삭제한 손기정 사진이 실렸어요.
ㄹ. (라) – 상업 광고가 처음으로 게재되었어요.

① ㄱ, ㄴ ② ㄱ, ㄷ ③ ㄴ, ㄷ
④ ㄴ, ㄹ ⑤ ㄷ, ㄹ

30

(가), (나) 체결 사이의 시기에 있었던 사실로 옳은 것은? [3점]

(가) 제6칙 이후 조선국 항구에 거주하는 일본 인민은 양미(糧米)와 잡곡을 수출, 수입할 수 있다.
제7칙 일본국 정부에 속한 모든 선박은 항세를 납부하지 않는다.

(나) 제9관 입항하거나 출항하는 각 화물이 해관을 통과할 때는 응당 본 조약에 첨부된 세칙(稅則)에 따라 관세를 납부해야 한다.
제37관 조선국에서 가뭄과 홍수, 전쟁 등의 일로 인해 국내에 양식이 결핍될 것을 우려하여 일시 쌀 수출을 금지하려고 할 때에는 1개월 전에 지방관이 일본 영사관에게 통지하여 미리 그 기간을 항구에 있는 일본 상인들에게 전달하여 일률적으로 준수하는 데 편리하게 한다.

① 조미 수호 통상 조약이 체결되었다.
② 러시아가 용암포 조차를 요구하였다.
③ 영국이 거문도를 불법적으로 점령하였다.
④ 일본 군함 운요호가 영종도를 공격하였다.
⑤ 청과 대등한 입장에서 한청 통상 조약이 맺어졌다.

31

밑줄 그은 '사건' 이후에 전개된 사실로 옳은 것은? [2점]

조선왕 전하께
…… 9월 말에 평양의 대동강에서 좌초한 미국 상선에 승선한 사람들이 살해당했고 배가 불살라졌다는 고통스럽고 놀랄 만한 사건이 있었다고 들었습니다. 본 총병은 본국 수사제독의 위임으로 파견되어 상세히 조사하라는 명을 받았습니다. 과연 이러한 일이 있었는지, 사실인지 아닌지, 생존자가 몇 사람인지 등을 귀국에서 신속히 조사해 분명히 답해주시길 부탁드립니다.
– 미국 군함 와추세트(Wachusett) 수사총병 슈펠트(Shufeldt) –

① 홍경래가 난을 일으켰다.
② 임술 농민 봉기가 일어났다.
③ 황사영 백서 사건이 발생하였다
④ 어재연이 광성보 전투에서 전사하였다.
⑤ 청의 요청으로 나선 정벌에 조총 부대를 파견하였다.

32

(가) 시기에 있었던 사실로 옳은 것은? [3점]

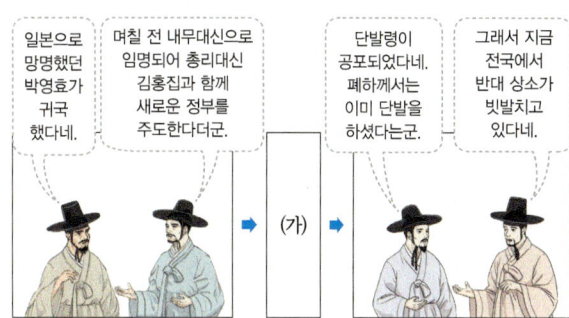

① 과거제가 폐지되었다.
② 호포제가 실시되었다.
③ 교정청이 설치되었다.
④ 5군영이 2영으로 통합되었다.
⑤ 교육 입국 조서가 반포되었다.

33

(가)에 들어갈 내용으로 옳은 것은? [3점]

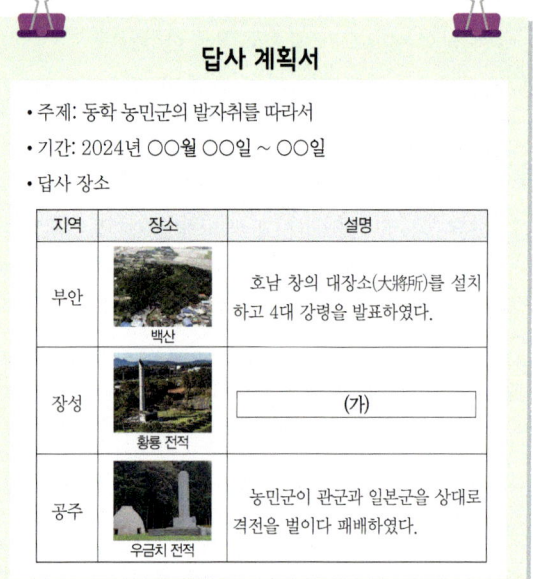

답사 계획서

- 주제: 동학 농민군의 발자취를 따라서
- 기간: 2024년 ○○월 ○○일 ~ ○○일
- 답사 장소

지역	장소	설명
부안	백산	호남 창의 대장소(大將所)를 설치하고 4대 강령을 발표하였다.
장성	황룡 전적	(가)
공주	우금치 전적	농민군이 관군과 일본군을 상대로 격전을 벌이다 패배하였다.

① 농민군이 정부와 화약을 맺었다.
② 최제우가 혹세무민의 죄로 처형되었다.
③ 홍계훈의 관군을 상대로 농민군이 승리하였다.
④ 피신해 있던 농민군의 지도자 전봉준이 체포되었다.
⑤ 농민들이 조병갑의 탐학에 맞서 만석보를 파괴하였다.

34

밑줄 그은 '이 시기'의 의병 활동에 대한 설명으로 옳은 것은? [2점]

이곳 지리산 연곡사에는 의병장 고광순의 순절비가 있습니다. 그는 지리산을 중심으로 장기 항전을 계획하다가 일본군의 토벌 작전으로 순국하였습니다. 고종의 강제 퇴위와 군대의 강제 해산으로 의병 활동이 고조된 이 시기에는 고광순을 비롯하여 각계각층의 사람들이 국권 회복을 위해 활동했습니다.

① 13도 창의군을 결성하였다.
② 한중 연합 전선을 형성하였다.
③ 최익현이 태인에서 궐기하였다.
④ 고경명 등이 의병장으로 활약하였다.
⑤ 봉오동 전투에서 일본군을 격퇴하였다.

35

밑줄 그은 '개혁'의 내용으로 옳은 것은? [2점]

덕수궁 내에 있는 정관헌은 전통 건축 양식에 근대적 요소를 결합한 것으로 평가받고 있습니다. 고종이 황제로 즉위한 후 구본신참을 바탕으로 개혁을 추진할 때 건립되었습니다.

① 홍범 14조를 반포하였다.
② 공사 노비법을 혁파하였다.
③ 신식 군대인 별기군을 창설하였다.
④ 근대 교육 기관인 육영 공원을 설립하였다.
⑤ 지계아문을 설치하여 토지 소유자에게 지계를 발급하였다.

36

(가) 운동에 대한 설명으로 옳은 것은? [1점]

언론 보도로 본 만세 기념일

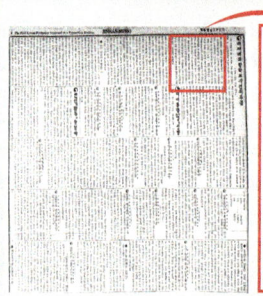

3월 1일에 배화 여학교 학생 일동은 학교 동산에 올라가서 우리 독립 선언 기념을 경축하기 위하여 만세를 부르고, 배재 학교 생도 일동은 3월 1일에 일제히 결석하고 3월 2일에 등교하여 갑자기 그 학교 마당에서 만세를 불렀으니 …… 저와 같은 불미한 행동을 허락한 까닭으로 그 학교 교장들은 파직하고 심하면 그 학교를 폐쇄할 지경에 이르겠다더라.

[해설] 이 자료는 신한민보 1920년 4월 20일자에 실린 기사이다. 민족 최대의 독립 운동이었던 (가) 의 1주년 무렵 배화 여학교와 배재 학교 학생들이 만세 운동을 전개하여 학교가 폐쇄될 위기에 처했다는 내용이 담겨 있다.

① 통감부의 방해와 탄압으로 중단되었다.
② 러시아의 절영도 조차 요구를 저지하였다.
③ 순종의 인산일을 기회로 삼아 추진되었다.
④ 대한민국 임시 정부 수립의 계기가 되었다.
⑤ 성진회와 각 학교 독서회에 의해 전국적으로 확산되었다.

37

(가) 부대에 대한 설명으로 옳은 것은? [3점]

① 영릉가에서 일본군에 승리를 거두었다.
② 미국과 연계하여 국내 진공 작전을 계획하였다.
③ 중국 팔로군과 함께 호가장 전투에서 활약하였다.
④ 동북 항일 연군으로 개편되어 유격전을 전개하였다.
⑤ 중광단을 중심으로 조직되어 항일 독립 전쟁에 참여하였다.

38

밑줄 그은 '이 지역'을 지도에서 옳게 찾은 것은? [1점]

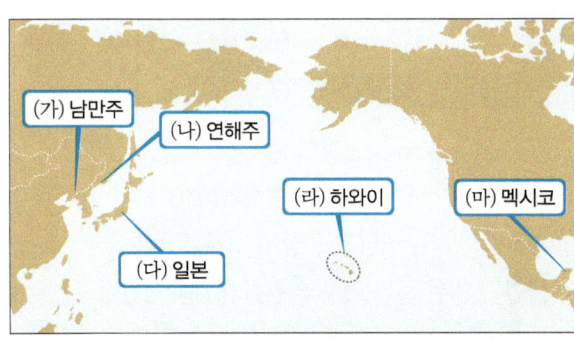

① (가) ② (나) ③ (다) ④ (라) ⑤ (마)

39

(가)에 들어갈 내용으로 적절한 것은? [2점]

① 별 헤는 밤, 참회록 등의 시를 남겼다.
② 국문 연구소의 연구위원으로 활동하였다.
③ 근대극 형식을 도입한 토월회를 조직하였다.
④ 실천적인 유교 정신을 강조하는 유교구신론을 저술하였다.
⑤ 브나로드 운동을 소재로 한 소설 상록수를 신문에 연재하였다.

40

(가)에 들어갈 내용으로 가장 적절한 것은? [1점]

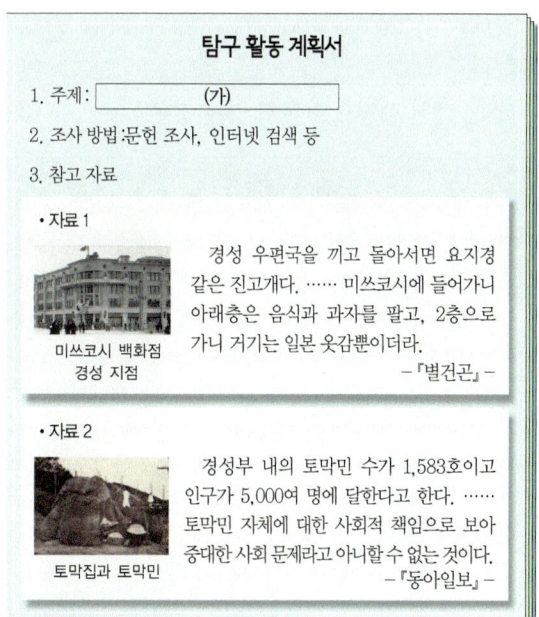

① 개화 정책의 추진과 한계
② 식민지 근대 도시의 이중성
③ 형평 운동의 전개 과정과 반발
④ 경제 개발 5개년 계획의 시행 결과
⑤ 상품 화폐 경제의 발달과 신분제의 동요

41

밑줄 그은 '시기'에 볼 수 있는 사회 모습으로 가장 적절한 것은? [2점]

이것은 한 제과업체의 캐러멜 광고로 탱크와 전투기 그림을 활용하여 "캐러멜도 싸우고 있다!"라는 문구를 담고 있습니다. 중일 전쟁 이후 일제가 국가 총동원법을 시행한 시기에 제작된 이 광고는 당시 군국주의 문화가 일상에까지 스며들어 있었음을 잘 보여 줍니다.

① 몸뻬 착용을 권장하는 애국반 반장
② 경성 제국 대학 설립을 추진하는 관리
③ 헌병 경찰에게 끌려가 태형을 당하는 농민
④ 원산 총파업에 연대 지원금을 보내는 외국 노동자
⑤ 안창남의 고국 방문 비행을 환영하기 위해 상경하는 청년

42

㉠~㉤에 대한 설명으로 옳지 않은 것은? [2점]

단재 신채호 연보

- 1880년 충청도 회덕에서 출생
- 1898년 성균관에 입학
- 1907년 ㉠신민회 활동에 참여하고 대한매일신보 필진으로 근무
- 1919년 상하이로 가서 ㉡대한민국 임시 정부 수립에 참여
- 1923년 ㉢「조선 혁명 선언」작성
- 1927년 무정부주의 동방 연맹 창립 대회에 참가
- 1928년 타이완 지룽에서 체포됨
- 1931년 ㉣「조선상고사」가 조선일보에 연재됨
- 1936년 ㉤뤼순 감옥에서 사망

① ㉠-광주 학생 항일 운동에 진상 조사단을 파견하였다.
② ㉡-이륭양행에 교통국을 설치하여 국내와 연락을 취하였다.
③ ㉢-의열단이 활동 지침으로 삼았다.
④ ㉣-역사를 아와 비아의 투쟁으로 정의하였다.
⑤ ㉤-안중근 의사가 순국한 곳이다.

43

(가) 사건에 대한 설명으로 가장 적절한 것은? [3점]

이것은 냉전과 분단의 상징물인 독일 베를린 장벽의 일부로, (가) 을/를 기념하는 이 공원에 기증되었습니다. 이곳 제주도에서 일어난 (가) 은/는 남한만의 단독 선거에 반대하는 무장대와 이를 진압하는 토벌대 간의 무력 충돌, 그 뒤 토벌대의 진압 과정에서 수많은 제주도민이 희생된 사건으로, 6·25 전쟁이 끝나고 나서야 종결되었습니다.

① 허정 과도 정부가 구성되는 결과를 가져왔다.
② 국가 보위 비상 대책 위원회가 설치되는 배경이 되었다.
③ 장기 독재를 비판하는 3·1 민주 구국 선언을 발표하였다.
④ 민주화를 위한 개헌 청원 100만인 서명 운동을 전개하였다.
⑤ 정부 차원에서 진상 조사 보고서를 발간하고 공식 사과하였다.

44

교사의 질문에 대한 학생의 대답으로 적절하지 않은 것은? [2점]

이것은 그의 84세 생일을 위해 기획된 LP 음반의 재킷으로, '제84회 탄신 기념'이라고 적혀 있습니다. 음반에는 '애국가', '만수무강하시리', '우남 행진곡' 등이 수록되어 있습니다. 그러나 그는 다음 해에 일어난 4·19 혁명으로 하야했습니다. 그가 대통령으로 재임하던 시기에 있었던 사실을 말해볼까요?

① 경부 고속 도로가 개통되었어요.
② 한미 상호 방위 조약이 체결되었어요.
③ 진보당의 당수였던 조봉암이 처형되었어요.
④ 반민족 행위 특별 조사 위원회가 해체되었어요.
⑤ 유상 매수, 유상 분배 원칙의 농지 개혁법이 제정되었어요.

45

밑줄 그은 '당시 헌법'이 시행된 시기에 볼 수 있는 모습으로 가장 적절한 것은? [2점]

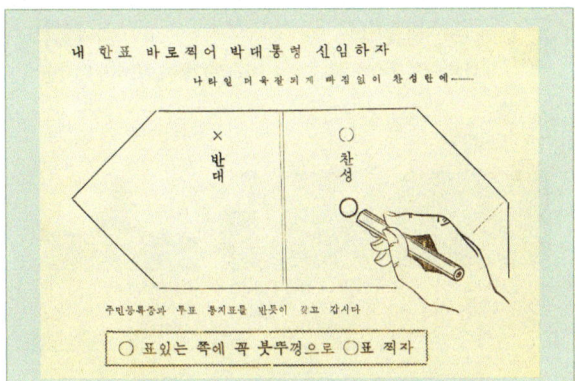

자료는 당시 헌법의 유지 여부를 묻는 국민 투표를 앞두고 찬성을 독려하는 홍보문의 일부이다. 이 투표의 실시 결과 당시 헌법을 유지하는 것으로 결정되었다. 3개월 뒤 이 헌법을 부정, 반대하는 주장이나 보도를 일체 금지하고 위반자는 영장 없이 체포한다는 내용을 핵심으로 한 대통령 긴급 조치 제9호가 선포되었다.

① 국민 방위군에 소집되는 청년
② 개성 공단 착공식에 참석하는 기업인
③ 미소 공동 위원회의 재개를 요구하는 시민
④ 남북 기본 합의서 채택 소식을 보도하는 기자
⑤ 통일 주체 국민 회의 대의원 명단을 점검하는 공무원

46

(가) 민주화 운동에 대한 설명으로 적절한 것은? [2점]

① 굴욕적인 한일 국교 정상화에 반대하였다.
② 5년 단임의 대통령 직선제 개헌을 이끌어냈다.
③ 시위 과정에서 시민군이 자발적으로 조직되었다.
④ 3선 개헌 반대 범국민 투쟁 위원회를 결성하였다.
⑤ 대통령 중심제에서 의원 내각제로 바뀌는 계기가 되었다.

[47~48] 다음을 읽고 물음에 답하시오.

(가) ㉠왕은 5월에 교서를 내려 문무 관료들에게 토지를 차등 있게 주었다. …… 봄 정월에 중앙과 지방 관리들의 녹읍을 폐지하고 해마다 조를 차등 있게 주고 이를 일정한 법으로 삼았다.

(나) 처음으로 직관(職官)·산관(散官)의 각 품의 전시과를 제정하였는데, 관품의 높고 낮은 것은 논하지 않고 다만 인품만 가지고 전시과의 등급을 결정하였다.

(다) 도평의사사에서 글을 올려 과전을 지급하는 법을 정할 것을 청하니, 그 의견을 따랐다. 경기는 사방의 근본이므로 마땅히 과전을 설치하여 사대부를 우대하여야 한다. 무릇 수도에 거주하며 왕실을 지키는 자는 현직, 산직(散職)을 불문하고 각각 과(科)에 따라 받게 한다.

(라) 만약 그 자신이 죽고 그 아내에게 미치게 되면 수신전이라 일컬었고, 부부가 다 죽고 그 아들에게 전해지면 휼양전이라 일컬었으며, 만약 그 아들이 관직에 제수되더라도 그대로 그 전지를 주고는 과전이라 일컬었는데, …… ㉡왕께서 이를 없애고, 현직 관리에게 주어 직전(職田)이라 하였던 것입니다.

47

(가)~(라)를 일어난 순서대로 옳게 나열한 것은? [3점]

① (가)-(나)-(다)-(라) ② (가)-(나)-(라)-(다)
③ (나)-(가)-(라)-(다) ④ (나)-(다)-(가)-(라)
⑤ (다)-(라)-(나)-(가)

48

㉠, ㉡ 왕에 대한 설명으로 옳은 것을 <보기>에서 고른 것은? [2점]

보 기
ㄱ. ㉠ - 병부를 처음으로 설치하였다.
ㄴ. ㉠ - 전국에 9주 5소경을 설치하였다.
ㄷ. ㉡ - 6조 직계제를 시행하였다.
ㄹ. ㉡ - 초계문신제를 실시하였다.

① ㄱ, ㄴ ② ㄱ, ㄷ ③ ㄴ, ㄷ
④ ㄴ, ㄹ ⑤ ㄷ, ㄹ

49

다음 뉴스가 보도된 정부 시기의 사실로 옳은 것은?

[2점]

문교부가 중고등학생의 교복과 두발을 자율화하겠다고 발표한 데 이어, 오늘부터 야간 통행 금지 해제가 본격 적용되었습니다. 시민들은 새벽 거리를 활보하며 37년 만에 되찾은 24시간의 자유를 만끽하게 되었습니다.

① 서울 올림픽 대회가 개최되었다.
② 보도 지침으로 언론이 통제되었다.
③ 삼풍 백화점 붕괴 사고가 일어났다.
④ 양성 평등의 실현을 위해 호주제가 폐지되었다.
⑤ 사회 통합을 위한 다문화 가족 지원법이 시행되었다.

50

(가) 지역을 지도에서 옳게 찾은 것은?

[1점]

① ㉠ ② ㉡ ③ ㉢
④ ㉣ ⑤ ㉤

2024년도 제71회 한국사능력검정시험 심화

|정답 및 해설| 264p

01

(가) 시대의 생활 모습으로 옳은 것은? [1점]

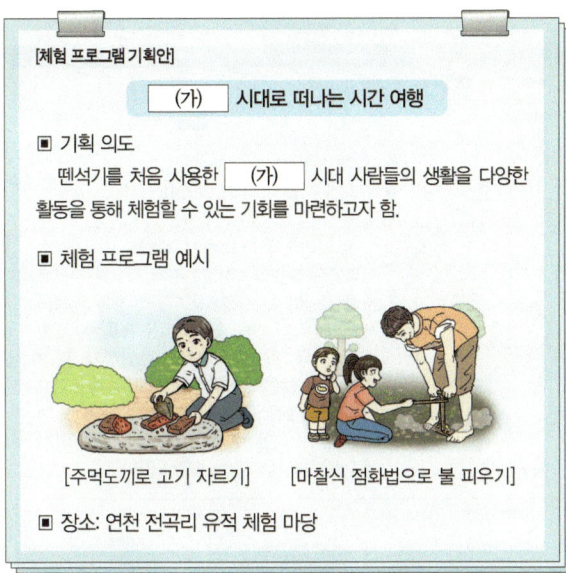

① 주로 동굴이나 바위 그늘에서 살았다.
② 청동 방울 등을 의례 도구로 사용하였다.
③ 따비와 괭이로 땅을 갈아 농사를 지었다.
④ 거푸집을 이용하여 세형동검을 제작하였다.
⑤ 빗살무늬 토기를 만들어 식량을 저장하였다.

02

다음 검색창에 들어갈 나라에 대한 설명으로 옳은 것은? [2점]

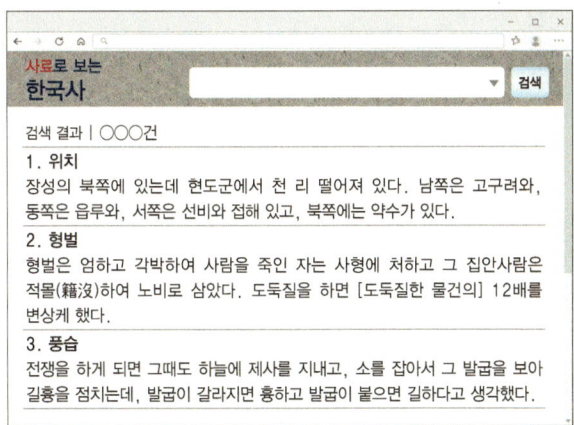

① 신성 지역인 소도가 있었다.
② 혼인 풍습으로 민며느리제가 있었다.
③ 읍락 간의 경계를 중시하는 책화가 있었다.
④ 여러 가(加)들이 각각 사출도를 주관하였다.
⑤ 사회 질서를 유지하기 위해 범금 8조를 만들었다.

03

(가) 나라에 대한 설명으로 옳은 것은? [1점]

① 법흥왕 때 신라에 복속되었다.
② 서옥제라는 혼인 풍습이 있었다.
③ 6좌평이 중요한 국사를 논의하였다.
④ 만장일치제로 운영된 화백 회의가 있었다.
⑤ 지방에 22담로를 두어 왕족을 파견하였다.

04

(가) 인물에 대한 설명으로 옳은 것은? [3점]

> 왕이 고구려가 자주 국경을 침략하는 것을 걱정하여 수에 군사를 요청해 고구려를 치고자 하였다. 이에 (가) 에게 명하여 걸사표를 짓도록 하였다. (가) 이/가 말하기를, "자기가 살고자 남을 멸하는 것은 출가한 승려로서 적합한 행동은 아니지만, 제가 대왕의 땅에서 살고 대왕의 물과 풀을 먹고 있으니 어찌 감히 명을 따르지 않겠습니까."라고 하면서 글을 써서 올렸다.

① 구법 순례기인 왕오천축국전을 남겼다.
② 황룡사 구층 목탑의 건립을 건의하였다.
③ 무애가를 지어 불교 대중화에 기여하였다.
④ 사군이충 등을 포함한 세속 5계를 제시하였다.
⑤ 풍수지리 사상이 반영된 송악명당기를 저술하였다.

05

(가)~(다) 학생이 발표한 내용을 일어난 순서대로 옳게 나열한 것은? [2점]

① (가) – (나) – (다) ② (가) – (다) – (나)
③ (나) – (가) – (다) ④ (나) – (다) – (가)
⑤ (다) – (나) – (가)

06

밑줄 그은 '왕'에 대한 설명으로 옳은 것은? [2점]

① 병부와 상대등을 설치하였다.
② 백제 비유왕과 동맹을 체결하였다.
③ 이사부를 보내 우산국을 복속시켰다.
④ 매소성 전투에서 당의 군대를 격파하였다.
⑤ 김흠돌의 난을 진압하고 귀족들을 숙청하였다.

07

(가)에 해당하는 국가유산으로 옳은 것은? [2점]

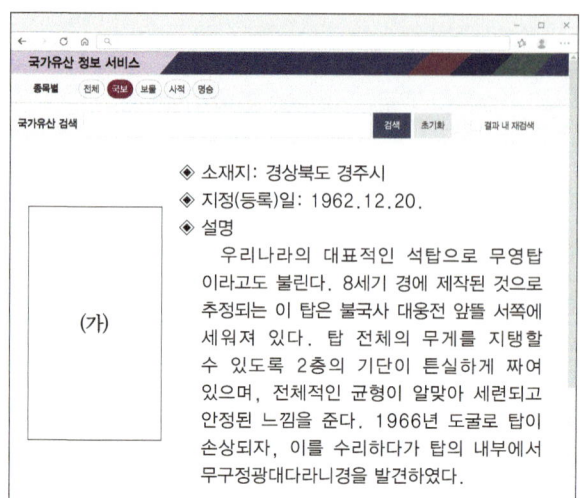

 ①  ②  ③

 ④  ⑤

08

다음 상황 이후에 전개된 사실로 옳은 것은? [3점]

> 12월에 황제가 함원전에서 포로를 받아들였다. [황제가] 왕은 정사를 자기가 한 것이 아니라 하였기에 용서하여 사평태상백 원외동정으로 삼았다. 천남산은 사재소경으로, 승려 신성은 은청광록대부로, 천남생은 우위대장군으로 삼았다. …… 천남건은 검주(黔州)로 유배를 보냈다. 5부, 176성, 69만여 호를 나누어 9도독부, 42주, 100현으로 만들고, 평양에 안동도호부를 두어 이를 통치하게 하였다.
>
> - 『삼국사기』 -

① 안승이 보덕국왕으로 임명되었다.
② 을지문덕이 살수에서 대승을 거두었다.
③ 김춘추가 당과의 군사 동맹을 성사시켰다.
④ 의자왕이 윤충을 보내 대야성을 함락하였다.
⑤ 연개소문이 정변을 일으켜 영류왕을 시해하였다.

09
다음 사건이 일어난 시기를 연표에서 옳게 고른 것은? [2점]

> 개원(開元) 20년에 발해가 천자의 조정을 원망하여 군사를 거느리고 등주(登州)를 습격하여 자사 위준을 살해하였습니다. 이에 황제께서 크게 노하여 하행성 등에게 군사를 징발하여 바다를 건너 공격해 토벌하도록 명하였습니다. 아울러 당에 숙위하고 있던 신라인 김사란을 귀국시켜 신라로 하여금 발해를 공격하도록 하였습니다. …… 겨울은 깊어 가고 눈이 많이 내려 신라와 당의 군대가 추위에 고생하므로 회군을 명령하였습니다.

(가)	(나)	(다)	(라)	(마)
발해 건국	무왕 즉위	문왕 상경 천도	선왕 즉위	고려 건국	발해 멸망

① (가) ② (나) ③ (다) ④ (라) ⑤ (마)

10
다음 자료에 나타난 시기의 경제 상황으로 옳은 것은? [1점]

> 왕이 제서(制書)를 내리기를, "백성을 부유하게 하고 국가를 이롭게 하는 것으로 전화(錢貨)만큼 중요한 것이 없다. 서북의 양조(兩朝)에서는 이를 행한 지 이미 오래되었으나 우리나라는 홀로 아직 행하지 않고 있다. 이제 처음으로 화폐를 주조하는 법을 제정하고, 이에 따라 주조한 동전 15,000관(貫)을 재추(宰樞)와 문무 양반 및 군인에게 나누어 하사하여 화폐 사용의 시작점으로 삼고자 한다. 전문(錢文)은 해동통보라고 한다."라고 하였다.

① 송상이 전국 각지에 송방을 두었다.
② 감자, 고구마 등의 구황 작물이 재배되었다.
③ 시장을 감독하는 관청인 동시전이 설치되었다.
④ 예성강 하구의 벽란도가 국제 무역항으로 번성하였다.
⑤ 설점수세제의 시행으로 민간의 광산 개발이 허용되었다.

11
(가), (나) 사이의 시기에 있었던 사실로 옳은 것은? [3점]

> (가) 처음으로 역분전을 정하였다. 통일할 때 조정의 관리들과 군사들에게 관계(官階)는 논하지 않고, 그 사람의 성품과 행동이 착하고 악함과 공로가 크고 작음을 참작하여 차등 있게 주었다.
>
> (나) 12월에 문무 양반 및 군인들의 전시과를 개정하였다. 제1과는 전지 100결, 시지 70결을 지급한다. …… 제18과는 전지 20결을 지급한다. 이 한(限)에 들지 못한 자에게는 모두 전지 17결을 주기로 하고 이것을 통상의 법식으로 한다.

① 경기에 한하여 과전법이 실시되었다.
② 쌍기의 건의로 과거제가 시행되었다.
③ 신돈이 전민변정도감의 책임자가 되었다.
④ 만적이 개경에서 노비를 모아 반란을 모의하였다.
⑤ 최충헌이 봉사 10조를 올려 시정 개혁을 건의하였다.

12
(가) 인물의 활동으로 옳은 것은? [2점]

> ○ 북원의 도적 우두머리인 양길은 (가) 이/가 자신을 배신한 것을 미워하여 국원 등 10여 곳의 성주들과 그를 칠 것을 모의하고 비뇌성 아래로 진군하였다. 그러나 양길의 병사는 패배하여 흩어져 달아났다.
> ― 『삼국사기』 ―
>
> ○ [태조가] 수군을 거느리고 서해로부터 광주(光州) 부근에 이르러 금성군을 쳐서 함락하고 10여 군현을 공격하여 차지하였다. 이에 금성군을 고쳐서 나주라 하고 군사를 나누어서 지키게 한 뒤 돌아왔다. …… (가) 이/가 변경의 일을 물었는데, 태조가 변방을 안정시키고 경계를 넓힐 전략을 보고하였다. 좌우의 신하가 모두 [태조를] 주목하게 되었다.
> ― 『고려사』 ―

① 일리천 전투에서 신검의 군대를 물리쳤다.
② 9산선문 중 하나인 가지산문을 개창하였다.
③ 문무관료전을 지급하고 녹읍을 폐지하였다.
④ 광평성을 비롯한 각종 정치 기구를 마련하였다.
⑤ 정계와 계백료서를 지어 관리의 규범을 제시하였다.

13

(가)에 들어갈 내용으로 가장 적절한 것은? [2점]

- 문헌공도 등 사학의 발달로 관학이 위축된 시기에 관학 진흥을 위하여 시행한 정책에 대해 말해 보자.
- 서적포를 두어 출판을 담당하게 하였어.
- (가)

① 국자감에 전문 강좌인 7재를 개설하였어.
② 사액 서원에 서적과 노비 등을 지급하였어.
③ 독서삼품과를 실시하여 인재를 등용하였어.
④ 초계문신제를 시행하여 문신을 재교육하였어.
⑤ 흥왕사에 교장도감을 두고 속장경을 편찬하였어.

14

다음 서술형 평가의 답안에 들어갈 내용으로 가장 적절한 것은? [1점]

서술형 평가 ○학년 ○○반 이름: ○○○

◎ 다음 상황들이 나타난 시기의 사회 모습을 서술하시오.

○ 이의방은 평소 자기를 핍박하는 이고를 미워하였는데, 이고가 난을 모의한다는 말을 듣고 그를 살해하였다.
○ 서경유수 조위총이 반란을 일으켰는데, 두경승이 향산동 통로역에서 반란군을 패퇴시켰다.
○ 최우가 정방(政房)을 자기 집에 설치하고 문사를 선발하여 여기에 소속시켰다.

답안

① 서얼이 통청 운동을 전개하였다.
② 청해진을 거점으로 국제 무역이 이루어졌다.
③ 왕조 교체를 예언하는 정감록 등이 유포되었다.
④ 망이·망소이의 난 등 하층민의 봉기가 발생하였다.
⑤ 역관들이 시사(詩社)에 참여해 위항 문학 활동을 하였다.

15

(가)에 대한 고려의 대응으로 옳은 것은? [2점]

○ 박서는 김중온의 군사로 성의 동서쪽을, 김경손의 군사로는 성의 남쪽을, 별초 250여 인은 나누어 3면을 지키게 하였다. (가) 의 군사들이 성을 여러 겹으로 포위하고 공격하자 성안의 군사들이 갑자기 나가 싸워 그들을 패주시켰다.
○ 송문주는 귀주에서 종군하였던 사람인데 그 공으로 낭장(郎將)으로 초수(超授)되었다. 이후 죽주 방호별감이 되었을 때, (가) 이/가 죽주성에 이르러 보름 동안이나 다방면으로 공격하였으나 성을 빼앗지 못하고 물러갔다.

① 강화도로 도읍을 옮겨 항전하였다.
② 광군을 창설하여 침입에 대비하였다.
③ 화통도감을 설치하여 군사력을 증강하였다.
④ 철령위 설치에 반발하여 요동 정벌을 추진하였다.
⑤ 신기군, 신보군, 항마군으로 구성된 별무반을 창설하였다.

16

(가) 국가의 국가유산으로 옳지 않은 것은? [1점]

□□ 신문 제△△호   2024년 ○○월 ○○일

'국보 순회전: 모두의 곁으로', 강진군에서 열려

▲ 청자 상감 모란무늬 항아리

국립중앙박물관이 지역 간의 문화 격차를 해소하기 위해 기획한 국보 순회전이 전남 강진군에서 '도자기에 핀 꽃, 상감 청자'를 주제로 개최된다. 이번 전시에서는 청자 상감 모란무늬 항아리, 청자 상감 물가풍경무늬 매병 등 (가) 의 대표적인 국가유산인 상감 청자가 공개된다. 특히 국보 '청자 상감 모란무늬 항아리'는 왕실 자기의 전형을 보여 주는 유물로 모란을 정교하고 화려하면서도 사실적으로 묘사하였다는 평가를 받는다. 전시회 관계자는 "상감 청자의 생산지였던 강진군에서 개최되어 더 큰 의미가 있다."라고 밝혔다.

① ② ③

④ ⑤

17

다음 가상 인터뷰의 주인공에 대한 설명으로 옳은 것은? [3점]

① 불씨잡변을 지어 불교를 비판하였다.
② 정혜결사를 통해 불교 개혁에 앞장섰다.
③ 청방인문표를 지어 인질의 석방을 요구하였다.
④ 고구려 계승 의식을 강조한 동명왕편을 지었다.
⑤ 만권당에서 조맹부, 요수 등의 문인들과 교유하였다.

18

(가) 지역에서 있었던 사실로 옳은 것은? [3점]

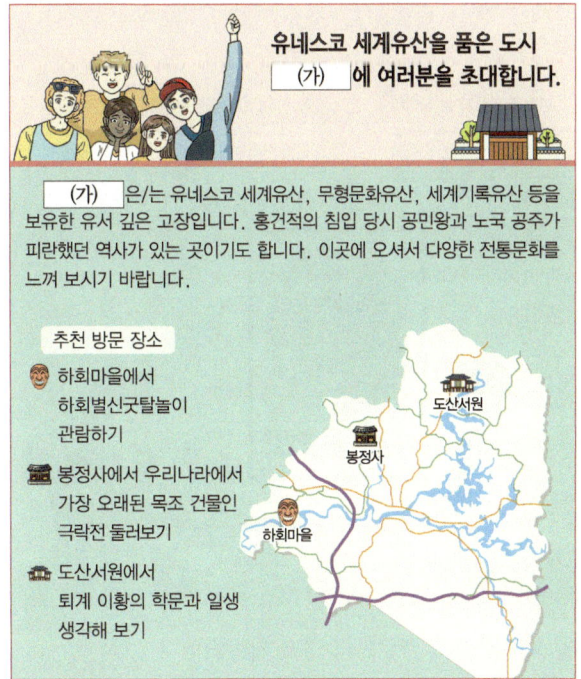

① 왕건이 고창 전투에서 견훤에게 승리하였다.
② 묘청이 반란을 일으키고 국호를 대위라 하였다.
③ 흥덕사에서 금속 활자본인 직지심체요절이 간행되었다.
④ 정중부를 비롯한 무신들이 보현원에서 정변을 일으켰다.
⑤ 이성계를 중심으로 한 고려군이 황산에서 왜구를 격퇴하였다.

19

밑줄 그은 '임금'의 재위 시기에 있었던 사실로 옳은 것은? [2점]

> 임금이 무악에 이르러서 도읍을 정할 땅을 물색하였다. 좌시중 조준, 우시중 김사형에게 말하였다. "고려 말에 서운관에서 송도의 지덕이 이미 쇠했다는 이유로 여러 번 글을 올려 한양으로 도읍을 옮기자고 하였다. 근래에는 계룡이 도읍할 만한 곳이라 하기에 백성을 공사에 동원하여 힘들게 하였다. 이제 또 여기가 도읍할 만한 곳이라 하여 와서 보니, 유한우 등이 도리어 무악보다는 송도가 더 명당이라고 고집한다. 그대들은 도읍할 만한 곳을 서운관 관리에게 다시 보고받도록 하라."

① 독창적 문자인 훈민정음이 반포되었다.
② 수도 방어를 위하여 금위영이 창설되었다.
③ 조선의 기본 법전인 경국대전이 완성되었다.
④ 왕위 계승을 둘러싸고 왕자의 난이 발생하였다.
⑤ 성삼문 등이 상왕의 복위를 꾀하다가 처형되었다.

20

(가) 기구에 대한 설명으로 옳은 것은? [2점]

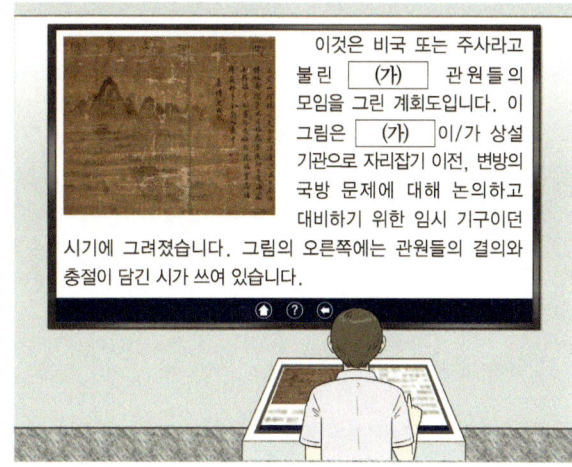

① 수도의 행정과 치안을 담당하였다.
② 흥선 대원군이 집권한 시기에 혁파되었다.
③ 국왕 직속 사법 기구로 반역죄 등을 다루었다.
④ 5품 이하의 관리 임명에 대한 서경권을 행사하였다.
⑤ 도승지를 수장으로 좌승지, 우승지 등의 관직을 두었다.

21
밑줄 그은 '이 사건'에 대한 설명으로 옳은 것은? [2점]

> 이곳은 이언적의 위패를 모신 경주 옥산서원입니다. 이언적은 이른바 대윤과 소윤이라는 정치 세력 간의 갈등으로 윤임 등 대윤 세력이 탄압받은 이 사건 당시 관련자들의 처리를 두고 갈등이 생기자 스스로 관직에서 물러났습니다. 이후 양재역 벽서 사건에 연루되어 유배되었습니다.

① 김종직의 조의제문이 발단이 되었다.
② 폐비 윤씨 사사 사건이 원인이 되었다.
③ 왕실 외척 간의 권력 다툼으로 일어났다.
④ 진성 대군이 왕으로 즉위하는 결과를 가져왔다.
⑤ 조광조 등이 반정 공신의 위훈 삭제를 주장하였다.

22
(가), (나) 사이의 시기에 있었던 사실로 옳은 것은? [2점]

(가) 임금이 여러 도(道)에 명을 내렸다. "나라의 운세가 매우 좋지 않아 역적 이괄이 군사를 일으켰는데, 여러 장수들이 좌시하여 수도가 함락되고 말았다. …… 예로부터 반역은 어느 시대에나 있었지만, 이처럼 극도로 흉악한 역적은 없었다. 종사와 자전*을 염려하여 남쪽으로 피란하기로 결정하였다."

(나) 정명수가 심양에 있는 소현 세자의 관소에 와서 용골대의 뜻을 전하기를, "세자가 이곳에 들어온 지가 이미 5년이 되었으니, 어찌 스스로 먹고살 길을 마련하지 않는가. 세자와 인질들에게 어찌 먹고살 식량을 늘 지급해 줄 수가 있겠는가. 경작할 땅을 주어 내년부터 각자 농사를 지어 먹도록 함이 마땅하다."라고 하였다.

*자전(慈殿): 임금의 어머니

① 정문부가 길주에서 의병을 이끌었다.
② 삼수병으로 구성된 훈련도감이 설치되었다.
③ 영창 대군이 사사되고 인목 대비가 유폐되었다.
④ 이덕형이 구원병 요청을 위해 명에 청원사로 파견되었다.
⑤ 김상헌 등이 남한산성에서 화의에 반대하여 항전을 주장하였다.

23
다음 자료를 활용한 탐구 활동으로 가장 적절한 것은? [2점]

> 좌의정 채제공이 왕에게 아뢰었다. "빈둥거리는 무뢰배가 삼삼오오 떼를 지어 스스로 상점을 개설하고 일용품을 거래하는 일이 많아졌습니다. 그들은 큰 물건에서 작은 물건까지 싼값에 억지로 사들이기 일쑤입니다. 혹 물건 주인이 말을 듣지 않으면 난전(亂廛)으로 몰아서 결박하여 형조와 한성부로 끌고 가 혹독한 형벌을 당하도록 합니다. 이 때문에 물건 주인은 본전에서 밑지더라도 어쩔 수 없이 팔고 갑니다. 그리고 무뢰배들은 제각기 가게를 벌여놓고 배나 되는 값을 받습니다. 어쩔 수 없이 사야 하는 사람은 그 가게 외에서는 물건을 구할 수 없기 때문에, 물건 값이 날마다 치솟고 있습니다."

① 계해약조의 체결 과정을 확인한다.
② 오가작통법의 실시 목적을 파악한다.
③ 신해통공을 단행하게 된 배경을 조사한다.
④ 토지 소유자에게 결작을 부과한 이유를 살펴본다.
⑤ 풍흉에 따라 전세를 차등 부과하는 기준을 알아본다.

24
밑줄 그은 '이 왕'의 재위 시기에 있었던 사실로 옳은 것은? [2점]

> 이것은 조선과 청 사이의 경계를 나타내고자 세운 비석의 탁본입니다. 비석에 대해 자세히 설명해 주시겠어요?

> 이 비석은 국경을 분명히 하기 위해 청에서 파견한 오라총관 목극등과 이 왕이 보낸 조선의 관리들이 현지를 답사하고 세웠습니다. 비석에는 서쪽은 압록강, 동쪽은 토문강을 경계로 한다는 내용이 새겨져 있습니다.

① 최제우가 혹세무민의 죄로 처형되었다.
② 변급, 신류 등이 나선 정벌에 참여하였다.
③ 국왕의 친위 부대인 장용영이 창설되었다.
④ 경신환국 등 여러 차례 환국이 발생하였다.
⑤ 정여립 모반 사건을 빌미로 기축옥사가 일어났다.

25

밑줄 그은 '이 인물'에 대한 설명으로 옳은 것은? [2점]

이것은 이 인물이 제주도 유배지에서 부인에게 보낸 한글 편지입니다. 편지에는 유배 생활의 곤궁함과 함께 위독한 부인에 대한 걱정과 그리움이 담겨 있습니다. 독창적인 서체로 유명한 이 인물은 유배지에서 세한도를 그리기도 하였습니다.

① 기대승과 사단칠정 논쟁을 전개하였다.
② 북한산비가 진흥왕 순수비임을 고증하였다.
③ 양명학을 연구하여 강화학파를 형성하였다.
④ 청으로부터 시헌력을 도입하자고 건의하였다.
⑤ 열하일기에서 수레와 선박의 사용을 강조하였다.

26

다음 가상 대화가 이루어진 시기에 볼 수 있는 모습으로 적절하지 않은 것은? [2점]

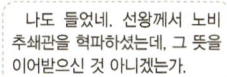

며칠 전 주상께서 각 궁방과 중앙 관청에 소속된 노비를 모두 양민으로 삼고, 노비 문서를 거두어 불태우라고 명하셨다는군.

나도 들었네. 선왕께서 노비 추쇄관을 혁파하셨는데, 그 뜻을 이어받으신 것 아니겠는가.

① 담배 농사를 짓는 농민
② 염포 왜관에서 교역하는 상인
③ 세책가에서 춘향전을 빌리는 부녀자
④ 관청에 필요한 물품을 납품하는 공인
⑤ 송파장에서 산대놀이 공연을 벌이는 광대

27

밑줄 그은 '이 시기'에 있었던 사실로 옳은 것은? [2점]

이 우표 속 그림은 국왕의 혼인을 축하하기 위해 거행된 진하례 모습을 그린 궁중 행사도입니다. 그림에 보이는 왕실 행사의 화려함과는 달리 안동 김씨 등 외척 세력이 세 왕에 걸쳐 60여 년 동안 권력을 잡은 이 시기에는 국왕의 실권이 많이 위축되었습니다.

① 어영청을 중심으로 북벌이 추진되었다.
② 윤지충 등이 처형된 신해박해가 일어났다.
③ 이필제가 영해 지역을 중심으로 난을 일으켰다.
④ 경복궁 중건 비용 마련을 위해 당백전이 발행되었다.
⑤ 삼정의 문란을 해결하기 위해 삼정이정청이 설치되었다.

28

(가) 사건 이후에 일어난 사실로 옳은 것은? [1점]

3년 전 우리나라에서 전시한 어재연 장군의 수자기를 찍은 사진이야. 어재연 장군은 미군이 강화도를 침략한 (가) 당시 광성보에서 항전하였어.

맞아. 이 수자기는 그때 빼앗겼다가 많은 노력 끝에 대여 형식으로 들어와 실물을 볼 수 있었지. 안타깝게도 지금은 미국으로 다시 돌아가 언제 볼 수 있을지 모른다고 해.

① 의궤를 비롯한 외규장각 도서가 약탈당하였다.
② 홍경래 등이 난을 일으켜 정주성을 점령하였다.
③ 종로를 비롯한 전국 각지에 척화비가 건립되었다.
④ 제너럴 셔먼호가 대동강 유역에서 통상을 요구하였다.
⑤ 황사영이 외국 군대의 출병을 요청하는 백서를 작성하였다.

29

(가), (나) 조약 사이의 시기에 볼 수 있는 모습으로 가장 적절한 것은? [3점]

(가) 부산항에서 일본국 인민이 통행할 수 있는 도로 이정(里程)은 부두로부터 기산하여 조선 이법(里法)으로 동서남북 직경 10리로 정한다. 동래부는 이정 밖에 있지만 특별히 왕래할 수 있다. 일본국 인민은 마음대로 통행하며 조선 토산물과 일본국 물품을 사고팔 수 있다.

(나) 통상 지역에서 조선 이법 100리 이내, 혹은 장래 양국 관원이 서로 의논하여 정하는 경계 안에서 영국 인민은 여행증명서 없이 마음대로 돌아다닐 수 있다. 여행증명서를 지닌 영국 인민은 조선 각지를 돌아다니며 통상하거나, 각종 화물을 들여와 팔거나(단, 조선 정부가 불허한 서적·인쇄물 등은 제외), 일체 토산물을 구매할 수 있다.

① 거문도를 불법으로 점거하는 영국 군인
② 남연군 묘의 도굴을 시도하는 독일 상인
③ 부산 절영도의 조차를 요구하는 러시아 공사
④ 조청 상민 수륙 무역 장정을 체결하는 청 관리
⑤ 톈진 조약에 따라 조선에서 철수하는 일본 군인

30

(가)에 대한 설명으로 옳은 것은? [2점]

① 처용 설화를 바탕으로 하였다.
② 종묘에서 행하는 제향 의식이다.
③ 부처의 영취산 설법 모습을 재현하였다.
④ 창과 아니리, 너름새 등으로 구성되었다.
⑤ 양반, 파계승 등을 풍자하는 내용이 담겨 있다.

31

밑줄 그은 '개혁'의 내용으로 옳은 것은? [2점]

① 양전 사업을 실시하여 지계를 발급하였다.
② 지방 행정 구역을 8도에서 23부로 개편하였다.
③ 군제를 개편하여 친위대와 진위대를 설치하였다.
④ 공사 노비법을 혁파하고 과부의 재가를 허용하였다.
⑤ 교육의 기본 방향을 제시한 교육 입국 조서를 반포하였다.

32

(가) 기구를 통해 추진된 정책으로 옳은 것은? [2점]

① 별기군을 창설하였다.
② 원수부를 설치하였다.
③ 대전통편을 편찬하였다.
④ 신문지법을 공포하였다.
⑤ 서당 규칙을 제정하였다.

33
(가) 신문에 대한 설명으로 옳은 것은? [1점]

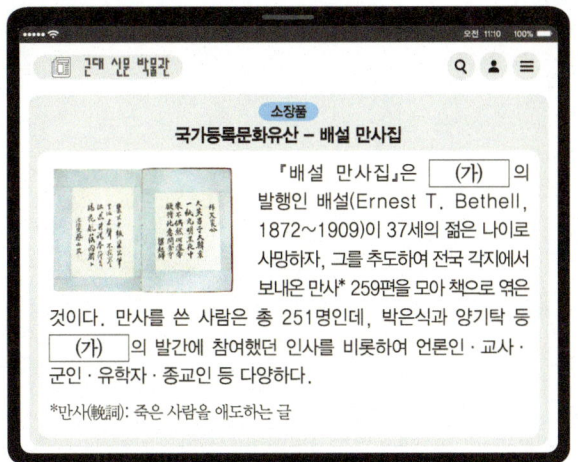

*만사(輓詞): 죽은 사람을 애도하는 글

① 박문국에서 발행하였다.
② 브나로드 운동을 주도하였다.
③ 여권통문을 처음 게재하였다.
④ 국채 보상 운동을 지원하였다.
⑤ 순한글판으로 발행된 최초의 신문이었다.

35
밑줄 그은 '사업'에 대한 탐구 활동으로 가장 적절한 것은? [2점]

화폐로 보는 한국사

백동화(白銅貨)는 전환국에서 발행한 액면가 2전 5푼의 동전이다. 당시 재정 궁핍으로 본위 화폐인 은화는 거의 주조되지 않았고, 보조 화폐인 백동화가 주로 제조되어 사용되었다. 러일 전쟁 중에 재정 고문으로 임명된 메가타 다네타로의 주도하에 전환국을 폐지하고 백동화와 엽전을 일본 제일은행권으로 교환하는 사업을 추진하면서, 백동화의 발행이 중단되었다.

① 군국기무처의 활동을 조사한다.
② 당오전이 발행된 배경을 파악한다.
③ 삼국 간섭이 발생한 원인을 분석한다.
④ 대한 광복회가 결성된 목적을 살펴본다.
⑤ 제1차 한일 협약 체결의 영향을 알아본다.

34
(가) 단체의 활동으로 옳은 것은? [2점]

> 독립문 주춧돌 놓는 예식을 독립 공원 부지에서 열었다. …… 회장 안경수 씨가 연설하기를, "(가) 이/가 처음에 시작할 때 단지 회원이 네다섯 명이더니 오늘날 회원은 수천 명이다. 조선 인민들이 나라가 독립되는 것을 좋아하기에 심지어 궁벽한 시골에 사는 인민 중에서 독립문 세우는 데 돈을 보조하는 사람들이 있으며, 외국 사람 중에서도 돈 낸 사람들이 많이 있었다. 이것을 보면 조선 사람들도 오늘부터 조선에서 모든 일을 (가) 하듯이 시작하여 모두 합심하기를 바란다."라고 하였다.

① 고종 강제 퇴위 반대 운동을 전개하였다.
② 일제의 황무지 개간권 요구를 저지시켰다.
③ 중추원 개편을 통한 의회 설립을 추진하였다.
④ 대성 학교를 설립하여 민족 교육을 실시하였다.
⑤ 독립운동 자금 마련을 위해 독립 공채를 발행하였다.

36
(가) 지역에서 일어난 민족 운동에 대한 설명으로 옳은 것은? [3점]

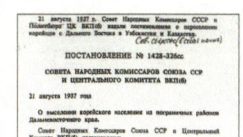
이 문서는 일제에 협력하는 것을 방지한다는 명분으로 (가) 의 한인들을 중앙아시아로 강제 이주시키라는 명령서이다.
1937년에 소련 공산당 서기장 스탈린이 승인한 이 명령의 시행으로 블라디보스토크를 포함한 (가) 의 한인 10만 명 이상이 우즈베키스탄, 카자흐스탄 등지로 강제 이주당하였다.

① 권업회를 조직하고 신문을 발행하였다.
② 한인 자치 기구인 경학사를 설립하였다.
③ 유학생을 중심으로 2·8 독립 선언서를 발표하였다.
④ 독립군 양성을 위해 대조선 국민 군단을 결성하였다.
⑤ 서전서숙과 명동 학교를 설립하여 민족 교육을 실시하였다.

37

(가) 인물의 활동으로 옳은 것은? [1점]

① 명동 성당 앞에서 이완용을 습격하였다.
② 하얼빈에서 이토 히로부미를 사살하였다.
③ 타이중에서 일본 육군 대장을 저격하였다.
④ 샌프란시스코에서 D.W.스티븐스를 처단하였다.
⑤ 서울역에서 신임 총독의 마차에 폭탄을 투척하였다.

38

밑줄 그은 '시기'의 사회 모습으로 가장 적절한 것은? [2점]

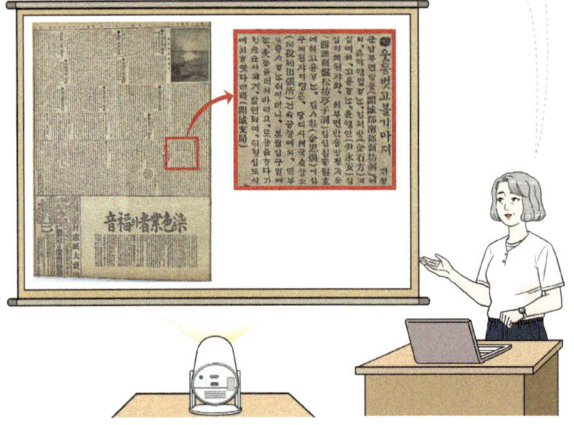

① 육영 공원에서 외국인 교사를 초빙하였다.
② 애국반이 편성되어 일상생활이 통제되었다.
③ 조선 형평사가 창립되어 형평 운동을 전개하였다.
④ 나운규가 제작한 아리랑이 단성사에서 개봉되었다.
⑤ 경복궁에서 조선 물산 공진회가 최초로 개최되었다.

39

(가), (나)가 공포된 시기의 사이에 있었던 사실로 옳은 것은? [2점]

(가) 회사령 폐지에 관한 건
회사령은 폐지한다.
– 부칙
1. 이 영은 공포일로부터 시행한다.
2. 구령에 의하여 설립한 회사로 이 영 시행 당시 존재하는 것은 조선 민사령에 의하여 설립한 것으로 본다.

(나) 조선 총독부 농촌 진흥 위원회 규정
제1조 조선의 농산어촌 진흥에 관한 방침, 시설 및 통제에 관한 중요 사항을 심의하기 위하여 조선 총독부에 조선 총독부 농촌 진흥 위원회를 둔다.
제3조 위원장은 조선 총독부 정무총감으로 한다.

① 함경도에서 방곡령이 선포되었다.
② 조선 물산 장려회가 평양에서 창립되었다.
③ 황국 중앙 총상회의 상권 수호 운동이 전개되었다.
④ 유상 매수, 유상 분배를 규정한 농지 개혁법이 제정되었다.
⑤ 국가 총동원법을 제정하여 인력과 물자를 강제 동원하였다.

40

다음 자료가 발표된 시기를 연표에서 옳게 고른 것은? [2점]

대학을 세운다는 일은 극히 거창하여 여간 몇 사람의 힘으로는 도저히 성취할 바가 아니므로 금일까지 실지의 운동이 일어나지 못하였던 것이라. 그러나 일이 거창하고 어렵다고 시작을 아니하면 언제까지든지 조선 사람의 대학이라는 것은 생겨볼 수가 없다. 그러므로 이번에 조선 전도의 다수한 유지를 망라하여 민중적 운동으로 될 수 있는 대로 많은 사람의 힘을 합하여 민립 대학 한 곳을 세워 보고자 이상재, 이승훈 등의 주창으로 수일 전에 민립 대학 기성 준비회를 조직하고 집행위원을 선정하였는데, 장차 각 부·군에서 다수한 발기인의 참가를 구하여 경성에서 발기회를 열고 실행 방법을 결정할 터이다.

① (가) ② (나) ③ (다) ④ (라) ⑤ (마)

41

(가) 사건 이후에 전개된 사실로 옳은 것은? [3점]

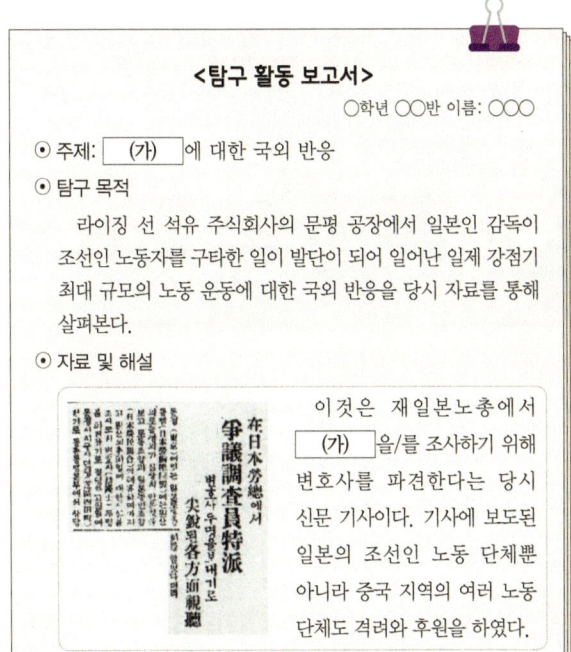

① 동양 척식 주식회사가 설립되었다.
② 강주룡이 을밀대 지붕에서 고공 농성을 벌였다.
③ 황실의 지원을 받아 대한 천일 은행이 창립되었다.
④ 전국 단위의 조직인 조선 노농 총동맹이 조직되었다.
⑤ 고율의 소작료에 반발하여 암태도 소작 쟁의가 발생하였다.

42

(가)에 들어갈 내용으로 가장 적절한 것은? [1점]

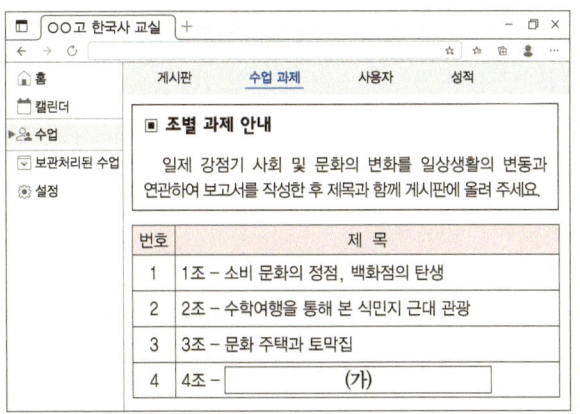

① 서양식 의료의 수용, 광혜원
② 근대적 우편 제도의 시작, 우정총국
③ 전시 통제 체제 속에서 강요된 여성복, 몸뻬
④ 근면, 자조, 협동을 기치로 내세운 새마을 운동
⑤ 상품 광고의 새로운 장을 연 컬러텔레비전 방송

43

(가) 부대에 대한 설명으로 옳은 것은? [2점]

① 자유시 참변으로 세력이 약화되었다.
② 영릉가에서 일본군에 승리를 거두었다.
③ 봉오동 전투에서 일본군을 크게 물리쳤다.
④ 미군과 연계하여 국내 진공 작전을 준비하였다.
⑤ 쌍성보 전투에서 한중 연합 작전을 전개하였다.

44

밑줄 그은 '시기'에 볼 수 있는 모습으로 적절하지 않은 것은? [2점]

장행기

장행기는 지원병 형식으로 끌려가는 청년을 환송하기 위해 국민 총력 조선 연맹 지부에서 만들어 준 깃발이다. 이 장행기의 주인공은 일제가 중일 전쟁을 일으키고 침략을 확대하던 시기에 지원병으로 끌려가 전사하였다. 장행기에는 창씨개명한 그의 일본식 이름이 적혀 있다.

① 국방헌금 모금에 적극 협력하는 부호
② 황국 신민 서사 암송을 강요받는 학생
③ 원각사에서 연극 은세계를 공연하는 배우
④ 내선일체에 협력하자는 논설을 쓰는 언론인
⑤ 국민 징용령에 의해 강제로 동원되는 노동자

45

다음 안내에 따라 학생이 발표한 내용으로 가장 적절한 것은? [3점]

> 학생 여러분, 이번 시간에는 우리 고장의 유적과 기념물을 조사해서 발표하는 활동을 하겠습니다. 우리 고장은 금강 중류에 위치한 유서 깊은 도시입니다. 남한에서 최초로 발굴된 구석기 유적이 있어 선사 시대부터 우리 고장에 사람이 살았던 것을 알 수 있습니다. 또한 삼국이 상호 경쟁하던 시기에는 백제의 수도로서 백제 중흥을 위한 노력이 전개되었던 곳으로 백제 고분을 통해 당시의 문화를 엿볼 수 있습니다. 고려 시대에는 최승로의 건의에 따라 설치된 12목 중의 하나였고, 이후 조선 시대에도 감영이 있어 지역의 중심지 역할을 하였습니다. 그리고 근대에는 동학 농민군이 관군과 일본군에 맞서 치열한 전투를 전개하는 등 외세를 물리치기 위한 민족 운동이 펼쳐지기도 하였습니다.
> 그럼, 모둠별로 우리 고장의 다양한 유적과 기념물에 대해 조사한 후 알게 된 내용을 발표해 봅시다.

① 갑 – 수양개 유적을 조사하여 우리 고장에 살던 구석기인들이 다양한 기법으로 석기를 제작했음을 알 수 있었습니다.
② 을 – 송산리 고분군의 벽돌무덤을 조사하여 무령왕이 중국 남조, 왜 등과 활발하게 교류했음을 알 수 있었습니다.
③ 병 – 만인의총을 조사하여 정유재란 당시 우리 고장의 백성들이 조명 연합군과 함께 결사 항전했음을 알 수 있었습니다.
④ 정 – 만석보 유지비를 조사하여 우리 고장 농민들이 군수 조병갑의 수탈에 저항하여 봉기했음을 알 수 있었습니다.
⑤ 무 – 아우내 3·1 운동 독립 사적지를 조사하여 유관순이 우리 고장에서 만세 시위를 주도했음을 알 수 있었습니다.

46

(가) 전쟁 중에 있었던 사실로 옳은 것은? [2점]

> 저는 지금 부산의 재한 유엔 기념 공원 내에 있는 유엔군 전몰장병 추모명비 앞에 와 있습니다. (가) 에서 전사하거나 실종된 4만여 명의 이름을 새겨 넣어 추도와 기억의 공간으로 만든 이곳에서 평화의 가치를 생각해 보았으면 합니다.

① 애치슨 라인이 발표되었다.
② 한일 기본 조약이 체결되었다.
③ 국가 보위 비상 대책 위원회가 설치되었다.
④ 김구, 김규식 등이 남북 협상에 참여하였다.
⑤ 비상계엄이 선포된 가운데 발췌 개헌안이 통과되었다.

47

밑줄 그은 '총선거'에 대한 설명으로 옳은 것은? [1점]

공보물로 본 우리나라 선거의 역사

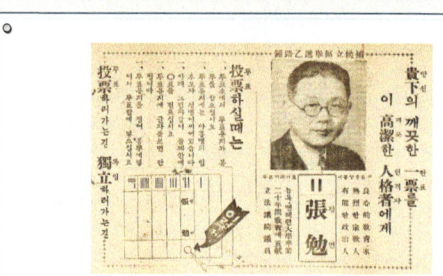

[해설] 이것은 유엔 한국 임시 위원단의 감시하에 우리나라 최초로 실시된 총선거에 출마한 장면 후보자의 선거 공보이다. 후보자의 사진, 약력, 선거 구호 등이 보이고, 특히 자세한 투표 안내가 눈에 띈다.

① 5·16 군사 정변 이후에 실시되었다.
② 제헌 국회의원을 선출하기 위해 시행되었다.
③ 통일 주체 국민 회의 대의원이 투표에 참여하였다.
④ 민의원, 참의원으로 구성된 양원제 국회가 탄생하였다.
⑤ 신한 민주당이 창당 한 달 만에 제1 야당이 되는 결과를 가져왔다.

48

다음 기사가 보도된 정부 시기의 사실로 옳은 것은? [3점]

① 국민 교육 헌장이 발표되었다.
② 3당 합당으로 민주 자유당이 창당되었다.
③ 군 내부의 사조직인 하나회가 해체되었다.
④ 사회 정화를 명분으로 삼청 교육대가 설치되었다.
⑤ 외환 위기 극복을 위한 금 모으기 운동이 전개되었다.

49

(가) 민주화 운동에 대한 설명으로 옳은 것은? [2점]

● 하계 답사 안내 ●

우리 문화원에서는 부산과 마산 지역의 시민과 학생들이 일으킨 (가) 의 의미를 조명하는 답사를 준비하였습니다. YH 무역 사건, 야당 총재의 국회의원직 제명 등 일련의 사건으로 당시 정부에 대한 민심 이반이 가속화하는 가운데 일어난 (가) 의 유적지를 둘러보면서 민주주의의 소중함을 되새기는 기회가 되길 바랍니다.

◆ 기간: 2024년 ○월 ○○일 ~ ○월 ○○일
◆ 답사 일정
 • 1일차: 부산대 10·16 기념관 – 국제 시장 – 부산 양서 협동조합 터
 • 2일차: 경남대 교내 기념석 – 서항 공원 – 창동 사거리
◆ 주요 답사지

10·16 기념관

서항 공원 내 기념물

◆ 주관: △△ 문화원

① 유신 체제 붕괴의 배경이 되었다.
② 시민군을 조직하여 계엄군에 대항하였다.
③ 시위 도중 김주열이 최루탄을 맞고 사망하였다.
④ 직선제 개헌을 약속한 6·29 선언을 이끌어냈다.
⑤ 대통령이 하야하여 미국으로 망명하는 결과를 가져왔다.

50

다음 연설이 있었던 정부의 통일 노력으로 옳은 것은? [2점]

① 남북 기본 합의서를 교환하였다.
② 7·4 남북 공동 성명을 발표하였다.
③ 6·15 남북 공동 선언을 채택하였다.
④ 한반도 비핵화 공동 선언에 합의하였다.
⑤ 남북 이산가족 고향 방문단의 교환을 최초로 실현하였다.

2024년도 제70회 한국사능력검정시험 심화

|정답 및 해설| 277p

01

(가) 시대의 생활 모습으로 가장 적절한 것은? [1점]

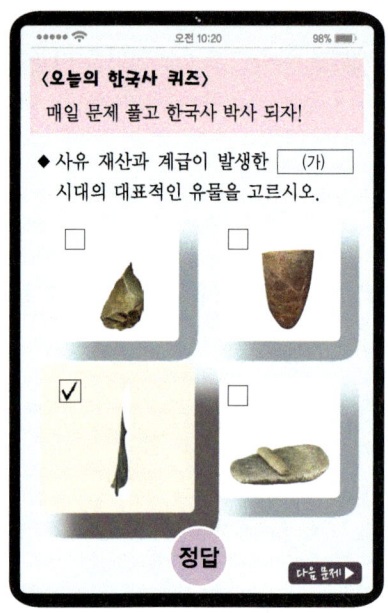

① 철제 무기로 정복 활동을 벌였다.
② 오수전, 화천 등의 중국 화폐로 교역하였다.
③ 많은 인력을 동원하여 고인돌을 축조하였다.
④ 주로 동굴이나 강가에 막집을 짓고 거주하였다.
⑤ 가락바퀴와 뼈바늘을 사용하여 옷을 만들기 시작하였다.

02

(가) 나라에 대한 설명으로 옳은 것은? [2점]

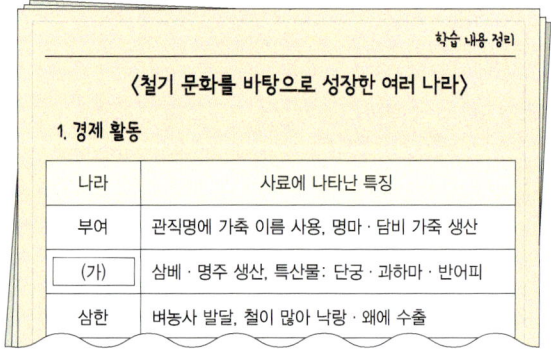

① 신지, 읍차 등의 지배자가 있었다.
② 혼인 풍습으로 민며느리제가 있었다.
③ 10월에 무천이라는 제천 행사를 열었다.
④ 여러 가(加)들이 각각 사출도를 주관하였다.
⑤ 제가 회의에서 나라의 중대사를 결정하였다.

03

다음 자료에 나타난 사건의 영향으로 가장 적절한 것은? [3점]

> 왕이 문주에게 일러 말하기를, "내가 어리석고 밝지 못하여 간사한 사람[도림]의 말을 믿어 이 지경이 되었다. …… 나는 마땅히 사직에서 죽겠지만, 네가 이곳에서 함께 죽는 것은 이로울 게 없다. 어찌 난을 피하여 나라의 계통을 잇지 않겠는가?"라고 하였다. …… 고구려의 대로 제우 · 재증걸루 · 고이만년 등이 북성을 공격하여 7일 만에 빼앗았다. 이동하여 남성을 공격하니 성 안 사람들이 두려워하였다. 왕이 성을 나와 도망하자, 고구려 장수 재증걸루 등이 왕을 보고 말에서 내려 절한 다음에 그 얼굴을 향해 세 번 침을 뱉고는 죄를 나열한 다음 포박하여 아차성 아래로 보내 죽였다.

① 고구려가 평양으로 천도하였다.
② 동성왕이 나제 동맹을 강화하였다.
③ 고국원왕이 근초고왕의 공격을 받아 전사하였다.
④ 백제가 고구려를 견제하고자 북위에 국서를 보냈다.
⑤ 신라가 왜를 격퇴하기 위해 고구려에 군사를 청하였다.

04

(가) 왕의 재위 시기에 있었던 사실로 옳은 것은? [2점]

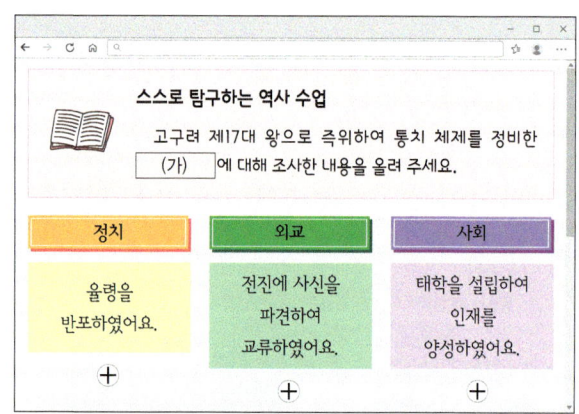

① 승려 순도를 통해 불교를 수용하였다.
② 낙랑군을 축출하여 영토를 확장하였다.
③ 영락이라는 독자적인 연호를 사용하였다.
④ 을지문덕이 살수에서 수의 군대를 물리쳤다.
⑤ 이문진이 유기를 간추린 신집 5권을 편찬하였다.

05

강연자의 질문에 대한 청중의 답변으로 가장 적절한 것은? [2점]

화면에 보이는 고구려의 사신도와 백제 산수무늬 벽돌은 신선 사상을 기반으로 불로장생을 추구하는 이 종교의 내용이 잘 표현된 문화유산입니다. 이 종교와 관련된 역사적 사실은 무엇이 있을까요?

① 간경도감에서 경전이 간행되었습니다.
② 연개소문이 당에 도사 파견을 요청하였습니다.
③ 과거 시험의 교재로 사서집주가 채택되었습니다.
④ 범일이 9산 선문 중 하나인 사굴산문을 개창하였습니다.
⑤ 주요 경전의 이름이 새겨진 임신서기석이 만들어졌습니다.

06

(가) 승려에 대한 설명으로 옳은 것은? [2점]

일체유심조
모든 것은 마음먹기에 달려 있다!

우리 역사상 불교 발전에 가장 크게 이바지한 승려를 가리는 이번 투표에서 여러분들의 현명한 선택을 기다립니다.

■ 주요 활동
• 『금강삼매경론』, 『대승기신론소』 등 저술
• 일심 사상과 화쟁 사상 주장

기호 ○번 (가)

① 구법 순례기인 왕오천축국전을 남겼다.
② 황룡사 구층 목탑의 건립을 건의하였다.
③ 무애가를 지어 불교 대중화에 기여하였다.
④ 화랑도의 규범으로 세속 5계를 제시하였다.
⑤ 화엄일승법계도를 지어 화엄 사상을 정리하였다.

07

(가) 국가에 대한 설명으로 옳은 것은? [1점]

『신라고기(新羅古記)』에 이르기를 "고(구)려의 옛 장수 조영의 성은 대씨(大氏)니 남은 군사를 모아 태백산 남쪽에서 나라를 세우고 나라 이름을 (가) (이)라고 하였다." …… 『지장도(指掌圖)』에 보면 " (가) 은/는 만리장성 동북쪽 모서리 밖에 있다."라고 하였다.

① 군사 조직으로 9서당 10정을 편성하였다.
② 정사암에 모여 국가 중대사를 논의하였다.
③ 광평성을 비롯한 각종 정치 기구를 갖추었다.
④ 5경 15부 62주의 지방 행정 제도를 마련하였다.
⑤ 상수리 제도를 시행하여 지방 세력을 견제하였다.

08

(가) 인물에 대한 설명으로 옳은 것은? [2점]

[역사 다큐멘터리 기획안]

도당 유학생, 서로 다른 길을 걷다

■ 기획 의도
당에 건너가 유학했던 6두품들이 신라로 돌아온 이후의 행보를 알아본다.

■ 구성 내용
1. (가) , 진성 여왕에게 시무책 10여 조를 올리다
2. 최승우, 견훤의 신하로 왕건에게 보내는 격문을 짓다
3. 최언위, 고려에 투항하여 문한관으로 문명을 떨치다

① 향가 모음집인 삼대목을 편찬하였다.
② 외교 문서인 청방인문표를 작성하였다.
③ 격황소서를 지어 문장가로서의 이름을 떨쳤다.
④ 유식의 교의를 담은 해심밀경소를 저술하였다.
⑤ 국왕에게 조언하는 내용의 화왕계를 저술하였다.

09

다음 상황이 나타난 시기를 연표에서 옳게 고른 것은? [3점]

각간 김경신이 해몽을 청하자 아찬 여삼은 "복두를 벗은 것은 위에 다른 사람이 없다는 뜻이요, 소립을 쓴 것은 면류관을 쓸 징조이며, 12현금(絃琴)을 든 것은 12대손까지 왕위를 전한다는 조짐이며, 천관사 우물로 들어간 것은 궁궐로 들어갈 상서로운 조짐입니다."라고 하였다. "위에 주원이 있는데 어찌 내가 왕위에 오를 수 있겠소?"라고 경신이 묻자, 아찬이 대답하기를 "청컨대 은밀히 북천신에게 제사 지내면 될 것입니다."라고 하여 이에 따랐다. 얼마 지나지 않아 선덕왕이 죽자, 나라 사람들이 김주원을 왕으로 받들어 궁중으로 맞아들이려 했다. 주원의 집은 북천 북쪽에 있었는데 홀연히 냇물이 불어나 건널 수가 없었다. 이에 경신이 먼저 동궐로 들어가 왕위에 올랐다.

654	681	722	780	828	889
	(가)	(나)	(다)	(라)	(마)
무열왕 즉위	김흠돌의 난	정전 지급	혜공왕 피살	청해진 설치	원종과 애노의 난

① (가) ② (나) ③ (다) ④ (라) ⑤ (마)

10

(가)에 들어갈 내용으로 적절한 것은? [2점]

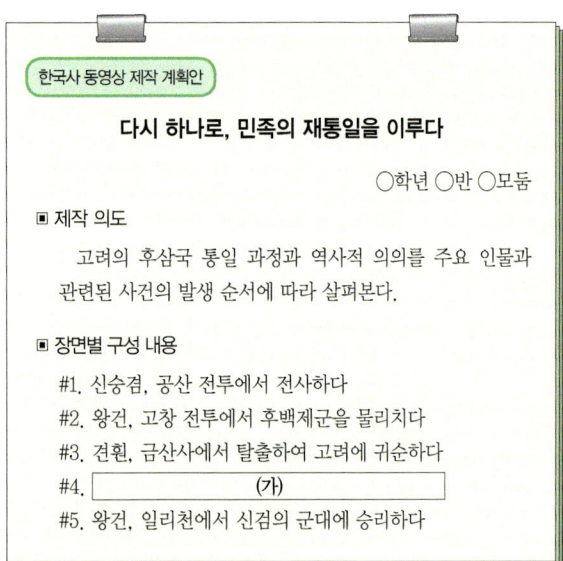

한국사 동영상 제작 계획안

다시 하나로, 민족의 재통일을 이루다

○학년 ○반 ○모둠

■ 제작 의도
　고려의 후삼국 통일 과정과 역사적 의의를 주요 인물과 관련된 사건의 발생 순서에 따라 살펴본다.

■ 장면별 구성 내용
　#1. 신숭겸, 공산 전투에서 전사하다
　#2. 왕건, 고창 전투에서 후백제군을 물리치다
　#3. 견훤, 금산사에서 탈출하여 고려에 귀순하다
　#4. _____(가)_____
　#5. 왕건, 일리천에서 신검의 군대에 승리하다

① 안승, 보덕국왕으로 책봉되다
② 궁예, 국호를 태봉으로 바꾸다
③ 경순왕 김부, 경주의 사심관이 되다
④ 윤충, 대야성을 공격하여 함락시키다
⑤ 흑치상지, 임존성에서 부흥군을 이끌다

11

(가) 국가의 경제 상황으로 옳은 것은? [1점]

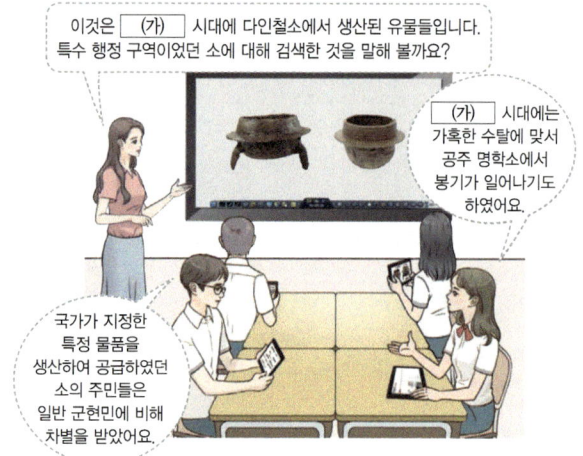

이것은 (가) 시대에 다인철소에서 생산된 유물들입니다. 특수 행정 구역이었던 소에 대해 검색한 것을 말해 볼까요?

(가) 시대에는 가혹한 수탈에 맞서 공주 명학소에서 봉기가 일어나기도 하였어요.

국가가 지정한 특정 물품을 생산하여 공급하였던 소의 주민들은 일반 군현민에 비해 차별을 받았어요.

① 특산품으로 솔빈부의 말이 유명하였다.
② 풍흉에 따라 9등급으로 전세를 거두었다.
③ 감자, 고구마 등의 작물이 널리 재배되었다.
④ 경시서의 관리들이 시전의 상행위를 감독하였다.
⑤ 설점수세제를 시행하여 민간의 광산 개발을 허용하였다.

12

(가)~(마)에 들어갈 내용으로 적절한 것은? [3점]

〈한국사 학술 강좌〉

인물로 보는 고려 불교사

　우리 학회에서는 고려 승려들의 활동을 통해 불교사의 흐름을 파악하는 자리를 마련하였습니다. 관심 있는 분들의 많은 참여를 바랍니다.

■ 강좌 주제 ■

제1강 균여,	(가)
제2강 의천,	(나)
제3강 지눌,	(다)
제4강 요세,	(라)
제5강 혜심,	(마)

• 일시: 2024년 ○○월 ○○일 09:00~17:00
• 장소: □□박물관 대강당
• 주최: △△학회

① (가) – 법화 신앙에 중점을 둔 백련 결사를 제창하다
② (나) – 심성의 도야를 강조한 유불 일치설을 주장하다
③ (다) – 권수정혜결사문을 작성하여 정혜쌍수를 강조하다
④ (라) – 이론과 수행을 함께 강조하는 교관겸수를 제시하다
⑤ (마) – 보현십원가를 지어 불교 교리를 대중에게 전파하다

13

(가) 왕에 대한 설명으로 옳은 것은? [2점]

이것은 조카 헌종을 몰아내고 즉위한 (가) 의 넷째 딸인 복령 궁주 왕씨 묘지명입니다. 여기에서는 복령 궁주를 '천자의 딸'이라고 표현하여 국왕의 권위를 드러내고자 하였습니다. (가) 은/는 개경 세력을 견제하고자 남경에 궁궐을 짓고, 재정을 확보하기 위해 주전도감을 설치하여 해동통보를 발행하는 등 왕권 강화를 꾀하였습니다.

① 여진 정벌을 위해 별무반을 창설하였다.
② 전국에 12목을 설치하고 관리를 파견하였다.
③ 광덕, 준풍 등의 독자적인 연호를 사용하였다.
④ 거란의 침입에 대비하여 개경에 나성을 축조하였다.
⑤ 정계와 계백료서를 지어 관리의 규범을 제시하였다.

14

(가) 사건에 대한 탐구 활동으로 가장 적절한 것은? [2점]

대한민국 방방곡곡 – 거제 둔덕기성 전경
한국사 채널   조회 수 140,525

거제의 둔덕기성은 신라 시대에 축조되었고, 고려 시대에 성벽이 개축되어 축성법의 변화를 연구하는 데 학술적 가치가 큰 사적입니다.
정중부 등이 일으킨 (가) (으)로 폐위된 의종이 이곳에서 머물렀다고 전해지고 있습니다. 이후 김보당은 의종을 경주로 피신시켜 복위를 시도하였습니다.

① 정동행성이 설치되는 배경을 살펴본다.
② 철령위 설치에 대한 최영의 대응을 검색한다.
③ 칭제 건원과 금국 정벌을 주장한 인물을 찾아본다.
④ 서경유수 조위총이 반란을 일으킨 이유를 알아본다.
⑤ 이성계 등 신흥 무인 세력이 성장하는 과정을 조사한다.

15

(가), (나) 사이의 시기에 있었던 사실로 옳은 것은? [2점]

(가) 최우가 녹전거(祿轉車) 100여 대를 빼앗아 집안의 재물을 강화도로 옮기니, 수도가 흉흉하였다. …… 또 사자(使者)를 여러 도에 나누어 보내어, 백성을 산성과 섬으로 옮겼다.

(나) 김방경과 흔도(忻都), 홍차구, 왕희, 왕옹 등이 3군을 거느리고 진도를 토벌하여 크게 격파하고, 승화후 왕온을 죽였다. 김통정이 남은 무리를 이끌고 탐라로 도망하여 들어갔다.

① 양규가 곽주성을 급습하여 탈환하였다.
② 최무선이 진포에서 왜구를 격퇴하였다.
③ 강조가 정변을 일으켜 국왕을 폐위하였다.
④ 김윤후가 처인성에서 살리타를 사살하였다.
⑤ 이자겸과 척준경이 반란을 일으켜 궁궐을 불태웠다.

16

다음 자료에 나타난 시기의 사회 모습으로 적절한 것은? [1점]

> ○ 당시 응방·겁령구 및 내수(內豎) 등의 천한 자들이 모두 사전(賜田)을 받았는데, 많은 경우는 수백 결에 이르렀다. 일반 백성을 유인하여 전호로 삼고, 가까운 곳에 있는 민전에서는 모두 수조하였으므로 주와 현에서는 부세가 들어올 바가 없게 되었다.
> ○ 공주가 장차 입조(入朝)할 예정이었으므로, 인후와 염승익에게 명하여 양가의 자녀로서 나이가 14~15세인 자들을 선발하였고, 순군(巡軍)과 홀적(忽赤) 등으로 하여금 인가를 수색하게 하였다. 혹 밤중에 침실에 돌입하거나 노비를 포박하여 심문하기도 하였으니, 비록 자녀가 없는 자라 할지라도 깜짝 놀라 동요하게 되었다. 원망하며 우는 소리가 온 거리에 가득하였다.

① 최충이 9재 학당을 설립하였다.
② 만적이 개경에서 반란을 모의하였다.
③ 지배층을 중심으로 변발과 호복이 유행하였다.
④ 국난 극복을 기원하며 초조대장경이 조판되었다.
⑤ 기근에 대비하기 위하여 구황촬요가 간행되었다.

17

(가) 왕에 대한 설명으로 옳은 것은? [2점]

① 경국대전을 완성하여 통치 체제를 정비하였다.
② 초계문신제를 시행하여 문신들을 교육하였다.
③ 길주를 근거지로 일어난 이시애의 난을 진압하였다.
④ 문하부를 폐지하고 낭사를 사간원으로 독립시켰다.
⑤ 붕당의 폐해를 경계하기 위한 탕평비를 건립하였다.

18

(가) 인물에 대한 설명으로 옳은 것은? [2점]

① 두만강 일대에 6진을 개척하였다.
② 탄금대에서 배수의 진을 치고 싸웠다.
③ 조총 부대를 이끌고 나선 정벌에 나섰다.
④ 왜구의 근거지인 쓰시마섬을 정벌하였다.
⑤ 외교 담판을 통해 강동 6주를 획득하였다.

19

밑줄 그은 '전하'의 재위 시기에 있었던 사실로 옳은 것은? [2점]

① 국왕의 친위 부대인 장용영이 설치되었다.
② 백운동 서원이 사액을 받아 소수 서원이 되었다.
③ 국가의 의례를 정비한 국조오례의가 완성되었다.
④ 통치 체제를 정비하기 위해 속대전이 편찬되었다.
⑤ 수조권이 세습되던 수신전과 휼양전이 폐지되었다.

20

다음 자료에 대한 탐구 활동으로 가장 적절한 것은? [2점]

○ 조광조 등이 아뢰기를, "소격서가 요사하고 허탄함은 이 미 경연에서 다 아뢰었다고 전하께서도 그것이 허탄함을 환히 아시니 지금 다시 말할 것이 없습니다.……"라고 하였다.
○ 신광한이 아뢰기를, "지난번에 조광조가 아뢰었던 천거로 인재를 뽑는 일은 여럿이 의논한 일입니다. 각별히 천거하는 것은 한(漢)에서 시행한 현량과와 효렴과를 따르는 것이 가합니다. 이것은 자주 할 수는 없으나 지금은 이를 시행할 만한 기회입니다.……"라고 하였다.

① 호포제를 실시한 배경을 조사한다.
② 기해 예송의 전개 과정과 결과를 파악한다.
③ 중종 때 사림파 언관들이 제기한 주장을 검색한다.
④ 정여립 모반 사건을 계기로 동인이 입은 피해를 찾아본다.
⑤ 인현 왕후가 폐위되고 남인이 권력을 차지한 사건을 알아본다.

21

(가) 전쟁 중에 있었던 사실로 옳은 것은? [2점]

> 문학으로 만나는 한국사
>
> 홍계남이 당초 의병을 일으켜 흉적을 쳐서 활을 쏘아 맞히고 벤 수급이 매우 많았고 가는 곳마다 공을 세우니, 적들이 홍장군이라고 부르며 감히 침범하지 못했다. 호서(충청도) 내지가 편안할 수 있었던 것은 모두 홍계남의 공이라고 한다. 가상한 일이다. 의병이 곳곳에서 봉기하였지만, …… 고경명과 조헌은 모두 나랏일에 몸을 바쳐 죽을 자리에서 죽었으니 가히 그 명성에 걸맞는다고 말할 수 있다.
> — 『쇄미록』 —
>
> [해설] 이 작품은 오희문이 (가) 중에 있었던 일을 적은 일기이다. 적군의 침입과 약탈, 의병장의 활동, 피란민의 참혹한 생활 등이 생생하게 담겨 있다.

① 삼수병으로 구성된 훈련도감이 설치되었다.
② 왕이 도성을 떠나 남한산성으로 피란하였다.
③ 송시열, 이완 등을 중심으로 북벌이 추진되었다.
④ 국방 문제를 논의하기 위해 비변사가 신설되었다.
⑤ 제한된 범위의 무역을 허용한 계해약조가 체결되었다.

22

(가)~(마)에 대한 설명으로 적절하지 않은 것은? [3점]

① (가) - 오층 목조탑 내부에 부처의 일생을 그린 팔상도가 있다.
② (나) - 배흘림기둥에 주심포 양식으로 축조된 무량수전이 있다.
③ (다) - 현존하는 우리나라 최고(最古)의 목조 건물인 극락전이 있다.
④ (라) - 팔만대장경판을 보관하고 있는 장경판전이 있다.
⑤ (마) - 무구정광대다라니경이 발견된 삼층 석탑이 있다.

23

밑줄 그은 '제도'에 대한 설명으로 옳은 것을 <보기>에서 고른 것은? [2점]

보기
ㄱ. 선혜청에서 관련 업무를 담당하였다.
ㄴ. 재정을 보충하기 위해 지주에게 결작을 부과하였다.
ㄷ. 관청에 물품을 조달하는 공인이 등장하는 배경이 되었다.
ㄹ. 어장세, 선박세 등이 국가 재정으로 귀속되는 결과를 가져왔다.

① ㄱ, ㄴ ② ㄱ, ㄷ ③ ㄴ, ㄷ
④ ㄴ, ㄹ ⑤ ㄷ, ㄹ

24

다음 시나리오에 등장하는 왕의 재위 시기에 있었던 사실로 옳은 것은? [2점]

> #5. 궁궐 안
> 왕과 신하들이 대화하는 장면
> **신하:** 전하, 우리나라의 습속은 예로부터 신분에 따라 등용하는 것이 원칙이었습니다. 서얼들을 적자와 똑같이 대우한다면, 서얼이 적자를 능멸하는 폐단이 열리게 될 것입니다.
> **왕:** 수많은 서얼들도 나의 신하인데 그들이 제자리를 얻지 못하고 포부도 펴지 못한다면 이 또한 과인의 허물일 것이오. 규장각에 검서관을 두어 이덕무, 박제가, 유득공, 서이수를 등용하려는 내 결심은 변함이 없을 것이니 그리 알고 물러들 가시오.

① 왕권 강화를 위해 6조 직계제가 시행되었다.
② 거중기 등을 활용하여 수원 화성이 축조되었다.
③ 청과 국경을 정하는 백두산정계비가 건립되었다.
④ 통치 체제를 정비하기 위해 대전회통이 편찬되었다.
⑤ 삼정의 문란을 시정하기 위한 삼정이정청이 설치되었다.

25

다음 상황이 나타난 시기에 볼 수 있는 모습으로 적절하지 않은 것은? [1점]

> 김화진 등이 아뢰기를, "…… 만상과 송상이 함께 수많은 가죽을 마음대로 밀무역을 합니다. 수달 가죽은 금지 품목 가운데 하나인데 변경을 지키는 관리들이 대수롭지 않게 여겨 1년, 2년이 되면 곧 일상적인 물건과 같아지니 …… 이후로는 한결같이 법전에 의거하여 금지 조항을 거듭 자세히 밝혀서 송상과 만상에게 법을 범해서는 안 되며, 범하는 사람이 있으면 일일이 적발하여 법에 따라 엄격하게 처벌한다는 것을 분명히 알게 해야 합니다. 아울러 살피지 못한 변방의 관리들도 드러나는 대로 무겁게 다스린다는 뜻을 분명히 알게 해야 합니다. ……"라고 하니, 임금이 그리하라 하였다.

① 채굴 노동자를 고용하는 덕대
② 벽란도에서 교역하는 송의 상인
③ 상평통보로 물건을 거래하는 보부상
④ 포구에서 물품의 매매를 중개하는 여각
⑤ 담배, 인삼 등 상품 작물을 재배하는 농민

26

(가) 인물에 대한 설명으로 옳은 것은? [2점]

① 북한산비가 진흥왕 순수비임을 고증하였다.
② 청으로부터 시헌력을 도입하자고 건의하였다.
③ 우서에서 사농공상의 직업적 평등을 주장하였다.
④ 양반전을 지어 양반의 허례와 무능을 풍자하였다.
⑤ 10리마다 눈금을 표시한 대동여지도를 완성하였다.

27

(가) 인물의 작품으로 옳은 것은? [1점]

> 이 작품은 조선 후기 대표적 풍속 화가인 단원 (가) 이/가 나귀를 타고 유람하는 나그네의 시점으로 그린 행려풍속도병입니다. 8폭 병풍에는 계절에 따라 변해가는 산수와 대장간, 나루터 등 다양한 세상살이의 모습이 생동감 있게 표현되어 있습니다. 각 폭의 그림 위쪽에는 그의 스승인 강세황의 그림평이 적혀 있습니다.

① 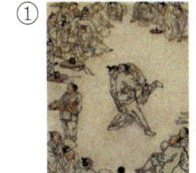 ②  ③

④ 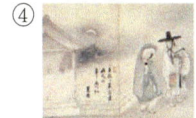 ⑤

28

(가), (나) 사이의 시기에 있었던 사실로 옳은 것은? [3점]

> (가) 순무영에서 정족산성 수성장 양헌수가 보내온 보고에 의하면, "…… 우리 군사가 잠입한 사실을 적들이 알지 못하였습니다. 오늘 저들은 우리가 지키고 있는 성을 점령할 계책으로 그 우두머리가 말을 타고 나귀를 끌고 짐바리와 술과 음식을 가지고 동문과 남문으로 나누어 들어왔습니다. 이때 우리 군사들이 좌우에 매복하였다가 일제히 총탄을 퍼부었습니다.……"라고 하였습니다.
>
> (나) 4월 24일에 계속해서 올린 강화 진무사 정기원의 치계에, "미국 배가 다시 항구로 들어와서 광성진을 습격하여 함락하였는데, 중군 어재연이 힘껏 싸우다가 목숨을 바쳤고, 사망한 군사가 매우 많습니다. 적병은 초지포 부근에 주둔하였습니다. 장수 이렴이 밤을 이용하여 습격해서야 그들을 퇴각시켰습니다."라고 하였습니다.

① 일본 군함 운요호가 영종도를 공격하였다.
② 오페르트가 남연군 묘의 도굴을 시도하였다.
③ 마젠창과 묄렌도르프가 고문으로 파견되었다.
④ 영국군이 러시아를 견제하기 위해 거문도를 점령하였다.
⑤ 황사영이 외국 군대의 출병을 요청하는 백서를 작성하였다.

29

(가) 조약에 대한 설명으로 옳은 것은? [2점]

① 최혜국 대우를 최초로 규정하였다.
② 통감부가 설치되는 계기가 되었다.
③ 천주교 포교 허용의 근거가 되었다.
④ 재정 고문을 두도록 하는 조항을 담고 있다.
⑤ 부산, 원산, 인천이 개항되는 결과를 가져왔다.

30

(가)에 대한 설명으로 옳은 것은? [2점]

우정총국 개국 축하연에서 일부 급진 개화파가 (가) 을/를 일으켰습니다.

권력을 장악한 그들은 청과의 사대 관계 청산 등을 담은 개혁 정강을 발표하였습니다.

청군의 개입으로 3일 만에 실패하여 김옥균 등 주요 인물은 일본으로 망명하였습니다.

① 전개 과정에서 집강소가 설치되었다.
② 수신사가 파견되는 데 영향을 주었다.
③ 한성 조약이 체결되는 결과를 가져왔다.
④ 사태 수습을 위해 박규수가 안핵사로 파견되었다.
⑤ 구식 군인에 대한 차별 대우가 발단이 되어 일어났다.

31

(가) 궁궐에 대한 설명으로 옳은 것은? [3점]

돈덕전으로의 초대

돈덕전이 재건되어 전시관으로 개관합니다. 많은 관람 부탁드립니다.

■ 주소 : 서울특별시 중구 세종대로 99
■ 개관일 : 2023년 ○○월 ○○일

● 소개

돈덕전은 (가) 안에 지어진 유럽풍 외관의 건물로, 고종 즉위 40주년 기념행사를 열기 위해 건립되었다. 1층에는 폐하를 알현하는 폐현실, 2층에는 침실이 자리하여 각국 외교 사절의 폐현 및 연회장, 국빈급 외국인의 숙소로 사용되었다.

러시아 공사관에서 (가) (으)로 거처를 옮긴 뒤부터 고종은 중명전을 비롯한 서구식 건축물을 지어 근대 국가로서의 면모를 보여주고자 하였다. 돈덕전 역시 이러한 의도가 투영된 건축물이다.

① 제1차 미소 공동 위원회가 개최되었다.
② 도성 내 서쪽에 있어 서궐이라고 불렸다.
③ 일제에 의해 창경원으로 격하되기도 하였다.
④ 정도전이 궁궐과 주요 전각의 명칭을 정하였다.
⑤ 태종이 도읍을 한양으로 다시 옮기며 건립하였다.

32

(가) 의병에 대한 설명으로 옳은 것은? [2점]

이달의 독립운동가

최초의 여성 의병 지도자 윤희순(尹熙順)

• 생몰년: 1860~1935
• 생애 및 활동

경기도 구리 출신으로 명성 황후 시해 사건이 일어나자 '안사람 의병가'를 창작하여 여성의 의병 참여를 독려하는 데 앞장섰다. 고종의 강제 퇴위와 군대 해산에 반발하여 일어난 (가) 당시 30여 명의 여성으로 의병대를 조직하여 최초의 여성 의병장으로 활약하였다. 일제에 나라를 빼앗긴 이후에는 만주로 망명하여 항일 인재 양성과 무장 투쟁을 이어 나갔다. 1990년 건국훈장 애족장이 추서되었다.

① 최익현이 태인에서 궐기하였다.
② 고종의 해산 권고 조칙에 따라 해산하였다.
③ 민종식이 이끄는 부대가 홍주성을 점령하였다.
④ 일본에 국권 반환 요구서를 제출하고자 하였다.
⑤ 의병 부대가 연합하여 서울 진공 작전을 전개하였다.

33

㉠ 시기에 볼 수 있는 모습으로 가장 적절한 것은? [2점]

이것은 경인선 철도의 노선 계획도입니다. 경인선은 미국인 모스로부터 부설권을 사들인 일본에 의해 서울에서 인천을 잇는 철도로 개통되었습니다. 완공 후 ㉠서대문 정거장에서 철도 개통식이 열렸습니다. 이후 경부선, 경의선 철도가 차례로 개통되었습니다. 그 과정에서 많은 토지가 철도 부지로 수용되고 농민들이 공사에 강제로 동원되면서 많은 저항이 있었습니다.

① 학도 지원병을 독려하는 지식인
② 금난전권 폐지에 반대하는 시전 상인
③ 근우회가 주최하는 강연에 참여하는 여성
④ 두모포에서 무력시위를 벌이는 일본 군인
⑤ 근대 학문을 가르치는 한성 사범 학교 교사

34

밑줄 그은 '이 지역'에서 있었던 민족 운동으로 옳은 것은? [3점]

□□신문
제△△호 ○○○○년 ○○월 ○○일

『원병상 회고록』으로 본 국외 민족 운동

한국 독립운동사의 일면을 살펴볼 수 있는 책이 발간되었다. 이 책은 신흥 무관 학교 졸업생이자 교관으로 독립군 양성에 헌신한 원병상의 회고록이다. 책에는 이 지역에 세워진 신흥 무관 학교의 변화 과정과 학생들의 생활상이 구체적으로 담겨 있을 뿐만 아니라, 국권 피탈 이후 망명해 온 독립지사들이 힘겹게 정착해 나가는 과정이 생생하게 기록되어 있어 독립운동사와 생활사 자료로서 가치가 크다.

① 한인 자치 기구인 경학사가 설립되었다.
② 권업회가 조직되어 기관지를 발행하였다.
③ 유학생들을 중심으로 2·8 독립 선언서가 발표되었다.
④ 대조선 국민 군단이 결성되어 군사 훈련을 실시하였다.
⑤ 흥사단이 창립되어 교민들에게 민족의식을 심어주고자 하였다.

35

밑줄 그은 '운동'에 대한 설명으로 옳은 것은? [1점]

이 자료는 고종의 인산일을 계기로 시작된 만세 운동에서 불렀던 독립가 전단입니다. 당시에 우리 민족은 독립 선언서를 발표하고 대한 독립 만세를 외치며 전국 각지와 해외 곳곳에서 시위를 이어 나갔습니다.

터졌구나 터졌구나
조선독립성
십 년을 참고 참아
이제 터졌네
삼천리의 금수강산
이천만 민족
살았구나 살았구나
이 한 소리에

① 통감부의 방해와 탄압으로 중단되었다.
② 천도교 소년회가 창립된 후 본격화되었다.
③ 일제가 이른바 문화 통치를 실시하는 배경이 되었다.
④ 성진회와 각 학교 독서회에 의해 전국적으로 확산되었다.
⑤ 시위를 준비하는 과정에서 사회주의자들이 대거 검거되었다.

36

밑줄 그은 '시기'에 시행된 일제의 정책으로 옳은 것은? [1점]

오늘 소개해 주실 자료는 무엇인가요?

이 자료는 토지 조사 사업이 실시되던 시기에 조선 총독부 임시 토지 조사국이 작성한 문서입니다. 여기에는 경상북도 상주, 칠곡, 울릉도 등 총 6개 지역에서 토지 소유자와 그 경계를 조사하여 확정하였다고 기록되어 있습니다.

① 애국반을 조직하였다.
② 신문지법을 제정하였다.
③ 조선 태형령을 시행하였다.
④ 산미 증식 계획을 실시하였다.
⑤ 황국 신민 서사의 암송을 강요하였다.

37

(가) 종교에 대한 설명으로 옳은 것은? [2점]

지난 개천절을 기회로 하여 독립운동을 계획했다는 이유로 (가) 간부 7명이 동대문 경찰서에 체포되었다는 기사가 실렸구나.

(가) 은/는 나철이 만주에서 단군 신앙을 기반으로 창시한 종교인데, 민족의식을 고취할 뿐만 아니라 독립운동도 전개하고 있네요.

① 개벽, 신여성 등의 잡지를 발간하였다.
② 한용운 등이 사찰령 폐지를 주장하였다.
③ 박중빈을 중심으로 새생활 운동을 펼쳤다.
④ 김창숙의 주도로 파리 장서 운동을 전개하였다.
⑤ 무장 투쟁을 전개하기 위해 중광단을 조직하였다.

① 관민 공동회에서 연설하는 백정
② 교육 입국 조서를 발표하는 관리
③ 원각사에서 은세계 공연을 보는 관객
④ 전차 개통식에 참여하는 한성 전기 회사 직원
⑤ 카프(KAPF)를 형성하여 활동하는 신경향파 작가

38

(가)~(다)를 일어난 순서대로 옳게 나열한 것은? [2점]

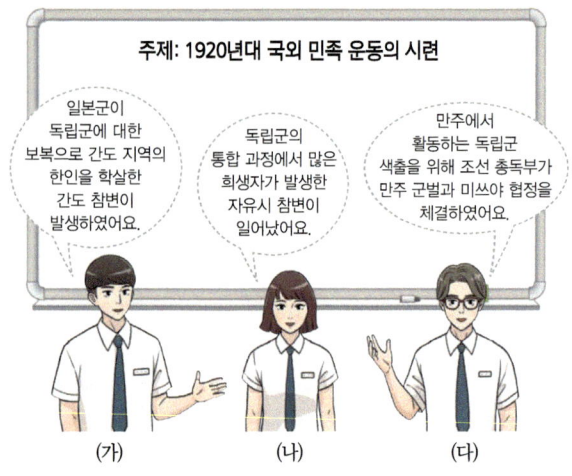

① (가) - (나) - (다)
② (가) - (다) - (나)
③ (나) - (가) - (다)
④ (나) - (다) - (가)
⑤ (다) - (가) - (나)

39

밑줄 그은 '시기'에 볼 수 있는 모습으로 가장 적절한 것은? [3점]

40

밑줄 그은 '이 시기'에 시행된 일제의 정책으로 옳은 것은? [1점]

① 회사령을 공포하였다.
② 치안 유지법을 제정하였다.
③ 헌병 경찰제를 실시하였다.
④ 경성 제국 대학을 설립하였다.
⑤ 조선 사상범 예방 구금령을 시행하였다.

41

밑줄 그은 '나'에 대한 설명으로 옳은 것은? [3점]

① 조선 혁명 선언을 작성하였다.
② 한국독립운동지혈사를 저술하였다.
③ 극동 인민 대표 회의에서 의장단으로 선출되었다.
④ 헤이그에서 열린 만국 평화 회의에 특사로 파견되었다.
⑤ 새로운 국가 건설을 위한 이념으로 삼균주의를 주장하였다.

42

다음 편지가 작성된 시기를 연표에서 옳게 고른 것은? [2점]

친애하는 메논 박사

남북 지도자 회담에 관하여 귀하와 귀 위원단에게 우리의 의견과 각서를 이미 제출한 바이어니와 우리는 가급적 우리 양인의 명의로 남에서 이에 찬동하는 제 정당의 대표 회담을 소집하여 이미 제출한 바에 제1차 보조를 하겠습니다. 이 회의에서 남쪽이 대표를 선출하면 북쪽에 연락할 인원과 방법에 대한 것을 결정하겠습니다. 귀 위원단이 이에 대하여 원만하고 적극적인 협조를 직접 간접으로 하여 주시면 대단히 감사하겠으며 우리 양방의 노력으로 하여금 우리가 공동으로 목적하는 바를 이루어지기를 믿습니다. 끝으로 우리의 심각한 경의를 표합니다.

김구, 김규식

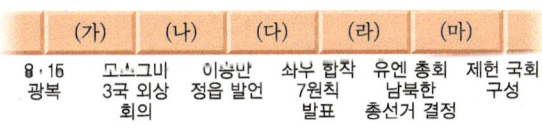

① (가) ② (나) ③ (다) ④ (라) ⑤ (마)

43

다음 연설문을 발표한 정부의 통일 노력으로 옳은 것은? [2점]

제5차 남북 고위급 회담에서 서명된 합의서는 남과 북이 오랜 단절과 대립을 청산하여 상호 신뢰를 바탕으로 이 땅에, 평화의 질서를 구축하고 교류 협력을 통해 민족의 화해와 공동 번영을 이루어가기 위해 필요한 조처들을 망라하고 있습니다. …… 석 달 전 남북한의 유엔 동시 가입과 이에 이은 이번 합의서의 서명은 한반도 문제 해결과 민족 통일을 향한 여정에 획기적인 이정표를 세운 것입니다. …… 나는 올해 안에 한반도의 비핵화를 실현하는 합의를 이루고 밝아오는 새해와 함께 남과 북이 평화와 협력, 평화와 공동 번영의 새로운 시대를 힘차게 열게 되기를 바랍니다.

① 판문점에서 남북 정상 회담을 개최하였다.
② 남북 이산가족의 고향 방문을 최초로 성사시켰다.
③ 민족 자존과 통일 번영을 위한 7·7 선언을 발표하였다.
④ 7·4 남북 공동 성명을 실천하기 위해 남북 조절 위원회를 구성하였다.
⑤ 남북 관계 발전과 평화 번영을 위한 10·4 남북 정상 선언에 서명하였다.

44

다음 상황 이후에 일어난 사실로 옳은 것은? [2점]

오늘 미합중국 존 포스터 덜레스 국무 장관과 우리나라 변영태 외무 장관 사이에 상호 방위 조약이 체결되었습니다. 이로써 양국은 우호 관계를 바탕으로 한국에 대한 공산주의자들의 침공에 맞서 나란히 싸울 수 있도록 상호 이해와 공동의 이상을 나누게 되었습니다.

① 반민족 행위 특별 조사 위원회가 설치되었다.
② 평화 통일론을 주장한 진보당의 조봉암이 처형되었다.
③ 비상 계엄이 선포된 가운데 발췌 개헌안이 통과되었다.
④ 미국의 극동 방위선을 규정한 애치슨 라인이 발표되었다.
⑤ 유상 매수, 유상 분배를 규정한 농지 개혁법이 제정되었다.

45

(가), (나) 헌법에 대한 설명으로 옳은 것은? [2점]

(가)
제39조 ① 대통령은 통일 주체 국민 회의에서 토론 없이 무기명 투표로 선거한다.
제47조 대통령의 임기는 6년으로 한다.
제59조 ① 대통령은 국회를 해산할 수 있다.

(나)
제39조 ① 대통령은 대통령 선거인단에서 무기명 투표로 선거한다.
③ 대통령 선거인단에서 재적 대통령 선거인 과반수의 찬성을 얻은 자를 대통령 당선자로 한다.
제45조 대통령의 임기는 7년으로 하며, 중임할 수 없다.

① (가) - 6·25 전쟁 중 부산에서 공포되었다.
② (가) - 대통령의 국회의원 1/3 추천 조항을 담고 있다.
③ (나) - 호헌 동지회 결성의 배경이 되었다.
④ (나) - 3·1 민주 구국 선언에 영향을 주었다.
⑤ (가), (나) - 6월 민주 항쟁 이후에 제정되었다.

46
(가) 시기에 있었던 사실로 옳은 것은? [1점]

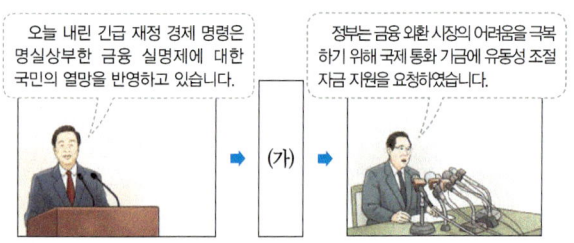

① 처음으로 수출액 100억 달러를 달성하였다.
② 미국과 자유 무역 협정(FTA)을 체결하였다.
③ 저유가·저금리·저달러의 3저 호황이 있었다.
④ 경제 협력 개발 기구(OECD) 회원국이 되었다.
⑤ 원조 물자를 가공하는 삼백 산업이 발달하였다.

47
밑줄 그은 '정부' 시기에 있었던 사실로 옳은 것은? [3점]

① 평창 동계 올림픽이 개최되었다.
② 전국 민주 노동조합 총연맹이 창립되었다.
③ 헝가리와 상주 대표부 설치 협정을 체결하였다.
④ 진실·화해를 위한 과거사 정리 기본법이 제정되었다.
⑤ 중학교 입시 제도가 폐지되고 무시험 추첨제가 실시되었다.

48
㉠~㉤에 대한 설명으로 적절하지 않은 것은? [2점]

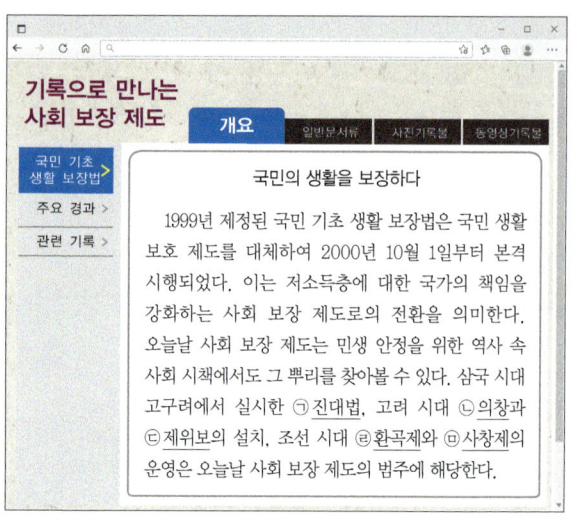

① ㉠ - 고국천왕이 시행하였다.
② ㉡ - 성종이 흑창을 확대 개편하여 설치하였다.
③ ㉢ - 기금을 모아 그 이자로 빈민을 구휼하였다.
④ ㉣ - 세도 정치기에 농민을 수탈하는 수단으로 변질되었다.
⑤ ㉤ - 구제도감을 두어 백성을 구호하였다.

49
다음 기사가 보도된 정부 시기의 사실로 옳은 것은? [2점]

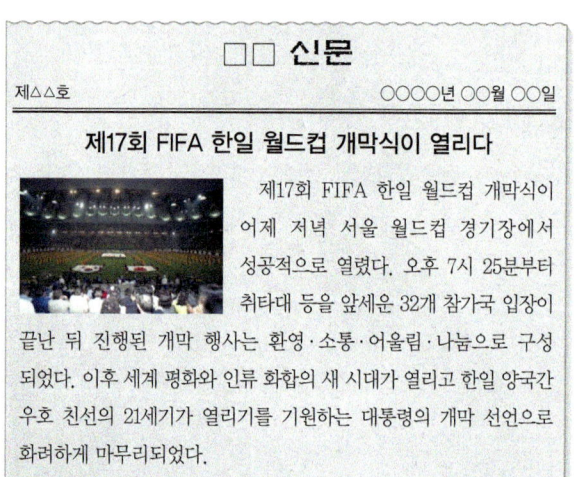

① 중앙정보부가 창설되었다.
② 국가 인권 위원회가 출범하였다.
③ 세계 무역 기구(WTO)에 가입하였다.
④ G20 정상 회의를 서울에서 개최하였다.
⑤ 37년 만에 야간 통행 금지가 해제되었다.

50

(가), (나) 지역에서 있었던 사실로 옳은 것을 <보기>에서 고른 것은? [2점]

달구벌 (가) 의 2·28 민주 운동을 기념하는 의미를 담은 228번 버스가 5·18 민주화 운동이 일어난 빛고을 (나) 에서 5월 18일부터 운행됩니다. 대한민국 민주주의의 역사를 공유하는 달구벌과 빛고을 두 도시가 열어갈 화합과 협력의 새로운 장이 주목됩니다.

보기

ㄱ. (가) - 김광제 등을 중심으로 국채 보상 운동이 시작되었다.
ㄴ. (가) - YH 무역 노동자들이 폐업에 항의하여 농성을 벌였다.
ㄷ. (나) - 한일 학생 간의 충돌을 계기로 민족 운동이 일어났다.
ㄹ. (나) - 3·15 부정 선거를 규탄한 김주열의 시신이 발견되었다.

① ㄱ, ㄴ
② ㄱ, ㄷ
③ ㄴ, ㄷ
④ ㄴ, ㄹ
⑤ ㄷ, ㄹ

2024년도 제69회 한국사능력검정시험 심화

|정답 및 해설| 290p

01

(가) 시대의 생활 모습으로 가장 적절한 것은? [1점]

초대합니다
수장고에서 찾아낸 유물 이야기

우리 박물관은 수장고의 유물을 선정하여 분기별로 특별 전시회를 개최하고 있습니다. 이번 전시회에서는 (가) 시대를 주제로 한 유물들이 전시될 예정입니다.

■ 대표 전시 유물

동삼동 패총 유적에서 출토된 빗살무늬 토기로 짧은 사선 무늬, 생선뼈무늬 등이 잘 드러납니다. 농경과 목축이 시작된 (가) 시대에 식량의 저장과 조리를 위해 이와 같은 토기가 제작되었습니다.

■ 기간: 2024.○○.○○.~○○.○○.
■ 장소: △△ 박물관 특별 전시실

① 반달 돌칼을 이용하여 벼를 수확하였다.
② 주로 동굴이나 강가의 막집에 거주하였다.
③ 가락바퀴와 뼈바늘로 옷을 만들어 입었다.
④ 많은 인력을 동원하여 고인돌을 축조하였다.
⑤ 주먹도끼, 찍개 등의 뗀석기를 처음 제작하였다.

02

밑줄 그은 '이 왕'의 업적으로 옳은 것은? [2점]

(이 비석은 원래 도선국사비, 무학대사비 등으로 알려져 있었지.)

(맞아. 그런데 조선 후기에 김정희가 금석과안록에서 이 왕이 건립한 순수비임을 고증하였어.)

① 관료전을 지급하고 녹읍을 폐지하였다.
② 인재 등용을 위해 독서삼품과를 실시하였다.
③ 이차돈의 순교를 계기로 불교를 공인하였다.
④ 지방관을 감찰하기 위해 외사정을 파견하였다.
⑤ 대아찬 거칠부에게 명하여 국사를 편찬하였다.

03

(가), (나) 나라에 대한 설명으로 옳은 것을 <보기>에서 고른 것은? [3점]

(가) 대군장이 없고, 그 관직으로는 후(侯)와 읍군과 삼로가 있다. …… 해마다 10월이면 하늘에 제사를 지내는데, 밤낮으로 술 마시며 노래 부르고 춤추니, 이를 무천이라 한다. 또 호랑이를 신으로 여겨 제사 지낸다.
— 『후한서』 동이열전 —

(나) 해마다 5월이면 씨뿌리기를 마치고 귀신에게 제사를 지낸다. 떼를 지어 모여서 노래와 춤을 즐기며 술 마시고 노는데 밤낮으로 쉬지 않는다. …… 국읍에 각각 한 사람씩을 세워서 천신의 제사를 주관하게 하는데, 이를 천군이라 부른다.
— 『삼국지』 위서 동이전 —

보기
ㄱ. (가) - 혼인 풍습으로 민며느리제가 있었다.
ㄴ. (가) - 읍락 간의 경계를 중시하는 책화가 있었다.
ㄷ. (나) - 신지, 읍차 등의 지배자가 있었다.
ㄹ. (나) - 여러 가(加)들이 별도로 사출도를 주관하였다.

① ㄱ, ㄴ ② ㄱ, ㄷ ③ ㄴ, ㄷ
④ ㄴ, ㄹ ⑤ ㄷ, ㄹ

04

(가)에 들어갈 내용으로 적절한 것은? [2점]

한국사 교양 강좌

우리 학회는 백제 웅진기의 역사를 주제로 교양 강좌를 운영하고 있습니다. 이번 달에는 백제 중흥의 기틀을 마련한 왕에 대한 강좌를 준비하였습니다.

제1강 - 동성왕을 시해한 백가를 처단하다
제2강 - 지방의 22담로에 왕족을 파견하다
제3강 - (가)
제4강 - 공주 왕릉원에 안장되다

■ 주최: □□학회
■ 일시: 2024년 2월 매주 수요일 19:00~21:00
■ 장소: ○○대학교 인문대학 대강의실

① 금마저에 미륵사를 창건하다
② 윤충을 보내 대야성을 함락하다
③ 평양성을 공격하여 고국원왕을 전사시키다
④ 진흥왕과 연합하여 한강 하류 지역을 수복하다
⑤ 사신을 보내 중국 남조의 양과 외교 관계를 강화하다

05

(가), (나) 사이의 시기에 있었던 사실로 옳은 것은? [2점]

> (가) 을지문덕이 우중문에게 시를 보내 이르기를, "신묘한 계책은 천문을 다 헤아렸고 기묘한 계획은 지리를 모두 통달하였도다. 싸움에 이겨 이미 공로가 드높으니 만족할 줄 알고 그치기를 바라노라."라고 하였다.
>
> (나) 안시성 사람들이 황제의 깃발과 일산을 멀리서 바라보고, 곧장 성에 올라가 북을 치고 소리를 질렀다. 황제가 화를 내자, 이세적은 성을 함락하는 날에 남자를 모두 구덩이에 묻어 죽이자고 청하였다. 안시성 사람들이 이를 듣고 더욱 굳게 지키니, 오래도록 공격하여도 함락되지 않았다.

① 관구검이 환도성을 공격하여 함락하였다.
② 계백이 이끄는 군대가 황산벌에서 항전하였다.
③ 연개소문이 정변을 일으켜 권력을 장악하였다.
④ 광개토 대왕이 신라에 침입한 왜를 격퇴하였다.
⑤ 미천왕이 낙랑군을 축출하여 영토를 확장하였다.

06

다음 설명에 해당하는 문화유산으로 옳은 것은? [2점]

07

(가)~(다)를 일어난 순서대로 옳게 나열한 것은? [3점]

> (가) 사찬 시득이 수군을 거느리고 소부리주 기벌포에서 설인귀와 싸웠으나 패배하였다. 다시 나아가 크고 작은 22번의 싸움에서 승리하고, 4천여 명의 목을 베었다.
>
> (나) 흑치상지가 도망하여 흩어진 무리들을 모으니, 열흘 사이에 따르는 자가 3만여 명이었다. …… 흑치상지가 별부장 사타상여를 데리고 험준한 곳에 웅거하여 복신과 호응하였다.
>
> (다) 검모잠이 국가를 다시 일으키기 위하여 당을 배반하고 보장왕의 외손 안승을 세워 임금으로 삼았다. 당 고종이 대장군 고간을 보내 행군총관으로 삼고 병력을 내어 그들을 토벌하니, 안승이 검모잠을 죽이고 신라로 달아났다.

① (가) – (나) – (다)   ② (가) – (다) – (나)
③ (나) – (가) – (다)   ④ (나) – (다) – (가)
⑤ (다) – (나) – (가)

08

(가) 국가의 경제 상황으로 옳은 것은? [2점]

① 경성과 경원에 무역소를 두었다.
② 수도에 서시와 남시를 설치하였다.
③ 주전도감에서 해동통보를 발행하였다.
④ 독점적 도매상인인 도고가 출현하였다.
⑤ 감자, 고구마 등을 구황 작물로 재배하였다.

09

(가) 국가에 대한 설명으로 옳은 것은? [2점]

> 명문(名文)으로 만나는 한국사
>
> …… 신이 삼가 (가) 의 원류를 살펴보건 대, 고구려가 멸망하기 이전에는 본디 이름도 없는 조그마한 부락에 불과하였는데, …… 걸사[비]우와 대조영 등이 측천무후가 임조(臨朝)할 즈음에 이르러, 영주에서 반란이 일어나자 그곳에서 도주하여 황구 (荒丘)를 차지하고 비로소 진국(振國)이라고 칭하 였습니다. ……
>
> [해설] 이 글은 최치원이 작성한 사불허북국거상표 (謝不許北國居上表)의 일부입니다. 이를 통해 북국으로 표현된 (가) 의 건국 과정 등을 파악할 수 있습니다.

① 정사암 회의에서 나라의 중대사를 결정하였다.
② 지방의 여러 성에 욕살, 처려근지 등을 두었다.
③ 도병마사에서 변경의 군사 문제 등을 논의하였다.
④ 서적 관리, 주요 문서 작성 등을 위해 문적원을 두었다.
⑤ 골품에 따라 관등 승진, 일상생활 등을 엄격히 제한 하였다.

10

(가) 왕에 대한 설명으로 옳은 것은? [1점]

이 불상은 충청남도 논산시에 있는 개태사지 석조 여래 삼존입상으로, 큼직한 손과 신체의 굴곡이 거의 드러나지 않는 원통형의 형태가 특징입니다. 개태사는 후삼국을 통일한 (가) 이/가 이를 기념하여 세운 사찰입니다.

① 관학 진흥을 위해 양현고를 설치하였다.
② 쌍기의 건의를 받아들여 과거제를 시행하였다.
③ 전국에 12목을 설치하고 지방관을 파견하였다.
④ 전시과 제도를 처음 마련하여 관리에게 토지를 지급 하였다.
⑤ 후대 왕들이 지켜야 할 정책 방향을 담은 훈요 10조 를 남겼다.

11

다음 검색창에 들어갈 지역에서 있었던 사실로 옳은 것은? [3점]

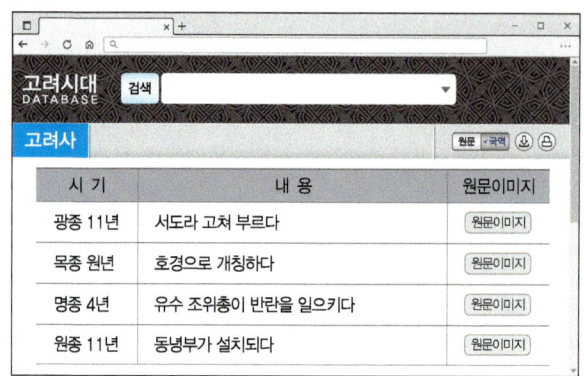

시기	내용
광종 11년	서도라 고쳐 부르다
목종 원년	호경으로 개칭하다
명종 4년	유수 조위총이 반란을 일으키다
원종 11년	동녕부가 설치되다

① 정몽주가 이방원 세력에게 피살되었다.
② 묘청이 반란을 일으키고 국호를 대위라 하였다.
③ 몽골의 침략으로 황룡사 구층 목탑이 소실되었다.
④ 흥덕사에서 금속 활자로 직지심체요절이 간행되었다.
⑤ 정서가 유배 중에 정과정이라는 고려 가요를 지었다.

12

다음 자료에 나타난 국가의 경제 상황으로 옳은 것은? [2점]

> ○ 이때에 은병을 화폐로 쓰기 시작하였다. 그 제도는 은 한 근으로 만들며 본국의 지형을 본뜨도록 하였다. 속칭 활 구라 하였다.
>
> ○ 도평의사사에서 방을 붙여 알리기를, "지금부터 은병 하 나를 쌀로 환산하여 개경에서는 15~16석, 지방에서는 18~19석의 비율로 하되, 경시서에서 그 해의 풍흉을 살 펴 그 값을 정할 것이다."라고 하였다.

① 솔빈부의 말을 특산물로 수출하였다.
② 서적점, 다점 등의 관영 상점을 운영하였다.
③ 청해진을 중심으로 해상 무역을 전개하였다.
④ 광산을 전문적으로 경영하는 덕대가 활동하였다.
⑤ 기유약조를 체결하여 일본과의 교역을 재개하였다.

13

(가)에 대한 고려의 대응으로 옳은 것은? [2점]

> 변방의 장수가 보고하기를, "(가) 이/가 매우 사나워 변방의 성을 침입하고 있습니다."라고 하였다. …… 드디어 출병하기로 의논을 정하여 윤관을 원수로 삼고 지추밀원사 오연총을 부원수로 삼았다. 윤관이 아뢰기를, "신이 일찍이 선왕의 밀지를 받들었고 지금 또 엄명을 받았으니, 어찌 감히 삼군을 통솔하여 (가) 의 보루를 깨뜨리고 우리의 강토를 개척하여 나라의 수치를 씻지 않겠습니까."라고 하였다.

① 광군을 창설하여 침입에 대비하였다.
② 박위를 파견하여 근거지를 토벌하였다.
③ 강화도로 도읍을 옮겨 장기 항전을 준비하였다.
④ 선물 받은 낙타를 만부교에서 굶어 죽게 하였다.
⑤ 동북 9성을 설치하고 경계를 알리는 비석을 세웠다.

14

다음 자료를 활용한 탐구 활동으로 가장 적절한 것은? [1점]

> ○ 남쪽에서 도적들이 봉기하였다. 가장 심한 자들은 운문을 거점으로 한 김사미와 초전을 거점으로 한 효심이었다. 이들은 유랑민을 불러 모아 주현을 습격하여 노략질하였다.
>
> ○ 원율 사람인 이연년이 백적도원수라 자칭하며 많은 사람을 불러 모아 여러 주군을 공격하여 노략질하니 최린이 지휘사 김경손과 함께 그들을 격파하였다.

① 노비안검법이 실시된 목적을 알아본다.
② 삼정이정청이 설치된 과정을 살펴본다.
③ 사심관 제도가 시행된 사례를 조사한다.
④ 집강소에서 추진한 개혁의 내용을 분석한다.
⑤ 무신 집권기 하층민의 반란이 발생한 배경을 파악한다.

15

다음 사건이 일어난 시기를 연표에서 옳게 고른 것은? [2점]

> 조일신이 전 찬성사 정천기 등과 함께 기철·기륜·기원·고용보 등을 제거할 것을 모의하고 그들을 체포하게 하였는데, 기원은 잡아서 목을 베고 나머지는 모두 도망갔다. 조일신이 그 무리를 거느리고 나아가서 왕이 있던 궁궐을 포위하고, 숙직하고 있던 판밀직사사 최덕림, 상호군 정환 등 여러 사람을 죽였다.

918	1009	1126	1198	1270	1392
(가)	(나)	(다)	(라)	(마)	
건국	강조의 정변	이자겸의 난	만적의 난	개경 환도	고려 멸망

① (가) ② (나) ③ (다) ④ (라) ⑤ (마)

16

밑줄 그은 '국가'의 문화유산으로 옳지 않은 것은? [2점]

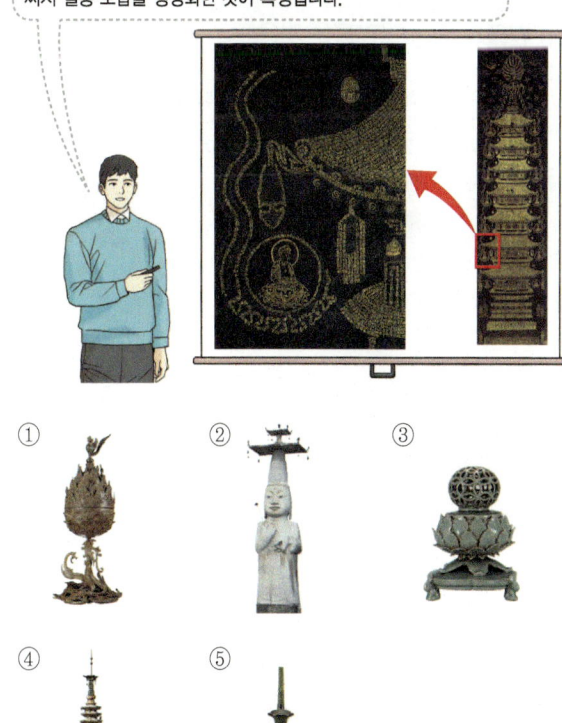

> 이것은 왕실의 종친인 신안공 왕전이 몽골의 침략을 받던 시기에 국가의 태평을 기원하며 발원한 법화경서탑도(法華經書塔圖)입니다. 감색 종이에 금가루 등으로 법화경 수만 자를 한 자씩 써서 칠층 보탑을 형상화한 것이 특징입니다.

17

(가), (나) 사이의 시기에 있었던 사실로 옳은 것은? [3점]

> (가) 살리타가 이첩(移牒)하기를, "황제께서 고려가 사신 저고여를 죽인 이유 등 몇 가지 일을 묻게 하셨다."라고 하면서 말 2만 필, 어린 남녀 수천 명, 자주색 비단 1만 필, 수달피 1만 장과 군사의 의복을 요구하였다.
> (나) 첨의부에서 아뢰기를, "제국 대장 공주의 겁령구*와 내료(內僚)들이 좋은 땅을 많이 차지하여 산천으로 경계를 정하고 사패(賜牌)**를 받아 조세를 납입하지 않으니, 청컨대 사패를 도로 거두소서."라고 하였다.
> *겁령구: 시종인
> **사패: 토지 등에 대한 권리를 인정해 주는 증서

① 신숭겸이 공산 전투에서 전사하였다.
② 최승로가 왕에게 시무 28조를 올렸다.
③ 김방경의 군대가 탐라에서 삼별초를 진압하였다.
④ 강감찬이 개경에 나성을 축조할 것을 건의하였다.
⑤ 경대승이 정중부 등을 제거하고 권력을 장악하였다.

18

(가) 인물의 활동으로 옳은 것은? [2점]

> 이것은 명의 철령위 설치에 반발하여 팔도도통사로서 요동 정벌을 추진하였던 (가) 의 초상입니다. 그는 요동 정벌에 반대한 이성계가 위화도 회군으로 정권을 장악하면서 죽임을 당하였습니다.

① 홍산 전투에서 왜구를 물리쳤다.
② 화통도감의 설치를 건의하였다.
③ 정변을 일으켜 목종을 폐위하였다.
④ 의종 복위를 도모하여 군사를 일으켰다.
⑤ 교정별감이 되어 국정 전반을 장악하였다.

19

밑줄 그은 '대책'에 대한 탐구 활동으로 가장 적절한 것은? [2점]

> 양역(良役)의 편중됨이 실로 양민의 뼈를 깎아 지탱하지 못하는 폐단이 됩니다. 전하께서 이를 불쌍하게 여겨 2필의 역을 특별히 1필로 감하였으니, 이는 천지와 같은 큰 은덕이요 죽은 사람을 살려 주는 은혜입니다. …… 그러나 이미 포를 감하였으니 마땅히 그 대신할 것을 보충해야 하나 나라의 재원은 한정이 있습니다. …… 이에 신들은 감히 눈앞의 한때 일을 다행으로 여기지 않고 좋은 대책을 찾아 반드시 오래도록 이어지게 하겠습니다.

① 공인이 등장하게 된 배경을 살펴본다.
② 당백전 발행이 끼친 영향을 파악한다.
③ 선무군관포를 징수한 목적을 찾아본다.
④ 토산물을 쌀, 동전 등으로 납부하게 한 원인을 조사한다.
⑤ 전세를 풍흉에 따라 9등급으로 차등 부과한 이유를 알아본다.

20

(가) 기구에 대한 설명으로 옳은 것은? [2점]

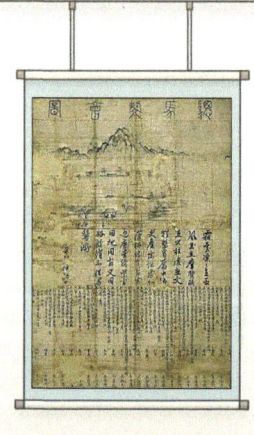

> **총마계회도(驄馬契會圖)**
> 총마들의 모임을 기념하기 위해 그린 그림으로, 총마는 감찰의 별칭이다. 감찰은 대사헌을 수장으로 하는 (가) 의 관원으로, 관리의 위법 사항을 규찰하였다. 그림에는 계회 장소의 모습과 함께 왕이 내린 시문, 참석자 명단 등이 담겨 있다.

① 수도의 행정과 치안을 담당하였다.
② 왕명 출납을 맡은 왕의 비서 기관이었다.
③ 왕에게 경서 등을 강론하는 경연을 주관하였다.
④ 역사서를 편찬하고 사고에 보관하는 일을 맡았다.
⑤ 5품 이하 관리의 임명 과정에서 서경권을 행사하였다.

21

(가)에 들어갈 내용으로 가장 적절한 것은? [2점]

이곳은 경기도 용인시에 있는 심곡 서원입니다. 반정 공신의 위훈 삭제 등 개혁을 추진하다가 사사된 인물의 학문과 덕행을 추모하기 위해 세워졌습니다. 이 인물에 대해 알고 있는 내용을 대화창에 올려주세요.

호는 정암으로, 소격서 폐지에 앞장섰어요.
(가)

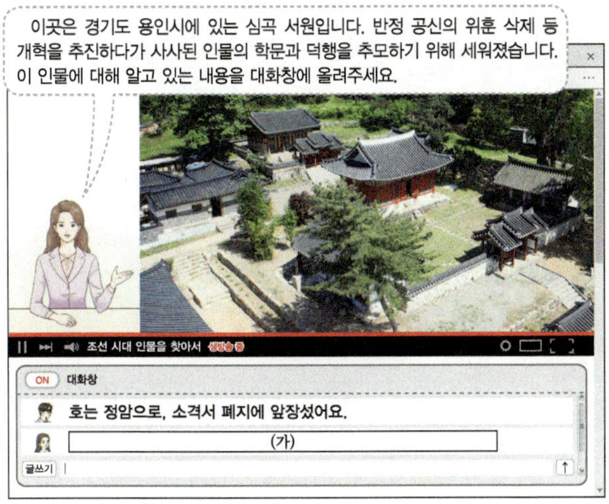

① 성학집요를 지어서 임금에게 바쳤어요.
② 김종직의 조의제문을 사초에 포함시켰어요.
③ 최초의 서원인 백운동 서원을 건립하였어요.
④ 소학의 보급과 현량과 실시를 주장하였어요.
⑤ 재상 중심의 정치를 강조한 조선경국전을 저술하였어요.

22

밑줄 그은 '이 왕'이 추진한 정책으로 옳은 것은? [2점]

- 역사적 평가가 엇갈리는 이 왕에 대한 생각을 말해보자.
- 동생 영창 대군을 죽이고 어머니 인목 대비를 폐위한 것은 비난받을 행동이었어.
- 후금과의 관계 악화를 피하려 한 외교 정책은 국가의 안정을 도모한 적절한 선택이었다고 생각해.

① 6조 직계제를 처음으로 실시하였다.
② 학문 연구 기관으로 집현전을 두었다.
③ 전란의 피해를 복구하고 동의보감을 간행하였다.
④ 역대 문물 제도를 정리한 동국문헌비고를 편찬하였다.
⑤ 시전 상인의 특권을 축소하는 신해통공을 단행하였다.

23

밑줄 그은 '이 전쟁'의 영향으로 가장 적절한 것은? [2점]

사료로 만나는 한국사

신풍부원군 장유가 예조에 단자를 올리기를 "외아들이 있는데 강도(江都)의 변 때 그의 처가 잡혀갔다가 속환되어 지금은 친정 부모집에 가 있습니다. 그대로 배필로 삼아 함께 조상의 제사를 받들 수 없으니, 새로 장가들도록 허락해 주십시오." 라고 하였다.

위 사료는 <u>이 전쟁</u> 중 강화도가 함락되면서 적국으로 끌려갔다 돌아온 며느리를 아들과 이혼하게 해달라는 내용의 글이다. 국왕이 삼전도에서 항복하며 종결된 <u>이 전쟁</u>으로 많은 사람들이 포로로 끌려갔다. 여성들은 살아 돌아오더라도 절개를 잃었다는 이유로 억울하게 이혼을 당하기도 하였다.

① 이완 등을 중심으로 북벌이 추진되었다.
② 김종서가 두만강 일대에 6진을 개척하였다.
③ 이종무가 적의 근거지인 쓰시마섬을 정벌하였다.
④ 강홍립이 이끄는 부대가 사르후 전투에 참전하였다.
⑤ 국방 문제를 논의하기 위해 비변사가 처음으로 설치되었다.

24

(가) 왕의 재위 시기에 있었던 사실로 옳은 것은? [2점]

만약 그 자신이 죽고 아내에게 전지가 전해지면 수신전이라 하였고, 부부가 모두 죽고 아들에게 전해지면 휼양전이라 일컬었으며, 만약 그 아들이 관직에 제수된다면 그대로 그 전지를 주고 과전이라 하였다. …… (가) 이/가 이 제도를 폐지하고 현직 관리에게 전지를 주고 직전이라 하였다.

① 불교 경전을 간행하는 간경도감이 설치되었다.
② 음악 이론 등을 집대성한 악학궤범이 완성되었다.
③ 세계 지도인 혼일강리역대국도지도가 제작되었다.
④ 신하를 재교육하기 위한 초계문신제가 실시되었다.
⑤ 삼남 지방의 농법을 소개한 농사직설이 편찬되었다.

25

(가) 지역에서 있었던 사실로 옳은 것은? [2점]

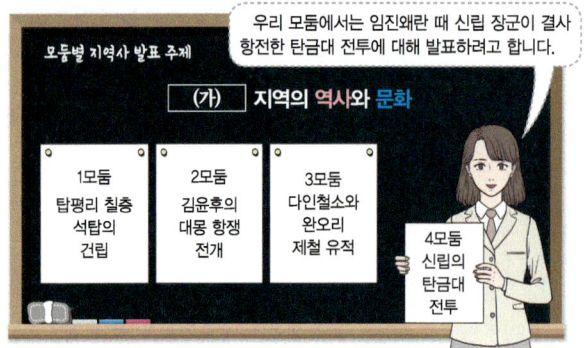

① 제1차 미소 공동 위원회가 개최되었다.
② 명 신종을 기리는 만동묘가 건립되었다.
③ 강주룡이 을밀대 지붕에서 고공 농성을 벌였다.
④ 고구려비가 남한 지역에서 유일하게 발견되었다.
⑤ 박재혁이 경찰서에서 폭탄을 터뜨리는 의거를 일으켰다.

26

(가) 시기에 있었던 사실로 옳은 것은? [3점]

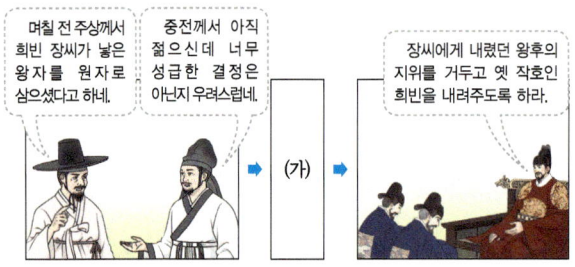

① 무신 이징옥이 반란을 일으켰다.
② 송시열이 유배된 후 사사되었다.
③ 자의 대비의 복상 문제로 예송이 일어났다.
④ 정여립 모반 사건을 빌미로 기축옥사가 발생하였다.
⑤ 붕당 정치의 폐해를 막기 위해 탕평비가 건립되었다.

27

(가) 인물에 대한 설명으로 옳은 것은? [2점]

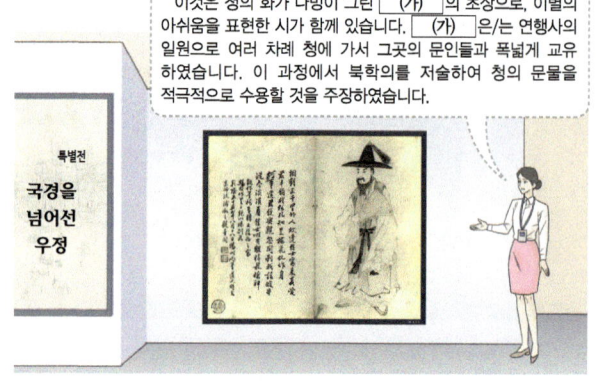

① 세계 지리서인 지구전요를 저술하였다.
② 의산문답에서 무한 우주론을 주장하였다.
③ 기기도설을 참고하여 거중기를 설계하였다.
④ 서자 출신으로 규장각 검서관에 기용되었다.
⑤ 양반전을 지어 양반의 허례와 무능을 풍자하였다.

28

다음 가상 대화가 이루어진 시기의 사회 모습으로 가장 적절한 것은? [1점]

① 빈민 구제를 위해 흑창이 설치되었다.
② 원종과 애노가 사벌주에서 봉기하였다.
③ 홍건적의 침입으로 개경이 함락되었다.
④ 지배층을 중심으로 변발과 호복이 유행하였다.
⑤ 안동 김씨 등의 세도 정치로 매관매직이 성행하였다.

29
(가) 사건에 대한 설명으로 옳은 것은? [1점]

대한민국 방방곡곡 - 전등사
한국사 채널   조회수 82,461

전등사는 강화도 정족산성 안에 위치한 사찰로 대웅전, 약사전 등 많은 문화유산을 보유하고 있다. 사찰 내에는 조선왕조실록을 보관하였던 정족산 사고가 복원되어 있다. 뿐만 아니라 (가) 때 프랑스군을 물리친 양헌수 장군의 승전비도 있다.

① 운요호 사건을 빌미로 일어났다.
② 왕이 공산성으로 피란하는 계기가 되었다.
③ 전개 과정에서 외규장각 도서가 약탈당하였다.
④ 사태 수습을 위해 이용태가 안핵사로 파견되었다.
⑤ 황사영이 외국 군대의 출병을 요청하는 원인이 되었다.

30
다음 자료에 나타난 사건의 영향으로 가장 적절한 것은? [2점]

> 이때 세금을 부과하는 직책의 신하들이 제물을 거두어 들여 자기 배만 채우면서 각영(各營)에 소속된 군인들의 봉급은 몇 달 동안 나누어 주지 않았다. 그리하여 훈국(訓局)의 군사가 맨 먼저 난을 일으키고, 각영의 군사가 잇달아 일어났다. 이들은 이최응, 민겸호, 김보현, 민창식을 죽였고 또 중전을 시해하려 하였다. 중전은 장호원으로 피하였다.

① 강화도 조약이 체결되었다.
② 김기수가 수신사로 일본에 파견되었다.
③ 종로와 전국 각지에 척화비가 세워졌다.
④ 일본 공사관 경비 명목으로 일본군이 주둔하였다.
⑤ 통리기무아문을 설치하고 그 아래에 12사를 두었다.

31
(가)에 들어갈 내용으로 적절한 것은? [2점]

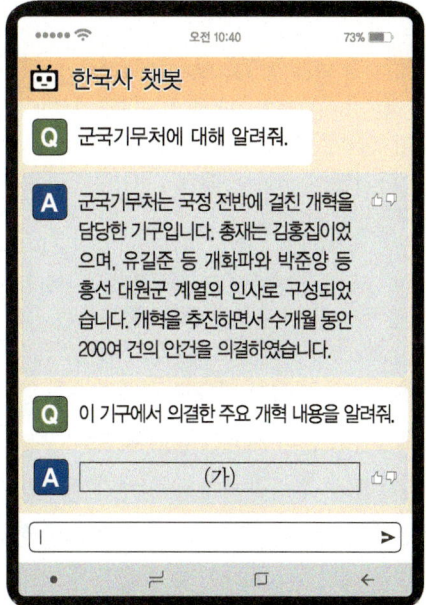

한국사 챗봇

Q 군국기무처에 대해 알려줘.

A 군국기무처는 국정 전반에 걸친 개혁을 담당한 기구입니다. 총재는 김홍집이었으며, 유길준 등 개화파와 박준양 등 흥선 대원군 계열의 인사로 구성되었습니다. 개혁을 추진하면서 수개월 동안 200여 건의 안건을 의결하였습니다.

Q 이 기구에서 의결한 주요 개혁 내용을 알려줘.

A (가)

① 공사 노비법을 혁파하였습니다.
② 5군영을 2영으로 통합하였습니다.
③ 건양이라는 연호를 제정하였습니다.
④ 한성 사범 학교 관제를 반포하였습니다.
⑤ 지계아문을 설치하여 지계를 발급하였습니다.

32
(가) 단체에 대한 설명으로 옳은 것은? [2점]

> 신들은 나라가 나라일 수 있는 조건은 두 가지가 있다고 생각합니다. 첫째는 자립하여 다른 나라에 의지하지 않는 것이며, 둘째는 자수(自修)하여 나라 안에 정법(政法)을 행하는 것입니다. 이 두 가지는 하늘이 우리 폐하께 부여해 준 하나의 큰 권한으로서, 이 권한이 없으면 나라가 없는 것입니다. 그래서 신 등은 (가) 을/를 설립하여 독립문을 세우고 위로는 황상의 지위를 높이며, 아래로는 인민의 뜻을 확고히 함으로써 억만년 무궁한 기초를 확립하고자 하였던 것입니다.

① 만세보를 발행하여 민중 계몽에 힘썼다.
② 일본의 황무지 개간권 요구를 저지하였다.
③ 일제가 조작한 105인 사건으로 와해되었다.
④ 중추원 개편을 통해 의회 설립을 추진하였다.
⑤ 독립운동 자금 마련을 위해 독립 공채를 발행하였다.

33

다음 자료에 나타난 민족 운동에 대한 설명으로 옳은 것은? [1점]

> 거액의 외채 1,300만 원을 해마다 미루다가 갚지 못할 지경에 이른다면 나라를 보존하기 어려울 것이니, 나라를 보존하지 못하면, 아! 우리 동포는 장차 무엇에 의지하겠습니까? …… 근래에 신문을 접하니, 영남에서 시작하여 서울에 이르기까지 담배를 끊어 나라의 빚을 갚자는 논의가 시작되었고, 발기한 지 며칠이 되지 않아 의견금을 내는 자들이 날마다 이른다 하니, 우리 백성들이 임금에게 충성하고 나라를 사랑하는 마음을 통쾌하게 볼 수 있습니다.

① 조선 총독부의 탄압과 방해로 실패하였다.
② 대한매일신보 등의 지원을 받아 확산되었다.
③ 대한민국 임시 정부가 수립되는 계기가 되었다.
④ 백정에 대한 사회적 차별 철폐를 목적으로 하였다.
⑤ 조선 민립 대학 기성회에서 모금 활동을 전개하였다.

34

다음 대화에 나타난 사건 이후의 사실로 옳은 것은? [3점]

① 신식 군대인 별기군이 창설되었다.
② 묄렌도르프가 외교 고문으로 파견되었다.
③ 초대 통감으로 이토 히로부미가 부임하였다.
④ 기유각서가 체결되어 사법권을 박탈당하였다.
⑤ 관민 공동회가 개최되어 헌의 6조를 결의하였다.

35

밑줄 그은 '이 운동'에 대한 설명으로 옳은 것을 〈보기〉에서 고른 것은? [2점]

광고로 보는 역사

[해설] 이것은 경성 방직 주식회사의 광목 광고이다. 조선인 기업이 만든 상품의 사용을 장려하고자 전개된 이 운동 당시의 상황을 반영하여 '조선 사람의 자본과 기술로 된 광목'이라는 문구가 광고에 사용되었다.

보 기
ㄱ. 회사령 폐지 등이 배경이 되었다.
ㄴ. 황국 중앙 총상회의 주도하에 전개되었다.
ㄷ. 평양에서 시작되어 전국적으로 확산되었다.
ㄹ. 대동 상회 등 근대적 상회사가 설립되는 계기가 되었다.

① ㄱ, ㄴ ② ㄱ, ㄷ ③ ㄴ, ㄷ ④ ㄴ, ㄹ ⑤ ㄷ, ㄹ

36

(가) 단체에 대한 설명으로 옳은 것은? [2점]

이달의 독립운동가

황상규

경상남도 밀양 출생이다. 1918년 만주로 망명하였으며 김동삼, 김좌진, 안창호 등과 대한 독립 선언서를 발표하였다. 1919년 11월 김원봉 등과 (가) 을/를 조직하여 일제 기관의 파괴와 조선 총독 이하의 관리 및 매국노의 암살 등을 꾀하였다. 1920년에 국내로 폭탄을 들여와 의거를 준비하던 중 발각되어 7년의 징역형을 선고받았다. 1963년 건국훈장 독립장이 추서되었다.

① 조선 혁명 선언을 활동 지침으로 삼았다.
② 삼균주의를 기초로 한 건국 강령을 발표하였다.
③ 잡지 개벽 등을 발행하여 민족 의식을 고취하였다.
④ 홍커우 공원에서 일어난 윤봉길 의거를 계획하였다.
⑤ 조선 총독부에 국권 반환 요구서를 제출하려 하였다.

37

(가)~(다)를 발표된 순서대로 옳게 나열한 것은? [3점]

(가) 우리들 민중의 통곡과 복상이 결코 이척[순종]의 죽음에 있지 않다는 것을 민중 각자의 마음속에 그것을 명백히 말해주고 있다. 우리들의 비애와 통렬한 애도는 경술년 8월 29일 이래 쌓이고 쌓인 슬픔이다. …… 금일의 통곡·복상의 충성과 의분을 돌려 우리들의 해방 투쟁에 바치자!
(나) 조선 민족의 정치적 의식이 발달함에 따라 민족적 중심 단결을 요구하는 시기를 맞이하여 민족주의를 표방한 신간회가 발기인의 연명으로 3개 조의 강령을 발표하였다. ……
 1. 우리는 정치적·경제적 각성을 촉진함
 1. 우리는 단결을 공고히 함
 1. 우리는 기회주의를 일체 부인함
(다) 우리 2천만 생령(生靈)을 사랑하고 조국을 사랑하는 광주 학생 남녀 수십 명이 중상을 입었다. 고뇌하는 청년 학생 2백 명이 불법으로 철창 속에 갇혀 있다. …… 우리들은 광주 학생의 석방을 요구하는 동시에 참을 수 없는 피눈물로 시위 대열에 나가는 것이다.

① (가) - (나) - (다) ② (가) - (다) - (나)
③ (나) - (가) - (다) ④ (나) - (다) - (가)
⑤ (다) - (나) - (가)

38

밑줄 그은 '시기'에 볼 수 있는 모습으로 가장 적절한 것은? [1점]

이곳은 전라남도 여수시 거문도에 있는 해안 동굴 진지입니다. 국가 총동원법이 시행되던 시기에 일제는 이와 같은 군사 시설물을 거문도를 비롯한 각지에 구축하였습니다.

① 태형을 집행하는 헌병 경찰
② 원산 총파업에 참여하는 노동자
③ 황국 신민 서사를 암송하는 학생
④ 경성 제국 대학 설립을 추진하는 관리
⑤ 서울 진공 작전에 참여하는 13도 창의군 의병

39

(가), (나) 법령이 발표된 사이의 시기에 있었던 사실로 옳은 것은? [3점]

(가) 제1조 신한공사를 조선 정부에서 독립한 기관으로써 창립함. 공사는 군정장관 또는 그의 수임자가 후임자를 임명할 때까지 10명의 직무를 집행하는 취체역이 관리함.
 제4조 …… 동양 척식 주식회사가 소유하던 조선 내 법인의 일본인 재산은 전부 신한공사에 귀속됨.
(나) 제4조 본법 시행에 관한 사무는 농림부 장관이 관장한다.
 제12조 농지의 분배는 농지의 종목, 등급 및 농가의 능력 등에 기준한 점수제에 의거하되 1가당 총경영 면적 3정보를 초과하지 못한다.
 제13조 분배받은 농지에 대한 상환액 및 상환 방법은 다음에 의한다.
  1. 상환액은 해당 농지의 주생산물 생산량의 12할 5푼을 5년간 납입케 한다.

① 조선 건국 동맹이 결성되었다.
② 한미 상호 방위 조약이 체결되었다.
③ 조선 사상범 예방 구금령이 공포되었다.
④ 5·10 총선거로 제헌 국회가 구성되었다.
⑤ 정부에 비판적인 경향신문이 폐간되었다.

40

다음 가상 인터뷰의 주인공에 대한 설명으로 옳은 것은? [2점]

며칠 전 경성에서 조선사회경제사 출판 축하회가 있었습니다. 저자로서 책에 대한 소개를 부탁드립니다.

저는 우리 역사의 전개 과정을 세계사의 보편적인 발전 법칙에 따라 네 단계로 나누어 파악하였습니다. 이 책에서는 그 중 원시 씨족 사회와 삼국 정립기의 노예제 사회에 대해 서술하였습니다.

① 진단 학회를 조직하였다.
② 한국독립운동지혈사를 저술하였다.
③ 식민 사학의 정체성론을 반박하였다.
④ 우리말 큰 사전 편찬 사업을 추진하였다.
⑤ 민족의 얼을 강조하고 조선학 운동을 주도하였다.

41

(가) 부대에 대한 설명으로 옳은 것은? [2점]

> 한국 독립운동을 촉진하고 한국 혁명 역량을 집중하기 위해 이번 달 15일 중국 국민당 군사 위원회는 조선 의용대를 개편하여 (가) 에 편입할 것을 특별히 명령하였다. 제1지대는 총사령에게 직속되어 이(지)청천 장군이 통할한다. …… (가) 의 총사령부는 충칭에 설치하기로 결정하였다.

① 자유시 참변으로 세력이 약화되었다.
② 영릉가 전투에서 일본군에 승리하였다.
③ 쌍성보 전투에서 한중 연합 작전을 전개하였다.
④ 국내 정진군을 편성하여 국내 진공 작전을 추진하였다.
⑤ 홍범도 부대와 연합하여 청산리에서 일본군을 격퇴하였다.

42

밑줄 그은 '전쟁' 중에 있었던 사실로 옳은 것은? [1점]

> 이 비석은 북한군의 남침으로 시작된 전쟁 중 벌어진 장진호 전투를 기념하기 위해 미국 버지니아주에 세워진 것입니다. 장진호 전투는 북한을 돕기 위해 참전한 중국군을 상대로 유엔군 등이 벌인 주요 전투 중 하나였습니다.

① 애치슨라인이 발표되었다.
② 가쓰라·태프트 밀약이 체결되었다.
③ 모스크바 3국 외상 회의가 개최되었다.
④ 흥남에서 대규모 철수 작전이 전개되었다.
⑤ 김구, 김규식 등이 남북 협상에 참여하였다.

43

다음 성명을 발표한 정부 시기에 볼 수 있는 모습으로 적절한 것은? [2점]

> 내각 책임제 속에서 행정부에 맡겨진 책무를 유감없이 수행하기 위해 무엇보다 먼저 행정부 내의 기강 확립에 주안점을 두지 않아서는 안 될 것입니다. …… 부정 선거 원흉의 처단은 이미 공소 제기와 구형을 한 터이므로 법원의 엄정한 판결이 있을 것을 기대하는 바입니다.

① 국민 교육 헌장을 읽고 있는 학생
② 서울 올림픽 대회에 참가하는 선수
③ 개성 공단 착공식을 취재하는 기자
④ 함평 고구마 피해 보상 투쟁에 참여하는 농민
⑤ 민의원에서 통과된 법안을 심의하는 참의원 의원

44

밑줄 그은 '개헌' 이후에 있었던 사실로 옳은 것은? [2점]

> **대한 변호사 협회장의 성명**
>
> 이번 개헌 안건의 의결에 있어서 찬성표 수가 135이고 재적의원 수가 203인 것은 변하지 않는 수이다. 그러면 재적 인수의 3분의 2는 135.333이니 이 선에 도달하려면 동일한 표수가 있어야 될 것이다. …… 찬성표가 재적인 수에 도달하거나 또는 정족수 이상 되어야 하거늘 0.333에 도달하지 못하니 그것을 사사오입이라는 구실로 떼어버리고 정족수인 3분의 2와 동일한 수라고 하는 것은 헌법 위반이 되는 것이므로 법조인으로서 이를 이해하기 곤란하다.

① 여수·순천 10·19사건이 일어났다.
② 진보당의 당수였던 조봉암이 처형되었다.
③ 반민족 행위 특별 조사 위원회가 설치되었다.
④ 국회 프락치 사건으로 일부 국회의원이 체포되었다.
⑤ 여운형 등의 주도로 좌우 합작 위원회가 구성되었다.

45

(가) 헌법이 시행된 시기의 사실로 옳은 것은? [2점]

사진은 인민혁명당 재건위 사건 재판 당시의 모습입니다. 이 사건은 (가) 헌법에 의거하여 발동한 긴급조치 제4호 등으로 정부에 비판적인 인물들을 반국가 세력으로 몰아 처벌한 것입니다. 당시 사형을 당한 8명은 2007년에 열린 재심 공판에서 무죄를 선고 받았습니다.

① 김주열이 최루탄을 맞고 사망하였다.
② 부천 경찰서 성 고문 사건이 발생하였다.
③ 개헌 청원 백만인 서명 운동이 전개되었다.
④ 국민 보도 연맹원에 대한 학살이 자행되었다.
⑤ 민주화 시위 도중 대학생 강경대가 희생되었다.

46

(가) 정부 시기의 경제 상황으로 옳은 것은? [1점]

사진으로 보는 (가) 정부
- 경부 고속 도로 개통
- 포항 제철소 1기 준공

① 제3차 경제 개발 5개년 계획을 추진하였다.
② 미국과 자유 무역 협정(FTA)을 체결하였다.
③ 대통령 긴급 명령으로 금융 실명제를 실시하였다.
④ 국제 통화 기금(IMF)의 구제 금융 지원금을 조기 상환하였다.
⑤ 저임금 노동자의 생활 안정을 위해 최저 임금법을 제정하였다.

[47~48] 다음을 읽고 물음에 답하시오.

(가) 여덟째는 적금서당이다. 왕 6년에 보덕국 사람들로 당을 만들었다. 금장의 색은 적흑이다. 아홉째는 청금서당이다. …… 금장의 색은 청백이다.

(나) 응양군, 1령(領)으로 군에는 정3품의 상장군 1인과 종3품의 대장군 1인을 두었으며, …… 정8품의 산원 3인, 정9품의 위 20인, 대정은 40인을 두었다.

(다) 무위영, 절목계하본(節目啓下本)에 의하여 낭청 1명을 훈련도감의 예에 따라 문신으로 추천하여 군색종사관으로 칭하고 …… 중군은 포장·장어영 중군을 거친 자로 추천하여 금군별장이라 칭한다.

(라) 별대와 정초군의 군병을 합하여 한 영(營)의 제도를 만들어 본영은 금위영이라 칭하고, 군병은 금위별대라 칭한다.

47

(가)~(라) 군사 조직을 만들어진 순서대로 옳게 나열한 것은? [3점]

① (가) – (나) – (다) – (라)
② (가) – (나) – (라) – (다)
③ (나) – (가) – (라) – (다)
④ (나) – (다) – (가) – (라)
⑤ (다) – (라) – (나) – (가)

48

밑줄 그은 '왕'의 업적으로 옳은 것은? [2점]

① 김흠돌의 난을 진압하였다.
② 병부와 상대등을 설치하였다.
③ 나선 정벌에 조총 부대를 파견하였다.
④ 정계와 계백료서를 지어 관리의 규범을 제시하였다.
⑤ 쌍성총관부를 공격하여 철령 이북의 땅을 수복하였다.

49

(가) 민주화 운동에 대한 설명으로 옳은 것은? [1점]

이곳은 옛 전남도청 본관으로 (가) 당시 시민군이 계엄군에 항쟁한 장소입니다. 정부는 본관을 포함한 옛 전남도청을 복원하여 (가) 의 의미를 기억하고 추모하는 공간으로 되살리겠다고 하였습니다. 건물 내부에는 당시 상황을 알 수 있는 실물 또는 가상 콘텐츠 공간 등이 조성될 예정입니다.

① 3·1 민주 구국 선언을 발표하였다.
② 시위 도중 대학생 이한열이 희생되었다.
③ 호헌 철폐, 독재 타도 등의 구호를 외쳤다.
④ 허정 과도 정부가 출범하는 계기가 되었다.
⑤ 관련 기록물이 유네스코 세계 기록 유산으로 등재되었다.

50

다음 뉴스가 보도된 정부 시기에 있었던 사실로 옳은 것은? [3점]

오늘 수방사령관과 특전사령관이 해임되었습니다. 지난달 육군참모총장과 기무사령관이 교체된 이후 불과 한 달여 만에 단행된 인사 조치입니다. 군 내부의 사조직을 해체하려는 문민정부의 의지가 반영된 것으로 보입니다.

① 굴욕적인 대일 외교에 반대하는 6·3 시위가 일어났다.
② 북방 외교를 추진하여 사회주의 국가인 소련과 수교하였다.
③ 통일 방안을 논의하기 위해 남북 조절 위원회를 설치하였다.
④ 경제적 취약 계층을 위한 국민 기초 생활 보장법을 시행하였다.
⑤ 역사 바로 세우기를 내세우며 옛 조선 총독부 건물을 철거하였다.

한국사능력검정시험 심화 | 1·2·3급

한국사능력검정시험
2023년도 기출문제

68회
67회
66회
65회
64회
63회

2023년도 제68회 한국사능력검정시험

심화

|정답 및 해설| 303p

01

(가) 시대의 생활 모습에 대한 설명으로 옳은 것은? [1점]

사진으로 만나는 고창 고인돌 유적

우리 박물관에서는 2000년 유네스코 세계유산으로 등재된 고창 고인돌 유적을 소개하는 특별전을 마련하였습니다. 고인돌은 계급이 발생한 (가) 시대를 대표하는 무덤입니다. 사진을 통해 다양한 고인돌의 형태를 살펴보시기 바랍니다.

■ 기간: 2023년 ○○월 ○○일~○○월 ○○일
■ 장소: ▲▲박물관 기획 전시실

① 반달 돌칼로 벼를 수확하였다.
② 소를 이용하여 깊이갈이를 하였다.
③ 주로 동굴이나 강가의 막집에서 살았다.
④ 오수전, 화천 등의 중국 화폐로 교역하였다.
⑤ 옷을 만들 때 가락바퀴와 뼈바늘을 이용하기 시작하였다.

02

(가)에 들어갈 내용으로 가장 적절한 것은? [2점]

#8. 궁궐 안
손자와 대화하며 과거를 회상하는 장면

손자: 할아버지, 어떻게 왕이 되셨나요?
왕: 이 땅에 들어와서 처음에는 국경 수비를 맡았다가 준왕을 몰아내고 왕이 되었지.
손자: 또 무슨 일을 하셨어요?
왕: 왕검성을 중심으로 기반을 정비하고 백성을 받아들여 나라의 내실을 다졌단다. 그리고 (가)

① 율령을 반포하여 체제를 정비하였단다.
② 화랑도를 국가적인 조직으로 개편하였단다.
③ 내신 좌평 등 여섯 명의 좌평을 거느렸단다.
④ 진번과 임둔을 복속하여 영토를 확대하였단다.
⑤ 지방의 여러 성에 욕살, 처려근지 등을 두었단다.

03

다음 자료에 해당하는 나라에 대한 설명으로 옳은 것은? [2점]

○ 산릉과 넓은 못[澤]이 많아서 동이 지역에서는 가장 넓고 평탄한 곳이다. …… 사람들은 체격이 크고 성품은 굳세고 용감하며, 근엄·후덕하여 다른 나라를 쳐들어가거나 노략질하지 않는다.

○ 은력(殷曆) 정월에 지내는 제천 행사는 국중 대회로 날마다 마시고 먹고 노래하고 춤추는데, 그 이름을 영고라 했다.
— 『삼국지』 위서 동이전 —

① 신성 지역인 소도가 존재하였다.
② 혼인 풍습으로 민며느리제가 있었다.
③ 여러 가(加)들이 각각 사출도를 주관하였다.
④ 특산물로 단궁, 과하마, 반어피가 유명하였다.
⑤ 왕 아래 상가, 대로, 패자 등의 관직이 있었다.

04

(가)~(마) 문화유산에 대한 설명으로 적절하지 않은 것은? [2점]

답사 계획서

◆ 주제: 백제 왕들의 흔적을 찾아서
◆ 기간: 2023년 ○○월 ○○일~○○일
◆ 답사 지역 및 일정 안내

(가) 공산성
(나) 무령왕릉
1일차
(다) 부소산성
(라) 능산리 고분군
2일차
(마) 왕궁리 유적
3일차

① (가) - 웅진성이라 불리기도 하였다.
② (나) - 중국 남조의 영향을 받았다.
③ (다) - 성왕이 전사한 곳이다.
④ (라) - 사신도 벽화가 남아 있는 무덤이 발견되었다.
⑤ (마) - 수부(首府)라는 글자가 새겨진 기와가 출토되었다.

05

(가), (나) 사이의 시기에 있었던 사실로 옳은 것은? [3점]

> (가) 겨울에 왕이 장차 백제를 쳐서 대야성에서의 싸움을 되갚으려고 이찬 김춘추를 고구려에 보내서 군사를 청하였다. 대야성 전투에서 패하였을 때 도독인 품석의 아내도 죽었는데, 바로 춘추의 딸이었다.
>
> (나) 춘추가 무릎을 꿇고 아뢰기를, "…… 만약 폐하께서 천조(天朝)의 군사를 빌려주시어 흉악한 무리를 없애주지 않으신다면 저희 백성은 모두 포로가 될 것이니, 그렇다면 산 넘고 바다 건너 행하는 술직(述職)*도 다시는 바랄 수 없을 것입니다."라고 하였다. 당 태종이 매우 옳다고 여겨서 군사의 출정을 허락하였다.
>
> *술직: 제후가 입조하여 천자에게 맡은 직무를 아뢰는 것
>
> - 『삼국사기』 -

① 문무왕이 안승을 보덕국왕으로 봉하였다.
② 안시성의 군사와 백성들이 당군을 물리쳤다.
③ 복신과 도침이 부여풍을 왕으로 추대하였다.
④ 계백이 이끄는 군대가 황산벌에서 항전하였다.
⑤ 진흥왕이 대가야를 정복하여 영토를 확장하였다.

06

밑줄 그은 '시기'에 있었던 사실로 옳은 것은? [2점]

> 최치원이 지은 해인사 묘길상탑기에는 진성여왕이 다스리던 시기의 혼란스러운 사회상이 묘사되어 있습니다. '전란과 흉년으로 악 중의 악이 없는 곳이 없고 도처에 굶어 죽거나 싸우다 죽은 시신이 널려 있다.'고 한탄하는 내용이 적혀 있습니다.

합천 해인사 길상탑과 그 안에서 나온 묘길상탑기(탁본)

① 원광이 세속 5계를 제시하였다.
② 이차돈의 순교로 불교가 공인되었다.
③ 원종과 애노가 사벌주에서 봉기하였다.
④ 거칠부가 왕명에 의해 국사를 편찬하였다.
⑤ 자장의 건의로 황룡사 구층 목탑이 건립되었다.

07

(가) 나라에 대한 설명으로 옳은 것은? [2점]

> (가) 의 대표적 생활 유적지인 봉황대가 회현리 패총과 합쳐져 김해 봉황동 유적으로 확대 지정되었습니다. 이 유적은 김수로왕에 의해 건국되었다고 전해진 (가) 의 초기 모습을 추정해 볼 수 있는 귀중한 문화유산입니다.
>
> 김해 봉황동 유적, 사적으로 확대 지정

① 집사부를 비롯한 14부를 두었다.
② 집집마다 부경이라는 창고가 있었다.
③ 대가들이 사자, 조의, 선인을 거느렸다.
④ 철이 많이 생산되어 낙랑, 왜 등에 수출하였다.
⑤ 왕족인 부여씨와 8성의 귀족이 지배층을 이루었다.

08

밑줄 그은 '왕'의 업적으로 옳은 것은? [1점]

> ○ 왕은 이름이 구부이고, 고국원왕의 아들이다. 신체가 장대하고, 웅대한 지략이 있었다.
> ○ 진(秦) 왕 부견이 사신과 승려 순도를 보내 불상과 경문을 주었다. 왕이 사신을 보내 답례로 방물(方物)을 바쳤다.
>
> - 『삼국사기』 -

① 태학을 설립하여 인재를 양성하였다.
② 도읍을 국내성에서 평양으로 옮겼다.
③ 서안평을 점령하여 영토를 확장하였다.
④ 영락이라는 독자적인 연호를 사용하였다.
⑤ 을파소를 등용하고 진대법을 시행하였다.

09

밑줄 그은 '교서'를 내린 왕의 재위 기간에 볼 수 있는 모습으로 가장 적절한 것은? [3점]

> 상평창을 양경(兩京)과 12목에 설치하고 교서를 내렸다. "『한서』 식화지에 '그해가 풍년인지 흉년인지에 따라 곡식을 풀거나 거두어들이는 것을 행한다.'라고 하였다. …… 경시서에 맡겨 곡식을 풀거나 거두어들이도록 하라."

① 서적포에서 책을 인쇄하는 관리
② 국자감 학생들을 가르치는 박사
③ 양현고의 재정을 관리하는 관원
④ 9재 학당에서 유교 경전을 읽는 학생
⑤ 청연각의 소장 도서를 분류하는 학사

10

(가) 국가의 문화유산으로 옳은 것은? [2점]

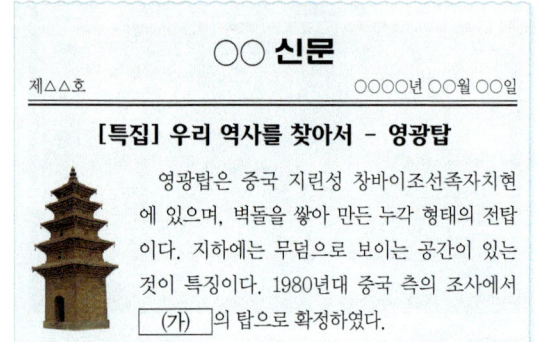

11

(가) 왕의 재위 시기에 있었던 사실로 옳은 것은? [1점]

① 최승로가 시무 28조를 건의하였다.
② 경기에 한하여 과전법이 실시되었다.
③ 신돈이 전민변정도감의 판사가 되었다.
④ 빈민 구제 기관인 흑창이 처음 설치되었다.
⑤ 광덕, 준풍 등의 독자적 연호가 사용되었다.

12

(가) 시대의 지방 통치 체제에 대한 설명으로 옳은 것은? [2점]

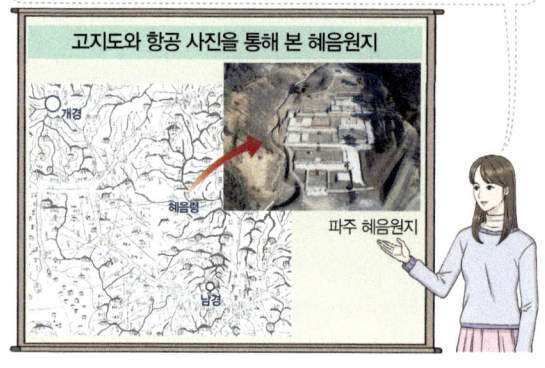

① 22담로에 왕족을 파견하였다.
② 전국에 9주 5소경을 설치하였다.
③ 특수 행정 구역으로 향, 부곡, 소가 있었다.
④ 지방관을 감찰하기 위하여 외사정을 두었다.
⑤ 지방 행정 구역을 8도에서 23부로 개편하였다.

13

(가)~(다)를 일어난 순서대로 옳게 나열한 것은? [3점]

(가) 금의 군주 아구다가 국서를 보내 이르기를, "형인 금 황제가 아우인 고려 국왕에게 문서를 보낸다. …… 이제는 거란을 섬멸하였으니, 고려는 우리와 형제의 관계를 맺어 대대로 무궁한 우호 관계를 이루기 바란다."라고 하였다.

(나) 윤관이 여진인 포로 346명과 말, 소 등을 조정에 바치고 영주·복주·웅주·길주·함주 및 공험진에 성을 쌓았다. 공험진에 비(碑)를 세워 경계로 삼고 변경 남쪽의 백성을 옮겨 와 살게 하였다.

(다) 정지상 등이 왕에게 아뢰기를, "대동강에 상서로운 기운이 있으니 신령스러운 용이 침을 토하는 형국으로, 천 년에 한 번 만나기 어려운 일입니다. 천심에 응답하고 백성들의 뜻에 따르시어 금을 제압하소서."라고 하였다.

① (가) - (나) - (다) ② (가) - (다) - (나)
③ (나) - (가) - (다) ④ (나) - (다) - (가)
⑤ (다) - (나) - (가)

14

⊙에 대한 답으로 옳지 <u>않은</u> 것은? [2점]

① 고구려 무용총에 별자리를 그린 벽화가 있어.
② 삼국사기에 일식, 월식에 관한 많은 관측 기록이 있어.
③ 충선왕은 서운관에서 천체 운행을 관측하도록 했어.
④ 선조 때는 날아가서 폭발하는 비격진천뢰가 개발되었어.
⑤ 홍대용이 의산문답을 통해 지전설과 무한 우주론을 주장했어.

15

(가) 군사 조직에 대한 설명으로 옳은 것은? [2점]

① 후금에 침입에 대비하고자 창설되었다.
② 원의 요청으로 일본 원정에 참여하였다.
③ 신기군, 신보군, 항마군으로 편성되었다.
④ 진도에서 용장성을 쌓고 몽골에 대항하였다.
⑤ 응양군과 용호군으로 구성된 국왕의 친위 부대였다.

16

다음 서술형 평가의 답안에 들어갈 내용으로 가장 적절한 것은? [2점]

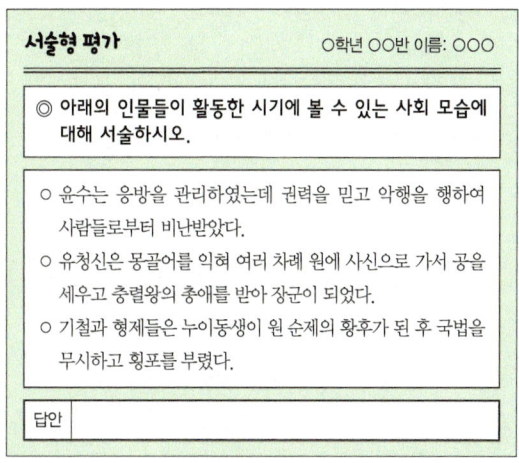

① 왕조 교체를 예언하는 정감록이 유포되었습니다.
② 대각국사 의천이 해동 천태종을 개창하였습니다.
③ 지배층을 중심으로 변발과 호복이 유행하였습니다.
④ 가혹한 수탈에 저항하여 망이·망소이가 봉기하였습니다.
⑤ 상민층이 납속과 공명첩을 활용하여 신분 상승을 꾀하였습니다.

17

(가) 문화유산에 대한 설명으로 옳은 것은? [2점]

① 신미양요 때 미군이 탈취하였다.
② 현존하는 최고(最古)의 금속 활자본이다.
③ 거란의 침입을 물리치기 위해 제작하였다.
④ 장영실, 이천 등이 제작한 활자로 인쇄하였다.
⑤ 불국사 삼층 석탑을 보수하는 과정에서 발견되었다.

18

밑줄 그은 '인물'에 대한 설명으로 옳은 것은? [2점]

① 최초의 서원인 백운동 서원을 건립하였다.
② 일본에 다녀와서 해동제국기를 편찬하였다.
③ 성학십도를 지어 군주의 도를 도식으로 설명하였다.
④ 조선경국전을 저술하여 통치 제도 정비에 기여하였다.
⑤ 경세유표를 집필하여 국가 제도의 개혁 방향을 제시하였다.

19

(가) 왕에 대한 설명으로 옳은 것은? [3점]

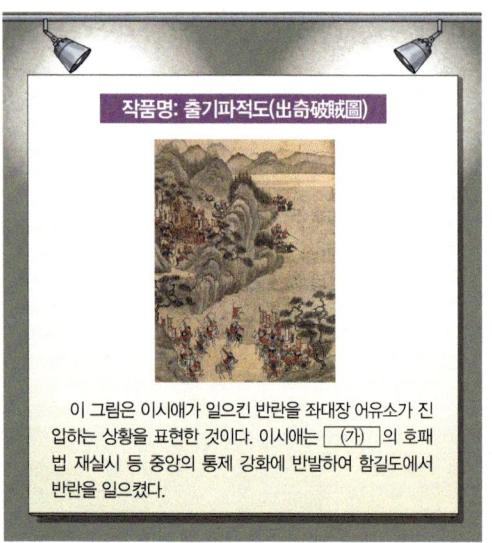

① 주자소를 설치하여 계미자를 주조하였다.
② 현직 관리를 대상으로 직전법을 실시하였다.
③ 조선의 기본 법전인 경국대전을 완성하였다.
④ 기유약조를 체결하여 일본과의 무역을 재개하였다.
⑤ 폐비 윤씨 사사 사건을 빌미로 갑자사화를 일으켰다.

20

(가) 전쟁에 대한 탐구 활동으로 가장 적절한 것은? [1점]

① 나선 정벌의 전적지를 검색한다.
② 북학론이 끼친 영향을 파악한다.
③ 명량 해전의 승리 요인을 분석한다.
④ 삼정이정청의 활동 내용을 찾아본다.
⑤ 4군과 6진을 개척한 과정을 알아본다.

21

(가)의 활동으로 옳은 것은? [3점]

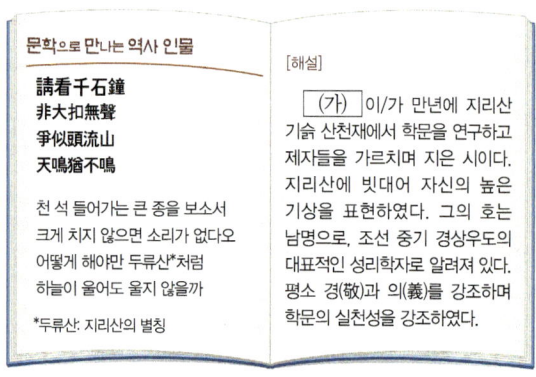

① 곽재우, 정인홍 등의 제자를 배출하였다.
② 기기도설을 참고하여 거중기를 설계하였다.
③ 위훈 삭제를 주장하여 훈구 세력의 반발을 샀다.
④ 북학의를 저술하여 수레와 배의 이용을 권장하였다.
⑤ 양명학을 체계적으로 연구하여 강화 학파를 형성하였다.

22

밑줄 그은 '왕'의 재위 기간에 있었던 사실로 옳은 것은? [2점]

〈역사 다큐멘터리 제작 기획안〉

조선, 전국적인 규모의 여론 조사를 실시하다!

■ 기획 의도
여론 조사를 통해 정책을 추진하려는 왕의 모습에서 '민본'의 의미를 생각해본다.

■ 장면별 주요 내용
#1. 왕은 관리와 백성을 대상으로 공법 시행에 대한 전국적인 찬반 조사를 명하다.
#2. 호조에서 찬성 98,657명, 반대 74,149명이라는 결과를 보고하다.
#3. 여러 차례 보완을 거쳐 토지의 비옥도와 풍흉에 따라 조세를 차등 징수하는 내용의 공법을 확정하다.

① 세계지도인 혼일강리역대국도지도가 제작되었다.
② 각지의 농법을 작물별로 정리한 농사직설이 간행되었다.
③ 유능한 인재를 양성하기 위해 초계문신제가 시행되었다.
④ 우리나라와 중국의 의서를 망라한 동의보감이 완성되었다.
⑤ 전국의 지리, 풍속 등이 수록된 동국여지승람이 편찬되었다.

23

다음 상황이 나타난 시기에 볼 수 있는 모습으로 적절하지 <u>않은</u> 것은? [1점]

① 벽란도에서 인삼을 사는 송의 상인
② 호랑이를 소재로 민화를 그리는 화가
③ 광산 노동자에게 품삯을 나눠주는 덕대
④ 여러 장시를 돌며 물품을 판매하는 보부상
⑤ 저잣거리에서 영웅 소설을 읽어주는 전기수

24

다음 왕에 대한 설명으로 옳은 것은? [2점]

초상과 어진으로 만나는 조선의 왕

왼편은 연잉군 시절인 20대의 초상이며 오른편은 50대의 어진이다. 그는 즉위 후 탕평 교서를 반포하고 탕평비를 건립하였다. 준천사를 신설하여 홍수에 대비하였으며, 신문고를 다시 설치하여 백성들의 억울함을 듣고자 하였다.

① 통치 체제를 정비하기 위해 대전회통을 편찬하였다.
② 왕권 강화를 위해 친위 부대인 장용영을 설치하였다.
③ 각 궁방과 중앙 관서의 공노비 6만여 명을 해방하였다.
④ 어영청을 중심으로 국방력을 강화하고 북벌을 추진하였다.
⑤ 균역법을 시행하여 백성들의 군역 부담을 줄여주고자 하였다.

25

(가) 관서에 대한 설명으로 옳은 것은? [2점]

체험 활동 소감문

2023년 12월 22일 ○○○

지난 토요일에 '승경도' 놀이를 체험했다. 승경도는 조선 시대 관직 이름을 적은 놀이판이다. 윷을 던져 말을 옮기는데, 승진을 할 수 있지만 자칫하면 파직이 되거나 사약까지 받을 수 있어 흥미진진했다. 놀이 규칙에 은대법이 있는데, (가) 을/를 총괄하는 도승지 자리에 도착한 사람은 당하관 자리에 있는 사람들이 던진 윷의 결괏값을 이용할 수 있는 규칙이다. 은대가 무엇인지 몰랐는데, (가) 을/를 뜻함을 알게 되었다.

① 수도의 행정과 치안을 맡아보았다.
② 재상들이 합의하여 국정을 총괄하였다.
③ 반역죄, 강상죄를 범한 중죄인을 다스렸다.
④ 왕의 비서 기관으로 왕명의 출납을 담당하였다.
⑤ 외적의 침입에 대비하기 위한 임시 기구로 설치되었다.

26

다음 상황이 나타난 시기를 연표에서 옳게 고른 것은? [3점]

○ 송준길이 아뢰었다. "적처(嫡妻) 소생이라도 둘째부터는 서자입니다. …… 둘째 아들은 비록 왕통을 계승하였더라도 (그를 위해서는) 3년 복을 입어서는 안 됩니다.

○ 허목이 상소하였다. "장자를 위해 3년 복을 입는다는 것은 위로 쳐서 정체(正體)이기 때문입니다. …… 첫째 아들이 죽어서 적처 소생의 둘째를 세우는 것도 역시 장자라고 부릅니다."

| (가) | (나) | (다) | (라) | (마) |
계유정난 중종반정 을사사화 인조반정 경신환국 이인좌의 난

① (가) ② (나) ③ (다) ④ (라) ⑤ (마)

27

(가) 문화유산에 대한 설명으로 옳은 것은? [1점]

이 건물은 (가) 의 정전입니다. (가) 은/는 태조 이성계가 개경에 처음 세웠는데, 도읍을 한양으로 옮긴 후 지금의 위치에 건립하였습니다. 사직과 더불어 왕조 국가를 표현하는 상징이었습니다.

① 경내에 조선 총독부 청사가 세워졌다.
② 역대 국왕과 왕비의 신주가 모셔져 있다.
③ 대성전과 명륜당을 중심으로 구성되어 있다.
④ 일제 강점기에 창경원으로 격하되기도 하였다.
⑤ 토지와 곡식의 신에게 제사를 지내는 공간이다.

28

(가)에 들어갈 대답으로 적절한 것은? [2점]

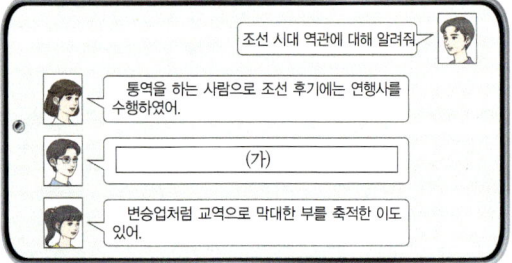

조선 시대 역관에 대해 알려줘
통역을 하는 사람으로 조선 후기에는 연행사를 수행하였어.
(가)
변승업처럼 교역으로 막대한 부를 축적한 이도 있어.

① 사간원에서 간쟁을 담당하였어.
② 매매, 상속, 증여의 대상이었어.
③ 수군, 봉수 등 천역에 종사하였어.
④ 수령을 보좌하면서 향촌 실무를 담당하였어.
⑤ 사역원에서 노걸대언해 같은 교재로 교육받았어.

29

다음 특별전에서 볼 수 있는 도시의 역사에 대한 설명으로 적절하지 않은 것은? [2점]

송악(松嶽)
개주(開州)
열린 성(城)의 도시 특별전

① 고려 태조 왕건이 도읍으로 삼았다.
② 원의 영향을 받은 경천사지 십층 석탑이 축조되었다.
③ 조선 후기 송상이 근거지로 삼아 전국적으로 활동하였다.
④ 일제 강점기 강주룡이 을밀대 지붕 위에서 고공 농성을 하였다.
⑤ 북위 38도선 분할 이후 남한에 속했다가 정전 협정으로 북한 지역이 되었다.

30

다음 대화가 오갔던 회담 결과 체결된 조약에 대한 설명으로 옳은 것은? [2점]

운요호가 작년에 귀국 경내를 통과하다가 포격을 받았으니, 귀국이 교린의 우의를 저버린 것입니다.

운요호는 국적과 이유를 밝히지 않고 곧장 우리가 수비하는 곳으로 진입해왔으니, 변방 수비병의 발포는 부득이한 것이었소.

일본 전권변리대신 구로다 기요타카
조선 접견대관 신헌

① 천주교 포교가 허용되었다.
② 갑신정변의 영향으로 체결되었다.
③ 일본 측의 해안 측량권이 인정되었다.
④ 통신사가 처음 파견되는 계기가 되었다.
⑤ 외국 상인의 내지 통상권을 최초로 규정하였다.

31

(가)~(다)를 일어난 순서대로 옳게 나열한 것은? [2점]

(가) 고부에서 민란이 다시 일어났다는 소문이 자자합니다. …… 장흥 부사 이용태를 고부군 안핵사로 임명하여 밤새 달려가 엄격히 조사하여 등급을 나누고 구별하여 보고하게 하소서.

(나) 전봉준은 무주 집강소에 다음과 같은 통문을 보냈다. "최근 일본이 경복궁을 침범하였다. 국왕이 욕을 당했으니, 우리들은 마땅히 달려가 목숨을 걸고 의로써 싸워야 한다."

(다) 청국의 간섭을 끊어버리고 우리 대조선국의 고유한 독립 기초를 굳건히 하였는데, 이번에 마관(馬關, 시모노세키) 조약으로 말미암아 세계에 드러나는 빛이 더욱 빛나게 되었다.

① (가) – (나) – (다) ② (가) – (다) – (나)
③ (나) – (가) – (다) ④ (나) – (다) – (가)
⑤ (다) – (나) – (가)

32

해설사가 설명하는 사건이 발생한 시기를 연표에서 옳게 고른 것은? [3점]

조선 정부는 이곳에서 해관을 설치하고 동래부 거류지의 일본 상인과 거래하는 조선 상인으로부터 세금을 징수하였습니다. 그러자 일본 상인이 조약 위반이라고 반발하였고, 결국 3개월 만에 수세가 중단되었습니다.

(가)	(나)	(다)	(라)	(마)
척화비 건립	제1차 수신사 파견	영국의 거문도 점령	함경도 방곡령 선포	청일 전쟁 발발	러일 전쟁 발발

① (가) ② (나) ③ (다) ④ (라) ⑤ (마)

33

(가) 사절단에 대한 설명으로 옳은 것은? [2점]

미국 공사의 부임에 대한 답례로 [(가)] 이/가 파견되었습니다. 8명의 조선 관리로 구성된 이들은 40여 일 동안 미국에 체류하면서 뉴욕의 전등 시설과 우체국, 보스턴 박람회 등을 시찰하였습니다.

① 에도 막부의 요청으로 파견되었다.
② 별기군(교련병대) 창설을 건의하였다.
③ 조선책략을 들여와 국내에 소개하였다.
④ 기기국에서 무기 제조 기술을 습득하고 돌아왔다.
⑤ 전권대신 민영익과 홍영식, 서광범 등으로 구성되었다.

34

(가)에 들어갈 내용으로 적절한 것은? [1점]

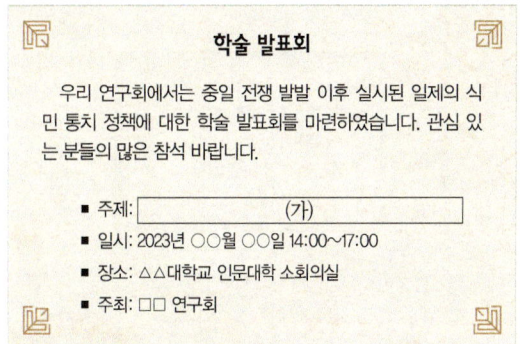

학술 발표회
우리 연구회에서는 중일 전쟁 발발 이후 실시된 일제의 식민 통치 정책에 대한 학술 발표회를 마련하였습니다. 관심 있는 분들의 많은 참석 바랍니다.
- 주제: (가)
- 일시: 2023년 ○○월 ○○일 14:00~17:00
- 장소: △△대학교 인문대학 소회의실
- 주최: □□ 연구회

① 치안 유지법의 제정 배경
② 조선 태형령의 적용 사례 분석
③ 제1차 조선 교육령의 제정 목적
④ 경성 제국 대학의 설립 의도와 과정
⑤ 국가 총동원법의 제정과 조선에서의 시행

35

다음 자료에 나타난 민족 운동에 대한 설명으로 옳지 않은 것은? [2점]

한국인들이 독립 선언을 하다
- 집회에 참가한 수천 명 체포 -

일본 당국은 고종의 장례식을 계기로 문제가 발생할 것으로 예상하고 많은 헌병을 서울로 집결시켰다. …… 전국의 모든 도시와 마을에서 독립을 위한 행진과 시위가 일어났다. 일본 측은 당황했지만 곧 재정비하여 강력하고 신속한 진압에 나섰다. 그 결과 수천 명의 시위대가 체포되었지만 일본 측 보고서에는 수백 명으로 기록되어 있다.

① 중국의 5·4 운동에 영향을 주었다.
② 대한민국 임시 정부 수립의 계기가 되었다.
③ 신간회에서 진상 조사단을 파견하여 지원하였다.
④ 국외로도 확산되어 필라델피아에서 한인 자유 대회가 열렸다.
⑤ 평화적 만세 운동에서 무력 투쟁 사례가 늘어나기 시작하였다.

36

(가) 단체에 대한 설명으로 옳은 것은? [2점]

이 자료에 대해 말씀해 주시겠습니까?

이 자료는 (가) 의 활동 목적이 잘 드러나 있는 통용 장정의 일부입니다. (가) 은/는 안창호와 양기탁 등이 중심이 된 비밀 결사로 태극 서관을 설립하여 회원들의 연락 장소로 사용하였습니다.

본회의 목적은 ……
쇠퇴한 교육과 산업을 개량하고 사업을 유신시켜 유신된 국민이 통일 연합해서 유신이 된 자유 문명국을 성립시킨다.

① 복벽주의를 표방하였다.
② 13도 창의군을 결성하였다.
③ 일제의 황무지 개간권 요구를 저지하였다.
④ 근대 교육을 위해 배재 학당을 설립하였다.
⑤ 일제가 조작한 105인 사건으로 해체되었다.

37

밑줄 그은 '개혁'에 해당하는 내용으로 옳은 것을 〈보기〉에서 고른 것은? [2점]

【건축으로 보는 한국사】 석조전

고종은 황제로서의 권위와 근대 국가를 향한 의지를 보여주기 위해 서양의 신고전주의 양식으로 설계된 석조전 착공을 명하였다. 그러나 황제권 강화를 표방하며 개혁을 추진하던 고종은 석조전이 완공되기 전에 강제로 퇴위당하였다.

〈보 기〉
ㄱ. 박문국을 설치하여 한성순보를 발행하였다.
ㄴ. 통리기무아문을 설치하여 개화 정책을 추진하였다.
ㄷ. 관립 상공 학교를 설립하여 실업 교육을 실시하였다.
ㄹ. 지계아문을 설치하여 토지 소유자에게 지계를 발급하였다.

① ㄱ, ㄴ ② ㄱ, ㄷ ③ ㄴ, ㄷ
④ ㄴ, ㄹ ⑤ ㄷ, ㄹ

38

밑줄 그은 회의에 대한 설명으로 옳은 것은? [3점]

본 회의는 2천만 민중의 공의(公意)를 지키는 국민적 대회합으로서, 최고의 권위에 의해 국민의 완전한 통일을 견고하게 하며 광복 대업의 근본 방침을 수립하고, 이로써 우리 민족의 자유를 만회하고 독립을 완성하기를 기도하며 이에 선언하노라. 삼일 운동으로써 우리 민족의 정신적 통일은 이미 표명되었다. …… 본 대표들은 국민이 위탁한 사명을 받아 국민적 대단결을 힘써 도모하며, 독립 전도의 대방책을 확립하여 통일적 기관 하에서 대업을 기성(期成)하려 한다.

① 창조파와 개조파가 대립하였다.
② 대일 선전 성명서를 공표하였다.
③ 삼균주의를 기초로 하는 건국 강령을 발표하였다.
④ 파리 강화 회의에 김규식을 파견할 것을 결정하였다.
⑤ 지청천을 사령관으로 하는 한국광복군을 조직하였다.

39
밑줄 그은 '이 계획'에 대한 설명으로 옳은 것은? [1점]

① 독립 협회 결성의 계기가 되었다.
② 국채 보상 운동의 배경이 되었다.
③ 재정 고문 메가타의 주도로 시행되었다.
④ 토지 조사 사업이 시행되는 배경이 되었다.
⑤ 일본의 쌀 부족 현상을 해결하기 위해 시행되었다.

40
(가) 부대에 대한 설명으로 옳은 것은? [2점]

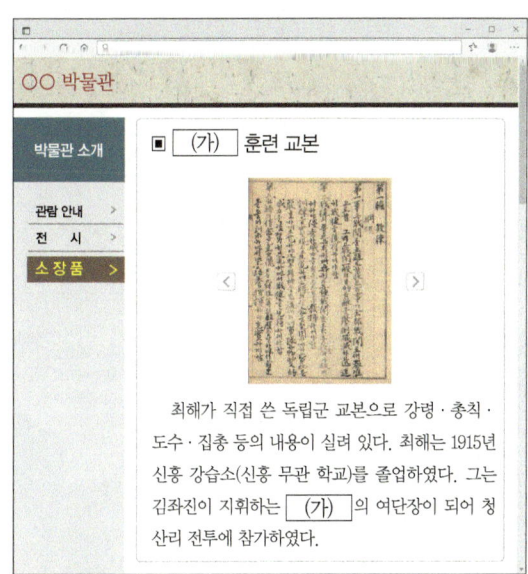

① 대전자령에서 일본군을 기습하였다.
② 영릉가에서 일본군에 승리를 거두었다.
③ 동북 항일 연군으로 개편되어 유격전을 전개하였다.
④ 중광단을 중심으로 조직되어 항일 독립 전쟁에 참여하였다.
⑤ 인도·미얀마 전선에 파견되어 영국군과 연합 작전을 펼쳤다.

41
다음 가상 일기의 밑줄 그은 '운동'에 대한 설명으로 옳은 것은? [1점]

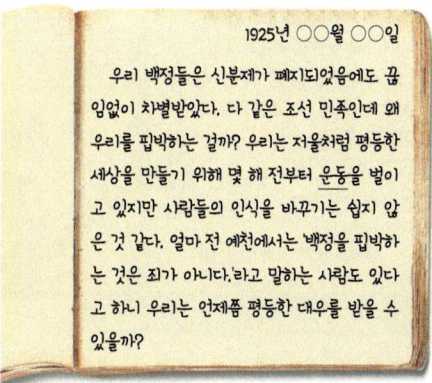

① 조선 형평사의 주도로 전개되었다.
② 대한매일신보의 지원을 받아 확대되었다.
③ 평양에서 시작하여 전국적으로 확산되었다.
④ 순종의 인산일을 기한 대규모 시위를 계획하였다.
⑤ 라이징 선 석유 회사의 한국인 구타 사건을 계기로 시작되었다.

42
교사의 질문에 대한 학생의 답변으로 적절하지 <u>않은</u> 것은? [2점]

① 반공 포로가 석방되었어요.
② 한미 상호 방위 조약이 체결되었어요.
③ 흥남에서 대규모 철수가 이루어졌어요.
④ 유엔군이 인천 상륙 작전을 전개하였어요.
⑤ 비상계엄이 선포된 가운데 발췌 개헌안이 통과되었어요.

43

(가) 정부의 통일 정책에 대한 설명으로 옳은 것은? [1점]

① 남북 기본 합의서에 서명하였다.
② 남북한이 유엔에 동시 가입하였다.
③ 7·4 남북 공동 성명을 발표하였다.
④ 6·15 남북 공동 선언을 채택하였다.
⑤ 남북 이산가족 고향 방문을 최초로 실현하였다.

44

(가) 민주화 운동에 대한 설명으로 옳은 것은? [2점]

① 긴급 조치 철폐를 요구하였다.
② 장면 내각이 출범하는 배경이 되었다.
③ 전남 도청에서 시민군이 계엄군에 맞서 싸웠다.
④ 민주화를 위한 개헌 청원 100만인 서명 운동이 전개되었다.
⑤ 5년 단임의 대통령 직선제 개헌이 이루어지는 계기가 되었다.

45

다음 사건이 있었던 정부 시기의 경제 상황으로 옳은 것은? [3점]

① 금융 실명제가 실시되었다.
② 연간 수출액 100억 달러가 달성되었다.
③ 개성 공단에서 의류 생산이 시작되었다.
④ 칠레와 자유 무역 협정(FTA)을 체결하였다.
⑤ 저금리, 저유가, 저달러의 3저 호황이 있었다.

46

밑줄 그은 '정부' 시기의 사회 모습으로 옳은 것은? [2점]

① 금강산 관광이 시작되었다.
② 서울 올림픽 대회가 개최되었다.
③ 삼풍 백화점 붕괴 사고가 발생하였다.
④ 보도 지침을 통해 언론을 통제하였다.
⑤ 양성 평등 실현을 위해 호주제가 폐지되었다.

47

(가)에 들어갈 내용으로 옳은 것은? [2점]

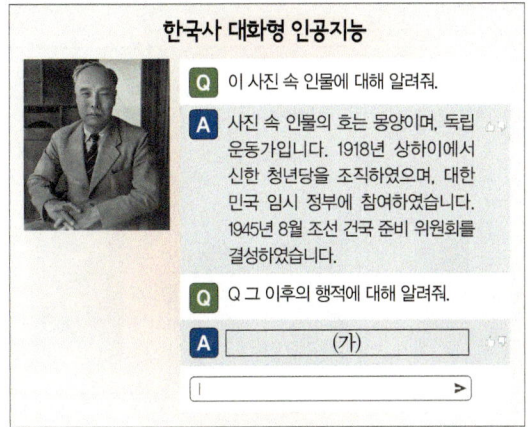

① 한국 민주당을 창당하였습니다.
② 5·10 총선거에 출마하였습니다.
③ 단독 정부 수립을 주장하였습니다.
④ 조선 혁명 선언을 작성하였습니다.
⑤ 좌우 합작 위원회를 조직하였습니다.

48

교사의 질문에 대한 학생의 답으로 옳은 것은? [2점]

① 울주 대곡리 반구대에 고래 사냥 모습을 새겼습니다.
② 이제현이 만권당에서 원의 학자들과 교류하였습니다.
③ 청소년들이 경당에서 책을 읽고 활쏘기를 배웠습니다.
④ 독특한 회계 정리 방식인 사개치부법을 사용하였습니다.
⑤ 정혜공주 묘지석에는 유교 경전과 중국 역사서의 내용이 인용되어 있습니다.

49

(가)~(마)의 설명과 사진을 연결한 것으로 옳지 <u>않은</u> 것은? [3점]

(가) 태토와 유약이 모두 백색이고, 1,200도 이상에서 구워 만든 자기다. 영국 여왕 엘리자베스 2세가 이 자기 중 하나를 보면서 '세상에서 제일 아름다운 그릇'이라는 찬사를 보냈다.

(나) 철분이 약간 함유된 태토에 유약을 입혀 고온에서 구워낸 자기다. 송 사신 서긍은 '푸른 빛깔을 고려인은 비색(翡色)이라 하는데 근래에 들어 빛깔이 더욱 좋아졌다.'고 하였다.

(다) 회색 태토 위에 백토로 표면을 분장한 뒤에 유약을 입혀 구운 자기다. 고유섭이 회청색을 띠는 사기라는 의미로 '분장회청사기(분청사기)'라 하였다.

(라) 초벌구이한 백자 위에 코발트로 그림 그린 후 유약을 발라 구운 자기다. 코발트는 수입산 안료였기에 예종은 관찰사를 통해 백성들이 회회청(코발트)을 구해오도록 독려할 정도였다.

(마) 표면에 무늬를 파고 백토와 자토를 그 자리에 넣어 초벌구이한 후 유약을 발라 구워낸 자기다. 최순우는 "고려 사람들은 비색의 자기에 영롱한 수를 놓은 방법을 궁리해 냈다."고 하였다.

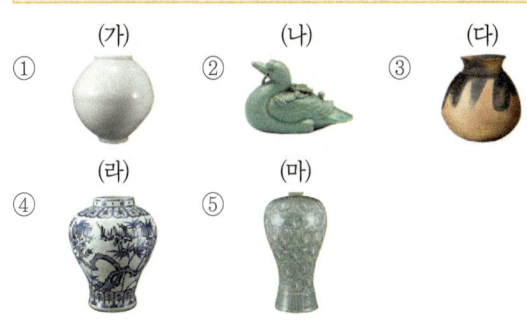

50

다음 사건의 영향을 받아 발생한 사실로 옳은 것은? [2점]

① 신한 공사가 설립되어 귀속 재산을 관리하였다.
② 부산에서 조선 방직의 총파업 사건이 발생하였다.
③ 경제 자립을 목표로 제1차 경제 개발 5개년 계획이 추진되었다.
④ 미국에서 들여온 원조 물자를 기반으로 삼백 산업이 발달하였다.
⑤ 평화 시장 노동자들을 중심으로 한 청계 피복 노동 조합이 결성되었다.

2023년도 제67회 한국사능력검정시험

심화

|정답 및 해설| 315p

01

(가) 시대의 생활 모습으로 옳은 것은? [1점]

계급이 출현한 (가) 시대의 생활상을 엿볼 수 있는 환호, 고인돌, 민무늬 토기 등이 울주 검단리 유적에서 발굴되었습니다. 특히 마을의 방어 시설로 보이는 환호는 우리나라의 (가) 시대 유적에서 처음 확인된 것으로, 둘레가 약 300미터에 달합니다.

① 철제 무기로 정복 활동을 벌였다.
② 주로 동굴이나 막집에서 거주하였다.
③ 소를 이용한 깊이갈이가 일반화되었다.
④ 비파형 동검과 청동 거울 등을 제작하였다.
⑤ 빗살무늬 토기에 음식을 저장하기 시작하였다.

02

(가)~(라)에 들어갈 내용으로 옳은 것을 <보기>에서 고른 것은? [2점]

〈 여러 나라의 제천 행사 〉

나라	내용
부여	(가)
고구려	(나)
동예	(다)
삼한	(라)

보 기

ㄱ. (가) - 무천이라는 제천 행사에서 밤낮으로 음주가무를 즐겼다.
ㄴ. (나) - 10월에 지내는 제천 행사는 국중대회로 동맹이라 하였다.
ㄷ. (다) - 영고라는 제천 행사를 열고 죄수를 풀어주기도 하였다.
ㄹ. (라) - 씨뿌리기가 끝난 5월과 농사를 마친 10월에 제사를 지냈다.

① ㄱ, ㄴ ② ㄱ, ㄷ ③ ㄴ, ㄷ ④ ㄴ, ㄹ ⑤ ㄷ, ㄹ

03

다음 자료에 해당하는 왕에 대한 설명으로 옳은 것은? [1점]

백제 제26대 왕 명농. 지혜와 식견이 뛰어나고 결단력이 있었다.

웅진에서 사비로 도읍을 옮기고 백제의 중흥을 꾀했다.

구천(관산성 부근)에서 신라의 복병에게 목숨을 잃었다.

① 국호를 남부여로 개칭하였다.
② 금마저에 미륵사를 창건하였다.
③ 고흥에게 서기를 편찬하게 하였다.
④ 윤충을 보내 대야성을 함락하였다.
⑤ 동진에서 온 마라난타를 통해 불교를 수용하였다.

04

(가)에 해당하는 문화유산으로 옳은 것은? [3점]

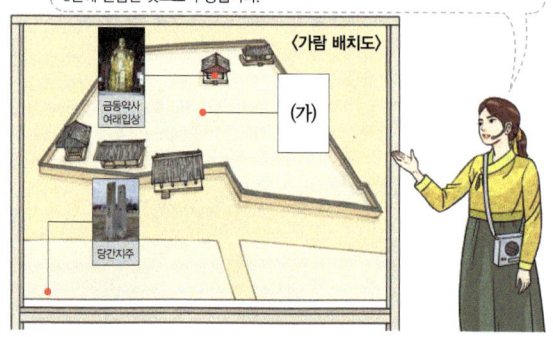

국보로 지정된 (가) 은 현존하는 신라 탑 중에 가장 오래된 것으로 평가받습니다. 이 탑은 돌을 벽돌 모양으로 다듬어 쌓았다는 특징이 있으며, 선덕여왕 3년에 건립된 것으로 추정됩니다.

①  ②  ③

④  ⑤

05

(가)에 들어갈 내용으로 가장 적절한 것은? [3점]

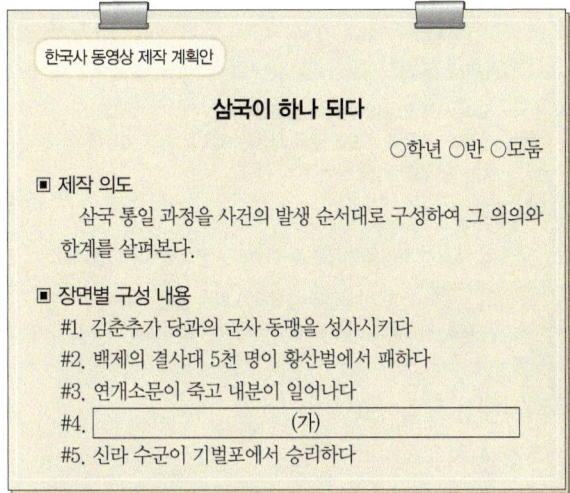

① 흑치상지가 당의 유인궤에게 항복하다
② 문무왕이 안승을 보덕국왕으로 책봉하다
③ 을지문덕이 살수에서 수의 군대를 물리치다
④ 부여풍이 백강에서 왜군과 함께 당군에 맞서 싸우다
⑤ 개로왕이 북위에 사신을 보내 고구려 공격을 요청하다

06

밑줄 그은 '이 승려'에 대한 설명으로 옳은 것은? [2점]

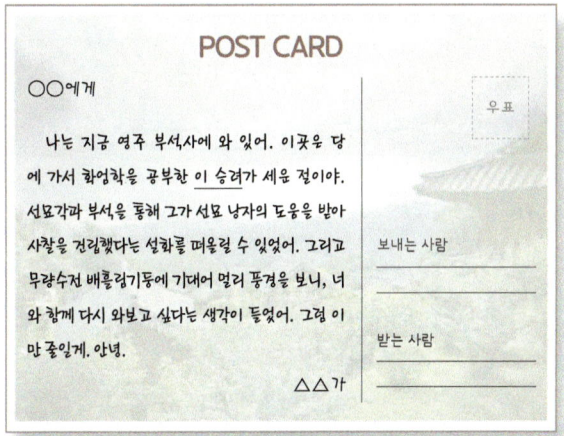

① 황룡사 구층 목탑의 건립을 건의하였다.
② 무애가를 지어 불교 대중화에 노력하였다.
③ 유식의 교의를 담은 해심밀경소를 저술하였다.
④ 승려들의 전기를 정리한 해동고승전을 편찬하였다.
⑤ 현세의 고난에서 구제받고자 하는 관음 신앙을 강조하였다.

07

(가) 왕의 업적으로 옳은 것은? [2점]

대왕암이 내려다 보이는 이곳은 경주 이견대입니다. 선왕을 기리며 감은사를 완공한 (가) 은/는 이곳에서 용을 만나는 신묘한 일을 겪었고, 이를 통해 검은 옥대와 만파식적의 재료가 된 대나무를 얻었다고 합니다.

① 향가 모음집인 삼대목을 편찬하였다.
② 관료전을 지급하고 녹읍을 폐지하였다.
③ 인사를 담당하는 위화부를 창설하였다.
④ 건원이라는 독자적인 연호를 사용하였다.
⑤ 시장을 감독하기 위해 동시전을 설치하였다.

08

다음 상황 이후에 전개된 사실로 옳은 것은? [2점]

> 이찬 김지정이 반역하여 무리를 모아 궁궐을 에워싸고 침범하였다. 여름 4월에 상대등 김양상이 이찬 경신과 함께 군사를 일으켜 김지정 등을 죽였으나, 왕과 왕비는 반란군에게 살해되었다. 양상 등이 왕의 시호를 혜공왕이라 하였다.
> — 『삼국사기』 —

① 김흠돌이 반란을 도모하였다.
② 이사부가 우산국을 복속하였다.
③ 김대성이 불국사 조성을 주도하였다.
④ 장보고가 왕위 쟁탈전에 가담하였다.
⑤ 거칠부가 왕명에 의해 국사를 편찬하였다.

09

(가) 국가에 대한 설명으로 옳은 것은? [2점]

> 이 글은 양태사가 지은 '밤에 다듬이 소리를 듣고'라는 한시로, 정효 공주 묘지(墓誌) 등과 함께 (가) 의 한문학 수준을 보여주는 대표적인 사례입니다. 이 시에는 문왕 때 일본에 사신으로 파견된 그가 다듬이 소리를 듣고 고국을 그리워하는 마음이 잘 표현되어 있습니다.

서리 기운 가득한 하늘에 달빛 비치니 은하수도 밝은데
나그네 돌아갈 일 생각하니 감회가 새롭네
홀로 앉아 지새는 긴긴 밤 근심에 젖어 마음 아픈데
홀연히 들리누나 이웃집 아낙네 다듬이질 소리
바람결에 그 소리 끊기는 듯 이어지는 듯
밤 깊어 별빛 기우는데 잠시도 쉬지 않네
나라 떠나온 뒤로 아무 소리 듣지 못하더니
이제 타향에서 고향 소리 듣는구나
⋮

① 교육 기관으로 주자감을 설립하였다.
② 골품제라는 엄격한 신분제를 마련하였다.
③ 정사암에 모여 국가 중대사를 논의하였다.
④ 관리 선발을 위해 독서삼품과를 시행하였다.
⑤ 청연각과 보문각을 설치하여 학문 연구를 장려하였다.

10

다음 상황 이후에 있었던 사실로 옳은 것은? [3점]

> 파진찬 신덕, 영순 등이 신검에게 견훤을 금산사에 유폐하고 사람을 보내 금강을 죽이도록 권하였다. 신검이 대왕을 자칭하고 국내에 대사면령을 내렸다. 교서에서 이르기를, "…… 왕위를 어리석은 아이에게 줄 뻔하였다. 다행스러운 것은 상제께서 진정한 마음을 내리시니 군자들이 허물을 고쳤고 맏아들인 나에게 명하여 이 한 나라를 다스리게 하셨다는 점이다. ……"라고 하였다.

① 궁예가 광평성을 설치하였다.
② 장문휴가 당의 등주를 공격하였다.
③ 신숭겸이 공산 전투에서 전사하였다.
④ 왕건이 일리천 전투에서 승리하였다.
⑤ 김헌창이 웅천주에서 반란을 일으켰다.

11

(가) 왕이 추진한 정책으로 옳은 것은? [1점]

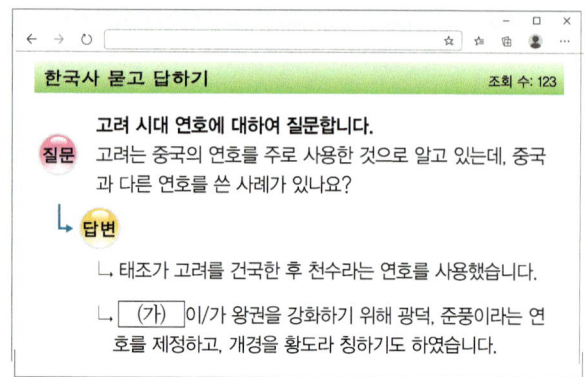

한국사 묻고 답하기   조회 수: 123

질문: 고려 시대 연호에 대하여 질문합니다.
고려는 중국의 연호를 주로 사용한 것으로 알고 있는데, 중국과 다른 연호를 쓴 사례가 있나요?

답변:
ㄴ 태조가 고려를 건국한 후 천수라는 연호를 사용했습니다.
ㄴ (가) 이/가 왕권을 강화하기 위해 광덕, 준풍이라는 연호를 제정하고, 개경을 황도라 칭하기도 하였습니다.

① 과거제를 도입하였다.
② 흑창을 처음 설치하였다.
③ 전시과 제도를 시행하였다.
④ 삼국사기 편찬을 명령하였다.
⑤ 12목에 지방관을 파견하였다.

12

(가) 왕의 재위 기간에 있었던 사실로 옳은 것은? [3점]

〈역사 연극 시나리오 구성〉

제목 : (가) 의 험난한 피란길
○학년 ○반 ○모둠

장면1: 강조의 정변을 구실로 침입한 거란군이 서경까지 이르자 강감찬이 왕에게 남쪽으로 피란할 것을 권유한다.
장면2: 왕이 개경을 떠나 전라도 삼례에 이르는 동안 호위군이 도망가는 등의 어려움을 겪는다.
장면3: 나주에 도착한 왕은 강화가 성립하여 거란군이 물러간다는 소식을 듣고 안도한다.

① 만부교 사건이 일어났다.
② 초조대장경 조판이 시작되었다.
③ 사신 저고여가 귀국 길에 피살되었다.
④ 공주 명학소에서 망이·망소이가 봉기하였다.
⑤ 신돈을 중심으로 전민변정 사업이 추진되었다.

13

(가) 인물의 활동으로 옳은 것은? [2점]

이것은 이의민을 제거하고 정권을 장악한 (가) 의 묘지명 탁본입니다. 여기에는 그가 명종의 퇴위와 신종의 즉위에 관여한 사실 등이 기록되어 있습니다.

① 인사 행정을 담당하던 정방을 폐지하였다.
② 교정도감을 두어 국가의 중요한 사무를 처리하였다.
③ 삼별초를 이끌고 진도로 이동하여 대몽 항쟁을 펼쳤다.
④ 화약과 화포 제작을 위한 화통도감 설치를 건의하였다.
⑤ 후세의 정책 방향을 제시하기 위해 훈요 10조를 남겼다.

14

(가), (나) 사이의 시기에 있었던 사실로 옳은 것은? [2점]

(가) 윤관이 포로 346구와 말 96필, 소 300여 마리를 바쳤다. 의주와 통태진·평융진에 성을 쌓고, 함주·영주·웅주·길주·복주, 공험진과 함께 북계 9성이라 하였다.

(나) 그해 12월 16일에 처인부곡의 작은 성에서 적과 싸우던 중 화살로 적의 괴수인 살리타를 쏘아 죽였습니다. 사모집은 자들이 많았으며 나머지 무리는 무너져 흩어졌습니다.

① 외침에 대비하여 광군을 조직하였다.
② 서희의 활약으로 강동 6주를 획득하였다.
③ 이제현이 만권당에서 유학자들과 교유하였다.
④ 묘청 등이 칭제 건원과 금 정벌을 주장하였다.
⑤ 압록강에서 도련포까지 천리장성을 축조하였다.

15

다음 자료를 활용한 탐구 활동으로 가장 적절한 것은? [2점]

시중 김방경과 대장군 인공수를 [상국(上國)에] 파견하여 표문을 올렸다. "우리나라는 근래 역적을 소탕하는 대군에 군량을 공급하는 일로 이미 해마다 백성에게서 양식을 거두어들였습니다. 게다가 일본 정벌에 필요한 전함을 건조하는 데 장정들이 모두 징발되었고 노약자들만 겨우 밭 갈고 씨 뿌리는 일을 하고 있습니다."

① 삼전도비가 건립된 계기를 찾아본다.
② 정동행성이 설치되는 배경을 살펴본다.
③ 사심관 제도가 시행된 원인을 조사한다.
④ 조위총의 난이 전개되는 과정을 알아본다.
⑤ 권수정혜결사문이 작성된 목적을 파악한다.

16

밑줄 그은 '불상'에 해당하는 문화유산으로 옳은 것은? [2점]

이것은 이색의 목은집에 실린 시의 일부입니다. 그는 관촉사에서 열린 법회에 참여하고 그곳에서 보았던 불상을 떠올리며 이 시를 지었습니다.

한산의 동쪽으로 백여 리쯤 되는 곳에
은진현이라 그 안에 관족사*가 있다네
여기엔 크나큰 석상 미륵존이 있으니
내 나간다 나간다며 땅 속에서 솟았다네
…

*관족사: 현재의 관촉사

①
②
③
④
⑤

17

(가) 교육 기관에 대한 설명으로 옳은 것은? [2점]

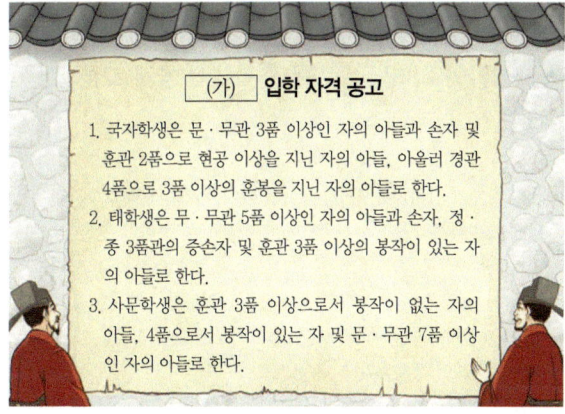

(가) 입학 자격 공고

1. 국자학생은 문·무관 3품 이상인 자의 아들과 손자 및 훈관 2품으로 현공 이상을 지닌 자의 아들, 아울러 경관 4품으로 3품 이상의 훈봉을 지닌 자의 아들로 한다.
2. 태학생은 문·무관 5품 이상인 자의 아들과 손자, 정·종 3품관의 증손자 및 훈관 3품 이상의 봉작이 있는 자의 아들로 한다.
3. 사문학생은 훈관 3품 이상으로서 봉작이 없는 자의 아들, 4품으로서 봉작이 있는 자 및 문·무관 7품 이상인 자의 아들로 한다.

① 문헌공도로 불리기도 하였다.
② 중앙에서 교수나 훈도가 파견되었다.
③ 전국의 부·목·군·현에 하나씩 설치되었다.
④ 장학 기금 마련을 위해 양현고가 설립되었다.
⑤ 사가독서제를 시행하여 학문에 전념하게 하였다.

18

㉠~㉢ 기구에 대한 설명으로 옳은 것을 <보기>에서 고른 것은? [2점]

> 🔍 **역사 돋보기** 왕실과의 혼인을 통한 이자겸의 출세
>
> 음서로 관직에 진출한 이자겸은 1108년 둘째 딸이 예종의 비가 되면서 빠른 속도로 출세하였다.
> 1109년 ㉠ 추밀원(중추원) 부사, 1111년 ㉡ 어사대의 대부가 된다. 1113년에는 ㉢ 상서성의 좌복야에 임명되었고, 1118년 재신으로서 판이부사를 맡았으며, 1122년 ㉣ 중서문하성 중서령에 오른다.

보 기
- ㄱ. ㉠ – 군사 기밀과 왕명 출납을 담당하였다.
- ㄴ. ㉡ – 소속 관원이 낭사와 함께 서경권을 행사하였다.
- ㄷ. ㉢ – 화폐·곡식의 출납과 회계를 담당하였다.
- ㄹ. ㉣ – 원 간섭기에 도평의사사로 개편되었다.

① ㄱ, ㄴ ② ㄱ, ㄷ ③ ㄴ, ㄷ ④ ㄴ, ㄹ ⑤ ㄷ, ㄹ

19

다음 상황이 나타난 시기를 연표에서 옳게 고른 것은? [2점]

> 명 황제가 말하기를, "철령을 따라 이어진 북쪽과 동쪽과 서쪽은 원래 개원로(開元路)*가 관할하던 군민(軍民)이 속하던 곳이니, 한인·여진인·달달인·고려인을 그대로 요동에 소속시켜라."라고 하였다. …… 왕은 최영과 함께 요동을 공격하기로 계책을 결정하였으나, 감히 드러내어 말하지 못하고 사냥 간다는 핑계를 대고 서쪽으로 해주에 행차하였다.
>
> *개원로(開元路): 원이 설치한 행정 구역

1351	1359	1380	1391	1394	1400
(가)	(나)	(다)	(라)	(마)	
공민왕 즉위	홍건적 침입	황산 대첩	과전법 실시	한양 천도	태종 즉위

① (가) ② (나) ③ (다) ④ (라) ⑤ (마)

20

밑줄 그은 '이 역사서'에 대한 설명으로 옳은 것은? [3점]

> 대개 이미 지나간 나라의 흥망은 장래의 교훈이 되기 때문에 이 역사서를 편찬하여 올리는 바입니다. …… 범례는 사마천의 『사기』를 따르고, 대의(大義)는 모두 왕께 아뢰어 재가를 얻었습니다. 본기(本紀)라는 이름을 피하고 세가(世家)라고 한 것은 명분의 중요성을 나타내기 위함이며, 가짜 왕인 신씨들[신우, 신창]을 세가에 넣지 않고 열전으로 내린 것은 그들이 왕위를 도둑질한 사실을 엄히 논죄하려는 것입니다.

① 발해사를 우리 역사로 체계화하였다.
② 고구려 시조의 일대기를 서사시로 표현하였다.
③ 불교사를 중심으로 고대의 민간 설화를 수록하였다.
④ 고조선부터 고려 말까지의 역사를 연대순으로 기록하였다.
⑤ 조선 건국을 정당화하는 입장에서 고려의 역사를 정리하였다.

21

(가) 기구에 대한 설명으로 옳은 것은? [2점]

> 우부승지 김종직이 아뢰기를, "고려 태조는 여러 고을에 영을 내려 공변되고 청렴한 선비를 뽑아서 향리들의 불법을 규찰하게 하였으므로 간사한 향리가 저절로 없어져 5백 년간 풍화를 유지할 수 있었습니다. 우리 조정에서는 이시애의 난 이후 (가) 이/가 혁파되자 간악한 향리들이 불의를 자행하여서 건국한 지 1백 년도 못 되어 풍속이 쇠퇴해졌습니다. …… 청컨대 (가) 을/를 다시 설립하여 향풍(鄕風)을 규찰하게 하소서."라고 하였다.
> – 『성종실록』 –

① 조광조 일파의 건의로 폐지되었다.
② 좌수와 별감을 중심으로 운영되었다.
③ 풍기 군수 주세붕이 처음 설립하였다.
④ 대사성 이하 좨주, 직강 등의 관직을 두었다.
⑤ 매향(埋香) 활동 등 각종 불교 행사를 주관하였다.

22

다음 검색창에 들어갈 인물의 활동으로 옳은 것은? [2점]

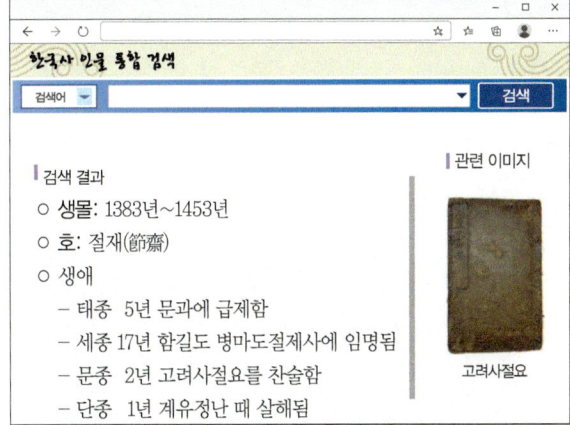

① 여진을 정벌하고 6진을 개척하였다.
② 불씨잡변을 지어 불교를 비판하였다.
③ 반정 공신의 위훈 삭제를 주장하였다.
④ 왜구의 근거지인 쓰시마섬을 정벌하였다.
⑤ 충청도 지역까지 대동법의 확대 실시를 건의하였다.

23

다음 가상 대화가 이루어진 시기에 볼 수 있는 모습으로 적절하지 않은 것은? [1점]

① 담배 농사를 짓고 있는 농민
② 관청에 종이를 납품하는 공인
③ 시사(詩社)에서 시를 낭송하는 중인
④ 장시에서 판소리 공연을 하는 소리꾼
⑤ 솔빈부의 특산품인 말을 수입하는 상인

24

다음 기사에 보도된 전투 이후의 사실로 옳은 것은? [2점]

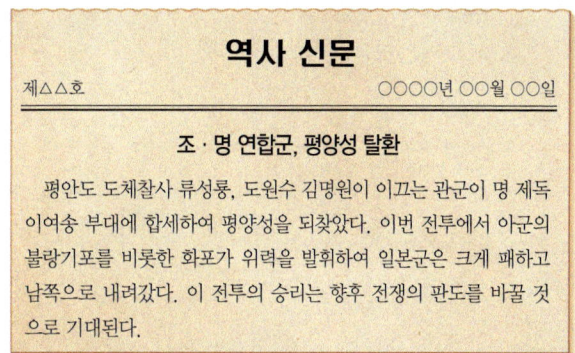

① 송상현이 동래성에서 항전하였다.
② 권율이 행주산성에서 적군을 격퇴하였다.
③ 이순신이 한산도 앞바다에서 대승을 거두었다.
④ 신립이 탄금대 앞에서 배수의 진을 치고 싸웠다.
⑤ 최윤덕이 올라산성에서 이만주 부대를 정벌하였다.

25

(가), (나) 인물에 대한 설명으로 옳은 것은? [2점]

① (가) - 100리 척을 사용하여 동국지도를 제작하였다.
② (가) - 곽우록에서 토지 매매를 제한하는 한전론을 제시하였다.
③ (나) - 의산문답에서 중국 중심의 세계관을 비판하였다.
④ (나) - 여전론을 통해 마을 단위의 공동 경작을 주장하였다.
⑤ (가), (나) - 양명학을 연구하여 강화학파를 형성하였다.

26

(가)~(다)를 일어난 순서대로 옳게 나열한 것은? [2점]

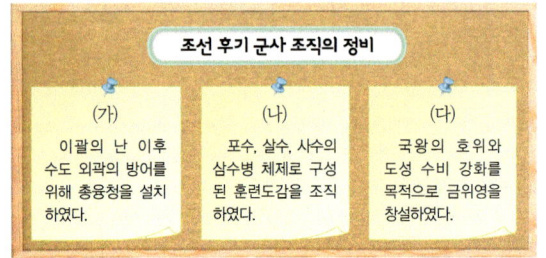

조선 후기 군사 조직의 정비

(가) 이괄의 난 이후 수도 외곽의 방어를 위해 총융청을 설치하였다.

(나) 포수, 살수, 사수의 삼수병 체제로 구성된 훈련도감을 조직하였다.

(다) 국왕의 호위와 도성 수비 강화를 목적으로 금위영을 창설하였다.

① (가) - (나) - (다)
② (가) - (다) - (나)
③ (나) - (가) - (다)
④ (나) - (다) - (가)
⑤ (다) - (나) - (가)

27

(가) 왕의 재위 기간에 있었던 사실로 옳은 것은? [1점]

이 그림은 화성능행도 8폭 중 일부로, (가) 이/가 혜경궁 홍씨를 모시고 현륭원에 다녀오는 모습을 그린 것입니다. 위엄을 갖춘 행렬의 장대함과 구경꾼들의 생동감 넘치는 표정이 잘 드러나 있습니다.

① 자의 대비의 복상 문제로 예송이 전개되었다.
② 명의 신종을 제사 지내는 만동묘가 설치되었다.
③ 문신을 재교육하기 위한 초계문신제가 실시되었다.
④ 붕당의 폐해를 경계하는 탕평비가 성균관에 건립되었다.
⑤ 비변사의 혁파로 의정부와 삼군부의 기능이 정상화되었다.

28

다음 상황이 나타난 시기를 연표에서 옳게 고른 것은? [3점]

사학(邪學) 죄인 황사영은 사족으로서 사술(邪術)에 미혹됨이 가장 심한 자였다. [그는] 의금부에서 체포하려는 것을 미리 알고 피신하였는데, 상복을 입고 성명을 바꾸거나 토굴에 숨어서 종적을 감춘 지 반년이 지났다. 포청에서 은밀히 염탐하여 지금에야 제천 땅에서 붙잡았다. 그의 문서를 수색하던 중 백서를 찾았는데, 장차 북경의 천주당에 전하려고 한 것이었다.

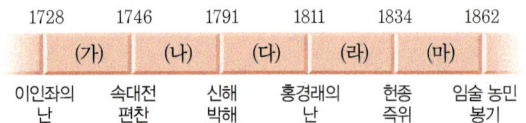

1728	1746	1791	1811	1834	1862
(가)	(나)	(다)	(라)	(마)
이인좌의 난	속대전 편찬	신해박해	홍경래의 난	헌종 즉위	임술 농민 봉기

① (가) ② (나) ③ (다) ④ (라) ⑤ (마)

29

(가) 사건에 대한 설명으로 옳은 것은? [1점]

이 척화비는 자연석에 비문을 새긴 것이 특징입니다. 척화비는 제너럴 셔먼호 사건을 구실로 일어난 (가) 이후 전국 각지에 세워졌습니다. 이를 통해 서양 세력과의 통상 수교를 거부한 역사의 한 장면을 엿볼 수 있습니다.

① 청군의 개입으로 종결되었다.
② 외규장각 도서가 약탈되는 결과를 가져왔다.
③ 에도 막부에 통신사가 파견되는 계기가 되었다.
④ 사태 수습을 위해 박규수가 안핵사로 파견되었다.
⑤ 전개 과정에서 어재연 부대가 광성보에서 항전하였다.

30

(가), (나) 조약에 대한 설명으로 옳은 것은? [3점]

(가) 제4조 …… 조선 상인이 북경에서 규정에 따라 교역하고, 중국 상인이 조선의 양화진과 서울에 들어가 영업소를 개설한 경우를 제외하고 각종 화물을 내지로 운반하여 상점을 차리고 파는 것을 허가하지 않는다. ……

(나) 제37관 조선국에서 가뭄과 홍수, 전쟁 등의 일로 국내에 양식이 부족할 것을 우려하여 일시 쌀 수출을 금지하려고 할 때에는 1개월 전에 지방관이 일본 영사관에 통지하고, 미리 그 기간을 항구에 있는 일본 상인들에게 전달하여 일률적으로 준수하는 데 편리하게 한다.

① (가) - 통감부가 설치되는 계기가 되었다.
② (가) - 조선의 관세 자주권을 최초로 인정하였다.
③ (나) - 최혜국 대우를 규정한 조항을 담고 있다.
④ (나) - 일본 공사관의 경비병 주둔을 명시하였다.
⑤ (가), (나) - 갑신정변의 영향으로 체결되었다.

31

다음 검색창에 들어갈 신문에 대한 설명으로 옳은 것은? [2점]

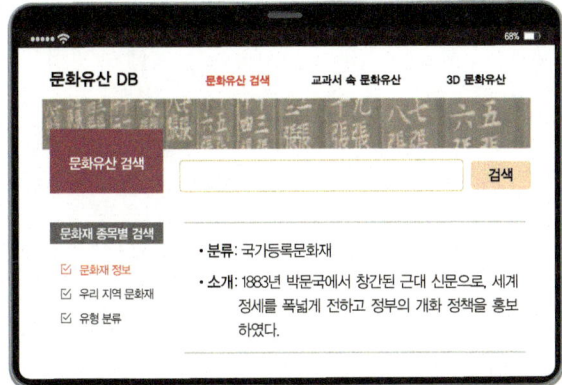

① 여권통문을 처음 보도하였다.
② 국채 보상 운동의 확산에 기여하였다.
③ 의병 투쟁에 호의적인 기사를 게재하였다.
④ 외국인이 읽을 수 있도록 영문으로도 발행되었다.
⑤ 순 한문 신문으로 열흘마다 발행하는 것이 원칙이었다.

32

다음 가상 뉴스에서 보도하는 사건 이후에 전개된 사실로 옳은 것은? [1점]

① 남접과 북접이 논산에서 연합하였다.
② 농민군이 황룡촌 전투에서 관군에 승리하였다.
③ 교조 신원을 요구하는 보은 집회가 개최되었다.
④ 사태 수습을 위해 안핵사 이용태가 파견되었다.
⑤ 전봉준이 농민을 이끌고 고부 관아를 습격하였다.

33

다음 대화에 해당하는 교육 기관에 대한 설명으로 옳은 것은? [2점]

① 7재라는 전문 강좌가 개설되었다.
② 조선 총독부의 탄압으로 폐교되었다.
③ 교육 입국 조서에 근거하여 세워졌다.
④ 주요 건물로 대성전과 명륜당을 두었다.
⑤ 헐버트, 길모어 등이 교사로 초빙되었다.

34

(가) 인물의 활동으로 옳은 것은? [3점]

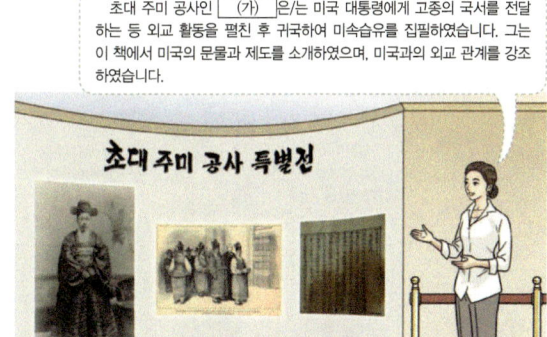

① 샌프란시스코에서 흥사단을 창립하였다.
② 황준헌이 쓴 조선책략을 국내에 들여왔다.
③ 인재 양성을 위해 오산 학교를 설립하였다.
④ 국문 연구소를 설립하고 연구위원으로 활동하였다.
⑤ 독립 협회의 제안을 받아들여 중추원 관제 개편을 추진하였다.

35

(가)에 들어갈 내용으로 가장 적절한 것은? [2점]

한국사 특강

우리 학회에서는 고종이 황제로 즉위한 이후 구본신참에 입각하여 추진한 정책을 주제로 강좌를 마련하였습니다. 많은 관심과 참여 바랍니다.

■ 강좌 내용 ■

제1강 (가)
제2강 대한국 국제 반포와 황제 중심 정치 구조
제3강 지계 발급과 근대적 토지 소유권

● 기간: 2023년 10월 ○○일~○○일
● 일시: 매주 토요일 14:00~16:00
● 장소: △△ 연구원

① 통역관 양성을 위한 동문학 설립
② 개혁 방향을 제시한 홍범 14조 반포
③ 통리기무아문 설치와 개화 정책 추진
④ 원수부 창설과 황제의 군 통수권 강화
⑤ 23부로의 지방 제도 개편과 지방관 권한 축소

36

(가), (나) 사이의 시기에 있었던 사실로 옳은 것은? [2점]

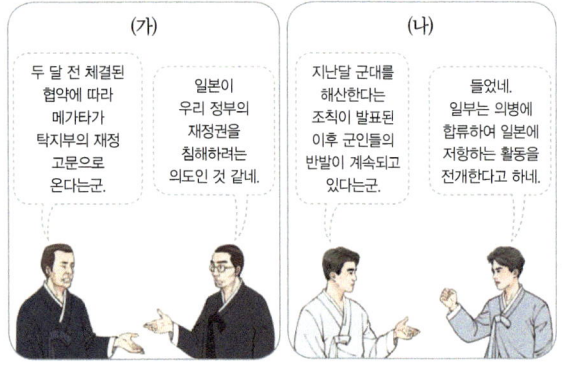

(가) 두 달 전 체결된 협약에 따라 메가타가 탁지부의 재정 고문으로 온다는군. / 일본이 우리 정부의 재정권을 침해하려는 의도인 것 같네.

(나) 지난달 군대를 해산한다는 조칙이 발표된 이후 군인들의 반발이 계속되고 있다는군. / 들었네. 일부는 의병에 합류하여 일본에 저항하는 활동을 전개한다고 하네.

① 데라우치가 초대 총독으로 부임하였다.
② 13도 창의군이 서울 진공 작전을 전개하였다.
③ 기유각서를 통해 일제에 사법권을 박탈당하였다.
④ 상권 수호를 위해 황국 중앙 총상회가 조직되었다.
⑤ 헤이그에서 열린 만국 평화 회의에 특사가 파견되었다.

37

(가) 단체에 대한 설명으로 옳은 것은? [2점]

판결문

피고: 오복영 외 1인
주문: 피고 두 명을 각 징역 7년에 처한다.
이유
제1. 피고 오복영은 이전부터 조선 독립을 희망하고 있었다.
1. 대정 11년(1922) 11월 중 김상옥, 안홍한 등이 조선 독립자금 강탈을 목적으로 권총, 불온문서 등을 가지고 조선에 오는 것을 알고 천진에서 여비 40원을 조달함으로써 동인 등으로 하여금 조선으로 들어오게 하고
2. 대정 12년(1923) 8월 초순 (가) 단원으로 활약할 목적으로 피고 이영주의 권유에 의해 동 단에 가입하고
3. 이어서 피고 이영주와 함께 (가) 단장 김원봉 및 단원 유우근의 지휘 하에 피고 두 명은 조선 내 관리를 암살하고 주요 관아, 공서를 폭파함으로 민심의 동요를 초래하고 ……

① 일제의 황무지 개간권 요구를 저지하였다.
② 일제가 조작한 105인 사건으로 큰 타격을 입었다.
③ 단원인 나석주가 동양 척식 주식회사에 폭탄을 던졌다.
④ 조선 총독부에 국권 반환 요구서를 제출하고자 하였다.
⑤ 이륭양행에 교통국을 설치하여 국내와 연락을 취하였다.

38

밑줄 그은 '이 운동'에 대한 설명으로 옳은 것을 <보기>에서 고른 것은? [1점]

이것은 1929년 11월 한일 학생 간의 충돌을 계기로 시작된 이 운동을 기념하는 탑입니다. 당시 민족 차별에 분노한 광주 지역 학생들이 대규모 시위를 전개하였고, 전국의 많은 학교가 동맹 휴학으로 동참하였습니다. 이 기념탑은 학생들의 단결된 의지를 타오르는 횃불로 형상화한 것입니다.

< 보 기 >
ㄱ. 조선인 본위의 교육 제도 확립 등을 요구하였다.
ㄴ. 대한매일신보의 후원 속에 전국으로 확산하였다.
ㄷ. 신간회에서 진상 조사단을 파견하여 지원하였다.
ㄹ. 일제가 이른바 문화 통치를 실시하는 배경이 되었다.

① ㄱ, ㄴ ② ㄱ, ㄷ ③ ㄴ, ㄷ ④ ㄴ, ㄹ ⑤ ㄷ, ㄹ

39

(가) 부대에 대한 설명으로 옳은 것은? [2점]

> 대전자령은 태평령이라고도 하는데, 일본군이 서남부의 왕칭현 쪽으로 가려면 반드시 지나가야 하는 지점이었다. 대전자령의 양쪽은 험준한 절벽과 울창한 산림 지대로 되어 있어 적을 공격하기에 알맞은 곳이었다. 이 전투에 (가) 의 주력 부대 500여 명, 차이시잉(柴世榮)이 거느리는 중국 의용군인 길림구국군 2,000여 명이 참가하였다. …… 한중 연합군은 계곡 양편 산기슭에 구축되어 있는 참호 속에 미리 매복·대기하여 일본군 습격 준비를 마쳤다.
> — 『청천장군의 혁명투쟁사』 —

① 영국군의 요청으로 인도·미얀마 전선에 투입되었다.
② 간도 참변 이후 조직을 정비하고 자유시로 이동하였다.
③ 중국 관내(關內)에서 결성된 최초의 한일 무장 부대였다.
④ 홍범도 부대와 연합하여 청산리에서 일본군과 교전하였다.
⑤ 한국 독립당의 군사 조직으로 북만주 지역에서 활약하였다.

40

밑줄 그은 '이 시기'에 있었던 사실로 옳은 것은? [1점]

문학으로 만나는 한국사

> "이제 곧 창씨개명이 문제가 아닌 날이 닥칠 겁니다. 그때는 사느냐 죽느냐, 이 문제가 턱에 걸려서 아무것도 뵈지 않을걸요. 아 왜 거년(去年) 칠월에 국가 총동원법 제4조라고 하면서, 국민 징용령이 안 떨어졌습니까? 일본 본토는 그렇다 치고, 조선, 대만, 사할린, 남양 군도에까지 그 징용령이 시행되고 있는 판에, 징병령인들 떨어지지 않겠습니까? 지금 지원병 제도는 장차 징병 문제를 결정하려는 시험으로 해 보는 것이라고 허드구만요."
> 이기채는 가슴이 까닭 없이 덜컥, 내려앉는다.
> — 『혼불』 —

[해설] 이 작품에는 일제가 국가 총동원법을 제정하고 노동력 수탈을 위해 국민 징용령 등을 시행하던 이 시기 우리 민족의 삶이 잘 표현되어 있다.

① 조선 태형령이 공포되었다.
② 헌병 경찰 제도가 실시되었다.
③ 경성 제국 대학이 설립되었다.
④ 조선 농민 총동맹이 조직되었다.
⑤ 황국 신민 서사 암송이 강요되었다.

41

(가) 종교에 대한 설명으로 옳은 것은? [2점]

기획 전시

방정환이 꿈꾼 어린이를 위한 나라

우리 박물관에서는 『어린이』 창간 100주년을 기념하는 특별전을 준비하였습니다. 동학을 계승한 종교인 (가) 계열의 방정환 등이 어린이들에게 다양한 읽을거리를 제공하기 위해 발간한 잡지 『어린이』의 전시와 함께 여러 체험 행사를 준비하였으니 많은 관심 바랍니다.

- 기간: 2023. ○○. ○○. ~ ○○. ○○.
- 장소: △△ 박물관 특별 전시실
- 전시 자료 소개

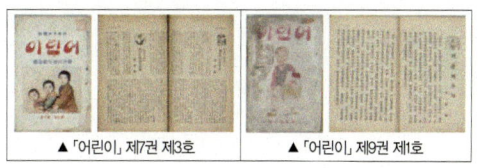

▲ 『어린이』 제7권 제3호   ▲ 『어린이』 제9권 제1호

① 한용운 등이 사찰령 폐지를 주장하였다.
② 만세보를 발행하여 민중 계몽에 앞장섰다.
③ 박중빈을 중심으로 새생활 운동을 펼쳤다.
④ 배재 학당을 세워 신학문을 보급하고자 힘썼다.
⑤ 의민단을 조직하여 항일 무장 투쟁을 전개하였다.

42

(가)에 들어갈 내용으로 가장 적절한 것은? [3점]

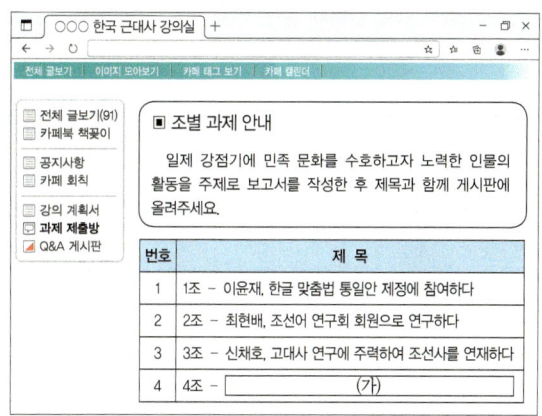

① 정인보, 민족의 얼을 강조하고 조선학 운동을 전개하다
② 장지연, 황성신문에 시일야방성대곡이라는 논설을 싣다
③ 유길준, 서유견문을 집필하여 서양 근대 문명을 소개하다
④ 최익현, 지부복궐척화의소를 올려 왜양일체론을 주장하다
⑤ 신헌, 강화도 조약 체결의 전말을 기록한 심행일기를 남기다

43

밑줄 그은 '이 지역'에서 있었던 민족 운동으로 옳은 것은? [2점]

이것은 1923년 이 지역에서 발생한 지진 당시 희생된 조선인을 위로하기 위해 세운 추도비입니다. 지진이 일어나자 "조선인이 불을 질렀다", "조선인이 공격해 온다" 등의 유언비어가 퍼졌고, 이에 현혹된 사람들이 조직한 자경단 등에 의해 수많은 조선인이 학살되었습니다.

① 한인 자치 기구인 경학사를 설립하였다.
② 민족 교육을 위해 서전서숙을 건립하였다.
③ 유학생을 중심으로 2·8 독립 선언서를 발표하였다.
④ 대조선 국민 군단을 결성하여 군사 훈련을 실시하였다.
⑤ 대한 광복군 정부를 세워 무장 독립 투쟁을 준비하였다.

44

(가) 인물에 대한 설명으로 옳은 것은? [2점]

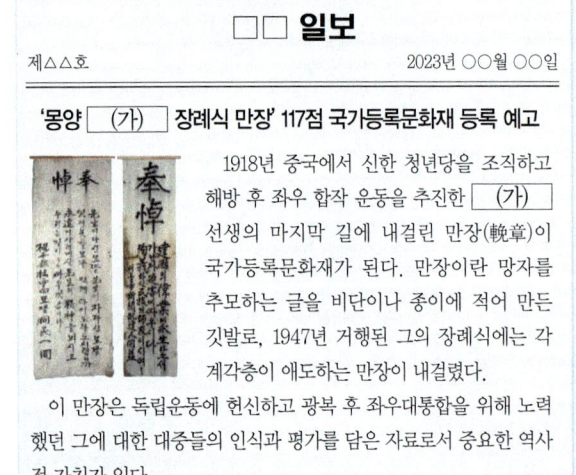

□□일보
제△△호   2023년 ○○월 ○○일

'몽양 (가) 장례식 만장' 117점 국가등록문화재 등록 예고

1918년 중국에서 신한 청년당을 조직하고 해방 후 좌우 합작 운동을 추진한 (가) 선생의 마지막 길에 내걸린 만장(輓章)이 국가등록문화재가 된다. 만장이란 망자를 추모하는 글을 비단이나 종이에 적어 만든 깃발로, 1947년 거행된 그의 장례식에는 각계각층이 애도하는 만장이 내걸렸다.

이 만장은 독립운동에 헌신하고 광복 후 좌우대통합을 위해 노력했던 그에 대한 대중들의 인식과 평가를 담은 자료로서 중요한 역사적 가치가 있다.

① 조선 건국 동맹을 결성하였다.
② 한국독립운동지혈사를 저술하였다.
③ 권업회의 초대 회장으로 선출되었다.
④ 대한 광복회를 조직하여 친일파를 처단하였다.
⑤ 백산 상회를 설립하여 독립운동 자금을 마련하였다.

45

밑줄 그은 '개헌안'의 시행 결과로 옳은 것은? [2점]

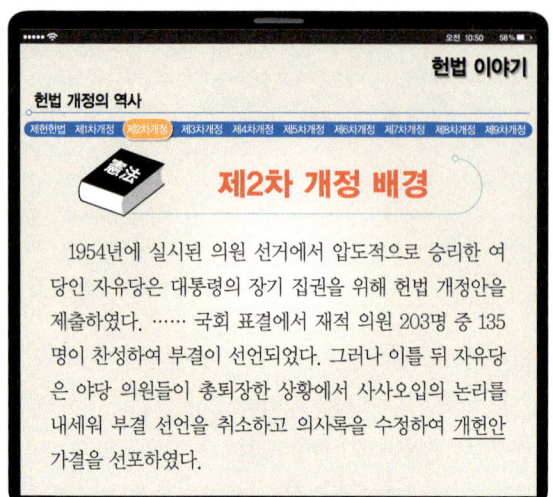

헌법 이야기
헌법 개정의 역사
제헌헌법 제1차개정 제2차개정 제3차개정 제4차개정 제5차개정 제6차개정 제7차개정 제8차개정 제9차개정

제2차 개정 배경

1954년에 실시된 의원 선거에서 압도적으로 승리한 여당인 자유당은 대통령의 장기 집권을 위해 헌법 개정안을 제출하였다. …… 국회 표결에서 재적 의원 203명 중 135명이 찬성하여 부결이 선언되었다. 그러나 이틀 뒤 자유당은 야당 의원들이 총퇴장한 상황에서 사사오입의 논리를 내세워 부결 선언을 취소하고 의사록을 수정하여 개헌안 가결을 선포하였다.

① 통일 주체 국민 회의에서 대통령이 선출되었다.
② 5년 단임의 대통령이 직선제에 의해 선출되었다.
③ 대통령이 국회의원의 3분의 1을 추천하게 되었다.
④ 국회에서 간접 선거 방식으로 대통령이 선출되었다.
⑤ 개헌 당시의 대통령에 한하여 중임 제한이 철폐되었다.

46

(가)~(마)에 들어갈 내용으로 적절하지 않은 것은? [1점]

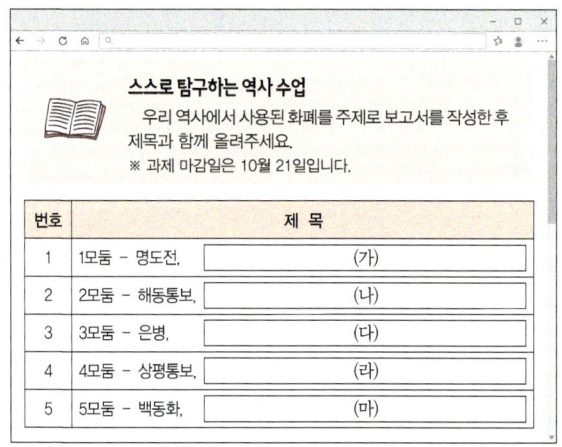

스스로 탐구하는 역사 수업
우리 역사에서 사용된 화폐를 주제로 보고서를 작성한 후 제목과 함께 올려주세요.
※ 과제 마감일은 10월 21일입니다.

번호	제 목
1	1모둠 - 명도전, (가)
2	2모둠 - 해동통보, (나)
3	3모둠 - 은병, (다)
4	4모둠 - 상평통보, (라)
5	5모둠 - 백동화, (마)

① (가) - 중국 연과의 교류 관계를 보여주다
② (나) - 의천의 건의로 화폐가 주조되다
③ (다) - 경복궁 중건을 위해 제작되다
④ (라) - 법화로 발행되어 전국적으로 유통되다
⑤ (마) - 전환국에서 화폐가 발행되다

[47~48] 다음 자료를 읽고 물음에 답하시오.

(가) 만적 등 6명이 북산에서 나무하다가 공사 노비를 불러 모아 모의하기를, "국가에서 경인년·계사년 이후로 높은 벼슬이 천한 노비에게서 많이 나왔으니, 장수와 재상이 어찌 종자가 있으랴. …… 그 주인을 죽이고 노비 문서를 불태워 삼한에서 천인을 없애면 모두 공경 장상이 될 수 있을 것이다."라고 하였다.

(나) 왕 7년, 노비를 안검하여 그 시비를 분별하도록 명하자, 노비로 주인을 배반한 자가 매우 많아지고 윗사람을 능멸하는 풍조가 크게 행해졌다. 사람들이 모두 탄식하고 원망하였다. 대목왕후가 이를 간절히 간언하였으나 왕은 받아들이지 않았다.

(다) 1. 문벌, 양반과 상인들의 등급을 없애고 귀천에 관계없이 인재를 선발하여 등용한다.
1. 과부가 재가하는 것은 귀천을 막론하고 자신의 의사대로 하게 한다.
1. 공노비와 사노비에 관한 법을 일체 혁파하고 사람을 사고파는 일을 금지한다.

(라) "임금이 백성을 대할 때는 귀천이 없고 내외 없이 고루 균등하게 적자(赤子)로 여겨야 하는데, 노(奴)와 비(婢)라고 하여 구분하는 것이 어찌 똑같이 동포로 여기는 뜻이겠는가. 내노비 36,974명과 시노비 29,093명을 모두 양민으로 삼도록 하라. 그리고 승정원으로 하여금 노비 문서를 거두어 돈화문 밖에서 불태우도록 하라."

47
(가)~(라)를 일어난 순서대로 옳게 나열한 것은? [3점]

① (가)-(나)-(다)-(라) ② (가)-(나)-(라)-(다)
③ (나)-(가)-(라)-(다) ④ (나)-(다)-(가)-(라)
⑤ (다)-(라)-(나)-(가)

48
(가)~(라)를 활용한 탐구 활동으로 적절한 것을 〈보기〉에서 고른 것은? [2점]

보 기
ㄱ. (가) - 무신 집권기에 발생한 하층민의 봉기에 대해 알아본다.
ㄴ. (나) - 호족의 경제적 기반을 약화시킨 제도를 살펴본다.
ㄷ. (다) - 균역법이 시행되는 배경을 파악한다.
ㄹ. (라) - 삼정이정청이 설치된 계기를 조사한다.

① ㄱ, ㄴ ② ㄱ, ㄷ ③ ㄴ, ㄷ ④ ㄴ, ㄹ ⑤ ㄷ, ㄹ

49
(가) 정부 시기에 있었던 사실로 옳은 것은? [2점]

① 정부에 비판적인 경향신문이 폐간되었다.
② 국민의 요구에 굴복하여 대통령이 하야하였다.
③ 민주화 시위 도중 대학생 강경대가 희생되었다.
④ 장기 독재에 저항한 3·1 민주 구국 선언이 발표되었다.
⑤ 기존 헌법을 유지하는 4·13 호헌 조치가 선언되었다.

50
다음 연설이 있었던 정부의 통일 노력으로 옳은 것은? [2점]

① 남북한이 국제 연합(UN)에 동시 가입하였다.
② 민족 자존과 통일 번영을 위한 7·7 선언을 발표하였다.
③ 남북 이산가족 고향 방문단의 교환 방문을 최초로 성사시켰다.
④ 7·4 남북 공동 성명 실천을 위해 남북 조절 위원회를 구성하였다.
⑤ 남북 관계 발전과 평화 번영을 위한 10·4 남북 정상 선언을 발표하였다.

2023년도 제66회 한국사능력검정시험 심화

|정답 및 해설| 327p

01

(가) 시대의 생활 모습으로 옳은 것은? [1점]

① 반달 돌칼로 벼를 수확하였다.
② 주로 동굴이나 막집에서 살았다.
③ 반량전, 명도전 등 화폐를 사용하였다.
④ 빗살무늬 토기를 만들어 식량을 저장하였다.
⑤ 가락바퀴와 뼈바늘을 이용하여 옷을 만들었다.

02

다음 자료에 해당하는 나라에 대한 설명으로 옳은 것은? [2점]

> 호의 수는 5천인데 대군왕은 없으며 읍락에는 각각 대를 잇는 우두머리가 있다. …… 여러 읍락의 거수(渠帥)들은 스스로를 삼로라 일컬었다. …… 장사를 지낼 때에는 큰 나무 곽을 만든다. 길이가 10여 장이나 되며 한쪽을 열어 놓아 문을 만든다. 사람이 죽으면 임시로 매장한다. 겨우 시체가 덮일 만큼 묻었다가 가죽과 살이 다 썩은 다음에 뼈만 추려 곽 속에 넣는다. 온 집 식구를 하나의 곽 속에 넣어 두는데, 죽은 사람의 숫자만큼 나무를 깎아 생전의 모습과 같이 만들었다.
>
> - 『삼국지』 동이전 -

① 신성 지역인 소도가 존재하였다.
② 혼인 풍습으로 민며느리제가 있었다.
③ 범금 8조를 통해 사회 질서를 유지하였다.
④ 여러 가(加)들이 각각 사출도를 주관하였다.
⑤ 정사암에 모여 국가의 중대사를 논의하였다.

03

(가) 국가의 문화유산으로 옳은 것은? [2점]

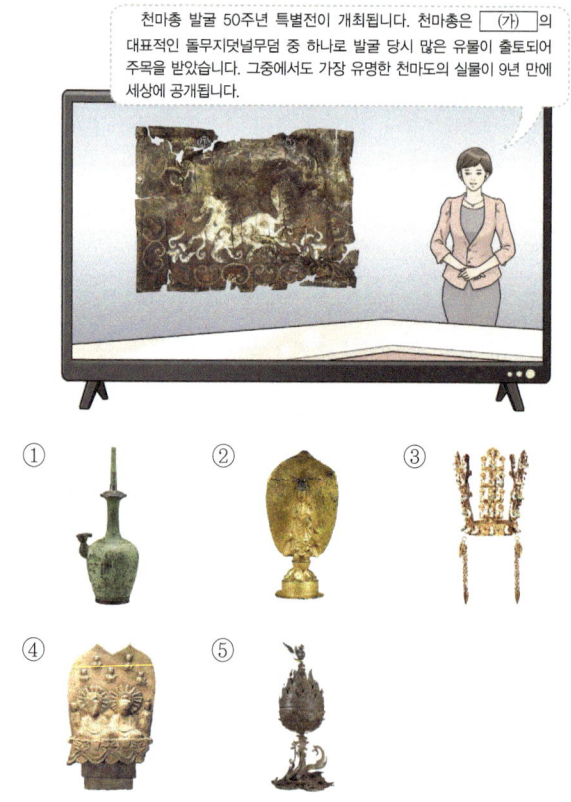

04

밑줄 그은 '왕'에 대한 설명으로 옳은 것은? [2점]

> ○ 기해년에 백제가 맹세를 어기고 왜와 화통하였다. 왕이 순행하여 평양으로 내려갔는데, 신라에서 사신을 보내어 아뢰기를, "왜인이 국경에 가득 차 성지(城池)를 파괴하고 있습니다. …… 귀부하여 명을 받고자 합니다."라고 하였다.
> ○ 경자년에 왕이 보병과 기병 5만 명을 보내어 신라를 구원하게 하였다. 군대가 남거성을 거쳐 신라성에 이르니 왜적이 많았다. 군대가 도착하자 왜적이 퇴각하였다.

① 대가야를 병합하였다.
② 평양으로 도읍을 옮겼다.
③ 22담로에 왕족을 파견하였다.
④ 영락이라는 연호를 사용하였다.
⑤ 낙랑군을 몰아내고 영토를 확장하였다.

05

(가) 왕의 재위 시기 삼국의 상황으로 옳은 것은? [3점]

이 사진은 익산 미륵사지 서탑 출토 사리장엄구의 발견 당시 모습입니다. 삼국유사에는 (가) 이/가 왕후인 신라 선화 공주의 발원으로 미륵사를 창건했다고 되어 있지만, 금제 사리봉영기에는 왕후가 백제 귀족 사택적덕의 딸로 기록되어 있습니다. 이로 인해 미륵사 창건 배경과 (가) 의 아들인 의자왕의 친모가 누구인지에 대한 논란이 벌어지기도 하였습니다.

① 고구려 - 을지문덕이 살수에서 수의 대군을 격파하였다.
② 백제 - 고흥이 서기를 편찬하였다.
③ 백제 - 계백이 황산벌에서 군대를 이끌고 결사 항전하였다.
④ 신라 - 이사부가 우산국을 정복하였다.
⑤ 신라 - 사찬 시득이 기벌포에서 당군에 승리하였다.

06

교사의 질문에 대한 학생의 답변으로 가장 적절한 것은? [2점]

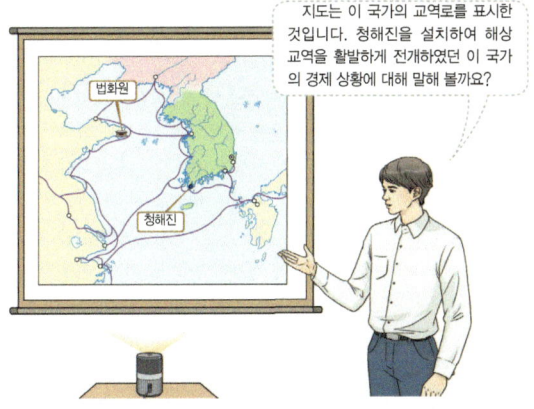

지도는 이 국가의 교역로를 표시한 것입니다. 청해진을 설치하여 해상 교역을 활발하게 전개하였던 이 국가의 경제 상황에 대해 말해 볼까요?

① 삼한통보와 해동통보를 발행하였어요.
② 특산품으로 솔빈부의 말이 유명하였어요.
③ 고구마, 감자 등의 구황 작물을 재배하였어요.
④ 특수 행정 구역인 소에서 여러 물품을 생산하였어요.
⑤ 조세 수취를 위해 3년마다 촌락 문서를 작성하였어요.

07

(가), (나) 사이의 시기에 볼 수 있는 모습으로 가장 적절한 것은? [3점]

(가) 선덕왕이 죽었는데 아들이 없자, 여러 신하들이 회의를 한 후에 왕의 조카인 김주원을 옹립하고자 하였다. 주원의 집은 왕경에서 북쪽으로 20리 떨어진 곳에 있었는데, 마침 큰비가 와서 알천의 물이 넘쳐 주원이 건너 오지 못하였다. …… 여러 사람들의 뜻이 모아져 김경신이 왕위를 계승하도록 하였다.
ㅡ 『삼국사기』 ㅡ

(나) 나라 안의 모든 주군에서 공물과 부세를 보내지 않아, 창고가 텅텅 비어 나라 재정이 궁핍해졌다 왕이 사신을 보내 독촉하니 곳곳에서 도적이 벌떼처럼 일어났다. 이때 원종과 애노 등이 사벌주에 근거하여 반란을 일으켰다.
ㅡ 『삼국사기』 ㅡ

① 계백료서를 읽는 관리
② 녹읍 폐지를 명하는 국왕
③ 성균관에서 공부하는 국왕
④ 초조대장경을 조판하는 장인
⑤ 김헌창의 난을 진압하는 군인

08

(가)에 들어갈 내용으로 가장 적절한 것은? [1점]

한국사 모둠별 탐구 활동 안내

◆ 주제: (가)
◆ 방법: 문헌 조사, 인터넷 검색 등을 활용하여 아래에 제시된 문화유산을 탐구한다.
◆ 모둠별 탐구 자료

1모둠	2모둠
▲ 크라스키노 성 유적 출토 연꽃무늬 수막새	▲ 콕샤로프카 평지성 온돌 유적

① 백제 문화의 국제성
② 신라와 서역의 교류
③ 가야 문화의 일본 전파
④ 고려에서 유행한 몽골풍
⑤ 발해와 고구려의 문화적 연관성

09

밑줄 그은 '인물'에 대한 설명으로 옳은 것은? [2점]

대한민국 방방곡곡 - 김제 금산사
한국사 채널 조회 수 230,813

금산사는 삼국 시대에 창건된 유서 깊은 사찰입니다. 완산주를 도읍으로 국가를 세운 인물이 아들 신검 등에 의해 유폐되었다가 탈출한 곳으로 잘 알려져 있습니다. 이 사찰은 국보인 미륵전을 비롯하여 여러 점의 국가 지정 문화재를 보유하고 있습니다.

① 독서삼품과를 실시하였다.
② 동진으로부터 불교를 수용하였다.
③ 후당과 오월에 사신을 파견하였다.
④ 광평성 등의 정치 기구를 마련하였다.
⑤ 화랑도를 국가적인 조직으로 개편하였다.

10

다음 제도를 시행한 국가의 경제 상황으로 옳지 <u>않은</u> 것은? [2점]

문종 3년 5월 양반 공음전시법을 정하였다. 1품은 문하시랑평장사 이상으로 전지 25결, 시지 15결이다. 2품은 참정 이상으로 전지 22결, 시지 12결이다. 3품은 전지 20결, 시지 10결이다. 4품은 전지 17결, 시지 8결이다. 5품은 전지 15결, 시지 5결이다. 이를 모두 자손에게 전하여 주게 한다. …… 공음전을 받은 자의 자손이 사직을 위태롭게 할 것을 꾀하거나 모반이나 대역에 연좌되거나, 여러 공죄나 사죄를 범하여 제명된 것 이외에는 비록 그 아들에게 죄가 있더라도 그 손자에게 죄가 없다면 공음전시의 3분의 1을 지급한다.

① 활구라고 불리는 은병이 유통되었다.
② 벽란도가 국제 무역항으로 번성하였다.
③ 서적점, 다점 등의 관영 상점이 운영되었다.
④ 경시서의 관리들이 수도의 시전을 감독하였다.
⑤ 설점수세제의 시행으로 민간의 광산 개발이 허용되었다.

11

(가)~(다) 학생이 발표한 내용을 일어난 순서대로 옳게 나열한 것은? [2점]

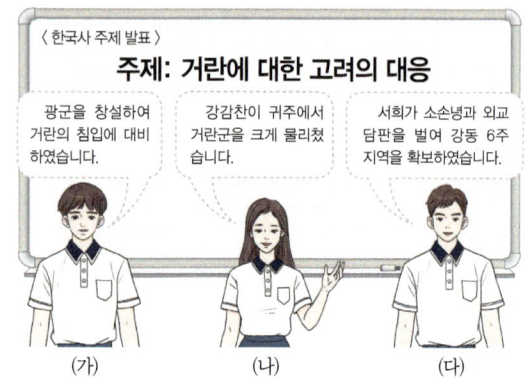

〈 한국사 주제 발표 〉
주제: 거란에 대한 고려의 대응

(가) 광군을 창설하여 거란의 침입에 대비하였습니다.
(나) 강감찬이 귀주에서 거란군을 크게 물리쳤습니다.
(다) 서희가 소손녕과 외교 담판을 벌여 강동 6주 지역을 확보하였습니다.

① (가) - (나) - (다)
② (가) - (다) - (나)
③ (나) - (가) - (다)
④ (나) - (다) - (가)
⑤ (다) - (나) - (가)

12

(가) 기구에 대한 설명으로 옳은 것은? [2점]

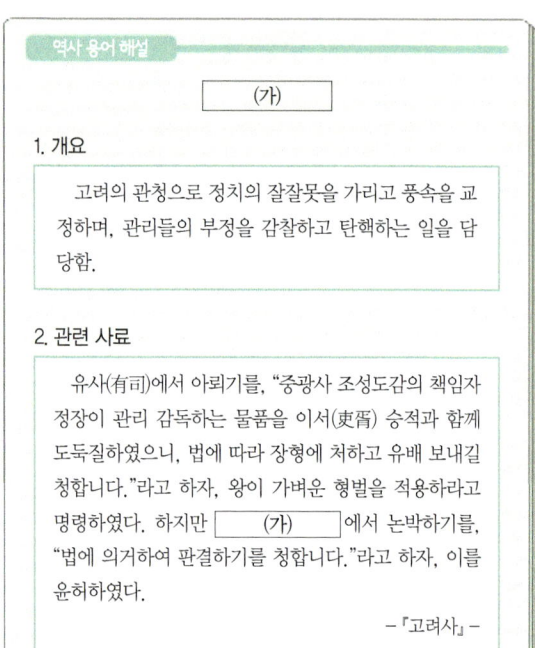

역사 용어 해설

(가)

1. 개요
고려의 관청으로 정치의 잘잘못을 가리고 풍속을 교정하며, 관리들의 부정을 감찰하고 탄핵하는 일을 담당함.

2. 관련 사료
유사(有司)에서 아뢰기를, "중광사 조성도감의 책임자 정장이 관리 감독하는 물품을 이서(吏胥) 승적과 함께 도둑질하였으니, 법에 따라 장형에 처하고 유배 보내길 청합니다."라고 하자, 왕이 가벼운 형벌을 적용하라고 명령하였다. 하지만 (가) 에서 논박하기를, "법에 의거하여 판결하기를 청합니다."라고 하자, 이를 윤허하였다.

— 『고려사』 —

① 무신 집권기 최고 권력 기구였다.
② 원 간섭기에 첨의부로 격하되었다.
③ 고려 말에 도평의사사로 개편되었다.
④ 관직 임명에 대한 서경권을 행사하였다.
⑤ 서얼 출신의 학자들이 검서관으로 기용되었다.

13

(가)의 침입에 대한 고려의 대응으로 옳은 것을 <보기>에서 고른 것은? [2점]

강화중성은 ⎡(가)⎦의 침략에 맞서 고려가 강화도로 천도한 이후 건립한 내성, 중성, 외성 중 하나입니다. 강화중성은 당시 수도를 둘러싼 토성(土城)으로, 이번 발굴 조사에서 방어를 위해 성벽의 바깥으로 돌출시킨 대규모 치성(雉城)이 확인되었습니다.

<보기>
ㄱ. 양규가 무로대에서 적군을 물리쳤다.
ㄴ. 김윤후가 충주성 전투에서 활약하였다.
ㄷ. 송문주가 죽주성에서 적군을 격퇴하였다.
ㄹ. 윤관이 별무반을 이끌고 동북 9성을 쌓았다.

① ㄱ, ㄴ ② ㄱ, ㄷ ③ ㄴ, ㄷ ④ ㄴ, ㄹ ⑤ ㄷ, ㄹ

14

다음 자료에 나타난 상황 이후의 사실로 옳은 것은? [2점]

경대승이 정중부를 죽이자, 조정 신하들이 대궐에 나아가 축하하였다. 경대승이 말하기를, "임금을 죽인 사람이 아직 살아 있는데, 무슨 축하인가?"라고 하였다. 이의민은 이 말을 듣고 매우 두려워하며 날랜 사람들을 모아서 대비하였다. 또한 경대승의 도방(都房)에서 자기들이 싫어하는 사람을 죽일 것을 모의한다는 말을 들었다. 이의민이 더욱 두려워하여 마을에 큰 문을 세워 밤마다 경계하였다.

① 묘청 등이 서경 천도를 주장하였다.
② 최충헌이 왕에게 봉사 10조를 올렸다.
③ 강조가 정변을 일으켜 왕을 폐위하였다.
④ 이자겸과 척준경이 반란을 일으켜 궁궐을 불태웠다.
⑤ 김보당이 폐위된 왕의 복위를 주장하며 군사를 일으켰다.

15

밑줄 그은 '왕'의 재위 기간에 볼 수 있는 모습으로 가장 적절한 것은? [1점]

이자춘이 쌍성 등지의 천호들을 거느리고 내조하니 왕이 맞이하며 말하기를, "어리석은 민(民)을 보살펴 편안하게 하느라 얼마나 노고가 많았는가?"라고 하였다. 그때 어떤 사람이 '기철이 쌍성의 반민(叛民)들과 몰래 내통하여 한패로 삼아 역모를 도모하려 한다'고 밀고하였다. 왕이 이자춘에게 이르기를, "경은 마땅히 돌아가서 우리 민을 진정시키고, 만일 변란이 일어나면 마땅히 내 명령대로 하라."라고 하였다. …… 이자춘이 명령을 듣고 곧 행군하여 유인우와 합세한 쌍성총관부를 공격하여 격파하였다.

① 초량 왜관에서 교역하는 상인
② 내의원에서 동의보감을 읽는 의원
③ 주자감에서 유학을 공부하는 학생
④ 전민변정도감에 억울함을 호소하는 농민
⑤ 황룡사 구층 목탑의 건립에 참여하는 장인

16

(가) 인물에 대한 설명으로 옳은 것은? [3점]

이것은 전라남도 강진군 월남사지에 있는 ⎡(가)⎦의 비입니다. 비문에는 지눌의 제자인 그가 수선사의 제2대 사주가 된 일, 당시 집권자인 최우가 그에게 두 아들을 출가(出家)시킨 일 등이 기록되어 있습니다.

① 화엄일승법계도를 지어 화엄 사상을 정리하였다.
② 해동 천태종을 개창하여 불교 교단 통합에 힘썼다.
③ 선문염송집을 편찬하고 유불 일치설을 주장하였다.
④ 권수정혜결사문을 작성하여 정혜쌍수를 강조하였다.
⑤ 보현십원가를 지어 불교 교리를 대중에게 전파하였다.

17

(가)에 해당하는 문화유산으로 옳은 것은? [3점]

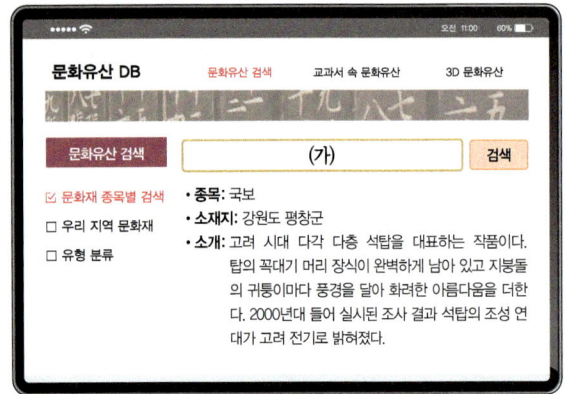

- 종목: 국보
- 소재지: 강원도 평창군
- 소개: 고려 시대 다각 다층 석탑을 대표하는 작품이다. 탑의 꼭대기 머리 장식이 완벽하게 남아 있고 지붕돌의 귀퉁이마다 풍경을 달아 화려한 아름다움을 더한다. 2000년대 들어 실시된 조사 결과 석탑의 조성 연대가 고려 전기로 밝혀졌다.

18

다음 시나리오의 상황 이후에 전개된 사실로 옳은 것은? [2점]

#12. 이성계의 집
이방원이 정몽주를 죽였다고 말하자 이성계가 크게 화를 낸다.
이성계: 대신을 함부로 살해하였으니, 나라 사람들이 내가 몰랐다고 하겠느냐? 우리 가문은 평소 충효로 소문났는데, 네가 감히 불효를 저질러 이렇게 되었구나.
이방원: 정몽주 등이 우리 가문을 무너뜨리려 하는데, 어찌 앉아서 망하기만을 기다리겠습니까? 이것이야말로 효입니다.

① 최승로가 시무 28조를 올렸다.
② 권근 등의 건의로 사병이 혁파되었다.
③ 안우, 이방실 등이 홍건적을 격파하였다.
④ 망이·망소이가 공주 명학소에서 봉기하였다.
⑤ 쌍기의 의견을 수용하여 과거제가 시행되었다.

19

밑줄 그은 '왕'의 업적으로 옳은 것은? [2점]

이전에 주조한 활자가 크고 고르지 않았다. 이에 왕께서 경자년에 다시 주조하셨다. 그리하여 그 모양이 작고 바르게 되었으니, 이것으로 인쇄하지 않은 책이 없었다. 이를 경자자라고 하였다. 갑인년에 다시 『위선음즐(爲善陰騭)』의 글자 모양을 본떠 갑인자를 주조하니, 경자자에 비하여 조금 크고 활자 모양이 매우 좋았다.

① 조선의 기본 법전인 경국대전을 반포하였다.
② 역대 문물을 정리한 동국문헌비고를 간행하였다.
③ 삼남 지방의 농법을 소개한 농사직설을 편찬하였다.
④ 전세를 1결당 4~6두로 고정하는 영정법을 제정하였다.
⑤ 삼정의 문란을 시정하기 위해 삼정이정청을 설치하였다.

20

(가), (나) 사이의 시기에 있었던 사실로 옳은 것은? [2점]

(가) 정문형, 한치례 등이 아뢰기를, "지금 김종직의 조의제문을 보니, 입으로만 읽지 못할 뿐 아니라 차마 눈으로도 볼 수 없습니다. …… 마땅히 대역의 죄로 논단하고 부관참시해서 그 죄를 분명히 밝혀 신하와 백성의 분을 씻는 것이 사리에 맞는 일입니다."라고 하였다. …… 왕이 정문형 등의 의견을 따랐다.
(나) 의금부에 전지하기를, "조광조, 김정 등은 서로 사귀어 무리를 이루고 자기 편은 천거하고 자기 편이 아닌 자는 배척하면서, 위세를 높여 서로 의지하며 권세가 있는 요직을 차지하였다. …… 이 모든 일들을 조사하여 밝혀라."라고 하였다.

① 정여립 모반 사건으로 기축옥사가 일어났다.
② 외척 간의 권력 다툼으로 윤임이 제거되었다.
③ 자의 대비의 복상 문제로 예송이 전개되었다.
④ 희빈 장씨 소생의 원자 책봉 문제로 환국이 발생하였다.
⑤ 폐비 윤씨 사사 사건을 빌미로 김굉필 등이 처형되었다.

21

다음 상황이 나타난 시기를 연표에서 옳게 고른 것은? [2점]

4월 누르하치의 군대가 무순을 함락하고, 7월에는 청하를 함락하였다. 이에 명에서 정벌을 결정하고 우리나라에 군사 징발을 요구하였다. 명의 총독 왕가수의 군문(軍門)에서 약 4만의 병사를 요구하였으나, 경략(經略) 양호가 조선의 병사와 군마가 적다고 하여 마침내 그 수를 줄여서 총수(銃手) 1만 명만 징발하였다. 7월 조정에서 강홍립을 도원수로, 김경서를 부원수로 삼았다.
– 『책중일록』 –

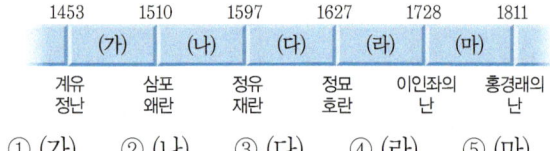

① (가) ② (나) ③ (다) ④ (라) ⑤ (마)

22

(가) 전쟁 중에 있었던 사실로 옳은 것은? [2점]

① 김상용이 강화도에서 순절하였다.
② 이괄이 이끈 반란군이 도성을 장악하였다.
③ 정봉수와 이립이 용골산성에서 항전하였다.
④ 김시민이 진주성에서 적군을 크게 물리쳤다.
⑤ 이종무가 적의 근거지인 쓰시마섬을 정벌하였다.

23

(가) 왕에 대한 설명으로 옳은 것은? [1점]

① 학문 연구 기관으로 집현전을 두었다.
② 삼수병으로 구성된 훈련도감을 설치하였다.
③ 속대전을 편찬하여 통치 체제를 정비하였다.
④ 궁중 음악을 집대성한 악학궤범을 편찬하였다.
⑤ 시전 상인의 특권을 축소하는 신해통공을 단행하였다.

24

다음 인물에 대한 설명으로 옳은 것은? [3점]

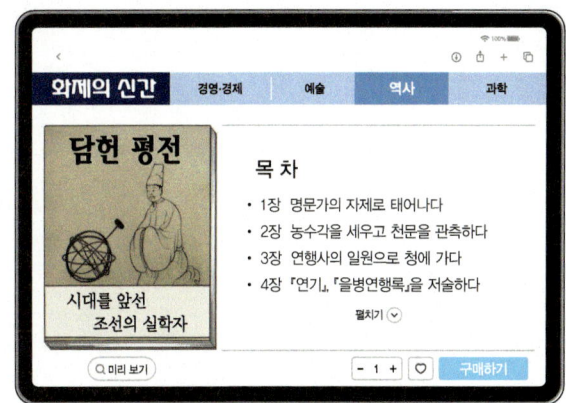

① 지봉유설에서 천주실의를 소개하였다.
② 의산문답에서 무한 우주론을 주장하였다.
③ 양반전을 지어 양반의 허례와 무능을 풍자하였다.
④ 북학의를 저술하여 청의 문물 수용을 강조하였다.
⑤ 동의수세보원을 편찬하여 사상 의학을 정립하였다.

25

(가)에 들어갈 내용으로 가장 적절한 것은? [2점]

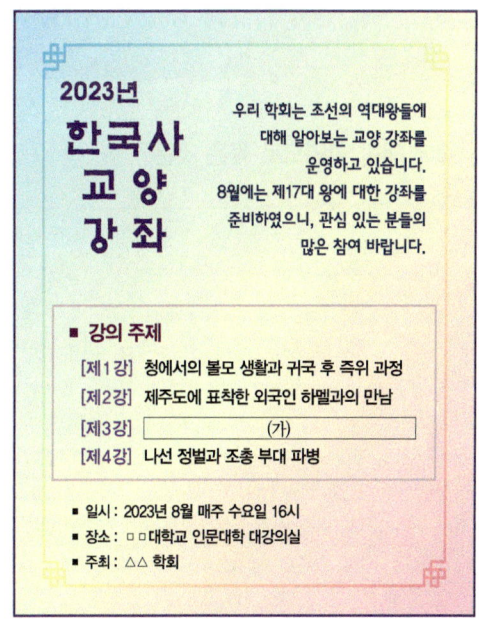

① 어영청의 개편과 북벌 추진
② 위화도 회군과 과전법의 시행
③ 문신 재교육을 위한 초계문신제의 운영
④ 백두산정계비 건립과 청과의 국경 획정
⑤ 기유약조 체결을 통한 일본과의 무역 재개

26

다음 일기가 작성된 시기의 경제 상황으로 적절하지 않은 것은? [1점]

> 5월 ○○일, 앞 밭에 담배를 파종했다.
> 5월 ○○일, 비록 비가 여러 날 내렸으나 큰비는 끝내 내리지 않았다. 가물어서 고답(高畓)은 모두 이앙을 하지 못하였다.
> 6월 ○○일, 목화 밭에 풀이 무성해서 노비 5명에게 김매기를 하도록 시켰다.

① 상평통보가 화폐로 사용되었다.
② 시장을 관리하기 위한 동시전이 설치되었다.
③ 관청에 물품을 조달하는 공인이 활동하였다.
④ 보부상이 장시를 돌아다니며 상품을 판매하였다.
⑤ 국경 지대에서 개시 무역과 후시 무역이 이루어졌다.

27

(가) 궁궐에 대한 설명으로 옳은 것은? [3점]

> [(가)] 복원 기공식 대통령 연설문
> 임진왜란 때 [(가)] 은/는 불길 속에 휩싸여 흥선 대원군이 그 당시의 국력을 기울여 중건할 때까지 270여 오랜 세월 동안 폐허로 남아 있었습니다. 일제는 1910년 우리나라를 병탄한 뒤 우리 역사의 맥을 끊기 위해 350여 채에 이르던 전각 대부분을 헐어내고 옮겼습니다. 국권의 상징이던 근정전을 가로막아 총독부 건물을 세웠습니다. 이제 우리가 궁을 복원하려는 것은 남에 의해 훼손된 민족사에 대한 긍지를 회복하기 위한 것입니다.

① 일제에 의해 동물원 등이 설치되었다.
② 제1차 미소 공동 위원회가 개최되었다.
③ 도성 내 서쪽에 있어 서궐이라고 불렸다.
④ 조선 물산 공진회 개최 장소로 이용되었다.
⑤ 태종이 도읍을 한양으로 다시 옮기며 건립하였다.

28

다음 장면에 나타난 사건이 끼친 영향으로 가장 적절한 것은? [2점]

> 평양부 방수성 앞 물가에 큰 이양선 한 척이 머무르다가 끝내 물러가지 않으며 상선을 약탈하고 총을 쏴 백성들을 살상하였습니다. 이에 평안 감사 박규수가 관민을 이끌고 공격하여 불태웠다고 합니다.

① 이용태가 안핵사로 파견되었다.
② 이원익이 대동법 시행을 건의하였다.
③ 정약종 등이 희생된 신유박해가 일어났다.
④ 로저스 제독이 이끄는 미군이 강화도에 침입하였다.
⑤ 황사영이 외국 군대의 출병을 요청하는 백서를 작성하였다.

29

다음 사건 이후에 전개된 사실로 옳은 것은? [2점]

> 홍영식이 우정국에서 개업식을 명목으로 연회를 열어 세인들이 독립당이라고 칭하는 사람들과 각국 사관(使官) 등을 초대하였다. 연회가 끝날 무렵에 우정국 옆에서 불이 일어났다. …… 마침내 어젯밤의 사변에 따라 독립당이 정권을 획득하였다. 조보(朝報)에서는 새롭게 관리를 임명하겠다는 취지를 포고하였다. 박영효, 김옥균, 서광범은 승지가 되었고, 김옥균은 혜상공국 당상을 겸하였다.
> ─「조난기사」─

① 한성 조약이 체결되었다.
② 신식 군대인 별기군이 창설되었다.
③ 김윤식이 청에 영선사로 파견되었다.
④ 일본 군함 운요호가 영종도를 공격하였다.
⑤ 개화 정책을 총괄하는 통리기무아문이 설치되었다.

[30~31] 다음 자료를 읽고 물음에 답하시오.

(가) 고대 여러 나라들도 역시 각각 사관(史官)을 두어 일을 기록하였습니다. 그러므로 맹자께서 이르시기를, "진(晉)의 승(乘)과 초(楚)의 도올(檮杌)과 노(魯)의 춘추는 모두 한가지다."라고 하셨습니다. 생각건대 우리 해동(海東) 삼국도 역사가 길고 오래되어 마땅히 그 사실이 책으로 기록되어야 하므로 폐하께서 이 늙은 신하에게 명하시어 편집하도록 하셨습니다. …… 신의 학술이 이처럼 부족하고 얕으며, 옛말과 지나간 일은 그처럼 아득하고 희미합니다. 그러므로 온 정신과 힘을 다 쏟아 부어 겨우 ㉠ <u>책을 만들었습니다</u>. 그러나 보잘 것 없기에 스스로 부끄러울 따름입니다.

(나) 고려가 끝내 발해사를 편찬하지 않아 토문강 북쪽과 압록강 서쪽이 누구의 땅인지 알 수 없게 되었다. 여진을 책망하려 하여도 할 말이 없고, 거란을 책망하려 하여도 할 말이 없다. 고려가 약한 나라가 된 것은 발해의 땅을 차지하지 못하였기 때문이니, 탄식할 수밖에 없다. …… 내가 내규장각 관리로 있으면서 비밀스런 책[秘書]을 꽤 많이 읽었으므로 발해에 관한 일을 차례로 편찬하여, 군고(君考) · 신고(臣考) · 지리고(地理考) · 직관고(職官考) · 의장고(儀章考) · 물산고(物産考) · 국어고(國語考) · 국서고(國書考) · 속국고(屬國考) 등 9편으로 구성된 ㉡ <u>책을 만들었다</u>.

(다) 역사란 무엇인가? 인류 사회의 아(我)와 비아(非我)의 투쟁이 시간부터 발전하며 공간부터 확대하는 정신적 활동 상태의 기록이니, 조선 역사라 하면 조선 민족이 그리되어 온 상태의 기록인 것이다. 무엇을 '아'라 하며 무엇을 '비아'라 하는가? …… 무릇 주체적 위치에 선 자를 '아'라 하고, 그 외에는 '비아'라 하는데, 이를테면 조선 사람은 조선을 '아'라 하고, 영국 · 미국 · 프랑스 · 러시아 등을 '비아'라 하지만, 그들은 각기 제 나라를 '아'라 하고 조선은 '비아'라 하며, …… 그러므로 역사는 '아'와 '비아'의 투쟁의 기록인 것이다.

30

(가)~(다)를 작성한 인물에 대해 탐구한 내용으로 가장 적절한 것은? [3점]

① (가) - 만권당에서 원의 학자들과 교유하였으며, 성리학의 보급에 기여하였다.
② (가) - 칠대실록의 편찬에 참여하였으며, 문헌공도를 만들어 사학을 진흥시켰다.
③ (나) - 금석학을 연구하여 북한산비가 진흥왕 순수비임을 고증하였다.
④ (다) - 한국통사를 저술하였고, 대한민국 임시 정부의 제2대 대통령을 역임하였다.
⑤ (다) - 대한매일신보의 주필로 활동하였으며, 폭력을 통한 민중의 직접 혁명을 주장하였다.

31

밑줄 그은 ㉠, ㉡에 해당하는 역사서에 대한 설명으로 옳은 것은? [2점]

① ㉠ - 불교사를 중심으로 고대의 민간 설화를 수록하였다.
② ㉠ - 본기, 연표, 잡지, 열전 등으로 구성된 기전체 사서이다.
③ ㉡ - 사초와 시정기 등을 바탕으로 편찬하였다.
④ ㉡ - 고구려 건국 시조의 일대기를 서사시로 표현하였다.
⑤ ㉠, ㉡ - 우리 역사의 시작을 단군 조선으로 삼았다.

32

(가) 종교에 대한 설명으로 옳은 것은? [1점]

역사 돋보기 　(가) 의 교세를 확장한 해월 최시형

해월 선생은 제자들에게 '최보따리'라고도 불렸다. 포교를 위해 잠행을 하면서 보따리를 자주 쌌기 때문에 붙여진 별명이다. 교조 최제우의 처형으로 위축되었던 (가) 의 교세는 2대 교주였던 그의 노력으로 크게 확장되었다. 그는 1897년 손병희에게 도통을 전수하였고 1898년 체포되어 재판을 받고 처형되었다. 그에게 사형을 선고한 판사 중에는 고부 학정의 원흉 조병갑이 있었다.

① 동경대전을 경전으로 삼았다.
② 항일 무장 단체인 중광단을 결성하였다.
③ 박중빈을 중심으로 새생활 운동을 펼쳤다.
④ 배재 학당을 세워 신학문 보급에 앞장섰다.
⑤ 프랑스와의 조약을 통해 포교가 허용되었다.

33

다음 자료를 활용한 탐구 활동으로 가장 적절한 것은? [2점]

> **각국 공관에 보내는 호소문**
>
> 지금 일본 공사가 우리 외부(外部)에 공문을 보내어 산림, 천택(川澤), 들판, 황무지에 대한 권리를 청구하였습니다. 우리나라 사람들은 이를 이용해 2~3년 걸러 윤작을 해야만 먹고살 수 있습니다. 그런데 만일 이를 외국인에게 주어버린다면 전국의 강토를 모두 빼앗기게 되며 수많은 사람이 참혹한 빈곤에 빠져 구제할 수 없게 될 것입니다. 일본인들의 침략을 막고 우리 강토를 보전하도록 힘써 주십시오.
>
> 1904년 ○○월 ○○일

① 독립문의 건립 과정을 알아본다.
② 보안회의 활동 내용을 파악한다.
③ 조일 통상 장정의 조항을 검토한다.
④ 화폐 정리 사업이 끼친 영향을 살펴본다.
⑤ 황국 중앙 총상회가 조직된 목적을 분석한다.

34

다음 상황의 배경으로 가장 적절한 것은? [2점]

> 근일에 의병을 일으킨 이들이 각처에 글을 보내어 말하기를, "정부에 변란이 자주 나고 각처에 도적이 일어나며 대군주 폐하께서 외국 공사관에 파천하여 환궁하실 기약이 없고 일본 사람들이 조선 인민을 어지럽게 하는 고로, 의병을 일으켜 서울에 올라와 궁궐을 지키고 대군주 폐하를 환궁하시게 한다."라고 하였다.

① 을미사변이 일어났다.
② 을사늑약이 체결되었다.
③ 용암포 사건이 발생하였다.
④ 헤이그에 특사가 파견되었다.
⑤ 대한 제국의 군대가 해산되었다.

35

다음 관제가 반포된 이후의 사실로 옳은 것은? [2점]

> **〈원수부 관제〉**
> 대황제 폐하는 대원수로서 군기(軍機)를 총람하고 육해군을 통령하며, 황태자 전하는 원수로서 육해군을 일률적으로 통솔한다. 이에 원수부를 설치한다.
> **제1조**
> 원수부는 국방과 용병(用兵)과 군사에 관한 각 항의 명령을 관장하며 특별히 세운 권한을 가지고 군부와 경외(京外)의 각 부대를 지휘 감독한다.

① 지계아문이 설치되었다.
② 군국기무처가 창설되었다.
③ 5군영이 2영으로 통합되었다.
④ 한성 사범 학교가 설립되었다.
⑤ 건양이라는 연호가 제정되었다.

36

(가) 부대에 대한 설명으로 옳은 것은? [2점]

> 남대관, 권수정 등은 전 한족총연합회 간부였던 지청천, 신숙 등과 함께 아성현(阿城縣)에서 한국대독립당을 조직하고 지청천을 총사령, 남대관을 부사령으로 하는 (가) 을/를 편성하였다. …… (가) 은/는 딩차오(丁超)의 군으로부터 무기를 지급받고 대원을 모집하여 일본 측 기관의 파괴, 일본 요인의 암살 등을 기도하였다.

① 청산리에서 일본군을 크게 격파하였다.
② 미군과 연계하여 국내 진공 작전을 준비하였다.
③ 대전자령 전투에서 일본군을 상대로 승리를 거두었다.
④ 중국 관내(關內)에서 결성된 최초의 한인 무장 부대였다.
⑤ 대한 군민회군 등과 연합하여 봉오동 전투에서 승리하였다.

37

밑줄 그은 '법령'이 시행된 시기 일제의 정책으로 옳은 것은? [1점]

> **□□신문**
> 제△△호   ○○○○년 ○○월 ○○일
> **어려움에 빠진 한인 회사**
> 회사를 설립할 때 조선 총독의 허가를 받도록 하는 법령이 제정되었다. 이후 한인의 회사는 큰 영향을 받아 손해가 적지 않기에 실업계의 원성이 자자하다. 전국에 있는 회사를 헤아려보니 한국에 본점을 두고 설립한 회사가 171개인데 자본 총액이 5,021만여 원이요, 외국에 본점을 두고 지점을 한국에 설립한 회사가 52개인데 자본 총액이 1억 1,230만여 원이다. 그중에 일본인의 회사가 3분의 2 이상이고, 몇 개 되지 않는 한인의 회사는 상업 경쟁에 밀리고 회사 세납에 몰려 도무지 유지하기가 어렵다고 한다.

① 신문지법을 제정하였다.
② 미쓰야 협정을 체결하였다.
③ 토지 조사 사업을 실시하였다.
④ 경성 제국 대학을 설립하였다.
⑤ 조선 사상범 예방 구금령을 시행하였다.

38

(가) 단체에 대한 설명으로 옳은 것은? [3점]

> **판결문**
> 피고인: 박상진, 김한종
> 주 문: 피고 박상진, 김한종을 사형에 처한다.
> 이 유
> 피고 박상진, 김한종은 한일 병합에 불평을 가지고 구한국의 국권 회복을 명분으로 (가) 을/를 조직하고 국권 회복을 위한 자금 조달을 위해 조선 각도의 자산가에게 공갈로 돈을 내어주기로 하고 …… 채기중 등을 교사하여 장승원의 집에 침입하여 자금을 강취하고 살해하도록 한 죄가 인정되므로 위와 같이 판결한다.

① 중일 전쟁 발발 직후에 결성되었다.
② 군대식 조직을 갖춘 비밀 결사였다.
③ 파리 강화 회의에 대표를 파견하였다.
④ 일제가 꾸며낸 105인 사건으로 와해되었다.
⑤ 만민 공동회를 열어 열강의 이권 침탈을 비판하였다.

39
밑줄 그은 '시위 운동'의 배경으로 가장 적절한 것은? [1점]

> 수신: 육군 대신
> 발신: 조선 헌병대 사령관
>
> 오늘 1일 새벽 경성에서 조선 독립에 관한 선언서를 발견함. 위 선언서에는 천도교, 기독교 신도들의 서명이 있었는데, 이면에는 일본 및 조선의 학생들과 비밀리에 연락했을 가능성이 있어 수사 중. 오후 2시에 이르러 중학(中學) 정도의 학생 약 1,000명이 모이자, 민중이 이에 어울려 시내를 행진하고 <u>시위 운동</u>을 시작함. 지금 수배중. 위 집단은 각 장소에서 한국 독립 만세를 외치나 난폭한 행동으로 나오지는 않아 매우 불온한 형세는 없음. 주모자를 체포하고 해산시킬 예정이고 선언서에 서명한 사람 대부분은 즉시 체포함.

① 간도 참변으로 민간인이 학살되었다.
② 상하이에서 국민 대표 회의가 개최되었다.
③ 언론사의 주도로 브나로드 운동이 전개되었다.
④ 조선 노동 총동맹과 조선 농민 총동맹이 결성되었다.
⑤ 도쿄 유학생들을 중심으로 2·8 독립 선언서가 발표되었다.

40
(가) 인물에 대한 설명으로 옳은 것은? [3점]

> **문학으로 보는 한국사**
>
> 내 고장 칠월은
> 청포도가 익어가는 시절
>
> 이 마을 전설이 주저리주저리 열리고
> 먼 데 하늘이 꿈꾸며 알알이 들어와 박혀
>
> 하늘 밑 푸른 바다가 가슴을 열고
> 흰 돛단배가 곱게 밀려서 오면
>
> 내가 바라는 손님은 고달픈 몸으로
> 청포(靑袍)를 입고 찾아온다고 했으니
>
> 내 그를 맞아 이 포도를 따 먹으면
> 두 손은 함뿍 적셔도 좋으련
>
> 아이야, 우리 식탁엔 은쟁반에
> 하이얀 모시 수건을 마련해 두렴
>
> [해설]
> 이 시는 독립 운동가이자 문학가인 (가) 의 '청포도'이다. 그는 이 시를 비롯한 다양한 작품에서 식민지 현실에 맞서 꺼지지 않는 민족의식을 표현하였다.
>
> 그의 본명은 이원록으로 안동에서 태어났고, 1927년 장진홍의 조선은행 대구 지점 폭탄 의거에 연루되어 투옥되었다. 이후에도 그는 중국을 오가며 독립운동에 힘쓰다가 1943년 체포되어 이듬해 베이징의 일본 감옥에서 생을 마감하였다.

① 소설 상록수를 신문에 연재하였다.
② 광야, 절정 등의 저항시를 발표하였다.
③ 타이완에서 일본 육군 대장을 저격하였다.
④ 삼균주의를 바탕으로 한 건국 강령을 만들었다.
⑤ 여유당전서를 간행하고 조선학 운동을 전개하였다.

41
(가) 단체에 대한 설명으로 옳은 것은? [2점]

> **□□신문**
> 제△△호　　　　　　　　　　1924년 ○○월 ○○일
>
> **이중교 폭탄 사건 주역은 (가) 의 김지섭**
> 9월 1일 대지진 때 일어난 조선인 학살이 도화선
>
> 금년 1월 5일 오후 7시에 동경 궁성 이중교 앞에서 일어난 폭탄 투척 사건은 전일본을 경악하게 만든 대사건이었다. 당국은 이 사건에 대한 신문 게재 일체를 금지하였고, 동경 지방 재판소의 검사와 예심 판사가 수사를 진행하였다. 이번에 예심이 결정되고 당국의 보도 금지가 해제되었기에, 피고 김지섭 외 4명은 전부 유죄로 공판에 회부되었음을 보도한다. 김지섭은 조선 독립을 위해 (가) 의 단장 김원봉과 함께 과격한 방법을 강구하였고, 이를 일본에서 실행하기로 하였다고 한다.

① 김구가 상하이에서 조직하였다.
② 비밀 행정 조직인 연통제를 운영하였다.
③ 조선 혁명 선언을 활동 지침으로 삼았다.
④ 신흥 무관 학교를 세워 무장 투쟁을 준비하였다.
⑤ 조선 총독부에 국권 반환 요구서를 제출하려 하였다.

42
다음 자료에 나타난 민족 운동에 대한 설명으로 옳은 것은? [2점]

> **2천만 피압박 민중 제군이여!**
>
> 우리 2천만 생령(生靈)을 사랑하고 조국을 사랑하는 광주 학생 남녀 수십 명이 빈사(瀕死)의 중상을 입었다. 고뇌하는 청년 학생 2백 명이 불법으로 철창 속에 갇혀 있다. 그들은 정의를 위하여 거리로 나가 시위를 했다. 그러나 지배 계급의 미친개의 이빨에 물리고 말았다. 우리들은 광주 학생의 석방을 요구하는 동시에 참을 수 없는 피눈물로 시위 대열에 나가는 것이다.
>
> - 감금된 학생을 탈환하자
> - 총독 폭압 정치 절대 반대
> - 교육에 경찰 간섭 반대
> - 치안 유지법을 철폐하라

① 순종의 장례일을 맞아 가두시위를 벌였다.
② 대한민국 임시 정부 수립에 영향을 주었다.
③ 조선 사람 조선 것이라는 구호를 내세웠다.
④ 신간회의 지원을 받으며 전국적으로 확산되었다.
⑤ 일본, 프랑스 등의 노동 단체로부터 격려 전문을 받았다.

43

교사의 질문에 대한 학생의 답변으로 가장 적절한 것은? [1점]

조선 민사령 중 개정의 건
(제령 제19호)

조선인 호주는 본령 시행 후 6개월 이내에 새로 씨(氏)를 정하고 이를 부윤 또는 읍면장에게 신고해야 한다. …… 신고를 하지 않을 때는 본령 시행 당시 호주의 성을 씨로 삼는다.

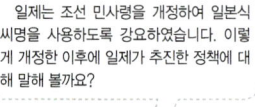
일제는 조선 민사령을 개정하여 일본식 씨명을 사용하도록 강요하였습니다. 이렇게 개정한 이후에 일제가 추진한 정책에 대해 말해 볼까요?

① 통감부를 설치하였습니다.
② 조선 태형령을 시행하였습니다.
③ 헌병 경찰제를 실시하였습니다.
④ 여자 정신 근로령을 공포하였습니다.
⑤ 동양 척식 주식회사를 설립하였습니다.

44

(가) 인물에 대한 설명으로 옳은 것은? [2점]

> 항복 전에 정무총감 엔도 등이 법과 질서를 유지하고 일본인들의 생명과 재산을 지키기 위하여 (가) 와/과 논의하였다. …… 일본인들은 그가 유혈 사태를 막아줄 수 있다고 믿었던 것 같다. …… 그런데 (가) 은/는 조선 총독부가 생각했던 바를 따르지 않았다. 일본이 원했던 것은 연합군이 올 때까지 질서를 유지하기 위한 평화 유지 위원회 정도였다. 그러나 그는 실질적인 정부로 여겨질 수 있는 조선 건국 준비 위원회를 만들었다.

① 샌프란시스코에서 흥사단을 결성하였다.
② 조선어 학회 사건으로 구속되어 옥고를 치렀다.
③ 김규식과 함께 좌우 합작 위원회를 조직하였다.
④ 반민족 행위 특별 조사 위원회에서 활동하였다.
⑤ 미국에서 귀국하여 독립 촉성 중앙 협의회를 이끌었다.

45

(가) 전쟁 중에 있었던 사실로 옳은 것을 <보기>에서 고른 것은? [2점]

보기
ㄱ. 애치슨 라인이 발표되었다.
ㄴ. 인천 상륙 작전이 전개되었다.
ㄷ. 부산에서 발췌 개헌안이 통과되었다.
ㄹ. 모스크바 3국 외상 회의가 개최되었다.

① ㄱ, ㄴ ② ㄱ, ㄷ ③ ㄴ, ㄷ ④ ㄴ, ㄹ ⑤ ㄷ, ㄹ

46

다음 뉴스가 보도된 정부 시기의 경제 상황으로 옳은 것은? [2점]

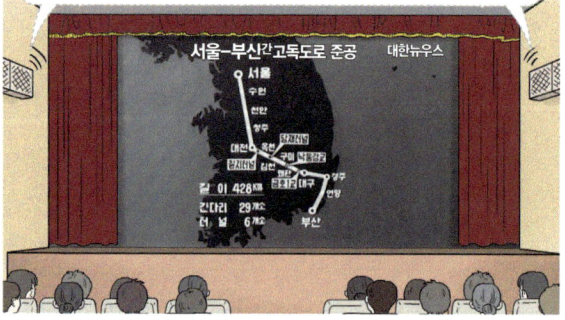

서울-부산 간 고속 도로 준공식이 대구에서 열렸습니다. 대전-대구 구간을 마지막으로 경부 고속 도로가 완공되면서 서울에서 부산까지의 이동 시간이 4시간 30분 정도로 줄어들게 되었습니다. 하지만 2년 5개월여의 단기간에 고속 도로를 완공하면서 다수의 사상자가 발생하는 등 안타까운 일도 있었습니다.

① 제2차 경제 개발 5개년 계획이 추진되었다.
② 미국의 경제 원조로 삼백 산업이 발달하였다.
③ 귀속 재산 처리를 위해 신한 공사가 설립되었다.
④ 대통령 긴급 명령으로 금융 실명제가 실시되었다.
⑤ 최저 임금 결정을 위한 최저 임금 위원회가 설치되었다.

47
다음 발표가 있었던 시기를 연표에서 옳게 고른 것은? [2점]

① (가) ② (나) ③ (다) ④ (라) ⑤ (마)

48
(가)에 들어갈 내용으로 가장 적절한 것은? [2점]

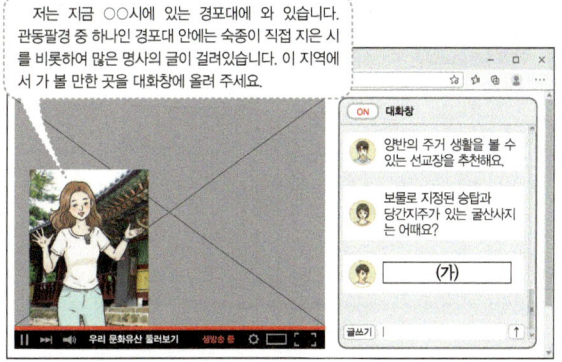

① 율곡 이이가 태어난 오죽헌을 추천해요.
② 무령왕릉이 있는 송산리 고분군을 추천해요.
③ 어재연 부대가 항전했던 광성보에 가 보세요.
④ 팔만대장경판이 보관된 해인사를 방문해 보세요.
⑤ 삼별초가 활동한 항파두리 항몽 유적에 가 보세요.

49
다음 민주화 운동에 대한 설명으로 옳은 것은? [1점]

○○○○년 ○○월 ○○일

학생 대표의 연설이 끝나자 우리는 단단하게 스크럼을 짜고 교문 밖으로 행진했다. 3·15 부정 선거에 대한 분노와 얼마 전 마산에서 일어난 규탄 대회에서 김주열 군이 최루탄에 눈 부분을 맞고 마산 앞바다에 죽은 채 떠올랐다는 소문이 파다하게 퍼져있던 터였다. …… 시위대의 물결이 경무대로 향했다. 그때 귀청을 뚫을 듯한 총소리가 연발로 들렸다. 얼마나 지났을까. 총소리가 멈춘 후 고래를 들고 주위를 둘러보다가 벌떡 일어나고 말았다. 같은 반 친구가 바지가 찢어진 채 피를 흘리며 쓰러져 있었다. 나는 정신없이 달려가 그를 안았다. 그러나 그는 이미 사지를 축 늘어뜨린 채 힘이 없었다.

① 시민군이 조직되어 계엄군에 저항하였다.
② 당시 대통령이 하야하는 결과를 가져왔다.
③ 호헌 철폐, 독재 타도 등의 구호를 내세웠다.
④ 3선 개헌 반대 범국민 투쟁 위원회가 주도하였다.
⑤ 장기 독재를 비판하는 3.1 민주 구국 선언이 발표되었다.

50
(가), (나) 사이의 시기에 있었던 사실로 옳은 것은? [3점]

(가) 남북 간의 제반 문제를 개선, 해결하며 나라의 통일 문제를 다루는 남북 조절 위원회가 정식으로 발족하였다. 남북 조절 위원회는 판문점에 공동 사무국을 두기로 하였으며, 회의는 서울과 평양에서 번갈아 진행하기로 하였다.

(나) 서울에서 열린 제5차 남북 고위급 회담에서 남북 사이의 화해와 불가침 및 교류·협력 등을 주요 내용으로 하는 남북 기본 합의서를 채택하였다. 특히 이번 합의서에서는 분단 이후 처음으로 남북 양측의 국호를 사용하였다.

① 금강산 육로 관광이 시작되었다.
② 6·15 남북 공동 선언이 발표되었다.
③ 평창 동계 올림픽에 남북 단일팀이 참가하였다.
④ 남북 경제 협력을 위한 개성 공업 지구가 조성되었다.
⑤ 남북 이산가족 고향 방문단의 교환 방문이 최초로 성사되었다.

2023년도 제65회 한국사능력검정시험 심화

|정답 및 해설| 339p

01

밑줄 그은 '이 시대'의 생활 모습으로 옳은 것은? [1점]

부여 송국리
축제에 초대합니다.
2023.○○.○○.~○○.○○.
부여 송국리 유적 일원

모시는 글
사유 재산과 계급이 출현한 이 시대의 대표적 유적지인 부여 송국리 유적에서 축제를 개최합니다. 다양한 행사에 참여하여 당시 생활을 체험해 보시기 바랍니다.

◆ 주요 프로그램 ◆
• 비파형 동검 모형 만들기
• 민무늬 토기 조각 맞추기
• 증강 현실로 환호와 목책 보기

① 소를 이용한 깊이갈이가 일반화되었다.
② 많은 인력을 동원하여 고인돌을 축조하였다.
③ 실을 뽑기 위해 가락바퀴를 처음 사용하였다.
④ 쟁기, 쇠스랑 등의 철제 농기구가 이용되었다.
⑤ 주로 동굴이나 강가에 막집을 짓고 거주하였다.

02

(가) 국가에 대한 설명으로 옳은 것은? [2점]

> 니계상 참이 사람을 시켜 (가) 의 왕 우거를 죽이고 와서 항복하였다. 그러나 왕검성은 끝내 함락되지 않았기에 우거왕의 대신(大臣) 성기가 한(漢)에 반기를 들고 공격하였다. 좌장군은 우거왕의 아들 장과 항복한 상 노인의 아들 최로 하여금 그 백성을 달래고 성기를 주살하도록 하였다. 드디어 (가) 을/를 평정하고 진번·임둔·낙랑·현도군을 설치하였다.
> - 『한서』 -

① 동맹이라는 제천 행사를 열었다.
② 신성 지역인 소도가 존재하였다.
③ 읍락 간의 경계를 중시하는 책화가 있었다.
④ 여러 가(加)들이 별도로 사출도를 다스렸다.
⑤ 사회 질서를 유지하기 위해 범금 8조를 두었다.

03

(가) 지역에 대한 탐구 활동으로 가장 적절한 것은? [2점]

이달의 역사 인물
(가) 에 백제의 새로운 터전을 잡다
문주왕 미상~477

고구려 장수왕의 공격으로 백제의 수도 한성이 파괴되고 개로왕이 전사하였다. 그에 이어 즉위한 문주왕은 위기를 수습하고자 (가) (으)로 도읍을 옮겼다.

① 무왕이 미륵사를 창건한 곳을 살펴본다.
② 무령왕과 왕비의 무덤이 발굴된 곳을 답사한다.
③ 성왕이 신라와의 전투에서 전사한 곳을 검색한다.
④ 윤충이 의자왕의 명을 받아 함락시킨 곳을 지도에 표시한다.
⑤ 계백이 이끄는 결사대가 신라군에 맞서 싸운 곳을 조사한다.

04

(가)에 해당하는 문화유산으로 옳은 것은? [2점]

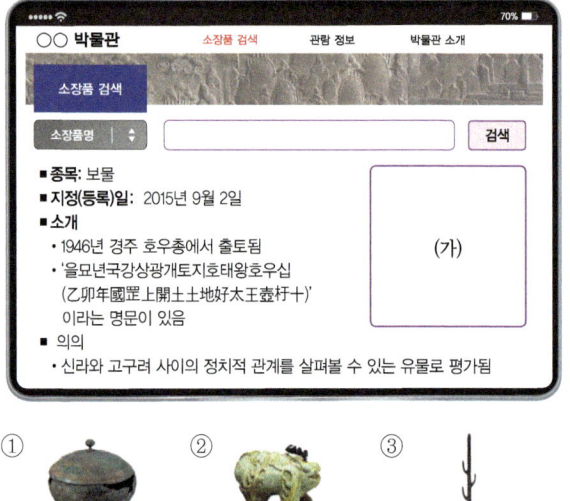

○○ 박물관 소장품 검색

■ 종목: 보물
■ 지정(등록)일: 2015년 9월 2일
■ 소개
• 1946년 경주 호우총에서 출토됨
• '을묘년국강상광개토지호태왕호우십(乙卯年國罡上廣開土地好太王壺杅十)'이라는 명문이 있음
■ 의의
• 신라와 고구려 사이의 정치적 관계를 살펴볼 수 있는 유물로 평가됨

① ② ③
④  ⑤

05

다음 상황 이후에 있었던 사실로 옳은 것은? [2점]

> 10월에 백제왕이 병력 3만 명을 거느리고 평양성을 공격해 왔다. 왕이 군대를 출정시켜 백제군을 막다가 날아온 화살에 맞아 이달 23일에 세상을 떠났다.

① 유리왕이 졸본에서 국내성으로 천도하였다.
② 미천왕이 낙랑군을 축출하여 영토를 확장하였다.
③ 소수림왕이 불교를 공인하고 율령을 반포하였다.
④ 고국천왕이 을파소를 등용하고 진대법을 실시하였다.
⑤ 유주자사 관구검이 이끄는 군대가 환도성을 함락하였다.

06

(가), (나) 사이의 시기에 있었던 사실로 옳은 것은? [2점]

> (가) 당의 손인사, 유인원과 신라왕 김법민은 육군을 거느려 나아가고, 유인궤 등은 수군과 군량을 실은 배를 거느리고 백강으로 가서 육군과 합세하여 주류성으로 갔다. 백강 어귀에서 왜의 군사를 만나 …… 그들의 배 4백 척을 불살랐다.
>
> (나) 이근행이 군사 20만 명을 이끌고 매소성에 머물렀다. 신라군이 공격하여 달아나게 하고 말 3만여 필을 얻었는데, 노획한 병장기의 수도 그 정도 되었다.

① 장문휴가 당의 등주를 공격하였다.
② 원광이 왕명으로 걸사표를 작성하였다.
③ 을지문덕이 살수에서 대승을 거두었다.
④ 김춘추가 당과의 군사 동맹을 성사시켰다.
⑤ 검모잠이 안승을 왕으로 세워 부흥 운동을 벌였다.

07

밑줄 그은 '이 나라'에 대한 설명으로 옳은 것은? [1점]

> ○ 조영이 죽으니, 이 나라에서는 고왕이라 하였다. 아들 무예가 왕위에 올라 영토를 크게 개척하니, 동북의 모든 오랑캐들이 겁을 먹고 그를 섬겼다.
> ○ 처음에 이 나라의 왕이 자주 학생들을 경사의 태학에 보내어 고금의 제도를 배우고 익혀 가더니, 드디어 해동성국이 되었다. 그 땅에는 5경 15부 62주가 있다.
> ― 『신당서』 ―

① 정사암 회의를 개최하였다.
② 9서당 10정의 군사 조직을 갖추었다.
③ 욕살, 처려근지 등의 지방관을 두었다.
④ 인안, 대흥 등 독자적인 연호를 사용하였다.
⑤ 광평성을 비롯한 각종 정치 기구를 마련하였다.

08

밑줄 그은 '이 인물'에 대한 설명으로 옳은 것은? [3점]

이곳은 이 인물을 제사하는 경주의 서악 서원. 그는 한자의 음과 훈을 빌려 우리말을 표기하는 이두를 체계적으로 정리함. 우리말로 유학 경전을 풀이하여 후학들을 가르침. 원효의 아들임.

① 향가 모음집인 삼대목을 편찬하였다.
② 진성 여왕에게 시무책 10여 조를 올렸다.
③ 화랑도의 규범으로 세속 5계를 제시하였다.
④ 외교 문서 작성에 능하여 청방인문표를 지었다.
⑤ 국왕에게 조언하는 내용인 화왕계를 집필하였다.

09

밑줄 그은 '시기'에 볼 수 있는 모습으로 적절한 것은? [2점]

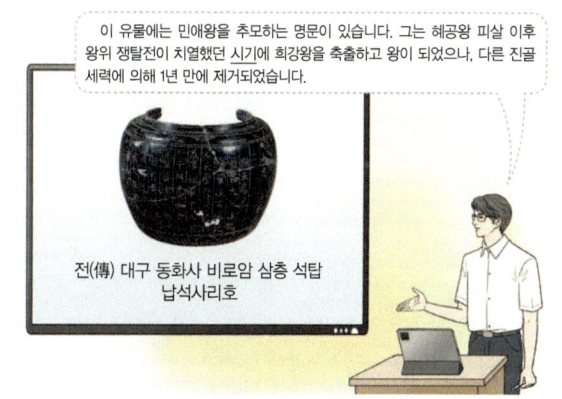

이 유물에는 민애왕을 추모하는 명문이 있습니다. 그는 혜공왕 피살 이후 왕위 쟁탈전이 치열했던 시기에 희강왕을 축출하고 왕이 되었으나, 다른 진골 세력에 의해 1년 만에 제거되었습니다.

전(傳) 대구 동화사 비로암 삼층 석탑 납석사리호

① 의창에서 곡식을 빌리는 백성
② 만권당에서 대담을 나누는 학자
③ 혜민국에서 약을 받아 가는 환자
④ 화엄일승법계도를 저술하는 승려
⑤ 청해진을 거점으로 해적을 소탕하는 병사

10

(가) 왕의 재위 시기에 있었던 사실로 옳은 것은? [2점]

〈탐구 활동 보고서〉

○학년 ○반 이름: △△△

1. 주제: (가) , 안정과 통합을 꾀하다
2. 방법: 『고려사』 사료 검색 및 분석
3. 사료 내용과 분석

사료 내용	분석
명주의 순식이 투항하자 왕씨 성을 내리다.	지방 호족 포섭
『정계』와 『계백료서』를 지어 반포하다.	관리의 규범 제시
흑창을 두어 가난한 백성에게 곡식을 빌려주다.	민생 안정

① 개국 공신에게 역분전을 지급하였다.
② 외침에 대비하여 광군을 조직하였다.
③ 광덕, 준풍 등의 독자적 연호를 사용하였다.
④ 관학 진흥을 목적으로 양현고를 운영하였다.
⑤ 주전도감을 설치하여 해동통보를 발행하였다.

12

(가) 국가에 대한 고려의 대응으로 옳은 것은? [2점]

이곳은 전라남도 나주시에 있는 심향사입니다. (가) 의 침입으로 나주로 피난한 고려 현종이 나라의 평안을 위해 이곳에서 기도를 올렸다고 전해집니다. 이 왕 때 부처의 힘으로 국난을 극복하고자 초조대장경의 조성이 시작되었습니다.

① 박위를 보내 근거지를 토벌하였다.
② 조총 부대를 나선 정벌에 파견하였다.
③ 개경을 방어하기 위해 나성을 축조하였다.
④ 압록강 상류 지역을 개척하여 4군을 설치하였다.
⑤ 국방 문제를 논의하기 위해 비변사를 신설하였다.

11

다음 상황이 나타난 시기를 연표에서 옳게 고른 것은? [3점]

처음으로 12목을 설치하고 조서를 내려 말하기를, "부지런히 정사를 돌보면서 매번 신하들의 충고를 구하고 있다. 낮은 곳의 이야기를 듣고 멀리 보고자 어질고 현명한 이들의 힘을 빌리려고 한다. 이에 수령들의 공로에 의지해 백성들의 바람에 부합하고자 한다. 『우서(虞書)』의 12목 제도를 본받아 시행하니, 주나라가 8백 년간 지속하였듯이 우리의 국운도 길이 이어질 것이다."라고 하였다.

918	945	1009	1196	1270	1351
(가)	(나)	(다)	(라)	(마)	
고려 건국	왕규의 난	강조의 정변	최충헌 집권	개경 환도	공민왕 즉위

① (가) ② (나) ③ (다) ④ (라) ⑤ (마)

13

(가)에 들어갈 내용으로 옳은 것은? [2점]

왕후(王煦), 왕자로 태어나 승려가 되다

문종의 아들로 불법(佛法)을 구하러 송에 유학하였다. 귀국 후 흥왕사에서 『신편제종교장총록』을 간행하였다. 이 책은 송·거란·일본 등 동아시아 각지의 불교 서적을 수집하여 정리한 것이다. 이후 (가)

① 국청사의 주지가 되어 해동 천태종을 개창하였다.
② 불교 개혁을 주장하며 수선사 결사를 조직하였다.
③ 선문염송집을 편찬하고 유불 일치설을 주장하였다.
④ 불교 관련 자료를 중심으로 삼국유사를 집필하였다.
⑤ 인도와 중앙아시아를 순례하고 왕오천축국전을 남겼다.

14

(가)~(다)를 일어난 순서대로 옳게 나열한 것은? [3점]

> (가) 왕이 보현원 문에 들어서자 …… 이고 등이 왕을 모시던 문관 및 대소 신료, 환관들을 모두 살해하였다. …… 정중부 등이 왕을 모시고 환궁하였다.
>
> (나) 이자겸과 척준경이 왕을 위협하여 남궁(南宮)으로 거처를 옮기게 하고 안보린, 최탁 등 17인을 죽였다. 이 외에도 죽인 군사가 헤아릴 수 없을 정도였다.
>
> (다) 묘청이 서경을 근거지로 삼고 반란을 일으켰다. …… 국호를 대위, 연호를 천개, 그 군대를 천견충의군이라 불렀다.

① (가) – (나) – (다)　② (가) – (다) – (나)
③ (나) – (가) – (다)　④ (나) – (다) – (가)
⑤ (다) – (가) – (나)

15

다음 상황이 나타난 시기에 볼 수 있는 모습으로 적절한 것은? [2점]

> 기철의 친척 기삼만이 권세를 믿고 불법으로 남의 토지를 빼앗았기에 정치도감에서 그를 잡아 장(杖)을 치고 하옥하였는데 20여 일 만에 죽었다. …… 그러자 정동행성 이문소에서 정치도감 관리들을 잡아 가두었다.

① 농사직설을 편찬하는 학자
② 초량 왜관에서 교역하는 상인
③ 도평의사사에서 회의하는 관리
④ 규장각 검서관으로 근무하는 서얼
⑤ 빈공과 응시를 준비하는 6두품 유학생

16

(가) 국가의 경제 상황으로 옳은 것은? [1점]

> 명주의 정해현에서 순풍을 만나 3일이면 큰 바다 가운데로 들어가고, 다시 5일이면 흑산도에 도달하여 그 경계에 들어간다. 흑산도에서 섬들을 지나 7일이면 예성강에 이른다. …… 거기서 3일이면 연안에 닿는데, 벽란정(碧瀾亭)이라는 객관이 있다. 사신은 여기에서부터 육지에 올라 험한 산길을 40여 리쯤 가면 ⃞(가)⃞ 의 수도에 도달한다.
> - 『송사』 -

① 집집마다 부경이라는 창고가 있었다.
② 활구라고 불리는 은병이 주조되었다.
③ 동시전이 설치되어 시장을 감독하였다.
④ 계해약조가 체결되어 일본과 교역하였다.
⑤ 광산을 전문적으로 경영하는 덕대가 등장하였다.

17

(가)에 해당하는 문화유산으로 옳은 것은? [2점]

충청남도 예산군에 있는 이 건물은 맞배지붕에 주심포 양식입니다. 건물 보수 중 묵서명이 발견되어 충렬왕 34년이라는 정확한 건립 연도를 알게 되었습니다.

국보로 지정된 불교 건축물

(가)

①  수덕사 대웅전
② 화엄사 각황전
③  부석사 무량수전
④  봉정사 극락전
⑤ 법주사 팔상전

18

다음 대화 이후에 전개된 사실로 옳은 것은? [2점]

이번에 왕이 최영에게 명하여 요동을 정벌한다고 하네.

명 황제가 철령 이북을 일방적으로 명의 영토로 귀속시키려 한 것이 원인이라더군.

① 윤관이 별무반을 이끌고 동북 9성을 축조하였다.
② 서희가 외교 담판을 벌여 강동 6주를 획득하였다.
③ 이성계가 위화도에서 회군하여 정권을 장악하였다.
④ 배중손이 이끄는 삼별초가 용장산성에서 항전하였다.
⑤ 최우가 강화도로 도읍을 옮겨 장기 항전을 준비하였다.

19

밑줄 그은 '이 왕'의 재위 시기에 있었던 사실로 옳은 것은? [2점]

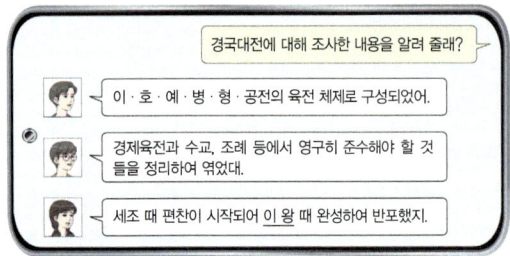

경국대전에 대해 조사한 내용을 알려 줄래?
- 이·호·예·병·형·공전의 육전 체제로 구성되었어.
- 경제육전과 수교, 조례 등에서 영구히 준수해야 할 것들을 정리하여 엮었대.
- 세조 때 편찬이 시작되어 이 왕 때 완성하여 반포했지.

① 독립된 간쟁 기관으로 사간원이 설치되었다.
② 함길도 토착 세력인 이시애가 난을 일으켰다.
③ 직제가 개편된 홍문관에서 경연을 주관하였다.
④ 집현전 관리를 대상으로 사가독서제가 시행되었다.
⑤ 붕당의 폐해를 경계하기 위한 탕평비가 건립되었다.

20

㉠~㉤에 대한 탐구 활동으로 가장 적절한 것은? [3점]

㉠ 왕이 어려서 즉위하여 모후(母后)가 수렴청정을 하고, 사림 간에 큰 옥사가 연달아 일어난 데다가 ㉡ 요승(妖僧)을 높이고 사랑하여 불교를 숭상했으나 모두 왕의 뜻은 아니었다. …… ㉢ 부세는 무겁고 부역은 번거로웠으며 흉년으로 백성들이 고달프고 도적이 성행하여 국내의 재력이 고갈되었다. 그래서 왕이 비록 성덕(盛德)을 품었어도 끝내 하나도 펴지 못했으니 참으로 애석하다. 그러다가 ㉣ 문정왕후가 돌아가신 후에 국정을 주관하게 되자 …… ㉤ 을사사화 때 화를 당한 사람들을 풀어 주고 먼 곳으로 쫓겨난 사람들을 모두 내지로 옮겼다.

① ㉠ - 1차 왕자의 난이 일어난 이유를 찾아본다.
② ㉡ - 황사영 백서 사건이 가져온 결과를 살펴본다.
③ ㉢ - 예송 논쟁의 발생 배경을 파악한다.
④ ㉣ - 갑술환국의 전개 양상을 정리한다.
⑤ ㉤ - 윤임 일파가 축출되는 과정을 조사한다.

21

다음 상황이 전개된 배경으로 옳은 것은? [1점]

교지를 내려 이르기를, "전날 성삼문 등이 상왕(上王)도 그 모의에 참여하였다고 인정하자, 백관들이 상왕도 종사(宗社)에 죄를 지었으니 편안히 도성에 거주하는 것은 마땅치 않다고 하였다. …… 상왕을 노산군(魯山君)으로 낮추고, 궁에서 내보내 영월에 거주시키도록 하라."라고 하였다.

① 인조반정으로 북인 세력이 몰락하였다.
② 인현왕후가 폐위되고 남인이 권력을 차지하였다.
③ 계유정난을 통해 수양대군이 정권을 장악하였다.
④ 이인좌를 중심으로 한 소론 세력이 난을 일으켰다.
⑤ 폐비 윤씨 사사 사건으로 인해 김굉필 등이 처형되었다.

22

(가)에 해당하는 작품으로 옳은 것은? [1점]

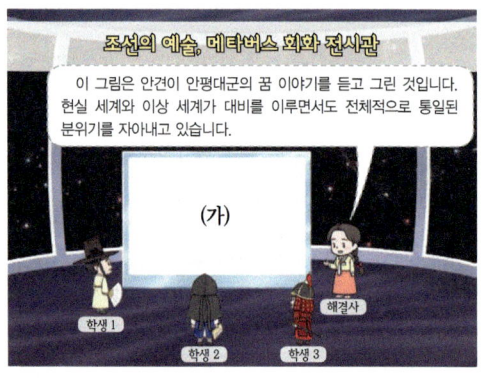

조선의 예술, 메타버스 회화 전시관

이 그림은 안견이 안평대군의 꿈 이야기를 듣고 그린 것입니다. 현실 세계와 이상 세계가 대비를 이루면서도 전체적으로 통일된 분위기를 자아내고 있습니다.

23

밑줄 그은 '이 전쟁' 중에 있었던 사실로 옳은 것은? [2점]

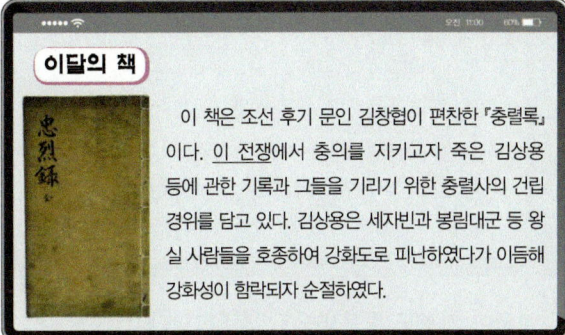

이 책은 조선 후기 문인 김창협이 편찬한 『충렬록』이다. 이 전쟁에서 충의를 지키고자 죽은 김상용 등에 관한 기록과 그들을 기리기 위한 충렬사의 건립 경위를 담고 있다. 김상용은 세자빈과 봉림대군 등 왕실 사람들을 호종하여 강화도로 피난하였다가 이듬해 강화성이 함락되자 순절하였다.

① 조명 연합군이 평양성을 탈환하였다.
② 강홍립이 사르후 전투에 참전하였다.
③ 김준룡이 광교산 전투에서 승리하였다.
④ 김종서가 두만강 일대에 6진을 개척하였다.
⑤ 곽재우, 김천일 등이 의병장으로 활약하였다.

24

(가) 왕에 대한 설명으로 옳은 것은? [2점]

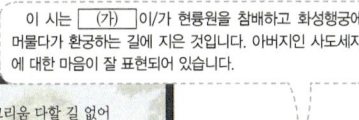

이 시는 (가) 이/가 현륭원을 참배하고 화성행궁에 머물다가 환궁하는 길에 지은 것입니다. 아버지인 사도세자에 대한 마음이 잘 표현되어 있습니다.

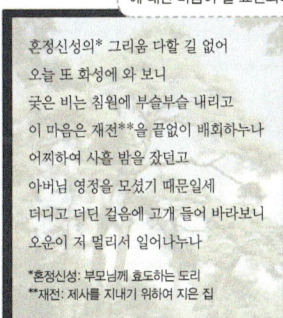

혼정신성의* 그리움 다할 길 없어
오늘 또 화성에 와 보니
궂은 비는 침원에 부슬부슬 내리고
이 마음은 재전**을 끝없이 배회하누나
어찌하여 사흘 밤을 잤던고
아버님 영정을 모셨기 때문일세
더디고 더딘 걸음에 고개 들어 바라보니
오운이 저 멀리서 일어나누나

*혼정신성: 부모님께 효도하는 도리
**재전: 제사를 지내기 위하여 지은 집

① 청과 국경을 정하는 백두산정계비를 세웠다.
② 통치 체제를 정비하고자 속대전을 편찬하였다.
③ 왕실의 위엄을 높이기 위해 경복궁을 중건하였다.
④ 삼정의 문란을 시정하려고 삼정이정청을 설치하였다.
⑤ 시전 상인의 특권을 축소하는 신해통공을 단행하였다.

25

(가) 제도에 대한 설명으로 옳은 것은? [2점]

> 광해군 때 이원익이 방납의 폐단을 혁파하고자 선혜청을 두고 (가) 을/를 실시할 것을 청하였다. …… 맨 먼저 경기도 내에 시범적으로 실시하니 백성들은 대부분 편리하게 여겼다. 다만 권세가와 부호들은 방납의 이익을 잃기 때문에 온갖 방법으로 반대하였다.
>
> - 『국조보감』 -

① 양반에게도 군포를 부과하였다.
② 수신전 휼양전을 폐지하였다.
③ 양전 사업을 실시하여 지계를 발급하였다.
④ 전세를 풍흉에 따라 9등급으로 차등 과세하였다.
⑤ 관청에 물품을 조달하는 공인이 등장하는 배경이 되었다.

26

(가)~(라)를 일어난 순서대로 옳게 나열한 것은? [3점]

> (가) 좌의정 박은이 상왕(上王)에게 아뢰기를, "이제 왜구가 중국에 들어가 도적질하고 본도로 돌아오는 것이 곧 이때이므로 마땅히 이정무 등으로 대마도에 나가 적이 섬에 돌아오기를 기다렸다가 맞아서 치게 되면 적을 파함에 틀림없을 것이니, 진멸(殄滅)시킬 기회를 잃지 마소서."라고 하니, 상왕이 옳게 여겼다.
>
> (나) 김방경이 중군을 거느리게 하고 흔돌과 홍다구와 더불어 일본을 정벌하게 하였다. 일기도(一岐島)에 이르러 천 명을 죽이고 길을 나누어 진격하였다. 왜인들이 달아나는데 쓰러진 시체가 마치 삼대와 같았다. 날이 저물어 이내 공격을 늦추었는데 마침 밤에 태풍이 크게 불어서 전함들이 많이 부서졌다.
>
> (다) 왜구가 배 5백 척을 이끌고 진포 입구에 들어와서는 큰 밧줄로 배를 서로 잡아매고 병사를 나누어 지키다가, 해안에 상륙하여 여러 고을로 흩어져 들어가 불을 지르고 노략질을 자행하였다. …… 나세, 심덕부, 최무선 등이 진포에 이르러, 최무선이 만든 화포를 처음으로 사용하여 그 배들을 불태웠다.
>
> (라) 왜장이 군사 수만 명을 모두 동원하여 진주성을 포위하였는데 성 안의 군사는 3천여 명이었다. 진주 목사 김시민이 여러 성첩을 나누어 지키게 하였다. …… 10여 일 동안 4~5차례 큰 전투를 벌이면서 안팎에서 힘껏 싸웠으므로 적이 먼저 도망하였다.

① (가) - (나) - (다) - (라)
② (가) - (다) - (나) - (라)
③ (나) - (가) - (라) - (다)
④ (나) - (다) - (가) - (라)
⑤ (다) - (라) - (나) - (가)

27

다음 가상 인터뷰의 주인공에 대한 설명으로 옳은 것은? [2점]

① 마과회통에서 홍역에 대한 지식을 정리하였다.
② 의산문답에서 중국 중심의 세계관을 비판하였다.
③ 발해고에서 남북국이라는 용어를 처음 사용하였다.
④ 곽우록에서 토지 매매를 제한하는 한전론을 제시하였다.
⑤ 금석과안록에서 북한산비가 진흥왕 순수비임을 고증하였다.

28

밑줄 그은 '이 시기'에 볼 수 있는 모습으로 적절하지 않은 것은? [1점]

① 주자소에서 계미자를 만드는 장인
② 송파장에서 산대놀이를 공연하는 광대
③ 대규모 자본으로 물품을 구매하는 도고
④ 시사를 조직하여 작품 활동을 하는 중인
⑤ 인삼, 담배 등을 상품 작물로 재배하는 농민

29

(가), (나) 사이의 시기에 있었던 사실로 옳은 것은? [2점]

> (가) 대왕대비전이 전교하기를, "익성군이 이제 입궁하였으니, 흥선 대원군과 부대부인의 봉작을 내리는 것을 오늘 중으로 거행하도록 하라."라고 하였다.
>
> (나) 종로에 비석을 세웠다. 그 비에서 이르기를, '서양 오랑캐가 침범하는데 싸우지 않으면 즉 화친하는 것이요, 화친을 주장함은 나라를 팔아먹는 것이다.'고 하였다.

① 영국이 거문도를 불법으로 점령하였다.
② 일본의 운요호가 영종도를 공격하였다.
③ 러시아가 용암포에 대한 조차를 요구하였다.
④ 독일 상인 오페르트가 남연군 묘 도굴을 시도하였다.
⑤ 미국이 조미 수호 통상 조약 체결 후 푸트 공사를 파견하였다.

30

(가)에 대한 설명으로 옳은 것은? [2점]

① 입헌 군주제 수립을 목표로 하였다.
② 조선 총독부의 방해와 탄압으로 실패하였다.
③ 우정총국 개국 축하연을 이용하여 일어났다.
④ 홍범 14조를 기본 개혁 방향으로 제시하였다.
⑤ 일본 공사관에 경비병이 주둔하는 계기가 되었다.

31

(가), (나) 사이의 시기에 있었던 사실로 옳은 것은? [2점]

> (가) 복합 상소 이후에도 "물러나면 원하는 바를 시행할 것이다."라던 국왕의 약속과 달리 관리들의 침학이 날로 심해졌다. …… 최시형은 도탄에 빠진 교도들을 구하고 최제우의 억울함을 씻기 위해 보은 집회를 개최하였다.
>
> (나) 동학 농민군은 거짓으로 패한 것처럼 꾸며 황토현에 진을 쳤다. 관군은 밀고 들어가 그 아래에 진을 쳤다. …… 농민군이 삼면을 포위한 채 한쪽 모퉁이만 빼고 크게 함성을 지르며 압박하자 관군은 일시에 무너졌다.

① 논산으로 남접과 북접이 집결하였다.
② 개혁을 추진하기 위해 교정청이 설치되었다.
③ 일본이 군대를 동원하여 경복궁을 점령하였다.
④ 고부 농민들이 조병갑의 탐학에 맞서 만석보를 파괴하였다.
⑤ 공주 우금치에서 농민군이 관군과 일본군에게 패배하였다.

32

다음 글이 작성된 시기를 연표에서 옳게 고른 것은? [2점]

> 전보 제 ○○○호
> 발신인: 외무대신 하야시
> 수신인: 통감 이토
>
> 네덜란드에 파견된 전권 대사 쓰즈키가 보낸 전보 내용임. 한국인 3명이 이곳에 머물면서 평화 회의의 위원 대우를 받고자 진력하고 있다고 함. 그들은 오늘 아침 러시아 수석 위원 넬리도프를 방문하려 했는데, 넬리도프는 네덜란드 정부로부터 평화 회의 위원으로 확인되지 않는 자는 만나지 않겠다고 함. 이들은 일본이 한국에 시행한 정책에 대해 항의서를 인쇄하여 각국 수석 위원(단, 영국 위원은 제외한 것으로 보임)에게도 보냈다고 함.

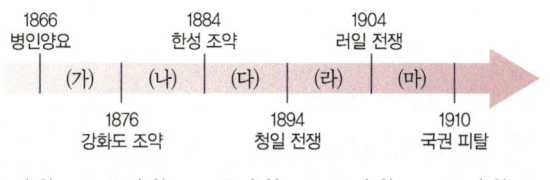

① (가) ② (나) ③ (다) ④ (라) ⑤ (마)

33

다음 의병 부대에 대한 설명으로 옳은 것은? [2점]

> 이인영을 총대장으로 추대하고, 허위를 군사장으로 삼아 …… 각 도에 격문을 전하니 전국에서 불철주야 달려온 지원자들이 만여 명이더라. 이에 서울로 진군하여 국권을 회복하고자 …… 먼저 이인영은 심복을 보내 각국 영사에게 진군의 이유를 상세히 알리며 도움을 요청하고, 각 도의 의병으로 하여금 일제히 진군하게 하였다.

① 조선 혁명 선언을 지침으로 삼았다.
② 이만손이 주도하여 영남 만인소를 올렸다.
③ 상덕태상회를 통하여 군자금을 모집하였다.
④ 일본에 국권 반환 요구서를 제출하고자 하였다.
⑤ 고종의 강제 퇴위와 군대 해산에 반발하여 결성되었다.

34

다음 상소가 작성된 이후의 사실로 옳은 것은? [1점]

> 러시아 공사관으로 거처를 옮기시고 해가 바뀌었습니다. 그곳 유리창과 분칠한 담장은 화려하지만 그을음 나는 석탄을 때는 전돌(甎埃)은 옥체를 보호하기에 적합하지 않은 듯합니다. …… 온 나라 신하들의 심정을 염두에 두시어 간하는 말을 따라 바로 환궁하여 끓어오르는 여론에 부응하시고 영원히 누릴 태평의 터전을 공고히 만드소서.

① 영선사가 파견되었다.
② 군국기무처가 설치되었다.
③ 대한국 국제가 반포되었다.
④ 제너럴 셔먼호 사건이 일어났다.
⑤ 조청 상민 수륙 무역 장정이 체결되었다.

35

(가)~(다)를 일어난 순서대로 옳게 나열한 것은? [3점]

주제: 일본의 경제 침탈에 대한 저항

(가) 상권을 수호하기 위해 황국 중앙 총상회가 창립되었어요.

(나) 일본의 황무지 개간권 요구를 저지하기 위해 보안회가 조직되었어요.

(다) 대구에서 서상돈을 중심으로 금주, 금연 등을 통한 국채 보상 운동이 시작되었어요.

① (가) - (나) - (다)
② (가) - (다) - (나)
③ (나) - (가) - (다)
④ (나) - (다) - (가)
⑤ (다) - (가) - (나)

36

(가) 단체에 대한 설명으로 옳은 것은? [2점]

(가)의 주요 간부인 이상재, 정교 등이 러시아의 요구에 대해 정부가 어떻게 대처할 건지를 밝히라는 글이군.

듣기에 절영도에 러시아 사람이 석탄고를 건축하려고 땅을 청구한다고 하니 …… 러시아 사람의 요청대로 빌려줄 건지, 잠깐만 빌려줄 건지, 영영 줄 건지, 빌려줄 때에는 정부 회의를 거치는지, 홀로 결정하여 도장을 찍는지 ……

① 정우회 선언의 영향으로 결성되었다.
② 만세보를 발행하여 민족의식을 고취하였다.
③ 중추원 개편을 통해 의회 설립을 추진하였다.
④ 어린이날을 제정하고 소년 운동을 전개하였다.
⑤ 태극 서관을 운영하여 계몽 서적 등을 보급하였다.

37

(가)~(마)에 대한 설명으로 옳은 것은? [3점]

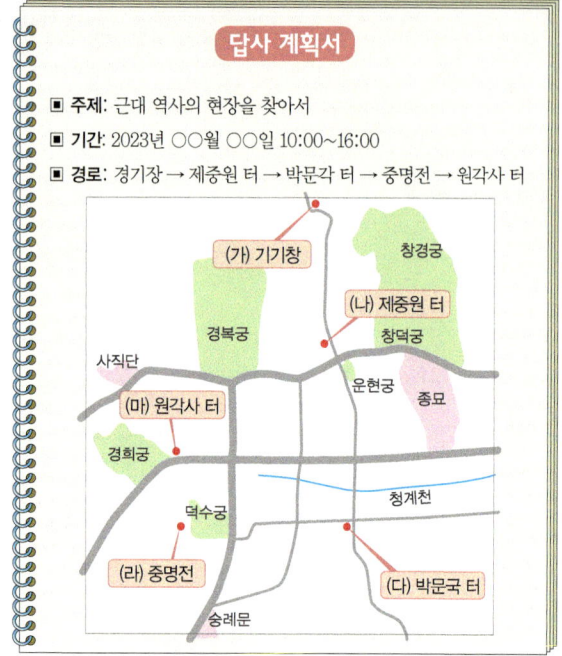

답사 계획서

■ 주제: 근대 역사의 현장을 찾아서
■ 기간: 2023년 ○○월 ○○일 10:00~16:00
■ 경로: 경기장 → 제중원 터 → 박문각 터 → 중명전 → 원각사 터

(가) 기기창
(나) 제중원 터
(다) 박문국 터
(라) 중명전
(마) 원각사 터

① (가) - 우리나라 최초의 근대 신문이 간행되었다.
② (나) - 고종의 황제 즉위식이 거행된 장소이다.
③ (다) - 백동화가 주조되었다.
④ (라) - 을사늑약이 체결되었다.
⑤ (마) - 나운규의 아리랑이 처음 상영된 곳이다.

38

다음 판결이 내려진 시기에 있었던 사실로 옳은 것은? [1점]

판결문

피고인: 박○○
주 문: 피고인을 태 90에 처한다.
이 유
 피고 박○○은 이○○가 '구한국의 국권 회복을 도모한다.'고 각지를 돌아다니며 유세한 것에 찬동하였다. …… 법률에 비추어 보니 피고의 소행은 …… 태형에 처함이 타당하다고 인정하여 조선 태형령 제1조, 제4조에 준하여 처단해야 한다. 따라서 주문과 같이 판결한다.

① 원수부가 설치되었다.
② 신간회가 창립되었다.
③ 치안 유지법이 적용되었다.
④ 헌병 경찰제가 실시되었다.
⑤ 동양 척식 주식회사가 설립되었다.

39

㉠~㉤에 대한 탐구 활동으로 적절하지 않은 것은? [2점]

> 🔍 역사 돋보기 **한국 교육의 역사**
>
> 삼국 시대에는 ㉠ 국가가 운영하는 기관을 통해 제도적인 교육이 이루어졌다. 이때 교재는 유학 경전과 역사서가 중심이었다.
> 고려 시대에 와서 과거제가 실시되었다. 조상의 음덕을 입은 관직 진출도 있었지만, 과거에 합격하는 것을 영예롭게 여기기도 하였다. 이 과정에서 관학인 국자감 못지않게 ㉡ 사학 역시 중요한 역할을 하였다.
> 조선 시대의 교육 기관은 ㉢ 관학으로 성균관·향교 등이 있었고, 사학으로 서원 등이 있었다. 국가는 교육을 통해 성리학의 이념을 확신시키고, 통치 질서를 유지하려고 하였다.
> 19세기 말 서구 문물을 접하면서 교육에도 상당한 변화가 일어났다. ㉣ 정부는 새로운 변화에 대처하고 행정의 실무를 담당할 필요에서 학교를 설치하였다.
> 갑오개혁 때 ㉤ 교육 입국 조서가 반포된 이후에는 각종 관립 학교가 세워져 교육을 담당하였다. 한편 선교사들은 기독교를 전파하고 서양 문화를 보급하려고 학교 설립에 앞장섰다.

① ㉠ - 태학의 설립 취지를 찾아본다.
② ㉡ - 9재 학당의 수업 내용을 조사한다.
③ ㉢ - 명륜당과 대성전의 기능을 알아본다.
④ ㉣ - 동문학과 육영 공원의 운영 목적을 분석한다.
⑤ ㉤ - 배재 학당, 이화 학당의 설립 시기를 파악한다.

40

다음 법령이 발표된 이후에 있었던 사실로 옳은 것은? [3점]

> 제1조 조선에서의 교육은 본령에 의한다.
> 제2조 국어[일본어]를 상용(常用)하는 자의 보통 교육은 소학교령, 중학교령 및 고등 여학교령에 의한다.
> 제3조 국어[일본어]를 상용하지 않는 자에게 보통 교육을 하는 학교는 보통학교, 고등 보통학교 및 여자 고등 보통학교로 한다.
> 제5조 보통학교의 수업 연한은 6년으로 한다. …… 보통학교에 입학할 수 있는 자는 연령 6세 이상으로 한다.

① 서당 규칙이 제정되었다.
② 2·8 독립 선언이 발표되었다.
③ 조선어 연구회가 결성되었다.
④ 조선 여자 교육회가 조직되었다.
⑤ 조선 민립 대학 설립 기성회가 창립되었다.

41

(가) 정부의 활동에 대한 설명으로 옳은 것은? [2점]

> 도내 관공서의 조선인 관리·기타 조선인 부호 등에게 빈번하게 불온 문서를 배부하는 자가 있어서 수사한 결과 이○○의 소행으로 판명되어 그의 체포에 노력하고 있다. …… 그는 (가) 의 교통부 차장과 재무부 총장 등으로부터 여러 가지 명령을 받았다. 조선에 돌아가서 인쇄물을 뿌리는 등 인심을 교란하는 동시에 (가) 이/가 발행한 독립 공채를 판매하는 한편, 조선 내부와의 연락 및 기타 기관을 충분히 갖추게 하는 것 등이었다.
> - 『고등 경찰 요사』 -

① 무장 투쟁을 위해 중광단을 결성하였다.
② 민족 교육을 위해 서전서숙을 설립하였다.
③ 독립군 양성을 위해 신흥 강습소를 세웠다.
④ 외교 활동을 위해 구미 위원부를 설치하였다.
⑤ 농촌 계몽을 위해 브나로드 운동을 전개하였다.

42

밑줄 그은 '시기'에 있었던 사실로 옳은 것은? [2점]

이곳 사할린에 있는 탄광으로 강제 동원되기 전 고향 생활 중 기억나는 것이 있으신가요?

그때는 중일 전쟁이 시작된 뒤여서 황국 신민 서사를 외우지 못하면 기차표 사기도 어렵던 시기였어요. 기차표를 사려고 하면 일본 사람이 나보고 황국 신민 서사를 외워 보라고 시켰지요.

① 원산 총파업이 발생하였다.
② 미쓰야 협정이 체결되었다.
③ 조선 형평사가 결성되었다.
④ 국가 총동원법이 시행되었다.
⑤ 임시 토지 조사국이 설립되었다.

43

(가)에 대한 설명으로 옳은 것은? [2점]

① 자유시 참변으로 시련을 겪었다.
② 대원 일부가 한국광복군에 합류하였다.
③ 쌍성보 전투에서 한중 연합 작전을 전개하였다.
④ 독립군 양성 기관인 한인 소년병 학교를 설립하였다.
⑤ 홍범도 부대와 연합하여 청산리에서 일본군과 교전하였다.

44

(가)에 들어갈 내용으로 적절한 것은? [2점]

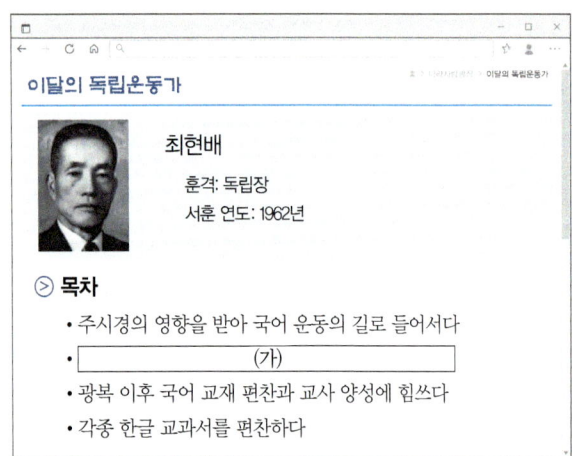

① 조선어 학회 사건으로 옥고를 치르다
② 파리 강화 회의에 독립 청원서를 제출하다
③ 복벽주의를 내세우며 독립 의군부를 조직하다
④ 국권 피탈 과정을 정리한 한국통사를 저술하다
⑤ 일제에 의해 조작된 105인 사건으로 재판을 받다

45

다음 총선거에 대한 설명으로 옳은 것을 <보기>에서 고른 것은? [3점]

보 기

ㄱ. 좌우 합작 위원회가 주도하였다.
ㄴ. 장면 정부가 수립되는 계기가 되었다.
ㄷ. 제주도에서 무효 처리된 선거구가 있었다.
ㄹ. 제헌 국회의원을 선출하기 위해 실시되었다.

① ㄱ, ㄴ ② ㄱ, ㄷ ③ ㄴ, ㄷ ④ ㄴ, ㄹ ⑤ ㄷ, ㄹ

46

밑줄 그은 '이 전쟁' 중에 있었던 사실로 옳은 것은? [1점]

> **사료로 보는 한국사**
>
> 피하는 것은 죽는 것이요, 다 같이 일어나는 것은 사는 길이니 비록 중국군 2백만 명이 들어오기로서니 우리 2천만 명이 일어나면 한 놈도 살아나갈 수 없이 만들 수 있을 것이다. …… 각 도시나 촌락에서 모든 인민들은 쌀을 타다가 밥을 지어 주먹밥이라도 만들면 실어다가 전선에서 싸우는 사람들을 먹여야 하며, 또 장년들은 참호라도 파며 한편으로 결사대를 조직하여 적의 진지를 뚫고 적군 속에 들어가 백방으로 싸워야만 될 것이다.
>
> [해설] 중국군의 개입으로 이 전쟁의 전세가 불리해진 상황에서 국민의 항전 의지를 독려하는 대통령의 담화문이다.

① 애치슨 라인이 발표되었다.
② 부산이 임시 수도로 정해졌다.
③ 한미 상호 방위 조약이 맺어졌다.
④ 푸에블로호 나포 사건이 발생하였다.
⑤ 국가 보위 비상 대책 위원회가 설치되었다.

47

다음 상황이 나타난 시기를 연표에서 옳게 고른 것은? [3점]

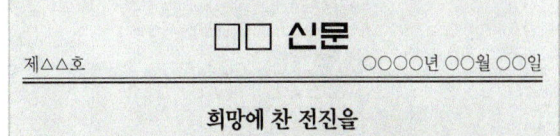

□□ 신문

제△△호   ○○○○년 ○○월 ○○일

희망에 찬 전진을

제1차 경제 개발 5개년 계획을 성공적으로 매듭지은 현 시점에서 우리에게는 진실로 기뻐하고 자랑스럽게 생각해야 할 일이 있다. 우리나라가 새롭고 희망에 찬 생활을 향하여 전진을 거듭하고 있다는 사실에 대한 자각이 더욱 높아가고 미래에 대한 자신이 날로 굳어져 가고 있다는 사실이다. …… 여러분이 아시다시피 올해는 제2차 경제 개발 5개년 계획에 착수하여 이미 도약 단계에 들어선 조국의 발전에 일대 박차를 가해야 할 중대한 새 출발의 해인 것이다. 앞으로 4~5년 후에는 아시아에 빛나는 공업 국가를 건설해 보자는 것이 이 계획의 목표인 것이다.

1949	1965	1977	1988	1996	2007
(가)	(나)	(다)	(라)	(마)	
농지 개혁법 제정	한일 협정 체결	100억 달러 수출 달성	서울 올림픽 개최	경제 협력 개발 기구 (OECD) 가입	한미 자유 무역 협정(FTA) 체결

① (가)　② (나)　③ (다)　④ (라)　⑤ (마)

48

밑줄 그은 '정부' 시기에 있었던 사실로 옳은 것은? [2점]

이것은 부천 경찰서에서 자행된 여성 노동자에 대한 성 고문 사건을 축소, 은폐하기 위해 내린 정부의 보도 지침 내용입니다. 당시 정부는 언론의 보도 방향을 통제하고, 민주화 운동을 탄압하였습니다. 이후 박종철 고문 치사 사건도 단순 쇼크사로 날조하였습니다.

① 야당 총재가 국회의원직에서 제명되었다.
② 5년 단임의 대통령 직선제 개헌이 이루어졌다.
③ 국가 재건 최고 회의를 기반으로 군정이 실시되었다.
④ 평화 통일론을 내세우던 진보당의 조봉암이 처형되었다.
⑤ 긴급 조치 철폐 등을 포함한 3·1 민주 구국 선언이 발표되었다.

49

다음 지역에 대한 탐구 활동으로 적절한 것은? [1점]

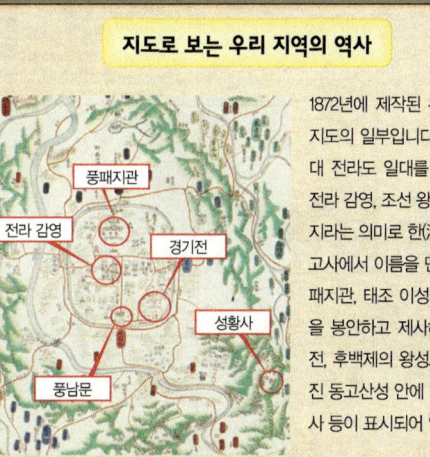

지도로 보는 우리 지역의 역사

1872년에 제작된 우리 지역 지도의 일부입니다. 조선 시대 전라도 일대를 총괄하는 전라 감영, 조선 왕실의 발상지라는 의미로 한(漢) 고조의 고사에서 이름을 딴 객사 풍패지관, 태조 이성계의 어진을 봉안하고 제시하는 경기전, 후백제의 왕성으로 알려진 동고산성 안에 있는 성황사 등이 표시되어 있습니다.

① 유형원이 반계수록을 저술한 장소를 답사한다.
② 견훤이 아들 신검에 의해 유폐된 장소를 알아본다.
③ 동학 농민군이 정부와 화약을 맺은 장소를 조사한다.
④ 기묘사화로 유배된 조광조가 사사된 장소를 검색한다.
⑤ 임병찬이 의병을 일으킨 무성 서원이 있는 장소를 찾아본다.

50

다음 뉴스가 보도된 정부 시기의 통일 정책으로 옳은 것은? [2점]

대통령은 오늘 도쿄에서 오부치 일본 총리와 21세기 새로운 한일 파트너십 공동 선언에 합의하였습니다. 이 공동 선언문에는 일본이 과거 한때 식민지 지배로 인하여 한국 국민에게 다대한 손해와 고통을 안겨주었다는 역사적 사실을 겸허히 받아들이면서, 이에 대한 통절한 반성과 마음으로부터 사죄라는 표현이 명문화되어 있습니다.

대통령, 일본 국회 연설에서 일본 대중문화 단계적 개방 약속

① 남북 조절 위원회를 구성하였다.
② 6·15 남북 공동 선언을 채택하였다.
③ 한반도 비핵화 공동 선언에 합의하였다.
④ 판문점에서 남북 정상 회담을 개최하였다.
⑤ 남북 이산가족 고향 방문을 최초로 실현하였다.

2023년도 제64회 한국사능력검정시험

|정답 및 해설| 351p

01

밑줄 그은 '이 시대'의 생활 모습으로 옳은 것은? [1점]

화면 속 갈돌과 갈판, 빗살무늬 토기는 이 시대의 대표적인 유물로 알려져 있습니다.

농경과 정착 생활이 시작된 이 시대의 사람들은 토기를 만들어 곡식을 저장하고 음식을 조리하기도 하였습니다.

① 소를 이용하여 깊이갈이를 하였다.
② 반량전, 명도전 등의 화폐를 사용하였다.
③ 청동 방울 등을 의례 도구로 이용하였다.
④ 거푸집을 이용하여 세형 동검을 제작하였다.
⑤ 가락바퀴와 뼈바늘을 이용하여 옷을 만들었다.

02

(가) 나라에 대한 설명으로 옳은 것은? [2점]

○ (가) 의 풍속에는 가뭄이나 장마가 계속되어 오곡이 영글지 않으면, 그 허물을 왕에게 돌려 "왕을 마땅히 바꾸어야 한다."고 하거나 "죽여야 한다."라고 하였다.
- 『삼국지』 동이전 -

○ (가) 사람들은 …… 활·화살·칼·창으로 무기를 삼았다. 가축의 이름으로 관직명을 지으니 마가·우가·구가 등이 있었다. 그 나라의 읍락은 모두 여러 가(加)에 소속되었다.
- 『후한서』 동이열전 -

① 영고라는 제천 행사를 열었다.
② 한 무제의 공격으로 멸망하였다.
③ 정사암에 모여 재상을 선출하였다.
④ 읍락 간의 경계를 중시하는 책화가 있었다.
⑤ 제사장인 천군과 신성 지역인 소도가 존재하였다.

03

(가)에 들어갈 내용으로 가장 적절한 것은? [2점]

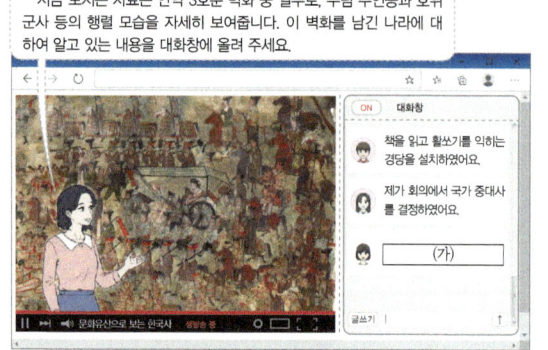

지금 보시는 자료는 안악 3호분 벽화 중 일부로, 무덤 주인공과 호위 군사 등의 행렬 모습을 자세히 보여줍니다. 이 벽화를 남긴 나라에 대하여 알고 있는 내용을 대화창에 올려 주세요.

책을 읽고 활쏘기를 익히는 경당을 설치하였어요.

제가 회의에서 국가 중대사를 결정하였어요.

(가)

① 연의 장수 진개의 공격을 받았어요.
② 골품에 따른 신분 차별이 엄격하였어요.
③ 빈민을 구제하기 위해 진대법을 실시하였어요.
④ 사회 질서를 유지하기 위한 범금 8조가 있었어요.
⑤ 왕족인 부여씨와 8성의 귀족이 지배층을 이루었어요.

04

(가)에 해당하는 문화유산으로 옳은 것은? [1점]

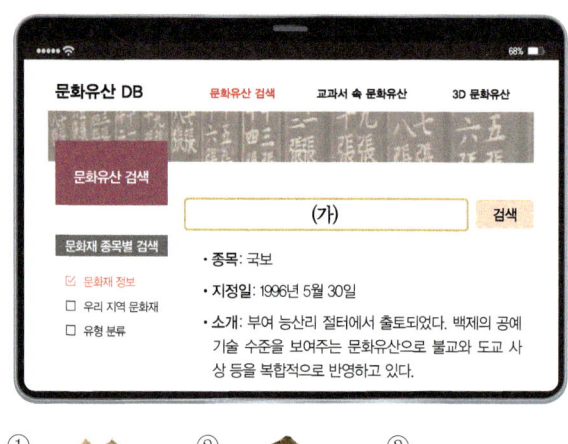

문화유산 DB / 문화유산 검색 / 교과서 속 문화유산 / 3D 문화유산

문화유산 검색

(가) [검색]

문화재 종목별 검색
☑ 문화재 정보
□ 우리 지역 문화재
□ 유형 분류

· 종목: 국보
· 지정일: 1996년 5월 30일
· 소개: 부여 능산리 절터에서 출토되었다. 백제의 공예 기술 수준을 보여주는 문화유산으로 불교와 도교 사상 등을 복합적으로 반영하고 있다.

①    ②    ③

④    ⑤

05

(가) 인물에 대한 설명으로 옳은 것은? [3점]

이 전경은 (가) 의 탄생지로 알려진 곳의 모습입니다. 금관가야 마지막 왕의 후손인 그는 진평왕부터 문무왕까지 다섯 임금을 섬기며 신라의 삼국 통일에 크게 기여하였습니다. 그는 사후에 '흥무대왕'에 봉해지며 신라의 왕이 아니면서도 대왕의 칭호를 갖게 된 인물로 기억되고 있습니다.

① 안승을 왕으로 추대하였다.
② 당의 등주를 선제 공격하였다.
③ 비담과 염종의 난을 진압하였다.
④ 기벌포 전투를 승리로 이끌었다.
⑤ 일리천에서 신검의 군대를 물리쳤다.

06

밑줄 그은 '이 왕'에 대한 설명으로 옳은 것은? [2점]

① 금마저에 미륵사를 창건하였다.
② 수도를 웅진에서 사비로 옮겼다.
③ 윤충을 보내 대야성을 함락하였다.
④ 고흥으로 하여금 서기를 편찬하게 하였다.
⑤ 북위에 사신을 보내 고구려 공격을 요청하였다.

07

(가) 시기에 있었던 사실로 옳은 것은? [3점]

① 소수림왕이 율령을 반포하였다.
② 진흥왕이 대가야를 병합하였다.
③ 을지문덕이 살수에서 대승을 거두었다.
④ 김춘추가 당과의 군사 동맹을 성사시켰다.
⑤ 근초고왕이 평양성을 공격하여 고국원왕을 전사시켰다.

08

(가) 국가의 경제상황으로 옳은 것은? [2점]

① 벽란도를 통해 아라비아 상인과 무역하였다.
② 구황 작물로 감자, 고구마를 널리 재배하였다.
③ 해동통보를 발행하여 화폐 유통을 추진하였다.
④ 시장을 관리하는 관청인 동시전을 설치하였다.
⑤ 거란도, 영주도 등을 통해 주변국과 교역하였다.

09

다음 상황 이후에 전개된 사실로 옳은 것은? [2점]

> 청해진의 궁복은 왕이 딸을 [왕비로] 받아들이지 않은 것에 원한을 품고 반란을 일으켰다. 조정에서는 장차 그를 토벌하자니 예측하지 못할 환난이 생길까 두렵고, 그대로 두자니 그 죄를 용서할 수 없어서, 우려하면서도 어떻게 해야 할지를 몰랐다. 무주 사람 염장이란 자는 용맹하고 씩씩하기로 당시에 소문이 났는데, 와서 아뢰기를 "조정에서 다행히 신의 말을 들어주신다면 신은 한 명의 병졸도 번거롭게 하지 않고 맨주먹으로 궁복의 목을 베어 바치겠습니다."라고 하였다. 왕이 그의 말을 따랐다.
> — 『삼국사기』 —

① 혜공왕이 귀족 세력에게 피살되었다.
② 최치원이 시무책 10여 조를 건의하였다.
③ 왕의 장인인 김흠돌이 반란을 도모하였다.
④ 자장의 건의로 황룡사 구층 목탑이 건립되었다.
⑤ 원광이 화랑도의 규범으로 세속 5계를 제시하였다.

10

다음 검색창에 들어갈 인물에 대한 설명으로 옳은 것은? [2점]

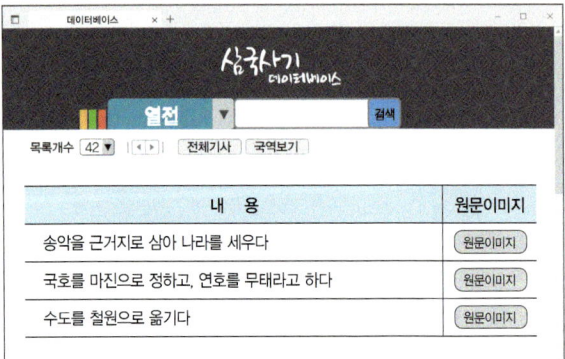

① 후당, 오월에 사신을 파견하였다.
② 이사부를 보내 우산국을 복속하였다.
③ 폐정 개혁을 목표로 정치도감을 설치하였다.
④ 광평성을 비롯한 각종 정치 기구를 마련하였다.
⑤ 정계와 계백료서를 지어 관리가 지켜야 할 규범을 제시하였다.

11

(가), (나) 사이의 시기에 있었던 사실로 옳은 것은? [3점]

> (가) 거란에서 사신을 파견하여 낙타 50필을 보냈다. 왕은 거란이 일찍이 발해와 지속적으로 화목하다가 갑자기 의심하여 맹약을 어기고 멸망시켰으니, 이는 매우 무도하여 친선 관계를 맺어 이웃으로 삼을 수 없다고 생각하였다. 드디어 교빙을 끊고 사신 30인을 섬으로 유배 보냈으며, 낙타는 만부교 아래에 매어두니 모두 굶어 죽었다.
>
> (나) 양규가 흥화진으로부터 군사 7백여 명을 이끌고 통주까지 와서 군사 1천여 명을 수습하였다. 밤중에 곽주로 들어가서 지키고 있던 적들을 급습하여 모조리 죽인 후 성 안에 있던 남녀 7천여 명을 통주로 옮겼다.

① 외침에 대비하여 광군이 조직되었다.
② 강감찬이 귀주에서 대승을 거두었다.
③ 화통도감이 설치되어 화포를 제작하였다.
④ 김윤후가 처인성에서 살리타를 사살하였다.
⑤ 철령위 설치에 반발하여 요동 정벌이 추진되었다.

12

밑줄 그은 '반란'이 일어난 시기를 연표에서 옳게 고른 것은? [1점]

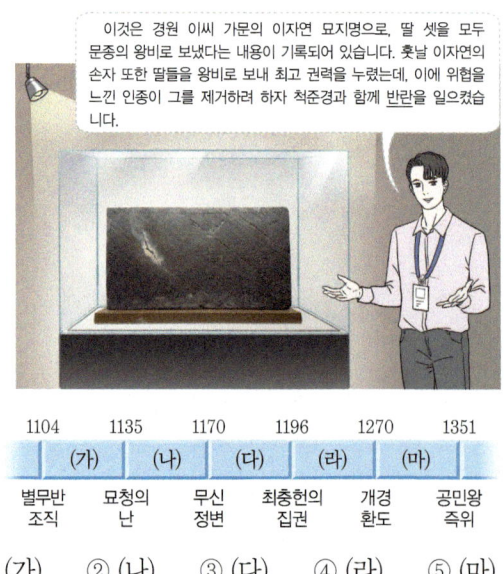

① (가) ② (나) ③ (다) ④ (라) ⑤ (마)

13

교사의 질문에 대한 학생의 답변으로 가장 적절한 것은? [2점]

① 집집마다 부경이라는 창고가 있었어요.
② 관료전이 폐지되고 녹읍이 지급되었어요.
③ 상평통보가 발행되어 법화로 사용되었어요.
④ 당항성, 영암이 국제 무역항으로 번성하였어요.
⑤ 경시서의 관리들이 시전의 상행위를 감독하였어요.

14

(가) 인물의 활동으로 옳은 것은? [2점]

① 인사 행정 담당 기구로 정방을 설치하였다.
② 봉사 10조를 올려 시정 개혁을 건의하였다.
③ 삼별초를 이끌고 진도 용장성에서 항전하였다.
④ 군사를 일으켜 정중부 등의 제거를 도모하였다.
⑤ 전민변정도감의 책임자로 임명되어 권문세족을 견제하였다.

15

다음 대화 이후에 전개된 사실로 옳은 것은? [2점]

① 빈민 구제를 위한 흑창이 처음 설치되었다.
② 망이·망소이가 공주 명학소에서 봉기하였다.
③ 김부식 등이 왕명으로 삼국사기를 편찬하였다.
④ 김보당이 의종 복위를 주장하며 난을 일으켰다.
⑤ 유인우, 이자춘 등이 쌍성총관부를 수복하였다.

16

(가)에 들어갈 문화유산으로 적절하지 않은 것은? [1점]

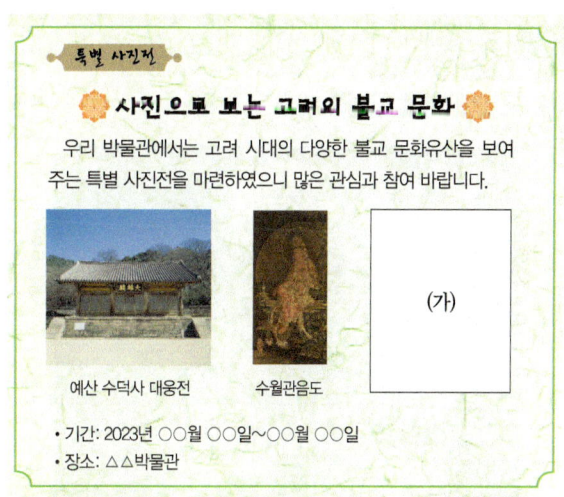

① 평창 월정사 팔각 구층 석탑

② 논산 관촉사 석조 미륵보살 입상

③ 원주 법천사지 지광국사 탑비

④ 보은 법주사 팔상전

⑤ 영주 부석사 무량수전

17

밑줄 그은 '왕'의 재위 시기에 있었던 사실로 옳은 것은? [2점]

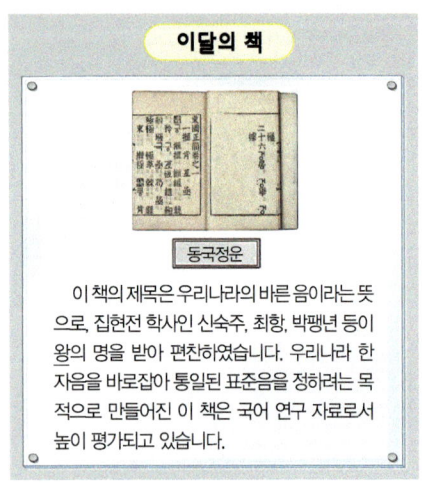

이달의 책

동국정운

이 책의 제목은 우리나라의 바른 음이라는 뜻으로, 집현전 학사인 신숙주, 최항, 박팽년 등이 왕의 명을 받아 편찬하였습니다. 우리나라 한자음을 바로잡아 통일된 표준음을 정하려는 목적으로 만들어진 이 책은 국어 연구 자료로서 높이 평가되고 있습니다.

① 금속 활자인 갑인자가 제작되었다.
② 수도 방어를 위해 금위영이 설치되었다.
③ 훈련 교범인 무예도보통지가 편찬되었다.
④ 국가의 기본 법전인 경국대전이 완성되었다.
⑤ 신진 인사를 등용하기 위해 현량과가 시행되었다.

18

(가) 궁궐에 대한 설명으로 옳은 것은? [3점]

2023 달빛기행

유네스코 세계유산에 등재된 조선의 궁궐 (가) 에 여러분을 초대합니다. 달빛과 별이 어우러진 밤하늘 아래 자연과 어우러진 고궁의 아름다움을 느껴 보시기 바랍니다.

◆관람 동선◆
돈화문 → 금천교 → 인정전 → 낙선재 →
부용지 → 연경당 → 후원 숲길 → 돈화문

■ 일시: 2023년 ○○월 ○○일 19:00~21:00
■ 주관: △△문화재단

① 일제에 의해 동물원 등이 설치되었다.
② 도성 내 서쪽에 있어 서궐이라고 불렸다.
③ 인목 대비가 광해군에 의해 유폐된 장소이다.
④ 정도전이 궁궐과 주요 전각의 명칭을 정하였다.
⑤ 태종이 도읍을 한양으로 다시 옮기며 건립하였다.

19

(가)에 대한 설명으로 옳은 것은? [2점]

1. 처음 (가) 을/를 정할 때 약문(約文)을 동지에게 두루 보이고 그 마음을 바로잡고, 몸가짐을 단속하고, 착하게 살고, 허물을 고치기 위해 약계(約契)에 참례하기를 원하는 자 몇 사람을 가려 서원에 모아 놓고 약법(約法)을 의논하여 정한 다음 도약정(都約正), 부약정 및 직월(直月)·사화(司貨)를 선출한다. ……
2. 물건으로 부조할 때는 약원이 사망하였다면 초상 치를 때 사화가 약정에게 고하여 삼베 세 필을 보내고, 같은 약원들은 각각 쌀 다섯되와 빈 거적때기 세 닢씩 내어서 상을 치르는 것을 돕는다.

— 「율곡전서」

① 7재라는 전문 강좌를 두었다.
② 옥당이라고 불리며 경연을 담당하였다.
③ 중앙에서 파견된 교수나 훈도가 지도하였다.
④ 풍속 교화와 향촌 자치 등의 역할을 하였다.
⑤ 매향(埋香) 활동 등 각종 불교 행사를 주관하였다.

20

다음 자료에 나타난 시기에 볼 수 있는 모습으로 적절한 것은? [2점]

비변사에서 아뢰기를 "…… 우리나라는 물력(物力)이 부족하여 요역이 매우 무겁습니다. 매번 나라의 힘으로 채굴한다면, 노동과 비용이 많이 들어갑니다. 채은관(採銀官)에게 명해 광산을 개발한 이후 백성을 모집하여 [채굴할 것을] 허락하고 그로 하여금 세를 거두도록 하되 그 세금의 많고 적음은 [채은관이] 적당히 헤아려 정하게 한다면 관에서 힘을 들이지 않아도 세입이 저절로 많아질 것입니다. ……"라고 하니, 왕이 아뢴 대로 하라고 답하였다.

① 주자감에서 공부하는 학생
② 초조대장경 조판을 지켜보는 승려
③ 빈공과를 준비하는 6두품 출신 유학생
④ 과전법에 따라 수조권을 지급받는 관리
⑤ 고추, 담배 등을 상품 작물로 재배하는 농민

21

다음 상황이 전개된 배경으로 옳은 것은? [2점]

며칠 전 안핵사로 파견된 박규수가 전하께 특별 기구 설치를 상소하였다고 하네.

그렇다네. 전하께서 이를 받아들여 삼정이정청을 설치하고, 각 고을마다 대책을 모아 올려 보내라고 명하셨지.

① 이만손 등이 영남 만인소를 올렸다.
② 운요호가 강화도와 영종도를 공격하였다.

③ 동학교도가 교조 신원을 주장하며 삼례 집회를 개최하였다.
④ 황사영이 외국 군대의 출병을 요청하는 백서를 작성하였다.
⑤ 백낙신의 탐학이 발단이 되어 진주에서 농민들이 봉기하였다.

22

밑줄 그은 '전하'가 재위한 시기의 사실로 옳은 것은? [3점]

> 무술년 봄에 양성지가 팔도지리지를 바치고, 서거정 등이 동문선을 바쳤더니, 전하께서 드디어 노사신, 양성지, 서거정 등에게 명하여 시문을 팔도지리지에 넣게 하셨습니다. …… 연혁을 앞에 둔 것은 한 고을의 흥함과 망함을 먼저 알아야 하기 때문이며 …… 경도(京都)의 첫머리에 팔도총도를 기록하고, 각 도의 앞에 도별지도를 붙여서 양경(兩京) 8도로 50권을 편찬하여 바치나이다.

① 예학을 정리한 가례집람이 저술되었다.
② 외교 문서를 집대성한 동문휘고가 편찬되었다.
③ 국가의 의례를 정비한 국조오례의가 완성되었다.
④ 전통 한의학을 정리한 동의보감이 간행되었다.
⑤ 역대 문물 제도를 정리한 동국문헌비고가 만들어졌다.

23

(가)에 들어갈 내용으로 가장 적절한 것은? [2점]

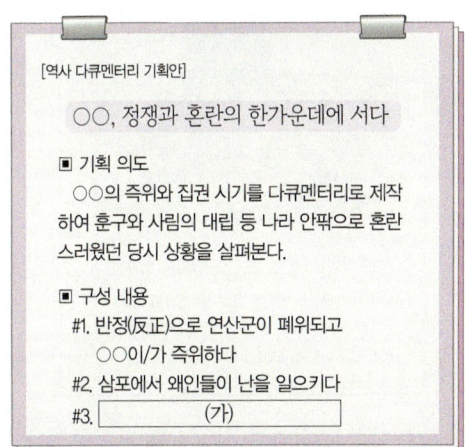

① 이괄이 난을 일으켜 도성을 점령하다
② 허적과 윤휴 등 남인이 대거 축출되다
③ 정여립 모반 사건으로 기축옥사가 일어나다
④ 위훈 삭제를 주장한 조광조 일파가 제거되다
⑤ 조의제문이 발단이 되어 김일손 등이 화를 입다

24

(가) 전쟁 중에 있었던 사실로 옳은 것은? [2점]

① 이종무가 대마도를 정벌하였다.
② 송상현이 동래성에서 항전하였다.
③ 김상용이 강화도에서 순절하였다.
④ 최영이 홍산 전투에서 크게 승리하였다.
⑤ 강홍립 부대가 사르후 전투에 참전하였다.

25

밑줄 그은 '시기'의 문화에 대한 설명으로 옳지 않은 것은? [1점]

① 금강전도 등 진경 산수화가 그려졌다.
② 새로운 역법으로 수시력이 도입되었다.
③ 양반 사회를 풍자한 탈춤이 성행하였다.
④ 춘향가, 흥보가 등의 판소리가 유행하였다.
⑤ 홍길동전, 박씨전 등의 한글 소설이 널리 읽혔다.

26

밑줄 그은 '왕'의 재위 시기에 있었던 사실로 옳은 것은? [2점]

> 대전통편이 완성되었는데, 나라의 제도 및 법식에 관한 책이다. …… 왕이 말하기를, "속전(續典)은 갑자년에 이루어졌는데, 선왕의 명령으로서 갑자년 이후에 이루어진 것도 많으니 어찌 감히 지금과 가까운 것만을 내세우고 먼 것은 소홀히 할 수 있겠는가?"라고 하였다. 이에 김치인 등에게 명하여 원전(原典)과 속전 및 지금까지의 왕명을 모아 한 책으로 편찬한 것이었다.

① 인재 양성을 위해 초계문신제를 시행하였다.
② 홍경래 등이 봉기하여 정주성을 점령하였다.
③ 자의 대비의 복상 문제로 예송이 전개되었다.
④ 이인좌를 중심으로 소론 세력 등이 난을 일으켰다.
⑤ 신류가 조총 부대를 이끌고 흑룡강에서 전투를 벌였다.

27

(가) 인물에 대한 설명으로 옳은 것은? [1점]

답사 계획서
- 주제: (가) 의 강진 유배지를 찾아서
- 기간: 2023년 ○○월 ○○일
- 답사 장소
  - 혜장선사의 주선으로 거처한 곳 — 보은산방
  - 읍내의 제자들을 교육하고 『아학편훈의』를 편찬한 곳 — 사의재
  - 10여 년간 머무르며 『목민심서』, 『경세유표』를 집필한 곳 — 다산초당

① 일본에 다녀와 해동제국기를 편찬하였다.
② 최초의 서원인 백운동 서원을 건립하였다.
③ 북한산비가 진흥왕 순수비임을 고증하였다.
④ 양명학을 연구하여 강화학파를 형성하였다.
⑤ 기기도설을 참고하여 거중기를 설계하였다.

28

밑줄 그은 '이 사건'에 대한 설명으로 옳은 것은? [2점]

> **사료로 보는 한국사**
> 온 성의 군민이 모두 울분을 품고, …… 총환과 화살을 어지러이 발사하였으며 사생을 잊고 위험을 무릅쓰지 않는 자가 없었으니, 반드시 오랑캐를 도륙하고야 말 태세였습니다. 강 아래 위의 요해처에서 막고, 마침내 화선(火船)으로 불길이 옮겨붙게 함으로써 모조리 죽여 살아남은 종자가 없게 된 것은 모두 이들이 …… 용감하게 싸운 것에 기인한 것이었습니다.
>
> [해설] 자료는 『환재집』의 일부로, 평양 군민들이 대동강에서 이양선을 격침한 이 사건의 전말을 서술한 것이다. 평안 감사가 여러 차례 조정에 올린 장계를 통해 당시의 생생한 상황을 파악할 수 있다.

① 신유박해가 원인이 되어 발생하였다.
② 신미양요가 일어나는 계기가 되었다.
③ 전개 과정에서 전주 화약이 체결되었다.
④ 외규장각 도서가 국외로 약탈되는 결과를 가져왔다.
⑤ 오페르트의 남연군 묘 도굴 사건을 배경으로 일어났다.

29

(가) 인물에 대한 설명으로 옳은 것은? [2점]

월간 역사 2023년 4월호

특집 (가)의 상소, 조선의 정치를 뒤흔들다!
- 흥선 대원군의 하야를 요구하는 상소를 올리다
- 지부복궐척화의소를 올려 왜양일체론을 주장하다
- 단발령에 반대하는 상소를 올리다

① 대한 광복회를 조직하여 친일파를 처단하였다.
② 국권 피탈 과정을 정리한 한국통사를 집필하였다.
③ 을사늑약 체결에 반대하여 태인에서 의병을 일으켰다.
④ 13도 창의군을 지휘하여 서울 진공 작전을 전개하였다.
⑤ 보국안민을 기치로 우금치에서 일본군 및 관군에 맞서 싸웠다.

30

다음 사건이 일어난 시기를 연표에서 옳게 고른 것은? [3점]

> 심히 급박한 상황 중에서 나는 적의 활동과 청국 군대의 내습을 우려하여 주상을 모시고 지키기 편리한 경우궁으로 옮기시게 한 후 일본 병사로 하여금 호위할 방침을 세웠다. 곧이어 주상께 일본군의 지원을 구하도록 요청하니, 주상은 곧 영숙문 앞 노상에서 연필로 "일본 공사는 와서 나를 보호하라."라는 글을 친히 쓰시어 주시는지라. …… 졸지에 변란을 만난 사대당의 거두들은 주상께서 경우궁에 계심을 듣고 입궐하다가 …… 민영목, 민태호 등은 용감한 우리 집행원의 손에 비참한 최후를 당하였다.

1866	1873	1882	1885	1894	1899
(가)	(나)	(다)	(라)	(마)	
병인박해	고종친정	임오군란	톈진조약	청일 전쟁 발발	대한국 국제 반포

① (가) ② (나) ③ (다) ④ (라) ⑤ (마)

31

밑줄 그은 '개혁안'의 내용으로 옳은 것을 〈보기〉에서 고른 것은? [2점]

> 파리의 외무부 장관 아노토 각하께
> 전임 일본 공사는 국왕에게서 사실상 거의 모든 권력을 빼앗고, 개혁 위원회[군국기무처]가 내린 결정을 확인하는 권한만 남겨 놓았습니다. …… 이후 개혁 위원회[군국기무처]는 매우 혁신적인 개혁안을 발표했습니다. 그런데 일부 위원들이 몇몇 조치에 대해 시의적절하지 않다고 판단하더니 이에 대해 동의하기를 거부했습니다. …… 게다가 조선인들은 이 기구가 왕권을 빼앗고 일본에 매수되었다고 비난하면서, …… 어떤 지방에서는 왕권 수호를 위해 봉기했다고 합니다.
> 주 조선 공사 르페브르 올림

보기
ㄱ. 건양이라는 연호를 제정하였다.
ㄴ. 탁지아문으로 재정을 일원화하였다.
ㄷ. 양전 사업을 실시하여 지계를 발급하였다.
ㄹ. 조혼을 금지하고 과부의 재가를 허용하였다.

① ㄱ, ㄴ ② ㄱ, ㄷ ③ ㄴ, ㄷ ④ ㄴ, ㄹ ⑤ ㄷ, ㄹ

32

(가) 단체에 대한 설명으로 옳은 것은? [2점]

> (가) 은/는 독립관에서 경축 모임을 열었다. 회장은 모임을 여는 큰 뜻을 설명하였다. "오늘은 황제 폐하께서 대황제라는 존귀한 칭호를 갖게 되신 계천(繼天) 경축일이니, 대한의 신민은 이를 크게 경축드립니다. 우리는 관민 공동회에서 황실을 공고히 하고 인민을 문명 개화시키며 영토를 보존하고자 여섯 개 조항의 의견안을 바쳤습니다."라고 말하였다. …… 이어 회원들은 조칙 5조와 헌의 6조 10만 장을 인쇄하여 온 나라에 널리 배포하고 학생들에게 그것을 배우고 익히도록 하였다. 경축연을 마친 회원들은 울긋불긋한 종이꽃을 머리에 꽂은 채 국가와 (가) 의 깃발을 세우고 경축가를 부르며 인화문 앞으로 가서 만세를 외치고 종로의 만민 공동회로 갔다.

① 일제의 황무지 개간권 요구를 저지시켰다.
② 러시아의 절영도 조차 요구에 반대하였다.
③ 태극 서관을 설립하여 계몽 서적을 보급하였다.
④ 민립 대학 설립을 위한 모금 운동을 전개하였다.
⑤ 조소앙의 삼균주의를 기초로 건국 강령을 발표하였다.

33

다음 규칙이 발표된 이후의 사실로 옳은 것은? [3점]

> **한성 사범 학교 규칙**
> 제1조 한성 사범 학교는 칙령 제79호에 의해 교원에 활용할 학생을 양성함
> 제2조 한성 사범 학교의 졸업생은 소학교 교원이 되는 자격이 있음
> 제3조 한성 사범 학교의 본과 학생이 수학할 학과목은 수신·교육·국문·한문·역사·지리·수학·물리·화학·박물·습자·작문·체조로 함

① 길모어 등이 육영 공원 교사로 초빙되었다.
② 정부가 동문학을 세워 통역관을 양성하였다.
③ 이승훈이 인재 양성을 위해 오산 학교를 세웠다.
④ 함경도 덕원 지방의 관민들이 원산 학사를 설립하였다.
⑤ 교육의 기본 방향을 제시한 교육 입국 조서가 반포되었다.

34

(가) 신문에 대한 설명으로 옳은 것은? [1점]

경천사지 십층 석탑에 대한 일본인의 약탈 행위에 관해 보도한 (가) 기사를 읽어 보는가? 보도 내용을 접한 헐버트가 사건 현장을 방문하여 사진을 촬영하고 목격자 의 견을 청취했다더군.

일본인의 이런 행위가 알려 진 것은 양기탁과 베델이 창간 한 (가) 의 노력 덕분이라 고 하네.

① 상업 광고를 처음으로 실었다.
② 천도교의 기관지로 발행되었다.
③ 국채 보상 운동의 확산에 기여하였다.
④ 일장기를 삭제한 손기정 사진을 게재하였다.
⑤ 순 한문 신문으로 열흘마다 발행하는 것이 원칙이었다.

35

밑줄 그은 '전쟁' 중에 있었던 사실로 옳지 않은 것은? [3점]

당신은 무슨 이유로 이토 히로부미를 살해 했는가?

일본은 전쟁 당시 우리나라의 독립을 보장해주겠다고 약속 했다. 그러나 포츠머스 조약으로 전쟁이 종결되자, 이토는 우리 국권을 위협해 주권을 뺏으려 하였다.

① 일본이 독도를 불법적으로 편입하였다.
② 일본과 미국이 가쓰라·테프트 밀약을 맺었다.
③ 일본인 메가타가 대한 제국의 재정 고문으로 초빙되었다.
④ 대한 제국이 기유각서를 통해 일제에 사법권을 박탈 당하였다.
⑤ 군사 전략상 필요한 지역을 일본에 제공하는 한일 의정서가 강요되었다.

36

다음 규정이 시행된 시기에 있었던 사실로 옳은 것은? [1점]

> **임시 토지 조사국 조사 규정**
> 제1장 면과 동의 명칭 및 강계(疆界) 조사와 토지 신고서의 접수
> 제2장 지주 지목(地目) 및 강계 조사
> 제3장 분쟁지와 소유권에 부의(付疑)* 있는 토지 및 신고하지 않 은 토지에 대한 재조사
> 제4장 지위(地位) 등급 조사
>   ：
> — 조선 총독부 관보 —
>
> *부의(付疑): 이의를 제기함

① 회사령이 실시되었다.
② 원산 총파업이 일어났다.
③ 국가 총동원법이 제정되었다.
④ 조선 노동 공제회가 조직되었다.
⑤ 조선 사상범 예방 구금령이 공포되었다.

37

(가) 단체에 대한 설명으로 옳은 것은? [2점]

> **역사 신문**
> 제△△호   ○○○○년 ○○월 ○○일
>
> **민중 대회 개최 모의로 지도부 대거 체포**
>
> 허헌, 홍명희 등 (가) 의 지도부는 광주 학생 항일 운동을 전국적 시위 운동으로 확산시키기 위한 민중 대회 개최를 추진하 다가 경찰에 체포되었다. 이 단체는 사건 진상 조사 보고를 위한 유 인물 배포 및 연설회 개최를 계획하고, 각 지회에 행동 지침을 내리 는 등 시위 확산을 도모하였다.

① 암태도 소작 쟁의를 지원하였다.
② 민족 협동 전선으로 결성되었다.
③ 부민관 폭파 사건을 주도하였다.
④ 조선 혁명 선언을 활동 지침으로 하였다.
⑤ 어린이날을 제정하고 잡지 어린이를 간행하였다.

38

밑줄 그은 '이 운동'에 대한 설명으로 옳은 것은? [2점]

이것은 평양에서 조만식 등의 주도로 시작된 이 운동의 선전 행렬을 보여주는 사진이야.

이 운동은 '조선 사람 조선 것' 등의 구호를 내세웠지만, 자본가의 이익만을 추구하는 이 기적인 운동이라고 비판받기도 했어.

① 통감부의 탄압과 방해로 중단되었다.
② 조선 관세령 폐지를 계기로 확산되었다.
③ 황국 중앙 총상회가 설립되는 결과를 가져왔다.
④ 한성 은행, 대한 천일 은행 설립에 영향을 끼쳤다.
⑤ 일본, 프랑스 등의 노동 단체로부터 격려 전문을 받 았다.

39

밑줄 그은 '시기'에 볼 수 있는 모습으로 적절한 것은?

[2점]

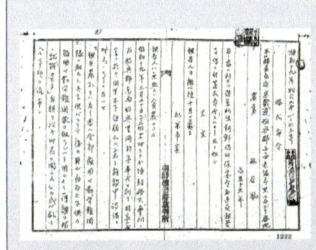
이 자료는 태평양 전쟁 발발 후 일제의 전시 동원 체제가 강화된 시기의 판결문이다. 판결문에는 피고인 임○○이 이웃 주민과의 잡담에서 "자식이 징용되거나 근로 보국대에 가지 않도록 취직시킨다." 등의 발언을 하여 민심을 어지럽혔다는 이유로 징역형을 선고한다는 내용이 담겨 있다.

① 국가 보안법 철폐를 요구하는 학생
② 몸뻬 착용을 권장하는 애국반 반장
③ 경부선 철도 개통식을 구경하는 청년
④ 형평사 창립 대회 개최를 취재하는 기자
⑤ 헌병 경찰에게 끌려가 태형을 당하는 농민

40

다음 인물의 활동으로 옳은 것은? [2점]

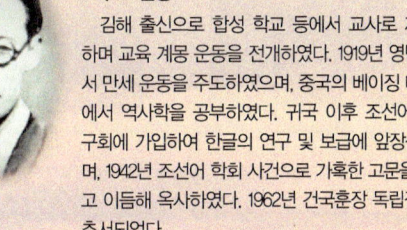

① 한글 맞춤법 통일안 제정에 참여하였다.
② 미국과 유럽을 여행한 뒤 서유견문을 집필하였다.
③ 국문 연구소를 설립하고 연구위원으로 활동하였다.
④ 세계지리 교과서인 사민필지를 한글로 저술하였다.
⑤ 민족을 역사 서술의 중심에 둔 독사신론을 발표하였다.

41

(가) 부대에 대한 설명으로 옳은 것은? [1점]

① 미국과 연계하여 국내 진공 작전을 계획하였다.
② 쌍성보, 대전자령 전투에서 일본군을 격파하였다.
③ 조선 민족 전선 연맹의 무장 조직으로 결성되었다.
④ 중국 의용군과 연합하여 영릉가 전투에서 승리하였다.
⑤ 간도 참변 이후 조직을 정비하고 자유시로 이동하였다.

42

(가) 시기에 있었던 사실로 옳은 것은? [2점]

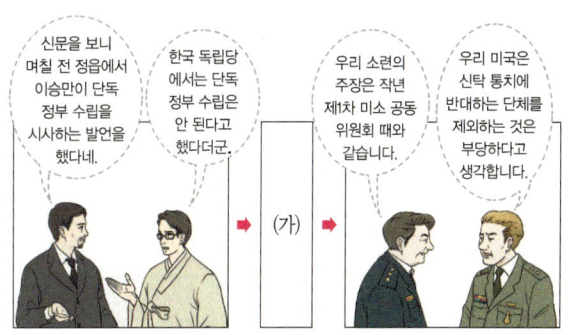

① 여수·순천 10·19 사건이 발행하였다.
② 유엔 한국 임시 위원단이 서울에 도착하였다.
③ 송진우, 김성수 등이 한국 민주당을 창당하였다.
④ 여운형 등의 주도로 좌우 합작 위원회가 발족되었다.
⑤ 조선 건국 준비 위원회에서 조선 인민 공화국을 선포하였다.

43

(가)~(라) 지방 통치 체제에 대한 설명으로 옳은 것을 <보기>에서 고른 것은? [3점]

> (가) 완산주를 다시 설치하고 용원을 총관으로 삼았다. 거열주를 빼서 청주(菁州)를 두니 처음으로 9주가 되었다. 대아찬 복세를 총관으로 삼았다.
>
> (나) 현종 초에 절도사를 폐지하고, 5도호와 75도 안무사를 두었으나, 얼마 후 안무사를 폐지하고, 4도호와 8목을 두었다. 그 이후로 5도·양계를 정하니, 양광·경상·전라·교주·서해·동계·북계가 그것이다.
>
> (다) 각 도 각 고을의 이름을 고쳤다. …… 드디어 완산을 다시 '전주'라고 칭하고, 계림을 다시 '경주'라고 칭하고, 서북면을 '평안도'로 하고, 동북면을 '영길도'로 하였으니, 평양·안주·영흥·길주가 계수관이기 때문이다.
>
> (라) 전국을 23부의 행정 구역으로 나누어 아래에 열거하는 각 부를 둔다. …… 앞 조항 외에는 종래의 목, 부, 군, 현의 명칭과 부윤, 목사, 부사, 군수, 서윤, 판관, 현령, 현감의 관명을 다 없애고 읍의 명칭을 군이라고 하며 읍 장관의 관명을 군수라고 한다.

보 기

ㄱ. (가) – 신문왕 재위 시기에 정비되었다.
ㄴ. (나) – 지방 장관으로 욕살, 처려근지 등이 있었다.
ㄷ. (다) – 도에는 관찰사가 임명되어 수령을 감독하였다.
ㄹ. (라) – 광무 개혁의 일환으로 실시되었다.

① ㄱ, ㄴ ② ㄱ, ㄷ ③ ㄴ, ㄷ ④ ㄴ, ㄹ ⑤ ㄷ, ㄹ

44

다음 상황 이후에 일어난 사실로 옳은 것은? [2점]

> 유엔군과 국군은 서울에서 퇴각하고 한강 이북의 부대를 철수시키기로 결정하였다. 이들은 한강에 설치된 임시 교량을 이용해 철수하였고, 오후 1시경에 마지막 부대가 통과한 후 임시 교량을 폭파시켰다. 이에 앞서 정부는 서울 시민들에게 피란을 지시하였고, 많은 서울 시민들이 보따리를 싸서 피란길에 나섰다.

① 한미 상호 방위 조약이 체결되었다.
② 장진호 전투에서 중국군이 유엔군을 포위하였다.
③ 경찰이 반민족 행위 특별 조사 위원회를 습격하였다.
④ 미국의 극동 방위선이 조정된 애치슨 라인이 발표되었다.
⑤ 우리나라 최초의 보통 선거인 5·10 총선거가 실시되었다.

45

다음 뉴스의 사건이 일어난 정부 시기의 경제 상황으로 옳은 것은? [2점]

① 경부 고속 도로가 개통되었다.
② 경제 협력 개발 기구(OECD)에 가입하였다.
③ 원조 물자를 가공한 삼백 산업이 발달하였다.
④ 저유가, 저금리, 저달러의 3저 호황이 있었다.
⑤ 대통령 직속 자문 기구인 노사정 위원회가 구성되었다.

46

(가), (나) 민주화 운동에 대한 설명으로 옳은 것은? [1점]

① (가) – 굴욕적인 한일 국교 정상화에 반대하였다.
② (가) – 군부 독재를 타도하려 한 민주화 운동이었다.
③ (나) – 대통령 직선제 개헌을 이끌어냈다.
④ (나) – 전개 과정에서 시민군이 자발적으로 조직되었다.
⑤ (가), (나) – 대통령이 하야하는 결과를 가져왔다.

47

다음 조치를 시행한 정부 시기에 있었던 사실로 옳은 것은? [2점]

> 대통령 긴급조치 제9호
> **국가안전과 공공질서의 수호를 위한 대통령 긴급조치**
> 1. 다음 각 호의 행위를 금한다.
>   가. 유언비어를 날조, 유포하거나 사실을 왜곡하여 전파하는 행위
>   나. 집회·시위 또는 신문·방송·통신 등 공중 전파 수단이나 문서·도서·음반 등 표현물에 의하여 대한민국 헌법을 부정·반대·왜곡 또는 비방하거나 그 개정 또는 폐지를 주장·청원·선동 또는 선전하는 행위
>   ……
> 8. 이 조치 또는 이에 의한 주무부 장관의 조치에 위반한 자는 법관의 영장 없이 체포·구금·압수 또는 수색할 수 있다.
>   ……
> 13. 이 조치에 의한 주무부 장관의 명령이나 조치는 사법적 심사의 대상이 되지 아니한다.

① 국민 방위군 설치법이 공포되었다.
② 내각 책임제를 골자로 하는 개헌이 이루어졌다.
③ 귀속 재산 처리를 위해 신한 공사가 설립되었다.
④ 평화 통일론을 주장한 진보당의 조봉암이 구속되었다.
⑤ 장기 독재에 저항하는 3·1 민주 구국 선언이 발표되었다.

48

다음 연설문을 발표한 정부의 통일 노력으로 옳은 것은? [2점]

> 저는 김정일 국방위원장과 분단 55년 만에 처음 정상 회담을 가졌습니다. 세 차례에 걸친 회담을 통해 우리 두 사람은 민족의 장래와 통일을 생각하는 마음과 열정에 큰 차이가 없으며, 이를 추진하는 방법에 공통점이 많다는 것을 확인했습니다. …… 남북이 열과 성을 모아, 이번의 정상 회담을 성공적으로 마쳐 온 세계를 깜짝 놀라게 했습니다. 남과 북의 화해와 협력을 향한 새 출발에 온 세계가 축복해 주고 있습니다. 불가능해 보였던 남북 정상 회담을 이뤄냈듯이 남과 북이 마음과 정성을 다한다면 통일의 날도 반드시 오리라 저는 확신합니다.

① 남북 교류 협력을 위한 개성 공업 지구 조성에 합의하였다.
② 평화 통일 외교 정책에 관한 6·23 특별 성명을 발표하였다.
③ 남북 사이의 화해와 불가침 및 교류·협력에 관한 합의서를 채택하였다.
④ 남북 관계 발전과 평화 번영을 위한 10·4 남북 정상 선언에 서명하였다.
⑤ 7·4 남북 공동 성명을 실천하기 위해 남북 조절 위원회를 구성하였다.

49

(가)~(마)에 들어갈 내용으로 옳지 <u>않은</u> 것은? [3점]

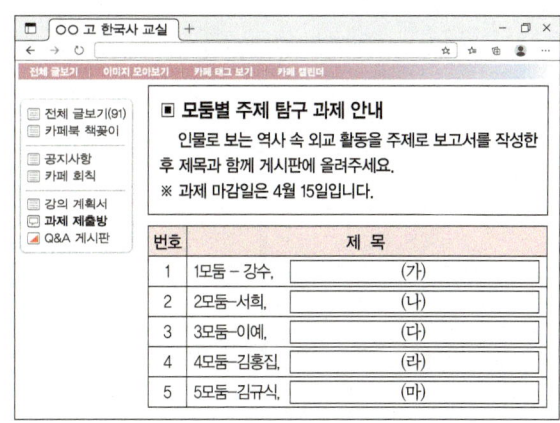

① (가) – 외교 문서 작성에 능하여 청방인문표를 짓다
② (나) – 외교 담판을 통해 강동 6주를 확보하다
③ (다) – 일본에 파견되어 계해약조 체결에 기여하다
④ (라) – 보빙사의 전권대신으로 미국에 파견되다
⑤ (마) – 파리 강화 회의에 독립 청원서를 제출하다

50

(가) 지역에 대한 탐구 활동으로 가장 적절한 것은? [2점]

① 김헌창이 반란을 일으킨 근거지를 파악한다.
② 강주룡이 고공 시위를 전개한 장소를 알아본다.
③ 공민왕이 홍건적의 침입 때 피란한 지역을 찾아본다.
④ 신립이 배수의 진을 치고 전투를 벌인 위치를 검색한다.
⑤ 김사미가 가혹한 수탈에 저항하여 봉기한 곳을 조사한다.

2023년도 제63회 한국사능력검정시험 심화

|정답 및 해설| 364p

01

밑줄 그은 '이 시대'의 생활 모습으로 옳은 것은? [1점]

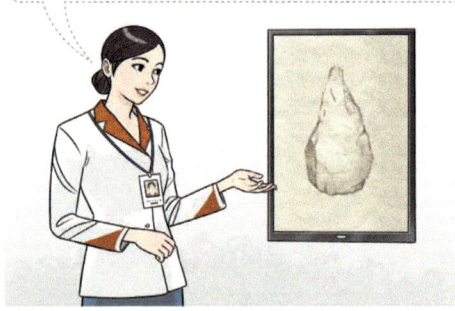

이 그림은 한 미군 병사가 경기도 연천군 전곡리에서 이 시대의 대표적인 유물인 주먹도끼 등을 발견하고 그린 것입니다. 그가 발견한 아슐리안형 주먹도끼는 이 시대 동아시아에는 찍개 문화만 존재하고 주먹도끼 문화는 없었다는 뫼비우스(H. Movius)의 학설을 뒤집는 증거가 되었습니다.

① 소를 이용하여 깊이갈이를 하였다.
② 빗살무늬 토기에 식량을 저장하였다.
③ 지배층의 무덤으로 고인돌을 만들었다.
④ 거푸집을 사용하여 세형동검을 제작하였다.
⑤ 주로 동굴이나 강가의 막집에서 거주하였다.

02

밑줄 그은 '이 나라'에 대한 탐구 활동으로 가장 적절한 것은? [2점]

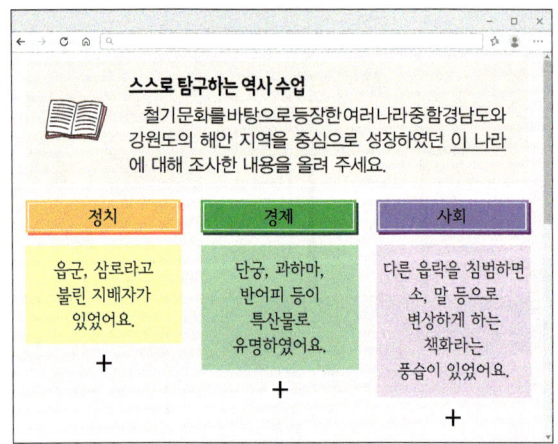

스스로 탐구하는 역사 수업
철기문화를 바탕으로 등장한 여러 나라 중 함경남도와 강원도의 해안 지역을 중심으로 성장하였던 이 나라에 대해 조사한 내용을 올려 주세요.

정치: 읍군, 삼로라고 불린 지배자가 있었어요.
경제: 단궁, 과하마, 반어피 등이 특산물로 유명하였어요.
사회: 다른 읍락을 침범하면 소, 말 등으로 변상하게 하는 책화라는 풍습이 있었어요.

① 신성 지역인 소도의 역할을 알아본다.
② 포상 8국의 난 진압 과정을 찾아본다.
③ 삼국유사에 실린 김알지 신화를 분석한다.
④ 무천이라는 제천 행사를 개최한 이유를 파악한다.
⑤ 마가, 우가, 저가, 구가 등이 다스렸던 지역을 조사한다.

03

(가), (나) 국가의 사회 모습에 대한 설명으로 옳은 것은? [2점]

(가) 왕의 성은 부여씨이고, [왕을] '어라하'라고 하며 백성들은 '건길지'라고 부른다. 모두 중국 말로 왕이라는 뜻이다. …… 도성에는 1만 가(家)가 거주하며 5부로 나뉘는데 상부·전부·중부·하부·후부라고 하며, 각각 5백 명의 군사를 거느린다. [지방의] 5방에는 각기 방령 1인을 두는데 달솔로 임명하고, 군에는 군장(郡將) 3인이 있으니 덕솔로 임명한다.
— 『주서』 —

(나) 60개의 주현이 있으며, 큰 성에는 녹살 1인을 두는데 도독과 비슷하다. 나머지 성에는 처려근지를 두는데 도사라고도 하며, 자사와 비슷하다. …… [수도는] 5부로 나뉘어 있다.
— 『신당서』 —

① (가) – 사회 질서를 유지하기 위해 범금 8조를 두었다.
② (가) – 거란도, 일본도 등을 통해 주변 국가와 교류하였다.
③ (나) – 태학과 경당을 두어 인재를 양성하였다.
④ (나) – 정사암 회의에서 국가 중대사를 논의하였다.
⑤ (가), (나) – 골품에 따라 관등 승진에 제한이 있었다.

04

다음 상황이 나타난 시기를 연표에서 옳게 고른 것은? [2점]

[당의] 고종이 소정방을 신구도대총관(神丘道大摠管)으로 삼아 군사를 이끌고 바다를 건너 신라와 함께 백제를 정벌하도록 하였다. 계백은 장군이 되어 죽음을 각오한 군사 5천 명을 뽑아 이들을 막고자 하였다. …… 황산의 벌판에 이르러 세 개의 군영을 설치하였다. 신라군을 만나 전투를 시작하려고 하자, [계백은] 여러 사람 앞에서 맹세하며 "지난날 구천(句踐)은 5천 명으로 오(吳)의 70만 무리를 격파하였다. 오늘 마땅히 힘써 싸워 승리함으로써 나라의 은혜에 보답하자."라고 하였다. 드디어 격렬히 싸우니, 일당천(一當千)이 아닌 자가 없었다.
— 『삼국사기』 —

612 — 642 — 660 — 668 — 676 — 698
(가) (나) (다) (라) (마)
살수대첩 / 대야성 전투 / 사비성 함락 / 안동도호부 설치 / 기벌포 전투 / 발해 건국

① (가) ② (나) ③ (다) ④ (라) ⑤ (마)

05

(가) 국가의 경제 상황으로 옳은 것은? [1점]

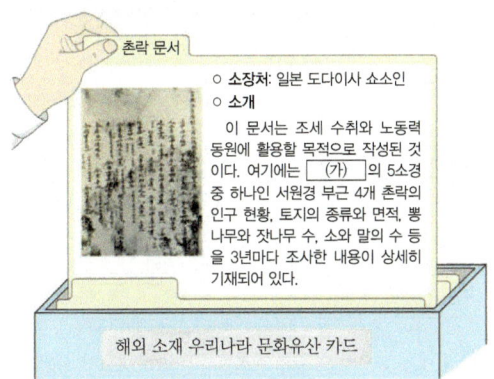

① 낙랑군과 왜에 철을 수출하였다.
② 집집마다 부경이라는 창고가 있었다.
③ 활구라고 불리는 은병이 유통되었다.
④ 특산품으로 솔빈부의 말이 유명하였다.
⑤ 울산항, 당항성이 무역항으로 번성하였다.

06

(가)에 들어갈 내용으로 가장 적절한 것은? [2점]

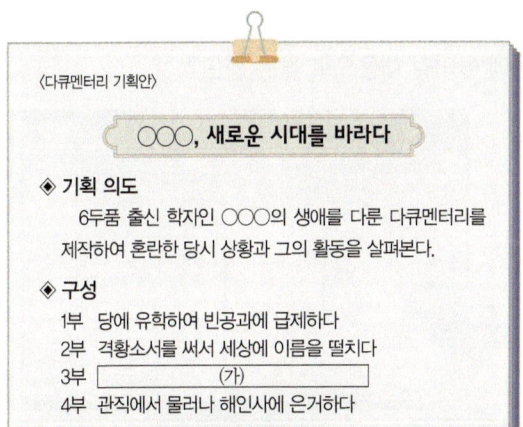

① 화왕계를 지어 국왕에게 조언하다
② 외교 문서인 청방인문표를 작성하다
③ 진성 여왕에게 시무책 10여 조를 올리다
④ 청해진을 중심으로 해상 무역을 전개하다
⑤ 인도와 중앙아시아를 순례하고 왕오천축국전을 남기다

07

밑줄 그은 '왕'의 업적으로 옳은 것은? [2점]

> ○ 담당 관청에 명하여 월성의 동쪽에 새 궁궐을 짓게 하였는데, 그곳에서 황룡이 나타났다. 왕이 이것을 기이하게 여기고는 [계획을] 바꾸어 사찰을 짓고, '황룡'이라는 이름을 내려 주었다.
> ○ [거칠부가] 왕의 명령을 받들어 여러 문사(文士)를 모아 국사를 편찬하였다.
> — 『삼국사기』 —

① 이사부를 보내 우산국을 복속시켰다.
② 예성강 이북에 패강진을 설치하였다.
③ 관료전을 지급하고 녹읍을 폐지하였다.
④ 국가적인 조직으로 화랑도를 개편하였다.
⑤ 이차돈의 순교를 계기로 불교를 공인하였다.

08

(가) 왕에 대한 설명으로 옳은 것은? [3점]

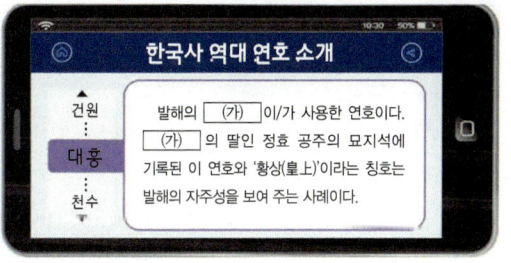

① 북연의 왕을 신하로 봉하였다.
② 지린성 동모산에서 나라를 세웠다.
③ 신라에 군대를 파견하여 왜를 격퇴하였다.
④ 수도를 상경 용천부로 옮겨 체제를 정비하였다.
⑤ 5경 15부 62주의 지방 행정 조직을 확립하였다.

09

다음 상황 이후에 있었던 사실로 옳은 것은? [2점]

> 청교역(靑郊驛) 서리 3인이 최충헌 부자를 죽일 것을 모의하면서, 거짓 공첩(公牒)을 만들어 여러 사원의 승려들을 불러 모았다. 공첩을 받은 귀법사 승려들은 그 공첩을 가져온 사람을 잡아서 최충헌에게 고해바쳤다. [최충헌은] 즉시 영은관에 교정별감을 둔 후 성문을 폐쇄하고 대대적으로 그 무리를 색출하였다.

① 김부식이 묘청의 난을 진압하였다.
② 원종과 애노가 사벌주에서 봉기하였다.
③ 이자겸이 금의 사대 요구를 수용하였다.
④ 정중부 등이 정변을 일으켜 권력을 차지하였다.
⑤ 최우가 인사 행정 담당 기구로 정방을 설치하였다.

10

밑줄 그은 '이 탑'으로 옳은 것은? [2점]

[해설]
경주 불국사에 있는 이 탑의 해체 보수 과정에서 발견된 금동제 사리 외함이다. 2층 탑신부에 봉안되어 있던 이 유물 안에는 은제 사리 내·외합과 무구정광대다라니경 등이 함께 놓여 있었다. 이를 통해 당시의 뛰어난 공예 기술 및 사리 장엄 방식과 특징을 알 수 있다.

①  ②  ③
④  ⑤

11

(가) 인물에 대한 설명으로 옳은 것은? [2점]

① 공산 전투에서 전사하였다.
② 금마저에 미륵사를 창건하였다.
③ 후당과 오월에 사신을 파견하였다.
④ 김흠돌 등 진골 세력을 숙청하였다.
⑤ 국호를 마진으로 바꾸고 철원으로 천도하였다.

12

(가) 왕의 재위 시기에 있었던 사실로 옳은 것은? [2점]

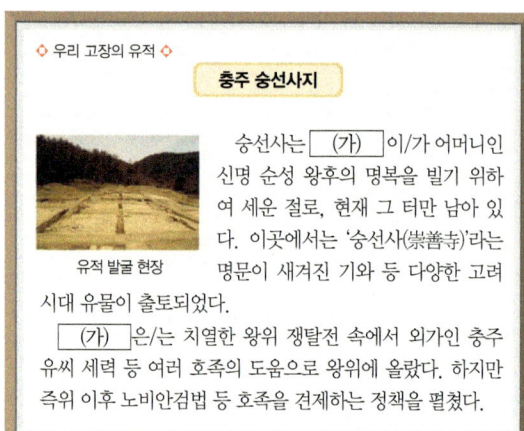

◆ 우리 고장의 유적
충주 숭선사지

숭선사는 (가) 이/가 어머니인 신명 순성 왕후의 명복을 빌기 위하여 세운 절로, 현재 그 터만 남아 있다. 이곳에서는 '숭선사(崇善寺)'라는 명문이 새겨진 기와 등 다양한 고려 시대 유물이 출토되었다.
(가) 은/는 치열한 왕위 쟁탈전 속에서 외가인 충주 유씨 세력 등 여러 호족의 도움으로 왕위에 올랐다. 하지만 즉위 이후 노비안검법 등 호족을 견제하는 정책을 펼쳤다.

① 최승로가 시무 28조를 건의하였다.
② 광덕, 준풍 등의 연호가 사용되었다.
③ 관리의 규범을 제시한 계백료서가 반포되었다.
④ 쌍성총관부를 공격하여 철령 이북을 수복하였다.
⑤ 지방 세력 견제를 목적으로 한 상수리 제도가 실시되었다.

13

(가)에 들어갈 내용으로 옳은 것은? [1점]

① 독서삼품과를 통해 인재를 등용하였어요.
② 사액 서원에 서적과 노비를 지급하였어요.
③ 중등 교육 기관으로 4부 학당을 설립하였어요.
④ 양현고를 설치하여 장학 기금을 마련하였어요.
⑤ 초계문신제를 시행하여 문신을 재교육하였어요.

14

(가) 국가에 대한 고려의 대응으로 옳은 것은? [2점]

○ (가) 의 임금이 개경으로 침입하여 궁궐을 불사르고 퇴각하였다. …… 양규는 (가) 의 군대를 무로대에서 습격하여 2,000여 급을 베고, 포로가 되었던 남녀 3,000여 명을 되찾았다. 다시 이수에서 전투를 벌이고 추격하여 석령까지 가서 2,500여 급을 베고, 포로가 되었던 1,000여 명을 되찾았다.

○ (가) 의 병사들이 귀주를 지나가자 강감찬 등이 동쪽 교외에서 전투를 벌였다. …… 적병이 북쪽으로 달아나자 아군이 그 뒤를 쫓아가서 공격하였는데, 석천을 건너 반령에 이르기까지 시신이 들에 가득하였다.

① 강화도로 도읍을 옮겨 항전하였다.
② 광군을 조직하여 침입에 대비하였다.
③ 박위를 파견하여 근거지를 토벌하였다.
④ 압록강 상류 지역을 개척하여 4군을 설치하였다.
⑤ 신기군, 신보군, 항마군으로 구성된 별무반을 편성하였다.

15

(가)에 늘어갈 문화유산으로 옳은 것은? [1점]

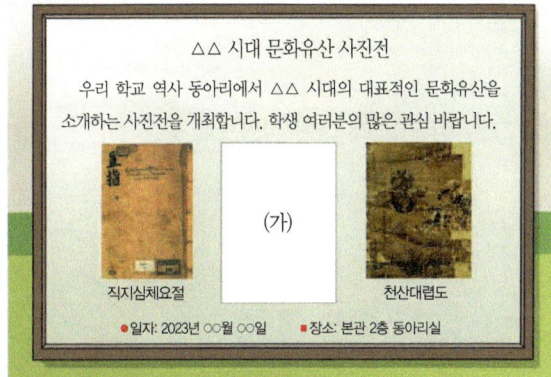

① 금동 대향로
② 호우총 청동 그릇
③ 청자 상감 모란문 표주박모양 주전자
④ 이불병좌상
⑤ 인왕제색도

16

(가) 인물에 대한 설명으로 옳은 것은? [2점]

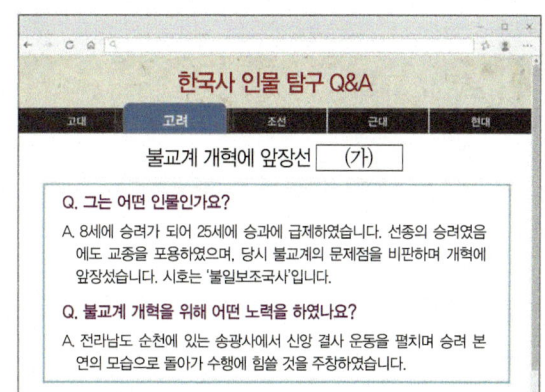

① 참선을 강조하고 돈오점수를 주장하였다.
② 불교 교단 통합을 위해 해동 천태종을 개창하였다.
③ 선문염송집을 편찬하고 유불 일치설을 제창하였다.
④ 승려들의 전기를 정리하여 해동고승전을 편찬하였다.
⑤ 보현십원가를 지어 불교 교리를 대중에게 전파하였다.

17

(가)~(다)를 일어난 순서대로 옳게 나열한 것은? [2점]

(가) 우왕이 요동을 공격하는 일을 최영과 은밀하게 의논하였다. …… 마침내 8도의 군사를 징발하고 최영이 동교에서 군사를 사열하였다.

(나) 대군이 압록강을 건너서 위화도에 머물렀다. …… 이성계가 회군한다는 소식을 듣고 앞다투어 모여든 사람이 천여 명이나 되었다.

(다) 도평의사사에서 글을 올려 과전을 지급하는 법을 정할 것을 청하니, 그 의견을 따랐다. …… 경기는 사방의 근본이므로 마땅히 과전을 설치하여 사대부를 우대하여야 한다. 무릇 수도에 거주하며 왕실을 지키는 자는 현직, 산직(散職)을 불문하고 각각 과(科)에 따라 받게 한다.

① (가) - (나) - (다)
② (가) - (다) - (나)
③ (나) - (가) - (다)
④ (나) - (다) - (가)
⑤ (다) - (나) - (가)

18

다음 상황이 나타난 시기의 경제 모습으로 옳은 것은? [2점]

> 도병마사가 아뢰기를, "안서도호부에서 바친 철은 예전에는 무기용으로 충당하였습니다. 근래에 흥왕사를 창건하면서 또다시 철을 더 바치라고 명령하셨으니 백성들이 고통을 감당하지 못하고 있습니다. 청컨대 염주, 해주, 안주 세 곳에서 2년 동안 바치는 철을 흥왕사 창건에 쓰게 하여 수고로운 폐단을 풀어 주십시오."라고 하니, 이를 따랐다.

① 관리에게 전지와 시지를 지급하였다.
② 시장을 감독하기 위해 동시전을 설치하였다.
③ 허적의 제안에 따라 상평통보를 발행하였다.
④ 일본과의 교역 규모를 규정한 계해약조를 체결하였다.
⑤ 상권 수호를 목적으로 황국 중앙 총상회를 조직하였다.

19

(가) 왕에 대한 설명으로 옳은 것은? [2점]

이것은 『어전준천제명첩』에 담긴 어제사언시(御製四言詩)로, (가) 이/가 홍봉한 등 청계천 준설 공사에 공이 있는 신하들의 노고를 치하하며 지은 것이다.
청계천 준설을 추진한 (가) 은/는 탕평, 균역 등도 자신의 치적으로 거론한 글을 남겼다.

① 나선 정벌에 조총 부대를 파견하였다.
② 경기도에 한해서 대동법을 실시하였다.
③ 삼수병으로 구성된 훈련도감을 창설하였다.
④ 통치 제도를 정비하고자 속대전을 편찬하였다.
⑤ 한양을 기준으로 한 역산서인 칠정산을 만들었다.

20

다음 상황이 나타난 시기를 연표에서 옳게 고른 것은? [2점]

> 왕이 전지하기를, "김종직은 보잘것없는 시골의 미천한 선비였는데, 선왕께서 발탁하여 경연에 두었으니 은혜와 총애가 더없이 컸다고 하겠다. 그런데 지금 그의 제자 김일손이 사초에 부도덕한 말로써 선왕 대의 일을 거짓으로 기록하고, 또 스승인 김종직의 조의제문을 신고서 그 글을 찬양하였으니, 형명(刑名)을 의논하여 아뢰어라."라고 하였다.

1468	1494	1506	1518	1545	1589
(가)	(나)	(다)	(라)	(마)	
남이의 옥사	연산군 즉위	중종 반정	소격서 폐지	명종 즉위	기축 옥사

① (가)　② (나)　③ (다)　④ (라)　⑤ (마)

21

(가) 왕의 재위 시기에 있었던 사실로 옳은 것은? [2점]

□□ 신문
제△△호　　　　　　　　○○○○년 ○○월 ○○일

원각사 창건 당시 작성된 계문(契文) 공개

원각사의 낙성을 축하하는 경찬회 때 (가) 이/가 조정 신하와 백성에게 수륙재 참여를 권하는 내용이 담긴 원각사 계문이 공개되었다. 조선의 임금과 왕실이 불교 행사를 직접 후원하였다는 기록이 희소하기에 의미가 있다.
한명회, 권람 등의 조력으로 김종서, 황보인 등을 제거하고 왕위에 오른 (가) 은/는 간경도감을 설치하여 불경을 한글로 번역, 간행하고 원각사를 창건하는 등 불교를 후원하였다.

① 주자소에서 계미자를 주조하였다.
② 국가의 의례를 정비한 국조오례의를 완성하였다.
③ 삼남 지방의 농법을 소개한 농사직설을 편찬하였다.
④ 현직 관리에게만 수조지를 지급하는 직전법을 시행하였다.
⑤ 우리나라와 중국의 의서를 망라한 동의보감을 간행하였다.

22

밑줄 그은 '이 인물'에 대한 설명으로 옳은 것은? [3점]

해주향약을 시행하여 향촌 교화에 힘썼던 이 인물에 대해 말해 보자.
동호문답에서 수취 제도 개편 등 다양한 개혁 방안을 제시하였어요.
격몽요결을 저술하여 체계적인 성리학 교육에 힘썼어요.

① 명에 대한 의리를 내세운 기축봉사를 올렸다.
② 청으로부터 시헌력을 도입하자고 건의하였다.
③ 양반의 허례와 무능을 풍자한 양반전을 저술하였다.
④ 예악을 조선의 현실에 맞게 정리한 가례집람을 지었다.
⑤ 군주가 수양해야 할 덕목과 지식을 담은 성학집요를 집필하였다.

23

(가), (나) 사이의 시기에 있었던 사실로 옳은 것은? [3점]

(가) 처음에 심의겸이 외척으로 권세를 부리니 당시 명망 있는 사람들이 섬겨 따랐다. 그런데 김효원이 전랑(銓郞)이 되어 그들을 배척하자 심의겸의 무리가 그를 미워하니, 점차 사림이 나뉘어 동인과 서인이라는 말이 나오게 되었다.

(나) 기해년에 왕이 승하하자 재신 송시열이 사종(四種)의 설을 인용하여 "대행 대왕은 왕대비에게 서자가 된다. 왕통을 이었으나 장자가 아닌 경우이니 기년복(朞年服)*을 입어야 마땅하다."라고 하였다. 이에 대해 허목 등 신하들은 전거를 들어 다투기를, "대행 대왕은 왕대비에게 서자가 아니라 장자가 된 둘째이니, 삼년복을 입어야 한다."라고 하였다.

*기년복(朞年服): 1년 동안 입는 상복

① 인조반정으로 북인 세력이 몰락하였다.
② 목호룡의 고변으로 옥사가 발생하였다.
③ 양재역 벽서 사건으로 이언적 등이 화를 입었다.
④ 인현 왕후가 폐위되고 남인이 권력을 차지하였다.
⑤ 이인좌를 중심으로 소론 세력 등이 난을 일으켰다.

24

(가) 국가에 대한 조선의 정책으로 옳은 것은? [2점]

〈답사 보고서〉
◆ 주제: 남한산성에서 삼학사의 충절을 만나다
◆ 날짜: 2023년 ○○월 ○○일
◆ 내용: 현절사(顯節祠)는 삼학사(홍익한, 윤집, 오달제)의 충절을 기려 남한산성에 세운 사당이다. 그들은 (가) 의 침입으로 발생한 전쟁에서 화의를 반대하며 결사 항전을 주장하였다. 항복 이후 그들은 (가) (으)로 압송되어 처형되었다. 그들과 함께 척화를 주장하였던 김상헌, 정온도 추후로 이곳에 모셔졌다.
◆ 사진

① 만권당을 세워 학문 교류를 장려하였다.
② 어영청을 강화하는 등 북벌을 추진하였다.
③ 화통도감을 설치하여 군사력을 증강하였다.
④ 사신 접대를 위해 한성에 동평관을 설치하였다.
⑤ 포로 송환을 목적으로 유정을 회답 겸 쇄환사로 파견하였다.

25

밑줄 그은 '이 시기'의 경제 상황으로 옳은 것은? [1점]

〈시(詩)로 만나는 한국사〉

이현과 종루 그리고 칠패는
도성의 3대 시장이라네
온갖 장인들이 살고 일하니
사람들이 많아서 어깨를 부딪히네
온갖 재화가 이익을 좇아
수레가 끊임없네
봉성의 털모자, 연경의 비단실
함경도의 삼베, 한산의 모시
쌀, 콩, 벼, 기장, 조, 피, 보리
……

[해설] 이것은 한양의 모습을 그린 「성시전도」를 보고 박제가가 지은 시의 일부이다. 시의 내용을 통해 이 시기 생동감 있는 시장의 모습을 엿볼 수 있다.

① 백성에게 정전이 지급되었다.
② 서경에 관영 상점이 설치되었다.
③ 금속 화폐인 건원중보가 주조되었다.
④ 벽란도가 국제 무역항으로 번성하였다.
⑤ 인삼, 담배 등이 상품 작물로 재배되었다.

26

(가) 기구에 대한 설명으로 옳은 것은? [1점]

오늘에 와서는 큰일이건 작은 일이건 중요한 것으로 취급되지 않는 것이 없어, 의정부는 한갓 헛이름만 지니고 6조는 모두 그 직임을 상실하였습니다. 명칭은 '변방의 방비를 담당하는 것'이라고 하면서 과거 시험에 대한 판하(判下)*나 비빈 간택 등의 일까지도 모두 (가) 을/를 경유하여 나옵니다. 명분이 바르지 못하고 말이 이치에 맞지 않음이 이보다 심할 수가 없습니다. 신의 어리석은 소견으로는 (가) 을/를 고쳐 정당(政堂)으로 칭하는 것이 상책이라 생각합니다.

*판하(判下): 안건을 임금이 허가하는 것

① 사헌부, 사간원과 함께 3사로 불렸다.
② 서얼 출신 학자들이 검서관에 등용되었다.
③ 흥선 대원군이 집권한 시기에 혁파되었다.
④ 서울과 수원에 설치되어 국왕의 호위를 맡았다.
⑤ 대사성을 수장으로 좨주, 직강 등의 관직을 두었다.

27

(가) 인물에 대한 설명으로 옳은 것은? [2점]

① 남북국이라는 용어를 처음 사용하였다.
② 기기도설을 참고하여 거중기를 설계하였다.
③ 북한산비가 진흥왕 순수비임을 고증하였다.
④ 양명학을 연구하여 강화학파를 형성하였다.
⑤ 안평 대군의 꿈을 소재로 몽유도원도를 그렸다.

28

(가), (나) 사이의 시기에 있었던 사실로 옳은 것은? [3점]

(가) 전라도 관찰사 정민시가 [진산의] 죄인 윤지충과 권상연에 대한 조사 결과를 아뢰었다. "…… 근래에 그들은 평소 살아 계신 부모나 조부모처럼 섬겨야 할 신주를 태워 없애면서도 이마에 진땀 하나 흘리지 않았으니 정말 흉악한 일입니다. 제사를 폐지한 일은 오히려 부차적입니다."

(나) 의금부에서 아뢰었다. "얼마 전 죄인 남종삼은 명백한 근거도 없이 러시아에 변란이 있을 것이고, 프랑스와 조약을 맺을 계책이 있다는 요망한 말로 여러 사람을 현혹하였습니다. 감히 나라를 팔아먹고자 몰래 외적을 끌어들일 음모를 꾸몄으니, 즉시 참형에 처해야 합니다. …… [베르뇌를 비롯한] 서양인 4명을 군영에 넘겨 효수하여 본보기로 삼도록 하였습니다."

① 대종교 계열의 중광단이 결성되었다.
② 한용운이 조선불교유신론을 저술하였다.
③ 보은에서 교조 신원을 요구하는 집회가 열렸다.
④ 이수광이 지봉유설에서 천주실의를 소개하였다.
⑤ 황사영이 외국 군대의 출병을 요청하는 백서를 작성하였다.

29

(가) 인물에 대한 설명으로 옳은 것은? [2점]

① 조선 중립화론을 건의하였다.
② 베델과 함께 대한매일신보를 창간하였다.
③ 대동강에 침입한 제너럴 셔먼호를 격침하였다.
④ 서양의 과학 기술을 정리한 지구전요를 저술하였다.
⑤ 강화도 조약 체결의 전말을 기록한 심행일기를 남겼다.

30

밑줄 그은 '이 사건'에 대한 설명으로 옳은 것은? [2점]

① 보국안민, 제폭구민을 기치로 내걸었다.
② 한성 조약이 체결되는 결과를 가져왔다.
③ 개혁 추진을 위해 교정청을 설치하였다.
④ 구식 군인에 대한 차별 대우가 발단이 되었다.
⑤ 민영익 등이 보빙사로 파견되는 계기가 되었다.

31
(가) 운동에 대한 설명으로 옳은 것은? [1점]

국가보훈처는 광복 73주년을 맞아 독립 유공자를 발굴하여 포상하기로 하였습니다. 이번 포상에는 (가) 의 1주년에 만세 운동을 전개하다가 체포되어 옥고를 치른 배화 여학교 학생 여섯 명이 포함되었습니다. 이들은 일제 강점기 최대 민족 운동인 (가) 의 영향을 받아 수립된 대한민국 임시 정부의 활동 소식을 접하면서 민족의식을 키웠다고 합니다.

김경화 등 6명의 독립운동가, 독립운동 유공 인정

① 김광제 등의 발의로 본격화되었다.
② 순종의 인산일을 기회로 삼아 추진되었다.
③ 제암리 학살 등 일제의 가혹한 탄압을 받았다.
④ 신간회에서 진상 조사단을 파견하여 지원하였다.
⑤ 성진회와 각 학교 독서회에 의해 전국적으로 확산하였다.

33
(가)에 들어갈 내용으로 가장 적절한 것은? [2점]

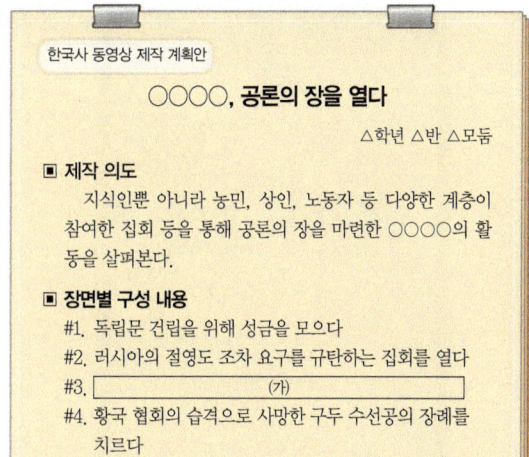

한국사 동영상 제작 계획안

○○○○, 공론의 장을 열다

△학년 △반 △모둠

■ 제작 의도
지식인뿐 아니라 농민, 상인, 노동자 등 다양한 계층이 참여한 집회 등을 통해 공론의 장을 마련한 ○○○○의 활동을 살펴본다.

■ 장면별 구성 내용
#1. 독립문 건립을 위해 성금을 모으다
#2. 러시아의 절영도 조차 요구를 규탄하는 집회를 열다
#3. (가)
#4. 황국 협회의 습격으로 사망한 구두 수선공의 장례를 치르다

① 평양에 대성 학교를 설립하다
② 고종 강제 퇴위 반대 운동을 주도하다
③ 집강소를 중심으로 폐정 개혁안을 실천하다
④ 관민 공동회를 개최하여 헌의 6조를 결의하다
⑤ 개혁의 기본 방향을 제시한 홍범 14조를 반포하다

32
밑줄 그은 '개혁'의 내용으로 옳은 것은? [3점]

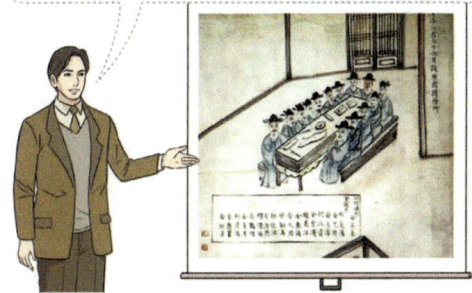

이 그림은 군국기무처에서 회의하는 모습입니다. 그림의 아래쪽에는 총재 김홍집 등 회의에 참여한 관리들의 이름이 적혀 있습니다. 군국기무처는 개혁을 추진하면서 수개월 동안 200여 건의 안건을 의결하였습니다.

① 원수부를 두었다.
② 재판소를 설치하였다.
③ 은본위제를 도입하였다.
④ 태양력을 공식 채택하였다.
⑤ 5군영을 2영으로 통합하였다.

34
다음 기사를 활용한 탐구 활동으로 가장 적절한 것은? [3점]

해외 언론 보도로 본 민족 운동

오늘 나는 스티븐스를 쏘았다. 그는 대한 제국의 외교 고문에 임명되어 후한 대접을 받고 있음에도 일본의 이익을 위해 한국인에게 온갖 잔인한 일을 자행하였다. …… 나는 어떤 처벌에도 불만이 없으며, 조국의 자유를 위한 투쟁에 도움이 된다면 영광스럽게 죽을 것이다.

① 제1차 한일 협약의 내용을 알아본다.
② 삼국 간섭이 발생한 원인을 분석한다.
③ 일제가 조작한 105인 사건의 영향을 파악한다.
④ 영국이 거문도를 불법 점령한 과정을 조사한다.
⑤ 고종이 러시아 공사관으로 피신한 이유를 찾아본다.

35

(가) 인물의 활동으로 옳은 것은? [2점]

① 명동 성당 앞에서 이완용을 습격하였다.
② 고종의 밀지를 받아 독립 의군부를 조직하였다.
③ 국권 침탈 과정을 정리한 한국통사를 저술하였다.
④ 13도 창의군의 총대장으로 서울 진공 작전을 지휘하였다.
⑤ 논설 단연보국채를 써서 국채 보상 운동에 적극 참여하였다.

36

(가) 부대에 대한 설명으로 옳은 것은? [2점]

① 간도 참변 이후 자유시로 이동하였다.
② 영릉가 전투에서 일본군과 싸워 크게 승리하였다.
③ 조선 독립 동맹 산하의 군사 조직으로 개편되었다.
④ 영국군의 요청으로 인도·미얀마 전선에 투입되었다.
⑤ 중국 국민당 정부의 지원을 받아 우한에서 창설되었다.

37

(가) 운동에 대한 설명으로 옳은 것은? [1점]

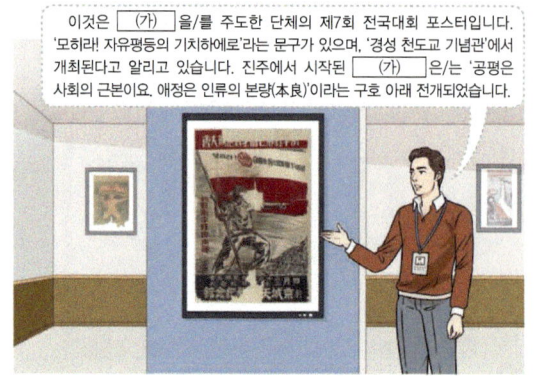

① 통감부의 탄압으로 중단되었다.
② 중국의 5·4 운동에 영향을 주었다.
③ 대한 자강회가 결성되는 배경이 되었다.
④ 백정에 대한 사회적 차별 철폐를 주장하였다.
⑤ 여성 교육의 중요성을 강조한 여권통문을 발표하였다.

38

밑줄 그은 '이 시기'에 볼 수 있는 모습으로 적절한 것은? [1점]

① 황국 신민 서사를 암송하는 학생
② 경성 제국 대학에서 강의하는 교수
③ 조선인에게 태형을 집행하는 헌병 경찰
④ 원산 총파업에 연대 지원금을 보내는 외국 노동자
⑤ 나운규가 감독한 아리랑의 첫 상영을 준비하는 단성사 직원

39

다음 검색창에 들어갈 단체에 대한 설명으로 옳은 것은? [2점]

① 한글 신문인 제국신문을 간행하였다.
② 태극 서관을 설립하여 서적을 보급하였다.
③ 파리 강화 회의에 독립 청원서를 제출하였다.
④ 한글 맞춤법 통일안과 표준어 사정안을 제정하였다.
⑤ 국문 연구소를 두어 한글을 체계적으로 연구하였다.

40

(가), (나) 인물에 대한 설명으로 옳은 것을 <보기>에서 고른 것은?

보 기

ㄱ. (가) - 상하이에서 한인 애국단을 조직하였다.
ㄴ. (가) - 조선 혁명 간부 학교를 세워 독립군을 양성하였다.
ㄷ. (나) - 조선 건국 준비 위원회의 활동을 주도하였다.
ㄹ. (나) - 미국에서 귀국하여 독립 촉성 중앙 협의회를 이끌었다.

① ㄱ, ㄴ ② ㄱ, ㄷ ③ ㄴ, ㄷ ④ ㄴ, ㄹ ⑤ ㄷ, ㄹ

41

밑줄 그은 '국회'에 대한 설명으로 옳지 않은 것은? [점]

① 반민족 행위 처벌법을 제정하였다.
② 의원들의 선거로 대통령을 선출하였다.
③ 민의원과 참의원의 양원제로 운영되었다.
④ 일부 지역의 국회의원이 선출되지 못한 채 출범하였다.
⑤ 일제가 남긴 재산 처리를 위한 귀속 재산 처리법을 만들었다.

42

(가) 전쟁 중에 볼 수 있는 모습으로 적절하지 않은 것은? [2점]

① 국민 방위군에 소집되는 청년
② 원조 물자 배급을 기다리는 시민
③ 지가 증권을 싼값에 매각하는 지주
④ 거제도 포로수용소에서 석방되는 반공 포로
⑤ 제2차 미소 공동 위원회 개최 소식을 보도하는 기자

43

(가) 정부 시기에 있었던 사실로 옳은 것은? [2점]

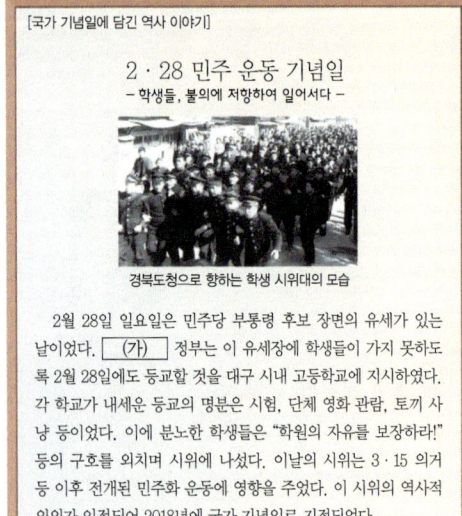

[국가 기념일에 담긴 역사 이야기]
2·28 민주 운동 기념일
- 학생들, 불의에 저항하여 일어서다 -

경북도청으로 향하는 학생 시위대의 모습

2월 28일 일요일은 민주당 부통령 후보 장면의 유세가 있는 날이었다. (가) 정부는 이 유세장에 학생들이 가지 못하도록 2월 28일에도 등교할 것을 대구 시내 고등학교에 지시하였다. 각 학교가 내세운 등교의 명분은 시험, 단체 영화 관람, 토끼 사냥 등이었다. 이에 분노한 학생들은 "학원의 자유를 보장하라!" 등의 구호를 외치며 시위에 나섰다. 이날의 시위는 3·15 의거 등 이후 전개된 민주화 운동에 영향을 주었다. 이 시위의 역사적 의의가 인정되어 2018년에 국가 기념일로 지정되었다.

① 프로 야구가 6개 구단으로 출범하였다.
② YH 무역 노동자들이 야당 당사에서 농성하였다.
③ 사회 정화를 명분으로 삼청 교육대가 설치되었다.
④ 인민 혁명당 재건위 사건으로 관련자가 탄압받았다.
⑤ 평화 통일론을 주장한 진보당의 조봉암이 구속되었다.

44

(가), (나) 헌법이 제정된 시기 사이에 있었던 사실로 옳은 것은? [3점]

(가)
제1조 ① 대한민국은 민주 공화국이다.
② 대한민국의 주권은 국민에게 있고, 모든 권력은 국민으로부터 나온다.
제64조 ① 대통령은 국민의 보통·평등·직접·비밀 선거에 의하여 선출한다.
제69조 ① 대통령의 임기는 4년으로 한다.
③ 대통령의 계속 재임은 3기에 한한다.

(나)
제1조 ① 대한민국은 민주 공화국이다.
② 대한민국의 주권은 국민에게 있고, 국민은 그 대표자나 국민 투표에 의하여 주권을 행사한다.
제39조 ① 대통령은 통일 주체 국민 회의에서 토론 없이 무기명 투표로 선거한다.
제47조 대통령의 임기는 6년으로 한다.
제59조 ① 대통령은 국회를 해산할 수 있다.

① 지방 자치제가 전면 시행되었다.
② 여수·순천 10·19 사건이 일어났다.
③ 일부 군인들이 5·16 군사 정변을 일으켰다.
④ 서울과 평양에서 7·4 남북 공동 성명이 발표되었다.
⑤ 한일 국교 정상화에 반대하는 6·3 시위가 전개되었다.

45

다음 뉴스의 사건이 있었던 정부 시기의 사실로 옳은 것은? [3점]

오늘 오후 2시경 서울 평화시장에 서 있었던 노동자들의 시위 도중 재단사 전태일 씨가 분신하는 사건이 발생하였습니다. 전 씨는 "근로 기준법을 지켜라!", "우리는 기계가 아니다!"라고 절규하며 열악한 노동 환경 개선을 요구하였습니다.

① 함평 고구마 피해 보상 운동이 전개되었다.
② 저유가·저금리·저달러의 3저 호황이 있었다.
③ 미국과의 자유 무역 협정(FTA)이 체결되었다.
④ 경제 협력 개발 기구(OECD)의 회원국이 되었다.
⑤ 최저 임금 결정을 위한 최저 임금 위원회가 설치되었다.

46

(가)에 해당하는 문화유산으로 옳은 것은? [2점]

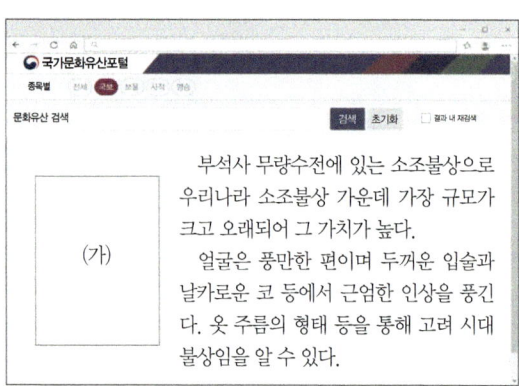

국가문화유산포털
종목별 | 전체 | 국보 | 보물 | 사적 | 명승
문화유산 검색

(가) 부석사 무량수전에 있는 소조불상으로 우리나라 소조불상 가운데 가장 규모가 크고 오래되어 그 가치가 높다. 얼굴은 풍만한 편이며 두꺼운 입술과 날카로운 코 등에서 근엄한 인상을 풍긴다. 옷 주름의 형태 등을 통해 고려 시대 불상임을 알 수 있다.

①  ②  ③
④  ⑤

[47~48] 다음 자료를 읽고 물음에 답하시오.

(가) 살리타이가 처인성을 공격하였다. 적을 피해 성에 와 있던 한 승려가 살리타이를 쏘아 죽였다. 국가에서 그 전공을 칭찬하여 상장군 벼슬을 주었다. 승려가 전공을 다른 사람에게 돌리며 말하기를, "전투할 때 나는 활과 화살이 없었으니, 어찌 감히 공 없이 무거운 상을 받겠습니까."라고 하고, 굳게 사양하며 받지 않았다.

(나) [우리 부대가] 대군(大軍)과 연합하여 평양을 포위하였다. 보장왕이 먼저 연남산 등을 보내 영공에게 항복을 청하였다. 이에 영공은 보장왕과 왕자 복남·덕남 및 대신 등 20여만 명을 끌고 본국으로 돌아갔다. 각간 김인문과 대아찬 조주는 영공을 따라 돌아갔다.

(다) 비국(備局)에서 아뢰기를, "적병이 두 차례나 용골산성을 공격해 왔지만 정봉수는 홀로 고립된 성을 지키면서 충성과 용맹을 더욱 떨쳤습니다. …… 죽음을 두려워하지 않는 용사를 더 모집하여 육로로 혹은 배편으로 달려가서 기세(氣勢)를 돕게 하소서. 용골산성이 비록 포위에서 풀렸으나 이 일은 그만둘 수 없을 듯합니다."라고 하니, 왕이 따랐다.

(라) 부사 송상현은 왜적이 바다를 건넜다는 소식을 듣고 지역 주민과 군사 그리고 이웃 고을의 군사를 모두 불러 모아 성에 들어가 지켰다. …… 성이 포위당하자 상현이 성의 남문에 올라가 전투를 독려하였으나 한나절 만에 성이 함락되었다. 상현은 갑옷 위에 조복(朝服)*을 입고 의자에 앉아 움직이지 않았다. …… 적이 모여들어 생포하려고 하자 상현이 발로 걷어차면서 항거하다가 마침내 해를 입었다.

*조복(朝服): 관원이 조정에 나아가 하례할 때 입던 예복

47
(가)~(라) 전투를 일어난 순서대로 옳게 나열한 것은? [2점]

① (가)-(나)-(다)-(라) ② (가)-(나)-(라)-(다)
③ (나)-(가)-(라)-(다) ④ (나)-(다)-(가)-(라)
⑤ (다)-(라)-(나)-(가)

48
(라) 전투가 벌어진 지역에서 있었던 사실로 옳은 것은? [2점]

① 내상이 무역 활동을 전개하였다.
② 안승이 왕으로 봉해진 보덕국이 세워졌다.
③ 지역 차별에 반발하여 홍경래가 봉기하였다.
④ 만적을 비롯한 노비들이 신분 해방을 도모하였다.
⑤ 지주 문재철의 횡포에 맞서 소작 쟁의가 일어났다.

49
(가) 민주화 운동에 대한 설명으로 옳은 것은? [1점]

박종철 군 고문살인 은폐조작과 호헌 조치를 규탄하는 국민대회 당시의 모습이야. 정부의 원천 봉쇄 방침에도 각 지역에서 열렸어.

이 대회를 주최한 민주 헌법 쟁취 국민 운동 본부는 4·13 호헌 조치가 무효라고 선언하였지. 이후 민주화를 요구하는 시민들의 시위가 전국 각지에서 더욱 거세졌어.

① 허정 과도 정부가 구성되는 계기가 되었다.
② 5년 단임의 대통령 직선제 개헌을 이끌어냈다.
③ 야당 총재의 국회의원직 제명으로 촉발되었다.
④ 관련 기록물이 세계 기록 유산으로 등재되었다.
⑤ 이승만이 대통령에서 물러나는 결과를 가져왔다.

50
다음 선언을 발표한 정부의 통일 노력으로 옳은 것은? [3점]

나는 오늘 온 겨레의 염원인 조국의 평화적 통일을 실현해 나가기 위한 새 공화국의 정책을 밝히려 합니다. 우리 민족이 남북 분단의 고통을 겪어온 지 반세기가 가까워 옵니다. …… 민족자존과 통일번영의 새 시대를 열어나갈 것임을 약속하면서 다음과 같은 정책을 추진해 나갈 것을 내외에 선언합니다.
……
셋째, 남북 간 교역의 문호를 개방하고 남북 간 교역을 민족 내부 교역으로 간주한다.
……
여섯째, 한반도의 평화를 정착시킬 여건을 조성하기 위하여 북한이 미국, 일본 등 우리 우방과의 관계를 개선하는 데 협조할 용의가 있으며 또한 우리는 소련, 중국을 비롯한 사회주의 국가들과의 관계 개선을 추구한다.

① 남북 조절 위원회를 구성하였다.
② 개성 공업 지구 건설에 합의하였다.
③ 10·4 남북 정상 선언을 발표하였다.
④ 남북한이 국제 연합(UN)에 동시 가입하였다.
⑤ 남북 이산가족 고향 방문을 최초로 실현하였다.

▶ 조선혁명선언[朝鮮革命宣言] (1923)

"강도 일본을 쫓아내려면 오직 혁명으로만 할 수 있으며, 혁명이 아니고는 강도 일본을 쫓아낼 방법이 없는 바이다. … 우리의 민중을 깨우쳐 강도의 통치를 타도하고 우리 민족의 신생명을 개척하자면 양병 10만이 폭탄을 한 번 던진 것만 못하며, 천억 장의 신문, 잡지가 한 번의 폭동만 못할지니라. … 민중은 우리 혁명의 대본영(大本營)이다. 폭력은 우리 혁명의 유일 무기이다. 우리는 민중 속에 가서 민중과 손을 잡고 끊임없는 폭력·암살·파괴·폭동으로써, 강도 일본의 통치를 타도하고, 우리 생활에 불합리한 일체 제도를 개조하여, 인류로서 인류를 압박지 못하며, 사회로써 사회를 수탈하지 못하는 이상적 조선을 건설할지니라."

한국사능력검정시험 심화 | 1·2·3급

2026
한국사능력검정시험
심화대비 기출문제

정답 및 해설

빠른 정답 찾기

2025년도

76회

01 ⑤	02 ②	03 ③	04 ①	05 ④
06 ②	07 ④	08 ③	09 ②	10 ②
11 ①	12 ③	13 ⑤	14 ④	15 ③
16 ①	17 ①	18 ③	19 ④	20 ⑤
21 ①	22 ②	23 ⑤	24 ④	25 ②
26 ③	27 ③	28 ②	29 ⑤	30 ①
31 ③	32 ④	33 ④	34 ③	35 ⑤
36 ②	37 ⑤	38 ④	39 ④	40 ③
41 ①	42 ④	43 ④	44 ⑤	45 ④
46 ⑤	47 ①	48 ①	49 ②	50 ⑤

75회

01 ④	02 ①	03 ⑤	04 ①	05 ②
06 ④	07 ④	08 ②	09 ③	10 ①
11 ⑤	12 ⑤	13 ③	14 ③	15 ⑤
16 ⑤	17 ④	18 ③	19 ①	20 ④
21 ②	22 ②	23 ②	24 ③	25 ①
26 ①	27 ④	28 ⑤	29 ③	30 ②
31 ③	32 ②	33 ③	34 ⑤	35 ②
36 ③	37 ①	38 ③	39 ④	40 ③
41 ④	42 ①	43 ②	44 ②	45 ④
46 ②	47 ⑤	48 ③	49 ⑤	50 ④

74회

01 ③	02 ⑤	03 ②	04 ②	05 ⑤
06 ⑤	07 ⑤	08 ②	09 ②	10 ④
11 ②	12 ③	13 ①	14 ①	15 ④
16 ②	17 ①	18 ④	19 ①	20 ①
21 ③	22 ④	23 ④	24 ③	25 ⑤
26 ②	27 ②	28 ②	29 ③	30 ①
31 ③	32 ④	33 ⑤	34 ①	35 ④
36 ④	37 ④	38 ③	39 ②	40 ⑤
41 ③	42 ⑤	43 ④	44 ⑤	45 ①
46 ③	47 ③	48 ⑤	49 ⑤	50 ⑤

73회

01 ②	02 ④	03 ①	04 ③	05 ④
06 ⑤	07 ②	08 ⑤	09 ⑤	10 ④
11 ⑤	12 ①	13 ④	14 ②	15 ②
16 ③	17 ②	18 ③	19 ⑤	20 ①
21 ③	22 ②	23 ⑤	24 ④	25 ④
26 ①	27 ⑤	28 ②	29 ④	30 ①
31 ④	32 ③	33 ①	34 ④	35 ⑤
36 ①	37 ③	38 ④	39 ③	40 ④
41 ①	42 ③	43 ④	44 ③	45 ③
46 ②	47 ②	48 ②	49 ①	50 ⑤

2024년도

72회

01 ②	02 ③	03 ②	04 ④	05 ①
06 ⑤	07 ②	08 ③	09 ④	10 ⑤
11 ⑤	12 ③	13 ②	14 ④	15 ①
16 ③	17 ③	18 ②	19 ④	20 ②
21 ④	22 ⑤	23 ④	24 ③	25 ⑤
26 ①	27 ①	28 ④	29 ①	30 ①
31 ④	32 ⑤	33 ③	34 ①	35 ⑤
36 ④	37 ⑤	38 ②	39 ⑤	40 ②
41 ①	42 ①	43 ⑤	44 ①	45 ⑤
46 ②	47 ①	48 ③	49 ②	50 ③

71회

01 ①	02 ④	03 ①	04 ④	05 ⑤
06 ③	07 ⑤	08 ①	09 ②	10 ④
11 ②	12 ②	13 ①	14 ④	15 ①
16 ⑤	17 ⑤	18 ①	19 ④	20 ②
21 ③	22 ②	23 ①	24 ④	25 ②
26 ②	27 ⑤	28 ①	29 ④	30 ①
31 ③	32 ①	33 ④	34 ②	35 ⑤
36 ①	37 ②	38 ⑤	39 ②	40 ③
41 ③	42 ②	43 ④	44 ①	45 ②
46 ⑤	47 ②	48 ②	49 ①	50 ③

70회

01 ③	02 ③	03 ②	04 ①	05 ②
06 ③	07 ④	08 ③	09 ④	10 ③
11 ④	12 ③	13 ①	14 ④	15 ④
16 ③	17 ④	18 ①	19 ③	20 ④
21 ①	22 ⑤	23 ②	24 ②	25 ④
26 ④	27 ①	28 ②	29 ①	30 ③
31 ①	32 ⑤	33 ⑤	34 ①	35 ③
36 ③	37 ⑤	38 ①	39 ⑤	40 ⑤
41 ⑤	42 ⑤	43 ③	44 ②	45 ⑤
46 ④	47 ④	48 ⑤	49 ②	50 ②

69회

01 ③	02 ⑤	03 ③	04 ⑤	05 ③
06 ②	07 ④	08 ②	09 ④	10 ⑤
11 ②	12 ②	13 ⑤	14 ⑤	15 ⑤
16 ①	17 ③	18 ①	19 ③	20 ⑤
21 ④	22 ④	23 ①	24 ①	25 ④
26 ②	27 ④	28 ⑤	29 ③	30 ④
31 ①	32 ②	33 ②	34 ④	35 ②
36 ①	37 ①	38 ②	39 ④	40 ③
41 ④	42 ⑤	43 ⑤	44 ②	45 ③
46 ①	47 ②	48 ①	49 ⑤	50 ⑤

빠른 정답 찾기

Quick Answer

2023년도

68회

01 ①	02 ④	03 ③	04 ③	05 ②
06 ③	07 ④	08 ①	09 ②	10 ①
11 ⑤	12 ③	13 ③	14 ④	15 ④
16 ③	17 ②	18 ④	19 ②	20 ③
21 ①	22 ②	23 ①	24 ⑤	25 ④
26 ④	27 ②	28 ①	29 ④	30 ③
31 ①	32 ②	33 ⑤	34 ⑤	35 ③
36 ⑤	37 ⑤	38 ④	39 ⑤	40 ④
41 ①	42 ④	43 ④	44 ②	45 ②
46 ④	47 ⑤	48 ③	49 ③	50 ⑤

67회

01 ④	02 ④	03 ①	04 ④	05 ②
06 ⑤	07 ②	08 ④	09 ①	10 ④
11 ①	12 ②	13 ②	14 ④	15 ②
16 ②	17 ④	18 ①	19 ③	20 ⑤
21 ②	22 ①	23 ⑤	24 ②	25 ④
26 ②	27 ③	28 ③	29 ③	30 ③
31 ②	32 ①	33 ③	34 ④	35 ④
36 ⑤	37 ③	38 ②	39 ⑤	40 ⑤
41 ②	42 ①	43 ②	44 ①	45 ⑤
46 ③	47 ③	48 ①	49 ④	50 ⑤

66회

01 ②	02 ②	03 ③	04 ④	05 ①
06 ⑤	07 ⑤	08 ⑤	09 ③	10 ⑤
11 ②	12 ④	13 ③	14 ②	15 ④
16 ③	17 ①	18 ②	19 ③	20 ⑤
21 ③	22 ④	23 ③	24 ②	25 ①
26 ②	27 ④	28 ②	29 ①	30 ⑤
31 ②	32 ①	33 ②	34 ①	35 ①
36 ③	37 ③	38 ②	39 ⑤	40 ②
41 ③	42 ④	43 ④	44 ③	45 ②
46 ①	47 ④	48 ①	49 ②	50 ⑤

65회

01 ②	02 ⑤	03 ②	04 ①	05 ③
06 ⑤	07 ④	08 ⑤	09 ⑤	10 ①
11 ②	12 ③	13 ①	14 ④	15 ③
16 ②	17 ①	18 ③	19 ③	20 ⑤
21 ③	22 ①	23 ②	24 ③	25 ⑤
26 ④	27 ④	28 ①	29 ④	30 ⑤
31 ④	32 ⑤	33 ⑤	34 ③	35 ①
36 ③	37 ④	38 ④	39 ⑤	40 ⑤
41 ④	42 ④	43 ②	44 ①	45 ⑤
46 ②	47 ②	48 ②	49 ③	50 ②

64회

01 ⑤	02 ①	03 ③	04 ⑤	05 ③
06 ②	07 ④	08 ⑤	09 ②	10 ④
11 ①	12 ①	13 ⑤	14 ①	15 ⑤
16 ④	17 ①	18 ⑤	19 ③	20 ⑤
21 ⑤	22 ④	23 ④	24 ②	25 ②
26 ①	27 ⑤	28 ②	29 ②	30 ③
31 ④	32 ②	33 ③	34 ③	35 ④
36 ①	37 ②	38 ③	39 ③	40 ①
41 ①	42 ④	43 ③	44 ①	45 ①
46 ③	47 ⑤	48 ①	49 ④	50 ③

63회

01 ⑤	02 ④	03 ③	04 ②	05 ⑤
06 ③	07 ④	08 ④	09 ⑤	10 ①
11 ③	12 ②	13 ④	14 ②	15 ③
16 ①	17 ①	18 ③	19 ④	20 ④
21 ④	22 ⑤	23 ①	24 ②	25 ⑤
26 ④	27 ②	28 ⑤	29 ③	30 ②
31 ②	32 ③	33 ④	34 ①	35 ②
36 ②	37 ④	38 ③	39 ④	40 ②
41 ③	42 없음	43 ⑤	44 ④	45 ①
46 ⑤	47 ③	48 ①	49 ②	50 ④

2025년도 제76회 정답 및 해설

심화

01 구석기 시대의 생활 모습

암기박사 동굴, 막집 거주 ⇒ 구석기 시대

정답 ⑤

정답 해설

연천 전곡리는 대표적인 구석기 시대의 유적지로 주먹도끼를 비롯한 찍개, 찌르개 등의 유물이 출토되었다. 구석기 시대에는 주로 동굴이나 강가의 막집에 거주하면서 도구를 사용하여 사냥을 하거나 어로, 채집 생활을 하였다.

오답 해설

① 민무늬 토기 → 청동기 시대
청동기 시대에는 벼농사가 시작되었고 민무늬 토기에 식량을 저장하였다.

② 가락바퀴 → 신석기 시대
신석기 시대에는 가락바퀴를 이용하여 실을 뽑고 뼈바늘로 옷을 만들기 시작하였다.

③ 명도전, 반량전 → 철기 시대 [BC 3세기 무렵 진에서 사용한 청동 화폐]
철기 시대에는 명도전, 반량전, 등의 중국 화폐를 사용하여 중국과 활발하게 교역하였다. [중국 춘추 전국 시대에 연과 제에서 사용한 청동 화폐]

④ 철제 농기구 → 철기 시대
철기 시대에는 기존의 석기나 목기 외에 쟁기, 쇠스랑 등의 철제 농기구를 사용하여 농사를 지었다.

02 고구려의 생활 풍습

암기박사 동맹 : 제천 행사 ⇒ 고구려

정답 ②

정답 해설

고구려는 5부 중 계루부에서 왕이 나와 주도권을 행사하였으며 왕 아래 상가, 대로, 패자 등의 관직을 두었다. 또한 혼인할 때 여자 집에 서옥을 짓는 풍습이 있었으며, 매년 10월에 동맹이라는 제천 행사를 열어 하늘에 제사를 지냈다.

오답 해설

① 소도 : 신성 지역 → 삼한
삼한에는 신성 지역인 소도가 존재하였으며, 군장의 세력이 미치지 못하여 죄인이 이곳으로 도망치면 잡아가지 못하였다.

③ 책화 : 읍락 간의 경계 중시 → 동예
동예에는 읍락 간의 경계를 중시하는 책화가 있어서, 다른 부족의 생활권을 침범하면 노비와 소·말로 변상하였다.

④ 범금 8조 : 사회 질서 유지 → 고조선
고조선은 사회 질서를 유지하기 위해 만민법인 범금 8조를 만들었다.

⑤ 화백 회의 : 국정 운영 → 신라
신라는 만장일치제인 화백 회의를 통해 국가의 중대사를 결정하고 국정을 운영하였다.

핵심노트 ▶ 고구려의 정치

- 계루부, 소노부, 절노부, 순노부, 관노부의 5부족 연맹체
- 왕 아래 상가, 대로, 패자, 고추가 등의 대가들이 존재
- 처음에는 소노부에서 왕이 나오다 태조왕 때부터 계루부에서 왕이 나와 주도권을 행사
- 왕족인 계루부와 전 왕족인 소노부의 적통대인, 왕비족인 절노부의 대인을 고추가(고추대가)라 하여 왕권에 버금가는 세력으로 대우
- 대가들은 각기 사자·조의·선인 등의 관리를 거느리고 자치권을 유지

03 삼국의 항쟁

암기박사 평양성 전투 ⇒ 한성 전투 ⇒ 관산성 전투

정답 ③

정답 해설

(나) 평양성 전투(371) : 백제의 전성기를 이끈 근초고왕의 평양성 공격으로 고구려의 고국원왕이 전사하였다.

(가) 한성 전투(475) : 고구려 장수왕은 수도를 평양으로 천도한 후 백제의 수도 한성을 공격하여 함락하고 개로왕을 전사시켰다.

(다) 관산성 전투(554) : 신라 진흥왕이 나제 동맹을 깨고 백제가 차지한 지역을 점령하자 백제 성왕이 신라를 공격하다 옥천의 관산성 전투에서 전사하였다.

04 백제의 문화유산

암기박사 산수무늬 벽돌 ⇒ 백제 문화유산

정답 ①

정답 해설

부여의 능산리 절터에서 발견된 금동대향로는 백제의 문화유산으로, 불교와 도교 요소가 복합적으로 표현된 걸작이다. 부여의 사비시대 절터에서 출토된 산수무늬 벽돌 또한 신선 사상을 기반으로 불로장생을 추구하는 도교와 관련된 백제의 문화유산이다.

오답 해설

② 금관총 금관 → 신라 문화유산
금관총 금관은 신라 금관의 전형적 형태이며 미학적으로 가장 아름다워 신라 금관의 백미로 평가된다.

③ 광개토 대왕명 호우 → 신라 문화유산
일명 호우명 그릇이라 불리는 광개토 대왕명 호우는 경주 호우총에서 발견되었는데, 그릇 밑바닥에 신라가 광개토대왕을 기리는 내용의 "을묘년국강상광개토지호태왕(乙卯年國岡上廣開土地好太王)"이라는 글씨가 새겨져 있어 당시에 신라와 고구려의 관계를 유추해볼 수 있다.

④ 철제 판갑옷 → 가야 문화유산
철제 판갑옷은 대표적인 가야의 문화유산으로, 당시 가야가 철의 나라라고 할 정도로 철이 많이 생산되었음을 알 수 있다.

⑤ 이불병좌상 → 발해 문화유산
발해의 수도였던 동경 용원부 유적지에서 발굴된 이불병좌상은 고구려의 양식을 계승하였다. 흙을 구워 만든 것으로, 두 부처가 나란히 앉아 있는 모습을 나타낸다.

05 신라의 경제 상황

암기박사 청해진 : 해상 무역 ⇒ 통일 신라

정답 ④

정답 해설

일본 도다이사 쇼쇼인에서 발견된 신라 촌락 문서에는 서원경 부근 4개 촌락의 인구 현황, 토지의 종류와 면적 등이 기록되어 있다. 통일 신라 때 장보고가 활약한 완도의 청해진을 중심으로 해상 무역이 번성하였다.

↳ 민정문서, 신라장적

오답 해설

① 무역소 : 여진과의 국경 무역 → 조선
  조선 태종은 국경 지방인 경성과 경원에 무역소를 두고 여진과의 국경 무역을 허락하였다.

② 솔빈부의 특산물 : 말 → 발해
  솔빈부는 발해의 지방 행정 구역인 15부 중의 하나로, 그 지역의 특산물인 말이 주요 수출품으로 유명하였다.

③ 서적점, 다점 : 관영 상점 → 고려
  고려 시대에는 서경을 비롯한 개경, 동경 등의 대도시에 서적점, 다점 등의 관영 상점이 운영되었다.

⑤ 소 : 특수 행정 구역 → 고려
  고려 시대에는 특수 행정 구역인 소(所)에서 공장(工匠)들이 국가가 필요로 하는 여러 물품을 생산하였다.

06 통일 신라 신문왕

암기박사 관료전 지급 / 녹읍 폐지 ⇒ 통일 신라 신문왕

정답 ②

정답 해설

국학을 설치하고 전국을 9주로 나누었으며, 고구려·백제·말갈인을 포함하는 9서당의 군사 조직을 만든 왕은 통일 신라의 신문왕이다. 신문왕은 관료전을 지급하고 귀족의 경제 기반이었던 녹읍을 폐지하였다.

오답 해설

① 병부 설치, 율령 반포 → 신라 법흥왕
  신라 법흥왕은 병부와 상대등을 설치하여 관등을 정비하고 율령 반포와 공복을 제정하여 통치 질서를 확립하였다.

③ 화랑도 개편 → 신라 진흥왕
  화랑도는 씨족 공동체의 전통을 가진 원화(源花)가 발전한 원시 청소년 집단으로, 진흥왕 때 국가적인 조직으로 개편되었다.

④ 독서삼품과 시행 → 통일 신라 원성왕
  통일 신라의 원성왕은 관리 선발을 위해 유교 경전의 이해 수준에 따라 3등급으로 구분한 독서삼품과를 시행하였다.

⑤ 국호 마진, 철원 천도 → 후고구려 궁예
  후고구려의 궁예는 국호를 마진으로 고치고 철원으로 천도한 후 다시 국호를 태봉으로 바꾸었다.

핵심노트 ▶ 신문왕(681~692)의 업적

- 김흠돌의 난을 계기로 귀족 세력을 숙청하면서 전제 왕권 강화 → 6두품을 조언자로 등용
- 중앙 정치 기구를 정비(6전 제도 완성, 예작부 설치)하고 군사 조직(9서당)과 지방 행정 조직(9주 5소경)을 완비
- 관리에게 관료전을 지급하고 귀족의 경제 기반이었던 녹읍을 폐지
- 유학 교육을 위하여 국학을 설립하고 유교 이념을 확립

07 신라 승려 의상

암기박사 화엄일승법계도 저술 ⇒ 의상

정답 ④

정답 해설

진골 출신의 신라 승려로 영주에 부석사를 창건한 인물은 의상이다. 의상은 해동 화엄사의 시조로서 화엄일승법계도를 지어 화엄 사상을 정리하였다.

오답 해설

① 보현십원가 저술 → 균여
  균여는 11수의 향가인 보현십원가를 지어 불교 교리를 대중에게 전파하였다.

② 세속 5계 제시 → 원광
  원광은 화랑도의 규범으로 사군이충, 사친이효, 교우이신, 임전무퇴, 살생유택의 세속 5계를 제시하였다.

③ 대승기신론소 저술 → 원효
  원효는 대승기신론소를 저술하여 대승 불교의 중관파와 유식파의 대립 문제를 연구·비판하고 일심 사상을 체계화하였다.

⑤ 신편제종교장총록 편찬 → 의천
  대각국사 의천은 송·요·일본 등 동아시아 각지의 불교 서적을 수집하여 그 목록을 정리한 신편제종교장총록을 편찬하였다.

08 발해의 통치 체재

암기박사 지방 행정 제도 : 5경 15부 62주 ⇒ 발해

정답 ③

정답 해설

왕자 대봉예는 남북국시대 때 하정사로 당나라에 방문했다가 신라 사신과 발해 사신의 자리 다툼인 쟁장사건에 연루된 발해의 왕족이다. 발해는 선왕(대인수) 때 최대의 영토를 형성하고 중흥기를 이루어 해동성국이라 불렸으며, 5경 15부 62주의 지방 행정 제도를 갖추었다.

오답 해설

① 역사서 : 유기와 신집 → 고구려
  고구려 영양왕 때 이문진이 국초에 지어진 유기를 간추려 신집 5권을 편찬하였다. → 고구려 초기에 지어진 작자 미상의 역사책

② 관제 : 6좌평 → 백제
  백제 고이왕은 내신좌평, 내두좌평 등 6좌평의 관제를 마련하여 중요한 국사를 논의하게 하였다. → 내신좌평, 내두좌평, 내법좌평, 병관좌평, 위사좌평, 조정좌평

④ 도병마사 : 군사 문제 논의 → 고려
  고려는 국방 문제를 담당하는 임시 기구인 도병마사에서 변경의

군사 문제 등을 논의하였다.
⑤ 골품 : 관등 승진 제한 → 신라
신라의 골품제는 혈연에 따라 사회적 제약이 가해지는 폐쇄적 신분 제도로 골품에 따라 관등 승진, 일상생활 등을 엄격히 제한하였다.

09 신라 하대의 난

정답 ②

▶ 암기박사 김지정의 난 ⇒ 김헌창의 난 ⇒ 원종과 애노의 난

정답 해설

- 김지정의 난(780) : 신라 중대 혜공왕 때 이찬 김지정이 일으킨 난으로, 궁궐을 포위해 혜공왕과 왕비를 살해하였으나 김양상과 김경신의 반격으로 진압되었다.
- (가) 김헌창의 난(822) : 신라 하대 헌덕왕 때 웅천주(공주) 도독 김헌창이 아버지가 왕위 쟁탈전에서 패한 것에 대해 불만을 품고 반란을 일으켰다.
- 원종과 애노의 난(889) : 신라 하대 진성여왕 때 원종과 애노가 가혹한 세금 수탈에 반발하여 사벌주(상주)에서 반란을 일으켰다.

오답 해설

① 비담과 염종의 난(647) → 김지정의 난 이전
신라 선덕여왕 때 김유신은 진덕여왕으로의 왕위 계승에 불만을 품은 비담과 염종의 난을 진압하였다.

③ 연개소문의 정변(642) → 김지정의 난 이전
연개소문이 정변을 일으켜 영류왕을 시해하고 보장왕을 옹립하여 권력을 장악한 후 스스로 막리지가 되었다.

④ 만적의 난(1198) → 원종과 애노의 난 이후
고려 무신 집권기 때 개경에서 최충헌의 사노 만적을 비롯한 노비들이 신분 해방을 외치며 반란을 모의하였다.

⑤ 나·당 동맹(648) → 김지정의 난 이전
신라의 김춘추는 백제 의자왕의 공격으로 고구려에 원병을 요청하였으나 거절당하자 당으로 건너가 군사적 지원을 요청하였다.

10 후삼국의 통일 과정

정답 ②

▶ 암기박사 견훤 : 고려에 귀부(935) ⇒ 왕건 : 일리천 전투 승리 (936)

정답 해설

견훤은 왕위 계승 문제로 반란을 일으킨 장남 신검에 의해 금산사에 유폐된 후 탈출하여 왕건에게 귀부하였다. ─ 스스로 와서 복종함 이후 신검의 후백제 군이 왕건이 이끄는 고려군에 패배하여 후백제가 멸망하였다.

오답 해설

① 공산 전투(927) → 견훤 귀부 이전
후백제의 견훤이 신라를 공격하자 고려의 신숭겸이 견훤군을 공격하였으나 공산 전투에서 전사하였다.

③ 나주성 공격(903) → 견훤 귀부 이전
후고구려의 궁예가 후백제의 배후인 나주성을 공격하고 나주 일대를 점령하였다.

④ 고창 전투(930) → 견훤 귀부 이전
김선평, 권행 등의 고려군이 고창 전투에서 견훤의 후백제군과 싸워 승리하였다.

⑤ 경애왕 자결(927) → 견훤 귀부 이전
견훤의 후백제군이 신라의 왕경인 수도 금성을 습격하여 경애왕을 자결시켰다.

11 고려 예종의 관학 진흥책

정답 ①

▶ 암기박사 전문 강좌 : 7재 개설 ⇒ 고려 예종

정답 해설

청연각과 보문각을 설립하고 교육 장학 재단인 양현고를 설치한 왕은 고려 예종이다. 예종은 관학 진흥을 위해 국자감에 7재라는 전문 강좌를 개설하였다. ─ 여택재, 대빙재, 경덕재, 구인재, 복응재, 양정재, 강예재

오답 해설

② 12목 : 경학 박사 파견 → 고려 성종
고려 성종은 지방 12목에 경학 박사와 의학 박사를 파견하여 지방 호족의 자제를 교육하였다.

③ 서적포 : 출판 담당 → 고려 숙종
고려 숙종은 국자감에 목판 인쇄 기관인 서적포를 설치하여 출판을 담당하게 하였다.

④ 이제현 : 만권당 설립 → 고려 충선왕
원 간섭기인 고려 충선왕 때 이제현은 원의 수도인 대도에 만권당을 세워 중국 학자와 교유하였다.

⑤ 통문관 : 외국어 교육과 통역 → 고려 충렬왕
원 간섭기인 고려 충렬왕 때 외국어 교육과 통역을 관장하는 관청인 통문관을 설치하였다.

👉 핵심노트 ▶ 고려 예종의 관학 진흥책

- 국자감을 재정비하여 전문 강좌인 7재를 설치
- 교육 장학 재단인 양현고를 두어 관학의 재정 기반을 강화
- 궁중에 도서관 겸 학문 연구소인 청연각·보문각을 두어 유학을 진흥
- 국자감에서 3년 이상 수학한 자에게 예부시 응시 자격을 부여하여 국자감 위상을 정립

12 고려 무신 정권

정답 ③

▶ 암기박사 정방 : 인사 행정 담당 기구 ⇒ 최우

정답 해설

수도의 치안 유지를 담당하던 야별초를 좌·우별초로 나누어 편성한 고려 무신 정권기의 인물은 최우이다. 최우는 자신의 집에 교정도감에서 인사 행정 기능을 분리한 정방을 설치하여 문무 관직에 대한 인사권을 장악하였다.

오답 해설

① **고려 원종 폐위 → 임연**
  고려 무신 집권 말기의 제10대 집권자 임연은 야별초를 동원해 강제로 원종을 폐위하고 안경공 창을 즉위시켰다.

② **9재 학당 설립 → 최충**
  고려 문종 때 최충이 최초의 사학인 9재 학당을 설립하여 유학을 교육하였다. → 문헌공도

④ **전민변정도감 임명 → 신돈**
  고려 공민왕 때 신돈이 전민변정도감의 책임자로 임명되어 권문세족을 견제하고 개혁을 이끌었다.

⑤ **오월에 사신 파견 → 견훤**
  후백제를 세운 견훤은 오월에 사신을 보냈고, 이에 대한 답례로 오월로부터 검교태보의 직을 받았다.

13 고려의 경제 상황

암기박사 주전도감 : 해동통보 발행 ⇒ 고려

정답 ⑤

정답 해설

송, 일본뿐만 아니라 동남아시아, 아라비아 상인들과도 교역을 한 국가는 고려이다. 고려 숙종은 화폐 유통의 촉진을 도모하기 위해 주전도감을 설치하고 해동통보를 발행하였으나 널리 사용되지는 못하였다.

오답 해설

① **내상 : 초량 왜관 → 조선**
  조선 후기에는 부산의 초량 왜관을 통해 내상이 일본과 무역하였다.

② **덕대 : 광산 경영 → 조선**
  조선 후기에는 덕대가 상인 물주에게 자금을 조달받아 채굴 노동자를 고용하는 등 광산을 전문적으로 경영하였다.

③ **국제 무역항 : 당항성, 영암 → 통일 신라**
  통일 신라 시대에는 대당 무역이 발달하여 당항성, 영암 등이 국제 무역항으로 번성하였다.

④ **거란도, 영주도 → 발해**
  발해는 신라도를 통하여 신라와 교류하였을 뿐만 아니라 거란도, 영주도 등을 통해 주변 국가와 교역하였다.

14 고려 시대의 난

암기박사 왕규의 난 ⇒ 강조의 정변 ⇒ 이자겸의 난

정답 ④

정답 해설

(나) **왕규의 난(945)** : 고려 혜종 때 왕위 계승을 둘러싸고 왕실의 외척인 왕규가 자신의 손자인 광주원군을 왕위에 옹립하기 위해 난을 일으켰다.

(다) **강조의 정변(1009)** : 고려 목종 때 강조가 정변을 일으켜 김치양을 제거한 후 목종까지 폐하고 대량군(현종)을 즉위시켰다.

(가) **이자겸의 난(1126)** : 인종을 왕위에 올린 왕실 외척인 이자겸이 척준경과 함께 금의 사대 요구 수용을 주장하며 반란을 일으켰다.

15 개성의 역사

암기박사 강감찬 : 나성 축조 ⇒ 개성

정답 ③

정답 해설

만월대, 현릉, 숭양서원, 만부교 등이 있는 지역은 개성(개경)이다. 고려 현종 때 거란의 3차 침입에 맞서 강감찬은 귀주에서 대승을 거둔 후 개성(개경)에 나성을 축조할 것을 건의하였다.

오답 해설

① **저고여 피살 → 압록강 인근**
  고려 무신 집권기 때 몽골 사신 저고여가 귀국하던 중 압록강 인근에서 피살되어 몽골군이 침입하는 빌미가 되었다.

② **서희 : 외교 담판 → 강동 6주**
  고려 성종 때 거란이 침입하자 서희는 소손녕과 외교 담판을 통해 강동 6주를 획득하였다.

④ **김보당의 난 → 함경남도와 강원도 지역**
  고려 무신 집권기 때 동북면 병마사 김보당이 무신 정권에 저항하여 의종 복위를 주장하며 동계(함경남도와 강원도 지역)에서 봉기하였다.

⑤ **최무선 : 진포 대첩 → 금강 하구**
  최무선은 화약과 화포 제작을 위해 화통도감의 설치를 건의하고, 화포를 사용하여 진포(금강 하구)에서 왜구를 격퇴하였다.

16 몽골에 대한 고려의 대응

암기박사 최우 : 강화도 천도 ⇒ 고려 vs 몽골

정답 ①

정답 해설

몽골의 5차 침입 때 김윤후가 이끄는 민병과 관노가 충주성 전투에서 몽골군을 물리쳤다. 몽골의 무리한 조공 요구와 내정 간섭에 반발한 최우가 다루가치를 사살하고 강화도로 도읍을 옮겨 장기 항전을 준비하였다.

오답 해설

② **광군 조직 → 고려 vs 거란**
  고려 정종은 거란의 침입에 대비하기 위하여 상비군인 광군을 조직하고 청천강에 배치하였다.

③ **훈련도감 신설 → 조선 vs 왜군**
  임진왜란 때 왜군의 조총에 대응하고 국방력을 강화하기 위해 삼수병으로 구성된 훈련도감을 신설하였다.

④ **동북 9성 축조 → 고려 vs 여진**
  고려 예종 때 윤관은 별무반을 이끌고 여진을 정벌한 후 동북 9성을 축조하였다.

⑤ **철령위 설치 → 고려 vs 명**
  고려 우왕 때 최영이 명의 철령위 설치에 반발하여 요동 정벌을 추진하였다.

17 고려 문화유산

암기박사 청자 어룡모양 주자 ⇒ 고려 문화유산

정답 ①

정답 해설
청자 투각 칠보무늬 향로는 향이 빠져나가는 뚜껑과 향을 태우는 몸통, 그리고 이를 지탱하는 받침으로 이루어진 대표적인 고려청자이다. 청자 어룡모양 주자 또한 대표적인 고려청자로 용의 머리와 물고기의 몸을 결합한 독특한 상형 청자 주전자이다.

오답 해설
② 청화백자이형연적 → 조선 문화유산
　벼루에 물을 붓기 위해 물을 담아 두는 물고기 모양의 연적으로, 청색 안료를 이용하여 문양을 그려 넣은 청화백자이다.
③ 철화모란당초문자라병 → 조선 문화유산
　야외에서 술 또는 물을 담을 때 사용하던 병으로 자라와 비슷한 모양을 하고 있어 자라병으로 불리는 분청사기이다.
④ 수레바퀴 모양 토기 → 가야 문화유산
　앞뒤로 수레바퀴 모양의 장식이 있는 가야 토기로, 토기의 속이 비어 있어 물과 같은 액체를 담을 수 있으며 장례를 위해 특별히 제작된 그릇이다.
⑤ 자라무늬 상준 → 조선 문화유산
　분청사기로 만든 코끼리 모양의 제기로 그릇 표면에 붓으로 부드러운 백토를 바르고 몸통에는 거북무늬와 사선무늬를 음각하였다.

18 원 간섭기의 사회 모습

암기박사 매 사육 기관 : 응방 설치 ⇒ 원 간섭기

정답 ③

정답 해설
겁령구는 고려의 왕비가 된 원 나라 공주를 따라온 시녀를 의미한다. 따라서 원 간섭기에 해당하며, 이 시기에는 원 나라에 조공할 매를 기르고 훈련시키는 응방이 설치되었다.

오답 해설
① 쌍기 : 과거제 도입 → 고려 광종
　고려 광종은 인재를 등용하기 위해 후주인 쌍기의 건의를 수용하여 과거제를 도입하였다.
② 흑창 설립 → 고려 태조
　고려 태조는 빈민을 구제하기 위해 고구려의 진대법을 계승한 흑창을 설립하였다.
④ 의천 : 천태종 개창 → 고려 숙종
　고려 숙종 때 대각국사 의천이 불교 교단을 통합하기 위해 국청사를 중심으로 해동 천태종을 개창하였다.
⑤ 망이 · 망소이의 난 → 고려 명종
　고려 무신 집권기인 명종 때 망이 · 망소이가 가혹한 수탈에 저항하여 공주 명학소에서 봉기하였다.

19 조선 세종 재위 시기의 사실

암기박사 삼강행실도 편찬 ⇒ 세종

정답 ④

정답 해설
박연이 궁중 음악인 아악을 정비한 것은 조선 세종 때의 일이다. 이 시기에 모범적인 충신, 효자, 열녀를 알리고 유교 윤리의 보급을 위해 삼강행실도가 편찬되었다.

오답 해설
① 이덕무 : 무예도보통지 → 조선 정조
　조선 정조 때 이덕무, 박제가, 백동수 등이 왕명으로 훈련 교범인 무예도보통지를 간행하였다.
② 허준 : 동의보감 → 조선 광해군
　조선 광해군 때 허준이 전통 한의학을 정리한 동의보감을 간행하여 의료 지식을 민간에 보급하였다.
③ 성현 : 악학궤범 → 조선 성종
　조선 성종 때 성현이 궁중의 음악 이론 등을 집대성한 악학궤범을 완성하였다.
⑤ 서영보 : 만기요람 → 조선 순조
　조선 순조 때 서영보, 심상규 등이 왕명으로 조선 후기의 군정, 재정의 내용을 정리한 만기요람을 편찬하였다.

핵심노트 ▶ 세종(1418~1450)의 문화 발전

- 활자 주조 : 경자자, 갑인자, 병진자, 경오자
- 한글 서적 : 용비어천가, 동국정운, 석보상절, 월인천강지곡
- 고려사, 육전등록, 치평요람, 역대병요, 팔도지리지, 효행록, 삼강행실도, 농사직설, 칠정산 내외편, 사시찬요, 총통등록, 의방유취, 향약집성방, 향약채취월령, 태산요록
- 관습도감 설치 : 박연으로 하여금 아악 · 당악 · 향악을 정리하게 함
- 불교 정책 : 5교 양종을 선교 양종으로 통합, 궁중에 내불당 건립
- 역법 개정 : 원의 수시력과 명의 대통력을 참고로 하여 칠정산 내편을 만들고 아라비아 회회력을 참조하여 칠정산 외편을 만듦
- 과학 기구 발명 : 측우기, 자격루(물시계), 앙부일구(해시계), 혼천의(천체 운행 측정기)

20 조선 연산군 재위 시기의 사실

암기박사 김종직 : 조의제문 ⇒ 연산군 : 무오사화

정답 ⑤

정답 해설
폐비 윤씨 사사 사건을 빌미로 신하들을 숙청하는 등 폭정을 자행하다 반정으로 폐위된 왕은 조선 연산군이다. 연산군 때 김종직이 지은 조의제문을 김일손이 사초에 올린 일이 발단이 되어 무오사화가 일어났고 김일손 등이 피해를 입었다.

항우에게 왕위를 빼앗기고 죽은 초나라 의제를 기리는 내용을 통해 단종에게서 왕위를 빼앗은 세조를 비난한 글

오답 해설
① 남이 장군 처형 → 조선 예종
　조선 예종 때 역모를 꾀했다는 유자광의 고변을 계기로 남이 장군이 처형되었다.
② 송시열 사사 → 조선 숙종
　조선 숙종 때 희빈 장씨 소생의 원자 책봉 문제로 기사환국이 발생하여 송시열이 관직을 삭탈당하고 유배된 후 사사되었다.

③ 윤임 제거 → 조선 명종
　조선 명종 때 외척 간의 권력 다툼으로 인종의 외척 세력인 대윤파 윤임이 명종을 옹립한 소윤파에 의해 제거되었다.

④ 조광조 축출 → 조선 중종
　조선 중종 때 위훈 삭제 등 조광조의 급격한 개혁에 훈구 세력이 주초위왕의 모략을 꾸민 기묘사화로 인해 조광조 일파를 축출하였다.

21 임진왜란 중의 사실

암기박사 정문부 : 북관대첩 ⇒ 임진왜란　　**정답 ①**

정답 해설

절제사 권율과 동복 현감 황진이 이끄는 관군이 이치 전투에서 치열한 전투 끝에 왜군의 진격을 저지한 것은 임진왜란 때의 일이다. 임진왜란 중에 전직 관료 출신인 정문부가 함경북도 길주에서 왜군에 맞서 북관대첩을 이끌었다.

오답 해설

② 정봉수 : 용골산성 → 정묘호란
　조선 인조 때 친명배금 정책을 빌미로 후금이 침입하여 정묘호란이 발발하자 정봉수가 용골산성에서 항쟁하였다.

③ 최윤덕 : 4군 개척 → 여진족 정벌
　조선 세종 때 최윤덕이 올라산성에서 여진족의 이만주 부대를 정벌하고 4군을 개척하였다.

④ 강홍립 : 사르후 전투 → 명 vs 후금
　조선 광해군 때 명의 요청으로 강홍립 부대가 사르후 전투에 참전하였으나, 명과 후금 사이에서 중립 외교를 펼쳤다.

⑤ 김준룡 : 광교산 전투 → 병자호란
　병자호란 당시 남한산성에 고립된 인조를 구하기 위해 김준룡이 근왕병을 이끌고 광교산 전투에서 항전하였다.

22 홍문관의 역할

암기박사 사헌부, 사간원과 함께 3사 구성 ⇒ 홍문관　　**정답 ②**

정답 해설

옥당이라고도 불리며 왕의 자문을 담당하였던 기관은 홍문관이다. 조선 성종 때 집현전의 학문 연구 기능을 계승하여 설치된 홍문관은 사헌부, 사간원과 함께 3사로 불렸다.

오답 해설

① 수도의 행정과 치안 담당 → 한성부
　한성부는 수도의 행정과 치안을 담당하였으며, 장은 판윤(정2품)이다.

③ 대사성, 좨주, 직강 → 성균관
　조선 시대 최고의 국립대학인 성균관은 대사성을 수장으로 좨주, 직강 등의 관직을 두었다.

④ 왕명 출납 → 승정원
　승정원은 왕명 출납을 맡은 왕의 비서 기관으로, 은대라고도 불렸

다.

⑤ 조선왕조실록 편찬 → 춘추관
　춘추관에서는 왕의 사후 사초와 시정기를 바탕으로 조선왕조실록을 편찬하였다.

23 대동법의 시행

암기박사 대동법 시행 ⇒ 공인 등장　　**정답 ⑤**

정답 해설

방납의 폐단을 줄이기 위해 김육이 충청도에서 먼저 시험할 것을 건의한 것은 대동법이다. 대동법의 시행으로 조선 후기에는 관청에 물품을 조달하는 공인이 등장하였다.

오답 해설

① 전지와 시지 차등 지급 → 전시과
　고려 경종 때 관리에게 등급에 따라 전지와 시지를 차등 지급하는 전시과 제도를 시행하였다.

② 선무군관포 징수 → 균역법
　조선 영조 때 균역법의 실시로 재정이 감소되자 부족한 재정의 보충을 위해 일부 상류층에게 선무군관포를 징수하였다.

③ 현직 관리에게만 지급 → 직전법
　조선 세조 때 과전이 부족해지자 현직 관리에게만 수조지를 지급하는 직전법을 실시하였다.

④ 전세 부담액 고정 → 영정법
　조선 인조 때 영정법을 실시하여 풍흉에 관계없이 토지 1결당 미곡 4~6두로 전세 부담액을 고정하였다.

24 성호 이익

암기박사 성호사설 : 여섯 가지 좀 제시 ⇒ 성호 이익　　**정답 ④**

정답 해설

곽우록에서 영업전을 설정하고 그 매매를 금지하는 한전론을 제시한 인물은 성호 이익이다. 이익은 성호사설에서 양반 제도, 노비 제도, 과거 제도, 기교(사치와 미신), 승려, 게으름을 나라를 망치는 여섯 가지 좀으로 제시하였다.

오답 해설

① 의산문답 : 무한 우주론 주장 → 홍대용
　홍대용은 의산문답을 통해 지전설과 무한 우주론을 주장하며 중국 중심의 세계관을 비판하였다.

② 북학의 : 절약보다 적절한 소비 권장 → 박제가
　박제가는 북학의에서 재물을 우물에 비유하여 절약보다 적절한 소비를 권장하였다.

③ 열하일기 : 수레와 선박 필요성 서술 → 박지원
　조선 후기의 실학자 연암 박지원은 연행사를 따라 청에 다녀온 후 열하일기에서 수레와 선박의 필요성을 서술하였다

⑤ 우서 : 사농공상의 직업적 평등 주장 → 유수원
　유수원은 우서에서 사농공상의 직업적 평등과 전문화를 주장하였고, 중국과 우리 문물을 비교하면서 정치 · 경제 · 사회 전반의 개

혁을 제시하였다.

핵심노트 ▶ 성호 이익(1681~1763)의 업적
- 학파 형성 : 유형원의 실학사상 계승, 성호학파 형성
- 저술 : 성호사설, 곽우록, 붕당론
- 한전론 : 균전론 비판, 토지 매매의 하한선을 정함
- 6좀 폐지론 : 양반 제도, 노비 제도, 과거 제도, 기교(사치와 미신), 승려, 게으름
- 농촌 경제의 안정책 : 고리대와 화폐 사용의 폐단 지적, 환곡 대신 사창제 실시 주장 〈조선 시대 각 지방 군현의 촌락에 설치된 곡물 대여 기관〉

25 조선 영조의 업적

암기박사 속대전 편찬 ⇒ 조선 영조   정답 ②

정답 해설

준천사를 설치하여 장마철 범람에 대비하고 신문고를 재설치하여 백성의 억울함을 듣고자 했던 조선의 왕은 영조이다. 영조는 경국대전 시행 이후에 공포된 법령 중에서 시행할 만한 법령을 추려 통치 규범을 재정비한 속대전을 편찬하였다.

오답 해설

① 나선 정벌 → 조선 효종
조선 효종 때 러시아의 남하로 청과 러시아 간 국경 충돌이 발생하자, 청의 요청으로 두 차례에 걸쳐 나선 정벌에 조총 부대를 파견하였다.

③ 백두산정계비 건립 → 조선 숙종
조선 숙종 때 청의 요구로 조선과 청의 경계를 정한 백두산정계비를 세워, 동쪽으로 토문강과 서쪽으로 압록강을 경계로 삼았다.

④ 초계문신제 시행 → 조선 정조
조선 정조는 초계문신제를 시행하여 젊은 문신들을 재교육하고 시험을 통해 승진시켰다.

⑤ 총융청과 수어청 창설 → 조선 인조
조선 인조는 이괄의 난을 진압한 후 한성 방어를 위해 총융청과 수어청을 창설하였다.

26 조선 후기의 사회 모습

암기박사 주자소 : 계미자 주조 ⇒ 조선 전기   정답 ③

정답 해설

조선 후기 순조 때 사학(邪學)에 대한 단속이 강화되어 이승훈과 정약종 등 천주교인들에 대한 신유박해가 단행되었다. 한편, 활자 주조를 담당하던 관청인 주자소에서 금속 활자인 계미자가 주조된 것은 조선 전기 태종 때의 일이다.

오답 해설

① 상평통보 유통 → 조선 후기
조선 후기에는 상평통보가 전국적인 화폐로 유통되어 객주가 상평통보로 물건을 거래하였다.

② 송상 : 인삼 무역 → 조선 후기
조선 후기에는 상업의 발달로 사상(私商)이 등장하였고, 송상이 청과의 인삼 무역으로 부를 축적하였다.

④ 상품 작물 : 고추, 담배 → 조선 후기
조선 후기에는 고추, 담배 등 시장에서 매매하기 위한 상품 작물의 재배가 활발해졌다.

⑤ 전기수 → 조선 후기
조선 후기에는 책 읽는 솜씨가 뛰어난 전기수가 저잣거리에서 홍길동전 등의 한글 소설을 읽어주었다.

27 혜원 신윤복

암기박사 월하정인 ⇒ 혜원 신윤복   정답 ③

정답 해설

연소답청은 조선 후기의 대표적인 풍속 화가인 혜원 신윤복이 그린 그림이다. 월하정인 또한 신윤복이 그린 작품으로, 늦은 밤 인적이 드문 뒷골목에서 남녀 간의 연애를 소재로 한 그림이다.

오답 해설

① 파적도 → 김득신 〈궁정화가〉
파적도는 조선 후기의 관인 화가 김득신이 그린 풍속화로, 병아리를 물고 달아나는 고양이를 쫓는 농촌 부부의 모습을 재미있게 묘사하고 있다.

② 초례 → 김준근
초례는 신부와 신랑이 초례하는 모습을 그린 풍속화로, 19세기 말 개항장에서 서양인들에게 풍속화를 그려주기로 유명했던 기산 김준근의 작품이다.

④ 타작도 → 김홍도
타작도 단원 김홍도의 작품으로, 곡식의 이삭을 떨어 알곡을 거두는 마당에 여념이 없는 일꾼들의 모습을 소탈하고 익살스러운 필치로 표현하였다.

⑤ 고사관수도 → 강희안
고사관수도는 조선 전기의 사대부 화가 인재 강희안의 작품으로, 깎아지른 듯한 절벽을 배경으로 바위 위에 양팔을 모아 턱을 괸 채 수면을 바라보는 선비의 모습을 묘사하였다.

28 지부복궐척화의소

암기박사 신미양요 ⇒ 지부복궐척화의소 ⇒ 갑신정변   정답 ②

정답 해설

- 신미양요(1871) : 미국이 제너럴셔먼호 사건을 구실로 강화도를 공격하여 신미양요가 발발하자 어재연 부대가 광성보에서 항전하였다.
- (나) 지부복궐척화의소(1876) : 최익현은 지부복궐척화의소를 올려 왜양일체론을 주장하며 일본과의 강화도 조약에 반대하였다.
- 갑신정변(1884) : 김옥균을 중심으로 한 급진개화파가 우정총국 개국 축하연을 이용해 사대당 요인을 살해하고 개화당 정부를 수립하였으나, 청의 무력 개입으로 3일 만에 실패로 끝났다.

한국사 능력검정시험 3개년 기출문제

29 경복궁 중건 시기의 사실

암기박사 경복궁 중건(1865~1868) ⇒ 병인양요(1866)

정답 ⑤

정답 해설

흥선 대원군은 왕실의 위엄을 높이고 국가 위신의 제고를 위해 경복궁을 중건하였다. 이 시기에 병인양요가 발발하자 한성근 부대가 프랑스 군대에 맞서 강화도 문수산성에서 항전하였다.

오답 해설

① 청일 전쟁 발발(1894) → 경복궁 중건 이후
  동학 농민 운동이 발발하여 청과 일본이 톈진 조약에 따라 군대를 파병하였고, 전주화약 후 철수를 거부한 일본군이 청의 군대를 공격하여 청·일 전쟁이 발발하였다.
② 삼정이정청 설치(1862) → 경복궁 중건 이전
  임술 농민 봉기가 발발하자 삼정의 폐단을 시정하기 위해 안핵사 박규수의 건의로 삼정이정청이 설치되었다.
③ 거문도 사건(1885) → 경복궁 중건 이후
  갑신정변 이후 조·러 수호 통상 조약이 체결되자 영국군이 러시아를 견제하기 위해 거문도를 불법으로 점령하였다.
④ 수신사 : 김기수 파견(1876) → 경복궁 중건 이후
  일본과의 강화도 조약 이후 김기수가 수신사로 일본에 파견되어 메이지 유신 이후 발전된 일본의 문물을 시찰하였다.

30 조·청 상민 수륙 무역 장정

암기박사 임오군란 ⇒ 조·청 상민 수륙 무역 장정

정답 ①

정답 해설

조·청 상민 수륙 무역 장정의 체결로 청 상인이 양화진과 한성에 점포를 열 수 있게 되었고, 이로 인해 조선의 상권을 둘러싸고 청과 일본 상인의 경쟁이 치열해졌다. 임오군란을 계기로 조선과 청이 양국 상인의 통상에 대해 맺은 조·청 상민 수륙 무역 장정이 체결되었다.

오답 해설

② 거중조정 → 조·미 수호 통상 조약
  조·미 수호 통상 조약은 청의 알선으로 서양 국가와 맺은 최초의 조약으로, 거중조정, 치외법권, 최혜국 대우 조항 등이 포함된 불평등 조약이었다. ← 상호 안전 보장
③ 방곡령 시행 규정 → 조·일 통상 장정
  조·일 통상 장정에는 천재·변란 등에 의한 식량부족의 우려가 있을 때 1개월 전에 사전 통보로 방곡령을 선포할 수 있는 조건이 명시되어 있다. ← 곡물 반출 금지령
④ 부산항, 원산항 개항 → 강화도 조약
  일본과 맺은 최초의 근대적 조약이자 불평등 조약인 강화도 조약의 체결로 부산항, 원산항 및 인천항이 개항되었다.
⑤ 재정 고문 임명 → 제1차 한·일 협약
  러·일 전쟁의 전세가 유리해진 일본이 제1차 한·일 협약을 체결한 후 메가타를 재정 고문으로 임명하였다.

핵심노트 ▶ 임오군란으로 인한 조약 체결

- 제물포 조약(1882. 7) : 일본과 제물포 조약을 체결하여 배상금을 지불하고 군란 주동자의 처벌을 약속, 일본 공사관의 경비병 주둔을 인정 → 일본군의 주둔 허용
- 조·청 상민 수륙 무역 장정(1882. 8) : 청의 속국 인정, 치외법권, 서울과 양화진 개방, 내지 통상권, 연안 무역·어업권, 청 군함 항행권 등 → 청 상인의 통상 특권이 넓게 허용되어 조선 상인들의 피해 증가

31 동학 농민 운동

암기박사 집강소 : 폐정 개혁안 ⇒ 동학 농민 운동

정답 ③

정답 해설

전봉준 등이 고부 군수 조병갑의 횡포에 맞서 사발통문을 돌리면서 시작된 고부 농민 봉기는 동학 농민 운동의 단초가 되었다. 동학 농민 운동 당시 청·일군의 개입으로 전주 화약이 성립하자 농민군은 전라도 일대의 집강소를 중심으로 폐정 개혁안을 실천하였다.

오답 해설

① 일본의 황무지 개간권 요구 저지 → 보안회
  보안회는 일본의 황무지 개간권 요구에 대한 지속적인 반대 운동을 벌여 일본의 황무지 개간권 요구를 저지하였다.
② 동학 농민 운동 → 조선 총독부의 탄압(X)
  동학 농민 운동은 1894년에 발발했고 조선 총독부는 1910년에 설립되었으므로, 동학 농민 운동이 조선 총독부의 방해와 탄압으로 중단된 것은 아니다.
④ 정미의병 → 남한 대토벌 작전
  정미의병을 계기로 일본은 전라남도와 그 외곽 지대의 반일 의병 전쟁에 대한 초토화 작전으로 이른바 남한 대토벌 작전을 전개하였다.
⑤ 임술 농민 봉기 → 안핵사 박규수 파견
  삼정의 문란과 백낙신의 탐학으로 임술 농민 봉기가 발발하자 사태 수습을 위해 박규수가 안핵사로 파견되었다.

32 독립협회의 활동

암기박사 관민 공동회 : 헌의 6조 결의 ⇒ 독립협회

정답 ④

정답 해설

독립관에서 토론의 장을 연 것은 독립협회이다. 서재필을 중심으로 창립된 독립협회는 관민 공동회를 개최하여 헌의 6조를 결의하였다.

오답 해설

① 고종 강제 퇴위 반대 운동 → 대한 자강회 ← 정미7조약
  일제가 고종을 강제 퇴위시키고 순종을 즉위시킨 후 한·일 신협약을 체결하자 대한 자강회는 고종의 강제 퇴위 반대 운동을 주도하였다.
② 만세보 발행 → 천도교
  천도교의 후원을 받은 오세창이 만세보를 발행하여 신지식 개발과 신문화 보급 운동 등으로 민족의식을 고취하였다.

206

③ 파리 강화 회의 : 독립 청원서 제출 → 신한 청년당
상하이에서 결성된 신한 청년당은 파리 강화 회의에 김규식을 대표로 파견하여 독립 청원서를 제출하였다.
⑤ 태극 서관 운영 → 신민회
신민회는 계몽 서적을 보급하기 위해 태극 서관을 운영하였다.

33 광무개혁

정답 ④

암기박사 지계 발급 ⇒ 광무개혁

정답 해설

고종이 황제로 즉위한 후 구본신참을 바탕으로 추진한 개혁은 광무개혁이다. 대한 제국은 광무개혁 때 지계아문을 설치하고 토지 소유권을 확인해 주는 지계를 발급하였다.
(옛것을 근본으로 새로운 것을 창작한다)
(근대적 토지증서)

오답 해설

① 군국기무처 설치 → 제1차 갑오개혁
제1차 갑오개혁 때 근대적 개혁 추진을 위해 초정부적 정책 의결 기구인 군국기무처가 설치되었다.
② 행정 기구 : 8아문 개편 → 제1차 갑오개혁
제1차 갑오개혁 때 왕실과 정부의 사무를 분리하고 행정 기구를 6조에서 8아문으로 개편하였다.
③ 기기창 설립 → 개화 정책
조선 고종 때 개화 정책의 일환으로 청에 영선사가 파견되어 무기 제조법과 근대식 군사 훈련법을 배우고 돌아와 근대식 무기 제조 공장인 기기창이 설립되었다.
⑤ 홍범 14조 반포 → 제2차 갑오개혁
고종은 제2차 갑오개혁 때 종묘에 나가 독립 서고문을 바치고, 개혁의 기본 방향을 제시한 홍범 14조를 반포하였다.

34 개항 이후 도입된 근대 문물

정답 ③

암기박사 최초의 서양식 병원 ⇒ 광혜원
우리나라 최초의 전차 개통 ⇒ 한성 전기 회사

정답 해설
(후에 제중원으로 개칭)
ㄴ. 미국인 선교사 알렌(Allen)의 건의로 최초의 서양식 병원인 광혜원이 설립되었다.
ㄷ. 한성 전기 회사에 의해 서대문과 청량리 사이에 우리나라 최초의 전차가 개통되었다.

오답 해설

ㄱ. 교육 입국 조서 → 한성 사범 학교
제2차 갑오개혁 때 교육의 기본 방향을 제시한 교육 입국 조서가 반포되고 교원 양성을 위한 한성 사범 학교가 설립되었다.
ㄹ. 나운규 : 영화 아리랑 → 단성사
나운규가 감독한 영화 아리랑이 단성사에서 처음 상영되어 한국 영화를 획기적으로 도약시키는 계기가 되었다.

35 을사늑약 이후의 사건

정답 ⑤

암기박사 을사늑약(1905) ⇒ 헤이그 특사 파견(1907)

정답 해설

일제가 대한 제국의 외교권을 강탈하고 통감부를 설치한 것은 을사늑약 때의 일이다. 고종은 을사늑약의 무효를 선언하고 헤이그 만국 평화 회의에 이준, 이상설, 이위종 등의 특사를 파견해 일제 침략의 부당성을 호소하였다.

오답 해설

① 김홍집 : 조선 책략 반입(1880) → 을사늑약 이전
제2차 수신사 김홍집이 일본에 갔다가 귀국할 때 황준헌이 저술한 조선책략을 가지고 들어와 국내에 소개하였다.
② 김옥균 : 개화당 정부 수립(1884) → 을사늑약 이전
김옥균 등의 급진개화파가 우정총국 개국 축하연을 이용하여 사대당 요인을 살해하고 개화당 정부를 수립하는 갑신정변을 일으켰다.
③ 김윤식 : 영선사 파견(1881) → 을사늑약 이전
김윤식을 단장으로 한 영선사가 청에 파견되어 무기 제조법과 근대식 군사 훈련법을 배우고 돌아온 후 서울에 최초의 근대식 무기 제조 공장인 기기창을 설립하였다.
④ 유길준 : 조선 중립화론(1885) → 을사늑약 이전
영국이 러시아의 남하를 견제하기 위해 거문도를 불법으로 점령하자 유길준이 조선을 영세 중립국으로 보장하는 조선 중립화론을 건의하였다.

36 무단 통치기의 사회 모습

정답 ②

암기박사 제복을 입고 칼을 차고 수업 ⇒ 무단 통치기

정답 해설

헌병 경찰이 재판 없이 조선인에게만 태형을 가할 수 있는 조선 태형령이 시행된 시기는 1910년대의 무단 통치기이다. 무단 통치기에 교원이 제복을 입고 칼을 차고 수업을 하며 위압적인 분위기를 조성하였다.

오답 해설

① 암태도 소작 쟁의(1923) → 문화 통치기
문화 통치기 때 전남 신안군 암태도에서 지주 문재철의 횡포에 맞서 농민들이 소작료 인상률 저지를 위한 소작 쟁의가 전개되었다.
③ 잡지 어린이 창간(1923) → 문화 통치기
문화 통치기 때 천도교 소년회는 어린이날을 제정하고 잡지 어린이를 창간하는 등 소년 운동을 전개하였다.
④ 토월회 발족(1923) → 문화 통치기
문화 통치기 때 박승희, 김기진이 중심이 되어 토월회가 발족되면서 신극 운동이 일어났다.
⑤ 경성 고무 여자 직공 조합의 파업(1923) → 문화 통치기
문화 통치기 때 경성 고무 여자 직공 조합이 아사(餓死) 동맹을 결성하고 최초의 여성 노동자 연대 파업을 전개하였다.

207

37 제2차 조선교육령 발표 이후의 사실

정답 ⑤

암기박사 제2차 조선교육령 발표(1922) ⇒ 조선 민립 대학 기성회 창립(1923)

정답 해설

보통학교의 수업 연한을 소학교와 동일하게 6년으로 정한 것은 제2차 조선교육령 발표 때의 일이다. 이후 조선 교육회가 우리 손으로 대학을 설립하고자 조선 민립 대학 기성회를 창립하고 모금 활동을 전개하였다.

오답 해설

① 해조신문 창간(1908) → 제2차 조선교육령 발표 이전
해조신문은 해외에서 발행된 한인 최초의 한글 신문으로, 최봉준이 국권 회복을 위해 연해주에서 창간하였다.

② 송죽회 결성(1913) → 제2차 조선교육령 발표 이전
송죽회는 평양의 숭의 여학교에서 결성된 비밀 여성 독립 운동 단체로 독립군의 자금 지원, 망명지사의 가족 돕기, 독립을 위한 회원들의 실력 양성을 목적으로 하였다.

③ 화폐 정리 사업(1905) → 제2차 조선교육령 발표 이전
재정 고문 메가타의 주도로 조선의 상평통보나 구(舊) 백동화를 일본 제일 은행에서 만든 새 화폐로 교환하는 화폐 정리 사업이 실시되었다.

④ 회사령 공포(1910) → 제2차 조선교육령 발표 이전
일제는 무단 통치기에 회사 설립 시 총독의 허가를 받도록 하는 회사령을 공포하여 민족 기업의 설립을 방해하였다.

핵심노트 ▶ 일제의 조선 교육령

- 제1차(1911) : 무단정치에 적합한 충량한 국민을 양성하기 위한 교육
- 제2차(1922) : 한국인과 일본인의 공학 원칙, 동등 교육 및 교육상의 차별 철폐라는 명목상의 정책
- 제3차(1938) : 민족 말살 정책에 따른 내선일체·황국 신민화 강조
- 제4차(1943) : 전시 체제에 따른 황국 신민화 교육 강화

38 의열단의 독립 활동

정답 ④

암기박사 활동 지침 : 조선 혁명 선언 ⇒ 의열단

정답 해설

김원봉이 1919년 지린성에서 일제 식민 통치 기관 파괴와 요인 처단 등을 목표로 조직한 단체는 의열단이다. 의열단은 무장 투쟁과 민중의 직접 혁명을 주장한 신채호의 조선 혁명 선언을 통해 이념과 활동 방침을 밝혔다.

오답 해설

① 신흥 강습소 설립 → 신민회
신민회는 서간도 삼원보에 신흥 강습소를 세워 독립군을 양성하였고, 이후 신흥 무관 학교로 발전하였다.

② 구미 위원부 설치 → 대한민국 임시 정부
대한민국 임시 정부는 국제 연맹과 워싱턴 회의에 우리 민족의 독립 열망을 전달하는 외교 활동을 펼치기 위해 미국에 구미 위원부를 설치하였다.

③ 이봉창 의거 → 한인 애국단
한인 애국단 소속의 이봉창이 도쿄에서 일왕이 탄 마차를 향해 폭탄을 투척하였다.

⑤ 국권 반환 요구서 제출 시도 → 독립 의군부
고종의 밀지를 받아 독립 의군부를 조직한 임병찬은 조선 총독부에 국권 반환 요구서를 제출하고자 하였다.

39 물산 장려 운동

정답 ③

암기박사 자작회, 토산 애용 부인회 ⇒ 물산 장려 운동

정답 해설

평양에서 조만식 등의 주도로 시작된 운동은 '내 살림 내 것으로' 등의 구호를 내세운 물산 장려 운동이다. 물산 장려 운동을 추진하기 위해 조선 물산 장려회 외에 자작회, 토산 애용 부인회 등의 단체가 활동하였다.

오답 해설

① 대한매일신보 후원 → 국채 보상 운동
정부의 외채를 국민의 힘으로 상환하여 국권을 회복하자는 국채 보상 운동은 대한매일신보의 후원을 받아 전국으로 확산되었다.

② 순종의 인산일 → 6·10 만세 운동
대한 제국의 마지막 황제인 순종의 인산일을 기회로 삼아 6·10 만세 운동이 일어나 격문 살포와 시위 운동이 전개되었다.

④ 신간회 : 진상 조사단 파견 → 광주 학생 항일 운동
광주에서 발생한 한·일 학생 간의 충돌을 일본 경찰이 편파적으로 처리하여 광주 학생 항일 운동이 발생하자 신간회에서 진상 조사단을 파견하여 지원하였다.

⑤ 강주룡 → 을밀대 고공 농성
노동자 강주룡이 평양 을밀대 지붕에서 임금 삭감에 저항하며 고공 농성을 벌였다.

40 근우회의 활동

정답 ③

암기박사 좌우를 아우르는 민족 협동 전선으로 결성 ⇒ 근우회

정답 해설

1927년에 결성된 여성 운동 단체는 근우회로, 조선 여성의 공고한 단결과 정치·경제·사회 등 전반적인 이익 옹호를 목표로 하였다. 근우회는 신간회의 자매 단체로 좌우를 아우르는 민족 협동 전선으로 결성되었다.

오답 해설

① 개벽, 신여성 등의 잡지 발행 → 천도교
천도교에서는 개벽, 신여성 등의 잡지를 발행하여 민중의 자각과 근대 문물의 보급에 기여하였다.

② 이화 학당 설립 → 스크랜턴 부인
미국의 개신교 선교사 스크랜턴 부인은 여성 교육을 위해 이화 학당을 설립하였다.

④ 조선학 운동 : 여유당전서 간행 → 정인보, 안재홍
　정인보, 안재홍 등은 다산 정약용의 서거 99주년을 기념하여 여유당전서를 간행하고 조선학 운동을 전개하였다.
⑤ 여권통문 발표 → 서울 북촌 양반 여성들
　서울 북촌의 양반 여성들이 주축이 되어 최초의 여성 권리 선언문인 여권통문을 발표하였다.

핵심노트 ▶ 근우회의 행동 강령

- 여성에 대한 사회적·법률적 일체 차별 철폐
- 일체 봉건적인 인습과 미신 타파
- 조혼 방지 및 결혼의 자유
- 인신 매매 및 공창 폐지
- 농촌 부인의 경제적 이익 옹호
- 부인 노동의 임금 차별 철폐 및 산전·산후 임금 지불
- 부인 및 소년공의 위험 노동 및 야업 폐지

41 대한민국 임시 정부의 활동

암기박사 경학사 : 한인 자치 기관 ⇒ 신민회　　**정답** ①

정답 해설
지청천을 총사령관으로 하는 한국 광복군을 창설한 것은 충칭의 대한민국 임시 정부이다. 한편, 서간도의 삼원보에 한인 자치 기관인 경학사를 조직한 것은 신민회이다.

오답 해설
② 독립 공채 발행 → 대한민국 임시 정부
　대한민국 임시 정부는 독립운동 자금 마련을 위해 국외 거주 동포들에게 독립 공채를 발행하였다.
③ 건국 강령 : 삼균주의 → 대한민국 임시 정부
　충칭의 대한민국 임시 정부는 조소앙의 삼균주의를 기초로 하는 건국 강령을 발표하였다. ←정치, 경제, 교육의 균등
④ 육군 주만 참의부 편성 → 대한민국 임시 정부
　독립군의 무장 투쟁을 위해 대한민국 임시 정부는 직할 부대로 육군 주만 참의부를 편성하여 무장 투쟁을 펼쳤다.
⑤ 한·일 관계 사료집 간행 → 대한민국 임시 정부
　대한민국 임시 정부는 임시 사료 편찬 위원회를 두어 한·일 관계 사료집을 간행하였다.

42 민족 말살 통치기의 일제 정책

암기박사 여자 정신 근로령(1944) ⇒ 민족 말살 통치기　　**정답** ④

정답 해설
일제가 중·일 전쟁으로 침략을 확대하고 황국 신민 서사의 암송을 강요하던 시기는 민족 말살 통치기이다. 이 시기에 일제는 여자 정신 근로령을 공포하고 일본군 위안부 등으로 한국인 여성을 강제 동원하였다.

오답 해설
① 미쓰야 협정(1925) → 문화 통치기
　만주에서 활동하는 독립군 색출을 위해 조선 총독부 경무국장 미쓰야와 만주 군벌 장쭤린 사이에 미쓰야 협정이 체결되었다.
② 치안 유지법 제정(1925) → 문화 통치기
　일제는 문화 통치기에 사회주의자를 탄압하기 위한 치안 유지법을 제정하였으나, 사실상 독립 운동 단체에 대한 전반적 탄압을 자행하였다.
③ 조선사 편수회 조직(1925) → 문화 통치기
　일제는 한국사의 자율성·독창성을 부인하고 식민 통치를 합리화하기 위해 식민 사학 기관인 조선사편수회를 설립하여 조선사를 편찬하였다.
⑤ 동양 척식 주식회사 설립(1908) → 무단 통치기
　일제가 대한 제국의 토지와 자원 등 경제적 침탈을 목적으로 동양 척식 주식회사를 설립하였다.

43 일제 강점기의 사회상

암기박사 새마을 운동(1970) ⇒ 박정희 정부　　**정답** ④

정답 해설
근대적 백화점, 끽다점, 문화 주택 등은 모두 일제 강점기(1910~1945) 때의 사회상을 보여주는 소재들이다. 한편, 농촌의 생활 환경 개선을 목표로 내세운 새마을 운동이 전개된 것은 박정희 정부 때인 1970년대이다.

오답 해설
① 몸뻬 착용 강요 → 일제 강점기
　일제 강점기 때 중일 전쟁의 전시 통제 체제 속에서 여성의 노동력 착취를 위해 여성용 작업복인 몸뻬의 착용을 강요하였다.
② 라디오 방송국 개국 → 일제 강점기
　일제 강점기 때 우리나라 최초의 라디오 방송국인 경성 방송국이 일본인에 의해 서울 정동에 세워졌으며 우리말 방송을 검열하여 송출하였다.
③ 경평 축구 대회 → 일제 강점기
　일제 강점기 때 경성과 평양의 축구단이 벌인 축구 친선 경기로, 1929년부터 경기 장소를 번갈아서 개최하였으나 1946년 경기를 마지막으로 중단되었다.
⑤ 모던 걸, 신여성 등장 → 일제 강점기
　일제 강점기인 1920년대부터 식민지 조선에서 자본주의 문화와 생활양식이 확산되고, 서울의 도시화가 진행되면서 서구화된 의복과 머리 스타일을 한 신여성이 등장하였다.

44 조선 건국 준비 위원회

암기박사 조선 건국 준비 위원회(1945) ⇒ 조선 인민 공화국 수립 선포 후 해산　　**정답** ⑤

정답 해설
대한민국의 건국 작업을 진행하기 위해 몽양 여운형을 수반으로 하는 조선 건국 준비 위원회가 조직되었으나, 본격적인 건국 작업에 착

수하면서 좌·우익이 분열되어 조선 인민 공화국 수립이 선포된 후 해산하였다.

오답 해설

① 신한공사 설립(1946) → 광복 이후
미 군정기에 일제의 귀속 재산 처리를 위해 신한 공사가 설립되어 동양 척식 주식회사가 소유했던 재산 및 군정청 소유의 모든 토지를 관리하였다.

② 좌우 합작 7원칙 발표(1946) → 광복 이후
이승만의 정읍 발언 후 우익 측을 대표한 김규식과 좌익 측을 대표한 여운형이 좌우 합작 위원회를 조직하고 좌우 합작 7원칙을 제시하였다.

③ 한인 국방 경위대 창설(1942) → 광복 이전
한인국방경위대는 로스앤젤레스에서 재미한족연합위원회 주도로 창설된 미주 한인 군사조직으로, 미군 지원과 대일전에 대비한 활동을 전개했다.

④ 남북 협상(1948) → 광복 이후
김구, 김규식 등이 단독 정부 수립 반대와 통일 정부 구성을 위해 평양에서 개최된 남북 협상에 참석한 후 남북 협상 공동 성명서를 발표하였다.

핵심노트 ▶ 조선 건국 준비 위원회(1945. 8. 15)

- 여운형(위원장)·안재홍(부위원장), 좌우인사 포함 → 해방 후 최초의 통일전선 성격의 정치 단체
- 건국 강령 : 완전한 독립국가 건설과 민주주의 정권 수립
- 활동 : 건국 치안대 조직, 식량 대책 위원회 설치, 지방지부 조직 확장 → 전국 145개 지부 결성
- 본격적인 건국 작업에 착수하면서 좌·우익이 분열 → 안재홍 등 우파(이 사퇴) 후 좌파 세력 이 우세
- 조선 인민 공화국 선포 후 해산(1945. 9)

45 제주 4·3 사건

암기박사 진상 규명과 희생자 명예 회복을 위한 특별법 제정 ⇒ 제주 4·3 사건

정답 ⑤

정답 해설

제주에서 남한만의 단독 선거에 반대하는 세력을 진압한다는 명분으로 토벌대에 의해 수많은 주민들이 희생당한 것은 제주 4·3 사건 때의 일이다. 2000년에 제주 4·3 사건 진상 규명과 희생자 명예 회복을 위한 특별법이 제정되었다.

오답 해설

① 향토 예비군 창설 → 북한 무장공비 침투사건
박정희 정부 때 북한의 무장공비 침투사건과 미국의 푸에블로호 피랍 사건이 계기가 되어 향토 예비군이 창설되었다.

② 조봉암 처형 → 진보당 사건
이승만 정부 때 조봉암을 중심으로 진보당이 창당되었으나 평화통일론을 주장한 조봉암을 간첩 혐의로 처형하였다.

③ 유엔군 파병 → 6·25 전쟁
6·25전쟁 발발 직후 유엔 안전보장이사회의 결의에 따라 16개국 이상의 유엔군이 군사·의료 등 다양한 형태로 한반도에 파병되었다.

④ 허정 과도 정부 출범 → 4·19 혁명
4·19 혁명으로 이승만 대통령이 하야한 후 혼란 수습을 위해 허정을 수반으로 하는 과도 정부가 출범하였다.

46 내포 지역의 문화유산

암기박사 사단칠정 논쟁 ⇒ 이황 vs 기대승

정답 ⑤

정답 해설

내포 지역은 충청남도의 서부 또는 서북부 지역을 가리키며, (마)의 추사 고택에서 '추사'는 조선 후기 서화가인 김정희의 호이다. 한편, 이황과 사단칠정 논쟁을 한 인물은 기대승이다.

오답 해설

① 오페르트 도굴 사건 → 남연군 묘
조선 고종 때 독일 상인 오페르트가 통상을 거부당하자 충청남도 덕산에 있는 남연군 묘 도굴을 시도하였다. → 흥선 대원군의 아버지

② 홍커우 공원에서 폭탄 투척 → 윤봉길
한인 애국단 소속의 윤봉길 의사가 상하이 홍커우 공원에서 의거를 일으켰다.

③ 예산 수덕사 대웅전 → 고려 주심포 양식의 건물
예산 수덕사의 대웅전은 고려 시대 주심포 양식의 건물로, 모란이나 들국화를 그린 벽화가 유명하다.

④ 임존성 → 백제 부흥 운동
흑치상지가 임존성에서 군사를 일으켜 소정방이 이끄는 당군을 격퇴하고 백제 부흥 운동을 전개하였다.

47 우리나라 헌법 개정의 역사

암기박사 사사오입 개헌(2차) ⇒ 유신 헌법(7차) ⇒ 현행 헌법(9차)

정답 ①

정답 해설

(가) 제2차 사사오입 개헌(1954) : 자유당의 이승만 정부가 권력을 계속 장악하기 위해 초대 대통령에 한해 중임 제한 규정을 철폐하는 개헌안을 제출하였으나, 1표 부족으로 부결되자 사사오입의 논리로 개헌안을 불법 통과시켰다.

(나) 제7차 유신 헌법(1972) : 박정희 정부 때 제7차 개헌인 유신 헌법에 따라 통일 주체 국민 회의가 설치되고 대통령에게 국회 해산권이 부여되는 등 권한이 극대화 되었다.

(다) 제9차 현행 헌법(1987) : 노태우의 6·29 민주화 선언에 따라 5년 단임의 대통령 직선제 개헌이 이루어졌다.

48 박정희 정부 시기의 사회 모습

암기박사 서울 지하철 1호선 개통(1974) ⇒ 박정희 정부

정답 ①

정답 해설

개발 제한 구역을 최초로 설정하고 경부 고속 국도를 준공한 것은 박정희 정부 때의 일이다. 박정희 정부 때에 서울역에서 청량리에 이르

는 서울 지하철 1호선이 개통되었다.

오답 해설

② 반민족 행위 처벌법 제정 → 이승만 정부
제헌 국회에서 일제의 잔재를 청산하기 위해 반민족 행위 처벌법이 제정되었으나, 반공을 우선시하던 이승만 정부의 방해로 무산되었다.

③ 한·중 자유 무역 협정 체결 → 박근혜 정부
박근혜 정부 때에 한국과 중국이 상호 무역 증진을 위해 한·중 자유 무역 협정(FTA)을 체결하였다.

④ 금융 실명제 실시 → 김영삼 정부
김영삼 정부 때에 금융 거래의 투명성을 확보하고자 대통령의 긴급 명령으로 금융 실명제를 실시하였다.

⑤ 금 모으기 운동 → 김대중 정부
김대중 정부 때에 IMF의 외환 위기 극복을 위한 금 모으기 운동이 전개되었다.

49 노태우 정부의 통일 노력

암기박사 남북한 유엔 동시 가입 ⇒ 노태우 정부

정답 ②

정답 해설

하계 올림픽인 88 서울 올림픽이 개최되고 냉전 체제가 붕괴되면서 사회주의 국가인 헝가리 등과 수교를 한 것은 노태우 정부 때의 일이다. 노태우 정부 때에 제46차 UN 총회에서 개별 회원국으로 남북한이 유엔에 동시 가입하였다.

오답 해설

① 남북 조절 위원회 구성 → 박정희 정부
박정희 정부 때에 7·4 남북 공동 성명을 실천하기 위한 남북 조절 위원회가 구성되어 통일 방안이 논의되었다.

③ 금강산 해로 관광 사업 → 김대중 정부
김대중 정부 때에 평양에서 최초로 남북 정상회담이 개최되었고, 남북 교류 협력이 확대되면서 금강산 해로 관광 사업이 시작되었다.

④ 남북 경제 협력 협의 사무소 설치 → 노무현 정부
노무현 정부 때에 민간 기업들의 대북 사업을 지원하기 위해 개성에 남북 경제 협력 협의 사무소가 설치되었다.

⑤ 최초의 남북 이산가족 고향 방문 → 전두환 정부
전두환 정부 때에 남북 이산가족 고향 방문단의 교환 방문이 최초로 실현되어, 평양에서 이산가족 고향 방문과 예술 공연이 이루어졌다.

50 우리나라의 연호(年號)

암기박사 연호 : 광무 ⇒ 고종 / 연호 : 융희 ⇒ 순종

정답 ⑤

정답 해설

융희는 대한제국의 마지막 황제인 순종이 사용한 연호이다. 한편, 전제 군주제를 명문화한 대한국 국제를 반포한 것은 순종의 아버지인 고종 때이며, 연호는 광무이다.

오답 해설

① 연호 : 영락 → 고구려 광개토 대왕
고구려 광개토 대왕은 신라 내물왕의 요청을 받아 신라에 침입한 왜를 낙동강 유역에서 격퇴하였다.

② 연호 : 건원 → 신라 법흥왕
신라 법흥왕은 김해를 중심으로 한 금관가야를 복속하여 낙동강까지 영토를 확대하였다.

③ 연호 : 인안 → 발해 무왕
발해를 건국한 고왕(대조영)에 이어 왕위에 오른 무왕(대무예)은 장문휴를 보내 당의 등주(산둥반도)를 공격하였다.

④ 연호 : 광덕, 준풍 → 고려 광종
고려 광종은 노비안검법을 실시하여 양인이었다가 불법으로 노비가 된 자를 조사하여 해방시켜 줌으로써 호족의 경제적 기반을 약화시키고 왕권을 강화하였다.

2025년도 제75회 정답 및 해설

심화

01 청동기 시대의 생활 모습

암기박사 고인돌 축조 ⇒ 청동기 시대

정답 ④

정답 해설

부여 송국리 유적은 사유 재산과 계급이 발생한 청동기 시대의 대표적 유적지로, 송국리형 토기와 비파형 동검 등 청동기 시대의 유물들이 출토되었다. 청동기 시대에는 많은 인력을 동원하여 지배층의 무덤인 고인돌을 축조하였다.

오답 해설

① 뗀석기 : 주먹도끼, 찍개 → 구석기 시대
  구석기 시대에는 주먹도끼, 찍개 등의 뗀석기를 처음 제작하여 사냥을 하거나 어로, 채집 생활을 영위하였다.

② 깊이갈이 → 고려 시대
  고려 시대에는 소를 이용하여 이랑과 고랑의 높이 차이를 크게 하는 깊이갈이가 널리 보급되었다.

③ 동굴, 막집 거주 → 구석기 시대
  구석기 시대에는 주로 동굴이나 강가의 막집에서 거주하면서 도구를 사용하여 사냥을 하거나 어로, 채집 생활을 하였다.

⑤ 가락바퀴 이용 → 신석기 시대
  신석기 시대에는 가락바퀴를 이용하여 실을 뽑고 뼈바늘로 옷을 만들기 시작하였다.

02 고조선의 역사

암기박사 위만의 고조선 입국 ⇒ 위만의 왕위 찬탈 ⇒ 한 무제의 침략

정답 ①

정답 해설

- (가) 위만의 고조선 입국(BC 195) : 진·한 교체기 때 위만을 비롯한 많은 백성들이 전란을 피해 고조선의 준왕에게 망명해 왔고, 이때 위만은 준왕의 신임을 얻어 서쪽 변경의 수비를 맡은 후 세력을 확대하였다.
- 위만의 왕위 찬탈(BC 194) : 위만은 유이민 세력의 규합 및 세력 확대 그리고 고조선과 한(漢) 사이의 긴장 관계를 이용해 준왕을 몰아내고 왕위를 찬탈하였다.
- (나) 한 무제의 침략(BC 108) : 고조선의 세력이 강해지자 한나라 무제가 사신 섭하의 살해를 빌미로 군대를 보내 왕검성을 공격하였고, 우거왕은 한 무제가 파견한 군대와 맞서 싸웠다. → 위만 조선의 마지막 왕

오답 해설

② 이사부 : 우산국 복속(512) → (나) 이후
  신라 지증왕은 이사부를 보내 우산국(울릉도)을 복속시켰다.

③ 온조 : 백제 건국(BC 18) → (나) 이후
  고구려 주몽의 아들 온조가 남하하여 위례성을 도읍으로 정하고 백제를 건국하였다.

④ 관구검 : 환도성 함락(246) → (나) 이후
  고구려 동천왕 때 위(魏)의 유주자사 관구검이 이끄는 군대가 고구려의 환도성을 침략하여 함락하였다.

⑤ 미천왕 : 서안평 공격(242) → (나) 이후
  고구려 미천왕은 서안평을 공격하고 영토를 확장하여 고조선의 옛 땅을 회복하였다.

03 신라의 문화유산

암기박사 천마도 ⇒ 신라 문화유산

정답 ⑤

정답 해설

경주의 금관총 금관, 황남대총 금관 등은 모두 신라의 문화유산이다. 천마총에서 출토된 천마도는 마구에 그린 그림으로 신라의 힘찬 화풍을 보여주는 신라의 문화유산이다.

오답 해설

① 금동 대향로 → 백제 문화유산
  부여의 능산리 절터에서 발견된 금동 대향로는 백제의 문화유산으로, 백제의 금속 공예 기술이 중국을 능가할 정도로 매우 뛰어났음을 보여 주는 걸작품이다.

② 금동 연가 7년명 여래 입상 → 고구려 문화유산
  금동 연가 7년명 여래 입상은 두꺼운 의상과 긴 얼굴 모습에서 북조 양식을 따르고 있으나, 강인한 인상과 은은한 미소에는 고구려의 독창성이 보인다.

③ 철제 판갑옷 → 가야 문화유산
  철제 판갑옷은 대표적인 가야의 문화유산으로, 당시 가야가 철의 나라라고 할 정도로 철이 많이 생산되었음을 알 수 있다.

④ 발해 석등 → 발해의 문화유산
  발해의 수도였던 상경에서 발굴된 발해 석등은 8각의 기단 위에 볼록한 간석을 두고 연꽃을 조각하여 고구려의 영향을 받았으며, 발해 석조 미술의 대표로 꼽힌다.

04 대가야의 역사

암기박사 진흥왕 : 신라에 복속 ⇒ 고령 대가야

정답 ①

정답 해설

경상북도 고령군은 대가야의 중심지로 궁성지, 지산동 고분군, 방어성인 주산성 등의 대가야 문화유산이 보전되어 있다. 이진아시왕을 시조로 후기 가야 연맹을 주도한 대가야는 신라 진흥왕의 공격으로 신라에 복속되었다.

오답 해설

② 광평성 : 정치 기구 → 후고구려
  후고구려의 궁예는 국정을 총괄하는 광평성을 비롯한 각종 정치 기구를 마련하였다.

③ 화백 회의 : 국정 운영 → 신라
  신라는 만장일치제인 화백 회의를 통해 국가의 중대사를 논의하고 국정을 운영하였다.

④ 관리 : 사자, 조의, 선인 → 고구려
  고구려는 5부족 연맹체로 왕 아래 대가들이 존재하였으며, 대가들은 각기 사자, 조의, 선인 등의 관리를 거느렸다.

⑤ 박, 석, 김의 3성 : 왕위 계승 → 신라
  진한의 소국 중 하나인 사로국에서 출발한 신라는 동해안으로 들어온 석탈해 집단이 등장하면서 박·석·김의 3성이 교대로 왕위를 계승하였다.

05 고구려의 경제 상황

암기박사 부경 : 창고 ⇒ 고구려 **정답** ②

정답 해설

여러 큰 성에 욕살, 처려근지 등의 지방관을 둔 나라는 고구려이다. 고구려의 대가들과 지배층인 형(兄)은 농사를 짓지 않는 좌식 계층으로, 집집마다 부경이라는 창고가 있었다.

오답 해설

① 동시전 : 시장 감독 → 신라
  신라 지증왕 때 시장을 감독하는 관청인 동시전이 수도 경주에 설치되었다.
③ 건원중보 주조 → 고려
  고려 성종 때 우리나라 최초의 금속 화폐인 건원중보가 주조되었다.
④ 솔빈부의 특산물 : 말 → 발해
  솔빈부는 발해의 지방 행정 구역인 15부 중의 하나로, 그 지역의 특산물인 말이 주요 수출품으로 유명하였다.
⑤ 좌관대식기 : 행정 문서 → 백제
  좌관대식기는 백제 관청이 곡물을 대여하고 이자를 받은 내용을 목간에 기록한 행정 문서이다.

핵심노트 ▶ 고구려의 경제 상황

- 큰 산과 계곡으로 된 산악 지역에 위치하여 토지가 척박하고 농토가 부족
- 양식이 부족하여 약탈 경제 체제와 절약적 경제 생활이 주를 이룸
- 특산물로는 소수맥에서 생산한 맥궁(활)이 있음
- 대가들과 지배층인 형(兄)은 농사를 짓지 않는 좌식 계층으로 저마다 창고인 부경을 둠
- 생산 계급인 하호들은 생산을 담당할 뿐 아니라, 멀리서 어염(물고기와 소금)을 가져와 좌식 계층에 공급
- 가옥 : 본채는 초가지붕과 온돌을 설치하였고, 대옥과 소옥이라는 별채를 둠
  └ 제사를 지내는 사당 └ 사위가 거처하는 서실

06 신라 하대의 역사

암기박사 김헌창의 난 ⇒ 신라 하대 **정답** ④

정답 해설

혜공왕 피살 이후 왕위 쟁탈전이 치열했던 시기는 신라 하대이다. 신라 하대 헌덕왕 때 웅천주(공주) 도독 김헌창이 아버지가 왕위 쟁탈전에서 패한 것에 대해 불만을 품고 반란을 일으켰다.

오답 해설

① 김흠돌의 난 → 신라 중대
  통일 신라 신문왕은 장인인 김흠돌이 반란을 일으키자 이를 진압하고 진골 세력을 숙청하였다.

② 만적의 난 → 고려 무신 집권기
  고려 무신 집권기 때 개경에서 최충헌의 사노 만적이 신분 해방을 외치며 봉기를 도모하였다.
③ 관료전 지급 / 녹읍 폐지 → 신라 중대
  통일 신라의 신문왕은 관료전을 지급하고 귀족의 경제 기반이었던 녹읍을 폐지하였다.
⑤ 이차돈 순교 : 불교 공인 → 신라 상대
  신라 법흥왕은 이차돈의 순교를 계기로 불교를 공인하였다.

07 고구려 연개소문의 정변

암기박사 천리장성 축조 ⇒ 연개소문 정변(642) **정답** ④

정답 해설

고구려 영류왕 때 연개소문은 동북의 부여성에서 동남의 바다에 이르기까지 천리장성을 축조하였다. 그 후 연개소문은 정변을 일으켜 영류왕을 죽이고 보장왕을 옹립하여 권력을 장악한 후 스스로 막리지가 되었다.

오답 해설

① 을지문덕 : 살수 대첩(612) → 연개소문 정변 이전
  고구려 영양왕 때 을지문덕 장군이 수나라 우중문의 30만 별동대를 살수로 유인하여 대승을 거두었다.
② 광개토 대왕 : 신라 침입 왜 격퇴(400) → 연개소문 정변 이전
  내물왕이 신라에 침입한 왜를 격퇴하기 위해 고구려에 군사를 요청하자 광개토 대왕이 신라에 군사를 보내 낙동강 유역에서 왜를 물리쳤다.
③ 관산성 전투 : 백제 성왕 전사(554) → 연개소문 정변 이전
  김무력이 이끄는 신라군이 관산성에서 백제군을 격파하고 백제 성왕을 전사시켰다.
⑤ 근초고왕 : 평양성 공격(371) → 연개소문 정변 이전
  백제의 전성기를 이끈 근초고왕이 평양성을 공격하여 고구려의 고국원왕을 전사시켰다.

08 발해의 통치 체제

암기박사 주자감 : 인재 양성 ⇒ 발해 **정답** ②

정답 해설

무왕(대무예) 때 인안, 문왕(대흠무) 때 대흥, 선왕(대인수) 때 건흥이라는 연호를 사용한 나라는 대조영이 건국한 발해이다. 발해는 문왕(대흠무) 때 유학 교육 기관인 주자감을 설립하여 인재를 양성하였다.

오답 해설

① 골품 : 관등 승진 제한 → 신라
  신라의 골품제는 혈연에 따라 사회적 제약이 가해지는 폐쇄적 신분 제도로, 골품에 따라 관등 승진에 제한이 있었다.
③ 관제 : 6좌평 → 백제
  백제 고이왕은 내신좌평 등 6좌평의 관제를 마련하여 중요한 국사를 논의하게 하였다.
  └ 내신좌평, 내두좌평, 내법좌평, 병관좌평, 위사좌평, 조정좌평

④ 양계 : 병마사 파견 → 고려
고려는 5도 양계의 지방 제도를 확립하고 국경 지역인 양계에 병마사를 파견하였다.
⑤ 상수리 제도 : 지방 세력 견제 → 통일 신라
통일 신라는 각 주 향리의 자제를 일정 기간 금성(경주)에서 볼모로 거주하게 하는 상수리 제도를 시행하여 지방 세력을 견제하였다.

09 부여 지역의 역사

암기박사 백제 성왕 : 사비 천도 ⇒ 부여
정답 ③

정답 해설
관북리 유적 및 부소산성, 정림사지, 능산리 고분군, 나성은 모두 부여에 있는 유적지이다. 백제 성왕이 웅진에서 천도한 후 국호를 남부여로 변경하는 등 행정 조직을 재정비한 곳은 사비, 즉 지금의 부여이다.

오답 해설
① 정약전 : 자산어보 저술 → 흑산도
정약전은 흑산도 귀양 중 근해의 해산물 등을 직접 채집·조사하여 155종의 해산물에 대한 명칭·분포·형태·습성 등을 기록한 자산어보를 저술하였다.
② 김유신 : 비담과 염종의 난 진압 → 경주
신라 선덕여왕 때 김유신은 경주에서 진덕여왕으로의 왕위 계승에 불만을 품은 비담과 염종의 난을 진압하였다.
④ 윤충 : 대야성 전투 → 합천
백제 의자왕은 윤충을 보내 신라를 공격하고 합천에 있는 대야성을 함락시켰다.
⑤ 신립 : 탄금대 전투 → 충주
임진왜란 당시 왜군이 파죽지세로 쳐들어오자 도순변사 신립이 충주 탄금대에서 배수의 진을 치고 전투를 벌였다.

10 후삼국의 통일

암기박사 경애왕 자결 ⇒ 공산 전투 ⇒ 고창 전투
정답 ①

정답 해설
(가) 경애왕 자결(927) : 후백제의 견훤이 신라의 수도인 금성을 습격하여 경애왕을 자결하게 하였다.
• 공산 전투(927) : 후백제의 견훤이 신라를 공격하자 경애왕의 요청으로 태조 왕건의 고려군이 견훤군을 공격하였으나 신숭겸이 공산 전투에서 전사하였다.
(나) 고창 전투(930) : 고려 태조 왕건이 고창 전투에서 견훤의 후백제군과 싸워 승리하였다.

오답 해설
② 안승 : 보덕국왕 책봉(674) → (가) 이전
고구려가 멸망한 뒤 신라 문무왕은 보장왕의 서자 안승을 금마저(익산)의 보덕국왕으로 책봉하였다.

③ 흑치상지 : 임존성 부흥군(660) → (가) 이전
흑치상지가 임존성에서 군사를 일으켜 소정방이 이끄는 당군을 격퇴하고 백제 부흥 운동을 전개하였다.
④ 최치원의 시무 10조(894) → (가) 이전
6두품 출신으로 당의 빈공과에 급제하고 귀국한 최치원은 진성 여왕에게 시무 10여 조를 건의하였으나 수용되지 않았다.
⑤ 일리천 전투(936) → (나) 이후
고려 태조 왕건의 고려군이 일리천 전투에서 신검의 후백제군에게 승리하여 후백제가 멸망하였다.

11 고려 성종의 업적

암기박사 최승로 : 시무 28조 ⇒ 고려 성종
정답 ⑤

정답 해설
처음으로 12목을 설치하고 지방관에 이어 경학박사와 의학박사를 파견한 왕은 고려 성종이다. 그는 최승로의 시무 28조를 받아들여 통치 체제를 정비하였다.

오답 해설
① 연호 : 광덕, 준풍 → 고려 광종
고려 광종은 국왕을 황제라 칭하고 광덕, 준풍 등의 독자적 연호를 사용하였으며 개경을 황도라 하였다.
② 신돈 : 전민변정도감 → 고려 공민왕
고려 공민왕 때 신돈이 전민변정도감의 판사로 임명되어 권문세족을 견제하고 전민변정 사업을 추진하였다.
③ 청연각·보문각 : 학문 연구 → 고려 예종
고려 예종 때 관학을 진흥하기 위해 궁중에 학술 연구 기구로 청연각과 보문각을 두어 학문 연구를 장려하였다.
④ 정계와 계백료서 → 고려 태조
고려 태조 왕건은 정계와 계백료서를 지어 신하의 임금에 대한 도리를 강조하고 관리의 규범을 제시하였다.

핵심노트 ▶ 고려 성종의 업적
- 최승로의 시무 28조 수용
- 2성 6부 체제 확립
- 중추원, 삼사 설치
- 도병마사, 식목도감 설치
- 12목 설치, 지방관 파견
- 향리 제도 확립
- 국자감 개칭, 향교 설치
- 의창, 상평창 설치
- 건원중보 주조

12 몽골에 대한 고려의 대응

암기박사 대장도감 : 팔만대장경 간행 ⇒ 고려 vs 몽골
정답 ⑤

정답 해설
고려 정부가 몽골과 강화를 맺자, 삼별초는 왕족인 승화후 온을 왕으로 삼고 강화도에서 반몽정권을 수립한 후 진도로 옮겨 용장성을 쌓았다. 고려는 몽골의 침입으로 초조대장경이 소실되자 강화도에 대

장도감을 설치하고 팔만대장경을 간행하였다.

오답 해설

① 윤관 : 동북 9성 개척 → 고려 vs 여진
고려 예종 때 윤관은 별무반을 이끌고 여진을 정벌한 후 동북 9성을 개척하였다.

② 훈련도감 설치 → 조선 vs 왜군
임진왜란 때 왜군의 조총에 대응하고 국방력을 강화하기 위해 상비군으로 구성된 훈련도감을 설치하였다.

③ 박위 : 대마도 정벌 → 고려 vs 왜구
고려 창왕 때 박위를 파견하여 왜구의 근거지인 대마도를 정벌하였다.

④ 서희 : 외교 담판 → 고려 vs 거란
고려 성종 때 거란이 침입하자 서희는 소손녕과 외교 담판을 통해 강동 6주를 획득하였다.

13 최충의 활동

암기박사 9재 학당 설립 ⇒ 최충 **정답** ③

정답 해설

고려의 학자인 문헌공 최충은 수찬관에 임명되어 유학 보급과 인재 양성에 힘썼다. 또한 지공거 출신으로 최초의 사학인 9재 학당을 설립하여 유학을 교육하였다. → 문헌공도

오답 해설

① 불씨잡변 : 불교 비판 → 정도전
조선 건국 이후 정도전은 불씨잡변을 지어 불교를 비판하고 성리학을 통치 이념으로 확립하였다.

② 만권당 : 원의 학자들과 교유 → 이제현
고려 충선왕 때 이제현은 만권당에서 원의 학자들과 교유하였으며 성리학 보급에 기여하였다.

④ 입학도설 : 성리학 입문서 → 권근
권근은 성리학 입문서인 입학도설을 저술하여 성리학의 기본 원리를 글과 그림으로 풀어 해설하였다.

⑤ 정몽주 천거 → 이색
고려 후기 성리학의 보급에 노력한 이색은 성균관의 대사성이 되어 정몽주 등을 학관으로 천거하였다.

14 묘청의 서경 천도 운동

암기박사 이자겸의 난 ⇒ 묘청의 서경 천도 운동 ⇒ 무신정변 **정답** ③

정답 해설

- 이자겸의 난(1126) : 인종을 왕위에 올린 왕실 외척인 이자겸이 척준경과 함께 금의 사대 요구 수용을 주장하며 반란을 일으켰다.
- (다) 묘청의 서경 천도 운동(1135) : 고려 인종 때 묘청의 서경파가 풍수지리설에 근거하여 서경 천도와 칭제 건원, 금국 정벌을 주장하였다.
- 무신정변(1170) : 고려 의종 때 정중부와 이의방을 비롯한 무신들이 다수의 문신을 제거하고 권력을 장악하였다.

핵심노트 ▶ 묘청의 서경 천도 운동(인종 13, 1135)

- 이자겸의 난 이후 칭제 건원, 금국 정벌, 서경 천도 등을 두고 보수와 혁신 세력 간 대립 발생
- 서경 천도를 추진하여 서경에 대화궁을 건축, 칭제 건원과 금국 정벌 주장
- 서경에서 국호를 대위, 연호를 천개, 군대를 천견충의군이라 하며 난을 일으킴
- 김부식이 이끈 관군의 공격으로 약 1년 만에 진압
- 서경의 분사 제도 및 삼경제 폐지
- 문신 우대·무신 멸시 풍조, 귀족 사회의 보수화 등 문벌 귀족 사회의 모순 심화
→ 무신정변

15 홍건적의 난 이후의 사실

암기박사 홍건적의 난(1359) ⇒ 위화도 회군(1388) **정답** ⑤

정답 해설

홍건적이 침입하여 임금이 복주(지금의 안동)로 피란한 것은 고려 공민왕 때의 일이다. 이후 고려 우왕 때 이성계가 요동 정벌을 위해 파견되었으나 4불가론을 들어 위화도에서 회군하여 정권을 장악하였다.

오답 해설

① 김사미의 난(1193) → 홍건적의 난 이전
고려 무신 집권기인 명종 때 김사미가 가혹한 수탈에 저항하여 운문(청도)을 거점으로 봉기하였다.

② 강감찬 : 흥화진 전투(1019) → 홍건적의 난 이전
고려 현종 때 소배압이 이끄는 거란군이 고려를 3차 침입하자 강감찬은 소가죽으로 연결한 둑을 터뜨려 흥화진 전투에서 승리하였다.

③ 쌍기 : 과거제 건의(958) → 홍건적의 난 이전
고려 광종은 인재를 등용하기 위해 후주인 쌍기의 건의를 받아들여 과거제를 실시하였다.

④ 교정도감 설치(1209) → 홍건적의 난 이전
고려 무신 집권기 때 최충헌이 국정 총괄 기구로 교정도감을 설치하여 인재 천거, 조세 징수, 감찰, 재판 등 최고 집정부 역할을 수행하였다.

16 고려의 경제 모습

암기박사 벽란도 : 국제 무역항 ⇒ 고려 **정답** ⑤

정답 해설

소(所)는 고려의 특수 행정 구역 중 하나로, 국가가 필요로 하는 공납품을 만들어 바치는 장인들이 거주하는 지역이다. 또한 고려 숙종 때에는 화폐 유통의 촉진을 도모하기 위해 주전도감에서 해동통보를 발행하였다. 고려 시대에는 예성강 하구의 벽란도가 국제 무역항으로 번성하였다.

오답 해설

① 청해진 : 해상 무역 → 통일 신라 장보고
통일 신라 때 장보고가 완도의 청해진을 중심으로 해상 무역을 전개하고 국제 무역의 거점으로 번성하였다.

② 경복궁 중건 : 당백전 발행 → 조선 고종
  조선 고종 때 흥선 대원군은 경복궁 중건에 필요한 재정 문제를 해결하기 위해 당백전을 발행하였다.
③ 계해약조 체결 : 세견선 입항 → 조선 세종
  조선 세종 때 쓰시마 도주의 간청으로 계해약조가 체결되어 부산포·제포·염포의 3포를 개항하고 세견선의 입항이 허가되었다.
④ 신해통공 : 금난전권 폐지 → 조선 정조
  조선 정조 때 시전 상인의 특권을 축소하는 신해통공이 단행되어 육의전을 제외한 시전 상인의 금난전권이 폐지되었다.

17 고려의 과학 기술

암기박사 직지심체요절 간행 ⇒ 고려 시대 **정답 ④**

정답 해설

수시력 도입, 화통도감 설치, 고려 청자 제작은 모두 고려 시대의 과학 기술이다. 고려 시대에는 청주 흥덕사에서 현존하는 세계 최고(最古)의 금속 활자본인 직지심체요절이 간행되었다.

오답 해설

① 향약집성방 편찬 → 조선 전기
  조선 전기 세종 때 국산 약재와 치료 방법을 정리한 향약집성방이 편찬되었다.
② 동국지도 : 100리 척의 축척 → 조선 후기
  조선 후기 영조 때 정상기는 최초로 100리 척의 축척 개념을 사용하여 동국지도를 제작하였다.
③ 석굴암 축조 → 통일신라
  석굴암은 통일 신라 경덕왕 때 인공으로 축조한 석굴 사원으로, 정밀한 기하학적 원리를 응용한 배치와 조화미를 추구하고 있다.
⑤ 임원경제지 저술 → 조선 후기
  조선 후기 서유구는 농업 기술의 혁신 방안을 제시한 임원경제지를 저술하였다.

18 고려의 문화유산

암기박사 개성 경천사지 십층 석탑 ⇒ 고려 문화유산 **정답 ③**

정답 해설

충남 논산의 관촉사에 있는 석조 미륵보살입상은 고려 시대 최대의 석불입상으로, 은진미륵이라고도 불린다. 개성 경천사지 십층 석탑은 충목왕 때 조성된 고려의 문화유산으로 원의 영향을 받아 기존의 신라계 석탑과는 양식을 달리하는 가장 특이하고 정련한 기교를 보이는 탑이다.

오답 해설

① 익산 미륵사지 석탑 → 백제
  전북 익산에 있는 미륵사지 석탑은 백제 시대의 석탑으로, 목탑 양식을 계승한 우리나라에서 가장 오래된 탑이다.
② 경주 불국사 삼층 석탑 → 통일 신라
  경북 경주의 불국사에 있는 통일 신라의 석탑으로, 내부에서 현존

하는 세계 최고(最古)의 목판 인쇄물인 무구정광대다라니경이 발견되었다.
④ 장백 영광탑 → 발해
  중국 길림성 장백진 북서쪽 탑산에 있는 발해 시대의 누각식 전탑으로 장방형, 규형, 다각형의 벽돌로 쌓은 5층의 벽돌탑이다.
⑤ 경주 분황사 모전 석탑 → 신라
  경북 경주의 분황사에 있는 모전 석탑은 석재를 벽돌 모양으로 만들어 쌓은 탑으로, 현존하는 신라 석탑 중 가장 오래된 석탑이다.

19 왕자의 난

암기박사 정도전, 이방석 피살 ⇒ 제1차 왕자의 난 **정답 ①**

정답 해설

조선 태조 때 왕위 계승을 둘러싼 제1차 왕자의 난으로 개국공신 정도전과 어린 왕세자 이방석이 이방원(태종)에게 피살되었다.

오답 해설

② 수양대군 : 정권 장악 → 계유정난
  수양대군(세조)이 정인지·권람·한명회 등과 계유정난을 일으켜 김종서·황보인 등의 중신과 안평대군을 축출하고 정치적 실권을 장악하였다.
③ 동인과 서인의 붕당 → 이조 전랑 임명권
  조선 선조 때 언론 삼사 요직의 인사권과 추천권을 가진 이조 전랑 임명을 둘러싸고 김효원과 심의겸이 대립하여 사림이 동인과 서인으로 붕당되었다.
④ 광해군 : 폐모살제 → 인조반정
  서인 세력이 인목대비를 유폐하고 영창대군을 살해한 광해군의 폐모살제를 구실로 인조반정을 일으켰다. ← 인목대비 유폐, 영창대군 살해
⑤ 서인 : 남인 축출 → 경신환국
  조선 숙종 때 서인이 허적의 서자 허견 등이 역모를 꾀했다 고발하여 허적과 윤휴 등 남인들이 대거 축출되었다.

핵심노트 ▶ 왕자의 난

- 제1차 왕자의 난(무인정사, 방원의 난, 정도전의 난, 1398) : 태조가 방석을 세자로 책봉하고 정도전 등으로 보필케 하자, 방원(태종)이 난을 일으켜 정도전을 제거 → 왕위를 방과(정종)에게 양위
- 제2차 왕자의 난(방간의 난, 박포의 난, 1400) : 방간이 박포와 연합하여 방원에게 대항하였는데, 방원은 이를 제압하고 정종으로부터 왕위를 물려받아 즉위

20 사헌부의 역할

암기박사 수장 : 대사헌 ⇒ 사헌부 **정답 ⑤**

정답 해설

백관에 대한 규찰과 탄핵 등을 관장하던 기구는 사헌부로, '상대'라는 별칭이 있다. 사헌부는 대사헌을 수장으로 집의, 장령 등의 관직을 두었다. ← 사헌부의 종3품 관직 ← 사헌부의 종4품 관직

오답 해설

① 수도의 행정과 치안 담당 → 한성부
한성부는 수도의 행정과 치안을 담당하였으며, 장은 판윤(정2품)이다.

② 을묘왜변 : 상설 기구화 → 비변사
조선 중종 때 설치된 비변사는 왜란과 호란을 대비한 임시 기구였으나 을묘왜변을 계기로 상설 기구화 되었다.

③ 검서관 : 서얼 출신 → 규장각
조선 정조 때 박제가, 이덕무, 유득공 등의 서얼 출신 학자들이 규장각 검서관에 등용되었다. (규장각 각신의 보좌, 문서 필사 등의 업무를 맡은 관리)

④ 역사서 편찬 및 보관 → 춘추관
춘추관은 역사서를 편찬하고 실록을 사고에 보관 및 관리하는 업무를 담당하였다.

21 여진에 대한 조선의 대응

정답 ②

암기박사 김종서 : 6진 설치 ⇒ 조선 vs 여진

정답 해설

조선 초 경성과 경원에 무역소를 설치한 것은 여진을 회유하기 위해서이다. 조선 세종 때 김종서는 여진을 몰아내고 두만강 일대를 개척하여 6진을 설치하였다.

오답 해설

① 동평관 설치 → 조선 vs 일본
조선 태종은 일본 사신의 접대를 위해 한성에 동평관을 설치하고 일본과의 무역을 허용하였다.

③ 최우 : 강화도 천도 → 고려 vs 몽골
몽골의 무리한 조공 요구와 내정 간섭에 반발한 최우가 다루가치를 사살하고 강화도로 도읍을 옮겨 장기 항전을 준비하였다.

④ 최영 : 요동 정벌 추진 → 고려 vs 명
고려 우왕 때 최영이 명의 철령위 설치에 반발하여 요동 정벌을 추진하였다.

⑤ 윤관 : 별무반 → 고려 vs 여진
고려 숙종 때 윤관은 여진족을 정벌하기 위해 신기군, 신보군, 항마군으로 편성된 별무반을 조직하였다.

22 사화의 전개

정답 ②

암기박사 기묘사화 ⇒ 을사사화 ⇒ 양재역 벽서 사건

정답 해설

(가) 기묘사화(1519) : 조선 중종 때 위훈 삭제 등 조광조의 급격한 개혁에 훈구 세력이 주초위왕의 모략을 꾸며 조광조 일파를 제거하였다.

• 을사사화(1545) : 명종을 옹립한 소윤파 윤원로·윤원형 형제가 인종의 외척 세력인 대윤파 윤임 등을 제거하면서 외척 간의 권력 다툼이 발생하였다.

(나) 양재역 벽서 사건(1547) : 조선 명종 때 소윤인 윤원형 일파가 대윤인 윤임 일파의 남은 세력을 없애기 위해 벽서를 조작한 양재역 벽서 사건으로 이언적 등이 화를 입었다.

오답 해설

① 예송 논쟁(1659, 1674) → (나) 이후
조선 현종 때 자의 대비의 복상 문제를 둘러싸고 서인과 남인 사이에 두 차례에 걸쳐 예송이 일어났다. (기해예송, 갑인예송)

③ 건저의 사건(1591) → (나) 이후
조선 선조 때 세자 책봉에 관한 건저 상소 사건으로 정철이 유배되었다. (왕세자를 세우는 일)

④ 기사환국(1689) → (나) 이후
조선 숙종 때 희빈 장씨 소생의 원자 책봉 문제로 기사환국이 발생하여 인현 왕후가 폐위되고 남인이 권력을 장악하였다.

⑤ 갑자사화(1504) → (가) 이전
조선 연산군 때 폐비 윤씨 사사 사건의 전말이 알려져 김굉필 등이 처형되는 갑자사화가 일어났다.

핵심노트 ▶ 4대 사화

무오사화 (연산군, 1498)	사초에 올린 김종직의 조의제문이 발단 → 김일손 등의 사림파 몰락
갑자사화 (연산군, 1504)	연산군이 친모 윤씨의 폐비사건을 보복 → 임사홍, 유구파와 사림파의 피해
기묘사화 (중종, 1519)	위훈 삭제 등 조광조의 급격한 개혁에 대한 반발 → 주초위왕의 모략으로 조광조 등 사림파 몰락
을사사화 (명종, 1545)	명종을 옹립한 유원형의 소윤파와 인종의 외척 세력인 윤임의 대윤파간 대립 → 윤임의 대윤파가 축출됨

23 병자호란 중의 사실

정답 ②

암기박사 김준룡 : 광교산 전투 ⇒ 병자호란(1636)

정답 해설

삼학사는 병자호란 때 척화론을 주장하다가 청의 심양에서 순절한 홍익한, 윤집, 오달제를 말한다. 인조의 뒤를 이어 즉위한 효종은 청에 대한 북벌을 추진하였다. 병자호란 당시 남한산성에 고립된 인조를 구하기 위해 김준룡이 근왕병을 이끌고 광교산 전투에서 승리하였다.

오답 해설

① 송상현 : 동래성 전투(1592) → 병자호란 이전
임진왜란 초기 송상현 부사가 동래성 전투에서 항전하였으나 부산 일대가 왜구에 의해 함락되었다.

③ 이괄의 난(1624) → 병자호란 이전
인조반정 후 공신 책봉에 불만은 품은 이괄이 난을 일으켜 도성을 장악하자 인조는 공주의 공산성으로 피란하였다.

④ 강홍립 : 사르후 전투(1619) → 병자호란 이전
조선 광해군 때 명의 요청으로 강홍립 부대가 사르후 전투에 참전하였으나, 명과 후금 사이에서 중립 외교를 펼쳤다.

⑤ 신류 : 흑룡강 전투(1658) → 병자호란 이후
조선 효종 때 청의 원병 요청에 따라 나선 정벌을 단행한 신류가 조총 부대를 이끌고 흑룡강에서 전투를 벌였다.

24 조선 영조의 업적

정답 ③

🏷️ **암기박사** 탕평비 건립 ⇒ 조선 영조

정답 해설

조선 영조 때 이인좌를 중심으로 소론 세력 등이 경종의 죽음에 영조와 노론이 관계되어 있다고 주장하며 난을 일으켰다. 조선 영조는 붕당의 폐해를 경계하기 위해 탕평 교서를 반포하고 성균관 입구에 탕평비를 건립하였다.

오답 해설

① 대동법 시행 → 조선 광해군
   조선 광해군 때 토지 결수에 따라 공물을 쌀로 대신 납부하게 하는 대동법이 경기도에 한하여 시행되었다.

② 금위영 설치 → 조선 숙종
   조선 숙종은 수도 방어를 위해 금위영을 설치하고 5군영 체제를 완성하였다. *설치 순서 : 훈련도감 → 총융청 → 수어청 → 어영청 → 금위영*

④ 초계문신제 → 조선 정조
   조선 정조는 초계문신제를 시행하여 젊은 문신들을 재교육하고 시험을 통해 승진시켰다.

⑤ 대전회통 편찬 → 조선 고종
   조선 고종 때 흥선 대원군이 통치 체제를 정비하기 위해 경국대전, 속대전, 대전통편 등을 보완한 대전회통을 편찬하였다.

25 조선 후기의 사회 모습

정답 ①

🏷️ **암기박사** 세책가 : 춘향전 대여 ⇒ 조선 후기

정답 해설

조선 후기인 정조 때 왕권 강화를 위해 국왕의 친위 부대인 장용영을 설치하였다. 조선 후기에는 춘향전 등 한글 소설이 유행하였고 소설책을 빌려주는 세책가가 성행하였다.

오답 해설

② 동국정운 편찬 → 조선 전기
   조선 세종 때 집현전 학자들이 최초로 한자음을 훈민정음으로 해설한 동국정운을 편찬하였다.

③ 주자소 : 계미자 주조 → 조선 전기
   조선 태종 때 활자 주조를 담당하던 관청인 주자소가 설치되어 금속 활자인 계미자가 주조되었다.

④ 형평 운동 : 조선 형평사 창립 → 일제 강점기
   일제 강점기 때 이학찬을 중심으로 진주에서 조선 형평사가 창립되어 백정에 대한 사회적 차별 철폐를 목적으로 형평 운동이 전개되었다.

⑤ 경시서 : 시전 감독 → 고려 시대
   고려 시대에는 경시서의 관리들이 물가를 조절하고 상품 종류를 통제하는 등 시전의 상행위를 감독하였다. *관허 상설 상점 : 관수품 조달, 궁궐 잉여품 처분*

26 조선 후기의 경제 모습

정답 ①

🏷️ **암기박사** 계해약조 : 염포 개항 ⇒ 조선 전기

정답 해설

고구마와 같은 구황작물을 재배하고, 모내기법이 전국적으로 확산된 것은 조선 후기이다. 한편, 조선 전기인 세종 때 일본과 제한된 범위의 무역을 허용한 계해약조를 체결하고 염포의 왜관을 통해 일본과 교역하였다. *부산포, 제포, 염포의 삼포 개항*

오답 해설

② 상평통보 유통 → 조선 후기
   조선 후기 숙종 때 상평통보가 발행되어 전국적인 화폐로 유통되었다.

③ 공인 : 관청에 물품 조달 → 조선 후기
   조선 후기에는 대동법이 실시되면서 관청에 물품을 조달하는 공인이 활동하였다.

④ 송상, 만상 : 대청 무역 → 조선 후기
   조선 후기 상업의 발달로 사상(私商)이 등장하였고, 송상과 만상이 대청 무역으로 부를 축적하였다.

⑤ 덕대 : 광산 경영 → 조선 후기
   조선 후기에는 덕대가 상인 물주에게 자금을 조달받아 채굴 노동자를 고용하는 등 광산을 전문적으로 경영하였다.

27 조선 순조 재위 시기의 사실

정답 ④

🏷️ **암기박사** 홍경래의 난(1811) ⇒ 조선 순조

정답 해설

안동 김씨 등 외척 세력이 권력을 잡은 시기는 세도 정치기이다. 세도 정치기인 조선 순조 때 서북민에 대한 차별에 반발하여 홍경래 등이 봉기하여 정주성을 점령하였다. *평안도민*

오답 해설

① 오페르트 도굴 사건(1868) → 조선 고종
   조선 고종 때 독일 상인 오페르트가 통상을 거부당하자 충청남도 덕산에 있는 남연군 묘 도굴을 시도하였다. *흥선 대원군의 아버지*

② 이만손 : 영남 만인소(1881) → 조선 고종
   조선 고종 때 이만손을 비롯한 영남 유생들이 김홍집의 조선책략 유포에 반발하여 만인소를 올리고 그의 처벌을 요구하였다.

③ 이시애의 난(1467) → 조선 세조
   조선 세조 때 함길도 토착 세력인 이시애가 길주를 근거지로 난을 일으켰다.

⑤ 곽재우, 고경명 거병(1592) → 조선 선조
   조선 선조 때 임진왜란이 발발하자 경상도 의령에서 곽재우가, 전라도 장흥에서 고경명이 거병하여 의병장으로 활약하였다.

28 갑신정변의 결과

암기박사 갑신정변 ⇒ 톈진 조약(청·일)

정답 ⑤

정답 해설

김옥균 등의 급진개화파가 청이 자주권을 침해하는 데 분노하여 일본 공사와 우정국 낙성 축하연에서 사대당 요인을 살해하는 갑신정변을 일으켰다. 그러나 갑신정변은 청군의 개입으로 3일 만에 실패로 끝나고 청·일 간에 톈진 조약이 체결되는 계기가 되었다.

오답 해설

① 교정청 설치 → 동학 농민 운동
동학 농민 운동 당시 고종이 내정 개혁을 실시하기 위한 개혁 추진 기구로 교정청을 설치하였다.

② 홍범 14조 반포 → 제2차 갑오개혁
고종은 제2차 갑오개혁 때 종묘에 나가 독립 서고문을 바치고, 개혁의 기본 방향을 제시한 홍범 14조를 반포하였다.

③ 통리기무아문 설치 → 개화 정책
고종은 개화 정책의 일환으로 통리기무아문을 설치하고 그 아래 12사를 두어 신문물 수용과 부국강병을 도모하였다.

④ 수신사 : 김기수 파견 → 강화도 조약
일본과의 강화도 조약 이후 김기수가 수신사로 일본에 파견되어 메이지 유신 이후 발전된 일본의 문물을 시찰하였다.

핵심노트 ▶ 갑신정변의 결과

- 한성 조약(조·일) : 일본의 강요로 배상금 지불, 공사관 신축비 부담
- 톈진 조약(청·일) : 청·일 양국군은 조선에서 철수하고 향차 파병할 경우 상대국에 미리 알릴 것

29 동학의 이해

암기박사 포접제 ⇒ 동학의 교단 조직

정답 ①

정답 해설

최시형은 동학의 제2대 교주로 교조 신원 운동을 주도하였다. 동학은 교단 조직인 포접제를 활용하여 교세를 확장하였는데, 포접제는 교주를 중심으로 교주 아래 몇 십 개의 포(包)를 두고, 각 포 아래에는 수 십 개의 접(接)을 두는 조직 방식이다.

오답 해설

② 배재 학당 : 신학문 보급 → 개신교
배재 학당은 미국의 개신교 선교사 아펜젤러가 근대 교육을 위해 한양에 세운 학교로 신학문 보급에 기여하였다.

③ 박중빈 : 새생활 운동 → 원불교
박중빈이 창시한 원불교는 현대화와 생활화를 주창하여 민족 역량 배양과 남녀평등, 허례허식의 폐지 등 생활 개선 및 새생활 운동을 추진하였다.

④ 사찰령 폐지 운동 → 불교
조선 불교의 자주성을 말살하기 위해 전국 사찰을 총독부에 직속시킨 일제의 통제에 맞서 불교계에서는 한용운 등이 사찰령 폐지 운동을 추진하였다.

⑤ 의민단 : 항일 무장 투쟁 → 천주교
천주교는 만주에서 항일 운동 단체인 의민단을 조직하여 무장 투쟁을 전개하였다.

30 러·일 전쟁 중의 사실

암기박사 독도 : 일제의 불법 편입 ⇒ 러·일 전쟁(1904)

정답 ②

정답 해설

일본과 러시아는 러·일 전쟁을 종결시키기 위해 포츠머스 조약을 체결하였고, 러·일 전쟁에서 승리한 일본은 을사늑약을 강제로 체결하여 대한 제국의 외교권을 박탈하였다. 또한 러·일 전쟁 때 일본이 독도를 무주지라고 하여 불법으로 자국 영토에 편입하였다.

오답 해설

① 아관파천(1896) → 러·일 전쟁 이전
을미사변으로 명성황후가 시해되자 신변에 위협을 느낀 고종이 러시아 공사관으로 아관 파천을 단행하였다.

③ 절영도 조차 요구(1897) → 러·일 전쟁 이전
러시아가 저탄소 설치를 위해 부산 절영도의 조차를 요구하였다. *지금의 부산 영도*

조약에 의해 다른 나라로부터 유상 또는 무상으로 영토를 빌림

④ 조·청 상민 수륙 무역 장정(1882) → 러·일 전쟁 이전
조선과 청이 양국 상인의 통상에 대해 맺은 조약으로, 외국 상인의 내지 통상권을 최초로 규정하였다.

⑤ 제너럴 셔먼호 사건(1866) → 러·일 전쟁 이전
대동강에 침입하여 통상을 요구하며 행패를 부리던 미국 상선 제너럴 셔먼호를 박규수와 평양 관민들이 불태웠다.

31 최익현의 위정척사 운동

암기박사 을사의병 : 태인에서 거병 ⇒ 최익현

정답 ③

정답 해설

지부복궐척화의소는 강화도 조약 체결에 반대하여 위정척사 운동의 대표적 인물인 최익현이 올린 상소이다. 최익현은 을사늑약이 체결되자 태인에서 의병을 일으켰으나, 결국 체포되어 쓰시마 섬에서 유배 중 순국하였다.

오답 해설

① 독립 의군부 조직 → 임병찬
고종의 밀지를 받아 독립 의군부를 조직한 임병찬은 조선 총독부에 국권 반환 요구서를 제출하려 하였다.

② 도쿄 의거 → 이봉창
한인 애국단 소속의 이봉창이 도쿄에서 일왕이 탄 마차를 향해 폭탄을 던졌다.

④ 이완용 습격 → 이재명
이재명은 명동 성당 앞에서 국권 피탈에 앞장섰던 친일파 이완용을 습격하여 중상을 입혔다.

⑤ 13도 창의군 : 서울 진공 작전 → 이인영, 허위
정미의병이 확산되는 과정에서 총대장 이인영과 군사장 허위가 13도 창의군을 지휘하여 서울 진공 작전을 전개하였다.

한국사 능력검정시험 3개년 기출문제

32 이준의 생애

암기박사 일본의 황무지 개간권 요구 저지 ⇒ 보안회

정답 ②

정답 해설

보안회는 일본의 황무지 개간권 요구에 대한 지속적인 반대 운동을 벌여 일본의 황무지 개간권 요구를 저지하였다.

오답 해설

① 고종 강제 퇴위 반대 운동 → 대한 자강회
일제가 고종을 강제 퇴위시키고 순종을 즉위시킨 후 한·일 신협약을 체결하자 대한 자강회는 고종의 강제 퇴위 반대 운동을 주도하였다. ← 정미7조약

③ 105인 사건으로 와해 → 신민회
신민회는 국권 회복과 공화정체의 국민 국가 건설을 목적으로 조직된 비밀 결사 단체로, 일제가 조작한 105인 사건으로 와해되었다.

④ 대성 학교 설립 → 신민회
안창호와 양기탁이 중심이 되어 조직한 비밀 결사 단체인 신민회는 평양에 대성 학교를 설립하여 민족 교육을 실시하였다.

⑤ 건국 강령 : 삼균주의 → 충칭 임시 정부
충칭의 대한민국 임시 정부는 조소앙의 삼균주의를 기초로 건국 강령을 발표하였다. ← 정치, 경제, 교육의 균등

33 안중근 의사

암기박사 이토 히로부미 사살 ⇒ 안중근

정답 ③

정답 해설

뤼순 감옥에서 동양 평화론을 집필한 인물은 안중근이다. 안중근 의사는 하얼빈 역에서 초대 통감이었던 이토 히로부미를 사살하고, 이듬해에 뤼순 감옥에서 순국하였다.

오답 해설

① 흥사단 창립 → 안창호
안창호는 미국 샌프란시스코에서 교민들에게 민족의식을 고취시키기 위해 흥사단을 창립하였다.

② 조선 책략 반입 → 김홍집
제2차 수신사 김홍집이 일본에 갔다가 귀국할 때 황준헌이 저술한 조선책략을 가지고 들어와 국내에 소개하였다.

④ 부민관 폭파 의거 → 애국 청년당 당원
애국 청년당 당원들은 유만수 등과 함께 친일 어용 대회가 열리던 부민관에 폭탄을 터뜨렸다. ← 유만수, 조문기, 강윤국, 우동학, 권준 등

⑤ 한국통사 저술 → 박은식
박은식은 "나라는 형(形)이요, 역사는 신(神)이다."라는 국혼을 강조하며, 국권 피탈 과정을 정리한 한국통사를 저술하였다.

34 무단 통치기의 일제 정책

암기박사 회사령 시행(1910) ⇒ 무단 통치기

정답 ⑤

정답 해설

헌병 경찰, 범죄 즉결례, 조선 태형령은 무단 통치기 때 시행된 일제의 정책이다. 일제의 무단 통치기 때 회사 설립 시 총독의 허가를 받도록 하는 회사령이 시행되어 민족 기업의 설립을 방해하였다.

오답 해설

① 미쓰야 협정(1925) → 문화 통치기
만주에서 활동하는 독립군 색출을 위해 만주 군벌 장쭤린과 조선 총독부 경무국장 사이에 미쓰야 협정이 체결되었다.

② 조선 사상범 예방 구금령 제정(1941) → 민족 말살 통치기
일제는 민족 말살 통치기 때 우리 민족의 사상을 통제하기 위해 조선 사상범 예방 구금령을 제정하였다.

③ 박문국 : 한성순보 발행(1883) → 무단 통치기 이전
고종은 개화 정책의 일환으로 박문국을 설치하여 최초의 근대식 신문인 한성순보를 발행하였다.

④ 황국 중앙 총상회 : 상권 수호 운동(1898) → 무단 통치기 이전
서울의 시전 상인들이 아관파천 이후 열강의 이권 침탈에 대응하기 위해 황국 중앙 총상회를 조직하고 상권 수호 운동을 전개하였다.

> **핵심노트** ▶ 무단 통치기의 일제 정책
>
> - **헌병 경찰제** : 헌병의 경찰 업무 대행, 헌병 경찰의 즉결 처분권 행사, 체포 및 구금(영장 불필요)
> - **태형 처벌** : 조선 태형령 시행
> - **토지 조사 사업(1912~1918)** : 토지 조사령 발표(1912), 토지를 약탈하고 지주층을 회유하여 식민지화에 필요한 재정 수입원을 마련함
> - **회사령(1910)** : 회사 설립 허가제를 통해 민족 기업의 성장 억제 및 일제의 상품 시장화
> - **자원 약탈 및 경제활동 통제** : 산림령(1911), 어업령(1911), 광업령(1915), 임야조사령(1918)
> - **범죄 즉결례(1910)** : 일정한 범죄나 법규 위반 행위에 대해 재판을 거치지 않고 바로 처벌하도록 제정된 법령

35 1920년대의 사회 모습

암기박사 관동 대지진(1923) ⇒ 경성 제국 대학 설립(1924)

정답 ②

정답 해설

1923년 관동 대지진 때 일본 도쿄에서 잘못된 유언비어로 자경단 조직에 의해 수많은 조선인이 학살당하였다. 1924년 조선 교육회가 우리 손으로 대학을 설립하고자 민립 대학 설립 운동을 전개하였으나 일제가 경성 제국 대학을 설립하여 중단되었다.

오답 해설

① 영선사 파견 → 1881년
김윤식을 단장으로 한 영선사가 청에 파견되어 무기 제조법과 근대식 군사 훈련법을 배우고 돌아온 후 서울에 최초의 근대식 무기 제조 공장인 기기창을 설립하였다.

③ 국채 보상 운동 → 1907년
대구에서 개최한 국민 대회에서 서상돈 등의 발의로 정부의 외채를 국민의 힘으로 상환하여 국권을 회복하자는 국채 보상 운동이

본격화되었다.
④ 육영 공원 설립 → 1886년
육영 공원은 정부가 보빙사 민영익의 건의로 설립한 최초의 근대식 관립 학교로 헐버트, 길모어 등의 외국인 교사를 초빙하였다.
⑤ 전차 개통식 → 1899년
한성 전기 회사에 의해 서대문과 청량리 사이에 우리나라 최초의 전차가 개통되었다.

36 3·1 만세 운동의 배경

암기박사 윌슨 : 민족 자결주의 ⇒ 3·1 만세 운동

정답 ⑤

정답 해설

일제 강점기 최대 규모의 독립운동은 3·1 만세 운동이다. 미국 대통령 윌슨이 제창한 민족 자결주의의 영향을 받아 도쿄 유학생들이 중심이 되어 2·8 독립 선언서를 발표하였고, 이는 3·1 만세 운동의 배경이 되었다.

오답 해설

① 봉오동 전투, 청산리 전투 → 간도 참변
봉오동 전투와 청산리 전투에서 패배한 일본군의 보복으로, 간도의 한인 촌락이 습격을 받아 민간인이 학살되었다.
② 조·미 수호 통상 조약 → 보빙사 파견
미국과 조·미 수호 통상 조약이 체결된 후 미국 공사의 서울 부임에 답하여 민영익, 홍영식, 서광범 등이 보빙사의 단원으로 미국에 파견되었다.
③ 순종의 인산일 → 6·10 만세 운동
대한 제국의 마지막 황제인 순종의 인산일을 기회로 삼아 6·10 만세 운동이 일어나 격문 살포와 시위 운동이 전개되었다.
④ 동아일보사 주도 → 브나로드 운동
동아일보사에서 문맹 퇴치를 목적으로 '배우자 가르치자 다 함께 브나로드' 등의 구호를 내세우며 농촌 계몽을 위한 브나로드(Vnarod) 운동을 주도하였다. ← 러시아어로 '민중 속으로'라는 의미

37 대한 광복회의 활동

암기박사 박상진 : 대한 광복회 ⇒ 군대식 비밀 결사 단체

정답 ①

정답 해설

1915년 대구에서 박상진 등이 국권 회복을 위해 조직한 단체는 대한 광복회이다. 군자금 모금과 친일 관리 처단을 주도한 대한 광복회는 군대식 조직을 갖춘 비밀 결사 단체이다.

오답 해설

② 정우회 선언 → 신간회 결성
사회주의 세력의 활동 방향을 밝힌 정우회 선언으로 민족주의 세력과의 연합을 도모하고 민족 유일당인 신간회가 결성되었다.
③ 활동 지침 : 조선 혁명 선언 → 의열단
김원봉의 의열단은 무장 투쟁과 민중의 직접 혁명을 주장한 신채호의 조선 혁명 선언을 활동 지침으로 삼았다.

④ 영릉가 전투 → 조선 혁명군
양세봉의 조선 혁명군은 중국 의용군과 연합하여 영릉가 전투에서 큰 전과를 올렸다.
⑤ 만민 공동회 개최 → 독립 협회
독립 협회는 우리나라 최초의 근대적 민중 대회인 만민 공동회를 열어 열강의 이권 침탈을 비판하였다.

38 국민 주권 사상의 발전

암기박사 중추원 개편 ⇒ 대한국 국제 반포 ⇒ 대동단결 선언 ⇒ 제헌 헌법 제정

정답 ③

정답 해설

(나) 중추원 개편(1898) : 독립협회는 의회식 중추원 신관제를 반포하여 최초로 국회 설립 단계까지 진행하였다.
(가) 대한국 국제 반포(1899) : 대한 제국 때 고종 황제는 한국 최초의 근대적 헌법인 대한국 국제를 반포하였다.
(라) 대동단결 선언(1917) : 중국 상하이에서 신규식, 신채호, 조소앙 등은 융희 황제의 주권 포기를 단정하고 주권 재민을 천명한 대동단결 선언을 발표하였다.
(다) 제헌 헌법(1948) : 8·15 광복 후 남한에서 5·10 총선거가 실시되어 제헌 국회를 구성하고 제헌 헌법을 제정·공포 하였다.

39 멕시코 지역의 민족 운동

암기박사 숭무 학교 설립 ⇒ 멕시코

정답 ④

정답 해설

에네켄 농장은 멕시코로 이민을 온 한인들이 일했던 멕시코 유카탄 일대에 있는 농장이다. 멕시코 한인들은 이근영을 중심으로 멕시코 메리다 중심지에 숭무 학교를 설립하여 독립군을 양성하였다.

오답 해설

① 경학사 조직 → 서간도
신민회는 서간도의 삼원보에 한인 자치 기구인 경학사를 조직하였다.
② 권업회 조직 → 연해주
연해주에서는 한인 자치 단체인 권업회가 조직되어 권업신문을 발간하고 민족 의식을 고취하였다.
③ 중광단 결성 → 북간도
북간도에서 대종교 계열의 항일 무장 단체인 중광단이 결성되었고, 3·1 만세 운동 직후 북로 군정서로 개편되었다.
⑤ 2·8 독립 선언서 발표 → 도쿄
미국 대통령 윌슨이 제창한 민족 자결주의의 영향을 받아 일본 도쿄 유학생들이 조선 청년 독립단을 결성하고 2·8 독립 선언서를 발표하였다.

한국사 능력검정시험 3개년 기출문제

40 1920년대의 농민 운동

암기박사 암태도 소작 쟁의(1923) ⇒ 조선 농민 총맹맹 결성 (1927)

정답 ③

정답 해설

전남 신안군 암태도에서 지주 문재철의 횡포에 맞서 농민들이 소작료 인상률 저지를 위한 소작 쟁의가 일어났다. 이후 전국 단위 조직인 조선 농민 총맹맹이 결성되어 노동 운동을 전개하였다.

오답 해설

① 지계 발급 → 1901년
 대한 제국은 광무개혁 때 근대적 토지 소유제도의 마련을 위해 양전 사업을 실시하고 지계를 발급하였다. → 근대적 토지증서

② 방곡령 선포 → 1889~1890년
 조선 양곡의 무제한 유출을 허용한 조·일 통상 장정으로 일본으로의 지나친 곡물 반출을 막기 위해 함경도와 황해도에서 방곡령이 선포되었다.

④ 농광 회사 설립 → 1904년
 일제의 황무지 개간권 요구로 인한 토지 침탈에 맞서 이도재 등은 농광 회사를 설립하여 황무지를 우리 손으로 개간할 것을 주장하였다.

⑤ 토지 조사령 제정 → 1912년
 일제는 무단 통치기에 토지 약탈과 식민지화에 필요한 재정 수입원을 마련하기 위해 기한 내에 토지를 신고하게 하는 토지 조사령을 제정하였다.

41 조선어 학회의 활동

암기박사 조선말(우리말) 큰 사전 편찬 추진 ⇒ 조선어 학회

정답 ④

정답 해설

한글 맞춤법 통일안을 발표하고 한글날을 창제일에 맞춰 10월 9일로 시정한 단체는 조선어 학회이다. 조선어 학회는 조선말(우리말) 큰 사전 편찬을 추진하였으나, 일제의 조선어 학회 사건으로 해체되었다.

오답 해설

① 한글에 띄어쓰기 도입 → 존 로스
 최초로 한글에 띄어쓰기를 도입한 사람은 스코틀랜드 출신의 선교사 존 로스로, 그가 펴낸 한국어 교재 조선어 첫걸음에 한글 문장을 영어식으로 띄어 쓰고, 영어 단어로 발음을 표기했다.

② 대한문전 : 국어 문법서 → 유길준
 유길준은 국어 문법서인 대한문전을 편찬하였고 안악면학회에서 발행하였다.

③ 태극 서관 설립 → 이승훈
 신민회의 이승훈이 민중 계몽을 위해 태극 서관을 평양에 설립하고 계몽 서적 등을 보급하였다.

⑤ 국문 연구소 설립 → 주시경
 주시경은 국문 연구소를 설립하고 한글을 체계적으로 연구하였으며 국어문법을 편찬하였다.

핵심노트 ▶ 조선어 학회(1931)

- 조선어 연구회가 조선어 학회로 개편되면서 그 연구도 더욱 심화
- 한글 교재를 출판하고, 회원들이 전국을 순회하며 한글을 교육·보급
- 한글 맞춤법 통일안(1933)과 표준어(1936) 제정
- 조선말 큰사전 편찬에 착수 → 일제의 방해로 성공하지 못함
- 1940년대 초에 일제는 조선어 학회 사건을 일으켜 수많은 회원들을 체포·투옥하여 강제로 해산

42 일제 강점기의 문화상

암기박사 나운규 : 영화 아리랑(1926) ⇒ 문화 통치기

정답 ①

정답 해설

일제 강점기에는 잡지, 라디오 등의 매체를 통해 새로운 근대 문화가 소개되었는데, 문화 통치기에 나운규가 제작한 영화 아리랑이 단성사에서 처음 상영되었다.

오답 해설

② 제국신문 발행(1898) → 일제 강점기 이전
 이종일은 순한글의 계몽적 일간지인 제국신문을 간행하여 민중 계몽에 힘썼다.

③ 자유부인 출간(1954) → 일제 강점기 이후
 정비석의 소설 자유부인은 서울신문에 연재된 장편 소설로, 파격적인 소재를 통해 전후 한국 사회의 윤리적 문제와 서구 근대 문화의 유입에 따른 가치관의 변화들을 입체적으로 그려냈다.

④ 잡지 사상계 창간(1953) → 일제 강점기 이후
 독립 운동가 장준하가 창간한 잡지 사상계는 1950~60년대 한국 지성계를 대표하는 월간 종합 교양지로 높은 판매 부수를 기록하였다.

⑤ 아침 이슬 금지곡 지정(1975) → 일제 강점기 이후
 김민기가 작사·작곡하고 양희은이 부른 아침 이슬은 발표 당시 대한민국의 억압된 정치 상황을 은유하는 듯한 가사로 대중의 큰 인기를 끌었으나, 박정희 정부 때 금지곡으로 지정되었다.

43 한국 광복군의 독립 투쟁

암기박사 국내 진공 작전 준비 ⇒ 한국 광복군

정답 ②

정답 해설

충칭에서 지청천을 총사령으로 창설된 부대는 한국 광복군이다. 한국 광복군은 미국 전략정보처(OSS)의 지원 하에 미국과 연계하여 국내 진공 작전을 준비하였으나 일제의 패망으로 실현하지는 못했다.

오답 해설

① 청산리 대첩 → 북로 군정서군
 김좌진의 북로 군정서군은 홍범도의 대한 독립군과 연합하여 간도의 청산리에서 일본군에 맞서 승리를 거두었다.

③ 동북 인민 혁명군 → 동북 항일 연군
 만주에서 중국 공산당과 한인 사회주의자가 연합하여 결성한 동북 인민 혁명군은 동북 항일 연군으로 개편되어 유격전을 전개하였다.

④ 쌍성보, 대전자령 전투 → 한국 독립군
지청천의 한국 독립군은 쌍성보, 대전자령 전투에서 한중 연합 작전을 전개하여 일본군에 승리하였다.
⑤ 중국 관내에서 결성된 최초의 한인 무장 부대 → 조선 의용대
김원봉의 조선 의용대는 중국 관내(關內)에서 결성된 최초의 한인 무장 부대로, 중국 국민당과 연합하여 포로 심문, 요인 사살, 첩보 작전을 수행하였다.

44 민족 말살 통치기의 일제 정책

암기박사 애국반 조직(1938) ⇒ 민족 말살 통치기 | 정답 ②

정답 해설
일제가 중·일 전쟁을 일으키고 침략을 확대하던 시기는 민족 말살 통치기이다. 일제는 민족 말살 통치기에 전시체제 하에서 한국인의 일상 생활을 감시·통제하기 위해 애국반을 조직하였다.

오답 해설
① 신문지법 제정(1907) → 일제 강점기 이전
대한 제국 때 이완용 내각이 우리나라의 신문을 탄압하고 통제하기 위해 신문지법을 제정하였다.
③ 조선 물산 공진회 개최(1915) → 무단 통치기
조선 총독부가 무단 통치기 때 전국 박람회인 조선 물산 공진회를 경복궁에서 최초로 개최하였다.
④ 화폐 정리 사업(1905) → 일제 강점기 이전
재정 고문 메가타의 주도로 조선의 상평통보나 구(舊) 백동화를 일본 제일 은행에서 만든 새 화폐로 교환하는 화폐 정리 사업이 실시되었다.
⑤ 제1차 조선 교육령(1911) → 무단 통치기
일제는 무단 통치기 때 보통학교의 수업 연한을 4년으로 규정한 제1차 조선 교육령을 시행하였다.

45 김구의 성명서 발표 이후의 사건

암기박사 김구의 성명서 발표(1948. 2) ⇒ 5·10 총선거(1948. 5) | 정답 ④

정답 해설
남한만의 단독 정부 수립을 주장한 이승만의 정읍 발언이 제기되자, 남한만의 단독 정부 수립에 반대하는 김구의 성명서(삼천만 동포에게 읍고)가 발표되었다. 이후 우리나라 최초의 보통 선거인 5·10 총선거가 남한 단독으로 실시되어 제헌 국회를 구성하고 헌법을 제정·공포하였다.

오답 해설
① 모스크바 3국 외상 회의 개최 → 1945년
미·소 공동 위원회를 설치하고 최고 5년 동안 미·영·중·소 4개국이 신탁 통치를 하기로 결정한 3국 외상 회의가 모스크바에서 개최되었다.
② 한국 민주당 창당 → 1945년
대한민국 정부 수립 이전인 미 군정기에 송진우, 김성수 등의 독립 운동가들이 한국 민주당을 창당하였다.
③ 좌우 합작 7원칙 발표 → 1946년
이승만의 정읍 발언 후 우익 측을 대표한 김규식과 좌익 측을 대표한 여운형이 좌우 합작 위원회를 조직하고 좌우 합작 7원칙을 발표하였다.
⑤ 조선 건국 준비 위원회 조직 → 1945년
8·15 광복 직후 건국 작업을 진행하기 위해 여운형이 중심이 되어 조선 건국 준비 위원회가 조직되었다.

46 이승만 정부 시기의 사실

암기박사 한미 상호 방위 조약 체결 ⇒ 이승만 정부 | 정답 ②

정답 해설
6·25 전쟁 중 부산 임시 국회에서 (발췌) 개헌안이 표결된 것은 이승만 정부 때의 일이다. 이승만 정부 때 한·미 상호 방위 조약이 체결되어 한반도에서 무력 충돌이 일어날 경우 유엔의 결정 없이 미국이 즉각 개입할 수 있게 되었다.

오답 해설
① 경부 고속 도로 개통 → 박정희 정부
박정희 정부 때에 서울과 부산을 연결하는 경부 고속 도로가 개통되었다.
③ 함평 고구마 피해 보상 운동 → 박정희 정부
박정희 정부 때에 함평군 농협이 농민들이 수확한 고구마를 전량 수매하기로 하고 이를 이행하지 않아 함평 고구마 피해 보상 운동이 전개되었다.
④ 금융 실명제 실시 → 김영삼 정부
김영삼 정부 때에 금융 거래의 투명성을 확보하고자 대통령의 긴급 명령으로 금융 실명제를 실시하였다.
⑤ 삼청 교육대 설치 → 전두환 정부
전두환 정부 때 비상계엄이 발령된 직후 국가보위비상대책위원회가 사회 정화를 명분으로 전국 각지의 군부대 내에 삼청 교육대를 설치하였다.

47 박정희 정부 시기의 사실

암기박사 3·1 민주 구국 선언 ⇒ 박정희 정부 | 정답 ⑤

정답 해설
여성 노동자를 탄압한 동일방직 사건, 신민당 당사에서 일어난 YH 사건은 모두 박정희 정부 때의 일이다. 박정희 정부 때에 유신 체제에 항거하여 종교계와 재야 인사들이 명동 성당에서 긴급 조치 철폐 등을 요구하는 3·1 민주 구국 선언을 발표하였다.

오답 해설
① 부천 경찰서 성 고문 사건 → 전두환 정부
전두환 정부 때에 대학 제적생으로 노동운동에 투신한 권인숙 씨가 부천 경찰서에 연행된 후 성 고문을 당하는 사건이 발생하였다.
② 경향신문 폐간 → 이승만 정부
이승만 정부 때 정부에 비판적인 경향신문을 폐간하고 관련자들을 내란선동 혐의로 기소하는 등 언론을 통제하였다.

한국사 능력검정시험 3개년 기출문제

③ 최저 임금 위원회 설치 → 전두환 정부
전두환 정부 때 근로자의 최저 임금 결정을 위한 최저 임금 위원회가 설치되었다.
④ 지방 자치제 전면 시행 → 김영삼 정부
김영삼 정부 때에 지방 자치 단체장까지 선출하는 지방 자치제가 전면 시행되었다.

48 6월 민주 항쟁

암기박사 5년 단임의 대통령 직선제 개헌 ⇒ 6월 민주 항쟁

정답 ③

정답 해설
박종철 고문치사와 전두환 정부의 4·13 호헌 조치 발표로 6월 민주 항쟁이 촉발되었고 시위 도중 대학생 이한열이 희생되었다. 6월 민주 항쟁의 결과 노태우의 6·29 민주화 선언에 따라 5년 단임의 대통령 직선제 개헌을 이끌어냈다.

오답 해설
① 유신 체제 붕괴 → 부·마 민주 항쟁
YH 사건으로 부산과 마산에서 유신 철폐와 독재 타도를 외치며 부·마 민주 항쟁이 발발하였고, 이는 유신 체제가 붕괴되는 계기가 되었다.
② 이승만 대통령 하야 → 4·19 혁명
3·15 부정선거 규탄 시위에 대한 유혈 진압에 항거하여 4·19 혁명이 발발하였고, 결국 이승만 대통령이 하야하는 결과를 가져왔다.
④ 시민군의 자발적 조직 → 5·18 민주화 운동
신군부의 계엄 확대와 무력 진압에 5·18 민주화 운동이 발발하였고 시위 전개 과정에서 시민군이 자발적으로 조직되었다.
⑤ 한·일 국교 정상화 반대 → 6·3 시위
박정희 정부 때에 한·일 회담에 따른 굴욕적인 한·일 국교 정상화에 반대하여 6·3 시위가 일어났다.

49 김영삼 정부 시기의 사실

암기박사 거창 사건 명예 회복에 관한 특별 조치법 제정 ⇒ 김영삼 정부

정답 ⑤

정답 해설
군대 내 사조직인 하나회를 청산한 것은 김영삼 정부 때의 일이다. 김영삼 정부 때에 거창 사건 등 관련자의 명예 회복에 관한 특별 조치법이 제정 되었다. 거창 사건은 6·25 전쟁 당시 경남 거창군 신원면에서 일부 국군에 의해 공비 소탕 명목으로 민간인이 대량 학살된 사건이다.

오답 해설
① 한·칠레 자유 무역 협정(FTA) → 노무현 정부
노무현 정부 때에 칠레와 한·칠레 자유 무역 협정(FTA)을 체결하였다.
② 수출액 100억 달러 달성 → 박정희 정부
박정희 정부 때인 1971년에 수출 10억 달러를 돌파한 지 6년 만에 처음으로 연간 수출액 100억 달러가 달성되었다.
③ 7·4 남북 공동 성명 → 박정희 정부
박정희 정부 때에 서울과 평양에서 7·4 남북 공동 성명을 발표하여 '자주, 평화, 민족 대단결'의 민족 통일 3대 원칙을 제시하였다.
④ 소련과 수교 → 노태우 정부
노태우 정부 때에 적극적인 북방 외교를 추진하여 사회주의 국가인 소련 및 동유럽 국가들과 수교하였다.

핵심노트 ▶ 김영삼 정부(문민 정부, 1993.3 ~ 1998.2)

• 성립 : 1992년 12월 김영삼 대통령 당선 → 5·16 군사 정변 이후 30여 년만의 민간인 출신 대통령
• 주요 정책 : 공직자 재산 등록, 금융 실명제, 지방 자치제 전면 실시, 역사 바로 세우기 운동 → 전두환, 노태우 구속
• 외환위기 : 집권 말기 국제 통화 기금(IMF)의 구제 금융 지원 요청

50 제주 지역의 역사

암기박사 김만덕 : 빈민 구제 활동 ⇒ 제주도

정답 ④

정답 해설
너븐숭이 4·3 기념관과 알뜨르 비행장이 있는 곳은 제주도이다. 조선 정조 때 제주도 거상 김만덕이 재산을 기부하여 흉년에 굶주린 백성들을 구제하였다.

오답 해설
① 원종과 애노의 난 → 상주
신라 하대 진성여왕 때 원종과 애노가 가혹한 세금 수탈에 반발하여 사벌주에서 봉기하였다.
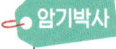
지금의 상주
② 외규장각 도서 약탈 → 강화도
프랑스는 병인박해 때의 프랑스 신부 처형을 구실로 강화도를 공격하여 병인양요를 일으켰고, 철군 시 외규장각 도서를 약탈하였다.
③ 강주룡 : 을밀대 고공 시위 → 평양
노동자 강주룡이 평양 을밀대 지붕에서 임금 삭감에 저항하며 고공 시위를 전개하였다.
⑤ 영국군의 불법 점령 → 거문도
갑신정변 이후 조·러 수호 통상 조약이 체결되자 영국군이 러시아를 견제하기 위해 거문도를 불법으로 점령하였다.

224

2025년도 제74회 정답 및 해설

심화

01 신석기 시대의 생활 모습

정답 ③

암기박사 신석기 혁명 : 농경과 목축 ⇒ 신석기 시대

정답 해설

서울 암사동 유적에서 발견된 빗살무늬 토기와 갈돌, 갈판은 신석기 시대의 대표적인 유물이다. 신석기 시대에는 신석기 혁명이라 할 수 있는 농경과 목축을 통해 식량을 생산하였다.

오답 해설

① 목책과 환호 → 청동기 시대
　청동기 시대에는 말뚝을 박아 만든 울타리인 목책과 마을을 감싸는 도랑인 환호 등 방어 시설을 갖추었다.

② 깊이갈이 → 고려 시대
　고려 시대에는 소를 이용하여 이랑과 고랑의 높이 차이를 크게 하는 깊이갈이가 일반화되었다.

④ 고인돌 축조 → 청동기 시대
　청동기 시대에는 많은 인력을 동원하여 지배층의 무덤인 고인돌을 축조하였다.

⑤ 세형 동검 제작 → 철기 시대
　철기 시대에는 거푸집을 이용하여 한국식 동검인 세형 동검을 제작하였다.

핵심노트 ▶ 신석기 시대의 경제 생활

- 농경과 목축의 시작 : 신석기 시대 중기까지는 사냥·채집·어로 생활이 중심이었고, 후기부터 농경과 목축이 시작됨
- 유물 및 유적 : 봉산 지탑리와 평양 남경 유적의 탄화된 좁쌀은 신석기 후기의 잡곡류(조, 피, 수수) 경작을 반영함
- 주요 농기구 : 돌괭이(석초), 돌보습, 돌삽, 돌낫, 맷돌(연석) 등
- 농경 형태 : 집 근처의 조그만 텃밭을 이용하거나 강가의 퇴적지를 소규모로 경작
- 사냥·채집·어로 : 주로 활이나 돌창, 돌도끼 등으로 사슴류와 멧돼지 등을 사냥하거나 다양한 크기의 그물, 작살, 뼈낚시 등을 이용하여 고기를 잡음
- 원시 수공업 : 가락바퀴(방추차)나 뼈바늘(골침)로 옷, 그물, 농기구 등을 제작

02 고조선의 역사

정답 ⑤

암기박사 상, 대부, 장군 등의 관직 ⇒ 고조선

정답 해설

단군왕검이 세운 우리 역사상 최초의 국가는 고조선이다. 고조선은 왕 아래 상, 대부, 장군 등의 관직을 두었으며, 사회 질서를 유지하기 위한 범금 8조가 있었다.

오답 해설

① 가(加) : 사출도 주관 → 부여
　부여는 왕 아래에 가축의 이름을 딴 여러 가(加)들이 별도로 사출도를 다스렸다. → 마가·우가·저가·구가 등
　→ 행정 구역

② 동맹 : 제천 행사 → 고구려
　고구려는 매년 10월에 동맹이라는 제천 행사를 열어 하늘에 제사를 지냈다.

③ 민며느리제 : 혼인 풍습 → 옥저
　옥저에는 혼인 풍습으로 장차 며느리로 삼기 위해 어린 소녀를 데려다 키운 뒤 아들과 혼인시켜 며느리로 삼는 민며느리제가 있었다.

④ 책화 : 읍락 간의 경계 중시 → 동예
　동예에는 읍락 간의 경계를 중시하는 책화가 있어서, 다른 부족의 생활권을 침범하면 노비와 소·말로 변상하였다.

03 고구려의 교육 기관

정답 ②

암기박사 경당 : 지방 교육 기관 ⇒ 고구려

정답 해설

장군총은 대표적인 고구려의 무덤이다. 고구려 장수왕 때 지방 청소년의 무예와 한학 교육을 위해 지방 교육 기관인 경당을 설립하였다.

오답 해설

① 녹과전 지급 → 고려
　고려 원종은 몽골의 침입으로 전시과 제도가 완전히 붕괴되어 토지를 지급할 수 없게 되자, 일시적으로 관리의 생계를 위해 녹봉 대신 녹과전을 지급하였다.

③ 팔만대장경 간행 → 고려
　고려 고종 때 몽골의 침입으로 초조대장경이 소실되자 강화도에 대장도감을 설치하고 팔만대장경을 간행하였다.

④ 22담로에 왕족 파견 → 백제
　백제 무령왕은 지방 통제를 강화하기 위해 지방의 주요 지점에 22담로를 두어 왕족을 파견하였다.

⑤ 황룡사 구층 목탑 축조 → 신라
　신라 선덕여왕 때 자장의 건의로 황룡사 구층 목탑이 경주에 축조되었다.

04 신라 vs 백제

정답 ②

암기박사 관산성 전투 ⇒ 대가야 복속 ⇒ 대야성 전투

정답 해설

(가) 관산성 전투(554) : 신라 진흥왕이 나제 동맹을 깨고 백제가 차지한 지역을 점령하자 백제 성왕이 신라를 공격하다 옥천의 관산성 전투에서 전사하였다.

- 대가야 복속(562) : 신라 진흥왕은 후기 가야 연맹으로 성장한 대가야를 공격하여 복속시켰다.

(나) 대야성 전투(642) : 백제 의자왕은 윤충을 보내 신라를 공격하고 대야성을 비롯한 40여 개의 성을 함락하였다.

오답 해설

① 백제의 남부여 변경(538) → (가) 이전
　백제 성왕은 웅진에서 사비로 천도한 후 국호를 남부여로 변경하는 등 행정 조직을 재정비하였다.

③ 황산벌 전투(660) → (나) 이후
　백제 의자왕 때 계백이 이끈 결사대가 황산벌에서 신라군에 맞서 항전하였으나 패배하였다.

225

④ 나·당 동맹(648) → (나) 이후
신라의 김춘추는 백제 의자왕의 공격으로 고구려에 원병을 요청하였으나 거절당하자 당으로 건너가 나·당 동맹을 체결하였다.

⑤ 신라의 한강 하류 점령(553) → (가) 이전
백제 성왕이 신라 진흥왕과 연합하여 고구려로부터 한강 하류 지역을 수복하였으나, 신라 진흥왕이 나·제 동맹을 깨고 한강 하류 지역을 차지하였다.

05 백제의 역사

암기박사 부여씨와 8성 귀족 ⇒ 백제 | **정답** ⑤

정답 해설

능산리 고분군은 부여에 있는 백제의 사비 시대 고분이며, 송산리 고분군은 공주에 있는 백제의 웅진 시대 고분이다. 백제는 왕족인 부여씨와 왕비족인 진씨·해씨 그리고 8성의 귀족이 지배층을 이루었다.

오답 해설

① 관등 : 일길찬, 사찬 → 신라
신라는 골품에 따라 관등을 17등급으로 나누었는데, 7등급인 일길찬과 8등급인 사찬 등의 관등이 있었다.

② 지방관 : 욕살, 처려근지 → 고구려
고구려는 지방의 여러 성에 욕살, 처려근지 등의 지방관을 두어 병권을 행사하였고, 각 지방의 성이 군사적 요지로 개별적 방위망을 형성하였다.

③ 특산물 : 단궁, 과하마, 반어피 → 동예
동예는 토지가 비옥하고 해산물이 풍부하여 농경·어로 등 경제 생활이 윤택하였으며, 특산물로 단궁, 과하마, 반어피가 유명하였다.

④ 범금 8조 : 사회 질서 유지 → 고조선
고조선은 사회 질서를 유지하기 위해 만민법인 범금 8조를 두었다.

06 신라 문무왕의 업적

암기박사 외사정 파견 : 지방관 감찰 ⇒ 통일 신라 문무왕 | **정답** ⑤

정답 해설

삼국 통일의 위업을 달성한 왕은 문무왕 김춘추이다. 문무왕은 지방관을 감찰하기 위해 주·군에 외사정을 파견하였다.

오답 해설

① 이사부 : 우산국 복속 → 신라 지증왕
신라 지증왕은 이사부를 보내 우산국(울릉도)을 복속하였다.

② 연호 : 건원 → 신라 법흥왕
신라 법흥왕은 건원이라는 독자적인 연호를 사용하여 자주 국가로서의 위상을 높였다.

③ 관료전 지급 / 녹읍 폐지 → 통일 신라 신문왕
통일 신라의 신문왕은 관료전을 지급하고 귀족의 경제 기반이었던 녹읍을 폐지하였다.

④ 거칠부 : 국사 편찬 → 신라 진흥왕
신라는 진흥왕 때 거칠부가 왕명에 의해 국사를 편찬하였으나 현재 전하지는 않는다.

07 발해의 역사

암기박사 문적원 : 도서관 기능 ⇒ 발해 | **정답** ⑤

정답 해설

거란도, 영주도, 신라도 등의 교통로를 이용해 주변 국가들과 교역한 나라는 발해이다. 발해는 서적 관리, 주요 문서 작성 등을 위해 도서관 기능을 담당하는 문적원을 두었다.

오답 해설

① 칠지도 : 친선 외교 목적 → 백제
칠지도는 백제 근초고왕이 왜왕에게 친선 외교의 목적으로 하사한 칼로 금으로 상감한 글씨가 새겨져 있다.

② 군사 조직 : 9서당 10정 → 통일 신라
통일 신라의 신문왕은 중앙군으로 9서당, 지방군으로 10정의 군사 조직을 운영하였다.

③ 광평성 : 국정 총괄 → 후고구려
후고구려의 궁예는 국정을 총괄하는 광평성을 비롯한 각종 정치 기구를 마련하였다.

④ 신성 지역 : 소도, 제사장 : 천군 → 삼한
삼한에는 신성 지역인 소도에서 의례를 주관하는 천군이라는 제사장이 존재하였다.

08 신라 하대 선종의 유행

암기박사 참선과 수행을 통한 깨달음 ⇒ 선종 | **정답** ②

정답 해설

9산문 중 가지산문은 도의 선사가 개창한 대표적인 선종 사원이다. 선종은 기존의 사상 체계에 의존하지 않고 참선과 수행을 통한 깨달음을 강조하였다.

> 수미산문, 사굴산문, 사자산문
> 성주산문, 희양산문, 동리산문
> 가지산문, 실상산문, 봉림산문

오답 해설

①·④ 신선 사상, 초제 거행 → 도교
도교는 신선 사상과 결합하여 불로장생을 추구하였으며, 궁중에서는 하늘에 제사 지내는 초제를 거행하였다.

③ 시경, 서경, 역경 → 유교
유교는 시경, 서경, 역경 외에 춘추, 예기를 합해 5경이라 하여 주요 경전으로 삼았다.

⑤ 인내천 사상 → 동학
최제우가 창시한 동학은 인내천 사상을 내세워 인간의 평등을 주장하였고, 유·불·선을 바탕으로 민간 신앙의 요소까지 포함하였다.

> **핵심노트** ▶ 선종(禪宗)의 전래 및 발전
> - 화엄 사상을 공부하던 승려들이 중국에 유학하여 선종을 공부하고 들어옴
> - 신라 말기에 귀족 사회의 분열과 지방 세력의 발호에 맞추어 기반 확대
> - 6두품 출신의 개창과 호족의 후원 등으로 발전
> - 최초 본산은 도의의 가지산파, 최후 본산은 이엄의 수미산파
> - 개인적 정신세계를 찾는 경향이 강하여 좌선을 중시
> - 불교 의식과 권위를 배격, 종파 불교가 본격적으로 전개됨
> - 쌍봉사 철감선사 승탑, 4산비명 등의 승탑과 탑비의 유행
> - 9개의 대표적인 선종 사원을 9산 선문이라고 함

09 해상왕 장보고

암기박사 산동반도 : 적산 법화원 창건 ⇒ 장보고 **정답** ②

정답 해설

청해진을 설치하고 동아시아 무역을 주도하였으나, 왕위 쟁탈전에 휘말려 암살당한 인물은 해상왕 장보고이다. 그는 통일 신라 때 항해의 안전을 기원하기 위해 산동반도에 적산 법화원을 창건하였다.

오답 해설

① 화왕계 저술 → 설총
설총은 신문왕에게 향락을 배격하고 경계하도록 국왕에게 조언하는 내용의 화왕계를 저술하였다.

③ 청방인문표 작성 → 강수
6두품 출신의 강수는 외교 문서 작성에 능하여 당나라에 갇혀 있는 김인문을 석방해 줄 것을 요청한 청방인문표를 작성하였다.

④ 격황소서 저술 → 최치원
최치원은 당에 있을 때 황소의 난이 일어나자 격황소서를 지어 문장가로서 세상에 이름을 떨쳤다.

⑤ 왕오천축국전 저술 → 혜초
혜초는 인도와 중앙아시아 일대를 여행하고 이를 바탕으로 구법 순례기인 왕오천축국전을 저술하였다.

10 후삼국의 통일 과정

암기박사 경순왕 항복(935) ⇒ 일리천 전투(936) **정답** ④

정답 해설

신라의 마지막 왕인 경순왕 김부가 고려 태조에게 항복함으로써 신라가 멸망하였다. 이후 태조 왕건의 고려군이 일리천 전투에서 신검의 후백제군을 물리침으로써 후백제가 멸망하였다.

오답 해설

① 안승 : 보덕국왕 임명 → 674년
고구려가 멸망한 뒤 신라 문무왕이 보장왕의 서자 안승을 금마저(익산)에서 보덕국왕으로 임명하였다.

② 공산 전투 → 927년
후백제의 견훤이 신라를 공격하자 경애왕의 요청으로 태조 왕건은 신숭겸을 보내 견훤군을 공격하였으나 공산 전투에서 전사하였다.

③ 원종과 애노의 난 → 889년
신라 하대 진성여왕 때 원종과 애노가 가혹한 세금 수탈에 반발하여 사벌주(상주)에서 반란을 일으켰다.

⑤ 고창 전투 → 930년
견훤의 후백제군이 고창 전투에서 왕건의 고려군에게 패배하였다.

11 고려 광종의 정책

암기박사 연호 : 광덕, 준풍 ⇒ 고려 광종 **정답** ②

정답 해설

노비안검법 실시, 후주와의 사신 왕래, 제위보 설치는 모두 고려 광종 때 시행된 정책이다. 광종은 국왕을 황제라 칭하고 광덕, 준풍 등의 독자적 연호를 사용하였으며 개경을 황도라 하였다.

오답 해설

① 정치도감 설치 : 폐정 개혁 → 고려 충목왕
고려 충목왕은 폐정 개혁을 목표로 정치도감을 설치하였으나 정동행성이문소에 의한 원나라의 간섭을 받았다.

③ 예의상정소 : 상정고금예문 편찬 → 고려 인종
고려 인종 때 예의상정소에서 고금의 예문을 모아 편찬한 예서인 상정고금예문을 편찬하였다.

④ 12목 설치 : 지방관 파견 → 고려 성종
고려 성종은 최승로의 시무 28조에 따라 전국에 12목을 설치하고 지방관을 파견하였다.

⑤ 전시과 제도 : 전지와 시지 지급 → 고려 경종
고려 경종 때 관리에게 등급에 따라 전지와 시지를 차등 지급하는 전시과 제도를 시행하였다.

12 거란의 침입

암기박사 만부교 사건(태조) ⇒ 서희의 외교 담판(성종) ⇒ 나주 피난(현종) **정답** ③

정답 해설

(가) 만부교 사건(942) : 고려 태조 왕건은 발해를 멸망시킨 거란을 적대시하여 거란이 공물로 보낸 낙타를 만부교에 묶어 굶어 죽게 하였다.

• 서희의 외교 담판(993) : 고려 성종 때 거란이 1차 침입을 시도하자 서희가 거란의 소손녕과 외교 담판을 벌여 강동 6주를 획득하였다.

(나) 현종의 나주 피난(1010) : 강조의 정변을 구실로 강동 6주를 넘겨 줄 것을 요구하며 거란이 2차 침입을 시도하자 현종은 거란의 침략을 피해 나주까지 피난하였다.

오답 해설

① 묘청 : 서경 천도 운동(1135) → (나) 이후
고려 인종 때 묘청의 서경파가 풍수지리설에 근거하여 서경 천도와 칭제 건원, 금국 정벌을 주장하였다.

② 강감찬 : 흥화진 전투(1019) → (나) 이후
소배압이 이끄는 거란군이 고려를 3차 침입하자 강감찬은 소가죽

으로 연결한 둑을 터뜨려 흥화진 전투에서 승리하였다.
④ 최우 : 강화도 천도(1232) → (나) 이후
몽골의 무리한 조공 요구와 내정 간섭에 반발한 최우가 다루가치를 사살하고 강화도로 도읍을 옮겨 장기 항전을 준비하였다.
⑤ 윤관 : 동북 9성 개척(1107) → (나) 이후
고려 예종 때 윤관은 별무반을 이끌고 여진을 정벌한 후 동북 9성을 개척하였다.

👆 **핵심노트** ▶ 거란의 침입

구분	원인	결과
1차 침입 (성종 993)	송과의 단절 요구, 정안국의 존재	서희의 외교 담판 → 강동 6주 획득
2차 침입 (현종 1010)	강조의 정변	양규의 흥화진 전투
3차 침입 (현종 1018)	현종의 입조 및 강동 6주 반환 거부	강감찬의 흥화진 전투 & 귀주 대첩

13 고려의 문화유산

🔖 **암기박사** 　도기 기마인물형 명기 ⇒ 신라 문화유산　정답 ①

정답 해설

청자 모자원숭이모양 연적, 청자 상감운학문 매병, 영주 부석사 소조여래좌상은 모두 고려의 문화유산이다. 한편, 도기 기마인물형 명기는 경북 경주시 금령총에서 출토된 신라의 문화유산으로, 당시의 복식, 무기, 말갖춤의 착장 상태, 공예 의장 등을 파악할 수 있다.

오답 해설

② 청자 투각 칠보무늬 향로 → 고려 문화유산
향이 빠져나가는 뚜껑과 향을 태우는 몸통, 그리고 이를 지탱하는 받침으로 이루어진 대표적인 고려청자 향로로, 각각 다른 모양을 기능적으로 결합하여 완성된 조형물로 나타내었을 뿐만 아니라 음각, 양각, 투각, 퇴각, 상감, 첩화 등 다양한 기법이 조화롭게 이용되었다.

③ 청동 은입사 포류수금문 정병 → 고려 문화유산
청동에 은입사 기법으로 물가의 버드나무와 물새 등을 표현한 고려 시대의 청동 정병이다.

④ 나전 국화 넝쿨무늬자합 → 고려 문화유산
나전 국화 넝쿨무늬자합은 불화, 청자와 함께 고려 시대 예술문화의 높은 수준을 보여주는 대표적인 나전칠기 공예품이다.

⑤ 월정사 팔각 구층 석탑 → 고려 문화유산
강원도 평창의 월정사 대웅전 앞뜰에 있는 고려 전기의 석탑으로, 당시 불교문화 특유의 화려하고 귀족적인 면모가 잘 나타난 다각 다층 석탑이다.

14 고려 무신정권기의 사건

🔖 **암기박사** 　김보당의 난 ⇒ 최충헌의 봉사 10조 ⇒ 반몽 정권 수립　정답 ①

정답 해설

(가) 김보당의 난(1173) : 고려 무신 집권기 때 동북면 병마사 김보당이 무신정변에 반대하고 의종 복위를 주장하며 난을 일으켰다.
(나) 최충헌의 봉사 10조(1196) : 고려 명종 때 최충헌이 사회 개혁책인 봉사 10조를 국왕에게 올려 시정 개혁을 건의하였다.
(다) 반몽 정권 수립(1270) : 몽골과의 강화가 성립된 후 고려 정부의 개경 환도에 반대하여 배중손이 왕족인 승화후 왕온을 왕으로 추대한 후 강화도에서 반몽 정권을 수립하였다.

15 고려 시대의 사회 모습

🔖 **암기박사** 　혜민국 설치 ⇒ 고려 시대　정답 ④

정답 해설

7재가 운영된 것은 고려 예종 때로, 관학 진흥을 위해 국자감에 전문 강좌인 7재가 개설되어 운영되었다. 또한 고려 예종 때 병자에게 약을 지급하는 혜민국이 설치되어 백성에게 약을 무료로 나눠주었다.
→ 여택재, 대빙재, 경덕재, 구인재, 복응재, 양정재, 강예재

오답 해설

① 서얼 : 통청 운동 → 조선 후기
조선 후기에 서얼은 청요직 진출을 요구하는 집단 상소를 올려 통청 운동을 전개하였다.
→ 조선 시대 관리들이 선망하는 홍문관·사간원·사헌부 등의 관직

② 흥선 대원군 : 사창제 시행 → 조선 후기
조선 후기 흥선 대원군은 호조에서 정한 사창절목에 따라 사창제를 시행하여 농민 부담을 경감하고 재정 수입을 확보하였다.

③ 정감록 : 왕조 교체 예언 → 조선 후기
조선 후기에는 비기·도참과 같은 예언 사상이 유행하였고, 왕조 교체를 예언하는 정감록 등이 유포되었다.

⑤ 향약집성방 편찬 → 조선 전기
조선 전기 세종 때 국산 약재와 치료 방법을 정리한 향약집성방이 간행되었다.

16 보조국사 지눌

🔖 **암기박사** 　돈오점수 ⇒ 보조국사 지눌　정답 ②

정답 해설

시호가 '불일보조국사'이며 정혜결사를 조직하고 「권수정혜결사문」을 지은 인물은 보조국사 지눌이다. 그는 돈오점수를 바탕으로 꾸준한 수행을 강조하였다.
→ 인간의 마음이 곧 부처의 마음임을 깨닫고(돈오) 그 뒤에 깨달음을 꾸준히 실천하는 것(점수)

오답 해설

① 백련 결사 제창 → 요세
원묘국사 요세는 강진 만덕사(백련사)에서 법화 신앙에 중점을 둔 백련 결사를 제창하고 불교 정화 운동을 전개하였다.

③ 해동고승전 저술 → 각훈
화엄종의 대가인 각훈은 삼국 시대 승려 33명의 전기를 기록한 해동고승전을 저술하였다.

④ 선문염송집 편찬 → 혜심
진각국사 혜심은 선문염송집을 편찬하고 유불 일치설을 주장하여

심성의 도야를 강조하였다.
⑤ 성상융회 강조 → 균여
균여는 화엄 사상을 중심으로 법상종을 융합시키는 성상융회를 제창하여 교종 내 대립을 해소하고자 하였다.

> 공(空)을 뜻하는 성(性)과 색(色)을 뜻하는 상(相)을 원만하게 융합시키는 사상

 핵심노트 ▶ 보조국사 지눌(1158~1210)

- **선·교 일치 사상의 완성** : 조계종을 창시해 선종을 중심으로 교종을 포용하여 선·교 일치 사상의 완성을 추구
- **정혜쌍수** : 선정과 지혜를 같이 닦아야 한다는 것으로, 선과 교학이 근본에 있어 둘이 아니라는 사상 체계를 말함
- **돈오점수** : 인간의 마음이 곧 부처의 마음임을 깨닫고(돈오) 그 뒤에 깨달음을 꾸준히 실천하는 것(점수)을 말함
- **수선사 결사 운동** : 명리에 집착하는 무신 집권기 당시 불교계의 타락상을 비판하고 승려 본연의 자세로 돌아가 독경과 선 수행 등에 고루 힘쓰자는 개혁 운동. 송광사를 중심으로 전개

17 원 간섭기의 사회 모습

암기박사 이암 : 농상집요 소개 ⇒ 원 간섭기   **정답** ①

정답 해설

권문세족이 도평의사사를 장악하고 많은 여성이 공녀로 원에 끌려갔으며 지배층을 중심으로 변발과 호복이 유행한 것은 원 간섭기 때의 일이다. 원 간섭기인 고려 충정왕 때 이암이 중국 화북 지방의 농법을 정리한 농상집요를 소개하였다.

오답 해설

② 흑창 설치 → 고려 초기
고려 초기 태조는 빈민을 구제하기 위해 고구려의 진대법을 계승한 흑창을 처음 설치하였다.
③ 사섬서 : 저화 발행 → 조선 전기
조선 전기 태종 때 사섬서에서 종이 화폐인 저화를 발행하였다.
④ 선혜청 : 공가 지급 → 조선 후기
조선 후기 대동법의 시행으로 선혜청에서 공가를 받아 필요한 물품을 마련하여 궁궐과 관청에 납품하는 공인이 등장하였다.
⑤ 보부상 : 상평통보 거래 → 조선 후기
조선 후기에는 보부상들이 장시를 돌아다니며 상평통보로 일용잡화나 농·수산물, 수공업 제품, 약재 등을 거래하였다.

18 고려의 중앙 관제

암기박사 군사 기밀과 왕명 출납 ⇒ 중추원
국방 및 군사 문제 논의 ⇒ 도병마사   **정답** ④

정답 해설

ㄴ. 중추원(추밀원)은 고려 시대에 군사 기밀을 담당하고 왕명을 출납하는 정치 기구이다.
ㄹ. 도병마사는 중추원(추신)과 중서문하성(재신)이 참여하여 국방 및 군사 문제를 논의하는 재추 합의 기구로 발전하였다.

오답 해설

ㄱ. 좌·우사정 : 6부 관할 → 발해
발해는 좌·우사정이 6부를 나누어 관할하였는데 좌사정이 충·인·의부를, 우사정이 지·예·신부를 각각 관할하였다.
ㄷ. 서경권 행사 → 대간
대간(사헌부, 사간원)의 관리들은 5품 이하의 관원에 대한 서경권을 행사하였다.

> 인사 이동이나 법률 제정 등에서 대간의 서명을 받는 제도

19 종묘의 기능

암기박사 역대 국왕과 왕비의 신주를 모신 사당 ⇒ 종묘   **정답** ①

정답 해설

조선 왕과 왕비, 대한 제국 황제와 황후의 신위 49위가 모셔져 있는 곳은 종묘이다. 종묘는 역대 국왕과 왕비의 신주를 모신 사당으로 왕이 국가와 백성의 안위를 기원하기 위해 문무백관과 함께 정기적으로 제사에 참여한 공간이다.

오답 해설

② 경복궁 향원정 → 2층 육각 목조 정자
경복궁 북쪽 후원에 있는 향원지 내의 가운데 섬 위에 건립된 조선 시대의 2층 육각 목조 정자이다.
③ 덕수궁 정관헌 → 서양식 정자
덕수궁 내에 있는 서양식 정자로, 고종이 아관파천 후 환궁할 때 건립된 초기 서양식 건물들 중 유일하게 남아 있는 건물이다.
④ 창덕궁 주합루 → 규장각이 있는 2층 누각
창덕궁 후원에 세운 2층 누각으로, 원래 1층을 왕실 직속 도서관인 규장각이라 하였고, 2층을 열람실인 주합루라고 하였다.
⑤ 환구단 황궁우 → 고종의 황제 즉위식 거행
환구단은 아관파천 후 환궁한 고종이 국호를 대한 제국, 연호를 광무로 고치고 황제 즉위식을 거행한 곳으로 현재 황궁우만 남아 있다.

20 조선 세조 재위 시기의 사실

암기박사 간경도감 설치 ⇒ 조선 세조   **정답** ①

정답 해설

호패법을 실시하여 지방 세력 통제를 강화하고, 함길도에서 이시애가 일으킨 난을 평정한 것은 조선 세조 때의 일이다. 조선 세조는 불교를 장려하기 위해 궁중에 설치된 간경도감에서 불교 경전을 간행하였다.

오답 해설

② 조선경국전 편찬 → 조선 태조
조선 태조 때 정도전은 재상 중심의 정치를 강조한 조선경국전을 편찬하였다.
③ 국조오례의 완성 → 조선 성종
조선 성종 때 신숙주, 정척 등이 국가의 의례를 정비한 국조오례의를 완성하였다.

④ 부민고소금지법 제정 → 조선 세종
조선 세종 때 하급 관리나 일반 백성이 상급 관리, 특히 수령이나 관찰사를 고소하는 것을 금하는 부민고소금지법이 제정되었다.
⑤ 혼일강리역대국도지도 제작 → 조선 태종
조선 태종 때 권근·김사형·이회 등에 의해 현존하는 동양 최고(最古)의 세계 지도인 혼일강리역대국도지도가 제작되었다.

21 정유재란 이후의 사실

정답 ③

암기박사 정유재란(1597) ⇒ 회답겸쇄환사 파견(1607)

정답 해설

강화 교섭 결렬 이후 일본의 재침으로 시작된 전란은 임진왜란 이후 발발한 정유재란이다. 조선 선조는 정유재란 이후 포로 송환을 목적으로 유정을 회답겸쇄환사로 일본에 파견하였다.

오답 해설

① 해동제국기 저술(1471) → 정유재란 이전
조선 성종 때 신숙주는 계해약조 당시 일본에 다녀와서 일본의 지세와 국정 등을 기록한 해동제국기를 저술하였다.
② 진포 대첩(1380) → 정유재란 이전
고려 우왕 때 나세, 심덕부 등이 최무선이 만든 화약과 화포를 실전에서 처음으로 사용하여 진포에서 왜구를 격퇴하였다.
④ 사량진 왜변(1544) → 정유재란 이전
조선 중종 때 조선 정부의 교역 제한에 반발하여 대마도의 왜구들이 조선의 사량진을 약탈한 사량진 왜변이 일어났다.
⑤ 비변사 설치(1510) → 정유재란 이전
조선 중종 때 삼포왜란을 계기로 국방 문제를 논의하기 위한 임시 기구인 비변사가 설치되었다.

22 기사환국

정답 ④

암기박사 갑인예송(현종) ⇒ 기사환국(숙종) ⇒ 목호룡 고변(경종)

정답 해설

- 갑인예송(1674) : 조선 현종 때 효종 비의 사망 시 자의대비의 복상 문제로 서인과 남인 사이에 두 번째 예송 논쟁이 전개되었다.
- (가) 기사환국(1689) : 조선 숙종 때 희빈 장씨 소생의 원자 명호 문제로 기사환국이 발생하여 인현 왕후가 폐위되고 남인이 권력을 차지하였다.
- 목호룡 고변(1722) : 조선 경종 때의 지관 목호룡이 노론 김창집 등이 경종 시해를 역모하였다고 고변하여 노론 세력이 숙청되었다.

오답 해설

① 인조반정(1623) → 갑인예송 이전
광해군의 폭정으로 서인이 인조반정을 일으켜 정권을 장악하고 북인 세력이 몰락하였다.
② 기축옥사(1589) → 갑인예송 이전
조선 선조 때 정여립 모반 사건으로 권력을 잡은 서인이 기축옥사를 주도하여 이발 등 동인 세력이 축출되었다.

③ 양재역 벽서 사건(1547) → 갑인예송 이전
조선 명종 때 소윤인 윤원형 일파가 대윤인 윤임 일파의 남은 세력을 없애기 위해 벽서를 조작한 양재역 벽서 사건으로 이언적 등이 화를 입었다.
⑤ 탕평비 건립(1742) → 목호룡 고변 이후
조선 영조는 붕당의 폐해를 경계하기 위해 성균관 입구에 탕평비를 건립하였다.

23 퇴계 이황

정답 ④

암기박사 예안 향약 : 향촌 교화 ⇒ 퇴계 이황

정답 해설

도산 서원은 성학십도를 지어 군주의 수양을 강조하고, 기대승과 사단칠정 논쟁을 전개한 퇴계 이황의 학문과 덕을 기리는 곳이다. 이황은 중국 여씨 향약을 모체로 한 예안 향약을 시행하여 향촌의 교화를 위해 노력하였다.

오답 해설

① 백운동 서원 건립 → 주세붕
조선 중종 때 풍기 군수 주세붕이 안향의 봉사를 위해 최초의 서원인 백운동 서원을 건립하였다.
② 기축봉사 올림 → 송시열
송시열은 효종에게 장문의 상소인 기축봉사를 올려 명에 대한 의리와 북벌론을 주장하였다.
③ 동호문답 저술 → 이이
율곡 이이는 왕도정치의 이상을 문답형식으로 서술하여 선조에게 올린 동호문답을 통해 다양한 개혁 방안을 제시하였다.
⑤ 가례집람 저술 → 김장생
김장생은 주자가례의 본문을 기본으로 여러 학자의 관련 예설을 주석으로 붙인 가례집람을 지어 예학을 조선의 현실에 맞게 정리하였다.

핵심노트 ▶ 퇴계 이황(1501~1570)

- **성향** : 도덕적 행위의 근거로서 인간의 심성을 중시, 근본적·이상주의적인 성격. 주리 철학을 확립, 16세기 정통 사림의 사상적 연원
- **저서** : 주자서절요, 성학십도, 전습록변 등
- **학파** : 김성일·유성룡 등의 제자에 의해 영남학파 형성
- **영향** : 위정척사론에 영향, 임진왜란 이후 일본 성리학 발전에 영향

24 조선 정조의 정책

정답 ③

암기박사 초계문신제 : 문신 재교육 ⇒ 조선 정조

정답 해설

장용영은 조선 정조가 조직한 친위 부대로 서울에 내영, 수원 화성에 외영을 두어 규장각과 함께 왕권 강화를 목적으로 운영되었다. 정조는 젊은 문신들을 재교육하고 시험을 통해 승진시키기 위한 초계문신제를 실시하였다.

오답 해설

① 나선 정벌 → 조선 효종
조선 효종 때 러시아의 남하로 청과 러시아 간 국경 충돌이 발생하자, 청의 요청으로 두 차례에 걸쳐 나선 정벌에 조총 부대를 파견하였다.

② 호포제 시행 → 조선 고종
조선 고종 때 흥선 대원군은 군정의 문란을 개혁하기 위해 호포제를 시행하여 양반에게도 군포를 징수하였다.

④ 삼정이정청 설치 → 조선 철종
삼정의 문란을 시정하고자 삼정이정청을 설치하였다.

⑤ 공노비 해방 → 조선 순조
조선 순조 때 노비안을 소각하여 각 궁방과 중앙 관서의 공노비 6만 명을 양민으로 해방시켰다.

25 신유박해

암기박사 이승훈 처형, 정약용 유배 ⇒ 신유박해 정답 ⑤

정답 해설

조선 순조 때 천주교에 대한 탄압으로 신유박해가 일어나자 황사영이 교회의 재건과 신앙의 자유를 호소하기 위해 베이징에 있는 주교에게 백서를 작성하였다. 신유박해의 전개 과정에서 이승훈 등 3백여 명이 처형되고 정약용이 강진으로 유배되었다.

오답 해설

① 갑신정변 → 한성 조약 체결
갑신정변은 청의 무력 개입으로 3일 만에 실패로 끝났고, 조선과 일본 사이에는 한성 조약이 체결되었다.

② 청군의 개입 → 임오군란, 갑신정변
임오군란 때는 명성황후 일파가 청에 군대를 요청하여 군란을 진압하였고, 갑신정변 때는 청의 무력 개입으로 3일 만에 실패로 끝났다.

③ 임술 농민 봉기 → 안핵사 박규수 파견
삼정의 문란과 백낙신의 탐학으로 임술 농민 봉기가 발발하자 사태 수습을 위해 박규수가 안핵사로 파견되었다.

④ 이필제의 난 → 동학교도의 난
조선 고종 때 향반인 이필제가 동학에 입도한 후 동학의 조직망을 이용해 영해 지역에서 난을 일으켰다.

26 조선 후기의 사회 모습

암기박사 주자소 : 계미자 주조 ⇒ 조선 전기 정답 ②

정답 해설

상품 화폐 경제가 발달하고 서당 교육이 확대되었으며 탈춤 공연이 성행한 것은 조선 후기의 일이다. 한편, 활자 주조를 담당하던 관청인 주자소에서 금속 활자인 계미자가 주조된 것은 조선 전기 태종 때의 일이다.

오답 해설

① 판소리 공연 : 흥보가 → 조선 후기
조선 후기에는 장시에서 흥보가, 춘향가 등의 판소리 공연이 유행하였다.

③ 중인 : 시사 조직 → 조선 후기
조선 후기에는 중인들이 옥계 시사와 같은 시사(詩社)를 조직해 활발한 문예 활동을 전개하였다.

④ 세책가 : 춘향전 대여 → 조선 후기
조선 후기에는 춘향전 등 한글 소설이 유행하였고 소설책을 빌려 주는 세책가가 성행하였다.

⑤ 민화 : 호랑이 → 조선 후기
조선 후기에는 까치와 호랑이 민화와 같이 민중의 미적 감각을 잘 나타낸 민화가 유행하였다.

27 조선 후기의 경제 상황

암기박사 내상 : 초량 왜관 ⇒ 조선 후기 정답 ②

정답 해설

종로에 위치한 시전 외에도 도성 내 이현, 남대문 밖의 칠패와 같은 난전이 성행하던 시기는 조선 후기이다. 조선 후기에는 부산의 초량 왜관을 통해 내상이 일본과 무역하였다.

오답 해설

① 정전 지급 → 통일 신라
통일 신라 성덕왕 때 백성에게 정전이 지급되어 농민에 대한 국가의 토지 지배력이 강화되었다.

③ 주전도감 : 해동통보 발행 → 고려
고려 숙종은 화폐 유통의 촉진을 도모하기 위해 주전도감을 설치하고 해동통보를 발행하였으나 널리 사용되지는 못하였다.

④ 벽란도 : 국제 무역항 → 고려
고려 시대에는 예성강 하구의 벽란도가 국제 무역항으로 번성하였다.

⑤ 동시전 : 시장 감독 → 신라
신라 지증왕 때 시장을 감독하는 관청인 동시전이 수도 경주에 설치되었다.

28 조 · 미 수호 통상 조약

암기박사 조 · 미 수호 통상 조약(1882) ⇒ 인천 해관 창설(1883) 정답 ④

정답 해설

조선 정부가 영국인 스트리플링을 인천 해관의 초대 세무사로 임명한 것은 조 · 미 수호 통상 조약의 체결에 따른 것이다. 인천 해관은 1883년에 창설된 우리나라 최초의 근대식 세관으로, 개항과 함께 조선의 관세행정이 본격적으로 시작된 상징적 기관이다.

오답 해설

① 러 · 일 전쟁 → 한일 의정서 체결
러 · 일 전쟁이 발발하자 일본군은 한반도 내 전략상 필요한 지역

을 마음대로 사용하기 위해 한일 의정서를 체결하였다.

② 미쓰야 협정 → 독립군 탄압
만주에서 활동하는 독립군 색출을 위해 만주 군벌 장쭤린과 조선 총독부 경무국장 사이에 미쓰야 협정이 체결되었다.

③ 운요호 사건 → 강화도 조약
운요호 사건을 빌미로 일본의 강압에 의해 불평등 조약인 강화도 조약이 체결되었다.

⑤ 을사늑약 → 헤이그 특사 파견
고종은 을사늑약의 무효를 선언하고 헤이그 만국 평화 회의에 이준, 이상설, 이위종 등의 특사를 파견해 일제 침략의 부당성을 호소하였다.

29 개항 전후의 시대 인물

암기박사 민영익, 홍영식, 서광범 ⇒ 보빙사

정답 ③

정답 해설

김홍집은 2차 수신사로 일본에 갔다가 귀국할 때 청의 외교관인 황준헌이 쓴 조선책략을 국내에 처음으로 유포한 인물이다. 미국과 조·미 수호 통상 조약이 체결된 후 미국 공사의 서울 부임에 답하여 민영익, 홍영식, 서광범 등이 보빙사의 단원으로 미국에 파견되었다.

오답 해설

① 박규수 → 통상 개화론 주장
박지원의 손자인 박규수는 북학 사상을 바탕으로 자주적 개국론과 통상 개화론을 주장하였다.

② 이만손 → 영남 만인소
이만손의 주도로 영남 유생들이 김홍집의 조선책략 유포에 반발하여 만인소를 올리고 개항과 통상에 반대하였다.

④ 유길준 → 서유견문 집필
미국에 보빙사의 일행으로 파견된 유길준은 유럽을 여행한 후 서유견문을 집필하여 서양 근대 문명을 소개하였다.

⑤ 박성춘 → 관민 공동회 연설
박성춘은 백정 출신으로 독립협회가 주최한 관민 공동회에 시민 대표로 나가 충군애국을 주제로 연설하였다.

핵심노트 ▶ 개화기 외교 사절단

- 수신사
  - 제1차 수신사 김기수(1876) : 일동기유에서 신문명을 조심스럽게 비판하고, 수신사 일기를 저술하여 일본의 신문물 소개
  - 제2차 수신사 김홍집(1880) : 황준헌의 조선책략을 가지고 들어와 개화 정책에 영향을 미침
- 조사 시찰단(신사 유람단)(1881) : 박정양·어윤중·홍영식 등으로 구성, 일본의 발전상을 보고 돌아와 개화 정책의 추진을 뒷받침 → 박문국 · 전환국 설치의 계기
- 영선사(1881) : 김윤식을 단장으로 청에 파견하여 무기 제조법과 근대적 군사 훈련법을 배움 → 서울에 최초의 근대적 병기 공장인 기기창 설치
- 보빙사(1883) : 조·미 수호 통상 조약이 체결된 후 미국 공사의 서울 부임에 답하여 민영익, 홍영식, 서광범, 유길준 등이 보빙사의 단원으로 미국에 파견 → 유길준은 미국에 남아 유학하고 유럽 여행 후 귀국하여 서유견문 집필

30 광무개혁

암기박사 지계아문 : 지계 발급 ⇒ 광무개혁

정답 ①

정답 해설
→ 옛것을 근본으로 새로운 것을 참작한다

고종이 황제로 즉위한 후 구본신참을 바탕으로 추진한 개혁은 광무개혁이다. 대한 제국은 광무개혁 때 근대적 토지 소유제도의 마련을 위해 지계아문을 설치하고 지계를 발급하였다.
→ 근대적 토지증서

오답 해설

② 연호 : 건양 → 을미개혁
을미사변 후 김홍집 친일 내각이 을미개혁을 추진하고 건양이라는 독자적인 연호를 채택하였다.

③ 박문국 : 한성순보 발행 → 개화 정책
고종은 개화 정책의 일환으로 박문국을 설치하여 최초의 근대식 신문인 한성순보를 발행하였다.

④ 기기창 설립 → 영선사
김윤식을 단장으로 한 영선사가 청에 파견되어 무기 제조법과 근대식 군사 훈련법을 배우고 돌아온 후 서울에 최초의 근대식 무기 제조 공장인 기기창을 설립하였다.

⑤ 홍범 14조 반포 → 제2차 갑오개혁
고종은 제2차 갑오개혁 때 종묘에 나가 독립 서고문을 바치고, 개혁의 기본 방향을 제시한 홍범 14조를 반포하였다.

31 동학 농민 운동

암기박사 전주 화약 체결 ⇒ 동학 농민 운동

정답 ③

정답 해설

전봉준 등이 고부 군수 조병갑의 횡포에 맞서 사발통문을 돌리면서 시작된 고부 농민 봉기는 동학 농민 운동으로 전개되었다. 동학 농민 운동의 봉기로 청·일군이 개입하자 정부가 농민군에 휴전을 제의해 전주 화약이 체결되었다.

오답 해설

① 삼국 간섭 → 일본 : 요동반도 반환
일본이 청·일 전쟁에서 승리한 후 체결한 시모노세키 조약에 따라 청으로부터 요동반도를 할양받았으나, 이를 견제하고자 러시아, 프랑스, 독일의 삼국 간섭으로 일본은 요동반도를 반환하였다.

② 병인양요, 신미양요 → 척화비 건립
병인양요와 신미양요의 결과 흥선 대원군은 척화교서를 내리고 종로와 전국 각지에 척화비를 건립하였다.

④ 영국의 러시아 견제 → 거문도 사건
갑신정변 이후 조·러 수호 통상 조약이 체결되자 영국군이 러시아를 견제하기 위해 거문도를 불법으로 점령하였다.

⑤ 병인양요 → 외규장각 도서 약탈
병인양요 때 프랑스군이 철군하면서 문화재에 불을 지르고 외규장각 도서인 조선왕조의궤를 국외로 약탈하였다.

32 정미의병의 활동

암기박사 정미의병 ⇒ 13도 창의군 : 서울 진공 작전

정답 ④

정답 해설

일제의 대한제국 군대의 강제 해산 명령에 맞서 시위대 대대장 박승환이 자결한 것은 정미의병 때의 일이다. 정미의병이 확산되는 과정에서 의병 연합군인 13도 창의군이 서울 진공 작전을 전개하였다.

오답 해설

① 최익현 : 태인에서 궐기 → 을사의병
   을사늑약이 체결된 후 최익현은 태인에서 의병을 일으켰으나, 결국 체포되어 쓰시마 섬에서 유배 중 순국하였다.

② 독도 : 일제의 불법 편입 → 러·일 전쟁
   러·일 전쟁 때 일본이 독도를 무주지라고 하여 불법으로 자국 영토에 편입하였다.

③ 스티븐스 : 외교 고문 → 1차 한·일 협약
   일제는 러·일 전쟁의 전세가 유리하게 전개되자 한·일 협약의 체결을 강요하였고, 스티븐스가 외교 고문으로 부임하였다.

⑤ 유인석 : 충주성 점령 → 을미의병
   을미사변과 단발령에 반발하여 유생 출신 유인석이 충북 제천에서 을미의병을 일으키고 충주성을 점령하였다.

33 국외 독립 운동

암기박사 대조선 국민 군단 ⇒ 하와이

정답 ⑤

정답 해설

1903년 많은 한인들이 하와이로 이주하여 사탕수수 농장에서 고된 노동을 수행하였다. 하와이에서는 박용만의 주도로 대조선 국민군단을 조직하여 군사 훈련을 실시하고 독립군 사관을 양성하였다.

오답 해설

① 경학사 설립 → 서간도
   신민회는 서간도의 삼원보에 한인 자치 기구인 경학사를 설립하였다.

② 권업신문 발간 → 연해주
   연해주에서는 한인 자치 단체인 권업회가 조직되어 권업신문을 발간하고 민족 의식을 고취하였다.

③ 2·8 독립 선언서 발표 → 도쿄
   미국 대통령 윌슨이 제창한 민족 자결주의의 영향을 받아 일본 도쿄 유학생들이 조선 청년 독립단을 결성하고 2·8 독립 선언서를 발표하였다.

④ 신한 청년당 결성 → 상하이
   상하이에서 결성된 신한 청년당은 파리 강화 회의에 김규식을 대표로 파견하여 독립 청원서를 제출하였다.

34 대한매일신보 창간

암기박사 대한매일신보 창간 ⇒ 1904년

정답 ①

정답 해설

서울에서 부산까지 경부선 철도가 개통되고, 부산과 시모노세키까지 부관 연락선(관부 연락선)이 운항된 것은 1905년이다. 1904년에 영국인 베델과 양기탁이 공동으로 신민회의 기관지인 대한매일신보를 창간하였다.

오답 해설

② 경성 제국 대학 설립 → 1924년
   조선 교육회가 우리 손으로 대학을 설립하고자 민립 대학 설립 운동을 전개하였으나 일제가 경성 제국 대학을 설립하여 중단되었다.

③ 원각사 : 은세계 공연 → 1908년
   이인직이 설립한 최초의 서양식 극장인 원각사에서 연극 은세계를 공연하였다.

④ 통리기무아문 설치 → 1880년
   강화도 조약 체결 이후 국내외 정세에 대응하고 개화 정책을 총괄하기 위한 기구로 통리기무아문이 설치되었다.

⑤ 어린이날 제정 → 1923년
   천도교 소년회가 창립된 후 '어린이'라는 말을 만들고 어린이날을 제정하는 등 소년 운동이 본격화되었다.

35 용암포 사건

암기박사 아관파천 ⇒ 용암포 사건 ⇒ 러·일 전쟁

정답 ④

정답 해설

- 아관파천(1896) : 을미사변으로 명성황후가 시해되자 신변에 위협을 느낀 고종이 러시아 공사관으로 거처를 옮겼다.
- (라) 용암포 사건(1903) : 대한 제국 때 러시아가 용암포를 점령하고 조차를 요구한 용암포 사건이 발생하였다.
  조약에 의해 다른 나라로부터 유상 또는 무상으로 영토를 빌림
- 러·일 전쟁(1904) : 일본이 러시아를 기습 공격하며 시작된 전쟁으로, 일본이 한반도와 만주에서의 주도권을 두고 러시아와 벌인 무력 충돌이다.

36 3·1 만세 운동

암기박사 3·1 만세 운동 ⇒ 일제 : 제암리 학살 사건

정답 ④

정답 해설

장채극 학생이 독립 선언서를 탑골 공원과 종로 인근에서 배포하고 독립 만세를 외친 것은 3·1 만세 운동 때의 일이다. 3·1 만세 운동의 전개 과정에서 일제가 수원 제암리 주민들의 집단 학살을 자행하였다.

오답 해설

① 정우회 선언 → 신간회 결성
사회주의 세력의 활동 방향을 밝힌 정우회 선언으로 민족주의 세력과의 연합을 도모하고 민족 유일당인 신간회가 결성되었다.

② 3·1 만세 운동 → 총독부의 방해와 탄압
통감부는 1910년 조선 총독부가 설립되면서 폐지되었으므로, 1919년에 일어난 3·1 만세 운동은 총독부의 탄압과 방해로 중단되었다.

③ 순종의 인산일 → 6·10 만세 운동
순종의 인산일을 기회로 삼아 6·10 만세 운동이 일어나 격문 살포와 시위 운동이 전개되었다.

⑤ 성진회 주도 → 광주 학생 항일 운동
광주 학생 항일 운동은 광주에서 조직된 항일 학생 비밀 결사 단체인 성진회와 각 학교 독서회에 의해 전국적으로 확산하였다.

핵심노트 ▶ 제암리 학살 사건

3·1 만세 운동 당시 일본군이 수원 제암리에서 주민들을 집단 학살한 사건이다. 1919년 4월 15일 한 무리의 일본 군경은 만세 운동이 일어났던 제암리에 가 기독교도와 천도교도 약 30명을 교회당 안에 몰아넣은 후 문을 잠그고 집중 사격을 퍼부었다. 일본군은 증거를 없애기 위해 교회당에 불을 지른 후, 다시 부근의 채암리에 가서 민가를 방화하고 주민들을 학살했다. 이 만행에 분노한 선교사 스코필드(Frank W. Schofield)가 현장을 사진에 담아 〈수원에서의 일본군 잔악 행위에 관한 보고서〉를 작성하여 미국에 보내 여론화하였다.

37 대한민국 임시 정부의 활동

암기박사 독립 공채 발행 ⇒ 대한민국 임시 정부

정답 ④

정답 해설

백산 상회는 대한민국 임시 정부의 연통제 조직으로 독립운동 자금을 조달하거나 독립신문 보급 등의 역할을 담당하였다. 대한민국 임시 정부는 독립운동 자금 마련을 위해 국외 거주 동포들에게 독립 공채를 발행하였다.

오답 해설

① 고종 강제 퇴위 반대 운동 → 대한 자강회
일제가 고종을 강제 퇴위시키고 순종을 즉위시킨 후 한·일 신협약을 체결하자 대한 자강회는 고종의 강제 퇴위 반대 운동을 주도하였다. ← 정미7조약

② 일본의 황무지 개간권 요구 저지 → 보안회
보안회는 일본의 황무지 개간권 요구에 대한 지속적인 반대 운동을 벌여 일본의 황무지 개간권 요구를 저지하였다.

③ 독립문 건립 → 독립협회
독립협회는 영은문이 있던 자리 부근에 자주 독립의 상징인 독립문을 건립하였다.

⑤ 국권 반환 요구서 제출 → 독립 의군부
고종의 밀지를 받아 결성한 임병찬의 독립 의군부는 조선 총독부에 국권 반환 요구서를 제출하려 하였다.

38 의열단의 독립 투쟁

암기박사 김익상, 김상옥 ⇒ 의열단

정답 ③

정답 해설

박재혁은 김원봉이 조직한 의열단의 단원으로, 고서상으로 위장하여 부산 경찰서에 들어가 폭탄을 터뜨렸다. 신채호의 조선 혁명 선언을 활동 지침으로 삼은 의열단은 김익상, 김상옥 등의 단원이 활동하였다.

오답 해설

① 원산 노동자 총파업 지원 → 신간회
원산 노동자들이 일제의 가혹한 노동 조건에 저항하며 파업을 벌였을 때, 신간회가 이를 적극적으로 지원하였다.

② 신흥 강습소 설립 → 신민회
신민회는 서간도 삼원보에 신흥 강습소를 세워 독립군을 양성하였고, 이후 신흥 무관 학교로 발전하였다.

④ 군자금 : 상덕태상회 → 대한 광복회
공화정체의 국민 국가 수립을 목표로 박상진이 설립한 대한 광복회는 대구의 상덕태상회를 통하여 군자금을 모집하였다.

⑤ 이봉창 의거 계획 → 한인 애국단
김구는 상하이에서 임시 정부의 위기 타개책으로 한인 애국단을 조직하였고, 도쿄에서 일어난 이봉창 의거를 계획하였다.

핵심노트 ▶ 의열단의 독립 투쟁

- 박재혁 : 부산 경찰서 폭탄 투척(1920)
- 김익상 : 조선 총독부 폭탄 투척(1921)
- 김상옥 : 종로 경찰서 폭탄 투척(1923)
- 김지섭 : 일본 황궁 침입 시도(1923)
- 나석주 : 조선 식산 은행, 동양 척식 주식회사 폭탄 투척(1926)

39 사회경제사학자 백남운

암기박사 식민 사학의 정체성론 반박 ⇒ 백남운

정답 ②

정답 해설

한국사가 세계사의 보편적인 발전 법칙에 따라 발전하였다고 주장한 조선사회경제사를 저술한 인물은 백남운이다. 그는 조선사회경제사에서 유물 사관을 토대로 식민 사학의 정체성론을 반박하였다.

오답 해설

① 조선불교유신론 저술 → 한용운
만해 한용운은 불교 개혁을 위해 불교의 진보적 역할을 주장한 조선불교유신론을 저술하였다.

③ 조선사 편수회 → 식민 사학 기관
일제는 한국사의 자율성·독창성을 부인하고 식민 통치를 합리화하기 위해 식민 사학 기관인 조선사편수회를 설립하여 조선사를 편찬하였다.

④ 진단 학회 설립 → 이병도, 손진태
이병도, 손진태 등은 진단 학회를 조직하여 실증주의 사학을 발전시키고 진단 학보를 발행하였다.

⑤ 독사신론 집필 → 신채호
신채호는 민족을 역사 서술의 중심에 둔 독사신론을 집필하여 민족주의 사학의 기반을 마련하였다.

40 일제 강점기의 사회상

암기박사 새마을 운동(1970) ⇒ 박정희 정부 **정답 ⑤**

정답 해설

영화 아리랑, 몸뻬, 목포의 눈물은 모두 일제 강점기(1910~1945) 때의 사회상을 보여주는 소재들이다. 한편, 근면, 자조, 협동을 기치로 내세운 새마을 운동이 전개된 것은 박정희 정부 때인 1970년대이다.

오답 해설

① 잡지 신여성 발행(1923) → 일제 강점기
천도교 청년회 주도로 발행된 잡지 신여성은 근대교육을 받은 여성의 사회 진출과 여권 신장 등의 내용으로 여성을 계몽하였다.

② 조선 형평사 창립(1923) → 일제 강점기
이학찬을 중심으로 진주에서 조선 형평사가 창립되어 백정에 대한 사회적 차별 철폐를 목적으로 형평 운동이 전개되었다.

③ 심훈 : 소설 상록수 연재(1935) → 일제 강점기
독립 운동가이자 소설가인 심훈은 브나로드 운동을 소재로 한 소설 상록수를 신문에 연재하였다.

④ 경성 방직 : 광목 태극성 광고(1933) → 일제 강점기
경성 방직 주식회사에서 '우리의 옷감, 우리의 자랑'이라는 구호 아래 광목 태극성을 신문지상에 광고하였다.
 무명천의 일종 ←   → 경성 방직 주식회사의 최초 고유 상표

41 일제 강점기 국외 동포들의 삶

암기박사 에네켄 농장 ⇒ 멕시코 **정답 ③**

정답 해설

에네켄 농장은 멕시코로 이민을 온 한인들이 일했던 멕시코 유카탄 일대에 있는 농장이다. 멕시코 한인들은 이근영을 중심으로 멕시코 메리다 중심지에 독립군 양성을 위한 숭무 학교를 설립하였다.

오답 해설

① 간도 참변 → 중국 만주
봉오동 전투와 청산리 전투에서 패배한 일본군의 보복으로, 만주에서 한인 촌락이 습격을 받아 민간인이 학살당하는 간도 참변이 일어났다.

② 자경단 : 조선인 학살 → 일본 도쿄
관동 대지진 때 일본 도쿄에서 잘못된 유언비어로 자경단 조직에 의해 수많은 조선인이 학살당하였다.

④ 소련 : 연해주 한인 강제 이주 → 중앙아시아
일제가 연해주 한인들을 밀정으로 포섭할 것을 염려한 소련 당국이 그들을 우즈베키스탄, 카자흐스탄 등의 중앙아시아로 강제 이주시켰다.

⑤ 흥사단 창립 → 미국 샌프란시스코
미국 샌프란시스코에서 안창호를 중심으로 흥사단이 창립되어 교민들에게 민족의식을 심어주고자 하였다.

42 한국 독립군의 독립 전쟁

암기박사 한국 독립당의 군사 조직 ⇒ 지청천 : 한국 독립군 **정답 ⑤**

정답 해설

대전자령 전투에서 일본군을 상대로 승리한 부대는 지청천의 한국 독립군이다. 한국 독립군은 한국 독립당의 군사 조직으로 중국군과 연합하여 호로군을 조직하고 북만주 지역에서 활약하였다.

오답 해설

① 봉오동 전투 → 대한 독립군
홍범도의 대한 독립군은 대한 국민회군과 연합하여 봉오동에서 간도 지역을 기습한 일본군을 크게 격파하였다.

② 국내 진공 작전 계획 → 한국 광복군
한국 광복군은 미국 전략정보처(OSS)의 지원 하에 미국과 연합하여 국내 진공 작전을 계획하였으나 일제의 패망으로 실현하지는 못했다.

③ 영릉가 전투 → 조선 혁명군
양세봉의 조선 혁명군은 중국 의용군과 연합하여 영릉가 전투에서 일본군에게 승리를 거두었다.

④ 조선 민족 전선 연맹 산하 군사 조직 → 조선 의용대
김원봉의 조선 의용대는 조선 민족 전선 연맹 산하의 군사 조직으로 결성되어 포로 심문, 요인 사살, 첩보 작전 등의 임무를 수행하였다.

43 민족 말살 통치기의 일제 정책

암기박사 황국 신민 서사 암송(1937) ⇒ 민족 말살 통치기 **정답 ④**

정답 해설

국가 총동원법(1938)이 시행되고, 조선어 학회 사건(1942)으로 한글 학자들이 대거 투옥된 것은 민족 말살 통치기이다. 이 시기에 일제는 천황에게 충성을 맹세하는 황국 신민 서사의 암송을 강요하였다.

오답 해설

① 조선 태형령(1912) → 무단 통치기
일제는 무단 통치기에 한국인에 한하여 태형을 통해 형벌을 가하는 조선 태형령을 반포하였다.

② 조선 노농 총동맹 결성(1924) → 문화 통치기
전국의 노동, 농민 단체가 연합하여 전국 단위의 조직인 조선 노농 총동맹이 결성되었다.

③ 임시 토지 조사국 설립(1910) → 무단 통치기
일제는 무단 통치기 때 토지 약탈과 식민지화에 필요한 재정 수입원을 마련하기 위해 임시 토지 조사국을 설립하고 토지 조사 사업을 실시하였다.

⑤ 조선 민립 대학 기성회 창립(1923) → 문화 통치기
총독부가 대학 설립 요구를 묵살하자 조선 교육회는 우리 손으로 대학을 설립하고자 조선 민립 대학 기성회를 창립하고 모금 활동을 전개하였다.

한국사 능력검정시험 3개년 기출문제

44 제주 4·3 사건

정답 ⑤

암기박사 진상 규명 및 희생자 명예 회복에 관한 특별법 제정 ⇒ 제주 4·3 사건

정답 해설

제주도에서 남한만의 단독 선거를 반대하는 무장대와 이를 진압하는 토벌대 간의 무력 충돌로 수많은 제주도민이 희생된 사건은 제주 4·3 사건이다. 2000년에 제주 4·3 사건 진상 규명 및 희생자들의 명예 회복에 관한 특별법이 제정되었다.

오답 해설

① 이승만 대통령 하야 → 4·19 혁명
3·15 부정선거 규탄 시위에 대한 유혈 진압에 항거하여 4·19 혁명이 발발하였고, 결국 이승만 대통령이 하야하는 결과를 이끌어 냈다.

② 호헌 철폐, 독재 타도 → 6월 민주 항쟁
박종철 고문치사와 전두환 정부의 4·13 호헌 조치 발표로 호헌 철폐와 독재 타도 등의 구호를 외친 6월 민주 항쟁이 촉발되었다.

③ 통일 주체 국민 회의 구성 → 유신 헌법
박정희 정부 때 제7차 개헌인 유신 헌법에 따라 통일 주체 국민 회의가 구성되고 그 대의원이 대통령을 선출하였다.

④ 한·일 국교 정상화 반대 → 6·3 시위
박정희 정부 때에 한·일 회담에 따른 굴욕적인 한·일 국교 정상화에 반대하여 6·3 시위가 전개되고 비상계엄이 선포되었다.

45 6·25 전쟁 중에 있었던 사실

정답 ①

암기박사 발췌 개헌(1952) ⇒ 6·25 전쟁 중

정답 해설

부산이 임시 수도로써의 역할을 담당했던 것은 6·25 전쟁 중의 일이다. 이승만 정부와 자유당은 6·25 전쟁 중 부산에서 계엄령을 선포한 가운데 대통령 직선제와 양원제의 발췌 개헌안을 통과시켰다.

오답 해설

② 삼청 교육대 설치(1980) → 6·25 전쟁 이후
전두환 정부 때 비상계엄이 발령된 직후 국가보위비상대책위원회가 사회 정화를 명분으로 전국 각지의 군부대 내에 삼청 교육대를 설치하였다.

③ 한미 상호 방위 조약(1953) → 6·25 전쟁 이후
휴전 협정 체결 직후 한·미 상호 방위 조약이 체결되어 한반도에서 무력 충돌이 일어날 경우 유엔의 결정 없이 미국이 즉각 개입할 수 있게 되었다.

④ 여수·순천 10·19 사건(1948) → 6·25 전쟁 이전
여수에 주둔하던 군인들이 제주 4·3 사건 진압을 거부하고 순천까지 무력 점거하는 여수·순천 10·19 사건이 일어났다.

⑤ 국가 보위 비상 대책 위원회 구성(1980) → 6·25 전쟁 이후
유신 체제 붕괴 후 12·12 군사 반란을 일으킨 전두환의 신군부가 통치권을 확립하기 위해 국가 보위 비상 대책 위원회를 구성하였다.

46 4·19 혁명의 결과

정답 ③

암기박사 4·19 혁명 ⇒ 허정 과도 정부 출범

정답 해설

대구의 2·28 민주 운동, 대전의 3·8 민주 의거, 마산의 3·15 의거는 모두 4·19 혁명의 도화선이 된 사건이다. 4·19 혁명으로 이승만 대통령이 하야한 후 혼란 수습을 위해 허정 과도 정부가 출범하였다.

오답 해설

① 이한열 희생 → 6월 민주 항쟁
박종철 고문치사와 전두환 정부의 4·13 호헌 조치 발표로 6월 민주 항쟁이 촉발되었고 시위 도중 대학생 이한열이 희생되었다.

② 시민군 조직 → 5·18 민주화 운동
신군부의 계엄 확대와 무력 진압에 5·18 민주화 운동이 발발하였고, 시위 전개 과정에서 시민군이 조직되어 계엄군에 저항하였다.

④ 5년 단임의 대통령 직선제 개헌 → 6월 민주 항쟁
박종철 고문치사와 전두환 정부의 4·13 호헌 조치 발표로 6월 민주 항쟁이 촉발되었고, 그 결과 노태우의 6·29 민주화 선언에 따라 5년 단임의 대통령 직선제 개헌이 이루어졌다.

⑤ 김영삼 : 국회의원직 제명 → 부·마 민주 항쟁
박정희 정부 때 야당 총재인 김영삼의 국회의원직 제명을 계기로 부산과 마산에서 부·마 민주 항쟁이 촉발되었다.

핵심노트 ▶ 4·19 혁명의 전개(1960)

- 3월 15일 : 선거 당일 부정 선거를 규탄하는 마산의거에서 경찰의 발포로 많은 사상자 발생 → 3·15 마산의거
- 4월 11일 : 마산의거에서 행방불명되었던 김주열 학생의 시신 발견
- 4월 18일 : 고려대 학생들의 총궐기 시위 직후 정치 깡패들이 기습·폭행하여 수십 명의 사상자 발생 → 4·18 고대생 습격 사건
- 4월 19일 : 부정 선거와 강경 진압으로 인한 사상자 속출 등의 진상이 밝혀지면서 국민의 분노가 극에 달해 학생·시민들의 대규모 시위 발발 → 4·19 혁명
- 4월 22일 : 재야인사들의 이승만 대통령 퇴진 요구
- 4월 25일 : 서울 시내 27개 대학 259명의 대학 교수들의 시국 선언문 발표 → 4·25 대학 교수단 선언
- 4월 26일 : 라디오 연설을 통한 이승만 대통령의 하야 발표, 자유당 정권 붕괴

47 3·1 민주 구국 선언 이후의 사실

정답 ③

암기박사 3·1 민주 구국 선언(1976) ⇒ YH 사건(1979)

정답 해설

박정희 정부의 유신 체제에 항거하여 종교계와 재야 인사들이 명동 성당에서 독재 정권을 비판하며 3·1 민주 구국 선언을 발표하였다. 이후 YH 무역 노동자들이 폐업에 항의하며 야당 당사에서 농성하는 'YH 사건'이 발발하였다.

오답 해설

① 3선 개헌(1969) → 3·1 민주 구국 선언 이전
박정희 정부의 장기 집권 의도로 국회 별관에서 3선 개헌안이 통과되어 대통령의 연임이 3회로 허용되었다.

② 경향신문 폐간(1959) → 3·1 민주 구국 선언 이전
이승만 정부 때 정부에 비판적인 경향신문을 폐간하고 관련자들을 내란선동 혐의로 기소하는 등 언론을 통제하였다.
④ 국가 재건 최고 회의 구성(1961) → 3·1 민주 구국 선언 이전
박정희의 5·16 군사 정변 당시 최고 통치 기구인 국가 재건 최고 회의가 구성되어 입법·사법·행정의 3권을 행사하였다.
⑤ 진보당 사건(1958) → 3·1 민주 구국 선언 이전
이승만 정부 때 조봉암을 중심으로 진보당이 창당되었으나 평화 통일론을 주장한 조봉암을 간첩 혐의로 처형하였다.

48 김대중 정부의 경제 상황

정답 ⑤

암기박사 노사정 위원회 출범 ⇒ 김대중 정부

정답 해설

외환 위기 당시 국제 통화 기금(IMF)으로부터 빌린 구제 금융 지원금을 조기 상환한 것은 김대중 정부 때의 일이다. 김대중 정부 때에 대통령 직속 자문 기구인 노사정 위원회가 출범하여 고용 안정, 노사 협력, 경제 위기 극복 등의 현안을 논의하였다.

오답 해설

① 경제기획원 발족 → 박정희 정부
박정희 정부 때에 국가의 경제 발전을 위한 종합 계획의 수립 및 운용을 위한 경제기획원이 발족되었다.
② 제4차 경제 개발 5개년 계획 추진 → 박정희 정부
박정희 정부 때에 성장, 능률, 형평을 개발 이념으로 한 제4차 경제 개발 5개년 계획이 추진되었다.
③ 미국과 자유 무역 협정(FTA) 체결 → 노무현 정부
노무현 정부 때에 미국과 자유 무역 협정(FTA)이 체결되어 미국과의 무역 장벽을 허무는 계기가 되었다.
④ 3저 호황 → 전두환 정부
전두환 정부 때에 저유가, 저금리, 저달러의 3저 호황으로 물가가 안정되고 수출이 증가하였다.

49 노무현 정부의 통일 노력

정답 ⑤

암기박사 개성 공단 착공식 개최 ⇒ 노무현 정부

정답 해설

김대중 정부(국민의 정부)의 햇볕 정책과 6·15 정신을 계승한 정부는 노무현 정부(참여정부)이다. 노무현 정부 때에 남북 간 경제 교류 활성화를 위한 개성 공단 착공식이 개최되었다.

오답 해설

① 판문점 : 남북 정상 회담 → 문재인 정부
문재인 정부 때에 판문점에서 김정은 국무위원장과 남북 정상 회담을 개최하고 한반도의 평화와 번영, 통일을 위한 판문점 선언을 채택하였다.
② 남북한 UN 동시 가입 → 노태우 정부
노태우 정부 때에 제46차 유엔 총회에서 개별 회원국으로 남북한이 국제 연합(UN)에 동시 가입하였다.

③ 최초의 남북 이산가족 고향 방문 → 전두환 정부
전두환 정부 때에 최초의 이산가족 고향 방문이 성사되어 평양에서 이산가족 고향 방문과 예술 공연단 교환을 실현하였다.
④ 6·23 평화 통일 외교 정책 선언 → 박정희 정부
박정희 정부 때에 공산권에 문호개방, 남북한 유엔 동시 가입 등을 주요 내용으로 하는 평화 통일 외교 정책에 관한 6·23 특별 성명이 발표되었다.

50 역사 속 관리 선발 방식

정답 ⑤

암기박사 과거제 폐지 : 선거조례 제정 ⇒ 제1차 갑오개혁

정답 해설

군국기무처의 주도로 과거제를 폐지하고 별도의 선거조례를 제정한 것은 제1차 갑오개혁 때의 일이다. 근대적 관료 선발 제도로 도입된 선거조례는 출신과 신분에 관계없이 능력에 따라 인재를 등용하는 것을 목표로 하였다.

오답 해설

① ㉠ 독서삼품과 → 통일 신라 원성왕
통일 신라의 원성왕은 관리 선발을 위해 유교 경전의 이해 수준에 따라 3등급으로 구분한 독서삼품과를 시행하였다.
② ㉡ 쌍기 : 과거제 실시 → 고려 광종
고려 광종은 인재를 등용하기 위해 후주인 쌍기의 건의를 수용하여 과거제를 실시하였다.
③ ㉢ 문과 : 식년시, 알성시, 증광시 → 조선 시대
조선 시대에는 문과 시험이 시기별로 식년시, 알성시, 증광시 등으로 나뉘어 운영되었다.
④ ㉣ 조광조 : 현량과 실시 → 조선 중종
조선 중종 때 조광조를 비롯한 사림들이 신진 인사를 등용하기 위해 천거제의 일종인 현량과 실시를 주장하였다.

2025년도 제73회 정답 및 해설

01 청동기 시대의 생활 모습

암기박사 반달 돌칼 : 벼 수확 ⇒ 청동기 시대

정답 ②

정답 해설
부여 송국리 유적에서 발굴된 비파형 동검과 민무늬 토기는 사유 재산과 계급이 발생한 청동기 시대의 대표적인 유물들이다. 청동기 시대에는 벼농사가 시작되어 반달 돌칼을 이용하여 벼를 수확하였다.

오답 해설
① 깊이갈이 → 고려 시대
  고려 시대에는 소를 이용하여 이랑과 고랑의 높이 차이를 크게 하는 깊이갈이가 일반화되었다.
③ 동굴, 막집 → 구석기 시대
  구석기 시대에는 주로 동굴이나 강가의 막집에서 거주하면서 도구를 사용하여 사냥을 하거나 어로, 채집 생활을 하였다.
④ 뗀석기 : 주먹도끼, 찍개 → 구석기 시대
  구석기 시대에는 주먹도끼, 찍개 등의 뗀석기를 처음 제작하여 사냥을 하거나 어로, 채집 생활을 영위하였다.
⑤ 가락바퀴, 뼈바늘 → 신석기 시대
  신석기 시대에는 가락바퀴를 이용하여 실을 뽑고 뼈바늘로 옷을 만들기 시작하였다.

02 삼국 통일의 과정

암기박사 연개소문의 정변 ⇒ 군사 동맹 체결 ⇒ 고구려 부흥 운동

정답 ④

정답 해설
(가) 연개소문의 정변(642) : 연개소문이 정변을 일으켜 영류왕을 시해하고 보장왕을 옹립하여 권력을 장악한 후 스스로 막리지가 되었다.
• 군사 동맹 체결(648) : 신라의 김춘추가 백제 의자왕의 공격으로 고구려에 원병을 요청하였으나 거절당하자 당으로 건너가 군사 동맹을 체결하였다.
(나) 고구려 부흥 운동(670~674) : 고구려가 멸망한 후 검모잠이 보장왕의 서자 안승을 왕으로 추대하고 고구려 부흥 운동을 전개하였다.

오답 해설
① 살수 대첩(612) → (가) 이전
  고구려 영양왕 때 을지문덕 장군이 수나라 우중문의 30만 별동대를 살수로 유인하여 대승을 거두었다.
② 기벌포 전투(676) → (나) 이후
  신라 문무왕 때 사찬 시득이 이끄는 신라군이 금강 하구의 기벌포에서 설인귀가 이끄는 당군을 격파하였다.
③ 환도성 함락(246) → (가) 이전
  고구려 동천왕 때 위(魏)의 유주자사 관구검이 이끄는 군대가 고구려 환도성을 함락하였다.
⑤ 당의 등주 공격(732) → (나) 이후
  발해 무왕(대무예) 때 장문휴가 자사 위준이 관할하는 당의 등주를 공격하여 요서 지역에서 당과 격돌하였다.

03 대가야의 역사

암기박사 진흥왕 : 신라에 복속 ⇒ 고령 대가야

정답 ①

정답 해설
시조인 이진아시왕이 고령 일대를 중심으로 세운 나라는 대가야이다. 수로왕의 금관가야에 이어 후기 가야 연맹으로 성장한 대가야는 신라 진흥왕의 공격으로 신라에 복속되었다.

오답 해설
② 집사부 + 14부 → 통일 신라
  통일 신라의 진덕 여왕은 최고 정무 기구인 집사부를 비롯한 14부를 설치하여 행정 업무를 분담하였다.
③ 지방관 : 욕살, 처려근지 → 고구려
  고구려는 지방의 여러 성에 욕살, 처려근지 등의 지방관을 두어 병권을 행사하였고, 각 지방의 성이 군사적 요지로 개별적 방위망을 형성하였다.
④ 가(加) : 사출도 주관 → 부여
  부여는 왕 아래에 가축의 이름을 딴 여러 가(加)들이 별도로 사출도를 주관하였다.
⑤ 부여씨와 8성의 귀족 → 백제
  백제는 왕족인 부여씨와 왕비족인 진씨 · 해씨 그리고 8성의 귀족이 지배층을 이루었다.

04 옥저 / 삼한

암기박사 소도 : 신성 지역 ⇒ 삼한

정답 ③

정답 해설
(가) 옥저 / (나) 삼한
삼한에는 신성 지역인 소도가 존재하였으며, 군장의 세력이 미치지 못하여 죄인이 이곳으로 도망치면 잡아가지 못하였다.

오답 해설
① 영고 : 제천 행사 → 부여
  부여는 매년 음력 12월에 영고라는 제천 행사를 열었는데, 맞이굿이라고도 하며 죄수를 풀어 주기도 하였다.
② 범금 8조 : 사회 질서 유지 → 고조선
  고조선에는 사회 질서를 유지하기 위한 만민법인 범금 8조가 있었다.
④ 제가 회의 : 국가 중대사 결정 → 고구려
  고구려는 귀족 회의체인 제가 회의에서 나라의 중대사를 결정하였다.
⑤ 1책 12법 → 부여와 고구려
  부여와 고구려에는 남의 물건을 훔쳤을 때 도둑질한 자에게 물건 값의 12배를 변상하게 하는 1책 12법이 존재하였다.

05 백제 근초고왕

> **암기박사** 평양성 공격 : 고국원왕 전사 ⇒ 백제 근초고왕
>
> 정답 ④

정답 해설

박사 고흥이 서기를 편찬한 것은 근초고왕 때의 일이다. 백제의 전성기를 이끈 근초고왕은 평양성을 공격하여 고구려의 고국원왕을 전사시켰다.

오답 해설

① 미륵사 창건 → 백제 무왕
　서동 설화의 주인공으로 알려진 백제 무왕은 삼국시대의 절 가운데 최대 규모인 미륵사를 금마저에 창건하였다. ← 지금의 익산

② 대야성 함락 → 백제 의자왕
　백제의 의자왕은 윤충을 보내 신라를 공격하고 대야성을 비롯한 40여 개의 성을 함락하였다.

③ 사비 천도 → 백제 성왕
　백제 성왕은 웅진에서 사비로 천도하고 국호를 남부여로 변경하는 등 행정 조직을 재정비하였다.

⑤ 동진 마라난타 : 불교 수용 → 백제 침류왕
　백제의 침류왕은 동진에서 온 마라난타를 통해 불교를 수용하였다.

06 호우명 그릇

> **암기박사** 호우명 그릇 ⇒ 광개토 대왕명 호우
>
> 정답 ⑤

정답 해설

'영락'이라는 연호를 사용한 왕의 능비는 고구려 광개토 대왕릉비이다. 그의 시호가 새겨진 문화유산은 일명 호우명 그릇이라 불리는 광개토 대왕명 호우로 경주 호우총에서 발견되었다. 그릇 밑바닥에 신라가 광개토대왕을 기리는 내용의 "을묘년국강상광개토지호태왕(乙卯年國岡上廣開土地好太王)"이라는 글씨가 새겨져 있어 당시에 신라와 고구려의 정치적 관계를 유추해볼 수 있다.

오답 해설

① 포항 중성리 신라비 → 신라 문화유산
　포항 중성리에서 발견된 현존 최고의 신라비로, 재산 분쟁에 관한 판결을 담고 있다.

② 석수 → 백제 문화유산 ← 무덤 수호를 목적으로 한 짐승 모양의 석상
　백제의 무령왕릉에서 출토된 석수는 무덤을 수호하는 진묘수의 역할을 한 것으로 추정된다.

③ 판갑옷 → 가야 문화유산
　판갑옷은 대표적인 가야의 문화유산으로, 당시 가야가 철의 나라라고 할 정도로 철이 많이 생산되었음을 알 수 있다.

④ 농경문 청동기 → 청동기 문화유산
　밭을 가는 모습이 새겨져 있는 청동기 시대의 의기로, 당시의 농경이 따비나 괭이를 사용해 밭을 가는 단계에 이르렀음을 보여준다.

07 신라 하대의 역사

> **암기박사** 김헌창의 난(822) ⇒ 신라 하대
>
> 정답 ②

정답 해설

혜공왕 피살 이후 왕위 쟁탈전이 치열했던 시기는 신라 하대이다. 신라 하대 헌덕왕 때 웅천주(공주) 도독 김헌창이 아버지가 왕위 쟁탈전에서 패한 것에 대해 불만을 품고 반란을 일으켰다.

오답 해설

① 김흠돌의 난(681) → 신라 중대
　통일 신라 신문왕은 장인인 김흠돌이 반란을 일으키자 이를 진압하고 진골 세력을 숙청하였다.

③ 거칠부 : 국사 편찬(545) → 신라 상대
　신라 진흥왕 때 거칠부가 왕명에 의해 국사를 편찬하였으나 현재 전하지는 않는다.

④ 백제 부흥 운동(660~663) → 신라 중대
　백제가 멸망한 후 복신과 도침이 부여풍을 왕으로 추대하고 주류성에서 군사를 일으켜 백제 부흥 운동을 전개하였다.

⑤ 황룡사 구층 목탑 건립(643) → 신라 상대
　신라 선덕여왕 때 자장의 건의로 황룡사 구층 목탑이 건립되었다.

08 발해의 역사

> **암기박사** 6좌평 관제 ⇒ 백제
>
> 정답 ⑤

정답 해설

영광탑과 이불병좌상은 발해의 문화유산이다. 한편, 내신좌평, 내두좌평 등 6좌평의 관제를 마련하여 중요한 국사를 논의한 것은 백제 고이왕 때의 일이다. ← 내신좌평, 내두좌평, 내법좌평, 병관좌평, 위사좌평, 조정좌평

오답 해설

① 주자감 : 유학 교육 기관 → 발해
　발해는 문왕(대흠무) 때 유학 교육 기관인 주자감을 설립하여 왕족과 귀족을 대상으로 유교 경전을 교육하였다.

② 중정대 : 감찰 업무 → 발해
　발해는 3성 6부의 중앙 관제를 갖추었으며, 관리들의 비위 감찰 업무를 담당하는 중정대가 있었다.

③ 연호 : 인안, 대흥 → 발해
　발해는 무왕(대무예) 때 인안, 문왕(대흠무) 때 대흥이라는 독자적 연호를 사용하였다.

④ 거란도, 영주도 → 발해
　발해는 신라도를 통하여 신라와 교류하였을 뿐만 아니라 거란도, 영주도 등을 통해 주변 국가와 교역하였다.

한국사 능력검정시험 3개년 기출문제

09 신라의 제도

암기박사 골품 : 관등 승진 및 일상생활 제한 ⇒ 신라

정답 ⑤

정답 해설
풍월도 또는 국선이라 불린 제도는 신라의 화랑도이다. 신라는 골품에 따라 관등 승진, 일상생활 등을 엄격히 제한하는 폐쇄적 신분 제도를 두었다.

오답 해설
① 태학과 경당 : 교육 기관 → 고구려
  태학과 경당은 모두 인재 양성을 위한 고구려의 교육 기관으로, 태학은 소수림왕 때 설립된 국립 교육 기관이고 경당은 장수왕 때 지방 청소년의 무예와 한학 교육을 위해 설립된 지방 교육 기관이다.
② 활인서 : 유랑민 구휼 → 조선
  조선 세조 때 고려 시대의 동서 대비원을 계승한 동활인원과 서활인원을 통합하여 활인서로 고치고 유랑민을 구휼하였다.
③ 정사암 : 국가 중대사 결정 → 백제
  백제는 귀족 회의체인 정사암 회의를 개최하여 재상을 선출하는 등 국가 중대사를 결정하였다.
④ 도병마사 : 군사 문제 논의 → 고려
  고려는 국방 문제를 담당하는 임시 기구인 도병마사에서 변경의 군사 문제 등을 논의하였다.

10 궁예의 활동

암기박사 광평성 : 국정 총괄 ⇒ 후고구려 : 궁예

정답 ④

정답 해설
태봉은 후고구려를 세운 궁예가 철원으로 천도한 후 고친 국호이다. 궁예는 국정을 총괄하는 광평성을 비롯한 각종 정치 기구를 마련하였다.

오답 해설
① 경주 사심관 → 신라 경순왕
  신라의 마지막 왕인 경순왕 김부가 고려 태조에게 항복하고 경주의 사심관으로 임명되었다.
② 12목 설치 : 지방관 파견 → 고려 성종
  고려 성종은 최승로의 시무 28조에 따라 전국에 12목을 설치하고 지방관을 처음으로 파견하였다.
③ 정치도감 설치 → 고려 충목왕
  고려 충목왕은 폐정 개혁을 목표로 정치도감을 설치하였으나 정동행성이문소에 의한 원나라의 간섭을 받았다.
⑤ 오월에 사신 파견 → 후백제 견훤
  후백제를 세운 견훤은 중국의 오월(吳越)에 사신을 보내 조공하였고, 이에 대한 답례로 오월왕의 사신으로부터 검교태보의 직을 받았다.

핵심노트 ▶ 궁예의 후고구려 건국
- 권력 투쟁에서 밀려난 신라 왕족 출신의 궁예가 초적·도적 세력을 기반으로 반신라 감정을 자극하면서 세력을 확대한 후, 양길을 몰아내고 송악(개성)에서 건국
- 한강 유역을 차지한 후 조령을 넘어 상주·영주 일대를 차지하는 등 옛 신라 땅의 절반 이상을 확보
- 국호를 마진으로 고치고(904) 철원으로 천도(905), 다시 국호를 태봉으로 변경(911)
- 골품제도를 대신할 새로운 신분 제도 모색
- 국정을 총괄하는 광평성을 비롯한 여러 관서를 설치하고, 9관등제를 실시

11 고려 태조 왕건

암기박사 정계와 계백료서 ⇒ 고려 태조

정답 ⑤

정답 해설
안동의 고창 전투에서 견훤의 후백제군과 싸워 승리한 인물은 고려 태조 왕건이다. 고려 태조는 정계와 계백료서를 지어 신하의 임금에 대한 도리를 강조하고 관리의 규범을 제시하였다.

오답 해설
① 한양 : 남경으로 승격 → 고려 문종
  고려 문종은 개경과 서경, 동경의 기존 기득권 세력을 견제하기 위해 한양을 남경으로 승격시켰다.
② 주전도감 : 해동통보 발행 → 고려 숙종
  고려 숙종은 화폐 유통의 촉진을 도모하기 위해 주전도감을 설치하고 해동통보를 발행하였으나 널리 사용되지는 못하였다.
③ 쌍기 : 과거제 실시 → 고려 광종
  고려 광종은 인재를 등용하기 위해 후주인 쌍기의 건의를 받아들여 과거제를 실시하였다.
④ 청연각·보문각 : 학문 연구 → 고려
  고려 예종 때 관학을 진흥하기 위해 궁중에 학술 연구 기구로 청연각과 보문각을 두어 학문 연구를 장려하였다.

12 고려의 경제 모습

암기박사 벽란도 : 국제 무역항 ⇒ 고려

정답 ①

정답 해설
삼사는 화폐와 곡식의 출납에 대한 회계를 담당한 고려의 중앙 기구이며, 호부는 6부의 하나이다. 또한 안찰사는 고려의 지방관이다. 고려 시대에는 예성강 하구의 벽란도가 국제 무역항으로 번성하였다.

오답 해설
② 고추, 담배 : 상품 작물 → 조선 후기
  조선 후기에는 고추, 담배 등 시장에서 판매하기 위한 상품 작물의 재배가 성행하였다.
③ 동시전 : 시장 감독 → 신라 지증왕
  신라 지증왕 때 시장을 감독하는 관청인 동시전이 수도 경주에 설치되었다.

④ 덕대 : 광산 전문 경영 → 조선 후기
조선 후기에는 상인 물주에게 자본을 조달받아 채굴 노동자를 고용하는 등 광산을 전문적으로 경영하는 덕대가 활동하였다.

⑤ 농사직설 편찬 → 조선 세종
조선 세종 때 정초 등이 삼남 지방의 농법을 소개한 농사직설을 편찬하였다. ← 우리나라 최초의 농서

13 고려 인종 재위 시기의 사실

정답 ④

암기박사 묘청의 난(1135) ⇒ 고려 인종

정답 해설

이자겸의 난이 발생하고 김부식이 삼국사기를 편찬한 것은 고려 인종 때의 일이다. 고려 인종 때 묘청이 풍수지리설에 근거하여 서경 천도를 주장하며 난을 일으켰다. ← 지금의 평양

오답 해설

① 최충헌 : 봉사 10조 → 고려 명종
  고려 명종 때 최충헌이 사회 개혁책인 봉사 10조를 국왕에게 올려 시정 개혁을 건의하였다.

② 동북 9성 반환 → 고려 예종
  고려 예종 때 여진족을 정벌하고 동북 9성을 축조하였으나 여진족의 계속된 침입과 조공 약속, 방비의 곤란 등으로 동북 9성을 반환하였다.

③ 국자감 : 성균관으로 개칭 → 고려 공민왕
  고려 공민왕은 국자감을 성균관으로 개칭하고 순수 유학 교육 기관으로 개편하여 유학 교육을 장려하였다.

⑤ 연호 : 광덕, 준풍 → 고려 광종
  고려 광종은 국왕을 황제라 칭하고 광덕, 준풍 등의 독자적 연호를 사용하였으며 개경을 황도라 하였다.

14 망이·망소이의 난

정답 ②

암기박사 특수 행정 구역인 소에 대한 차별 ⇒ 망이·망소이의 난

정답 해설

망이·망소이의 난은 고려 무신 집권기 때 특수 행정 구역인 소(所)의 주민들이 차별을 받아 일으킨 난이다(1176). 망이·망소이의 난이 일어난 명학소는 특수 행정 구역인 소의 한 지역으로 이후 충순현으로 승격되었다. ← '명학'은 마을 이름

오답 해설

① 안동도호부 설치 → 당나라
  나·당 연합군이 고구려를 멸망시킨 후 당나라는 한반도의 지배 야욕을 보이며 평양에 안동도호부를 설치하였다.

③ 신라 말 반신라적 세력 → 호족
  신라 말 중앙 통제가 약화되고 정치 기강이 문란해지자 스스로 성주 또는 장군이라 칭한 호족 세력이 반신라적 세력으로 성장하였다.

④ 통청 운동 : 청요직 진출 → 서얼
  조선 후기에 서얼은 청요직 진출을 요구하는 집단 상소를 올려 통청 운동을 전개하였다. ← 조선 시대 관리들이 선망하는 홍문관·사간원·사헌부 등의 관직
  ← 서자 : 양인 첩의 자식,
    얼자 : 천인 첩의 자식

⑤ 과전법 실시 → 농민의 경작권 보장
고려 공양왕 때 조준 등의 건의로 경기에 한하여 과전법이 실시되어 농민의 경작권을 보장함으로써 농민의 지지를 확보하였다.

15 삼별초의 항쟁

정답 ②

암기박사 최씨 무신 정권 : 군사적 기반 ⇒ 삼별초

정답 해설

항파두리성은 개경 환도 결정에 반발하여 강화도에서 봉기한 삼별초가 진도를 거쳐 제주도로 옮겨와 항쟁했던 곳이다. 수도의 치안 유지를 담당하던 야별초에 신의군을 합쳐 편성한 삼별초는 최씨 무신 정권의 군사적 기반 역할을 하였다. ← 귀환 포로
← 좌·우별초

오답 해설

① 거란의 침입 대비 → 광군
  고려 정종은 거란의 침입에 대비하여 광군을 설치하고 청천강에 배치하였다.

③ 원 간섭기 : 일본 원정 → 정동행성
  원 간섭기인 고려 충렬왕 때 원의 요청에 따라 일본 원정에 참여하기 위해 정동행성이 설치되었다.

④ 신기군, 신보군, 항마군 편성 → 별무반
  고려 숙종 때 윤관은 여진족을 정벌하기 위해 신기군, 신보군, 항마군으로 편성된 별무반을 조직하였다.

⑤ 홍산 전투 → 고려 관군
  고려 우왕 때 왜구가 충남 내륙 지방까지 쳐들어오자 최영의 지휘 아래 관군이 홍산에서 왜구를 격퇴하였다.
  ← 지금의 충남 부여 지역

핵심노트 ▶ 삼별초의 대몽 항쟁 지역

- 강화도 : 배중손이 왕족 승화후 온을 추대하여 반몽 정권 수립(1270)
- 진도 : 장기 항전을 계획하고 진도로 옮겨 용장성을 쌓고 저항했으나 여·몽 연합군의 공격으로 함락(1271)
- 제주도 : 김통정의 지휘 아래 계속 항쟁하였으나 여·몽 연합군에 진압(1273)

16 이승휴의 제왕운기

정답 ③

암기박사 이승휴 : 제왕운기 ⇒ 단군의 고조선 건국 이야기 수록

정답 해설

고려 후기 이승휴가 중국과 우리의 역사를 칠언시와 오언시의 운문으로 엮은 책은 제왕운기이다. 중국과 구별되는 역사의 독자성을 강조했다는 평가를 받고 있는 제왕운기에는 단군의 고조선 건국 이야기가 수록되어 있다.

오답 해설

① 남북국이라는 용어 처음 사용 → 유득공 : 발해고
  유득공은 발해고에서 남북국이라는 용어를 처음 사용하였고 발해사를 우리 역사로 체계화하였다.

② 불교사 중심의 민간 설화 → 일연 : 삼국유사
  일연의 삼국유사에는 단군부터 고려 말까지의 불교사를 중심으로

고대의 민간 설화 등이 수록되어 있다.
④ **고승들의 전기 기록 → 각훈 : 해동고승전**
각훈의 해동고승전은 삼국 시대의 승려 33명의 전기를 수록한 우리나라 최고(最古)의 승전으로 왕명에 의해 편찬되었다.
⑤ **본기, 열전 : 기전체 형식 → 김부식 : 삼국사기**
김부식의 삼국사기는 현존하는 우리나라 최고의 역사서로 본기, 열전 등으로 구성된 기전체 형식으로 서술되었다.

17 고려 공민왕 재위 시기의 사실

암기박사 신돈 : 전민변정 사업 ⇒ 고려 공민왕   **정답 ②**

정답 해설

기철 등 친원 세력을 숙청하고 쌍성총관부를 수복했던 왕은 고려 공민왕이다. 고려 공민왕 때 신돈을 중심으로 전민변정 사업이 추진되어 권문세족을 견제하고 개혁을 이끌었다.

오답 해설

① **의천 : 천태종 개창 → 고려 숙종**
고려 숙종 때 대각국사 의천이 불교 교단을 통합하기 위해 국청사에서 해동 천태종을 개창하였다.
③ **만적의 난 → 고려 신종**
고려 신종 때 최충헌의 사노 만적이 개경에서 노비를 모아 신분 해방을 외치며 반란을 모의하였다.
④ **최충 : 문헌공도 설립 → 고려 문종**
고려 문종 때 최충이 사학 12도 중의 하나인 문헌공도를 설립하여 유학 교육에 힘썼다.
→ 9재 학당
⑤ **이규보 : 동명왕편 저술 → 고려 명종**
고려 명종 때 이규보는 고구려의 건국 시조인 동명왕의 일대기를 서사시 형태로 표현한 동명왕편을 지어 고구려 계승 의식을 강조하였다.

18 왜구에 대한 고려의 대응

암기박사 박위 : 대마도 토벌 ⇒ 고려 vs 왜구   **정답 ③**

정답 해설

고려 우왕 때 최무선은 진포 대첩에서 나세, 심덕부 등과 함께 화포를 이용해 왜구를 물리쳤다. 또한 고려 창왕 때 박위를 파견하여 왜구의 근거지인 대마도를 토벌하였다.

오답 해설

① **광군 조직 → 고려 vs 거란**
고려 정종은 거란의 침입에 대비하기 위하여 상비군인 광군을 조직하고 청천강에 배치하였다.
② **무역소 설치 → 조선 vs 여진**
조선 태종은 경성과 경원에 무역소를 설치하여 여진과의 국경 무역을 허락하였다.
④ **어영청 : 북벌 추진 → 조선 vs 청**
조선 효종은 총포병과 기병 위주로 기능을 강화한 어영청을 중심으로 국방력을 강화하고 청에 대한 북벌을 추진하였다.

⑤ **대장도감 : 팔만대장경 간행 → 고려 vs 몽골**
고려 고종 때 몽골의 침입으로 초조대장경이 소실되자 강화도에 대장도감을 설치하고 팔만대장경을 간행하였다.

19 한국의 세계 기록 유산

암기박사 조선의 역대 임금의 동정과 국정을 기록한 일기 ⇒ 일성록   **정답 ⑤**

정답 해설

일성록은 조선의 역대 임금의 동정과 국정을 기록한 일기로 조선 영조 때부터 기록되기 시작하였으며, 정조가 세손 시절부터 쓴 일기에서 유래하였다. 한편, 국왕의 비서 기관에서 발행한 관보는 조보(朝報)로, 중종 때부터 고종 때까지 국가 차원에서 발행한 신문 성격의 문서이다.

오답 해설

① **사초, 시정기 종합 → 조선왕조실록**
조선왕조실록은 왕의 사후 사초와 시정기 등을 종합하여 춘추관에서 편찬되었다.
→ 조선 시대 춘추관에서 각 관서들의 업무 기록을 종합하여 편찬한 국정 기록물
→ 사관이 매일 기록한 역사 편찬의 자료
② **청주 흥덕사에서 간행 → 직지심체요절**
청주 흥덕사에서 현존하는 세계 최고(最古)의 금속 활자본인 직지심체요절이 간행되었다.
③ **병인양요 때 약탈 → 조선왕조의궤**
병인양요 때 프랑스군이 철군하면서 문화재에 불을 지르고 외규장각 도서인 조선왕조의궤를 국외로 약탈하였다.
④ **우리나라와 중국 의서 집대성 → 동의보감**
조선 광해군 때 허준이 우리나라와 중국의 의서를 망라하여 집대성한 동의보감을 완성하고 의료 지식을 민간에 보급하였다.

20 삼봉 정도전

암기박사 불씨잡변 : 불교 비판 ⇒ 정도전   **정답 ①**

정답 해설

이성계를 도와 조선 건국을 주도하고 조선경국전을 저술한 인물은 삼봉 정도전이다. 조선 건국 이후 정도전은 불씨잡변을 지어 불교를 비판하고 성리학을 통치 이념으로 확립하였다.

오답 해설

② **계유정난으로 축출 → 김종서, 황보인, 안평대군**
수양대군(세조)이 정인지 · 권람 · 한명회 등과 계유정난을 일으켜 김종서 · 황보인 등의 중신과 안평대군을 축출하고 정치적 실권을 장악하였다.
③ **백운동 서원 건립 → 주세붕**
조선 중종 때 풍기 군수 주세붕이 안향의 봉사를 위해 최초의 서원인 백운동 서원을 건립하였다.
④ **해동제국기 편찬 → 신숙주**
신숙주는 계해약조 당시 일본에 다녀와서 일본의 지세와 국정 등을 기록한 해동제국기를 편찬하였다.

⑤ 성학십도 저술 → 이황

이황은 성리학의 개념을 도식으로 설명한 성학십도를 선조에게 올려 군주가 스스로 인격과 학문을 수양하기 위해 노력해야 함을 강조하였다.

21 조선 세종의 업적

암기박사 칠정산 간행 ⇒ 조선 세종

정답 ③

정답 해설

훈민정음 창제 후 아들인 수양대군이 석보상절을 편찬하고 이를 한글로 옮긴 월인천강지곡이 완성된 것은 조선 세종 때의 일이다. 조선 세종 때 중국의 수시력과 아라비아의 회회력을 참고로, 한양을 기준으로 한 역법서인 칠정산이 간행되었다.

오답 해설

① 금위영 설치 → 조선 숙종

조선 숙종은 수도 방어를 위해 금위영을 설치하고 5군영 체제를 완성하였다.

② 악학궤범 완성 → 조선 성종

조선 성종 때 성현이 궁중의 음악 이론 등을 집대성한 악학궤범을 완성하였다.

④ 동국문헌비고 편찬 → 조선 영조

조선 영조 때 홍봉한 등이 역대 문물제도를 정리한 한국학 백과사전인 동국문헌비고를 편찬하였다.

⑤ 직전법 실시 → 조선 세조

조선 세조 때 과전이 부족해지자 현직 관리에게만 수조지를 지급하는 직전법을 실시하였다.

22 조선 시대 대명 정책

암기박사 하정사, 천추사 ⇒ 조선 vs 명

정답 ②

정답 해설

창덕궁에 있었던 대보단은 임진왜란 때 조선에 원군을 보낸 명의 황제를 기리고자 숙종 대에 건립한 제단이다. 조선은 건국 직후부터 명과 친선을 유지하여 매년 정기적, 부정기적으로 하정사, 천추사 등의 사절단을 보냈다.

오답 해설

① 나선 정벌 → 조선 vs 청

조선 효종 때 러시아의 남하로 청과 러시아 간 국경 충돌이 발생하자, 청의 요청으로 두 차례에 걸쳐 나선 정벌에 조총 부대를 파견하였다.

③ 백두산정계비 건립 → 조선 vs 청

조선 숙종 때 청의 요구로 조선과 청의 경계를 정한 백두산정계비를 세워 국경을 획정하였다.

④ 동평관 설치 → 조선 vs 일본

조선 태종은 일본 사신의 접대를 위해 한성에 동평관을 설치하고 일본과의 무역을 허용하였다.

⑤ 결혼도감 설치 → 고려 vs 원

원 간섭기에는 원의 공녀 요구가 심각한 사회 문제를 초래하자 공녀를 보내기 위해 결혼도감을 설치하였다.

23 연산군 재위 시기의 사실

암기박사 갑자사화 : 폐비 윤씨 사사 사건 ⇒ 연산군

정답 ⑤

정답 해설

조의제문을 구실로 사림을 탄압하고 반복된 폭정으로 반정이 일어나 폐위된 왕은 연산군이다. 조선 연산군 때 친모인 폐비 윤씨 사사 사건을 빌미로 김굉필 등의 신하들이 숙청되는 갑자사화가 일어났다.

오답 해설

① 이괄의 난 → 조선 인조

인조반정 후 공신 책봉에 불만을 품은 이괄이 난을 일으켜 한양이 점령되자 인조는 공주의 공산성으로 피란하였다.

② 단종 복위 운동 → 조선 세조

세조의 왕위 찬탈에 저항하여 단종의 복위를 꾀한 성삼문의 사육신이 처형되었다.

③ 계축옥사 → 조선 광해군

조선 광해군 때 대북파가 영창대군을 왕으로 옹립하려는 반란을 꾀했다는 구실로 반대파 세력이 제거되는 계축옥사가 일어나 영창대군이 사사되고 인목대비가 유폐되었다.

④ 기묘사화 → 조선 중종

조선 중종 때 조광조가 반정 공신의 위훈 삭제를 주장하였으나 훈구 세력이 주초위왕의 모략을 꾸며 조광조 일파를 제거하는 기묘사화가 발생하였다

24 우리나라 성곽의 역사

암기박사 병자호란 ⇒ 인조 : 남한산성 피란

정답 ④

정답 해설

조선 인조 때 청이 군신 관계를 요구하며 병자호란을 일으키자 인조는 남한산성으로 피란하여 청과 항전하였다.

오답 해설

① 정묘호란 → 정봉수 : 용골산성

조선 인조 때 친명배금 정책을 빌미로 후금이 침입하여 정묘호란이 발발하자 정봉수가 용골산성에서 항전하였다.

② 병자호란 → 김준룡 : 광교산성

병자호란 당시 남한산성에 고립된 인조를 구하기 위해 김준룡이 근왕병을 이끌고 광교산성에서 청나라 적장을 사살하였다.

③ 임진왜란 → 신립 : 탄금대

임진왜란 당시 왜군이 파죽지세로 쳐들어오자 도순변사 신립이 충주 탄금대에서 배수의 진을 치고 전투를 벌였다.

⑤ 임진왜란 → 권율 : 행주산성

임진왜란 당시 권율이 백성들과 함께 행주산성에서 일본군을 크게 물리쳤는데, 부녀자들까지 동원되어 돌을 날랐다는 이야기로 유명하다.

25 경재소의 이해

> 암기박사 관할 유향소 임원의 임명권 행사 ⇒ 경재소

정답 ④

정답 해설
지방 출신 중앙관료들을 통해 연고지의 유향소를 통제하기 위해 설치한 기구는 경재소이다. 경재소에서는 관할 유향소 임원의 임명권을 행사하였고, 중앙과 지방 간의 연락 업무를 담당하였다.

오답 해설
① 사헌부, 사간원과 함께 3사 구성 → 홍문관
홍문관은 사헌부, 사간원과 함께 3사로 불렸으며, 왕의 자문과 경서와 사서를 강론하는 경연을 주관하였다.
② 소속 관원 : 은대 학사 → 승정원
승정원은 왕의 비서 기관으로 왕명의 출납을 관장하였으며, 소속 관원을 은대 학사라고도 칭하였다.
③ 검서관 : 서얼 출신 → 규장각
조선 정조 때 박제가, 이덕무, 유득공 등의 서얼 출신 학자들이 규장각 검서관에 등용되었다.
⑤ 대사성, 좨주, 직강 → 성균관
조선 시대 최고의 국립대학인 성균관은 대사성을 수장으로 좨주, 직강 등의 관직을 두었다.
→ 성균관의 종3품 관직
→ 성균관의 종6품 관직

26 겸재 정선

> 암기박사 금강내산도 ⇒ 겸재 정선

정답 ①

정답 해설
우리 산천의 아름다움을 사실적으로 표현한 진경산수화를 그린 인물은 겸재 정선이다. 금강내산도는 조선 후기 진경산수화의 대가 겸재 정선의 작품으로, 금강내산을 부감 형식의 원형구도로 그린 진경산수화이다.

오답 해설
② 산수인물도 → 김홍도
산수인물도는 조선 후기의 대표적인 풍속화가인 단원 김홍도가 그린 산수인물화로, 거대한 절벽과 폭포 그리고 배를 탄 어부들로 구성된 수묵담채화이다.
③ 월하정인 → 신윤복
월하정인은 조선 후기의 대표적인 풍속 화가 혜원 신윤복이 그린 작품으로, 늦은 밤 인적이 드문 뒷골목에서 남녀 간의 연애를 소재로 한 그림이다.
④ 영통골 입구도 → 강세황
영통골 입구도는 조선 후기의 화가 강세황이 그린 작품으로, 원근법과 명암법 등 서양화 기법을 반영하여 더욱 실감나게 표현하였다.
⑤ 몽유도원도 → 안견
안견은 안평대군의 꿈을 소재로 자연스러운 현실 세계와 환상적인 이상 세계를 표현한 몽유도원도를 그렸다.

27 조선 철종 재위 시기의 사실

> 암기박사 박규수 : 삼정이정청 설치 ⇒ 조선 철종

정답 ⑤

정답 해설
임술 농민 봉기가 발발한 것은 안동 김씨 등 외척 세력이 권력을 잡은 세도 정치로, 조선 철종 때의 일이다. 이 시기에 삼정의 문란을 해결하기 위해 안핵사 박규수의 건의로 삼정이정청이 설치되었다.

오답 해설
① 신해박해 : 윤지충 처형 → 조선 정조
조선 정조 때 신주를 불태우고 모친상을 천주교식으로 지낸 진산의 양반 윤지충 등을 처형하는 신해박해가 일어났다.
② 오페르트 도굴 사건 → 조선 고종
조선 고종 때 독일 상인 오페르트가 통상을 거부당하자 충청남도 덕산에 있는 남연군 묘 도굴을 시도하였다.
→ 흥선 대원군의 아버지
③ 장용영 : 국왕의 친위 부대 → 조선 정조
조선 정조 때 왕권 강화를 위해 국왕의 친위 부대인 장용영을 설치하고 한양에는 내영, 수원 화성에는 외영을 두었다.
④ 환국 정치 → 조선 숙종
조선 숙종 때 경신환국 등 여러 차례 환국이 발생하여 정치 세력을 급격하게 전환시키는 환국 정치를 주도하였다.

28 균역법의 재정 보충 대책

> 암기박사 균역법 : 재정 부족 ⇒ 선무군관포 징수

정답 ②

정답 해설
조선 영조 때 균역법의 시행으로 재정이 부족해지자 일부 부유한 양민에게 선무군관이란 칭호를 주고 군포 1필을 부과하는 선무군관포를 징수하였다.

오답 해설
① 토산물 대신 쌀, 동전으로 납부 → 대동법
공납의 폐단을 해결할 목적으로 시행한 대동법은 토산물 대신 쌀, 베, 동전 등으로 납부하게 하였다.
③ 시전 상인의 특권 축소 → 신해통공
조선 정조 때 시전 상인의 특권을 축소하는 신해통공이 단행되어 육의전을 제외한 시전 상인의 금난전권이 폐지되었다.
→ 명주, 종이, 어물, 모시와 베, 무명, 비단을 파는 점포
→ 시전 상인이 왕실이나 관청에 물품을 공급하는 대신 부여받은 독점 판매권으로, 난전을 단속할 수 있는 권한
④ 풍흉에 따라 차등 과세 → 연분 9등법
조선 세종 때 풍흉에 따라 전세를 9등급으로 차등 과세하는 연분 9등법을 시행하여 수취 체제가 정비되었다.
⑤ 민간의 광산 개발 허용 → 설점수세제
조선 후기에는 설점수세제를 시행하여 민간의 광산 개발을 허용하였고, 정부에서는 별장을 파견하여 수세를 독점하였다.

심화 73회

> **핵심노트** ▶ 균역법의 재정 보충 대책
>
> - 결작 : 감소된 재정을 보충하기 위해 지주에게 결작을 부과 → 토지 1결당 미곡 2두
> - 선무군관포 : 일부 상층 양인에게 선무군관이란 칭호를 주고 군포 1필 부과
> - 잡세 : 어장세 · 염세 · 선박세 등

29 갑신정변의 결과

정답 ①

암기박사 갑신정변 ⇒ 청군의 개입 : 3일 만에 실패

정답 해설

김옥균, 홍영식 등의 급진개화파가 우정국 낙성 축하연을 이용해 사대당 요인을 살해하는 갑신정변을 일으켰다. 갑신정변은 청군의 개입으로 3일 만에 실패로 끝나고 주동자들이 해외로 망명하였다.

오답 해설

② 홍범 14조 반포 → 제2차 갑오개혁
  고종은 제2차 갑오개혁 때 종묘에 나가 독립 서고문을 바치고, 개혁의 기본 방향을 제시한 홍범 14조를 반포하였다.

③ 개화 정책 총괄 기구 → 통리기무아문
  강화도 조약 체결 이후 국내외 정세에 대응하고 개화 정책을 총괄하기 위한 기구로 통리기무아문이 설치되었다.

④ 방곡령 시행 규정 → 조일 통상 장정
  천재 · 변란 등에 의한 식량부족의 우려가 있을 때 1개월 전에 사전 통보로 방곡령을 시행할 수 있는 규정이 포함되어 있다.
  → 곡물 반출 금지령

⑤ 구식 군인에 대한 차별 → 임오군란
  신식 군대인 별기군과 차별을 받던 구식 군대가 임오군란을 일으켜 포도청과 의금부를 습격하고 일본 공사관을 불태웠다.

30 조선 후기의 사회 모습

정답 ①

암기박사 제위보 : 빈민 구휼 ⇒ 고려 광종

정답 해설

신분 질서가 크게 동요하고 구향과 신향 간의 향전이 발생한 시기는 조선 후기이다. 한편, 기금을 모아 그 이자로 빈민을 구휼하는 제위보가 운영된 것은 고려 광종 때의 일이다.

오답 해설

② 중인 : 시사 조직 → 조선 후기
  조선 후기에는 중인들이 시사(詩社)를 조직해 활발한 문예 활동을 전개하였다.

③ 보부상 : 상평통보 거래 → 조선 후기
  조선 후기에는 보부상들이 장시를 돌아다니며 상평통보로 일용 잡화나 농 · 수산물, 수공업 제품, 약재 등을 거래하였다.

④ 세책가 : 홍길동전 대여 → 조선 후기
  조선 후기에는 홍길동전 등 한글 소설이 유행하였고 소설책을 빌려주는 세책가가 성행하였다.

⑤ 송파장 : 산대놀이 → 조선 후기
  조선 후기에는 송파장에서 가면극인 산대놀이 공연이 성행하는 등 서민 문학이 절정을 이루었다.

31 동학 농민 운동의 전개 과정

정답 ④

암기박사 고부 농민 봉기 ⇒ 황룡촌 전투 ⇒ 전주성 점령

정답 해설

(가) 고부 민란(1894. 1) : 고부 군수 조병갑의 탐학에 저항하여 전봉준이 농민들을 이끌고 고부 관아를 습격하면서 동학 농민 운동이 시작되었다.

- 황룡촌 전투(1894. 4) : 동학 농민군이 전라도 장성 황룡촌 전투에서 장태를 이용해 홍계훈의 관군과 싸워 승리하였다.

(나) 전주성 점령(1894. 4) : 황룡촌 전투에서 승리한 동학 농민군은 기세를 몰아 전주성을 무혈입성하며 점령하였다.

오답 해설

① 남접과 북접의 집결(1894. 10) → (나) 이후
  동학 농민 운동 당시 남접(전봉준)과 북접(손병희)이 논산에서 집결한 후 서울로 북진하였다.

② 최제우 처형(1864) → (가) 이전
  동학을 창시한 교조 최제우는 사술로 백성들을 현혹시킨다고 하여 혹세무민의 죄로 처형당했다.

③ 경복궁 점령(1894. 6) → (나) 이후
  동학 농민 운동 당시 청 · 일군이 개입하여 전주 화약이 성립하였으나 일본이 군대를 동원하여 경복궁을 점령하였다.

⑤ 공주 우금치 전투(1894. 11) → (나) 이후
  동학 농민군이 서울로 북진하다 공주 우금치에서 관군 및 일본군에 맞서 싸웠으나 패하였다.

32 조 · 청 상민 수륙 무역 장정

정답 ③

암기박사 조 · 청 상민 수륙 무역 장정 체결(1882) ⇒ 시전 상인 : 외국 상인 퇴거 요구

정답 해설

조 · 청 상민 수륙 무역 장정은 조선과 청이 양국 상인의 통상에 대해 맺은 조약으로, 외국 상인의 내지 통상권이 최초로 규정되었다. 조 · 청 상민 수륙 무역 장정의 체결로 피해를 입은 시전 상인들이 외국 상인의 퇴거를 요구하였다.

오답 해설

① 동양 척식 주식회사 설립(1908) → 경제적 침탈
  일제가 대한 제국의 토지와 자원 등 경제적 침탈을 목적으로 동양 척식 주식회사를 설립하였다.

② 일제의 황무지 개간권 요구(1904) → 경제적 침탈
  러 · 일 전쟁 때 일제가 경제적 침탈을 강화하면서 일본인에게 막대한 황무지의 개간권을 주도록 요구하자, 보안회가 지속적인 반대 운동을 벌여 일본의 황무지 개간권 요구를 저지시켰다.

④ 화폐 정리 사업(1905) → 일본 발행 화폐 교환
  재정 고문 메가타의 주도로 조선의 상평통보나 구(舊) 백동화를 일본 제일 은행에서 만든 새 화폐로 교환하는 화폐 정리 사업이 실시되었다.

245

⑤ 회사령 공포(1910) → 회사 설립 허가제
일제는 무단 통치기에 회사 설립 시 총독의 허가를 받도록 하는 회사령을 공포하여 민족 기업의 설립을 방해하였다.

33 국채 보상 운동

정답 ①

암기박사 대한매일신보 지원 ⇒ 국채 보상 운동(1907)

정답 해설

일본에서 들여온 차관을 갚기 위해 일어난 운동은 국채 보상 운동이다. 정부의 외채를 국민의 힘으로 상환하여 국권을 회복하자는 국채 보상 운동은 대한매일신보의 지원을 받아 전국으로 확산되었다.

오답 해설

② 통감부의 탄압과 방해 → 국채 보상 운동
국채 보상 운동은 정부의 외채를 국민의 힘으로 상환하여 국권을 회복하자는 운동으로 조선 총독부가 아닌 통감부의 탄압과 방해로 중단되었다. *일본이 1910년 한일 병합부터 1945년 해방까지 운영한 조선 통치 기관*

③ 백정에 대한 사회적 차별 철폐 → 형평 운동
이학찬을 중심으로 진주에서 조선 형평사를 조직하고 백정에 대한 사회적 차별 철폐를 목적으로 형평 운동이 전개되었다.

④ 조선 민립 대학 기성회 → 민립 대학 설립 운동
총독부가 대학 설립 요구를 묵살하자 조선 교육회는 우리 손으로 대학을 설립하고자 조선 민립 대학 기성회에서 모금 활동을 주도하였다.

⑤ 외국 노동 단체 : 격려 전문 → 원산 총파업
원산 총파업은 노동 조건 개선을 요구하며 전개한 1920년대 최대의 파업 투쟁으로 일본, 프랑스 등의 노동 단체로부터 격려 전문을 받았다.

34 을사늑약의 결과

정답 ④

암기박사 을사늑약 ⇒ 통감부 설치

정답 해설

일본이 우리나라의 외교권을 박탈한 것은 을사늑약 때의 일이다. 을사늑약이 강제로 체결된 후 통감부가 설치되고 이토 히로부미가 초대 통감으로 부임하였다.

오답 해설

①·⑤ 스티븐스 : 외교 고문 → 1차 한·일 협약
일제는 러·일 전쟁의 전세가 유리하게 전개되자 한·일 협약의 체결을 강요하였고, 스티븐스가 외교 고문으로 파견되었다.

② 최혜국 대우 최초 규정 → 조·미 수호 통상 조약
조·미 수호 통상 조약은 서양과 맺은 최초의 조약으로, 이 조약으로 외국에 대한 최혜국 대우를 최초로 규정하였다.

③ 천주교 포교 허용 → 조·프 수호 통상 조약
조선과 프랑스 사이에 맺은 조·프 수호 통상 조약은 천주교 포교 허용의 근거가 되었다.

핵심노트 ▶ 을사늑약(1905)

제2조(외교권 박탈) 일본 정부는 한국과 타국 간에 현존하는 조약의 실행을 완수하는 임무를 담당하고 한국 정부는 지금부터 일본 정부의 중개를 거치지 않고서는 국제적 성질을 가진 어떤 조약이나 약속을 맺지 않을 것을 서로 약속한다.
제3조(통감부 설치) 일본 정부는 그 대표자로 한국 황제 폐하 밑에 1명의 통감을 두되 통감은 오로지 외교에 관한 사항을 관리하기 위하여 경성에 주재하고 친히 한국 황제 폐하를 만날 수 있는 권리를 가진다.

35 근대 문물의 수용

정답 ⑤

암기박사 전차 개통(1899) ⇒ 경부선 철도 개통(1905)

정답 해설

한성 전기 회사에 의해 서대문과 청량리 사이에 우리나라 최초의 전차가 개통되었다(1899). 이후 러·일 전쟁 중에 일본의 군사적인 목적에 의해 경부선 철도가 개통되었다(1905).

오답 해설

① 척화비 건립 → 1871년
병인양요와 신미양요의 결과 흥선 대원군은 척화교서를 내리고 종로와 전국 각지에 척화비를 건립하였다.

② 거문도 사건 → 1885년
갑신정변 이후 조·러 수호 통상 조약이 체결되자 영국은 러시아의 남하를 견제하기 위해 거문도를 불법으로 점령하였다.

③ 강화도 조약 → 1876년
운요호 사건이 있은 후 일본의 강압에 의해 불평등 조약인 강화도 조약이 연무당에서 체결되었다.

④ 보빙사 파견 → 1883년
미국과 조·미 수호 통상 조약이 체결된 후 미국 공사의 서울 부임에 답하여 민영익, 홍영식, 서광범 등이 보빙사의 단원으로 미국에 파견되었다.

36 서간도의 민족 운동

정답 ①

암기박사 경학사 : 한인 자치 기구 ⇒ 서간도

정답 해설

신민회는 서간도 삼원보에 신흥 강습소를 세워 무장 투쟁을 준비하였고, 이후 신흥 무관 학교로 발전하였다. 또한 신민회는 서간도의 삼원보에 한인 자치 기구인 경학사를 조직하였다.

오답 해설

② 2·8 독립 선언서 발표 → 일본 도쿄
미국 대통령 윌슨이 제창한 민족 자결주의의 영향을 받아 일본 도쿄 유학생들이 조선 청년 독립단을 결성하고 2·8 독립 선언서를 발표하였다.

③ 대조선 국민 군단 → 하와이
박용만의 주도로 하와이에 대조선 국민군단을 조직하여 군사 훈련을 실시하고 독립군 사관을 양성하였다.

④ 대한 광복군 정부 → 연해주
연해주에서는 권업회가 조직되고 대한 광복군 정부가 수립되어

무장 투쟁을 준비하였다.
⑤ 한인 비행 학교 설립 → 미국 캘리포니아
대한민국 임시 정부의 군무총장을 지낸 독립운동가 노백린 장군이 독립군 비행사 양성을 위해 미국 캘리포니아에 한인 비행 학교를 설립하였다.

37 무단 통치기의 일제 정책

정답 ③

암기박사 토지 조사 사업(1912) ⇒ 무단 통치기

정답 해설

교원이 제복을 입고 칼을 차고 수업을 하고, 헌병이 일반 경찰 업무를 맡거나 태형을 통해 형벌을 가한 것은 무단 통치 때의 일이다. 일제는 무단 통치기 때 토지 약탈과 식민지화에 필요한 재정 수입원을 마련하기 위해 토지 조사령을 발표하고 토지 조사 사업을 실시하였다.

오답 해설

① 국가 총동원법(1938) → 민족 말살 통치기
 일제는 민족 말살 통치기에 국가 총동원법을 공포하여 인력과 물자를 강제 동원하였다.
② 산미 증식 계획 시행(1920) → 문화 통치기
 일제는 문화 통치기에 자국의 심각한 식량 부족과 쌀값 폭등을 우리나라에서의 식량 수탈로 해결하려고 산미 증식 계획을 시행하였다.
④ 황국 신민 서사 암송(1937) → 민족 말살 통치기
 일제는 민족 말살 통치기에 천황에게 충성을 맹세하는 황국 신민 서사의 암송을 강요하였다.
⑤ 조선 사상범 예방 구금령 제정(1941) → 민족 말살 통치기
 일제는 민족 말살 통치기 때 우리 민족의 사상을 통제하기 위해 조선 사상범 예방 구금령을 제정하였다.

38 천도교 소년회의 활동

정답 ④

암기박사 김기전, 방정환 주도 ⇒ 천도교 소년회

정답 해설

'어린이 날'을 제정하고 조선 소년 운동을 전개한 단체는 천도교 소년회이다. 천도교 소년회는 김기전, 방정환 등이 주축이 되어 활동하였다.

오답 해설

① 한글 맞춤법 통일안 제정 → 조선어 학회
 조선어 학회는 한글 맞춤법 통일안과 표준어를 제정하고 우리말 큰사전 편찬 사업도 추진하였으나, 일제의 조선어 학회 사건으로 해체되었다.
② 진단 학보 발행 → 진단 학회
 이병도, 손진태 등은 진단 학회를 조직하여 실증주의 사학을 발전시키고 기관지로 진단 학보를 발행하였다.
③ 오산 학교 설립 → 신민회
 안창호와 양기탁이 중심이 되어 조직한 비밀 결사 단체인 신민회

는 오산 학교를 설립하여 인재를 양성하였다.
⑤ 여권통문 발표 → 서울 북촌 양반 여성들
 서울 북촌의 양반 여성들이 주축이 되어 여성 교육의 중요성을 강조한 여권통문을 발표하였다.
→ 대한민국 최초의 여성 권리 선언문

39 1930년대의 모습

정답 ⑤

암기박사 혁명적 농민 조합 결성 ⇒ 1930년대

정답 해설

대공황 이후 일제가 농촌 진흥 운동과 남면북양 정책을 추진하던 시기는 1930년대이다. 이 시기에 동양 척식 주식회사의 토지 수탈과 일본 지주들의 횡포에 맞서 소작인들의 권익을 보호하기 위해 혁명적 농민 조합이 결성되었다.

오답 해설

① 근우회 창립 → 1927년
 여성 노동자의 권익 옹호와 생활 개선을 위해 김활란 등을 중심으로 한 여성계 민족 유일당 조직인 근우회가 창립되었다.
② 경성 제국 대학 설립 → 1924년
 조선 교육회가 우리 손으로 대학을 설립하고자 민립 대학 설립 운동을 전개하였으나 일제가 경성 제국 대학을 설립하여 중단되었다.
③ 원각사 : 은세계 공연 → 1908년
 이인직이 설립한 최초의 서양식 극장인 원각사에서 연극 은세계를 공연하였다.
④ 13도 창의군 : 서울 진공 작전 → 1908년
 정미의병이 확산되는 과정에서 의병 연합군인 13도 창의군이 결성되어 서울 진공 작전에 참여하였다.

40 광주 학생 항일 운동

정답 ④

암기박사 동맹 휴학의 도화선 ⇒ 광주 학생 항일 운동

정답 해설

광주에서 일어난 고등보통학교 학생 대 중학생의 충돌 사건에 대해 신간회 본부에서 긴급 조사에 나선 것은 광주 학생 항일 운동 때이다. 광주에서 발생한 한·일 학생 간의 충돌을 일본 경찰이 편파적으로 처리하여 광주 학생 항일 운동이 촉발되었고, 전국적인 시위와 동맹 휴학으로 확산하였다(1929).

오답 해설

① 순종의 인산일 → 6·10 만세 운동
 순종의 인산일을 기회로 삼아 6·10 만세 운동이 일어나 격문 살포와 시위 운동이 전개되었다.
② 조선어 학회 해산 → 조선어 학회 사건
 일제는 조선어 학회가 독립 운동 단체라는 거짓 자백을 근거로 최현배, 이극로 등을 투옥시키고 조선어 학회를 강제 해산시켰다.
③ 정우회 선언 → 6·10 만세 운동
 6·10 만세 운동을 계기로 민족주의 세력과 사회주의 세력이 연대

하여 민족 유일당 운동이 전개되었고, 사회주의 세력의 활동 방향을 밝힌 정우회 선언을 발표하는 데 영향을 주었다.
⑤ 문화 통치 실시 계기 → 3·1 만세 운동
3·1 만세 운동에서 나타난 민족적 저항과 국제적 여론 악화는 일제가 이른바 문화 통치를 실시하는 계기가 되었다.

41 일제 강점기 대중문화

암기박사 아침 이슬 : 금지곡 지정(1975) ⇒ 박정희 정부

정답 ①

정답 해설

김민기가 작사·작곡하고 양희은이 부른 아침 이슬은 발표 당시 대한민국의 억압된 정치 상황을 은유하는 듯한 가사로 대중의 큰 인기를 끌었다. 박정희 정부는 아침 이슬을 1973년 건전 가요로 지정했으나 1975년 금지곡으로 변경 지정하였다.

오답 해설

② 영화 병정님(1944) → 일제 강점기
영화 「병정님」은 2차대전 말기 일군에 소집되어 전선으로 떠나는 조선인에 대한 징병제 실시를 미화하였다.
③ 경성 방송국 개국(1927) → 일제 강점기
경성 방송국은 일본인에 의해 서울 정동에 세워진 우리나라 최초의 라디오 방송국으로, 우리말 방송을 검열하여 송출하였다.
④ 미쓰코시 백화점 경성점(1930) → 일제 강점기
미쓰코시 백화점 경성점은 한반도 최초의 근대적 백화점으로, 자본주의적 소비문화가 이식되었다.
⑤ 잡지 신여성 발행(1923) → 일제 강점기
천도교 청년회 주도로 발행된 잡지 신여성은 근대교육을 받은 여성의 사회 진출과 여권 신장 등의 내용으로 여성을 계몽하였다.

42 한인 애국단의 독립 활동

암기박사 윤봉길 : 홍커우 공원 의거 ⇒ 한인 애국단

정답 ③

정답 해설

독립운동가 유진만은 김구가 일제의 요인 제거 및 주요 기관 파괴를 목적으로 상하이에서 조직한 한인 애국단의 단원이다. 또한 한인 애국단 단원인 윤봉길이 홍커우 공원에서 의거를 실행하였다.

오답 해설

① 105인 사건으로 와해 → 신민회
신민회는 국권 회복과 공화정체의 국민 국가 건설을 목적으로 안창호와 양기탁이 중심이 되어 조직된 비밀 결사 단체로, 일제가 조작한 105인 사건으로 와해되었다.
② 파리 강화 회의 : 독립 청원서 제출 → 신한 청년당
상하이에서 결성된 신한 청년당은 파리 강화 회의에 김규식을 대표로 파견하여 독립 청원서를 제출하였다.
④ 활동 지침 : 조선 혁명 선언 → 의열단
김원봉의 의열단은 무장 투쟁과 민중의 직접 혁명을 주장한 신채호의 조선 혁명 선언을 활동 지침으로 삼았다.

⑤ 조선 혁명 간부 학교 설립 → 의열단
의열단 단장 김원봉은 중국 국민당 정부의 지원을 받아 군사 훈련을 위해 조선 혁명 간부 학교를 설립하였다.

핵심노트 ▶ 한인 애국단

- 1931년 상해에서 김구가 임시 정부의 위기 타개책으로 조직
- 이봉창 의거(1932. 1. 8) : 도쿄에서 일왕의 행렬에 폭탄 투척
- 윤봉길 의거(1932. 4. 29) : 상하이 홍커우 공원에서 열린 일본국 축하 기념식에서 폭탄 투척
- 임시 정부 인사들이 중국 군관학교에서 훈련할 수 있게 되어 한국 광복군 탄생의 계기가 됨
- 한반도 문제에 대한 국제적 관심 고조, 독립 운동의 의기 고양
- 중국 국민당(장개석) 정부의 임시 정부 지원 계기 → 한국 광복군 창설(1940)

43 조선 의용대

암기박사 조선 민족 전선 연맹 산하 군사 조직 ⇒ 조선 의용대

정답 ④

정답 해설

김원봉이 우한에서 창설한 부대는 조선 의용대이다. 중국 관내에서 만들어진 최초의 한인 무장 부대인 조선 의용대는 조선 민족 전선 연맹 산하의 군사 조직으로 결성되어 포로 심문, 요인 사살, 첩보 작전 등의 임무를 수행하였다.

오답 해설

① 동북 인민 혁명군 → 동북 항일 연군
만주에서 중국 공산당과 한인 사회주의자가 연합하여 결성한 동북 인민 혁명군은 동북 항일 연군으로 개편되어 유격전을 전개하였다.
② 간도 참변 : 자유시 이동 → 대한 독립 군단
대한 독립 군단은 간도 참변 이후 조직을 정비하고 밀산에서 집결하여 자유시로 이동하였다.
③ 쌍성보, 대전자령 전투 → 한국 독립군
지청천의 한국 독립군은 쌍성보, 대전자령 전투에서 한중 연합 작전을 전개하여 일본군을 크게 물리쳤다.
⑤ 청산리 대첩 → 북로 군정서군
김좌진의 북로 군정서군은 홍범도의 대한 독립군과 연합하여 간도의 청산리에서 일본군과 교전하였다.

44 물산 장려 운동

암기박사 조선 관세령 폐지 ⇒ 물산 장려 운동

정답 ③

정답 해설

'조선 사람 조선 것'이라는 구호를 내세워 조선 물산의 생산과 소비를 장려한 운동은 물산 장려 운동이다. 물산 장려 운동은 일제의 조선 관세령 폐지를 계기로 일본 대기업의 조선 진출이 용이해지자 국내 기업의 위기감이 고조되면서 전국적으로 확산되었다.

오답 해설

① 조선 노동 총동맹 → 노동 운동
조선 노·농 총동맹에서 분리된 조선 노동 총동맹을 중심으로 임

248

금 인상과 노동 조건의 개선 등을 요구하는 노동 운동이 전개되었다.

② 보국안민, 제폭구민 → 동학 농민 운동   ←나라 일을 돕고 백성을 편안하게 함

안핵사 이용태가 동학교도를 색출·탄압하자 농민군은 보국안민과 제폭구민을 기치로 한 무장포고문을 선포하고 봉기를 지속하였다.   ←폭도를 제거하고 백성을 구함

④ 황국 중앙 총상회 → 상권 수호 운동

서울의 시전 상인들이 아관파천 이후 열강의 이권 침탈에 대응하기 위해 황국 중앙 총상회를 조직하고 상권 수호 운동을 전개하였다.

⑤ 일본 제일은행권 화폐 유통 → 화폐 정리 사업

재정 고문 메가타의 주도로 조선의 상평통보나 구(舊) 백동화를 일본 제일은행에서 만든 새 화폐로 교환하는 화폐 정리 사업이 실시되었다.

45 민족 말살 통치기의 일제 정책

정답 ③

암기박사 여자 정신 근로령(1944) ⇒ 민족 말살 통치기

정답 해설

일본군이 아시아·태평양 전쟁 말기 연합군의 상륙을 저지하기 위해 한반도 남서 해안 지역에 대규모 군사 방어 시설을 구축한 것은 1940년대의 일이다. 일제는 민족 말살 통치기에 여자 정신 근로령을 공포하고 일본군 위안부 등으로 한국인 여성을 강제 동원하였다.

오답 해설

① 독립 의군부(1912) → 무단 통치기

임병찬이 고종의 밀지를 받아 조직한 독립 의군부는 복벽주의를 표방하고 고종의 복위 및 대한 제국의 재건을 목표로 활동하였다.

② 미쓰야 협정(1925) → 문화 통치기

만주에서 활동하는 독립군 색출을 위해 만주 군벌 장쭤린과 조선 총독부 경무국장 사이에 미쓰야 협정이 체결되었다.

④ 대동단결 선언(1917) → 무단 통치기

중국 상하이에서 신규식, 신채호, 조소앙 등은 융희 황제의 주권 포기를 단정하고 주권 재민을 천명한 대동단결 선언을 발표하였다.

⑤ 국민 대표 회의(1923) → 문화 통치기

대한민국 임시 정부의 대통령인 이승만의 통치 청원이 알려지면서 독립운동의 방략을 논의하고자 국민 대표 회의가 상하이에서 개최되었다.

46 좌우 합작 운동

정답 ②

암기박사 모스크바 3국 외상 회의 ⇒ 좌우 합작 운동 ⇒ 5·10 총선거

정답 해설

- 모스크바 3국 외상 회의(1945) : 모스크바의 3국 외상 회의에서 미·소 공동 위원회를 설치하고 최고 5년 동안 미·영·중·소 4개국이 신탁 통치를 하기로 결정하였다.
- (나) 좌우 합작 운동(1946) : 이승만의 정읍 발언 후 남한만의 단독 정부 수립 운동이 일어나자, 우익 측을 대표한 김규식과 좌익 측을 대표한 여운형이 좌우 합작 위원회를 조직하고 좌우 합작 운동을 전개하였다.
- 5·10 총선거(1948) : 우리나라 최초의 보통 선거인 5·10 총선거가 실시되어 제헌 국회를 구성하고 헌법을 제정·공포하였다.

47 헌법의 변천사

정답 ②

암기박사 반민족 행위 처벌법 제정 ⇒ 제헌 헌법(1948)

정답 해설

남한에서 5·10 총선거가 실시되어 제헌 국회를 구성하고 제헌 헌법을 제정·공포하였다. 제헌 국회에서 일제의 잔재를 청산하기 위한 반민족 행위 처벌법이 제정되어 반민족 행위자를 처벌할 수 있는 근거가 마련되었다.

오답 해설

① 양원제 국회와 내각 책임제 → 제3차 개헌(1960)

4·19 혁명으로 이승만 대통령이 하야한 후 허정 과도 정부가 내각 책임제를 채택하면서 양원제 국회와 장면 내각이 출범하였다.

③ 5년 단임제 대통령 선출 → 제9차 개헌(1987)

박종철 고문치사와 전두환 정부의 4·13 호헌 조치 발표로 6월 민주 항쟁이 촉발되었고, 그 결과 노태우의 6·29 민주화 선언에 따라 5년 단임의 대통령 직선제 개헌이 이루어졌다.

④ 초대 대통령의 중임 제한 철폐 → 제2차 개헌(1954)

자유당의 이승만 정부가 장기 집권 체제를 강화하기 위해 초대 대통령에 한해 중임 제한 규정을 철폐하는 개헌안을 제출하였으나, 1표 부족으로 부결되자 사사오입의 논리로 개헌안을 불법 통과시켰다

⑤ 긴급조치권 : 국민의 기본권 제한 → 제7차 개헌(1972)

박정희 정부 때 제7차 개헌인 유신 헌법에 따라 대통령에게 긴급 조치권이 부여되어 국민의 기본권을 제한할 수 있게 되었다.

48 5·18 민주화 운동

정답 ②

암기박사 시민군 vs 계엄군 ⇒ 5·18 민주화 운동

정답 해설

계엄 당국이 공수부대를 대량으로 투입하여 무차별 살상을 자행한 것은 5·18 민주화 운동 때의 일이다. 신군부의 계엄 확대와 무력 진압에 맞서 시위대는 시위 전개 과정에서 시민군을 조직하여 계엄군에 대항하였다.

오답 해설

① 4·13 호헌 조치 철폐 → 6월 민주 항쟁

전두환 정부가 발표한 4·13 호헌 조치의 철폐를 요구하는 전 국민적 저항으로 6월 민주 항쟁이 촉발되었다.

③ 김주열 사망 → 4·19 혁명

이승만 정부 때에 김주열이 3·15 부정 선거를 규탄하는 시위에 참가하였다가 최루탄을 맞고 사망한 채로 발견되어 4·19 혁명의 도화선이 되었다.

④ 6·29 민주화 선언 → 6월 민주 항쟁

6월 민주 항쟁의 결과 5년 단임의 직선제 개헌을 약속한 노태우의 6·29 민주화 선언을 이끌어 냈다.

⑤ 이승만 대통령 하야 → 4·19 혁명

3·15 부정선거 규탄 시위에 대한 유혈 진압에 항거하여 4·19 혁명이 발발하였고, 결국 국민의 요구에 굴복하여 이승만 대통령이 하야하는 결과를 가져왔다.

49 박정희 정부 시기의 사회 모습

암기박사 장발과 미니스커트 단속 ⇒ 박정희 정부

정답 ①

정답 해설

통일 주체 국민 회의에서 대통령을 선출하도록 헌법을 개정한 것은 박정희 정부 때의 일이다. 박정희 정부 때에 긴급 조치를 발동하여 금지곡을 선정하거나 거리에서 장발과 미니스커트를 단속하는 등 국민의 자유와 권리를 무제한 제약하였다.

오답 해설

② 교복 자율화 → 전두환 정부

전두환 정부 때에 학생들의 교복과 두발이 자율화 되고 야간 통행 금지가 해제되었다.

③ 금융 실명제 실시 → 김영삼 정부

김영삼 정부 때에 금융 거래의 투명성을 확보하고자 대통령의 긴급 명령으로 금융 실명제를 실시하였다.

④ 한·칠레 자유 무역 협정(FTA) → 노무현 정부

노무현 정부 때에 칠레와 한·칠레 자유 무역 협정(FTA)을 비준하였다.

⑤ 전국 민주 노동조합 총연맹 창립 → 김영삼 정부

김영삼 정부 때에 한국노총과 더불어 대한민국 노동조합의 양대 조직인 전국 민주 노동조합 총연맹(민노총)이 창립되었다.

50 문재인 정부의 평화 통일 노력

암기박사 10·4 남북 정상 선언 ⇒ 평창 동계 올림픽 ⇒ 판문점 선언

정답 ⑤

정답 해설

(가) 10·4 남북 정상 선언(2007) : 노무현 정부 때에 제2차 남북 정상 회담이 개최된 후 남북 관계 발전과 평화 번영을 위한 10·4 남북 정상 선언에 서명하였다.

• 평창 동계 올림픽(2018. 2) : 문재인 정부 때에 제23회 평창 동계 올림픽 개막식에서 남북 선수단이 공동 입장하였다.

(나) 판문점 선언(2018. 4) : 문재인 정부 때에 판문점에서 김정은 국무위원장과 남북 정상 회담을 개최하고 한반도의 평화와 번영, 통일을 위한 판문점 선언을 채택하였다.

오답 해설

① 7·4 남북 공동 성명(1972) → 박정희 정부

박정희 정부 때에 7·4 남북 공동 성명을 발표하여 '자주, 평화, 민족 대단결'의 민족 통일 3대 원칙을 제시하였다.

② 개성 공업 지구 조성 합의(2000) → 김대중 정부

김대중 정부 때에 남북 교류 협력을 위한 개성 공업 지구 조성에 합의하였다.

③ 남북한 UN 동시 가입(1991) → 노태우 정부

노태우 정부 때에 제46차 유엔 총회에서 개별 회원국으로 남북한이 국제 연합(UN)에 동시 가입하였다.

④ 최초의 남북 이산가족 고향 방문(1985) → 전두환 정부

전두환 정부 때에 최초의 이산가족 고향 방문이 성사되어 평양에서 이산가족 고향 방문과 예술 공연단 교환을 실현하였다.

2024년도 제72회 정답 및 해설

심화

01 청동기 시대의 생활 모습

암기박사 고인돌 축조 ⇒ 청동기 시대

정답 ②

정답 해설

사유 재산과 계급이 발생하고 벼농사가 시작된 시기는 청동기 시대이다. 청동기 시대에는 반달 돌칼을 이용하여 곡식을 수확하고 민무늬 토기를 제작하여 식량을 저장하였다. 또한 청동기 시대에는 많은 인력을 동원하여 지배층의 무덤인 고인돌을 축조하였다.

오답 해설

① 동굴, 막집 → 구석기 시대
구석기 시대에는 주로 동굴이나 강가의 막집에서 거주하면서 도구를 사용하여 사냥을 하거나 어로, 채집 생활을 하였다.

③ 농경과 목축 → 신석기 시대
농경과 목축을 시작하여 식량을 생산한 시기는 신석기 시대로, 신석기 혁명을 통해 식량 채집 단계에서 식량 생산 단계로 진입하였다.

④ 호미, 쇠스랑 : 철제 농기구 → 철기 시대
철기 시대에는 기존의 석기나 목기 외에 호미, 쇠스랑 등의 철제 농기구를 제작하여 농사를 지었다.

⑤ 뗀석기 : 주먹도끼, 찍개 → 구석기 시대
구석기 시대에는 주먹도끼, 찍개 등의 뗀석기를 처음 제작하여 사냥을 하거나 어로, 채집 생활을 영위하였다.

02 고조선의 역사

암기박사 수도 : 왕검성 ⇒ 고조선

정답 ③

정답 해설

한 무제의 침략에 맞서 싸운 나라는 고조선으로 수도는 왕검성(평양성)이다. 고조선은 왕 아래에 상, 대부, 장군 등의 관직을 두었으며 중국과 한반도 남부의 진국 사이에서 중계 무역을 하였다. 또한 사회 질서를 유지하기 위한 범금 8조가 있었다.

오답 해설

① 임신서기석 : 유교 경전 학습 → 신라
임신서기석은 신라의 두 화랑이 유교 경전의 학습과 인격 도야, 국가에 대한 충성 등을 맹세한 비문이다.

② 칠지도 : 친선 외교 목적 → 백제
칠지도는 백제 근초고왕이 왜왕에게 친선 외교의 목적으로 하사한 칼로 금으로 상감한 글씨가 새겨져 있다.

④ 동맹 : 제천 행사 → 고구려
고구려는 매년 10월에 국중대회로 동맹이라는 제천 행사를 열어 하늘에 제사를 지냈다.

⑤ 화백 회의 : 국가 중대사 논의 → 신라
신라는 만장일치제인 화백 회의를 통해 국가의 중대사를 논의하였다.

03 삼국 시대의 역사

암기박사 백제 : 평양성 공격 ⇒ 고구려 : 평양 천도 ⇒ 신라 : 도살성·금현성 점령

정답 ②

정답 해설

(가) 평양성 공격(371) : 백제의 전성기를 이끈 근초고왕은 평양성을 공격하여 고구려의 고국원왕을 전사시켰다.
• 평양 천도(427) : 고구려 장수왕은 수도를 국내성에서 평양으로 천도하고 백제와 신라를 압박하는 남하 정책을 펼쳤다.
(나) 도살성·금현성 점령(550) : 신라 진흥왕 때 이사부가 한강 유역의 도살성과 금현성을 백제와 고구려로부터 빼앗아 신라 영토로 편입하였다.

오답 해설

① 기벌포 전투(676) → (나) 이후
신라 문무왕은 기벌포 전투에서 당의 군대를 격퇴하고 나·당 전쟁에서 승리하였다.

③ 황산벌 전투(660) → (나) 이후
백제 의자왕 때 계백이 이끈 결사대가 황산벌에서 신라군에 맞서 항전하였으나 패배하였다.

④ 연개소문의 정변(642) → (나) 이후
연개소문이 정변을 일으켜 영류왕을 시해하고 보장왕을 옹립하여 권력을 장악한 후 스스로 막리지가 되었다.

⑤ 군사 동맹(648) → (나) 이후
신라의 김춘추가 백제 의자왕의 공격으로 고구려에 원병을 요청하였으나 거절당하자 당으로 건너가 군사 동맹을 체결하였다.

04 백제의 수도

암기박사 왕궁리 오층 석탑 ⇒ 전북 익산

정답 ④

정답 해설

(가) 한성 / (나) 공주 / (다) 부여
왕궁리 오층석탑은 백제 양식을 계승한 고려 초기의 탑으로 전북 익산에 위치해 있다. 왕궁리 오층석탑을 해체 및 수리하는 과정에서 왕궁리 금동 여래 입상이 발견되었다.

오답 해설

① 온조의 백제 건국 → 한성
고구려 주몽의 아들 온조가 남하하여 한성을 도읍으로 삼아 백제를 건국하였다. → 궁궐 : 하남 위례성

② 문주왕 천도 → 공주
고구려 장수왕의 공격으로 백제 한성이 함락되고 개로왕이 전사하자, 아들 문주왕이 웅진으로 수도를 천도하였다.

③ 무령왕릉 → 공주 → 지금의 공주
공주에 있는 백제 무령왕릉은 중국 남조의 영향을 받은 벽돌 무덤 양식이다.

⑤ 금동 대향로 → 부여
부여의 능산리 절터에서 발견된 금동 대향로는 백제의 문화유산으로, 백제의 금속 공예 기술이 중국을 능가할 정도로 매우 뛰어났음을 보여 주는 걸작품이다.

05 고구려의 교육 기관

암기박사 태학과 경당 : 인재 양성 ⇒ 고구려

정답 ①

정답 해설

쌍영총과 안악 3호분의 고분 벽화는 모두 고구려의 문화유산이다. 고구려는 태학과 경당을 두어 인재를 양성하였다. 태학은 소수림왕 때 설립된 국립 교육 기관이고, 경당은 장수왕 때 지방 청소년의 무예와 한학 교육을 위해 설립된 지방 교육 기관이다.

오답 해설

② 골품 : 관등 승진 제한 → 신라
  신라의 골품제는 혈연에 따라 사회적 제약이 가해지는 폐쇄적 신분 제도로, 골품에 따라 관등 승진에 제한이 있었다.
③ 양계 : 병마사 파견 → 고려
  고려는 5도 양계의 지방 제도를 확립하고 국경 지역인 양계에 병마사를 파견하였다. → 동계·북계
④ 정사암 : 국가 중대사 결정 → 백제
  백제는 귀족 회의체인 정사암 회의를 개최하여 재상을 선출하는 등 국가 중대사를 결정하였다.
⑤ 가(加) : 사출도 주관 → 부여
  부여는 왕 아래에 가축의 이름을 딴 여러 가(加)들이 별도로 사출도를 주관하였다. → 마가·우가·저가·구가 등 → 행정 구역

06 통일 신라의 경제 상황

암기박사 울산항 : 아라비아 상인 교류 ⇒ 통일 신라

정답 ⑤

정답 해설

촌락 문서가 발행되고 서시와 남시가 설치된 것은 통일 신라 때의 일이다. 통일 신라 시대에는 울산항을 통해 아라비아 상인들과 교류하는 등 울산항과 당항성이 국제 무역항으로 번성하였다.

오답 해설

① 상평창 : 물가 조절 기관 → 고려 성종
  고려 성종 때 물가 조절을 위해 개경과 서경 및 각 12목에 물가 조절 기관인 상평창이 설치되었다.
② 은병 제작 : 화폐 유통 → 고려 숙종
  고려 숙종은 입구가 넓어 활구라고도 불리는 은병을 제작하여 화폐로 유통하였다. → 은 1근으로 만든 병 모양의 은화
③ 진대법 : 빈민 구제 → 고구려 고국천왕
  고구려의 고국천왕은 을파소의 건의로 빈민을 구제하기 위한 진대법을 실시하였다.
④ 낙랑군 : 덩이쇠 수출 → 가야
  변한 지역의 가야는 철 생산이 활발하여 덩이쇠를 화폐처럼 사용하거나 낙랑군에 수출하기도 하였다.

07 발해의 중앙 관제

암기박사 정당성의 대내상 : 국정 총괄 ⇒ 발해

정답 ②

정답 해설

지린성 둔화에서 발견된 정혜 공주 무덤은 모줄임 천장 구조의 굴식 돌방 무덤으로 고구려 양식을 계승한 발해의 문화유산이다. 발해는 정당성의 장관인 대내상이 수상으로 국정을 총괄하였고 그 아래의 좌사정이 충·인·의부를, 우사정이 지·예·신부를 각각 관할하였다.

오답 해설

① 평양 : 서경 중시 → 고려 태조
  고려 태조는 평양을 서경으로 삼아 중시하고 북진 정책의 전진 기지로 삼았다.
③ 연호 : 영락 → 고구려 광개토 대왕
  고구려 광개토 대왕은 영락이라는 독자적 연호를 사용하여 중국과 대등함을 과시하였다.
④ 군사 조직 : 9서당 10정 → 통일 신라 신문왕
  통일 신라의 신문왕은 중앙군으로 9서당, 지방군으로 10정의 군사 조직을 편성하였다.
⑤ 독서삼품과 : 관리 선발 → 통일 신라 원성왕
  통일 신라의 원성왕은 관리 선발을 위해 유교 경전의 이해 수준에 따라 3등급으로 구분한 독서삼품과를 시행하였다.

핵심노트 ▶ 발해의 관제

① 중앙 관제(3성 6부)
  • 왕(가독부) 아래 최고 권력 기구이자 귀족 합의 기구인 정당성을 둠
  • 정당성은 왕명을 반포하는 선조성(좌상)과 왕명을 작성하는 중대성(우상)과 함께 3성을 구성, 충·인·의·지·예·신부의 6부를 두어 업무 분장
  • 정당성의 장관인 대내상이 수상으로 국정 총괄, 그 아래의 좌사정이 충·인·의부를, 우사정이 지·예·신부를 각각 분장 → 2원적 통치 체제
② 지방 관제(5경 15부 62주)
  • 5경(상경·중경·남경·동경·서경) : 군사 행정의 중심, 고구려 5부의 전통에 신라의 5소경과 당의 5경제를 모방
  • 15부 : 지방 행정의 중심인 15부에는 도독을 둠
  • 62주 : 주에는 자사를 파견하고 주 밑의 현에는 현승을 파견해 통치를 맡김 → 지방관은 고구려인을 임명

08 진성 여왕 재위 시기의 사실

암기박사 원종과 애노의 난 ⇒ 신라 하대

정답 ③

정답 해설

진성 여왕의 재위 시기는 귀족들의 왕위 쟁탈전으로 지방 통제력이 약화되던 신라 하대이다. 신라 하대에 원종과 애노가 가혹한 세금 수탈에 반발하여 사벌주(상주)에서 봉기하였다.

오답 해설

① 김흠돌의 난 → 신라 중대
  통일 신라 신문왕은 장인인 김흠돌이 반란을 일으키자 이를 진압하고 진골 귀족들을 숙청하였다.

252

② 김사미·효심의 난 → 고려 무신 집권기
김사미·효심의 난은 운문에서 김사미가, 초전에서 효심이 일으킨 무신 집권기 최대 규모의 농민 봉기이다.
→ 울산
→ 청도

④ 비담과 염종의 난 → 신라 상대
신라 선덕여왕 때 김유신은 진덕여왕으로의 왕위 계승에 불만을 품은 비담과 염종의 난을 진압하였다.

⑤ 복신과 도침 → 백제 부흥 운동
백제가 멸망한 후 복신과 도침이 부여풍을 왕으로 추대하고 주류성에서 군사를 일으켜 백제 부흥 운동을 전개하였다.

09 후백제 견훤

암기박사 완산주 : 후백제 건국 ⇒ 견훤

정답 ④

정답 해설

신라 경애왕을 습격한 왕은 후백제의 견훤이다. 견훤은 공산 전투에서 경애왕의 요청으로 지원 온 왕건의 고려군에 대승을 거두었다. 상주 지방의 호족인 견훤은 전라도 지역의 군사력과 호족 세력을 중심으로 완산주(전주)에서 후백제를 건국하였다.

오답 해설

① 훈요 10조 → 고려 태조
고려 태조 왕건은 자신의 사후 후세의 정책 방향을 제시하기 위해 훈요 10조를 남겼다.

② 경주 사심관 → 신라 경순왕
신라의 마지막 왕인 경순왕 김부가 고려 태조에게 항복하고 경주의 사심관으로 임명되었다.

③ 미륵사 창건 → 백제 무왕
서동 설화의 주인공으로 알려진 백제 무왕은 삼국시대의 절 가운데 최대 규모인 미륵사를 금마저에 창건하였다.
→ 지금의 익산

⑤ 광평성 : 국정 총괄 → 후고구려 궁예
후고구려의 궁예는 국정을 총괄하는 광평성을 비롯한 각종 정치 기구를 마련하였다.

10 신라의 탑

암기박사 선종의 영향 ⇒ 화순 쌍봉사 철감선사탑

정답 ⑤

정답 해설
→ 참선수행으로 깨달음을 얻는 것을 중요시하는 불교의 한 종파

화순 쌍봉사 철감선사탑은 신라 하대 선종의 영향을 받아 만들어진 승탑으로, 철감선사 도윤의 사리가 봉안되어 있는 8각 원당형 석탑이다.

오답 해설

① 무구정광대다라니경 발견 → 경주 불국사 삼층 석탑
경주 불국사 삼층 석탑을 보수하는 과정에서 현존하는 세계 최고(最古)의 목판 인쇄물인 무구정광대다라니경이 발견되었다.

② '백제를 정벌한 기념탑' → 부여 정림사지 오층 석탑
충남 부여의 정림사지 5층 석탑에는 1층의 탑신에 당나라 장수 소정방의 명의로 '백제를 정벌한 기념탑'이라는 글귀가 새겨져 있다.

③ 자장 건의 → 경주 황룡사 구층 목탑
신라 선덕여왕 때 자장의 건의로 황룡사 구층 목탑이 경주에 건립되었다.

④ 돌을 벽돌 모양으로 쌓은 탑 → 경주 분황사 모전 석탑
경북 경주의 분황사에 있는 모전 석탑은 돌을 벽돌 모양으로 만들어 쌓은 탑으로, 현존하는 신라 석탑 중 가장 오래된 석탑이다.

11 고려 성종 재위 기간의 사실

암기박사 최승로 : 시무 28조 ⇒ 고려 성종

정답 ⑤

정답 해설

12목을 설치하고, 흑창을 의창으로 확대 개편하였으며, 개경에 국자감을 설치한 것은 고려 성종 때의 일이다. 고려 성종은 최승로의 시무 28조를 받아들여 통치 체제를 정비하였다.

오답 해설

① 양현고 설치 : 관학 진흥 → 고려 예종
고려 예종은 국립 교육 기관인 국자감 내에 관학 진흥을 목적으로 교육 장학 재단인 양현고를 설치하였다.

② 연호 : 광덕, 준풍 → 고려 광종
고려 광종은 국왕을 황제라 칭하고 광덕, 준풍 등의 독자적 연호를 사용하였으며 개경을 황도라 하였다.

③ 주전도감 : 해동통보 발행 → 고려 숙종
고려 숙종은 화폐 유통의 촉진을 도모하기 위해 주전도감을 설치하고 해동통보를 발행하였으나 널리 사용되지는 못하였다.

④ 정계와 계백료서 → 고려 태조
고려 태조 왕건은 정계와 계백료서를 지어 신하의 임금에 대한 도리를 강조하고 관리의 규범을 제시하였다.

12 거란에 대한 고려의 대응

암기박사 광군 조직 ⇒ 고려 vs 거란

정답 ③

정답 해설

고려 현종 때 거란의 침략으로 개경이 함락되자 부처의 힘으로 나라를 지키려는 마음을 담아 초조대장경을 조판하였다. 고려 정종은 거란의 침입에 대비하기 위하여 상비군인 광군을 조직하고 청천강에 배치하였다.

오답 해설

① 윤관 : 동북 9성 축조 → 고려 vs 여진족
고려 예종 때 윤관은 별무반을 이끌고 여진을 정벌한 후 동북 9성을 축조하였다.

② 화통도감 : 화포 제작 → 고려 vs 왜구
고려 우왕 때 왜구의 침입에 대응하기 위해 최무선의 건의로 화통도감을 두어 화포를 제작하였다.

④ 박위 : 대마도 토벌 → 고려 vs 왜구
고려 창왕 때 박위를 파견하여 왜구의 근거지인 대마도를 토벌하였다.

⑤ 최영 : 요동 정벌 추진 → 고려 vs 명
고려 우왕 때 최영이 명의 철령위 설치에 반발하여 요동 정벌을 추진하였다.

13 김부식의 활동

암기박사 묘청의 난 진압 ⇒ 김부식 **정답 ②**

정답 해설
유교 사관을 바탕으로 삼국의 역사를 기록한 삼국사기를 편찬한 인물은 김부식이다. 고려 인종 때 묘청이 풍수지리설에 근거하여 서경 천도를 주장하며 난을 일으키자 김부식이 관군을 이끌고 묘청의 난을 진압하였다(1135). (지금의 평양)

오답 해설
① 봉사 10조 : 사회 개혁책 → 최충헌
고려 명종 때 최충헌이 사회 개혁책인 봉사 10조를 국왕에게 올려 시정 개혁을 건의하였다.
③ 만권당 : 원의 학자들과 교유 → 이제현
고려 충선왕 때 이제현은 만권당에서 원의 학자들과 교유하였으며 성리학의 보급에 기여하였다.
④ 불씨잡변 : 불교 비판 → 정도전
조선 건국 이후 정도전은 불씨잡변을 지어 불교를 비판하고 성리학을 통치 이념으로 확립하였다.
⑤ 9재 학당 : 유학 교육 → 최충
고려 문종 때 최충이 최초의 사학인 9재 학당을 설립하여 유학을 교육하였다. (문헌공도)

14 고려 무신 집권기

암기박사 조위총의 난 ⇒ 정방 설치 ⇒ 개경 환도 **정답 ④**

정답 해설
(나) 조위총의 난(1174) : 서경 유수 조위총이 무신정변의 주동자를 제거하고 나라를 바로잡는다는 명분으로 난을 일으켰다.
(다) 정방 설치(1225) : 최우는 자신의 집에 교정도감에서 인사 행정 기능을 분리한 정방을 설치하여 문무 관직에 대한 인사권을 장악하였다.
(가) 개경 환도(1270) : 최우는 몽골의 무리한 조공 요구와 내정 간섭에 반발하여 다루가치를 사살하고 강화도로 도읍을 옮겨 몽골의 침략에 대비하였다.

15 고려 원 간섭기

암기박사 권문세족 : 도평의사사 장악 ⇒ 원 간섭기 **정답 ①**

정답 해설
노국 대장 공주는 원의 공주로, 원 간섭기에는 왕이 원의 공주와 결혼하여 원의 부마국으로 전락하였다. 원 간섭기에 도병마사가 도평의사사로 개편되면서 국정 전반의 중요 사항을 합의·집행하는 최고 상설 기구로 발전하였고, 친원 세력인 권문세족이 도평의사사를 장악하였다.

오답 해설
② 정감록 유포(조선 후기) → 원 간섭기 이후
조선 후기에는 비기·도참과 같은 예언 사상이 유행하였고, 왕조 교체를 예언하는 정감록 등이 유포되었다.
③ 강조의 정변(1009) → 원 간섭기 이전
고려 목종 때 강조가 정변을 일으켜 김치양을 제거한 후 목종까지 폐하고 대량군(현종)을 즉위시켰다.
④ 김보당의 난(1173) → 원 간섭기 이전
고려 무신 집권기 때 동북면 병마사 김보당이 무신정변에 반대하고 의종 복위를 주장하며 난을 일으켰다.
⑤ 교정도감 설치(1209) → 원 간섭기 이전
고려 무신 집권기 때 최충헌이 국정 총괄 기구로 교정도감을 설치하여 인재 천거, 조세 징수, 감찰, 재판 등 최고 집정부 역할을 수행하였다.

16 고려 시대의 경제 상황

암기박사 관영 상점 : 서적점, 다점 ⇒ 고려 시대 **정답 ③**

정답 해설
서긍은 북송의 문인으로 고려에 사절단으로 들어와 고려의 다양한 모습을 그림을 곁들여 설명한 고려도경을 저술하였다. 고려 시대에는 서경을 비롯한 개경, 동경 등의 대도시에 서적점, 다점 등의 관영 상점이 운영되었다.

오답 해설
① 솔빈부의 특산물 : 말 → 발해
솔빈부는 발해의 지방 행정 구역인 15부 중의 하나로, 그 지역의 특산물인 말이 주요 수출품으로 유명하였다.
② 송상 : 송방 설치 → 조선 후기
조선 후기에 개성의 송상은 전국 각지에 송방을 두고 청과 일본 사이의 중계 무역으로 부를 축적하였다.
④ 부경 : 창고 → 고구려
고구려의 대가들과 지배층인 형(兄)은 농사를 짓지 않는 좌식 계층으로, 집집마다 부경이라는 창고가 있었다.
⑤ 덕대 : 광산 경영 → 조선 후기
조선 후기에는 상인 물주에게 자본을 조달받은 덕대가 광산을 전문적으로 경영하였다.

17 경천사지 십층 석탑

암기박사 개성 경천사지 십층 석탑 ⇒ 고려 후기 **정답 ③**

정답 해설
개성 경천사지 십층 석탑은 충목왕 때 조성된 고려 후기의 석탑으로 원의 영향을 받아 기존의 신라계 석탑과는 양식을 달리하는 가장 특이하고 정련한 기교를 보이는 탑이다. 이후 조선 전기의 석탑인 원각사지 십층 석탑에 영향을 주기도 하였다.

오답 해설

① 경주 불국사 삼층 석탑 → 통일 신라
경북 경주의 불국사에 있는 통일 신라의 석탑으로, 내부에서 현존하는 세계 최고(最古)의 목판 인쇄물인 무구정광대다라니경이 발견되었다.

② 부여 정림사지 오층 석탑 → 백제 ← 당나라 장수 소정방이 백제를 정복한 후 "백제를 정벌한 기념탑"이라는 글귀가 새겨져 있음
충남 부여의 정림사지에 있는 5층 석탑은 목탑의 구조와 비슷하지만 돌의 특성을 살려 전체적인 형태가 매우 우아하고 아름답다.

④ 구례 화엄사 4사자 삼층 석탑 → 통일 신라
전남 구례의 화엄사에 있는 통일 신라의 석탑으로 기단 모서리에 사자를 넣어 사자좌 위에 탑이 서 있는 독특한 형태의 석탑이다.

⑤ 익산 미륵사지 석탑 → 백제 ← 석탑 보수 과정에서 금제 사리 봉안기가 발견됨
전북 익산에 있는 미륵사지 석탑은 백제 시대의 석탑으로, 목탑 양식을 계승한 우리나라에서 가장 오래된 탑이다.

18 조선 태종의 업적

암기박사 주자소 : 계미자 주조 ⇒ 조선 태종   **정답** ②

정답 해설

정도전을 숙청하고 두 차례 왕자의 난으로 즉위한 왕은 조선 태종(이방원)이다. 조선 태종 때 활자 주조를 담당하던 관청인 주자소가 설치되어 금속 활자인 계미자가 주조되었다.

오답 해설

① 역분전 지급 → 고려 태조
고려 태조는 후삼국 통일에 공을 세운 개국 공신에게 공로와 인품에 따라 역분전을 지급하였다.

③ 정치도감 설치 → 고려 충목왕
고려 충목왕 때 폐정 개혁을 목표로 정치도감을 설치하였으나 정동행성이문소에 의한 원나라의 간섭을 받았다.

④ 구황촬요 간행 → 조선 명종
조선 명종 때 기근에 대비하기 위해 구황촬요를 간행하여 보급하였다.

⑤ 남이장군 처형 → 조선 예종
조선 예종은 역모를 꾀했다는 유자광의 고변을 계기로 남이 장군을 처형하였다.

핵심노트 ▶ 조선 태종의 업적
- 국왕 중심의 통치 체제 정비 : 의정부 권한 약화, 6조 직계제 실시, 사병 혁파, 언론·언관의 억제, 외척과 종친 견제
- 경제 기반의 안정 : 호패법 실시, 양전 사업 실시, 유향소 폐지, 노비변정도감 설치
- 억불숭유 : 사원 정리, 사원전 몰수, 서얼 차대법, 삼가 금지법
- 기타 업적 : 신문고 설치, 주자소 설치, 아악서 설치, 사섬서 설치, 5부 학당 설치
  ↳ 계미자 등 동활자 주조   ↳ 저폐인 저화 발행

19 집현전의 이해

암기박사 집현전 폐지 ⇒ 조선 세조   **정답** ④

정답 해설

최만리가 부제학으로 활약한 기관은 세종이 학문 연구, 편찬 사업 등을 수행하도록 설치한 집현전이다. 조선 세조는 단종 복위 운동을 계기로 공신·언관을 견제하기 위해 집현전을 폐지하였다.

오답 해설

① 은대(銀臺) → 승정원
승정원은 왕의 비서 기관으로 왕명의 출납을 관장하였으며, 은대(銀臺)라고도 불렸다.

② 전문 강좌 : 7재 → 국자감
고려 예종 때 관학 진흥을 위해 국자감에 전문 강좌인 7재가 개설되어 운영되었다. ← 여택재, 대빙재, 경덕재, 구인재, 복응재, 양정재, 강예재

③ 고려 : 삼사 → 조선 : 호조
고려의 삼사(三司)와 같이 회계 업무를 담당했던 조선의 정치 기구는 호조이다.

⑤ 대사성, 좨주, 직강 → 성균관
조선 시대 최고의 국립대학인 성균관은 대사성을 수장으로 좨주, 직강 등의 관직을 두었다. ← 성균관의 총3품 관직
↳ 성균관의 종3품 관직

20 조선 성종 재위 기간의 사실

암기박사 경국대전 완성 ⇒ 조선 성종   **정답** ②

정답 해설

성현이 궁중의 음악 이론 등을 집대성한 악학궤범을 완성한 것은 조선 성종 때이다. 조선 성종은 조선의 기본 법전인 경국대전을 완성하여 통치 체제를 정비하였다.

오답 해설

① 김장생 : 가례집람 → 조선 선조
조선 선조 때 김장생이 주자가례의 본문을 기본으로 예학을 조선의 현실에 맞게 정리한 가례집람을 저술하였다.

③ 정창순 : 동문휘고 → 조선 정조
조선 정조 때 정창순 등이 왕명에 따라 일본 및 청나라와의 외교 문서를 집대성한 동문휘고를 편찬하였다.

④ 탕평비 건립 → 조선 영조
조선 영조는 붕당의 폐해를 경계하기 위해 성균관 입구에 탕평비를 건립하였다.

⑤ 동인과 서인의 붕당 → 조선 선조
조선 선조 때 언론 삼사 요직의 인사권과 추천권을 가진 이조 전랑 임명을 둘러싸고 김효원과 심의겸이 대립하여 사림이 동인과 서인으로 붕당되었다.

21 을사사화

암기박사 기묘사화(1519) ⇒ 을사사화(1545) ⇒ 선조 즉위(1567)   **정답** ④

정답 해설

조선 인종 때 명종을 옹립한 소윤파 윤원로·윤원형 형제가 인종의 외척 세력인 대윤파 윤임 등을 제거하면서 왕실 외척 간의 권력 다툼

인 을사사화가 발생했다.

22 조선 통신사

암기박사 조선 통신사에 관한 기록 ⇒ 세계 기록 유산 **정답** ⑤

정답 해설

에도 막부의 요청으로 조선이 일본에 파견한 사절단은 조선 통신사이다. 조선은 19세기 초까지 12회에 걸쳐 통신사를 파견하여 조선의 선진 문물을 일본에 전파하였다. 조선 통신사 관련 기록물이 2017년에 유네스코 세계 기록 유산에 등재되었다.

오답 해설

① 청에 보낸 사절단 → 연행사
  연행사는 조선 후기에 청나라의 도읍인 연경에 보낸 사신으로, 청의 학자들과 교류하며 서양의 과학 지식과 기술을 전래하였다.

② 일본에 비밀리에 파견 → 조사 시찰단
  고종은 개화 반대 여론으로 인해 박정양·어윤중·홍영식 등으로 구성된 조사 시찰단을 일본에 암행어사의 형태로 비밀리에 파견하였다. → 신사유람단

③ 민영익, 홍영식, 서광범 → 보빙사
  미국과 조·미 수호 통상 조약이 체결된 후 미국 공사의 서울 부임에 답하여 민영익, 홍영식, 서광범 등이 참여한 보빙사가 미국에 파견되었다.

④ 조천록 저술 → 명·청에 보낸 사절단
  사절단의 일원으로 명·청에 사행을 다녀온 사람들이 그 여정을 조천록으로 남겼다.

23 인재 강희안

암기박사 고사관수도 ⇒ 강희안 **정답** ④

정답 해설

고사관수도는 조선 전기 시·그림·글씨에 모두 뛰어난 것으로 유명했던 인재 강희안의 대표작이다. 깎아지른 듯한 절벽을 배경으로 바위 위에 양팔을 모아 턱을 괸 채 수면을 바라보는 선비의 모습을 묘사하였다.

오답 해설

① 매화초옥도 → 전기
  조선 후기의 화가 전기가 오경석을 위해 그린 작품으로, 윤곽선을 연하게 두르고 바위와 주산의 등성이에 녹점을 찍어 강조하였다.

② 월하정인 → 신윤복
  월하정인은 조선 후기의 대표적인 풍속 화가 혜원 신윤복이 그린 작품으로, 늦은 밤 인적이 드문 뒷골목에서 남녀 간의 연애를 소재로 한 그림이다.

③ 송석원시사야연도 → 김홍도
  송석원시사야연도는 조선 후기의 대표적인 풍속화가인 단원 김홍도가 천수경의 집 송석원에서 열린 중인들의 시모임을 간결하고 운치 있게 묘사한 그림이다.
  → 천수경의 옥계시사는 조선 후기의 대표적인 시사(詩社)

⑤ 금강전도 → 정선
  금강전도는 조선 후기 진경산수화의 대가 겸재 정선의 작품으로, 금강내산을 부감 형식의 원형구도로 그린 진경산수화이다.

24 병자호란 중의 사실

암기박사 김준룡 : 광교산 전투 ⇒ 병자호란(1636) **정답** ③

정답 해설

삼전도에서 굴욕적인 항복을 한 것은 병자호란 때의 일이다. 병자호란 당시 김준룡이 남한산성에 고립된 인조를 구하기 위해 청나라와의 광교산 전투에서 승리하였다.

오답 해설

① 이종무 : 대마도 정벌(1419) → 병자호란 이전
  조선 세종 때 대일 강경책의 일환으로 이종무가 왜구의 근거지인 대마도를 정벌하였다.

② 강홍립 : 사르후 전투(1619) → 병자호란 이전
  조선 광해군 때 명의 요청으로 강홍립 부대가 사르후 전투에 참전하였으나, 명과 후금 사이에서 중립 외교를 펼쳤다.

④ 조헌 : 금산 전투(1592) → 병자호란 이전
  임진왜란 때 조헌은 전라도로 향하는 왜군을 막기 위해 금산에서 의병을 이끌고 활약하였다.

⑤ 신립 : 탄금대 전투(1592) → 병자호란 이전
  임진왜란 당시 왜군이 파죽지세로 쳐들어오자 도순변사 신립이 충주 탄금대에서 배수의 진을 치고 왜군에 항전하였다.

25 대동법의 시행

암기박사 대동법 시행 ⇒ 공인 등장 **정답** ⑤

정답 해설

조선 광해군 때 이원익이 방납의 폐단을 없애고자 선혜청을 두고 실시할 것을 주장한 것은 대동법이다. 대동법의 시행으로 조선 후기에는 관청에 물품을 조달하는 공인이 등장하였다.

오답 해설

① 양반에게도 군포 부과 → 호포법
  조선 고종 때 흥선 대원군은 군정의 문란을 개혁하기 위하여 양반에게도 군포를 부과하는 호포법을 실시하였다.

② 토지 1결당 쌀 2두의 결작 부과 → 균역법
  조선 영조 때 균역법의 시행으로 재정을 보충하기 위해 토지 소유자에게 토지 1결당 쌀 2두의 결작을 부과하였다.

③ 풍흉에 따라 차등 과세 → 연분 9등법
  조선 세종 때 풍흉에 따라 전세를 9등급으로 차등 과세하는 연분 9등법을 시행하여 수취 체제가 정비되었다.

④ 선무군관포 징수 → 균역법
  조선 영조 때 균역법의 실시로 재정이 감소되자 부족한 재정의 보충을 위해 일부 상류층에게 선무군관포를 징수하였다.
  → 일부 상층 양인에게 선무군관이란 칭호를 주고 군포 1필 부과

심화 72회

> **핵심노트 ▶ 대동법의 시행 결과**
> - **농민 부담 경감** : 부과가 종전 가호 단위에서 전세(토지 결수) 단위로 바뀌어, 토지 1결당 미곡 12두만을 납부
> - **공납의 전세화** : 공물 대신 토지 결수에 따라 쌀을 차등 과세
> - **조세의 금납화** : 종래 현물 징수에서 쌀(대동미) · 베(대동포) · 동전(대동전)으로 납부
> - **국가 재정의 회복** : 과세 기준의 변경으로 지주 부담이 늘고, 대동법의 관리 · 운영과 재정 수입을 선혜청에서 담당하게 되면서 국가 재정은 어느 정도 회복됨
> - **공인 등장** : 대동법이 실시되면서 등장한 관허 상인으로 이들의 활발한 활동은 상품 화폐 경제의 발달을 촉진
> - **상품 화폐 경제의 발달** : 상품 수요가 증가하고 시장이 활성화, 상품 구매력의 증가로 자급자족에서 유통 경제로 변화

26 우암 송시열

암기박사 기해예송 : 기년설 주장 ⇒ 송시열   정답 ①

정답 해설

기축봉사를 올려 명에 대한 의리를 강조하고 희빈 장씨의 소생을 원자로 정한 것에 반대하다 기사환국으로 유배된 인물은 우암 송시열이다. 송시열은 기해예송에서 효종의 사망에 따른 자의대비의 복상 문제에 대해 기년설을 주장하였다.

오답 해설

② **의산문답 : 지전설 주장 → 홍대용**
홍대용은 의산문답을 통해 지전설과 무한 우주론을 주장하며 중국 중심의 세계관을 비판하였다.

③ **양명학 : 강화학파 → 정제두**
정제두는 성리학을 비판하고 지행합일의 실천성을 강조하는 양명학을 연구하여 강화학파를 형성하였다.

④ **추사체 창안 → 김정희**
김정희는 역대 명필을 연구하여 굳센 기운과 다양한 조형성을 가진 독자적 필체인 추사체를 창안하였다.

⑤ **양반전 : 양반의 허례와 무능 풍자 → 박지원**
박지원은 양반전에서 양반 사회의 모순과 부조리를 비판하고 양반의 허례와 무능을 풍자하였다.

27 조선 후기의 경제 상황

암기박사 건원중보 : 우리나라 최초의 화폐 ⇒ 고려 성종   정답 ①

정답 해설

독점적 도매상인인 도고가 시중 시세를 조정함으로써 이익을 취하는 폐단이 발생한 것은 조선 후기의 일이다. 한편, 우리나라 최초의 금속 화폐인 건원중보가 주조된 것은 고려 성종 때이다.

오답 해설

② **상품 작물 : 담배, 면화 → 조선 후기**
조선 후기에는 담배, 면화 등 시장에서 매매하기 위한 상품 작물의 재배가 활발해졌다.

③ **장시 발달 : 보부상 → 조선 후기**
조선 후기에는 보부상들이 장시를 돌아다니며 일용 잡화나 농·수산물, 수공업 제품, 약재 등을 판매하였다.

④ **모내기법 : 벼와 보리의 이모작 → 조선 후기**
조선 후기에는 모내기법이 전국적으로 확산되면서 벼와 보리의 이모작이 성행하였다.

⑤ **설점수세제 : 민간 광산 개발 허용 → 조선 후기**
조선 후기에는 설점수세제를 시행하여 민간의 광산 개발을 허용하였고, 정부에서는 별장을 파견하여 수세를 독점하였다.

28 조선 정조의 업적

암기박사 규장각 검서관 : 서얼 출신 기용 ⇒ 조선 정조   정답 ④

정답 해설

이덕무, 박제가, 백동수 등이 무예도보통지를 편찬한 것은 조선 정조 때의 일이다. 조선 정조 때 규장각에 검서관을 두어 서얼 출신 학자들을 기용하였다. → 규장각 각신의 보좌, 문서 필사 등의 업무를 맡은 관리

오답 해설

① **백두산정계비 건립 → 조선 숙종**
조선 숙종 때 청의 요구로 조선과 청의 경계를 정한 백두산정계비를 세워, 동쪽으로 토문강과 서쪽으로 압록강을 경계로 삼았다.

② **삼군부 부활 → 조선 고종**
조선 고종 때 흥선 대원군이 왕권 강화의 일환으로 비변사를 혁파하고 삼군부를 부활시켜 군사 업무를 담당하게 하였다.

③ **속대전 편찬 → 조선 영조**
조선 영조 때 통치 체제를 정비하고자 경국대전 시행 이후에 공포된 법령 중에서 시행할 만한 법령을 추려 속대전을 편찬하였다.

⑤ **칠정산 내편 제작 → 조선 세종**
조선 세종 때 중국의 수시력과 아라비아의 회회력을 참고로, 한양을 기준으로 한 역법서인 칠정산 내편을 제작하였다.

29 개항기 신문

암기박사 정부 발행 순 한문 신문 ⇒ 한성순보
서재필 창간 ⇒ 독립신문   정답 ①

정답 해설

(가) 한성순보 / (나) 독립신문 / (다) 황성신문 / (라) 대한매일신보

ㄱ. 한성순보는 정부에서 발행하는 순 한문 신문으로 국가 정책 홍보와 서양의 근대 문물을 소개하고 있으며 열흘마다 발행하는 것이 원칙이었다.

ㄴ. 독립신문은 서재필의 주도로 창간된 독립협회의 기관지로, 순한글판으로 발행된 최초의 신문이었다.

오답 해설

ㄷ. **일장기 말소 사건 → 동아일보**
동아일보는 제11회 베를린 올림픽 마라톤 대회 우승자인 손기정 선수의 가슴에 있던 일장기를 삭제하고 게재하여 무기 정간을 당하였다.

ㄹ. **최초의 상업 광고 → 한성주보**
박문국이 재설치 된 후 최초의 상업 광고가 게재된 한성주보가 발행되었다.

257

30 조·미 수호 통상 조약

암기박사 조·일 무역 규칙(1876) ⇒ 조·미 수호 통상 조약(1882) ⇒ 조·일 통상 장정(1883)

정답 ①

정답 해설

- (가) 조·일 무역 규칙(1876) : 조·일 수호 조규(강화도 조약)의 후속 조치로 조선국 개항장에서 쌀과 잡곡의 수출입 허용 및 일본 선박의 무항세를 규정하였다.
- 조·미 수호 통상 조약(1882) : 청의 알선으로 서양과 맺은 최초의 조약으로, 이 조약으로 외국에 대한 최혜국 대우를 처음으로 규정하였다.
- (나) 조·일 통상 장정(1883) : 천재·변란 등에 의한 식량부족의 우려가 있을 때 1개월 전에 사전 통보로 방곡령을 시행할 수 있는 규정이 포함되어 있다. → 곡물 반출 금지령

오답 해설

② 용암포 사건(1903) → (나) 이후
대한 제국 때 러시아가 용암포를 점령하고 조차를 요구한 용암포 사건이 발생하였다. → 조약에 의해 다른 나라로부터 유상 또는 무상으로 영토를 빌림

③ 거문도 사건(1885) → (나) 이후
갑신정변 이후 조·러 수호 통상 조약이 체결되자 영국군이 러시아를 견제하기 위해 거문도를 불법으로 점령하였다.

④ 운요호 사건(1875) → (가) 이전
일본 군함 운요호가 연안을 탐색하다 강화도 초지진에서 조선 측의 포격을 받자 이에 대한 보복으로 영종도를 공격하였다.

⑤ 한·청 통상 조약(1899) → (나) 이후
대한제국의 광무개혁 시기에 청과 대등한 입장에서 한·청 양국의 우호·왕래·통상에 관한 한·청 통상 조약이 체결되었다.

31 제너럴 셔먼호 사건 이후의 사실

암기박사 제너럴 셔먼호 사건(1866) ⇒ 신미양요(1871)

정답 ④

정답 해설

대동강에 침입한 미국 상선 제너럴 셔먼호를 평양 관민들이 불태운 것은 제너럴 셔먼호 사건이다. 이 사건을 빌미로 미군이 강화도를 공격하여 신미양요가 발발하자 어재연 부대가 광성보 전투에서 항전하였다.

오답 해설

① 홍경래의 난(1811) → 제너럴 셔먼호 사건 이전
조선 순조 때 서북민에 대한 차별에 반발하여 홍경래 등이 난을 일으켜 정주성을 점령하였다. → 평안도민

② 임술 농민 봉기(1862) → 제너럴 셔먼호 사건 이전
조선 철종 때 삼정의 문란과 백낙신의 탐학이 발단이 되어 진주 지역 농민들이 몰락 양반 유계춘의 지휘 아래 임술 농민 봉기를 일으켰다.

③ 황사영 백서 사건(1801) → 제너럴 셔먼호 사건 이전
조선 순조 때 천주교에 대한 탄압으로 신유박해가 일어나자 황사영이 외국 군대의 출병을 요청하는 백서를 작성하였다.

⑤ 나선 정벌(1654, 1658) → 제너럴 셔먼호 사건 이전
조선 효종 때 러시아의 남하로 청과 러시아 간 국경 충돌이 발생하자, 청의 요청으로 두 차례에 걸쳐 나선 정벌에 조총 부대를 파견하였다.

32 제2차 갑오개혁

암기박사 교육 입국 조서 반포 ⇒ 제2차 갑오개혁

정답 ⑤

정답 해설

- 친일 연립 내각(1894. 12) : 내무대신으로 박영효가 임명되면서 총리대신 김홍집과 함께 친일 연립 내각이 구성되었다.
- (가) 교육 입국 조서 반포(1895. 2) : 제2차 갑오개혁 때 교육의 기본 방향을 제시한 교육 입국 조서가 반포되었다.
- 단발령(1895. 12) : 을미사변 후 김홍집 친일 내각이 추진한 을미개혁의 일환으로 단발령이 시행되었다.

오답 해설

① 과거제 폐지(1894) → 제1차 갑오개혁
제1차 갑오개혁 때 김홍집 친일 내각은 초정부적 정책 의결 기구인 군국기무처를 설치하고 과거제 폐지, 공사 노비법 혁파 등의 개혁을 추진하였다.

② 호포제 실시(1871) → 흥선 대원군
흥선 대원군이 집권하던 시기에 군정의 문란을 개혁하기 위해 양반에게도 군포를 징수하는 호포제가 실시되었다.

③ 교정청 설치(1894) → 동학 농민 운동
동학 농민 운동 당시 고종이 내정 개혁을 실시하기 위한 개혁 추진 기구로 교정청을 설치하였다.

④ 5군영을 2영으로 통합(1881) → 개화 정책
고종은 개화 정책의 일환으로 군제를 개편하여 5군영을 2영으로 통합하고 별기군을 창설하였다.

33 동학 농민 운동의 전개 과정

암기박사 황룡촌 전투 ⇒ 장성

정답 ③

정답 해설

동학 농민군은 전라도 장성 황룡촌 전투에서 홍계훈의 중앙 관군과 싸워 승리한 후 전주성을 점령하였다.

오답 해설

① 화약 체결 → 전주
동학 농민 운동의 봉기로 청·일군이 개입하자 정부가 농민군에 휴전을 제의하여 전주 화약이 체결되었다.

② 최제우 처형 → 대구
동학을 창시한 교조 최제우가 사술로 백성들을 현혹시킨다는 혹세무민의 죄로 대구 관덕정에서 처형당했다.

④ 전봉준 체포 → 공주
공주 우금치 전투에서 패한 후 피신해 있던 농민군의 지도자 전봉준이 관군에 의해 체포되었다.

⑤ 고부 민란 → 정읍

고부 농민들이 조병갑의 탐학에 맞서 전봉준이 농민들을 이끌고 만석보를 파괴하였다. → 지금의 전북 정읍

핵심노트 ▶ 동학 농민 운동의 전개

> 고부 민란 → 백산 재봉기 → 황토현 전투 → 장성 황룡촌 전투 → 청·일 개입 → 전주 화약 → 집강소 설치와 폐정 개혁안 → 남접과 북접의 연합 → 공주 우금치 혈전

34 정미의병의 활동

암기박사 정미의병 ⇒ 13도 창의군 : 서울 진공 작전   정답 ①

정답 해설

고종의 강제 퇴위와 군대 해산에 반발하여 일어난 의병은 정미의병이다. 정미의병이 확산되는 과정에서 13도 창의군이 결성되고 의병 부대가 연합하여 서울 진공 작전을 전개하였다.

오답 해설

② 한중 연합 전선 → 1930년대 독립군
1930년대 만주사변 이후 한국 독립군과 조선 혁명군 등의 독립군 부대들이 중국군과 한중 연합 작전을 전개하여 일본군에 대항하였다.

③ 최익현 : 태인에서 궐기 → 을사의병
을사늑약이 체결된 후 최익현은 태인에서 의병 활동을 전개하다 체포되었고, 쓰시마 섬으로 유배되어 결국 순국하였다.

④ 고경명 : 장흥 의병장 → 임진왜란
임진왜란 당시 전라도 장흥에서 고경명 등이 거병하여 의병장으로 활약하였다.

⑤ 홍범도 : 대한 독립군 → 봉오동 전투
홍범도의 대한 독립군은 대한 국민회군과 연합하여 봉오동에서 간도 지역을 기습한 일본군을 상대로 승리하였다.

35 광무개혁

암기박사 지계아문 : 지계 발급 ⇒ 광무개혁   정답 ⑤

정답 해설

고종이 황제로 즉위한 후 구본신참을 바탕으로 추진한 개혁은 광무개혁이다. 대한 제국은 광무개혁 때 근대적 토지 소유제도의 마련을 위해 지계아문을 설치하고 지계를 발급하였다. → 옛것을 근본으로 새로운 것을 참작한다. → 근대적 토지증서

오답 해설

① 홍범 14조 반포 → 제2차 갑오개혁
고종은 제2차 갑오개혁 때 종묘에 나가 독립 서고문을 바치고, 개혁의 기본 방향을 제시한 홍범 14조를 반포하였다.

② 공사 노비법 혁파 → 제1차 갑오개혁
제1차 갑오개혁 때 전통적 폐습을 타파하여 공사 노비법을 혁파하고 과부의 재가를 허용하였다.

③ 별기군 창설 → 개화 정책
고종은 개화 정책의 일환으로 무위영 아래 별도로 신식 군대인 별기군을 창설하였다.

④ 육영 공원 설립 → 개화 정책
고종은 개화 정책의 일환으로 우리나라 최초의 서양식 근대 교육 기관인 육영 공원을 설립하였다.

36 3·1 만세 운동의 영향

암기박사 3·1 만세 운동 ⇒ 대한민국 임시 정부 수립 계기   정답 ④

정답 해설

3월 1일에 독립 선언 기념을 경축하여 만세를 부른 것은 일제 강점기 민족 최대의 독립 운동인 3·1 만세 운동이다. 고종의 인산일에 민족 대표 33인의 이름으로 독립 선언서를 발표함으로써 전개된 3·1 만세 운동은 대한민국 임시 정부 수립의 계기가 되었다.

오답 해설

① 3·1 만세 운동 → 통감부의 방해와 탄압(X)
통감부는 1910년 조선 총독부가 설립되면서 폐지되었으므로, 1919년에 일어난 3·1 만세 운동이 통감부의 방해와 탄압으로 중단된 것은 아니다.

② 러시아의 절영도 조차 요구 저지 → 독립 협회   → 조약에 의해 다른 나라로부터 유상 또는 무상으로 영토를 빌림
러시아가 저탄소 설치를 위해 절영도의 조차를 요구하자 독립 협회는 만민 공동회를 개최하여 러시아의 요구를 저지하였다.

③ 순종의 인산일 → 6·10 만세 운동   → 지금의 부산 영도
순종의 인산일을 기회로 삼아 6·10 만세 운동이 일어나 격문 살포와 시위 운동이 전개되었다.

⑤ 성진회 주도 → 광주 학생 항일 운동
광주 학생 항일 운동은 광주에서 조직된 항일 학생 비밀 결사 단체인 성진회와 각 학교 독서회에 의해 전국적으로 확산하였다.

37 북로 군정서군

암기박사 중광단 ⇒ 북로 군정서군   정답 ⑤

정답 해설

노은 김규식이 김좌진, 이범석 등과 함께 청산리 전투에서 지도부로 활약한 부대는 북로 군정서군이다. 3·1 만세 운동 직후 북로 군정서군은 대종교의 중광단을 중심으로 조직되어 항일 독립 전쟁에 참여하였다.

오답 해설

① 영릉가 전투 → 조선 혁명군
양세봉의 조선 혁명군은 중국 의용군과 연합하여 영릉가 전투에서 일본군에게 승리를 거두었다.

② 국내 진공 작전 계획 → 한국 광복군
한국 광복군은 미국 전략정보처(OSS)의 지원 하에 미국과 연합하여 국내 진공 작전을 계획하였으나 일제의 패망으로 실현하지는 못했다.

③ 호가장 전투 → 조선 의용대
조선 의용대는 중국 팔로군과 함께 한중 연합 작전을 펼쳐 중국

화북 지역의 호가장 전투에서 활약하였다.
④ 동북 인민 혁명군 → 동북 항일 연군
만주에서 중국 공산당과 한인 사회주의자가 연합하여 결성한 동북 인민 혁명군은 동북 항일 연군으로 개편되어 유격전을 전개하였다.

38 연해주 지역의 민족 운동

암기박사 신한촌 : 한인 집단 거주지 ⇒ 연해주 | **정답** ②

정답 해설

신한촌 등 한인 집단 거주지가 있던 지역은 연해주이다. 만주가 일제의 지배하에 놓이자 일제가 연해주 한인들을 밀정으로 포섭할 것을 염려한 소련의 스탈린이 연해주 한인을 우즈베키스탄, 카자흐스탄 등의 중앙아시아로 강제 이주시켰다.

오답 해설

(가) 신흥 강습소 → 남만주
신민회는 남만주(서간도) 삼원보에 신흥 강습소를 세워 무장 투쟁을 준비하였고, 이후 신흥 무관 학교로 발전하였다.
(다) 조선 청년 독립단 → 일본
미국 대통령 윌슨이 제창한 민족 자결주의의 영향을 받아 일본 도쿄 유학생들이 조선 청년 독립단을 결성하고 2·8 독립 선언서를 발표하였다.
(라) 대조선 국민 군단 → 하와이
박용만의 주도로 하와이에서 대조선 국민군단이 결성되어 군사 훈련을 실시하고 독립군 사관을 양성하였다.
(마) 숭무 학교 → 멕시코
멕시코로 이주한 한인들이 이근영을 중심으로 멕시코 메리다 중심지에 숭무 학교를 설립하여 무장 투쟁을 준비하였다.

39 심훈의 활동

암기박사 소설 상록수 : 브나로드 운동 소재 ⇒ 심훈 | **정답** ⑤

정답 해설

일제 강점기에 심훈은 무성 영화 먼동이 틀 때를 감독하였다. 독립 운동가이자 소설가인 심훈은 저항시인 그날이 오면을 발표하였고, 브나로드 운동을 소재로 한 소설 상록수를 신문에 연재하였다.

오답 해설

① 별 헤는 밤, 참회록 → 윤동주
북간도 명동촌에서 태어난 윤동주는 일본 유학 중 독립운동 혐의로 수감되어 옥중에서 순국하였으며 별 헤는 밤, 참회록 등의 시를 남겼다.
② 국문 연구소 설립 → 주시경
주시경은 국문 연구소를 설립하고 한글을 체계적으로 연구하였으며 국어문법을 편찬하였다.
③ 토월회 조직 → 박승희, 김기진
박승희, 김기진 등의 도쿄 유학생들을 중심으로 근대극 형식을 도입한 토월회가 조직되었다.

④ 유교구신론 저술 → 박은식
국혼을 강조한 민족주의 사학자 박은식은 실천적인 유교 정신을 강조하는 유교구신론을 저술하였다.

40 1930년대 경성의 모습

암기박사 미쓰코시 백화점, 토막집 ⇒ 1930년대 | **정답** ②

정답 해설

1930년대 미쓰코시 백화점 경성점은 한반도 최초의 근대적 백화점이었다. 이와 대조적으로 경성 시내 변두리에 허름한 토막집을 짓고 살아가는 토막민의 모습은 식민지 근대 도시의 이중성을 보여준다.

오답 해설

① 개화 정책 → 1880년대
1880년대에 고종은 개화 정책을 총괄하기 위해 통리기무아문을 설치하고 별기군, 박문국, 전환국, 우정국 등을 두어 신문물 수용과 부국강병을 도모하였다.
③ 형평 운동 → 1920년대
1920년대에 진주에서 조선 형평사가 창립되고 백정에 대한 사회적 차별 철폐를 목적으로 형평 운동이 전개되었다.
④ 제1차 경제 개발 5개년 계획 → 1960년대
박정희 정부 때인 1960년대에 경제 자립을 목표로 기간산업, 사회 간접 자본 확충, 경공업 중심의 수출 산업 육성을 위한 제1차 경제 개발 5개년 계획이 추진되었다.
⑤ 상품 화폐 경제, 신분제 동요 → 조선 후기
조선 후기에는 상품 수요의 증가와 시장 활성화로 상품 화폐 경제가 발달하고 상민층이 납속과 공명첩을 활용하여 신분 상승을 꾀하는 등 신분제가 동요하였다.

41 민족 말살 통치기의 사회 모습

암기박사 몸뻬 착용 강요 ⇒ 민족 말살 통치기 | **정답** ①

정답 해설

중일 전쟁 이후 일제가 국가 총동원법을 시행한 시기는 민족 말살 통치기이다. 일제는 민족 말살 통치기에 조선인의 일상 생활을 감시·통제하기 위해 애국반을 조직하였고, 여성의 노동력 착취를 위해 여성용 작업복인 몸뻬의 착용을 강요하였다.

오답 해설

② 경성 제국 대학 설립(1924) → 문화 통치기
조선 교육회가 우리 손으로 대학을 설립하고자 민립 대학 설립 운동을 전개하였으나 일제가 경성 제국 대학을 설립하여 중단되었다.
③ 헌병 경찰제(1910), 조선 태형령(1912) → 무단 통치기
일제는 무단 통치기에 헌병이 경찰 업무를 대행하는 헌병 경찰제와 조선인에 한하여 태형을 통해 형벌을 가하는 조선 태형령을 시행하였다.
④ 원산 총파업(1929) → 문화 통치기
원산 총파업은 노동 조건 개선을 요구하며 전개한 1920년대 최대의 파업 투쟁으로 일본, 프랑스 등의 노동 단체로부터 격려 전문

을 받았다.
⑤ 안창남 : 고국 방문 비행(1922) → 문화 통치기
동아일보사가 모금을 주도하여 성사된 안창남의 고국 방문 비행은 온 국민의 환영을 받았다.

42 단재 신채호

암기박사 광주 학생 항일 운동 ⇒ 신간회 : 진상 조사단 파견

정답 ①

정답 해설
광주에서 발생한 한·일 학생 간의 충돌을 일본 경찰이 편파적으로 처리하여 광주 학생 항일 운동이 발생하자 신간회에서 진상 조사단을 파견하여 지원하였다.

오답 해설
② 이륭양행 : 교통국 설치 → 대한민국 임시 정부
대한민국 임시 정부는 아일랜드계 영국인 조지 루이스 쇼가 중국 단둥에 설립한 무역선박 회사인 이륭양행에 교통국을 설치하여 국내와 비밀연락을 취하였다.
③ 활동 지침 : 조선 혁명 선언 → 의열단
김원봉의 의열단은 무장 투쟁과 민중의 직접 혁명을 주장한 신채호의 조선 혁명 선언을 활동 지침으로 하였다.
④ 역사 : 아와 비아의 투쟁 → 조선상고사
단재 신채호는 조선상고사에서 역사를 아와 비아의 투쟁으로 정의하였다.
⑤ 뤼순 감옥 순국 → 안중근
안중근 의사는 하얼빈 역에서 일제의 침략 원흉인 이토 히로부미를 사살하고, 이듬해에 뤼순 감옥에서 순국하였다.

43 제주 4·3 사건

암기박사 정부 : 진상 조사 보고서 발간 ⇒ 제주 4·3 사건

정답 ⑤

정답 해설
제주도에서 남한만의 단독 선거를 반대하는 무장대와 이를 진압하는 토벌대 간의 무력 충돌로 수많은 제주도민이 희생된 사건은 제주 4·3 사건이다. 2000년에 제주 4·3 사건 진상 규명 및 희생자들의 명예 회복을 위한 특별법이 제정된 후 정부 차원에서 진상 조사 보고서를 발간하고 공식 사과하였다.

오답 해설
① 허정 과도 정부 출범 → 4·19 혁명
4·19 혁명으로 이승만 대통령이 하야한 후 혼란 수습을 위해 허정을 수반으로 하는 과도 정부가 출범하였다.
② 국가 보위 비상 대책 위원회 설치 → 12·12 군사 반란
유신 체제 붕괴 후 12·12 군사 반란을 일으킨 전두환의 신군부가 통치권을 확립하기 위해 국가 보위 비상 대책 위원회를 설치하였다.
③ 긴급 조치 철폐 → 3·1 민주 구국 선언
박정희 정부의 유신 체제에 항거하여 재야 정치인들과 가톨릭 신부, 개신교 목사, 대학 교수 등이 3·1 민주 구국 선언을 통해 긴급 조치 철폐 등을 요구하였다.
④ 유신 헌법 반대 운동 → 개헌 청원 100만인 서명 운동
박정희 정부 때 유신 헌법 반대 운동으로 민주화를 위한 개헌 청원 100만인 서명 운동이 전개되었다.

44 이승만 정부 시기의 사실

암기박사 경부 고속 도로 개통 ⇒ 박정희 정부

정답 ①

정답 해설
3·15 부정선거 규탄 시위에 대한 유혈 진압에 항거하여 4·19 혁명이 발발하였으며 그 결과 이승만 대통령이 하야하였다. 한편, 박정희 정부 때에 서울과 부산을 연결하는 경부 고속 도로가 개통되었다.

오답 해설
② 한미 상호 방위 조약(1953) → 이승만 정부
휴전 협정 체결 직후 한·미 상호 방위 조약이 체결되어 한반도에서 무력 충돌이 일어날 경우 유엔의 결정 없이 미국이 즉각 개입할 수 있게 되었다.
③ 진보당 사건(1958) → 이승만 정부
이승만 정부 때 조봉암을 중심으로 진보당이 창당되었으나 평화 통일을 주장한 조봉암을 간첩 혐의로 처형하였다.
④ 반민족 행위 특별 조사 위원회 해체(1949) → 이승만 정부
일제의 잔재를 청산하기 위해 반민족 행위 특별 조사 위원회가 조직되었으나, 반공을 우선시하던 이승만 정부의 방해로 해체되었다.
⑤ 농지 개혁법 제정(1949) → 이승만 정부
이승만 정부 때에 소작제를 철폐하고 자영농을 육성하고자 유상 매수, 유상 분배 원칙의 농지 개혁법이 제정되었다.

45 유신 헌법 시기의 모습

암기박사 통일 주체 국민 회의 : 대통령 선출 ⇒ 유신 헌법

정답 ⑤

정답 해설
긴급 조치 9호가 선포된 것은 박정희 정부의 유신 체제하이다. 박정희 정부 때 제7차 개헌인 유신 헌법에 따라 통일 주체 국민 회의의 대의원이 대통령을 선출하였다.

오답 해설
① 국민 방위군 소집(1950) → 이승만 정부
6·25 전쟁 때 이승만 정부가 중공군의 개입으로 전세가 불리해지자 국민 방위군 조직을 위해 국민 방위군 설치법을 공포하였다.
② 개성 공단 착공식 개최(2003) → 노무현 정부
노무현 정부 때에 개성 공단 착공식이 개최되고 개성 공단 건설을 통해 남북 간 경제 교류가 이루어졌다.
③ 제2차 미·소 공동 위원회 개최(1947) → 대한민국 정부 수립 이전
미국과 소련의 입장 차이로 제1차 미·소 공동 위원회가 결렬된 지 1년 후에 같은 장소에서 제2차 미·소 공동 위원회가 재개되었다.

한국사 능력검정시험 3개년 기출문제

④ 남북 기본 합의서 채택(1991) → 노태우 정부
노태우 정부 때에 남북 사이의 화해와 불가침 및 교류·협력에 관한 남북 기본 합의서를 채택하였다.

46 6월 민주 항쟁의 결과

암기박사 6월 민주 항쟁 ⇒ 6·29 민주화 선언 : 5년 단임의 대통령 직선제 개헌

정답 ②

정답 해설

박종철 고문치사와 전두환 정부의 4·13 호헌 조치 발표로 호헌 철폐와 독재 타도 등의 구호를 외친 6월 민주 항쟁이 촉발되었다. 그 결과 노태우의 6·29 민주화 선언에 따라 5년 단임의 대통령 직선제 개헌안이 통과되었다.

오답 해설

① 한·일 국교 정상화 반대 → 6·3 시위
박정희 정부 때에 한·일 회담에 따른 굴욕적인 한·일 국교 정상화에 반대하여 6·3 시위가 일어났다.

③ 시민군의 자발적 조직 → 5·18 민주화 운동
신군부의 계엄 확대와 무력 진압에 5·18 민주화 운동이 발발하였고 시위 전개 과정에서 시민군이 자발적으로 조직되었다.

④ 3선 개헌 반대 운동 → 3선 개헌 반대 범국민 투쟁 위원회
박정희 정부의 장기 집권 의도로 3선 개헌이 강행되자, 3선 개헌 반대 범국민 투쟁 위원회가 이를 저지하기 위한 투쟁을 주도하였다.

⑤ 대통령 중심제에서 의원 내각제 변경 → 4·19 혁명
4·19 혁명 후의 혼란 수습을 위해 허정 과도 내각이 출범되어 대통령 중심제에서 의원 내각제로 바뀌는 계기가 되었다.

핵심노트 ▶ 4·19 혁명과 6월 민주 항쟁 비교

	4·19 혁명	6월 민주 항쟁
원인	3·15 부정 선거	4·13 호헌 조치
전개 과정	김주열 사망 → 전국적 시위 → 계엄령 발동	박종철·이한열 사망 → 전국적 시위 · 계엄령 발동 안 함
결과	• 내각 책임제 • 정권 교체(장면 내각)	• 대통령 직선제 • 정권 교체 실패(노태우 정부)

47 토지제도의 변천 과정

암기박사 관료전 ⇒ 전시과 ⇒ 과전법 ⇒ 직전법

정답 ①

정답 해설

(가) 관료전(687) : 통일 신라의 신문왕은 관료전을 지급하고 귀족의 경제 기반이었던 녹읍을 폐지하였다.
(나) 전시과(976) : 고려 경종 때 모든 전·현직 관리를 대상으로 관품의 높고 낮음에 관계 없이 인품만 반영하여 전지와 시지를 지급하였다.
(다) 과전법(1391) : 고려 공양왕 때 조준 등의 건의로 과전법이 제정

되어 신진 사대부들의 경제적 기반을 확대하고 농민의 지지를 확보하였다.
(라) 직전법(1466) : 조선 세조 때 수조권이 세습되던 수신전과 휼양전이 폐지되고, 현직 관리에게만 과전을 지급하는 직전법이 시행되었다.

48 통일 신라 신문왕 / 조선 세조

암기박사 ㉠ 9주 5소경 설치 ⇒ 통일 신라 신문왕
㉡ 6조 직계제 부활 ⇒ 조선 세조

정답 ③

정답 해설

ㄴ. 통일 신라 신문왕 때 통일 전 5주 2소경을 9주 5소경 체제로 정비하여 중앙 집권 및 지방 통제력을 강화하였다.
ㄷ. 조선 세조는 왕권을 강화하기 위해 태종 때 처음 실시되었던 6조 직계제를 부활시켰다.

오답 해설

ㄱ. 병부와 상대등 설치 → 신라 법흥왕
신라 법흥왕은 병부와 상대등을 설치하여 관등을 정비하였다.

ㄹ. 초계문신제 → 조선 정조
조선 정조는 초계문신제를 시행하여 젊은 문신들을 재교육하고 시험을 통해 승진시켰다.

49 전두환 정부

암기박사 보도 지침 : 언론 통제 ⇒ 전두환 정부

정답 ②

정답 해설

교복과 두발 자율화 및 야간 통행 금지가 해제된 것은 전두환 정부 때의 일이다. 전두환 정부는 당시 문화공보부가 방송사와 신문사에 하달한 보도 지침을 통해 언론을 통제하였다.

오답 해설

① 서울 올림픽 대회 개최 → 노태우 정부
노태우 정부 때 동서 양 진영 160개국이 참가한 제24회 서울 올림픽 대회가 개최되었다.

③ 삼풍 백화점 붕괴 사고 → 김영삼 정부
김영삼 정부 때 대규모 건축물 붕괴 사고인 삼풍 백화점 붕괴 사고로 많은 사상자가 발생하여 전국적인 건축물 안전실태 조사와 건축법 강화의 계기가 되었다.

④ 호주제 폐지 → 노무현 정부
노무현 정부 때 양성 평등의 실현을 위해 남성 중심의 가부장제를 상징했던 호주제가 폐지되었다.

⑤ 다문화 가족 지원법 시행 → 이명박 정부
이명박 정부 때 다문화 가족 구성원이 안정적인 가족 생활을 영위할 수 있도록 사회 통합을 위한 다문화 가족 지원법이 시행되었다.

50 창녕 지역의 역사

정답 ③

암기박사 우포늪 ⇒ 경남 창녕

정답 해설

천연 보호구역인 우포늪이 있는 지역은 경남 창녕이다. 창녕에는 교동과 송현동 고분군, 신라 진흥왕 척경비, 동 삼층 석탑 등의 유적이 있다.

오답 해설

① 탄금대 전투, 충주 고구려비 → 충주
  임진왜란 때 신립 장군이 결사 항전한 탄금대 전투가 벌어진 곳은 충주이다. 충주에는 남한 지역에서 유일하게 발견된 충주 고구려비가 위치해 있다.

② 하회마을, 봉정사, 도산서원, 고창전투 → 안동
  안동 지역에는 하회마을, 봉정사, 도산서원이 위치하고 있고, 고려 태조 왕건이 고창 전투에서 견훤의 후백제군과 싸워 승리한 곳이기도 하다.

④ 전라 감영, 풍패지관, 경기전, 성황사, 전주 화약 → 전주
  전라 감영, 풍패지관, 경기전, 성황사 등이 있는 곳은 전주이다. 동학 농민 운동의 봉기로 청·일군이 개입하자 전주에서 동학 농민군과 정부 사이에 화약이 체결되었다.

⑤ 고인돌, 참성단, 광성보 전투, 고려 임시 수도 → 강화
  청동기 시대의 대표적인 무덤 고인돌, 단군왕검의 제사를 지내는 참성단, 신미양요 당시 어재연 부대가 항전한 광성보는 모두 강화도에 위치해 있다. 강화도는 대몽 항쟁기에 배중손의 삼별초가 반몽정권을 수립한 고려의 임시 수도였다.

2024년도 제71회 정답 및 해설 심화

01 구석기 시대의 생활 모습

암기박사 동굴, 바위 그늘 ⇒ 구석기 시대

정답 ①

정답 해설

연천 전곡리는 대표적인 구석기 시대의 유적지로 뗀석기의 한 종류인 주먹도끼가 발견된 곳이다. 구석기 시대에는 주로 동굴이나 바위 그늘에 살면서 도구를 사용하여 사냥을 하거나 어로, 채집 생활을 하였다.

오답 해설

② 청동 방울 : 의례 도구 → 청동기 시대
청동기 시대에는 청동 방울과 거울 등을 의식을 행하기 위한 의례 도구로 사용하였다. → 동령, 쌍두령, 팔주령 등

③ 따비와 괭이 : 농기구 → 철기 시대
철기 시대에는 풀뿌리를 뽑거나 밭을 가는 데 쓰는 농기구인 따비와 괭이로 땅을 갈아 농사를 지었다.

④ 거푸집 : 세형 동검 제작 → 철기 시대
철기 시대에는 거푸집을 이용하여 한국식 동검인 세형 동검을 제작하였다.

⑤ 빗살무늬 토기 : 식량 저장 → 신석기 시대
신석기 시대에는 빗살무늬 토기를 만들어 음식을 조리하거나 식량을 저장하였다.

02 부여의 생활 풍속

암기박사 가(加) : 사출도 주관 ⇒ 부여

정답 ④

정답 해설

1책 12법의 형벌과 우제점법의 풍습이 있던 나라는 부여이다. 부여는 왕 아래에 가축의 이름을 딴 여러 가(加)들이 별도로 사출도를 주관하였다.

오답 해설

① 소도 : 신성 지역 → 삼한
삼한에는 신성 지역인 소도가 존재하였으며, 군장의 세력이 미치지 못하여 죄인이 이곳으로 도망치면 잡아가지 못하였다.

② 민며느리제 : 혼인 풍습 → 옥저
옥저에는 혼인 풍습으로 장차 며느리로 삼기 위해 어린 소녀를 데려다 키운 뒤 아들과 혼인시켜 며느리로 삼는 민며느리제가 있었다.

③ 책화 : 읍락 간의 경계 중시 → 동예
동예에는 읍락 간의 경계를 중시하는 책화가 있어서, 다른 부족의 생활권을 침범하면 노비와 소·말로 변상하였다.

⑤ 범금 8조 : 사회 질서 유지 → 고조선
고조선은 사회 질서를 유지하기 위해 만민법인 범금 8조를 만들었다.

03 금관가야의 역사

암기박사 김수로 : 금관가야 ⇒ 신라 법흥왕 때 복속

정답 ①

정답 해설

수로왕이 건국한 나라는 금관가야이다. 금관가야는 법흥왕 때 신라에 복속되고 일부 왕족이 진골로 편입되었다.

오답 해설

② 서옥제 : 혼인 풍습 → 고구려 ← 데릴사위제
고구려에는 혼인 풍습으로 서옥제가 있었는데, 혼인을 정한 뒤 신랑이 신부 집의 뒤꼍에 조그만 집(서옥)을 짓고 거기서 자식을 낳아 길렀다.

③ 6좌평 : 중요 국사 논의 → 백제
백제 고이왕은 내신좌평, 위사좌평 등 6좌평의 관제를 마련하여 중요한 국사를 논의하게 하였다. → 내신좌평, 내두좌평, 내법좌평, 병관좌평, 위사좌평, 조정좌평

④ 화백 회의 : 만장일치제 → 신라
신라는 만장일치제인 화백 회의를 통해 국가의 중대사를 논의하였다.

⑤ 22담로 : 왕족 파견 → 백제
백제 무령왕은 지방 통제를 강화하기 위해 지방의 주요 지점에 22담로를 두어 왕족을 파견하였다.

핵심노트 ▶ 가야 연맹

- 전기 가야 연맹 : 김수로왕의 금관가야 → 신라 법흥왕 때 멸망(532년) → 김해 대성동 고분군
- 후기 가야 연맹 : 이진아시왕의 대가야 → 신라 진흥황 때 멸망(562년) → 고령 지산동 고분군

04 원광의 사상

암기박사 세속 5계 : 화랑도의 규범 ⇒ 원광

정답 ④

정답 해설

신라 진평왕 때 고구려가 침범하자 원광은 왕명으로 수에 군사를 청하는 걸사표를 작성하였다. 또한 원광은 화랑도의 규범으로 사군이충, 사친이효, 교우이신, 임전무퇴, 살생유택의 세속 5계를 제시하였다.

오답 해설

① 왕오천축국전 저술 → 혜초
혜초는 인도와 중앙아시아 일대를 여행하고 이를 바탕으로 구법 순례기인 왕오천축국전을 남겼다.

② 황룡사 구층 목탑 건립 건의 → 자장
신라 선덕여왕 때 자장의 건의로 황룡사 구층 목탑이 경주에 건립되었다.

③ 무애가 : 불교 대중화 → 원효
원효는 일심과 화쟁 사상을 중심으로 몸소 아미타 신앙을 전개하고 무애가를 지어 불교 대중화에 기여하였다.

⑤ 송악명당기 : 풍수지리 사상 → 도선
신라 말의 승려 도선은 중국에서 유행한 풍수지리 사상을 반영하여 송악명당기를 저술하였다.

05 백제의 성장과 발전

암기박사 평양성 공격(371) ⇒ 불교 수용(384) ⇒ 사비 천도(538)

정답 ⑤

정답 해설

- (다) 평양성 공격(371) : 백제의 전성기를 이끈 근초고왕은 평양성을 공격하여 고구려의 고국원왕을 전사시켰다.
- (나) 불교 수용(384) : 백제의 침류왕은 동진에서 온 마라난타를 통해 불교를 수용하였다.
- (가) 사비 천도(538) : 백제 성왕은 웅진에서 사비로 천도하고 국호를 남부여로 변경하는 등 행정 조직을 재정비하였다.

06 신라 지증왕의 업적

암기박사 이사부 : 우산국 정벌 ⇒ 신라 지증왕

정답 ③

정답 해설

국호를 신라로 확정하고 왕이란 호칭을 사용하였으며 순장을 금지시킨 왕은 신라 지증왕이다. 신라 지증왕 때 이사부가 우산국(울릉도)을 정벌하고 그 부속 도서(독도)를 복속시켰다.

오답 해설

① 병부와 상대등 설치 → 신라 법흥왕
  신라 법흥왕은 병부와 상대등을 설치하여 관등을 정비하고 율령 반포와 공복을 제정하여 통치 질서를 확립하였다.

② 백제 비유왕과 동맹 체결 → 신라 눌지왕
  신라 눌지왕은 고구려 장수왕의 남진 정책에 대비하여 백제 비유왕과 나·제 동맹을 체결하였다.

④ 매소성 전투 → 신라 문무왕
  신라 문무왕은 매소성 전투에서 당의 군대를 격파하고 나·당 전쟁에서 승리하였다.

⑤ 김흠돌의 난 → 통일 신라 신문왕
  통일 신라 신문왕은 장인인 김흠돌이 반란을 일으키자 이를 진압하고 진골 귀족들을 숙청하였다.

07 경주 불국사 삼층 석탑

암기박사 무구정광대다라니경 발견 ⇒ 불국사 삼층 석탑

정답 ⑤

정답 해설

경주 불국사 대웅전 앞뜰에 있는 탑으로 무영탑이라고도 불리며, 탑의 해체 보수 과정에서 무구정광대다라니경이 발견된 탑은 불국사 삼층 석탑이다. 무구정광대다라니경은 현존하는 세계 최고(最古)의 목판 인쇄물이다.

오답 해설

① 구례 화엄사 4사자 삼층 석탑 → 통일 신라
  전남 구례의 화엄사에 있는 통일 신라의 석탑으로 기단 모서리에 사자를 넣어 사자좌 위에 탑이 서 있는 독특한 형태의 석탑이다.

② 부여 정림사지 5층 석탑 → 백제 〔당나라 장수 소정방이 백제를 정복한 후 백제를 정벌한 기념탑이라는 글귀가 새겨져 있음〕
  충남 부여의 정림사지에 있는 5층 석탑은 목탑의 구조와 비슷하지만 돌의 특성을 살려 전체적인 형태가 매우 우아하고 아름답다.

③ 경주 분황사 모전 석탑 → 신라
  경북 경주의 분황사에 있는 모전 석탑은 석재를 벽돌 모양으로 만들어 쌓은 탑으로, 현존하는 신라 석탑 중 가장 오래된 석탑이다.

④ 장백 영광탑 → 발해
  중국 길림성 장백진 북서쪽 탑산에 있는 발해 시대의 누각식 전탑으로 장방형, 규형, 다각형의 벽돌로 쌓은 5층의 벽돌탑이다.

08 고구려 멸망 이후의 사실

암기박사 안동도호부 설치(668) ⇒ 안승 : 보덕국왕 임명(674)

정답 ①

정답 해설

나·당 연합군이 고구려를 멸망시킨 후 당나라는 한반도의 지배 야욕을 보이며 평양에 안동도호부를 설치하였다(668). 이후 신라 문무왕은 보장왕의 서자 안승을 금마저(익산)의 보덕국왕으로 책봉하였다(674).

오답 해설

② 살수 대첩(612) → 고구려 멸망 이전
  고구려 영양왕 때 수 양제가 대군을 이끌고 고구려를 침입했으나 을지문덕이 이끄는 고구려 군이 살수에서 대승을 거두었다.

③ 군사 동맹(648) → 고구려 멸망 이전
  신라의 김춘추가 백제 의자왕의 공격으로 고구려에 원병을 요청하였으나 거절당하자 당으로 건너가 군사 동맹을 성사시켰다.

④ 윤충 : 대야성 함락(642) → 고구려 멸망 이전
  백제의 의자왕이 윤충을 보내 신라를 공격하고 대야성을 비롯한 40여 개의 성을 함락하였다.

⑤ 연개소문의 정변(642) → 고구려 멸망 이전
  연개소문이 정변을 일으켜 영류왕을 시해하고 보장왕을 옹립하여 권력을 장악한 후 스스로 막리지가 되었다.

09 발해 무왕의 업적

암기박사 장문휴 : 당의 등주 공격 ⇒ 발해 무왕(대무예)

정답 ②

정답 해설

발해를 건국한 고왕(대조영)에 이어 왕위에 오른 무왕(대무예)은 동생 대문예를 보내 흑수말갈 정벌을 추진하였다. 또한 무왕은 장문휴를 보내 당의 등주(산둥 지방)를 공격하였다.

10 고려 시대의 경제 상황

암기박사 벽란도 : 국제 무역항 ⇒ 고려 시대

정답 ④

정답 해설

화폐 유통의 촉진을 도모하기 위해 해동통보를 발행한 것은 고려 숙종 때의 일이다. 고려 시대에는 예성강 하구의 벽란도가 국제 무역항으로 번성하였다.

오답 해설

① **송상 : 송방 설치 → 조선 후기**
조선 후기에 개성의 송상은 전국 각지에 송방을 두고 청과 일본 사이의 중계 무역으로 부를 축적하였다.
② **구황 작물 : 고구마, 감자 재배 → 조선 후기**
조선 후기에는 일본에서 들여 온 고구마와 청에서 들여 온 감자 등의 구황 작물이 재배되었다. _{기후가 불순한 흉년에도 비교적 안전한 수확을 얻을 수 있는 작물}
③ **동시전 : 시장 감독 → 신라 지증왕**
신라 지증왕 때 시장을 감독하는 관청인 동시전이 수도 경주에 설치되었다.
⑤ **설점수세제 : 민간 광산 개발 허용 → 조선 후기**
조선 후기에는 설점수세제를 시행하여 민간의 광산 개발을 허용하였고, 정부에서는 별장을 파견하여 수세를 독점하였다.

11 고려 시대 토지 제도의 변천

암기박사 역분전 ⇒ 과거제 ⇒ 개정전시과

정답 ②

정답 해설

(가) **역분전(940)** : 고려 태조는 후삼국 통일에 공을 세운 개국 공신에게 공로와 인품에 따라 역분전을 지급하였다.
• **과거제(958)** : 고려 광종은 인재를 등용하기 위해 후주인 쌍기의 건의를 받아들여 과거제를 시행하였다.
(나) **개정전시과(998)** : 고려 목종은 관직만을 고려하여 19품 관등에 따라 170~17결을 차등 지급하였다.

오답 해설

① **과전법 실시(1391) → (나) 이후**
고려 공양왕 때 조준 등의 건의로 경기에 한하여 과전법이 실시되어 신진 사대부들의 경제적 기반이 확대되었다.
③ **신돈 : 전민변정도감(1269) → (나) 이후**
고려 공민왕 때 신돈이 전민변정도감의 책임자로 임명되어 권문세족을 견제하고 개혁을 이끌었다.
④ **만적의 난(1198) → (나) 이후**
고려 무신 집권기 때 개경에서 최충헌의 사노 만적이 신분 해방을 외치며 반란을 모의하였다.
⑤ **최충헌 : 봉사 10조(1196) → (나) 이후**
고려 무신 집권기 때 최충헌이 사회 개혁책인 봉사 10조를 올려 시정 개혁을 건의하였다.

핵심노트 ▶ 고려 시대 토지 제도의 변천

- **역분전(태조, 940)** : 후삼국 통일 과정에서 공을 세운 사람들에게 인품(공로)에 따라 지급한 토지
- **시정 전시과(경종, 976)** : 모든 전·현직 관리를 대상으로 관품과 인품·세력을 반영하여 토지(전지와 시지)를 지급 _{공복 제도와 역분전 제도를 토대로 만듦}
- **개정 전시과(목종, 998)** : 관직만을 고려하여 19품 관등에 따라 170~17결을 차등 지급 _{토지 분급에 따른 관료 체제 확립}
- **경정 전시과(문종, 1076)** : 토지가 부족하게 되어 현직 관료에게만 지급(170~15결)
- **과전법(공양왕, 1391)** : 관리들에게 토지에 대한 소유권이 아니라 수조권을 지급. 신진 사대부의 경제적 기반이 됨 _{세습 불가가 원칙이나 수신전, 휼양전, 공신전 등은 예외}

12 궁예의 활동

암기박사 광평성 : 국정 총괄 ⇒ 후고구려 : 궁예

정답 ④

정답 해설

양길을 몰아내고 송악(개성)에서 후고구려를 건국한 궁예이다. 궁예는 국정을 총괄하는 광평성을 비롯한 각종 정치 기구를 마련하였다.

오답 해설

① **일리천 전투 → 고려 태조**
고려 태조 왕건의 고려군이 일리천 전투에서 신검의 후백제군에게 승리하여 후백제는 멸망하였다.
② **가지산문 개창 → 도의 선사**
신라 하대 선종이 유행하면서 도의 선사가 9산 선문 중 하나인 가지산문을 개창하였다.
③ **녹읍 폐지 → 통일 신라 신문왕**
통일 신라의 신문왕은 문무관료전을 지급하고 귀족의 경제 기반이었던 녹읍을 폐지하였다.
⑤ **정계와 계백료서 저술 → 고려 태조**
고려 태조 왕건은 정계와 계백료서를 지어 신하의 임금에 대한 도리와 관리가 지켜야 할 규범을 제시하였다.

13 고려의 관학 진흥책

암기박사 고려 : 관학 진흥 정책 ⇒ 국자감 : 7재 개설

정답 ①

정답 해설

고려 중기 최충의 문헌공도 등 사학 12도의 융성으로 관학 교육이 위축되자, 고려 정부는 서적포를 두어 출판을 담당하게 하였다. 또한 국자감에 전문 강좌인 7재를 개설하였다. _{여택재, 대빙재, 경덕재, 구인재, 복응재, 양정재, 강예재}

오답 해설

② **사액 서원 → 조선**
사액 서원은 조선 시대 풍기 군수 주세붕이 안향의 봉사를 위해 설립한 백운동 서원이 시초이며, 왕으로부터 현판과 함께 서적과 노비를 지급받았다.
③ **독서삼품과 → 통일 신라**
통일 신라의 원성왕은 인재 등용을 위해 유교 경전의 이해 수준에 따라 3등급으로 구분한 독서삼품과를 시행하였다.
④ **초계문신제 → 조선**
조선 정조는 초계문신제를 시행하여 젊은 문신들을 재교육하고 시험을 통해 승진시켰다.
⑤ **교장도감 → 고려 전기**
고려 전기 대각국사 의천은 흥왕사에 교장도감을 설치하고 불교 경전에 대한 주석서를 모아 속장경을 편찬하였다.

14 고려 무신 집권기의 사회 모습

암기박사 망이·망소이의 난 ⇒ 고려 무신 집권기

정답 ④

266

정답 해설

이의방의 무신정변, 서경유수 조위총의 반무신정변, 최우의 정방 설치는 모두 고려 무신 집권기 때의 일이다. 고려 무신 집권기 때 망이·망소이가 가혹한 수탈에 저항하여 공주 명학소에서 봉기하였다.

오답 해설

① 서얼 : 통청 운동 → 조선 후기
  서자 : 양인 첩의 자식,
  얼자 : 천인 첩의 자식
  조선 후기에 서얼은 청요직 진출을 요구하는 집단 상소를 올려 통청 운동을 전개하였다.
  조선 시대 관리들이 선망하는 홍문관·사간원·사헌부 등의 관직

② 장보고 : 청해진 → 통일 신라
  통일 신라 때 장보고가 완도의 청해진을 중심으로 해상 무역을 전개하고 국제 무역의 거점으로 번성하였다.

③ 정감록 유포 → 조선 후기
  조선 후기에는 비기·도참과 같은 예언 사상이 유행하였고, 왕조 교체를 예언하는 정감록 등이 유포되었다.

⑤ 위항 문학 → 조선 후기
  조선 후기에는 역관들이 시사(詩社)에 참여해 위항 문학 활동을 하였다.
  조선 후기 서울을 중심으로 중인·서얼·서리 출신의 하급관리와 평민들에 의해 이루어진 문학양식

15 대몽 항쟁

암기박사 강화도 천도 ⇒ 고려 vs 몽골 **정답 ①**

정답 해설

박서가 이끄는 고려군이 귀주성에서 항전한 것은 몽골의 1차 침입 때이다. 이후 몽골의 무리한 조공 요구와 내정 간섭에 반발한 최우가 다루가치를 사살하고 강화도로 도읍을 옮겨 장기 항전을 준비하였다.

오답 해설

② 광군 창설 → 고려 vs 거란
  고려 정종은 광군을 창설하고 청천강에 배치하여 거란의 침입에 대비하였다.

③ 화통도감 설치 → 고려 vs 왜구
  고려 우왕 때 왜구의 침입에 대응하기 위해 최무선의 건의로 화통도감을 설치하여 군사력을 증강하였다.

④ 최영 : 요동 정벌 추진 → 고려 vs 명
  고려 우왕 때 최영이 명의 철령위 설치에 반발하여 요동 정벌을 추진하였다.

⑤ 윤관 : 별무반 창설 → 고려 vs 여진
  고려 숙종 때 윤관은 여진족을 정벌하기 위해 신기군, 신보군, 항마군으로 구성된 별무반을 창설하였다.

16 고려의 문화유산

암기박사 김득신 : 파적도 ⇒ 조선의 문화유산 **정답 ⑤**

정답 해설

청자 상감 모란무늬 항아리와 청자 상감 물가풍경무늬 매병 등은 고려의 대표적인 상감 청자이다. 한편, 파적도는 조선 후기의 관인 화가 김득신이 그린 풍속화로, 병아리를 물고 달아나는 고양이를 쫓는 농촌 부부의 모습을 재미있게 묘사하고 있다.

오답 해설

① 논산 관촉사 석조 미륵보살 입상 → 고려 문화유산
  충남 논산에 있는 고려 시대 최대의 석불입상으로 은진미륵이라고도 불리며 규모가 거대하고 인체 비례가 불균형하다.

② 나전 국화 넝쿨무늬자합 → 고려 문화유산
  나전 국화 넝쿨무늬자합은 불화, 청자와 함께 고려 시대 예술문화의 높은 수준을 보여주는 대표적인 나전칠기 공예품이다.

③ 수월관음도 → 고려 문화유산
  수월관음도는 대표적인 고려 불화로 여러 모습으로 중생 앞에 나타나 고난에서 안락의 세계로 이끌어 주는 관음보살의 자비로운 모습을 그린 것이다.

④ 개성 경천사지 10층 석탑 → 고려 문화유산
  고려 후기 충목왕 때 개성의 경천사지에 조성된 석탑으로 원의 영향을 받아 기존의 신라계 석탑과는 양식을 달리하는 가장 특이하고 정련한 기교를 보이는 탑이다.

17 이제현의 활동

암기박사 만권당 : 원의 학자들과 교우 ⇒ 이제현 **정답 ⑤**

정답 해설

역옹패설을 저술한 인물은 고려 충선왕 때의 성리학자 이제현이다. 그는 원의 만권당에서 조맹부, 요수 등의 원의 학자들과 교유하였으며 성리학의 보급에 기여하였다.

오답 해설

① 불씨잡변 : 불교 비판 → 정도전
  조선 건국 이후 정도전은 불씨잡변을 지어 불교를 비판하고 성리학을 통치 이념으로 확립하였다.

② 정혜결사 : 불교개혁 → 지눌
  보조국사 지눌은 불교의 수행에 있어 정(定)과 혜(慧)를 함께 수행하여야 한다는 정혜결사를 통해 불교 개혁에 앞장섰다.

③ 청방인문표 작성 → 강수
  6두품 출신의 강수는 외교 문서 작성에 능하여 당나라에 갇혀 있는 김인문을 석방해 줄 것을 요청한 청방인문표를 작성하였다.

④ 동명왕편 저술 → 이규보
  이규보는 고구려의 건국 시조인 동명왕의 일대기를 서사시 형태로 표현한 동명왕편을 지어 고구려 계승 의식을 강조하였다.

18 안동 지역의 역사

암기박사 왕건 : 고창 전투 ⇒ 안동 **정답 ①**

정답 해설

고려 말 홍건적의 침입 당시 공민왕과 노국 공주가 피란했던 지역은 복주(지금의 안동)이다. 안동 지역에는 하회마을, 봉정사, 도산서원이 위치하고 있고, 고려 태조 왕건이 고창 전투에서 견훤의 후백제군과 싸워 승리한 곳도 안동이다.

오답 해설

② **묘청 : 서경 천도 운동 → 평양**
고려 인종 때 묘청이 풍수지리설에 근거하여 서경 천도를 주장하며 난을 일으키고 국호를 대위라 하였다.

③ **직지심체요절 간행 → 청주**
청주 흥덕사에서 현존하는 세계 최고(最古)의 금속 활자본인 직지심체요절이 간행되었다.

④ **고려 무신정변 → 개경**
고려 의종이 개경(지금의 개성) 보현원에 행차하였을 때, 정중부를 비롯한 무신들이 다수의 문신을 제거하는 무신정변을 일으켰다.

⑤ **이성계 : 황산대첩 → 남원**
고려 말 이성계를 중심으로 한 고려군이 황산(지금의 남원)에서 내륙까지 쳐들어와 약탈을 일삼던 왜구를 격퇴하였다.

19 조선 태조 재위 시기의 사실

암기박사 이방원 : 1·2차 왕자의 난 ⇒ 조선 태조 **정답** ④

정답 해설

조선 태조 이성계는 위화도에서 회군하여 최영을 제거한 후 국호를 조선으로 바꾸고 수도를 한양으로 옮겼다. 이 시기에 두 차례에 걸쳐 왕위 계승을 둘러싸고 왕자의 난이 발생하여 정도전 등이 제거되고 이방원(태종)이 왕위에 올랐다.

오답 해설

① **훈민정음 반포 → 조선 세종**
조선 세종은 집현전 학자들과 독창적인 문자인 훈민정음을 반포하였다.

② **금위영 창설 → 조선 숙종**
조선 숙종은 수도 방위를 위하여 금위영을 창설하고 5군영 체제를 완성하였다. 설치 순서 : 훈련도감 → 총융청 → 수어청 → 어영청 → 금위영

③ **경국대전 완성 → 조선 성종**
조선 성종은 조선의 기본 법전인 경국대전을 완성하여 통치 체제를 정비하였다.

⑤ **단종 복위 운동 → 조선 세조**
성삼문 등의 사육신이 세조의 왕위 찬탈에 저항하여 상왕 복위를 꾀하다 처형되었다. 단종

20 비변사의 변천

암기박사 비변사 혁파 ⇒ 흥선 대원군 **정답** ②

정답 해설

비변사의 관원들을 비국 또는 주사라고 불렀고, 상설기관으로 자리 잡기 이전에는 변방의 국방 문제에 대해 논의하고 대비하던 임시 기구였다. 비변사는 세도 정치기에 외척 세력의 권력 기반으로 변질되었고 흥선 대원군이 집권한 시기에 혁파되었다.

오답 해설

① **수도의 행정과 치안 담당 → 한성부**
한성부는 수도의 행정과 치안을 담당하였으며 토지 및 가옥 소송도 관여하였다.

③ **국왕 직속 사법 기구 → 의금부**
의금부는 국왕 직속의 사법 기구로 반역죄, 강상죄 등을 범한 중죄인을 다스렸다.

④ **서경권 행사 → 대간(사헌부, 사간원)**
대간(사헌부, 사간원)의 관리들은 5품 이하의 관원에 대한 서경권을 행사하였다. 인사 이동이나 법률 제정 등에서 대간의 서명을 받는 제도

⑤ **수장 : 도승지 → 승정원**
승정원은 왕명의 출납을 관장하는 왕의 비서 기관 역할을 하였으며, 도승지를 수장으로 좌승지, 우승지 등의 관직을 두었다.

핵심노트 ▶ 비변사의 기능 변화

- 설치 : 3포 왜란(중종 5, 1510)을 계기로 여진족과 왜구에 대비하기 위하여 설치
- 상설 : 을묘왜변(명종 10, 1555)을 계기로 상설 기구화 되어 군사 문제를 처리
- 강화 : 임진왜란을 계기로 기능 및 구성원이 확대
- 변질 : 19세기 세도 가문의 권력 유지 기반으로서 세도 정치의 중심 기구로 작용
- 폐지 : 1865년 흥선 대원군의 개혁 정책으로 비변사는 폐지되고, 일반 정무는 의정부가, 국방 문제는 삼군부가 담당

21 을사사화

암기박사 왕실 외척 간의 권력 다툼 ⇒ 을사사화 **정답** ③

정답 해설

명종을 옹립한 소윤파 윤원로·윤원형 형제가 인종의 외척 세력인 대윤파 윤임 등을 제거하면서 왕실 외척 간의 권력 다툼인 을사사화가 발생했다.

오답 해설

① **김종직 : 조의제문 → 무오사화**
연산군 때 김종직이 지은 조의제문을 김일손이 사초에 포함시킨 일이 발단이 되어 무오사화가 일어났다. 항우에게 왕위를 빼앗기고 죽은 초나라 의제를 기리는 내용을 통해 단종에게서 왕위를 빼앗은 세조를 비난한 글

② **폐비 윤씨 사사 사건 → 갑자사화**
조선 연산군 때 친모인 폐비 윤씨 사사 사건을 빌미로 김굉필 등이 처형되는 갑자사화가 일어났다.

④ **진성 대군 즉위 → 중종반정**
두 차례의 사화와 폭정으로 중종반정이 일어나 연산군이 폐위되고 진성 대군이 왕위에 올랐다.

⑤ **조광조 : 위훈 삭제 → 기묘사화**
조선 중종 때 조광조가 반정 공신의 위훈 삭제를 주장하였으나 훈구 세력이 주초위왕의 모략을 꾸며 조광조 일파를 제거하는 기묘사화가 발생하였다.

22 병자호란

암기박사 이괄의 난 ⇒ 병자호란 ⇒ 청의 볼모 소현 세자 **정답** ⑤

정답 해설

- (가) **이괄의 난(1624)** : 인조반정 후 공신 책봉에 불만은 품은 이괄이 난을 일으켜 한양이 점령되자 인조는 공주의 공산성으로 피란하였다.
- **병자호란(1636)** : 병자호란 때 청의 군신 관계 요구에 김상헌 등의 주전론자들이 남한산성에서 화의에 반대하여 항전을 주장하였다.
- (나) **청의 볼모 소현 세자(1637)** : 병자호란 후 인조는 결국 삼전도에서 굴욕적인 강화를 맺었고 소현 세자와 봉림 대군 등이 청에 볼모로 끌려갔다.

오답 해설

① 정문부 : 길주 의병 → 임진왜란
  임진왜란 때 전직 관료 출신인 정문부가 함경북도 길주에서 왜군에 맞서 의병을 이끌었다.
② 훈련도감 설치 → 임진왜란
  임진왜란 때 왜군의 조총에 대응하고 국방력을 강화하기 위해 삼수병으로 구성된 훈련도감이 설치되었다.
③ 폐모살제 사건 → 계축옥사
  조선 광해군 때 대북파가 영창대군을 왕으로 옹립하려는 반란을 꾀했다는 구실로 반대파 세력이 제거되는 계축옥사가 일어나 영창대군이 사사되고 인목대비가 유폐되었다.
④ 이덕형 : 청원사 파견 → 임진왜란 ← 폐모살제
  임진왜란 때 이덕형이 구원병 요청을 위해 명에 청원사로 파견되었다.

23 신해통공

암기박사 정조 : 신해통공 ⇒ 금난전권 폐지

정답 ③

정답 해설

조선 정조 때 시전 상인의 특권을 축소하는 신해통공이 단행되어 육의전을 제외한 시전 상인의 금난전권이 폐지되었다.

오답 해설

① 세종 : 계해약조 → 삼포 개항
  조선 세종 때 일본과 제한된 범위의 무역을 허용한 계해약조를 체결하고 부산포, 제포, 염포의 삼포를 개항하였다.
② 세조 : 오가작통법 → 행정 구역 체계
  조선 세조 때 다섯 집을 1통으로 하여 통주를 두고 호구를 밝히는 동시에 범죄자의 색출과 조세 징수, 부역 동원 등을 목적으로 만들어진 행정 구역 체계이다.
④ 영조 : 균역법 → 결작 부과
  조선 영조 때 균역법의 시행으로 재정을 보충하기 위해 토지 소유자에게 결작이 부과되었다.
⑤ 세종 : 연분 9등법 → 풍흉에 따른 차등 부과
  조선 세종 때 풍흉에 따라 전세를 9등급으로 차등 부과하는 연분 9등법을 시행하여 전세를 거두었다.

24 조선 숙종 재위 시기의 사실

암기박사 환국 정치 ⇒ 조선 숙종

정답 ④

정답 해설

조선 숙종은 청의 요구로 조선과 청의 경계를 정한 백두산정계비를 세워, 동쪽으로 토문강과 서쪽으로 압록강을 경계로 삼았다. 조선 숙종 때 경신환국 등 여러 차례 환국이 발생하여 정치 세력을 급격하게 전환시키는 환국 정치를 주도하였다.

오답 해설

① 동학 교조 : 최제우 처형 → 철종
  조선 철종 때 동학을 창시한 교조 최제우가 사술로 백성들을 현혹시킨다고 하여 혹세무민의 죄로 처형당했다.
② 변급, 신류 : 나선 정벌 → 효종
  조선 효종 때 러시아의 남하로 청과 러시아 간 국경 충돌이 발생하자 청의 원병 요청으로 변급, 신류가 조총 부대를 이끌고 나선 정벌에 참여하였다.
③ 장용영 : 국왕 친위 부대 → 정조
  조선 정조 때 왕권 강화를 위해 국왕의 친위 부대인 장용영을 설치하고 한양에는 내영, 수원 화성에는 외영을 두었다.
⑤ 정여립 모반 사건 : 기축옥사 → 선조
  조선 선조 때 정여립 모반 사건을 빌미로 동인에 대한 기축옥사가 발생하였다.

25 추사 김정희

암기박사 북한산비 : 진흥왕 순수비 고증 ⇒ 김정희

정답 ②

정답 해설

세한도는 추사 김정희가 제주도에서 유배 생활을 할 때 제자 이상적에게 그려준 그림이다. 김정희는 금석과안록에서 북한산비가 진흥왕 순수비임을 고증하였다.

오답 해설

① 기대승 : 사단 칠정 논쟁 → 이황
  퇴계 이황은 기대승과의 7년여에 걸친 사단 칠정 논쟁을 전개하여 성리학의 이해를 심화하였다.
③ 양명학 : 강화학파 → 정제두
  정제두는 성리학을 비판하고 지행합일의 실천성을 강조하는 양명학을 연구하여 강화학파를 형성하였다.
④ 시헌력 : 서양 천문학 → 김육
  조선 인조 때 김육은 서양 천문학의 영향을 받아 청에서 만들어진 시헌력을 도입하자고 건의하였다.
⑤ 열하일기 : 수레와 선박 사용 강조 → 박지원
  조선 후기의 실학자 연암 박지원은 연행사를 따라 청에 다녀온 후 열하일기를 저술하고 수레와 선박의 필요성을 강조하였다

26 조선 후기의 사회 모습

정답 ②

암기박사 염포 왜관 : 일본과 교역 ⇒ 조선 전기

정답 해설

조선 후기 순조 때 노비안을 소각하여 각 궁방과 중앙 관서의 공노비 6만 명을 양민으로 해방시켰다. 한편, 염포 왜관에서 일본과 교역을 한 것은 조선 전기 세종 때의 일로, 일본과 제한된 범위의 무역을 허용한 계해약조를 체결하고 부산포, 제포, 염포의 삼포를 개항하였다.

오답 해설

① 상품 작물 : 담배, 인삼 → 조선 후기
    조선 후기에는 담배, 인삼 등 시장에서 매매하기 위한 상품 작물의 재배가 활발해졌다.
③ 세책가 : 춘향전 대여 → 조선 후기
    조선 후기에는 춘향전 등 한글 소설이 유행하였고 소설책을 빌려주는 세책가가 성행하였다.
④ 공인 : 관청에 물품 납품 → 조선 후기
    조선 후기에는 대동법의 시행으로 관청에 필요한 물품을 납품하는 공인이 등장하였다. (관허 상인)
⑤ 송파장 : 산대놀이 → 조선 후기
    조선 후기에는 송파장에서 가면극인 산대놀이 공연이 성행하는 등 서민 문학이 절정을 이루었다.

27 세도 정치기의 사실

정답 ⑤

암기박사 삼정이정청 설치 ⇒ 세도 정치기

정답 해설

안동 김씨 등 외척 세력이 세 왕에 걸쳐 60여 년 동안 권력을 잡은 시기는 세도 정치기이다. 이 시기에 임술 농민 봉기가 발발하자 삼정의 문란을 해결하기 위해 안핵사 박규수의 건의로 삼정이정청이 설치되었다.

오답 해설

① 어영청 : 북벌 추진 → 효종
    조선 효종은 총포병과 기병 위주로 기능을 강화한 어영청을 중심으로 국방력을 강화하고 북벌을 추진하였다.
② 신해박해 : 윤지충 처형 → 정조
    조선 정조 때 신주를 불태우고 모친상을 천주교식으로 지낸 진산의 양반 윤지충 등을 처형하는 신해박해가 일어났다.
③ 이필제의 난 → 고종
    조선 고종 때 향반인 이필제가 동학에 입도한 후 동학의 조직망을 이용해 영해 지역을 중심으로 난을 일으켰다.
④ 경복궁 중건 : 당백전 발행 → 흥선 대원군
    흥선 대원군은 경복궁 중건에 필요한 재원 마련을 위해 당백전을 발행하였다.

28 신미양요 이후의 사건

정답 ③

암기박사 신미양요(1871) ⇒ 척화비 건립

정답 해설

미국이 제너럴셔먼호 사건을 구실로 강화도를 공격하여 신미양요가 발발하자 어재연 부대가 광성보에서 항전하였다. 신미양요의 결과 흥선 대원군은 척화교서를 내리고 종로를 비롯한 전국 각지에 척화비를 건립하였다.

오답 해설

① 병인양요(1866) → 신미양요 이전
    병인양요 때 프랑스의 강화도 공격으로 의궤를 비롯한 외규장각 도서가 약탈당하였다.
② 홍경래의 난(1811) → 신미양요 이전
    조선 순조 때 서북민에 대한 차별에 반발하여 홍경래 등이 난을 일으켜 정주성을 점령하였다. (평안도민)
④ 제너럴 셔먼호 사건(1866) → 신미양요 이전
    대동강에 침입하여 통상을 요구하며 행패를 부리던 미국 상선 제너럴 셔먼호를 박규수와 평양 관민들이 불태웠다.
⑤ 황사영 백서 사건(1801) → 신미양요 이전
    조선 순조 때 천주교에 대한 탄압으로 신유박해가 일어나자 황사영이 외국 군대의 출병을 요청하는 백서를 작성하였다.

29 조·청 상민 수륙 무역 장정

정답 ④

암기박사 조·일 수호 조규 부록(1876) ⇒ 조·청 상민 수륙 무역 장정(1882) ⇒ 조·영 수호 통상 조약(1883)

정답 해설

(가) 조·일 수호 조규 부록(1876) : 조·일 수호 조규(강화도 조약)의 후속 조치로 체결된 부속 조약으로, 개항장에서의 일본인 거류지가 10리로 설정되었고 일본 화폐의 유통이 허용되었다.
• 조·청 상민 수륙 무역 장정(1882) : 조선과 청이 양국 상인의 통상에 대해 맺은 조약으로, 외국 상인의 내지 통상권을 최초로 규정하였다.
(나) 조·영 수호 통상 조약(1883) : 조선과 영국 사이에 체결된 통상 조약으로, 영국 인민이 여행증명서 없이 100리까지 상업 활동이 가능한 내지 통상과 치외 법권, 최혜국 대우 등의 조항이 포함되어 있다.

오답 해설

① 거문도 사건(1885) → (나) 이후
    갑신정변 이후 조·러 수호 통상 조약이 체결되자 영국군이 러시아를 견제하기 위해 거문도를 불법으로 점령하였다.
② 오페르트 도굴 사건(1868) → (가) 이전
    독일 상인 오페르트가 통상을 거부당하자 충청남도 덕산에 있는 남연군 묘 도굴을 시도하였다. (흥선 대원군의 아버지) (조약에 의해 다른 나라로부터 유상 또는 무상으로 영토를 빌림)
③ 절영도 조차 요구(1897) → (나) 이후 (지금의 부산 영도)
    러시아가 저탄소 설치를 위해 부산 절영도의 조차를 요구하자 독립 협회는 만민 공동회를 개최하여 러시아의 요구를 저지하였다.

⑤ 톈진 조약 체결(1885) → (나) 이후

청의 무력 개입으로 3일 만에 실패한 갑신정변의 영향으로 청과 일본 사이에 톈진 조약이 체결되었다.

30 한국의 무형문화유산

암기박사 처용 설화 바탕 ⇒ 처용무 　　**정답** ①

정답 해설

궁중 무용 중 유일하게 사람 형상의 가면을 쓰고 추는 춤은 처용무이다. 처용무는 처용 설화를 바탕으로 하며, 처용 가면의 팥죽색은 악귀를 물리치는 벽사의 의미를 담고 있다.

오답 해설

② 종묘 제향 의식 → 종묘제례악

종묘제례악은 조선시대 역대 왕과 왕비의 신위를 모신 사당(종묘)에서 제사(종묘제례)를 지낼 때 무용과 노래와 악기를 사용하여 연주하는 음악을 가리킨다.

③ 부처의 영취산 설법 재현 → 영산재

영산재는 영혼이 불교를 믿고 의지함으로써 극락왕생하게 하는 49재의 한 형태로, 부처의 영취산 설법 모습을 재현한다는 데 상징적인 의미가 있다.

④ 창, 아니리, 너름새로 구성 → 판소리

판소리는 한 명의 소리꾼이 고수(북치는 사람)의 장단에 맞추어 창(소리), 말(아니리), 몸짓(너름새)을 섞어가며 긴 이야기를 엮어 가는 것을 말한다.

⑤ 양반, 파계승 풍자 → 한국의 탈춤

탈춤은 춤, 노래, 연극을 아우르는 종합예술로 양반, 파계승 등을 풍자하는 내용이 담겨 있다. 한국의 탈춤에는 봉산 탈춤, 송파 산대놀이, 하회 별신굿 탈놀이 등이 있다.

핵심노트 ▶

연도	한국의 인류 무형 문화유산
2001년	종묘제례 및 종묘제례악
2003년	판소리
2005년	강릉단오제
2009년	강강술래, 남사당놀이, 영산재, 제주칠머리당 영등굿, 처용무
2010년	가곡, 대목장, 매사냥
2011년	줄타기, 택견, 한산모시짜기
2012년	아리랑
2013년	김장문화
2014년	농악
2015년	줄다리기
2016년	제주해녀문화
2018년	씨름
2020년	연등회
2022년	한국의 탈춤
2024년	한국의 장 담그기 문화

31 을미개혁

암기박사 군제 개편 : 친위대 & 진위대 설치 ⇒ 을미개혁 　　**정답** ③

정답 해설

을미사변 후 김홍집 친일 내각이 을미개혁을 추진하고 태양력 시행과 건양이라는 연호를 제정하였다. 을미개혁 당시 군제를 개편하여 경군인 친위대 2개 연대와 지방군인 진위대 6개 연대를 설치하였다.

오답 해설

① 양전 사업 : 지계 발급 → 광무개혁

대한 제국은 광무개혁 때 근대적 토지 소유제도의 마련을 위해 양전 사업을 실시하고 지계를 발급하였다. (근대적 토지증서)

② 8도에서 23부로 개편 → 제2차 갑오개혁

고종은 제2차 갑오개혁 때 홍범 14조를 반포하고 지방 행정 구역을 8도에서 23부로 개편하였다.

④ 공사 노비법 폐지 → 제1차 갑오개혁

제1차 갑오개혁 때 전통적 폐습을 타파하여 공사 노비법을 혁파하고 과부의 재가를 허용하였다.

⑤ 교육 입국 조서 반포 → 제2차 갑오개혁

제2차 갑오개혁 때 교육의 기본 방향을 제시한 교육 입국 조서를 반포하고 교원 양성을 위한 한성 사범 학교를 설립하였다.

32 통리기무아문의 추진 정책

암기박사 별기군 창설(1881) ⇒ 통리기무아문 　　**정답** ①

정답 해설

강화도 조약 체결 이후 국내외 정세에 대응하고 개화 정책을 총괄하기 위한 기구로 통리기무아문이 설치되었다. 통리기무아문은 군제를 개편하여 5군영을 2영으로 통합하고 별기군을 창설하였다.

오답 해설

② 원수부 설치(1899) → 대한 제국

대한 제국의 광무개혁 때 고종 황제는 군 통수권 장악을 위해 황제 직속의 원수부를 설치하였다.

③ 대전통편 편찬(1785) → 조선 정조

조선 정조 때 통치 체제를 정비하기 위해 경국대전을 원전으로 한 대전통편이 편찬되었다.

④ 신문지법 공포(1907) → 대한 제국

대한 제국 때 이완용 내각이 우리나라의 신문을 탄압하고 통제하기 위해 신문지법을 공포하였다.

⑤ 서당 규칙 제정(1918) → 일제 강점기

일제 강점기 조선 총독부에서 서당 교육을 통제하고 서당에 의한 민족 교육을 근본적으로 억압하기 위해 서당 규칙을 제정하였다.

33 대한매일신보

암기박사 대한매일신보 지원 ⇒ 국채 보상 운동 　　**정답** ④

정답 해설

영국인 배설(베델)과 박은식 및 양기탁이 발간에 참여한 신문은 대한매일신보이다. 대한매일신보는 정부의 외채를 국민의 힘으로 상환하여 국권을 회복하자는 국채 보상 운동을 지원하였다.

오답 해설

① 박문국 발행 → 한성순보
우리나라 최초의 근대 신문인 한성순보가 박문국에서 납으로 만든 활자를 사용해 발행되었다.

② 브나로드 운동 → 동아일보사
동아일보사에서 문맹 퇴치를 목적으로 '배우자 가르치자 다 함께 브나로드' 등의 구호를 내세우며 농촌 계몽을 위한 브나로드(Vnarod) 운동을 주도하였다. *러시아어로 '민중 속으로'라는 의미*

③ 여권통문 게재 → 황성신문
황성신문은 서울 북촌의 양반 여성들이 주축이 되어 여성의 평등한 권리를 주장한 여권통문을 처음 게재하였다.

⑤ 순한글판 최초 신문 → 독립신문
서재필이 발행한 독립협회의 기관지인 독립신문은 순한글판으로 발행된 최초의 신문이었다.

34 독립 협회의 활동

암기박사 중추원 개편 : 의회 설립 추진 ⇒ 독립 협회 **정답** ③

정답 해설

자주 독립의 상징인 독립문을 건립한 단체는 독립 협회이다. 서재필을 중심으로 창립된 독립 협회는 중추원 개편을 통한 의회 설립을 추진하였다.

오답 해설

① 고종 강제 퇴위 반대 운동 → 대한 자강회 *정미7조약*
일제가 고종을 강제 퇴위시키고 순종을 즉위시킨 후 한·일 신협약을 체결하자 대한 자강회는 고종의 강제 퇴위 반대 운동을 전개하였다.

② 일본의 황무지 개간권 요구 저지 → 보안회
보안회는 일본의 황무지 개간권 요구에 대한 지속적인 반대 운동을 벌여 일본의 황무지 개간권 요구를 저지시켰다.

④ 대성 학교 설립 → 신민회
안창호와 양기탁이 중심이 되어 조직한 비밀 결사 단체인 신민회는 평양에 대성 학교를 설립하여 민족 교육을 실시하였다.

⑤ 독립 공채 발행 → 대한민국 임시 정부
대한민국 임시 정부는 독립운동 자금 마련을 위해 국외 거주 동포들에게 독립 공채를 발행하였다.

35 화폐 정리 사업

암기박사 제1차 한·일 협약 ⇒ 메가타 : 화폐 정리 사업 **정답** ⑤

정답 해설

제1차 한·일 협약에 따라 재정 고문으로 메가타가 임명된 후 조선의 상평통보나 백동화를 일본 제일 은행에서 만든 새 화폐로 교환하는 화폐 정리 사업이 실시되었다.

오답 해설

① 군국기무처 창설 → 제1차 갑오개혁
제1차 갑오개혁 때 근대적 개혁 추진을 위해 초정부적 정책 의결 기구인 군국기무처가 창설되었다.

② 당오전 발행 → 전환국
조선 정부에서 재정난을 타개하기 위해 적극적인 통화 개혁의 일환으로 전환국에서 발행하였다.

③ 시모노세키 조약 → 삼국 간섭
일본이 청·일 전쟁에서 승리한 후 체결한 시모노세키 조약에 따라 청으로부터 요동반도를 할양받았으나, 이를 견제하고자 러시아, 프랑스, 독일의 삼국 간섭으로 일본은 요동반도를 반환하였다.

④ 대한 광복회 → 친일파 처단
박상진은 대구에서 광복단과 조선 국권 회복단의 일부 인사를 통합하여 대한 광복회를 조직하고 친일파를 처단하였다.

36 연해주의 민족 운동

암기박사 권업회 조직 : 권업신문 발간 ⇒ 연해주 **정답** ①

정답 해설

소련 공산당 서기장 스탈린이 연해주의 한인을 우즈베키스탄, 카자흐스탄 등의 중앙아시아로 강제 이주시켰다. 연해주에서는 자치 조직인 권업회가 설립되어 기관지인 권업신문이 발간되고 학교, 도서관 등이 건립되었다.

오답 해설

② 경학사 설립 → 서간도
신민회는 서간도의 삼원보에 한인 자치 기구인 경학사를 설립하였다.

③ 2·8 독립 선언서 발표 → 도쿄
미국 대통령 윌슨이 제창한 민족 자결주의의 영향을 받아 일본 도쿄 유학생들이 조선 청년 독립단을 결성하고 2·8 독립 선언서를 발표하였다.

④ 대조선 국민 군단 결성 → 하와이
박용만의 주도로 하와이에서 대조선 국민군단이 결성되어 군사 훈련을 실시하고 독립군 사관을 양성하였다.

⑤ 서전서숙, 명동학교 설립 → 북간도
이상설 등은 북간도에 최초의 신문학 민족 교육기관인 서전서숙과 명동 학교를 설립하여 민족 교육을 실시하였다.

37 안중근의 활동

암기박사 이토 히로부미 사살 ⇒ 안중근 **정답** ②

정답 해설

뤼순 감옥에서 동양 평화론을 집필한 인물은 안중근이다. 안중근 의사는 하얼빈 역에서 일제의 침략 원흉인 이토 히로부미를 사살하고, 이듬해에 뤼순 감옥에서 순국하였다.

오답 해설

① 이완용 습격 → 이재명
이재명은 명동 성당 앞에서 국권 피탈에 앞장섰던 친일파 이완용을 습격하여 중상을 입혔다.

③ 일본 육군 대장 저격 → 조명하
조명하는 대만의 타이중에서 육군 특별 검열사로 파견된 일본 육군 대장 구니노미야를 저격하였다.

④ 스티븐스 처단 → 장인환, 전명운
장인환과 전명운은 대한제국의 외교 고문이었던 친일 인사 D.W.스티븐스를 미국 샌프란시스코에서 처단하였다.

⑤ 사이토 총독에 폭탄 투척 → 강우규
강우규는 서울역에서 제3대 총독으로 부임하는 사이토 총독의 마차에 폭탄을 투척하였으나 뜻을 이루지 못하고 체포되었다.

38 무단 통치기의 사회 모습

암기박사 조선 물산 공진회(1915) ⇒ 무단 통치기

정답 ⑤

정답 해설

일제가 조선 태형령을 시행한 시기는 1910년대의 무단 통치기이다. 조선 총독부는 무단 통치기 때 전국 박람회인 조선 물산 공진회를 경복궁에서 최초로 개최하였다.

오답 해설

① 육영 공원(1886) → 무단 통치기 이전
육영 공원은 정부가 보빙사 민영익의 건의로 설립한 최초의 근대식 관립 학교로 헐버트, 길모어 등의 외국인 교사를 초빙하였다.

② 애국반 조직(1938) → 민족 말살 통치기
일제는 민족 말살 통치기에 전시체제 하에서 조선인의 일상 생활을 감시·통제하기 위해 애국반을 조직하였다.

③ 조선 형평사 창립(1923) → 문화 통치기
문화 통치기에 이학찬을 중심으로 진주에서 조선 형평사가 창립되어 백정에 대한 사회적 차별 철폐를 목적으로 형평 운동을 전개하였다.

④ 아리랑 개봉(1926) → 문화 통치기
문화 통치기에 나운규가 제작한 영화 아리랑이 단성사에서 처음 개봉되었다.

39 조선 물산 장려회

암기박사 회사령 폐지(1920) ⇒ 조선 물산 장려회 창립(1920) ⇒ 농촌 진흥 운동(1932)

정답 ②

정답 해설

(가) 회사령 폐지(1920) : 일제는 일본 대기업의 조선 진출을 용이하게 하기 위해 회사령을 폐지하고 회사 설립을 허가제에서 신고제로 변경하였다.

• 조선 물산 장려회 창립(1920) : 회사령의 폐지로 일본 대기업의 조선 진출이 용이해지자 민족 기업을 지원하고 민족 산업을 육성함으로써 민족 경제의 자립을 달성하고자 조만식 등이 중심이 되어 평양에서 조선 물산 장려회가 창립되었다.

(나) 농촌 진흥 운동(1932) : 조선 총독부는 조선 농민을 회유·단속하기 위해 조선 농촌의 자력갱생을 도모한다는 명분으로 농촌 진흥 운동을 전개하였다..

오답 해설

① 방곡령 선포(1889) → (가) 이전
조선 양곡의 무제한 유출을 허용한 조·일 통상 장정으로 일본으로의 지나친 곡물 반출을 막기 위해 함경도 관찰사 조병식이 방곡령을 선포하였다.

③ 상권 수호 운동(1898) → (가) 이전
서울의 시전 상인들이 아관파천 이후 열강의 이권 침탈에 대응하기 위해 황국 중앙 총상회를 조직하고 상권 수호 운동을 전개하였다.

④ 농지 개혁법 제정(1949) → (나) 이후
이승만 정부 때에 소작제를 철폐하고 자영농을 육성하고자 유상 매수, 유상 분배 원칙의 농지 개혁법이 제정되었다.

⑤ 국가 총동원법 제정(1938) → (나) 이후
일제는 민족 말살 통치기에 국가 총동원법을 제정하여 인력과 물자를 강제 동원하였다.

40 민립 대학 설립 운동

암기박사 민립 대학 설립 운동(1922) ⇒ 경성 제국 대학 설립(1924)

정답 ③

정답 해설

우리 손으로 대학을 설립하고자 이상재을 중심으로 조선 민립 대학 기성회가 결성되고 민립 대학 설립을 위한 모금 운동이 전개되었으나 일제가 경성 제국 대학을 설립하여 중단되었다. 그러므로 민립 대학 설립 운동은 경성 제국 대학 개교 이전의 사건이다.

핵심노트 ▶ 민립 대학 설립 운동

• 민족 역량 강화 위해 고등 교육의 필요성
• 총독부가 대학 설립 요구를 묵살하자 조선 교육회는 우리 손으로 대학을 설립하고자 조선 민립 대학 기성 준비회(이상재, 1922)를 결성
• 모금 운동 전개(1923) : 조선 민립 대학 기성회를 중심으로 모금 운동 전개
  → 한민족 1천만이 한 사람 1원씩
• 지역 유지들과 사회단체의 후원으로 순조롭게 진행되었으나 일제의 방해와 남부 지방의 가뭄과 수해로 모금이 어려워져 결국 좌절
• 일제는 1924년 경성 제국 대학을 설립을 통해 조선인의 불만 무마를 시도

41 원산 총파업 이후의 사실

암기박사 원산 총파업(1929) ⇒ 강주룡 : 을밀대 농성(1931)

정답 ②

정답 해설

라이징 선 석유 회사의 한국인 구타 사건을 계기로 1920년대 최대의 파업 투쟁인 원산 총파업이 시작되었다. 이후 노동자 강주룡이 평양 을밀대 지붕에서 임금 삭감에 저항하여 고공 농성을 벌였다.

오답 해설

① 동양 척식 주식회사 설립(1908) → 원산 총파업 이전
일제가 대한 제국의 토지와 자원을 수탈할 목적으로 동양 척식 주

식회사를 설립하였다.
③ 대한 천일 은행 창립(1899) → 원산 총파업 이전
일본의 금융 기관의 침투와 고리대금업에 대응하기 위해 황실의 지원을 받아 민족 은행인 대한 천일 은행이 창립되었다.
④ 조선 노농 총동맹 조직(1924) → 원산 총파업 이전
전국의 노동, 농민 단체가 연합하여 전국 단위의 조직인 조선 노농 총동맹이 조직되었다.
⑤ 암태도 소작 쟁의(1923) → 원산 총파업 이전
암태도 소작 쟁의는 전남 신안군 암태도의 소작농민들이 전개한 농민운동으로, 지주들의 고액 소작료에 반발하여 소작 쟁의가 발생하였다.

42 일제 강점기의 사회·문화

암기박사 여성용 작업복 : 몸뻬 착용 강요 ⇒ 민족 말살 통치기 **정답** ③

정답 해설

일제 강점기인 민족 말살 통치기에 중일 전쟁의 전시 통제 체제 속에서 여성의 노동력 착취를 위해 여성용 작업복인 '몸뻬'의 착용을 강요하였다. (1910~1945년)

오답 해설

① 광혜원 설립(1885) → 일제 강점기 이전
미국인 선교사 알렌(Allen)의 건의로 최초의 서양식 병원인 광혜원이 설립되었다. (후에 제중원으로 개칭)
② 우정총국 설치(1884) → 일제 강점기 이전
홍영식이 책임자로 임명되고 근대적 우편 사무를 관장하는 우정총국이 처음 설치되었다. (갑신정변이 일어난 곳)
④ 새마을 운동(1970) → 일제 강점기 이후
박정희 정부 때에 근면, 자조, 협동을 기치로 내세운 새마을 운동이 전개되었다.
⑤ 컬러텔레비전 방송(1980) → 일제 강점기 이후
전두환 정부 때에 컬러텔레비전 국내 시판 허용과 국내 컬러 방송 시작을 계기로 화려한 색으로 변신한 컬러텔레비전이 TV 방송의 새로운 장을 열었다.

43 한국 광복군의 독립 투쟁

암기박사 국내 진공 작전 추진 ⇒ 한국 광복군 **정답** ④

정답 해설

지청천을 총사령관으로 하는 한국 광복군은 영국군의 요청으로 인도·미얀마 전선에 파견되어 영국군과 연합 작전을 펼쳤다. 또한 한국 광복군은 미군과 연계하여 국내 진공 작전을 준비하였으나 일제의 패망으로 실현하지는 못했다.

오답 해설

① 자유시 참변 → 대한 독립군단
간도 참변으로 인해 자유시로 이동한 대한 독립 군단은 적색군의 무장 해제 요구에 저항하다 공격을 받아 세력이 약화되었다.

② 영릉가 전투 → 조선 혁명군
양세봉의 조선 혁명군은 중국 의용군과 연합하여 영릉가 전투에서 일본군에게 승리를 거두었다.
③ 봉오동 전투 → 대한 독립군
홍범도의 대한 독립군은 대한 국민회군과 연합하여 봉오동에서 간도 지역을 기습한 일본군을 상대로 승리하였다.
⑤ 쌍성보 전투 → 한국 독립군
지청천의 한국 독립군은 쌍성보 전투에서 한중 연합 작전을 전개하여 일본군에게 크게 승리하였다.

44 민족 말살 통치기의 사회 모습

암기박사 원각사 : 은세계 공연(1908) ⇒ 무단 통치기 **정답** ③

정답 해설

일제가 중일 전쟁을 일으켜 침략을 확대하고, 조선인에게 창씨개명을 강요하던 시기는 민족 말살 통치기이다. 한편, 무단 통치기에 이인직이 설립한 최초의 서양식 극장인 원각사에서 은세계 등의 신극이 공연되었다.

오답 해설

① 국방헌금 모금 강요 → 민족 말살 통치기
일제는 민족 말살 통치기에 전쟁 물자를 동원하기 위한 자금으로 국방헌금과 일본군 위문금 모금을 강요하였다.
② 황국 신민 서사 암송 → 민족 말살 통치기
일제는 민족 말살 통치기에 천황에게 충성을 맹세하는 황국 신민 서사의 암송을 강요하였다.
④ 내선일체 강조 → 민족 말살 통치기
일제는 민족 말살 통치기에 일본과 조선은 한 몸이라는 뜻으로 내선일체를 강조하며 한국인을 일본인으로 동화시키고자 하였다.
⑤ 국민 징용령 → 민족 말살 통치기
일제는 민족 말살 통치기에 조선인 근로자의 노동력을 착취하기 위해 국민 징용령을 제정하였다.

45 공주 지역의 역사

암기박사 송산리 고분군 : 백제 무령왕릉 ⇒ 공주 **정답** ②

정답 해설

남한 최초로 발견된 구석기 유적은 공주 석장리 유적이며, 백제가 수도로 천도한 곳도 공주(웅진)이다. 또한 동학 농민군이 관군과 일본군에 맞서 전투한 곳은 공주 우금치 전투이다. 백제 무령왕의 무덤이 발굴된 공주 송산리 고분군은 중국 남조의 영향을 받은 벽돌 무덤 양식으로, 무령왕이 중국 남조, 왜 등과 활발하게 교류하였음을 보여준다.

오답 해설

① 구석기 유적지 : 수양개 → 충북 단양
단양 수양개 유적은 대표적인 구석기 시대의 유적지로 구석기인들이 슴베찌르개, 주먹도끼 등의 다양한 석기를 제작하였음을 알 수 있다.

③ **정유재란 : 만인의총 → 전북 남원**
만인의총은 정유재란 때 남원성 전투에서 왜군과 결사 항전하다 순절한 민·관·군 1만여 의사들이 안치된 곳이다.

④ **고부민란 : 만석보 유지비 → 전북 정읍**
동학 농민 운동의 시발점인 고부 민란 당시 군수 조병갑의 수탈에 저항하여 전봉준이 농민들을 이끌고 만석보를 파괴하였다.

⑤ **아우내 : 3·1 만세 운동 독립 사적지 → 충남 천안**
천안시 동남구 병천면에 있는 아우내 장터에서 유관순 열사가 태극기를 나누어주며 독립 만세 운동을 전개하였다.

46 6·25 전쟁 중의 사실

정답 ⑤

암기박사 발췌 개헌(1952) ⇒ 6·25 전쟁 중

정답 해설

부산의 재한 유엔 기념 공원은 6·25 전쟁에 참전한 유엔군 전몰 장병을 추모하기 위한 공간이다. 이승만 정부와 자유당은 6·25 전쟁 중 부산에서 계엄령을 선포한 가운데 대통령 직선제와 양원제의 발췌 개헌안을 통과시켰다.

오답 해설

① **애치슨라인 발표(1950. 1) → 6·25 전쟁 이전**
미국의 극동 방위선에서 한반도를 제외한 애치슨라인이 발표되어 북한의 남침 오판으로 인한 6·25 전쟁이 발발하였다.

② **한·일 기본 조약 체결(1965) → 6·25 전쟁 이후**
박정희 정부 때에 한국과 일본의 국교 정상화를 위해 김종필과 오히라 간의 한·일 회담 후 한·일 기본 조약이 체결되었다.

③ **국가 보위 비상 대책 위원회(1980) → 6·25 전쟁 이후**
유신 체제 붕괴 후 12·12 군사 반란을 일으킨 전두환의 신군부가 통치권을 확립하기 위해 국가 보위 비상 대책 위원회를 설치하였다.

④ **남북 협상 참석(1948) → 6·25 전쟁 이전**
김구, 김규식이 남한만의 단독 정부 수립과 분단을 막기 위해 평양에서 개최된 남북 협상에 참석하였다.

47 5·10 총선거

정답 ②

암기박사 제헌 국회의원 선출 ⇒ 5·10 총선거(1948)

정답 해설

유엔 한국 임시 위원단의 감시 하에 우리나라 최초로 실시된 총선거는 5·10 총선거이다. 5·10 총선거는 제헌 국회의원을 선출하기 위한 우리나라 최초의 보통 선거이다.

오답 해설

① **5·16 군사 정변 → 1961년**
4·19 혁명 후 장면 내각이 성립하였으나, 박정희를 중심으로 한 군부 세력이 5·16 군사 정변을 일으켜 권력을 장악하였다.

③ **통일 주체 국민 회의 → 1972년**
박정희 정부 때 제7차 개헌인 유신 헌법에 따라 통일 주체 국민 회의의 대의원이 대통령을 선출하였다.

④ **양원제 : 민의원+참의원 → 1960년**
4·19 혁명으로 이승만 대통령이 하야한 후 허정 과도 정부가 내각 책임제를 채택하면서 장면 내각이 출범하였고 국회가 민의원과 참의원의 양원제로 운영되었다.

⑤ **신한 민주당 창당 → 1985년**
전두환 독재 정권에 저항하기 위해 김대중과 김영삼이 이끈 신한 민주당이 창당 한 달 만에 제1 야당이 되었다.

48 노태우 정부 시기의 사실

정답 ②

암기박사 3당 합당 : 민주 자유당 창당 ⇒ 노태우 정부

정답 해설

제24회 서울 올림픽 대회가 개최된 것은 노태우 정부 때의 일이다. 노태우 정부 때에 민주 정의당(노태우), 통일 민주당(김영삼), 신민주 공화당(김종필)의 3당 합당으로 민주 자유당이 창당되었다(1990).

오답 해설

① **국민 교육 헌장 발표 → 박정희 정부**
박정희 정부 때에 국민의 윤리와 정신적인 기반을 확고히 하기 위하여 국민 교육 헌장이 발표되었다.

③ **하나회 해체 → 김영삼 정부**
김영삼 정부 때에 12·12 군사 반란과 5·17 쿠데타를 주도한 군 내부의 사조직인 하나회가 해체되었다.

④ **삼청 교육대 설치 → 전두환 정부**
전두환 정부 때 비상계엄이 발령된 직후 국가보위비상대책위원회가 사회 정화를 명분으로 전국 각지의 군부대 내에 삼청 교육대를 실시하였다.

⑤ **금 모으기 운동 → 김대중 정부**
김대중 정부 때에 IMF의 외환 위기 극복을 위한 금 모으기 운동이 전개되었다.

49 부·마 민주 항쟁의 결과

정답 ①

암기박사 부·마 민주 항쟁 ⇒ 유신 체제 붕괴

정답 해설

박정희 정부 때 신민당 당사에서 YH 무역 사건이 일어나 김영삼을 국회의원에서 제명하였다. 이로 인해 부산과 마산에서 유신 철폐와 독재 타도를 외치며 부·마 민주 항쟁이 발발하였고 유신 체제가 붕괴되는 배경이 되었다.

오답 해설

② **시민군 vs 계엄군 → 5·18 민주화 운동**
신군부의 계엄 확대와 무력 진압에 5·18 민주화 운동이 발발하였고, 시위 전개 과정에서 시민군이 조직되어 계엄군에 저항하였다.

③ **김주열 사망 → 4·19 혁명**
이승만 정부 때에 김주열이 3·15 부정 선거를 규탄하는 시위에 참가하였다가 최루탄을 맞고 사망한 채로 발견되어 4·19 혁명의 도화선이 되었다.

④ 6·29 민주화 선언 → 6월 민주 항쟁

박종철 고문치사와 전두환 정부의 4·13 호헌 조치 발표로 6월 민주 항쟁이 촉발되었고, 그 결과 노태우의 6·29 민주화 선언에 따라 5년 단임의 대통령 직선제 개헌이 이루어졌다.

⑤ 대통령 하야 및 망명 → 4·19 혁명

3·15 부정선거 규탄 시위에 대한 유혈 진압에 항거하여 4·19 혁명이 발발하였고, 결국 이승만 대통령이 하야하여 미국으로 망명하였다.

50 김대중 정부의 통일 노력

암기박사 6·15 남북 공동 선언 ⇒ 김대중 정부

정답 ③

정답 해설

햇볕 정책으로 인한 남북 정상 회담을 개최하여 노벨 평화상을 수상한 것은 김대중 정부 때의 일이다. 김대중 정부 때에 6·15 남북 공동 선언이 채택되어 1국가 2체제 통일 방안 수용, 이산가족 방문단의 교환, 협력과 교류의 활성화 등을 목표로 하였다.

오답 해설

① 남북 기본 합의서 → 노태우 정부

노태우 정부 때에 남북 사이의 화해와 불가침 및 교류·협력에 관한 남북 기본 합의서를 교환하였다.

② 7·4 남북 공동 성명 → 박정희 정부

박정희 정부 때에 7·4 남북 공동 성명을 발표하여 '자주, 평화, 민족 대단결'의 민족 통일 3대 원칙을 제시하였다.

④ 한반도 비핵화 공동 선언 → 노태우 정부

노태우 정부 때에 한반도에서 핵무기의 보유나 사용금지 등을 규정한 한반도 비핵화 공동 선언에 합의하였다.

⑤ 최초의 남북 이산가족 고향 방문 → 전두환 정부

전두환 정부 때에 최초의 이산가족 고향 방문이 성사되어 평양에서 이산가족 고향 방문과 예술 공연단 교환을 실현하였다.

2024년도 제70회 정답 및 해설

심화

01 청동기 시대의 생활 모습

암기박사 고인돌 축조 ⇒ 청동기 시대

정답 ③

정답 해설
비파형 동검은 사유 재산과 계급이 발생한 청동기 시대의 대표적인 유물이다. 청동기 시대에는 많은 인력을 동원하여 지배층의 무덤인 고인돌을 축조하였다.

오답 해설
① 철제 무기 : 정복 활동 → 철기 시대
  철기 시대에는 철제 무기를 사용하게 되면서 더 많은 식량을 차지하려고 정복 활동을 벌였다.
② 오수전, 화천 → 철기 시대
  오수전, 화천 등의 중국 화폐로 교역한 시기는 철기 시대이다. 오수전은 중국 한(漢) 무제 때 사용된 화폐로 창원 다호리 등에서 출토되었고, 화천은 중국 왕망대에 제조된 동전 중의 하나이다.
④ 동굴, 막집 → 구석기 시대
  구석기 시대에는 주로 동굴이나 강가의 막집에서 거주하면서 도구를 사용하여 사냥을 하거나 어로, 채집 생활을 하였다.
⑤ 가락바퀴, 뼈바늘 → 신석기 시대
  신석기 시대에는 가락바퀴를 이용하여 실을 뽑고 뼈바늘로 옷을 만들기 시작하였다.

02 동예의 풍속

암기박사 제천 행사 : 무천 ⇒ 동예

정답 ③

정답 해설
삼베·명주 등을 생산하고, 단궁·과하마·반어피 등의 특산물이 유명했던 나라는 동예이다. 동예는 10월에 무천이라는 제천 행사를 열어 하늘에 제사를 지내고 춤과 노래를 즐겼다.

오답 해설
① 지배자 : 신지, 읍차 → 삼한
  삼한에는 대군장인 신지와 소군장인 읍차라 불린 지배자가 있었다.
② 혼인 풍습 : 민며느리제 → 옥저
  옥저에는 혼인 풍습으로 장차 며느리로 삼기 위해 어린 소녀를 데려다 키운 뒤 아들과 혼인시켜 며느리로 삼는 민며느리제가 있었다.
④ 가(加) : 사출도 주관 → 부여
  부여는 왕 아래에 가축의 이름을 딴 여러 가(加)들이 별도로 사출도를 주관하였다. 〔행정 구역 → 마가·우가·저가·구가 등〕
⑤ 제가 회의 : 국가 중대사 결정 → 고구려
  고구려는 귀족 회의체인 제가 회의에서 나라의 중대사를 결정하였다.

03 장수왕의 남진 정책

암기박사 개로왕 전사 ⇒ 웅진 천도 ⇒ 나제 동맹 강화

정답 ②

정답 해설
고구려 장수왕의 공격으로 백제 한성이 함락되고 개로왕이 전사하자, 아들 문주왕이 웅진(지금의 공주)으로 수도를 옮겼다(475). 이후 고구려 장수왕의 남진 정책을 견제하기 위해 백제 동성왕이 신라 소지왕과 나제 동맹을 강화하였다(493).

오답 해설
① 장수왕 : 평양 천도(427) → 개로왕 전사 이전
  고구려 장수왕은 수도를 국내성에서 평양으로 옮기고 백제와 신라를 압박하는 남진 정책을 펼쳤다.
③ 근초고왕 : 고국원왕 전사(371) → 개로왕 전사 이전
  백제의 전성기를 이끈 근초고왕의 공격으로 고구려의 평양성이 함락되고 고국원왕이 전사하였다.
④ 개로왕 : 북위에 국서 파견(472) → 개로왕 전사 이전
  백제 개로왕은 고구려 장수왕의 남진 정책을 견제하고자 북위에 국서를 보내 고구려를 공격할 것을 요청하였다.
⑤ 내물왕 : 고구려에 군사 요청(400) → 개로왕 전사 이전
  내물왕이 신라에 침입한 왜를 격퇴하기 위해 고구려에 군사를 요청하자 광개토 대왕이 신라에 군사를 보내 낙동강 유역에서 왜를 물리쳤다.

04 고구려 소수림왕의 업적

암기박사 순도 : 불교 수용 ⇒ 소수림왕

정답 ①

정답 해설
고구려 제17대 왕으로 율령을 반포하고, 전진에 사신을 파견하였으며, 태학을 설립하여 인재를 양성한 왕은 소수림왕이다. 그는 중국 전진의 승려 순도를 통해 불교를 수용하였다.

오답 해설
② 낙랑군 축출 → 미천왕
  고구려 미천왕은 낙랑군을 축출하고 고조선의 옛 땅인 대동강 유역까지 영토를 확장하였다.
③ 연호 : 영락 → 광개토 대왕
  고구려 광개토 대왕은 영락이라는 독자적 연호를 사용하여 중국과 대등함을 과시하였다.
④ 을지문덕 : 살수대첩 → 영양왕
  고구려 영양왕 때 을지문덕 장군이 수나라 우중문의 30만 별동대를 살수로 유인하여 크게 물리쳤다.
⑤ 이문진 : 신집 편찬 → 영양왕
  고구려 영양왕 때 이문진이 국초의 유기를 간추려 신집 5권을 편찬하였다.

05 도교 문화

암기박사 연개소문 : 당에 도사 파견 요청 ⇒ 도교 문화

정답 ②

정답 해설
고구려의 사신도와 백제의 산수무늬 벽돌은 신선 사상을 기반으로 불로장생을 추구하는 도교와 관련된 문화유산이다. 연개소문은 귀족

세력을 견제하기 위해 불교를 탄압하고 도교를 장려하였으며, 도교를 진흥시키기 위해 당에 도사 파견을 요청하였다.

오답 해설

① 간경도감 : 경전 간행 → 불교
　조선 세조 때 불교를 장려하기 위해 궁중에 설치된 간경도감에서 불교 경전이 간행되었다.

③ 사서집주 : 과거 시험 교재 → 유교
　사서집주는 남송의 주희가 유교의 네 가지 기본 경전인 대학, 논어, 맹자, 중용을 주석한 책으로, 조선 시대에 과거 시험의 교재로 채택되었다.

④ 범일 : 사굴산문 개창 → 불교
　신라 하대에 불교 종파인 선종이 유행하면서 범일이 9산 선문 중 하나인 사굴산문을 개창하였다.

⑤ 임신서기석 : 유교 경전 학습 → 유교
　임신서기석은 신라의 두 화랑이 유교 경전의 학습과 인격 도야, 국가에 대한 충성 등을 맹세한 비문으로 주요 경전의 이름이 새겨져 있다.

06 원효의 사상

암기박사 무애가 : 불교 대중화 ⇒ 원효　　**정답** ③

정답 해설

금강삼매경론과 대승기신론소 등을 저술하고 일심 사상과 화쟁 사상을 주장한 승려는 원효이다. 원효는 몸소 아미타 신앙을 전개하고 무애가를 지어 불교 대중화에 기여하였다.

오답 해설

① 왕오천축국전 저술 → 혜초
　혜초는 인도와 중앙아시아 일대를 여행하고 이를 바탕으로 구법 순례기인 왕오천축국전을 남겼다.

② 황룡사 구층 목탑 건립 건의 → 자장
　신라 선덕여왕 때 자장의 건의로 황룡사 구층 목탑이 경주에 건립되었다.

④ 세속 5계 : 화랑도의 규범 → 원광
　원광은 화랑도의 규범으로 사군이충, 사친이효, 교우이신, 임전무퇴, 살생유택의 세속 5계를 제시하였다.

⑤ 화엄일승법계도 : 화엄 사상 정리 → 의상
　의상은 해동 화엄사의 시조로서 화엄일승법계도를 지어 화엄 사상을 정리하였다.

07 발해의 통치 체제

암기박사 지방 행정 제도 : 5경 15부 62주 ⇒ 발해　　**정답** ④

정답 해설

고구려의 옛 장수 대조영이 세운 나라는 발해이다. 발해는 선왕(대인수) 때 최대의 영토를 형성하고 중흥기를 이루어 해동성국이라 불렸으며, 5경 15부 62주의 지방 행정 제도를 마련하였다.

오답 해설

① 군사 조직 : 9서당 10정 → 통일 신라
　통일 신라의 신문왕은 중앙군으로 9서당, 지방군으로 10정의 군사 조직을 편성하였다.

② 정사암 : 국가 중대사 논의 → 백제
　백제는 귀족 회의체인 정사암 회의를 개최하여 재상을 선출하는 등 국가 중대사를 논의하였다.

③ 광평성 : 국정 총괄 → 후고구려
　후고구려의 궁예는 국정을 총괄하는 광평성을 비롯한 각종 정치 기구를 갖추었다.

⑤ 상수리 제도 : 지방 세력 견제 → 통일 신라
　통일 신라는 각 주 향리의 자제를 일정 기간 금성(경주)에서 볼모로 거주하게 하는 상수리 제도를 시행하여 지방 세력을 견제하였다.

08 최치원의 활동

암기박사 격황소서 저술 ⇒ 최치원　　**정답** ③

정답 해설

6두품 출신으로 당에 유학 후 귀국하여 진성 여왕에게 시무책 10여 조를 건의한 인물은 최치원이다. 최치원은 당에 있을 때 황소의 난이 일어나자 격황소서를 지어 문장가로서의 이름을 떨쳤다.

오답 해설

① 삼대목 편찬 → 위홍과 대구화상
　신라 진성여왕 때 각간 위홍과 대구화상이 향가 모음집인 삼대목을 편찬하였으나 전하지 않는다.

② 청방인문표 작성 → 강수
　6두품 출신의 강수는 외교 문서 작성에 능하여 당나라에 갇혀 있는 김인문을 석방해 줄 것을 요청하는 청방인문표를 작성하였다.

④ 해심밀경소 저술 → 원측
　원측은 당나라로 건너가 유식학의 대가로 명성을 떨쳤던 신라의 고승으로, 유식의 교의를 담은 해심밀경소를 저술하였다.

⑤ 화왕계 저술 → 설총
　설총은 신문왕에게 향락을 배격하고 경계하도록 국왕에게 조언하는 내용의 화왕계를 저술하였다.

09 신라 하대의 시작

암기박사 혜공왕 피살(780) ⇒ 원성왕 즉위(785)　　**정답** ④

정답 해설

혜공왕이 귀족 세력에게 피살되고 상대등 김양상이 선덕왕으로 즉위하면서 신라 하대가 시작되었고, 선덕왕의 사후 김주원 대신 김경신이 원성왕으로 즉위하였다.

10 후삼국 통일 과정

암기박사 견훤 귀순 ⇒ 경순왕 항복 ⇒ 일리천 전투　　**정답** ③

정답 해설

- **견훤 귀순(935)**: 왕위 계승 문제로 반란을 일으킨 신검이 견훤을 금산사에 유폐하였으나 견훤은 금산사에서 탈출하여 고려 왕건에게 귀순하였다. *(견훤의 장남)*
- **경순왕 항복(935)**: 신라의 마지막 왕인 경순왕 김부가 고려 태조에게 항복하고 경주의 사심관으로 임명되었다.
- **일리천 전투(936)**: 태조 왕건의 고려군이 일리천 전투에서 신검의 후백제군에게 승리하여 후백제는 멸망하였다.

오답 해설

① **안승 : 보덕국왕 책봉 → 674년**
고구려가 멸망한 뒤 신라 문무왕이 보장왕의 서자 안승을 금마저(익산)에서 보덕국왕으로 책봉하였다.

② **궁예 : 국호 태봉 변경 → 911년**
후고구려의 궁예는 국호를 마진으로 고치고 철원으로 천도한 후 다시 국호를 태봉으로 바꾸었다.

④ **윤충 : 대야성 함락 → 642년**
백제의 의자왕은 윤충을 보내 신라를 공격하고 대야성을 비롯한 40여 개의 성을 함락하였다.

⑤ **흑치상지 : 임존성 부흥군 → 660년**
흑치상지가 임존성에서 군사를 일으켜 소정방이 이끄는 당군을 격퇴하고 백제 부흥 운동을 전개하였다.

11 고려의 경제 상황

암기박사 경시서 : 시전 감독 ⇒ 고려   **정답** ④

정답 해설

다인철소와 같은 특수 행정 구역인 소가 존재하였던 시기는 고려 시대이다. 소의 주민들은 일반 군현민에 비해 차별을 받았고, 고려 무신 집권기 때에는 가혹한 수탈에 맞서 공주 명학소에서 망이·망소이가 봉기하기도 하였다. 고려 시대에는 경시서의 관리들이 물가를 조절하고 상품 종류를 통제하는 등 시전의 상행위를 감독하였다.

오답 해설

① **솔빈부의 특산물 : 말 → 발해**
솔빈부는 발해의 지방 행정 구역인 15부 중의 하나로, 그 지역의 특산물인 말이 주요 수출품으로 유명하였다.

② **풍흉에 따라 9등급 부과 → 조선 전기**
조선 전기 세종 때 풍흉에 따라 전세를 9등급으로 차등 부과하는 연분 9등법을 시행하여 전세를 거두었다.

③ **감자, 고구마 재배 → 조선 후기**
조선 후기에는 일본에서 들여 온 고구마와 청에서 들여 온 감자 등의 구황 작물이 널리 재배되었다.

⑤ **설점수세제 : 민간 광산 개발 허용 → 조선 후기**
조선 후기에는 설점수세제를 시행하여 민간의 광산 개발을 허용하였고, 정부에서는 별장을 파견하여 수세를 독점하였다.

12 고려 승려들의 활동

암기박사 권수정혜결사문 : 정혜쌍수 ⇒ 보조국사 지눌   **정답** ③

정답 해설

조계종을 창시한 보조국사 지눌은 수선사 결사 운동을 주도하였고, 권수정혜결사문을 작성하여 정혜쌍수를 강조하였다. *(선정과 지혜를 같이 닦아야 한다는 것)*

오답 해설

① **백련 결사 제창 → 요세**
원묘국사 요세는 강진 만덕사(백련사)에서 법화 신앙에 중점을 둔 백련 결사를 제창하고 불교 정화 운동을 전개하였다.

② **유불 일치설 주장 → 혜심**
진각국사 혜심은 심성의 도야를 강조한 유불 일치설을 주장하였다.

④ **교관겸수 제시 → 의천**
대각국사 의천은 불교 교단을 통합하기 위해 해동 천태종을 개창하고, 이론과 수행을 함께 강조하는 교관겸수를 제시하였다.

⑤ **보현십원가 저술 → 균여**
균여는 11수의 향가인 보현십원가를 지어 불교 교리를 대중에게 전파하였다.

13 고려 숙종의 업적

암기박사 별무반 창설 : 여진 정벌 ⇒ 고려 숙종   **정답** ①

정답 해설

남경에 궁궐을 짓고 주진도감에서 해동통보를 발행한 왕은 고려 숙종이다. 고려 숙종 때 윤관은 여진족을 정벌하기 위해 신기군, 신보군, 항마군으로 구성된 별무반을 창설하였다.

오답 해설

② **12목 설치 : 지방관 파견 → 고려 성종**
고려 성종은 최승로의 시무 28조에 따라 전국에 12목을 설치하고 지방관을 파견하였다.

③ **연호 : 광덕, 준풍 → 고려 광종**
고려 광종은 국왕을 황제라 칭하고 광덕, 준풍 등의 독자적 연호를 사용하였으며 개경을 황도라 하였다.

④ **나성 축조 : 거란 침입 대비 → 고려 현종**
고려 현종 때 거란의 3차 침입에 맞서 강감찬은 귀주에서 대승을 거둔 후 개경에 나성을 축조하였다.

⑤ **정계와 계백료서 → 고려 태조**
고려 태조 왕건은 정계와 계백료서를 지어 신하의 임금에 대한 도리를 강조하고 관리의 규범을 제시하였다.

14 무신정변

암기박사 무신정변(1170) ⇒ 조위총의 난(1174)   **정답** ④

정답 해설

고려 의종이 폐위된 것은 정중부 등이 일으킨 무신정변 때문이다. 이

후 서경 유수 조위총이 무신정변의 주동자를 제거하고 나라를 바로 잡는다는 명분으로 반란을 일으켰다.

오답 해설

① 원 간섭기 : 일본 원정 → 정동행성 설치
   원 간섭기인 고려 충렬왕 때 원의 요청에 따라 일본 원정에 참여하기 위해 정동행성이 설치되었다.

② 명나라 : 철령위 설치 → 최영 : 요동 정벌
   고려 우왕 때 최영이 명의 철령위 설치에 반발하여 요동 정벌을 추진하였다.

③ 묘청의 난 → 서경 천도 운동
   고려 인종 때 묘청의 서경파가 풍수지리설에 근거하여 서경 천도와 칭제 건원, 금국 정벌을 주장하였다.

⑤ 고려 말 : 홍건적 격퇴 → 신흥 무인 세력 성장
   고려 말에 홍건적을 격퇴하면서 이성계, 정세운, 최영 등의 신흥 무인 세력이 성장하였다.

15 대몽 항쟁

암기박사 강화도 천도 ⇒ 처인성 전투 ⇒ 삼별초의 항쟁

정답 ④

정답 해설

- (가) 강화도 천도(1232) : 몽골의 무리한 조공 요구와 내정 간섭에 반발한 최우가 다루가치를 사살하고 강화도로 도읍을 옮겨 장기 항전을 준비하였다.
- 처인성 전투(1232) : 몽골의 2차 침입 때 김윤후가 처인성에서 적장 살리타를 사살하고 몽골군을 물리쳤다.
- (나) 삼별초의 항쟁(1270~1273) : 고려 정부의 개경 환도에 반발하여 강화도와 진도에 이어 김통정의 삼별초가 제주도에서 항쟁하였으나 몽골과 연합한 김방경의 군대에 의해 탐라에서 진압되었다.

오답 해설

① 흥화진 전투(1010) → (가) 이전
   강조의 정변을 구실로 강동 6주를 넘겨줄 것을 요구하며 거란이 2차 침입을 시도하자 양규가 흥화진 전투에서 곽주성을 급습하여 탈환하였다.

② 진포대첩(1380) → (나) 이후
   고려 우왕 때 최무선은 화약과 화포 제작을 위해 화통도감을 설치하고 화포를 사용하여 진포에서 왜구를 격퇴하였다.

③ 강조의 정변(1009) → (가) 이전
   고려 목종 때 강조가 정변을 일으켜 김치양을 제거한 후 목종까지 폐하고 대량군(현종)을 즉위시켰다.

⑤ 이자겸의 난(1126) → (가) 이전
   인종을 왕위에 올린 왕실 외척인 이자겸이 척준경과 함께 금의 사대 요구 수용을 주장하며 반란을 일으켰다.

16 원 간섭기의 사회 모습

암기박사 변발과 호복 유행 ⇒ 원 간섭기

정답 ③

정답 해설

제시된 사료에서 응방은 원 나라에 바칠 매를 사육하기 위해 설치된 기관이며, 겁령구는 고려의 왕비가 된 원 나라 공주를 따라온 시녀를 의미한다. 따라서 원 간섭기에 해당하며, 이 시기에는 지배층을 중심으로 변발과 호복이 유행하였다.

오답 해설

① 최충 : 9재 학당 설립 → 고려 문종
   고려 문종 때 최충이 최초의 사학인 9재 학당을 설립하여 유학을 교육하였다.

② 만적의 난 → 고려 무신 집권기
   고려 무신 집권기 때 개경에서 최충헌의 사노 만적이 신분 해방을 외치며 반란을 모의하였다.

④ 초조대장경 조판 → 고려 현종
   고려 현종 때 대구 부인사에서 거란의 침략에 국난 극복을 기원하며 초조대장경이 조판되었다.

⑤ 구황촬요 간행 → 조선 명종
   조선 전기 명종 때 기근에 대비하기 위해 구황촬요를 간행하여 보급하였다.

17 조선 태종의 업적

암기박사 문하부 폐지 : 사간원 독립 ⇒ 조선 태종

정답 ④

정답 해설

두 차례에 걸친 왕자의 난으로 즉위한 왕은 조선 태종이다. 태종은 언론 기능을 담당하던 문하부를 폐지하고 낭사를 사간원으로 독립시켜 대신들을 견제하였다.

오답 해설

① 경국대전 완성 → 조선 성종
   조선 성종은 조선의 기본 법전인 경국대전을 완성하여 통치 체제를 정비하였다.

② 초계문신제 → 조선 정조
   조선 정조는 초계문신제를 시행하여 젊은 문신들을 재교육하고 시험을 통해 승진시켰다.

③ 이시애의 난 → 조선 세조
   조선 세조는 함길도 토착 세력인 이시애가 길주를 근거지로 난을 일으키자 이를 진압하였다.

⑤ 탕평비 건립 → 조선 영조
   조선 영조는 붕당의 폐해를 경계하기 위해 성균관 입구에 탕평비를 건립하였다.

18 김종서의 활약

암기박사 6진 개척 ⇒ 김종서

정답 ①

정답 해설

고려사절요 편찬을 총괄하고 계유정난 때 살해된 인물은 김종서이다. 조선 세종 때 김종서는 여진족을 몰아내고 두만강 일대에 6진을 개척하였다.

오답 해설

② 탄금대 전투 → 신립
임진왜란 당시 왜군이 파죽지세로 쳐들어오자 도순변사 신립이 충주 탄금대에서 배수의 진을 치고 왜군에 항전하였다.

③ 나선 정벌 → 변급, 신류
조선 효종 때 러시아의 남하로 청과 러시아 간 국경 충돌이 발생하자 청의 원병 요청으로 변급, 신류가 조총 부대를 이끌고 나선 정벌에 참여하였다.

④ 쓰시마섬 정벌 → 박위 / 이종무
고려 창왕 때는 박위가, 조선 세종 때는 이종무가 왜구의 근거지인 쓰시마섬을 정벌하였다.

⑤ 외교 담판 : 강동 6주 획득 → 서희
거란의 1차 침입 때 서희가 거란의 소손녕과 외교 담판을 벌여 강동 6주를 획득하였다.

19 조선 성종 재위 시기의 사실

암기박사 국조오례의 완성 ⇒ 조선 성종

정답 ③

정답 해설

조선 성종은 집현전의 직제를 분리하여 홍문관으로 이관하였다. 또한 조선 성종 때 신숙주, 정척 등이 국가의 의례를 정비한 국조오례의를 완성하였다. → 길례·흉례·가례·군례·빈례

오답 해설

① 장용영 : 국왕의 친위 부대 → 조선 정조
조선 정조 때 왕권 강화를 위해 국왕의 친위 부대인 장용영을 설치하고 한양에는 내영, 수원 화성에는 외영을 두었다.

② 주세붕 : 백운동 서원 → 조선 중종
조선 중종 때 풍기 군수 주세붕이 안향의 봉사를 위해 설립한 백운동 서원이 사액을 받아 소수 서원이 되었다.

④ 속대전 편찬 → 조선 영조 → 조선시대에 왕이 사당이나 서원 등에 이름을 지어 그것을 새긴 편액을 내리던 일
조선 영조 때 통치 체제를 정비하고자 경국대전 시행 이후에 공포된 법령 중에서 시행할 만한 법령을 추려 속대전을 편찬하였다.

⑤ 수신전, 휼양전 폐지 → 조선 세조
조선 세조 때 수조권이 세습되던 수신전과 휼양전이 폐지되고, 현직 관리에게만 과전을 지급하는 직전법이 시행되었다. → 토지로부터 조세를 거둘 수 있는 권리

20 조광조의 개혁 정치

암기박사 현량과 : 사람 등용 ⇒ 조선 중종

정답 ③

정답 해설

소격서를 폐지하고 천거제의 일종인 현량과를 실시한 것은 조광조의 개혁 정치이다. 조선 중종 때 조광조는 소학의 보급을 주장하고 현량과를 통해 사림을 대거 등용하였다.

오답 해설

① 호포제 실시 → 흥선 대원군
흥선 대원군이 집권하던 시기에 군정의 문란을 개혁하기 위해 양반에게도 군포를 징수하는 호포제가 실시되었다.

② 기해예송 → 조선 현종
조선 현종 때 효종 사망 시 자의대비의 복상 문제로 서인과 남인 사이에 기해 예송이 전개되었다.

④ 정여립 모반 사건 : 기축옥사 → 조선 선조
조선 선조 때 정여립 모반 사건을 빌미로 동인에 대한 기축옥사가 발생하였다.

⑤ 기사환국 → 조선 숙종 → 이름과 호
조선 숙종 때 희빈 장씨 소생의 원자 명호 문제로 기사환국이 발생하여 인현 왕후가 폐위되고 남인이 권력을 차지하였다.

핵심노트 ▶ 조광조의 개혁 정치

- **현량과(천거과) 실시** : 천거제의 일종인 현량과를 통해 사림을 대거 등용
- **위훈삭제** : 중종반정의 공신 대다수가 거짓 공훈으로 공신에 올랐다 하여 그들의 관직을 박탈하려 함 → 훈구 세력의 불만을 야기해 기묘사화 발생
- **이조 전랑권 형성** : 이조·병조의 전랑에게 인사권과 후임자 추천권 부여
- 도학 정치를 위한 성학군주론 주장 → 경연 및 언론 활성화를 주장
- 공납제의 폐단을 지적하고 대공수미법 주장
- 균전론을 내세워 토지소유의 조정(분배)과 1/10세를 제시
- 향촌 자치를 위해 향약의 전국적 시행을 추진
- **불교·도교 행사 금지** : 승과제도 및 소격서 폐지
- 주자가례를 장려하고 유교 윤리·의례의 보급을 추진
- 소학의 교육과 보급운동을 전개 → 이를 통해 유교적 가치를 강조하고 지주전호제를 옹호
- 언론청을 설치하여 한글 보급
- 유향소 철폐를 주장

21 임진왜란 중에 있었던 사실

암기박사 훈련도감 설치 ⇒ 임진왜란

정답 ①

정답 해설

임진왜란 당시 고경명이 장흥에서, 조헌이 금산에서, 그리고 홍계남이 안성에서 거병하여 의병장으로 활약하였다. 임진왜란 중 왜군의 조총에 대응하고 국방력을 강화하기 위해 류성룡의 건의로 포수, 살수, 사수의 삼수병으로 구성된 훈련도감이 설치되었다.

오답 해설

② 인조 : 병자호란 → 임진왜란 이후
조선 인조 때 청이 군신 관계를 요구하며 병자호란을 일으키자 인조는 남한산성으로 피신하여 청과 항전을 벌였다.

③ 효종 : 북벌 추진 → 임진왜란 이후
조선 효종 때 송시열, 이완 등을 중심으로 조선을 도운 명에 대한 의리를 내세우며 청에 당한 치욕을 갚자는 북벌이 추진되었다.

④ 중종 : 비변사 신설 → 임진왜란 이전
조선 중종 때 삼포왜란을 계기로 국방 문제를 논의하기 위해 비변사가 처음 신설되었다.

⑤ 세종 : 계해약조 체결 → 임진왜란 이전
조선 세종 때 일본과 제한된 범위의 무역을 허용한 계해약조를 체결하고 부산포, 제포, 염포의 삼포를 개항하였다.

22 우리나라 불교 사찰

> 암기박사 : 무구정광대다라니경 ⇒ 경주 불국사
> 정답 ⑤

정답 해설

순천 선암사는 전남 순천시 조계산 동쪽 기슭에 위치한 신라 사찰로, 현재 유네스코 세계유산에 등재되어 있다. 한편, 현존하는 세계 최고(最古)의 목판 인쇄물인 무구정광대다라니경이 발견된 삼층 석탑이 있는 절은 경주 불국사이다.

오답 해설

① 팔상도 → 보은 법주사
  충북 보은군 내 속리산에 있는 절로 신라 진흥왕 때 창건되었으며, 오층 목조탑 내부에 석가모니의 일생을 여덟 폭의 그림으로 나누어 그린 팔상도가 유명하다.

② 무량수전 → 영주 부석사
  경북 영주시에 있는 절로 신라 문무왕 때 의상대사가 창건하였으며, 배흘림기둥에 주심포 양식으로 축조된 무량수전이 있다.

③ 극락전 → 안동 봉정사 *공포(栱包)가 기둥 위에만 있는 양식*
  경북 안동시에 있는 절로 고려 시대 주심포 양식의 건축물이며, 현존하는 우리나라 최고(最古)의 목조 건물인 극락전이 있다.

④ 팔만대장경 → 합천 해인사
  경남 합천에 있는 절로 몽골의 침입 때 부처의 힘으로 외적을 방어한다는 호국 불교 사상에 기초하여 간행된 팔만대장경판을 보관하고 있는 장경판전이 있다.

23 대동법의 시행

> 암기박사 : 선혜청, 공인 등장 ⇒ 대동법
> 정답 ②

정답 해설

조선 광해군 때 방납의 폐단을 시정하고자 이원익의 건의로 대동법이 경기도에 한하여 시행되었다.
ㄱ. 선혜청에서 대동법의 관리 · 운영과 관련된 업무를 담당하였다.
ㄷ. 대동법의 시행으로 조선 후기에는 관청에 물품을 조달하는 공인이 등장하였다.

오답 해설

ㄴ. 지주에게 결작 부과 → 균역법
  조선 영조 때 균역법의 시행으로 재정을 보충하기 위해 지주에게 결작이 부과되었다.

ㄹ. 잡세 : 어장세, 선박세 → 균역법
  균역법의 시행으로 재정이 부족해지자 어장세, 선박세 등의 잡세를 거두어 군사비로 충당하였다.

24 조선 정조 재위 시기의 사실

> 암기박사 : 거중기 : 수원 화성 축조 ⇒ 조선 정조
> 정답 ②

정답 해설

이덕무, 박제가, 유득공, 서이수 등의 서얼을 규장각 검서관에 등용 *규장각 각신의 보좌, 문서 필사 등의 업무를 맡은 관리*
한 것은 조선 정조 재위 시기의 일이다. 이 시기에 정약용이 기기도설을 참고하여 설계한 거중기 등을 활용하여 수원 화성이 축조되었다.

오답 해설

① 6조 직계제 실시 → 태종 / 세조
  조선 태종과 세조 때 6조 직계제를 실시하여 의정부의 권한을 약화시키고 왕권을 강화하였다.

③ 백두산정계비 건립 → 숙종
  조선 숙종 때 청의 요구로 조선과 청의 국경을 정하는 백두산정계비가 건립되었다.

④ 대전회통 편찬 → 흥선 대원군
  흥선 대원군 때 통치 체제를 정비하기 위해 경국대전, 속대전, 대전통편 등을 보완한 대전회통이 편찬되었다.

⑤ 삼정이정청 설치 → 철종
  조선 철종 때 임술 농민 봉기가 발발하자 삼정의 문란을 시정하기 위해 안핵사 박규수의 건의로 삼정이정청이 설치되었다.

25 조선 후기의 사회 모습

> 암기박사 : 벽란도 : 송의 상인과 교역 ⇒ 고려 시대
> 정답 ②

정답 해설

의주의 만상과 개성의 송상이 밀무역을 통해 대청 무역을 주도한 것은 조선 후기이다. 한편, 고려 시대에는 벽란도에서 송의 상인을 비롯한 일본, 만양, 아라비아 상인 등과 교역하였다.

오답 해설

① 덕대 : 채굴 노동자 고용 → 조선 후기
  조선 후기에는 상인 물주에게 자본을 조달받은 덕대가 채굴 노동자를 고용하는 등 광산을 전문적으로 경영하였다.

③ 보부상 : 상평통보 거래 → 조선 후기
  조선 후기에는 보부상들이 장시를 돌아다니며 상평통보로 일용 잡화나 농 · 수산물, 수공업 제품, 약재 등을 거래하였다.

④ 여각 : 포구에서 물품 중개 → 조선 후기
  조선 후기에는 여각 등이 포구를 거점으로 상행위를 전개하며 물품의 매매를 중개하였다.

⑤ 상품 작물 : 담배, 인삼 → 조선 후기
  조선 후기에는 담배, 인삼을 비롯한 약재, 면화, 삼 등 시장에서 매매하기 위한 상품 작물의 재배가 활발해졌다.

26 연암 박지원

> 암기박사 : 양반전 : 양반의 허례와 무능 풍자 ⇒ 박지원
> 정답 ④

정답 해설

열하일기에서 상공업 진흥과 청의 문물 수용을 주장한 조선 후기 실학자는 연암 박지원이다. 그는 화폐 유통의 필요성을 주장하였고, 양반전을 지어 양반의 허례와 무능을 풍자하였다.

오답 해설

① **북한산비 : 진흥왕 순수비 고증 → 김정희**
추사 김정희는 금석학을 연구하고 금석과안록을 저술하여 북한산비가 진흥왕 순수비임을 고증하였다.

② **시헌력 : 서양 천문학 → 김육**
조선 인조 때 김육은 서양 천문학의 영향을 받아 청에서 만들어진 시헌력을 도입하자고 건의하였다.

③ **우서 : 사농공상의 직업적 평등 주장 → 유수원**
유수원은 우서에서 사농공상의 직업적 평등과 전문화를 주장하였고, 중국과 우리 문물을 비교하면서 정치·경제·사회 전반의 개혁을 제시하였다.

⑤ **대동여지도 : 10리마다 눈금 표시 → 김정호**
조선 철종 때 김정호가 산맥·하천·포구·도로망의 표시가 정밀해지고 거리를 알 수 있도록 10리마다 눈금을 표시한 대동여지도를 완성하였다.

27 단원 김홍도

암기박사 씨름도 ⇒ 김홍도

정답 ①

정답 해설
나귀를 타고 유람하는 나그네의 시점으로 그린 행려풍속도병은 조선 후기 대표적 풍속 화가인 단원 김홍도의 작품이다. 씨름을 하는 사람들을 중심으로 구경꾼들의 모습을 실감나게 묘사한 씨름도 또한 김홍도의 작품이다.

오답 해설

② **금강전도 → 정선**
금강전도는 조선 후기 진경산수화의 대가 겸재 정선의 작품으로, 금강내산을 부감 형식의 원형구도로 그린 진경산수화이다.

③ **파적도 → 김득신** (궁정화가)
파적도는 조선 후기의 관인 화가 김득신이 그린 풍속화로, 병아리를 물고 달아나는 고양이를 쫓는 농촌 부부의 모습을 재미있게 묘사하고 있다.

④ **월하정인 → 신윤복**
월하정인은 조선 후기의 대표적인 풍속 화가 혜원 신윤복이 그린 작품으로, 늦은 밤 인적이 드문 뒷골목에서 남녀 간의 연애를 소재로 한 그림이다.

⑤ **영통골 입구도 → 강세황**
영통골 입구도는 조선 후기의 화가 강세황이 그린 작품으로, 원근법과 명암법 등 서양화 기법을 반영하여 더욱 실감나게 표현하였다.

28 오페르트 도굴 사건

암기박사 병인양요 ⇒ 오페르트 도굴 사건 ⇒ 신미양요

정답 ②

정답 해설
(가) **병인양요(1866)** : 프랑스의 로즈 제독 함대가 병인박해를 빌미로 강화도를 침입하여 병인양요가 발발하자 양헌수 부대가 정족산성에서 프랑스 군을 격퇴하였다.

- **오페르트 도굴 사건(1868)** : 독일 상인 오페르트가 통상을 거부당하자 충청남도 덕산에 있는 남연군 묘 도굴을 시도하였다. (흥선 대원군의 아버지)

(나) **신미양요(1871)** : 미국이 제너럴셔먼호 사건을 구실로 강화도를 공격하여 신미양요가 발발하자 어재연 부대가 광성보에서 항전하였다.

오답 해설

① **운요호 사건(1875) → (나) 이후**
일본 군함 운요호가 연안을 탐색하다 강화도 초지진에서 조선 측의 포격을 받자 이에 대한 보복으로 영종도를 공격하였다.

③ **마젠창과 묄렌도르프 고문 파견(1882) → (나) 이후**
임오군란 직후 청의 내정 간섭이 강화되어 마젠창이 재정 고문으로, 묄렌도르프가 외교 고문으로 파견되었다.

④ **거문도 사건(1885) → (나) 이후**
갑신정변 이후 조·러 수호 통상 조약이 체결되자 영국군이 러시아를 견제하기 위해 거문도를 불법으로 점령하였다.

⑤ **황사영 백서 사건(1801) → (가) 이전**
조선 순조 때 천주교에 대한 탄압으로 신유박해가 일어나자 황사영이 외국 군대의 출병을 요청하는 백서를 작성하였다.

29 조·미 수호 통상 조약

암기박사 최혜국 대우 최초 규정 ⇒ 조·미 수호 통상 조약

정답 ①

정답 해설
미국과 조·미 수호 통상 조약이 체결된 후, 미국 공사의 서울 부임에 답하여 전권대신 민영익과 부대신 홍영식 등으로 구성된 보빙사가 미국에 파견되었다. 조선이 서양 국가와 체결한 최초의 조약인 조·미 수호 통상 조약을 통해 미국에 대한 최혜국 대우를 최초로 규정하였다.

오답 해설

② **통감부 설치 → 을사늑약**
러·일 전쟁에서 승리한 일본은 을사늑약을 강제로 체결하여 외교권을 박탈하고 통감부를 설치하여 한국의 독점적 지배권을 인정받았다.

③ **천주교 포교 허용 → 조·프 수호 통상 조약**
조선과 프랑스 사이에 맺은 조·프 수호 통상 조약을 통해 천주교 포교가 허용되었다.

④ **재정 고문 임명 → 제1차 한·일 협약**
러·일 전쟁의 전세가 유리해진 일본이 제1차 한·일 협약을 체결한 후 메가타를 재정 고문으로 임명하였다.

⑤ **부산, 원산, 인천 개항 → 강화도 조약**
일본과 맺은 최초의 근대적 조약이자 불평등 조약인 강화도 조약이 체결된 후 부산, 원산, 인천 항구가 개항되었다.

30 갑신정변의 결과

암기박사 갑신정변 ⇒ 한성 조약 체결

정답 ③

한국사 능력검정시험 3개년 기출문제

정답 해설
우정총국 개국 축하연에서 일부 급진 개화파가 사대당 요인을 살해하는 갑신정변을 일으켰다. 갑신정변은 청의 무력 개입으로 3일 만에 실패로 끝났고, 조선과 일본 사이에는 한성 조약이 체결되었다.

오답 해설
① 동학 농민 운동 → 집강소 설치
동학 농민 운동의 봉기로 청·일군이 개입하자 정부는 농민군에 휴전을 제의해 전주 화약이 성립하였으며, 농민군은 전라도 일대에 집강소를 설치하였다.

② 강화도 조약 → 수신사 파견
일본과의 강화도 조약 이후 김기수가 수신사로 일본에 파견되어 메이지 유신 이후 발전된 일본의 문물을 시찰하였다.

④ 임술 농민 봉기 → 안핵사 파견
삼정의 문란과 백낙신의 탐학으로 임술 농민 봉기가 발발하자 사태 수습을 위해 박규수가 안핵사로 파견되었다.

⑤ 구식 군인에 대한 차별 → 임오군란
신식 군대인 별기군과의 구식 군인에 대한 차별 대우가 발단이 되어 임오군란이 일어났다.

31 덕수궁의 역사
암기박사 제1차 미·소 공동 위원회 개최 ⇒ 덕수궁   **정답** ①

정답 해설
돈덕전이 위치하고, 고종이 아관 파천 후 러시아 공사관에서 환궁한 곳은 덕수궁(경운궁)이다. 덕수궁 석조전은 덕수궁 안에 지어진 최초의 서양식 석조 건물로, 제1차 미·소 공동 위원회가 개최되었다.

오답 해설
② 서궐 → 경희궁
경희궁은 유사시 왕이 본궁을 떠나 피난하는 이궁(離宮)으로 지어졌으나, 여러 왕이 정사를 보았기 때문에 동궐인 창덕궁에 대해 서쪽에 있어 서궐이라 불렸다.

③ 일제 : 창경원으로 격하 → 창경궁
창경궁의 처음 이름은 수강궁으로 세종이 생존한 상왕인 태종을 모시기 위해 지은 궁이었으나, 일제에 의해 창경원으로 격하되고 동물원과 식물원 등이 설치되었다.

④ 정도전 : 명칭 결정 → 경복궁
경복(景福) : '큰 복을 누리다'
태조 이성계가 한양으로 도읍을 천도할 때 정도전이 경복궁과 근정전 등 궁궐과 주요 전각의 명칭을 정하였다.
근정(勤政) : '정사를 부지런히 돌보다'

⑤ 태종 : 한양 재천도를 위해 건립 → 창덕궁
태종이 도읍을 한양으로 다시 옮기며 건립한 궁은 창덕궁으로, 현재 유네스코 세계문화유산에 등재되어 있다.

핵심노트 ▶ 한국의 고궁
- **경복궁** : 사적 제117호로 서울 종로구 세종로 1번지에 위치한다. 조선시대 궁궐 중 가장 중심이 되는 곳으로 태조 3년(1394) 한양으로 수도를 옮긴 후 세웠다.
- **창덕궁** : 조선시대 궁궐 가운데 하나로 태종 5년에 세워졌다(1405). 당시 종묘·사직과 더불어 정궁인 경복궁이 있었으므로, 이 궁은 하나의 별궁으로 만들었다.
- **창경궁** : 조선시대 궁궐로 태종이 거처하던 수강궁터에 지어진 건물이다.
- **덕수궁** : 경운궁으로 불리다가, 고종 황제가 1907년 왕위를 순종 황제에게 물려 준 뒤에 이곳에서 계속 머물게 되면서 고종 황제의 장수를 빈다는 뜻의 덕수궁으로 고쳐 부르게 되었다.
- **경희궁** : 원종의 집터에 세워진 조선후기의 대표적인 이궁이다. 광해군 8년(1616)에 세워진 경희궁은 원래 경덕궁이었으나 영조 36년(1760)에 이름이 바뀌었다.

32 정미의병
암기박사 정미의병 ⇒ 13도 창의군 : 서울 진공 작전   **정답** ⑤

정답 해설
고종의 강제 퇴위와 군대 해산에 반발하여 일어난 의병은 정미의병이다. 정미의병이 확산되는 과정에서 유생 이인영을 총대장, 허위를 군사장으로 하는 13도 창의군의 의병 부대가 연합하여 서울 진공 작전을 전개하였다.

오답 해설
① 최익현 : 태인에서 궐기 → 을사의병
을사늑약이 체결된 후 최익현은 태인에서 의병 활동을 전개하다 체포되었고, 쓰시마 섬으로 유배되어 결국 순국하였다.

② 고종 : 해산 권고 조칙 → 을미의병
명성황후 시해와 단발령을 계기로 일어난 을미의병은 아관파천 후 단발령이 철회되고 고종의 해산 권고 조칙에 따라 자진 해산하였다.

③ 민종식 : 홍주성 점령 → 을사의병
을사늑약이 체결되자 을사늑약의 폐기와 친일 내각 타도를 주장하며 민종식이 이끄는 을사의병이 홍주성을 점령하였다.

④ 국권 반환 요구서 제출 → 독립 의군부
고종의 밀지를 받아 결성한 임병찬의 독립 의군부는 조선 총독부에 국권 반환 요구서를 제출하려 하였다.

33 근대 문물의 수용
암기박사 한성 사범 학교 설립(1895) ⇒ 경인선 완공(1899)   **정답** ⑤

정답 해설
서울에서 인천을 잇는 경인선 완공 후 서대문 정거장에서 철도 개통식이 열린 것은 대한 제국 시기인 1899년이다. 대한 제국 시기인 1895년에 고종의 교육 입국 조서 발표에 따라 교원 양성을 위한 한성 사범 학교가 설립되었다.

오답 해설
① 학도 지원병제 → 1943년
일제는 병력 동원을 위해 조선인 학생들을 대상으로 한 학도 지원병제를 실시하였다.

② 금난전권 폐지 → 1791년
조선 정조 때 시전 상인의 특권을 축소하는 신해통공이 단행되어 육의전을 제외한 시전 상인의 금난전권이 폐지되었다.
③ 근우회 창립 → 1927년
여성 노동자의 권익 옹호와 생활 개선을 위해 김활란 등을 중심으로 한 여성계 민족 유일당 조직인 근우회가 창립되었다.
④ 두모포 무력시위 → 1878년
일본 군함이 관세 폐지를 주장하며 두모포에서 대포를 발사하는 등 무력시위를 벌였다.

핵심노트 ▶ 근대 문물의 수용

- 1883년 박문국 설치, 한성순보 발간
- 1883년 전환국 설치, 화폐 발행의 업무를 수행
- 1884년 우정국 설치
- 1885년 최초의 서양식 병원인 광혜원(후에 제중원) 건립
- 1885년 서울과 인천 사이에 전선이 가설, 한성전보총국이 문을 열면서 전신 업무를 시작
- 1887년 황실은 미국인과 합자로 한성전기회사를 만들고 발전소를 건설. 경복궁에 전등 가설
- 1899년 서대문과 청량리 사이에 처음으로 전차운행
- 1899년 경인선 개통
- 1904년 세브란스 병원 개원. 선교사들은 선교를 목적으로 의료 사업에 적극적으로 참여
- 1905년 러·일 전쟁 중 일본의 군사적인 목적에 의해 경부선과 경의선 개통

34 서간도의 민족 운동

암기박사 경학사 설립 ⇒ 서간도

정답 ①

정답 해설

신민회는 서간도 삼원보에 신흥 강습소를 세워 무장 투쟁을 준비하였고, 이후 신흥 무관 학교로 발전하였다. 신민회는 또한 서간도의 삼원보에 한인 자치 기구인 경학사를 설립하였다.

오답 해설

② 권업회 조직 → 연해주
연해주에서는 자치 조직인 권업회가 설립되어 기관지인 권업신문이 발간되고 학교, 도서관 등이 건립되었다.
③ 2·8 독립 선언서 발표 → 도쿄
미국 대통령 윌슨이 제창한 민족 자결주의의 영향을 받아 일본 도쿄 유학생들이 조선 청년 독립단을 결성하고 2·8 독립 선언서를 발표하였다.
④ 대조선 국민 군단 결성 → 하와이
박용만의 주도로 대조선 국민군단이 하와이에 창설되어 군사 훈련을 실시하고 독립군 사관을 양성하였다.
⑤ 흥사단 창립 → 샌프란시스코
미국 샌프란시스코에서 안창호를 중심으로 흥사단이 창립되어 교민들에게 민족의식을 심어주고자 하였다.

35 3·1 만세 운동의 전개

암기박사 문화 통치 실시 배경 ⇒ 3·1 만세 운동

정답 ③

정답 해설

고종의 인산일을 계기로 시작된 만세 운동은 3·1 만세 운동이다. 3·1 만세 운동에서 나타난 민족적 저항과 국제적 여론 악화는 일제가 이른바 문화 통치를 실시하는 배경이 되었다(1919).

오답 해설

① 3·1 만세 운동 → 통감부의 방해와 탄압(X)
통감부는 1910년 조선 총독부가 설립되면서 폐지되었으므로, 1919년에 일어난 3·1 만세 운동이 통감부의 방해와 탄압으로 중단된 것은 아니다.
② 천도교 소년회 → 소년 운동
천도교 소년회가 창립된 후 '어린이'라는 말을 만들고 어린이날을 제정하는 등 소년 운동이 본격화되었다.
④ 성진회 주도 → 광주 학생 항일 운동
광주 학생 항일 운동은 광주에서 조직된 항일 학생 비밀 결사 단체인 성진회와 각 학교 독서회에 의해 전국적으로 확산하였다.
⑤ 사회주의 세력 주도 → 6·10 만세 운동
6·10 만세 운동은 순종의 인산일을 기회로 삼아 사회주의 세력의 주도 아래 계획되었고, 시위를 준비하는 과정에서 사회주의자들이 대거 검거되었다.

36 무단 통치기의 일제 정책

암기박사 조선 태형령(1912) ⇒ 무단 통치기

정답 ③

정답 해설

일제가 토지 조사 사업(1912)을 시행하는 것은 무단 통치기이다. 일제는 무단 통치기에 한국인에 한하여 태형을 통해 형벌을 가하는 조선 태형령을 시행하였다.

오답 해설

① 애국반 조직(1938) → 민족 말살 통치기
일제는 민족 말살 통치기에 전시체제 하에서 조선인의 생활을 감시·통제하기 위해 애국반을 조직하였다.
② 신문지법 제정(1907) → 무단 통치기 이전
대한 제국 때 이완용 내각이 우리나라의 신문을 탄압하고 통제하기 위해 신문지법을 제정하였다.
④ 산미 증식 계획 실시(1920) → 문화 통치기
일제는 문화 통치기에 자국의 심각한 식량 부족과 쌀값 폭등을 우리나라에서의 식량 수탈로 해결하려고 산미 증식 계획을 실시하였다.
⑤ 황국 신민 서사 암송(1937) → 민족 말살 통치기
일제는 민족 말살 통치기에 천황에게 충성을 맹세하는 황국 신민 서사의 암송을 강요하였다.

37 대종교의 무장 투쟁

암기박사 중광단 조직 ⇒ 대종교

정답 ⑤

정답 해설

나철이 만주에서 단군 신앙을 기반으로 창시한 종교는 대종교이다. 대종교의 지도자들은 무장 투쟁을 전개하기 위해 항일 무장 단체인 중광단을 조직하였으며, 3·1 만세 운동 직후 북로 군정서로 개편하여 청산리 대첩에 참여하였다.

오답 해설

① **개벽, 신여성 등의 잡지 간행 → 천도교**
천도교에서는 개벽, 신여성 등의 잡지를 간행하여 민중의 자각과 근대 문물의 보급에 기여하였다.

② **사찰령 폐지 운동 → 불교**
조선 불교의 자주성을 말살하기 위해 전국 사찰을 총독부에 직속시킨 일제의 통제에 맞서 불교계에서는 한용운 등이 사찰령 폐지 운동을 추진하였다.

③ **새생활 운동 → 원불교**
박중빈이 창시한 원불교는 현대화와 생활화를 주장하며 간척 사업과 새생활 운동을 추진하였다.

④ **파리 장서 운동 → 유교**
3·1 만세 운동 직후 김창숙을 중심으로 한 유림 대표 137명이 한국의 독립을 호소하는 독립 청원서를 파리 강화 회의에 보내는 파리 장서 운동을 전개하였다.

38 1920년대 국외 민족 운동

암기박사 간도 참변 ⇒ 자유시 참변 ⇒ 미쓰야 협정

정답 ①

정답 해설

(가) **간도 참변(1920)** : 봉오동 전투와 청산리 전투에서 패배한 일본군의 보복으로, 간도의 한인 촌락이 습격을 받아 민간인이 학살되었다.

(나) **자유시 참변(1921)** : 간도 참변으로 인해 자유시로 이동한 대한 독립 군단은 적색군의 무장 해제 요구에 저항하다 공격을 받아 타격을 입었다.

(다) **미쓰야 협정(1925)** : 만주에서 활동하는 독립군 색출을 위해 중국 군벌 장쭤린과 조선 총독부 경무국장 사이에 미쓰야 협정이 체결되었다.

39 1920년대의 사회 모습

암기박사 카프(KAPF) : 신경향파 ⇒ 1920년대

정답 ⑤

정답 해설

나운규가 감독한 영화 아리랑이 단성사에서 처음 개봉된 것은 1920년대의 일이다. 이 시기에 사회주의 사상이 지식인 사이에 퍼지면서 카프(KAPF)가 조직되고 문학의 사회적 실천을 강조한 신경향파가 등장하였다. → 조선 프롤레타리아 예술가 동맹

오답 해설

① **관민 공동회 개최 → 1898년**
서재필을 중심으로 창립된 독립협회는 관민 공동회를 개최하고 헌의 6조를 결의하였다.

② **교육 입국 조서 발표 → 1895년**
제2차 갑오개혁 때 교육 입국 조서가 발표되고 교원 양성을 위해 한성 사범 학교가 설립되었다.

③ **원각사 : 은세계 공연 → 1908년**
이인직이 설립한 최초의 서양식 극장인 원각사에서 은세계 등의 신극이 공연되었다.

④ **한성 전기 회사 : 전차 개통식 → 1899년**
한성 전기 회사에 의해 서대문과 청량리 사이에 우리나라 최초의 전차가 개통되었다.

40 민족 말살 통치기의 일제 정책

암기박사 조선 사상범 예방 구금령 시행(1941) ⇒ 민족 말살 통치기

정답 ⑤

정답 해설

중일 전쟁 이후 일제가 침략 전쟁을 확대하던 시기는 민족 말살 통치기이다. 일제는 민족 말살 통치기 때 우리 민족의 사상을 통제하기 위해 조선 사상범 예방 구금령을 시행하였다.

오답 해설

① **회사령 공포(1910) → 무단 통치기**
일제는 무단 통치기에 회사 설립 시 총독의 허가를 받도록 하는 회사령을 공포하여 민족 기업의 설립을 방해하였다.

② **치안 유지법(1925) → 문화 통치기**
일제는 문화 통치기에 사상 통제법인 치안 유지법을 제정하여 독립 운동가들을 탄압하였다.

③ **헌병 경찰제(1910) → 무단 통치기**
일제는 무단 통치기에 강압적 통치를 목적으로 헌병이 경찰 업무를 대행하는 헌병 경찰제를 실시하였다.

④ **경성 제국 대학 설립(1924) → 문화 통치기**
조선 교육회가 우리 손으로 대학을 설립하고자 조선 민립 대학 기성회를 중심으로 모금 운동을 전개하였으나 일제가 경성 제국 대학을 설립하여 중단되었다.

41 조소앙의 삼균주의

암기박사 대한민국 건국 강령 ⇒ 조소앙 : 삼균주의

정답 ⑤

정답 해설

대동단결 선언을 작성하고, 안창호 등과 함께 한국 독립당을 창당하였으며, 대한민국 임시 정부의 건국 강령 초안을 작성한 인물은 조소앙이다. 조소앙은 새로운 국가 건설을 위한 이념으로 정치·경제·교육의 균등을 강조한 삼균주의를 주장하였다.

오답 해설

① **조선 혁명 선언 작성 → 신채호**
신채호는 의열단의 활동 지침으로 민중의 직접 혁명을 주장하는 조선 혁명 선언을 작성하였다.

② 한국독립운동지혈사 저술 → 박은식
박은식은 일제 침략에 대항하여 한민족의 독립 투쟁 과정을 서술한 한국독립운동지혈사를 저술하였다.
③ 극동 인민 대표 회의 의장단 → 김규식, 여운형
극동 인민 대표 회의는 모스크바에서 열린 극동의 피압박민족의 문제를 다룬 코민테른 국제회의로, 김규식과 여운형이 극동 인민 대표 회의 의장단으로 선출되었다.
④ 헤이그 특사 → 이준, 이상설, 이위종
이준, 이상설, 이위종이 헤이그에서 열린 만국 평화 회의에 특사로 파견되어 일제 침략의 부당성을 호소하였다.

42 남북 협상

암기박사 유엔 총회 : 남북한 총선거 결정(1947) ⇒ 김구, 김규식 : 남북 협상 참석(1948)

정답 ⑤

정답 해설
유엔 총회에서 인구 비례에 의한 남북 총선거가 결의되었으나, 소련과 북한의 반대로 남한만의 단독 총선거가 결정되었다. 이에 김구, 김규식이 남한만의 단독 정부 수립과 분단을 막기 위해 평양에서 개최된 남북 협상에 참석하였다.

43 노태우 정부의 통일 노력

암기박사 7·7 선언 발표 ⇒ 노태우 정부

정답 ③

정답 해설
남북한 유엔 동시 가입과 한반도 비핵화 합의는 노태우 정부 때의 일이다. 노태우 정부 때에 통일 외교 정책의 기본 방향으로 민족 자존과 통일 번영을 위한 7·7 선언을 발표하였다.

오답 해설
① 판문점 남북 정상 회담 → 문재인 정부
문재인 정부 때에 판문점에서 김정은 국무위원장과 남북 정상 회담을 개최하였다.
② 최초의 남북 이산가족 고향 방문 → 전두환 정부
전두환 정부 때에 남북 이산가족 고향 방문단의 교환 방문이 최초로 실현되어, 평양에서 이산가족 고향 방문과 예술 공연이 이루어졌다.
④ 남북 조절 위원회 구성 → 박정희 정부
박정희 정부 때에 7·4 남북 공동 성명을 실천하기 위한 남북 조절 위원회가 구성되어 통일 방안이 논의되었다.
⑤ 10·4 남북 정상 선언 → 노무현 정부
노무현 정부 때에 제2차 남북 정상회담이 개최된 후 남북 관계 발전과 평화 번영을 위한 10·4 남북 정상 선언에 서명하였다.

핵심노트 ▶ 노태우 정부의 통일 정책

- 7·7선언(1988) : 북한을 적대의 대상이 아니라 상호 신뢰·화해·협력을 바탕으로 공동 번영을 추구하는 민족 공동체 일원으로 인식
- 한민족 공동체 통일 방안(1989) : 자주·평화·민주의 원칙 아래 제시
- 남북 고위급 회담, 남북한 유엔 동시 가입(1991) : 제46차 유엔 총회에서 남북한이 각각 별개의 의석을 가진 회원국으로 유엔에 가입
- 남북 기본 합의서 채택(1991)·발효(1992) : 상호 화해와 불가침, 교류 및 협력 확대 등을 규정
- 한반도 비핵화 공동 선언 채택(1991)·발효(1992) : 핵무기의 보유나 사용금지 등을 규정

44 6·25 전쟁 이후의 사건

암기박사 한미 상호 방위 조약(1953) ⇒ 진보당 사건(1958)

정답 ②

정답 해설
6·25 전쟁이 끝나고 휴전 협정 체결 직후 한·미 상호 방위 조약이 체결되어 한반도에서 무력 충돌이 일어날 경우 유엔의 결정 없이 미국이 즉각 개입할 수 있게 되었다(1953). 이후 이승만 정부 때 조봉암을 중심으로 진보당이 창당되었으나 평화 통일론을 주장한 조봉암이 간첩 혐의로 처형되는 진보당 사건이 발발하였다(1958).

오답 해설
① 반민족 행위 특별 조사 위원회 설치(1948) → 한미 상호 방위 조약 체결 이전
제헌 국회에서 일제 강점기 친일 행위를 한 사람들을 처벌하고 공민권을 제한하기 위해 반민족 행위 특별 조사 위원회가 설치되었다.
③ 발췌 개헌(1952) → 한미 상호 방위 조약 체결 이전
이승만 정부와 자유당은 6·25 전쟁 중 부산에서 계엄령을 선포한 가운데 대통령 직선제와 양원제의 발췌 개헌안을 통과시켰다.
④ 애치슨라인 발표(1950) → 한미 상호 방위 조약 체결 이전
미국의 극동 방위선에서 한반도를 제외한 애치슨라인이 발표되어 북한의 남침 오판으로 인한 6·25 전쟁이 발발하였다.
⑤ 농지 개혁법 제정(1949) → 한미 상호 방위 조약 체결 이전
이승만 정부 때에 소작제를 철폐하고 자영농을 육성하고자 유상 매수, 유상 분배 원칙의 농지 개혁법이 제정되었다.

45 헌법의 변천 과정

암기박사 대통령의 국회의원 1/3 추천 조항 ⇒ 제7차 개헌(유신 헌법)

정답 ②

정답 해설
(가) 제7차 개헌(1972) : 박정희 정부 때 제7차 개헌인 유신 헌법에 따라 중임 제한을 철폐하고 통일 주체 국민회의에서 임기 6년의 대통령이 선출되었다. 또한 대통령이 국회를 해산하고 국회의원 1/3을 추천할 수 있는 조항이 추가되어 대통령의 권한이 막강해졌다.
(나) 제8차 개헌(1980) : 전두환의 신군부가 대통령 선거인단에 의한 임기 7년의 대통령 선거를 골자를 하는 8차 개헌을 단행하였다.

오답해설

① 발췌 개헌 → 제1차 개헌(1952)
이승만 정부와 자유당은 6·25 전쟁 중 부산에서 계엄령을 선포한 가운데 대통령 직선제와 양원제의 발췌 개헌안을 통과시켰다.

③ 호헌 동지회 결성 → 제2차 개헌(1954)
이승만 대통령이 강행한 사사오입 개헌 이후 이를 반대한 범야당 연합 모임인 호헌 동지회가 결성되었다.

④ 3·1 민주 구국 선언 → 제7차 개헌(1972)
박정희 정부의 유신 체제에 항거하여 재야 정치인들과 가톨릭 신부, 개신교 목사, 대학 교수 등이 3·1 민주 구국 선언을 통해 긴급 조치 철폐 등을 요구하였다.

⑤ 6월 민주 항쟁 → 제9차 개헌(1987)
박종철 고문치사와 전두환 정부의 4·13 호헌 조치 발표로 6월 민주 항쟁이 촉발되었고, 그 결과 노태우의 6·29 민주화 선언에 따라 5년 단임의 대통령 직선제 개헌이 이루어졌다.

핵심노트 ▶ 대한민국 헌법의 변천 과정

개헌 정부	개헌 회차	개헌 연도	개헌 내용
이승만 정부	제1차 (발췌 개헌)	1952	· 대통령 직선제(이승만 재선 목적) · 국회 양원제(시행 안 됨) · 국회의 국무위원 불신임 제도
이승만 정부	제2차 (사사오입 개헌)	1954	· 자유당의 사사오입 논리로 개헌 통과 · 초대 대통령에 한해 중임 제한 철폐(이승만 3선 목적)
허정 과도 정부	제3차	1960. 6	· 국회에서 대통령 선출 · 의원 내각제(장면 내각 출범) · 양원제(민의원·참의원)
장면 내각	제4차	1960. 11	· 3·15 부정 선거 관련자 처벌 · 특별 재판소 및 검찰부 설치
박정희 군정	제5차	1962	· 5·16 군사 정변(공화당 정권) · 대통령 중심제(직선제) · 단원제 국회
박정희 정부	제6차 (3선 개헌)	1969	· 대통령 직선제 · 대통령 3선 연임 허용 · 국회의원의 국무위원 겸직 허용
박정희 정부	제7차 (유신 헌법)	1972	· 대통령 간선제(통일 주체 국민 회의에서 선출) · 대통령 임기 6년(중임 및 연임 제한 규정 철폐) · 대통령 권한 극대화(국회의원 1/3 추천권, 긴급 조치권, 국회 해산권 등)
전두환 정부	제8차	1980	· 전두환 신군부의 비상계엄 확대(12·12 사태) · 7년 단임의 대통령 간선제(대통령 선거인단에서 선출)
	제9차 (현행 헌법)	1987	· 노태우의 6·29 민주화 선언 · 5년 단임의 대통령 직선제

46 김영삼 정부

암기박사 경제 협력 개발 기구(OECD) 가입 ⇒ 김영삼 정부

정답 ④

정답 해설

대통령의 긴급 명령으로 금융 실명제를 실시하고, 외환 시장의 어려움을 극복하기 위해 국제 통화 기금에 유동성 조절 자금 지원을 요청한 것은 김영삼 정부 때의 일이다. 김영삼 정부 때에 선진국 진입의 관문인 경제 협력 개발 기구(OECD)에 29번째 회원국으로 가입하였다.

오답 해설

① 수출액 100억 달러 달성 → 박정희 정부
박정희 정부 때인 1971년에 수출 10억 달러를 돌파한 지 6년 만에 처음으로 연간 수출액 100억 달러가 달성되었다.

② 미국과 자유 무역 협정(FTA) 체결 → 노무현 정부
노무현 정부 때에 미국과 자유 무역 협정(FTA)이 체결되어 미국과의 무역 장벽을 허무는 계기가 되었다.

③ 3저 호황 → 전두환 정부
전두환 정부 때에 저유가, 저금리, 저달러의 3저 호황으로 물가가 안정되고 수출이 증가하였다.

⑤ 삼백 산업 발달 → 이승만 정부
이승만 정부 때에 미국의 원조 물자를 가공한 제분·제당·면방직의 삼백 산업이 발달하였다.

47 노무현 정부

암기박사 과거사 정리 기본법 제정 ⇒ 노무현 정부

정답 ④

정답 해설

남성 중심의 가부장제를 상징했던 호주제를 폐지한 것은 노무현 정부 때의 일이다. 노무현 정부 때에 반민주적·반인권적 사건의 진상 규명을 위해 진실·화해를 위한 과거사 정리 기본법이 제정되었다.

오답 해설

① 평창 동계 올림픽 개최 → 문재인 정부
문재인 정부 때에 제23회 평창 동계 올림픽이 개최되어 남북 단일팀이 참가하였다.

② 전국 민주 노동조합 총연맹 창립 → 김영삼 정부
김영삼 정부 때에 한국노총과 더불어 대한민국 노동조합의 양대 조직인 전국 민주 노동조합 총연맹(민노총)이 창립되었다.

③ 헝가리 상주 대표부 설치 협정 → 노태우 정부
노태우 정부 때에는 냉전 체제가 붕괴되면서 사회주의 국가인 헝가리와 수교한 후 상주 대표부 설치 협정을 체결하였다.

⑤ 중학교 입시 제도 폐지 → 박정희 정부
박정희 정부 때에 중학교 입시 제도가 폐지되고 무시험 추첨제가 실시되었다.

48 시대별 사회 보장 제도

암기박사 사창제 ⇒ 흥선 대원군 / 구제도감 ⇒ 고려 예종

정답 ⑤

정답 해설

사창제는 흥선 대원군 집권기에 환곡의 폐단을 시정하기 위해 전국적으로 시행되어 농민 부담을 경감하고 재정 수입을 확보하였다. 한

편, 구제도감은 고려 예종 때 전염병 퇴치, 병자 치료 등의 임무 수행을 위해 설치된 임시 기구이다.

> **오답 해설**

① 진대법 → 고구려 고국천왕
고구려의 고국천왕은 을파소의 건의로 빈민을 구제하기 위한 진대법을 시행하였다.

② 의창 → 고려 성종
고려 성종 때에는 흑창을 확대 개편하여 봄에 곡식을 빌려주고 가을에 갚도록 하는 춘대추납의 의창을 설치하였다.

③ 제위보 → 고려 광종
고려 광종 때 기금을 모아 그 이자로 빈민을 구휼하는 제위보를 운영하였다.

④ 환곡제 → 조선 후기
환곡제는 춘궁기에 곡식을 대여해 주고 가을에 회수하던 구휼 제도인데, 세도 정치기에는 농민을 수탈하는 수단으로 변질되어 흥선 대원군이 이를 사창제로 개혁하였다.

49 김대중 정부

> **암기박사** 국가 인권 위원회 출범 ⇒ 김대중 정부
>
> **정답** ②

> **정답 해설**

제17회 FIFA 한일 월드컵 개막식이 열린 것은 김대중 정부 때의 일이다. 김대중 정부 때에 국민의 인권과 자유를 보호하고 향상시키기 위해 국가 인권 위원회가 출범되었다.

> **오답 해설**

① 중앙정보부 창설 → 박정희 정부
박정희 정부 때에 국가재건최고회의 직속의 정보 수사 기관인 중앙정보부가 창설되었다.

③ 세계 무역 기구(WTO) 가입 → 김영삼 정부
김영삼 정부 때에 세계 무역 기구(WTO)의 출범으로 시장 개방이 가속화되고, 우리나라 정부가 이에 가입하였다.

④ G20 정상 회의 개최 → 이명박 정부
이명박 정부 때에 G20 주요 경제국 정상들이 모이는 G20 정상 회의가 아시아 최초로 서울에서 개최되었다.

⑤ 야간 통행 금지 해제 → 전두환 정부
전두환 정부 때에 86 아시안 게임과 88 서울 올림픽을 앞두고 37년 만에 야간 통행 금지가 해제되었다.

50 대구 · 광주 지역의 역사

> **암기박사** 국채 보상 운동 ⇒ 대구 / 광주 학생 항일 운동 ⇒ 광주
>
> **정답** ②

> **정답 해설**

(가) 2 · 28 민주 운동 - 대구 / (나) 5 · 18 민주화 운동 - 광주

ㄱ. 국채 보상 운동(대구) : 정부의 외채를 국민의 힘으로 상환하여 국권을 회복하고자 대구에서 개최한 국민 대회에서 김광제 등의 발의로 국채 보상 운동이 시작되었다.

ㄷ. 광주 학생 항일 운동(광주) : 광주에서 발생한 한 · 일 학생 간의 충돌을 일본 경찰이 편파적으로 처리한 것을 계기로 광주 학생 항일 운동이 촉발되었다.

> **오답 해설**

ㄴ. YH 사건 → 서울
박정희 정부 때에 서울 신민당 야당 당사에서 YH 무역 노동자들이 폐업에 항의하며 농성하는 'YH 사건'이 발발하였다.

ㄹ. 김주열 시신 발견 → 마산
이승만 정부 때에 3 · 15 부정 선거를 규탄하는 시위에 참가하였다가 행방불명되었던 김주열 학생의 시신이 마산 앞바다에서 발견되어 4 · 19 혁명의 도화선이 되었다.

2024년도 제69회 정답 및 해설

심화

01 신석기 시대의 생활 모습

암기박사 가락바퀴, 뼈바늘 ⇒ 신석기 시대

정답 ③

정답 해설

부산 동삼동 패총 유적에서 출토된 빗살무늬 토기는 농경과 목축이 시작된 신석기 시대에 식량의 저장과 조리를 위해 제작되었다. 신석기 시대에는 가락바퀴를 이용하여 실을 뽑고 뼈바늘로 옷을 만들어 입었다. →방추차 →골침

오답 해설

① 반달 돌칼 : 벼 수확 → 청동기 시대
   청동기 시대에는 벼농사가 시작되어 반달 돌칼을 이용하여 곡식을 수확하였다.
② 동굴, 막집 → 구석기 시대
   구석기 시대에는 주로 동굴이나 강가의 막집에서 살면서 도구를 사용하여 사냥을 하거나 어로, 채집 생활을 하였다.
④ 고인돌 축조 → 청동기 시대
   청동기 시대에는 많은 인력을 동원하여 지배층의 무덤인 고인돌을 축조하였다.
⑤ 뗀석기 : 주먹도끼, 찍개 → 구석기 시대
   구석기 시대에는 주먹도끼, 찍개 등의 뗀석기를 만들어 사냥을 하거나 어로, 채집 생활을 영위하였다.

02 신라 진흥왕의 업적

암기박사 거칠부 : 국사 편찬 ⇒ 신라 진흥왕

정답 ⑤

정답 해설

신라 진흥왕의 순수비 중의 하나인 북한산비는 원래 도선국사비, 무학대사비 등으로 알려져 있었으나, 조선 후기에 김정희가 금석과안록에서 신라 진흥왕이 건립한 순수비임을 고증하였다. 신라 진흥왕은 대아찬 거칠부에게 명하여 국사를 편찬하였으나 현재 전하지는 않는다.

오답 해설

① 관료전 지급 : 녹읍 폐지 → 통일 신라 신문왕
   통일 신라의 신문왕은 관료전을 지급하고 귀족의 경제 기반이었던 녹읍을 폐지하였다.
② 독서삼품과 : 인재 등용 → 통일 신라 원성왕
   통일 신라의 원성왕은 인재 등용을 위해 유교 경전의 이해 수준에 따라 3등급으로 구분한 독서삼품과를 시행하였다. →상품·중품·하품
③ 이차돈 순교 : 불교 공인 → 신라 법흥왕
   신라 법흥왕은 이차돈의 순교를 계기로 불교를 공인하였다.
④ 외사정 파견 : 지방관 감찰 → 통일 신라 문무왕
   통일 신라의 문무왕은 지방관을 감찰하기 위해 주·군에 외사정을 파견하였다.

03 동예와 삼한

암기박사 책화 ⇒ 동예 / 신지, 읍차 ⇒ 삼한

정답 ③

정답 해설

(가) 동예 / (나) 삼한
(가) 읍군과 삼로라는 지배자와 무천이라는 제천행사가 있었던 나라는 동예이다. 동예에는 읍락 간의 경계를 중시하는 책화가 있어서, 다른 부족의 생활권을 침범하면 노비와 소·말로 변상하였다.
(나) 5월 제천행사와 천군이라는 제사장이 있었던 나라는 삼한이다. 삼한에는 대군장인 신지와 소군장인 읍차라 불린 지배자가 있었다.

오답 해설

ㄱ. 혼인 풍습 : 민며느리제 → 옥저
   옥저에는 혼인 풍습으로 장차 며느리로 삼기 위해 어린 소녀를 데려다 키운 뒤 아들과 혼인시켜 며느리로 삼는 민며느리제가 있었다.
ㄹ. 가(加) : 사출도 주관 → 부여 →행정 구역
   부여는 왕 아래에 가축의 이름을 딴 여러 가(加)들이 별도로 사출도를 주관하였다. →마가·우가·저가·구가 등

04 백제 무령왕의 업적

암기박사 중국 남조의 양과 외교 관계 강화 ⇒ 백제 무령왕

정답 ⑤

정답 해설

동성왕을 시해한 백가를 처단하고 지방의 22담로에 왕족을 파견한 백제의 왕은 무령왕이다. 무령왕은 사신을 보내 중국 남조의 양과 외교 관계를 강화하였으며, 그의 사후 백제 무령왕릉은 중국 남조의 영향을 받은 벽돌 무덤 양식으로 지어졌다.

오답 해설

① 미륵사 창건 → 백제 무왕
   서동 설화의 주인공으로 알려진 백제 무왕은 삼국시대의 절 가운데 최대 규모인 미륵사를 금마저에 창건하였다. →지금의 익산
② 윤충 : 대야성 함락 → 백제 의자왕
   백제의 의자왕은 윤충을 보내 신라를 공격하고 대야성을 비롯한 40여 개의 성을 함락하였다.
③ 평양성 공격 : 고국원왕 전사 → 백제 근초고왕
   백제의 전성기를 이끈 근초고왕은 평양성을 공격하여 고구려의 고국원왕을 전사시켰다.
④ 한강 하류 지역 수복 → 백제 성왕
   백제 성왕은 나·제 동맹으로 맺어진 신라의 진흥왕과 연합하여 고구려로부터 한강 하류 지역을 수복하였다.

05 연개소문의 정변

암기박사 살수 대첩 ⇒ 연개소문 정변 ⇒ 안시성 전투

정답 ③

정답 해설

- (가) 살수 대첩(612) : 수 양제가 고구려를 2차 침입했을 때 을지문덕 장군이 우중문의 30만 별동대를 살수로 유인하여 크게 물리쳤다.
- 연개소문의 정변(642) : 연개소문이 정변을 일으켜 영류왕을 죽이고 보장왕을 옹립하여 권력을 장악한 후 스스로 막리지가 되었다.
- (나) 안시성 전투(645) : 당 태종이 연개소문의 정변을 빌미로 고구려에 침입하자 양만춘이 안시성 전투에서 당의 군대를 격퇴하였다.

오답 해설

① 환도성 함락(246) → (가) 이전
고구려 동천왕 때 위(魏)의 유주자사 관구검이 이끄는 군대의 침략을 받아 환도성이 함락되었다.

② 황산벌 전투(660) → (나) 이후
김유신이 지휘한 신라군이 백제를 공격하자 계백이 이끄는 결사대가 황산벌에서 항전하였다.

④ 신라에 침입한 왜 격퇴(400) → (가) 이전
고구려 광개토 대왕이 신라 내물왕의 요청을 받아 신라에 침입한 왜를 낙동강 유역에서 격퇴하였다.

⑤ 낙랑군 축출(313) → (가) 이전
고구려 미천왕이 낙랑군을 몰아내고 고조선의 옛 땅인 대동강 유역까지 영토를 확장하였다.

06 금동 연가 7년명 여래 입상

암기박사 금동 연가 7년명 여래 입상 ⇒ 고구려

정답 ②

정답 해설

경남 의령군에서 출토되어 1964년에 국보로 지정된 금동 연가 7년명 여래 입상은 고구려 승려들이 만든 천불 중의 하나로, 광배 뒷면에 고구려의 연호로 추정되는 연가라는 글자가 새겨져 있다. 금동 연가 7년명 여래 입상은 두꺼운 의상과 긴 얼굴 모습에서 북조 양식을 따르고 있으나, 강인한 인상과 은은한 미소에는 고구려의 독창성이 보인다.

오답 해설

① 부석사 소조여래좌상 → 고려
영주 부석사 무량수전의 건물 내부에 있는 고려 시대의 불상으로, 현재 남아 있는 소조불상 중 가장 크고 오래 되었다.

③ 경주 구황사 금제 여래 좌상 → 통일 신라
경북 경주시 구황사 삼층석탑에서 발견된 불상으로, 두광과 신광이 합쳐진 투각의 광배, 당당한 신체의 불신, 연화대좌로 이루어져 있다.

④ 익산 왕궁리 금동 여래 입상 → 통일 신라
전북 익산의 왕궁리 오층석탑을 해체 및 수리하는 과정에서 발견된 불상이다. 광배까지 한 세트로 온전히 전하는 통일신라 말 불상으로 출토지가 후백제 영역이다.

⑤ 이불 병좌상 → 발해
발해의 수도였던 동경 용원부 유적지에서 발굴된 이불병좌상은 고구려의 양식을 계승하였다. 흙을 구워 만든 것으로, 두 부처가 나란히 앉아 있는 모습을 나타낸다.

07 삼국 통일의 과정

암기박사 백제 부흥 운동 ⇒ 고구려 부흥 운동 ⇒ 기벌포 전투

정답 ④

정답 해설

- (나) 백제 부흥 운동(660~663) : 백제가 멸망한 후 흑치상지가 임존성에서 군사를 일으켰고, 복신과 도침이 부여풍을 왕으로 추대하고 주류성(한산)에서 백제 부흥 운동을 전개하였다.
- (다) 고구려 부흥 운동(670~674) : 고구려가 멸망한 후 검모잠이 보장왕의 서자 안승을 왕으로 추대하고 고구려 부흥 운동을 전개하였으나, 안승이 검모잠을 죽이고 신라로 망명하였다.
- (가) 기벌포 전투(676) : 신라 문무왕 때 사찬 시득이 이끄는 신라군이 금강 하구의 기벌포에서 설인귀가 이끄는 당의 대군을 격파하고 나·당 전쟁에서 승리하였다.

08 통일 신라의 경제 상황

암기박사 서시 & 남시 설치 ⇒ 통일 신라

정답 ②

정답 해설

일본 도다이사 쇼소인에서 발견된 신라 촌락 문서는 서원경에 속한 촌을 비롯한 4개 촌락의 경제 상황이 기록되어 있다. 통일 신라의 효소왕 때에는 지증왕 때 세워진 동시 외에 수도에 서시와 남시를 추가로 설치하였다. → 민정문서, 신라장적

오답 해설

① 무역소 : 여진과의 국경 무역 → 조선 시대
조선 세종은 북쪽 지방인 경성과 경원에 무역소를 두고 여진과의 국경 무역을 허락하였다.

③ 주전도감 : 해동통보 발행 → 고려 시대
고려 숙종은 화폐 유통의 촉진을 도모하기 위해 주전도감을 설치하고 해동통보를 발행하였으나 널리 사용되지는 못하였다.

④ 도고 : 독점적 도매상인 → 조선 시대
조선 후기에는 독점적 도매상인인 도고가 대규모 자본을 동원하여 상품을 매점매석함으로써 이윤을 추구하였다.

⑤ 구황작물 : 감자, 고구마 → 조선 시대
조선 후기에는 청에서 들여 온 감자와 일본에서 들여 온 고구마 등의 구황 작물을 재배하였다.
→ 기후가 불순한 흉년에도 비교적 안전한 수확을 얻을 수 있는 작물

09 발해의 역사

암기박사 문적원 : 도서관 기능 ⇒ 발해

정답 ④

정답 해설

대조영이 건국한 발해는 통일 신라를 남국으로 지칭한 것에 대해 북국으로 표현되었다. 발해는 서적 관리, 주요 문서 작성 등을 위해 도서관 기능을 담당하는 문적원을 두었다.

오답 해설

① 정사암 : 국가 중대사 결정 → 백제
백제는 귀족 회의체인 정사암 회의를 개최하여 재상을 선출하는

등 국가 중대사를 결정하였다.
② 욕살, 처려근지 : 지방관 → 고구려
고구려는 지방의 여러 성에 욕살, 처려근지 등의 지방관을 두어 병권을 행사하였고, 각 지방의 성이 군사적 요지로 개별적 방위망을 형성하였다.
③ 도병마사 : 군사 문제 논의 → 고려
고려는 국방 문제를 담당하는 임시 기구인 도병마사에서 변경의 군사 문제 등을 논의하였다.
⑤ 골품 : 엄격한 신분 차별 → 신라
신라의 골품제는 혈연에 따라 사회적 제약이 가해지는 폐쇄적 신분 제도로 골품에 따라 관등 승진, 일상생활 등을 엄격히 제한하였다.

> **핵심노트** ▶ 발해의 중앙 관제
> • 3성 6부 : 3성(정당성 · 선조성 · 중대성) 6부(인 · 의 · 지 · 예 · 신부), 정당성의 장관인 대내상이 국정 총괄
> • 중정대 : 관리들의 비위를 감찰하는 감찰 기관
> • 문적원 : 서적의 관리 담당(도서관)
> • 주자감 : 중앙의 최고 교육 기관(국립대학)으로 귀족의 자제 교육

10 고려 태조의 업적

암기박사 훈요 10조 ⇒ 고려 태조(왕건)   **정답** ⑤

정답 해설
개태사는 후삼국을 통일한 고려 태조 왕건이 이를 기념하기 위해 세운 사찰이다. 고려 태조는 자신의 사후 후대 왕들이 지켜야 할 정책 방향을 담은 훈요 10조를 남겼다.

오답 해설
① 양현고 설치 : 관학 진흥 → 고려 예종
고려 예종은 국립 교육 기관인 국자감 내에 관학 진흥을 목적으로 교육 장학 재단인 양현고를 설치하였다.
② 쌍기 : 과거제 시행 → 고려 광종
고려 광종은 인재를 등용하기 위해 후주인 쌍기의 건의를 받아들여 과거제를 시행하였다.
③ 12목 설치 : 지방관 파견 → 고려 성종
고려 성종은 최승로의 시무 28조에 따라 전국에 12목을 설치하고 지방관을 처음으로 파견하였다.
④ 전시과 제도 → 고려 경종
고려 경종은 전시과 제도를 마련하여 모든 전 · 현직 관리를 대상으로 관품과 인품 · 세력을 반영하여 토지를 지급하였다.

11 서경(평양)과 관련된 역사적 사실

암기박사 묘청의 난 ⇒ 서경(평양)   **정답** ②

정답 해설
유수 조위총이 무신정변의 주동자를 제거하고 나라를 바로잡는다는 명분으로 난을 일으킨 곳은 서경이며, 원 간섭기에 동녕부가 설치된 곳도 서경이다. 또한 서경에서는 금국을 정벌하자고 주장하던 묘청이 천도가 어려워지자 국호를 대위, 연호를 천개라 하며 난을 일으킨 곳이기도 하다.

오답 해설
① 정몽주 피살 → 개경(지금의 개성)
고려 말 온건 개혁파의 정몽주가 이방원 세력에 의해 개경의 선죽교에서 피살되었다.
③ 황룡사 구층 목탑 → 경주
신라 선덕여왕 때 자장의 건의로 황룡사 구층 목탑이 경주에 건립되었으나 몽골의 침입으로 소실되었다.
④ 직지심체요절 간행 → 청주
직지심체요절은 현존하는 세계 최고(最古)의 금속 활자본으로 청주 흥덕사에서 간행되었다.
⑤ 정서 : 정과정 저술 → 동래(지금의 부산)
고려 의종 때 억울한 누명을 쓰고 동래로 귀양을 간 정서가 유배 중에 정과정이라는 고려 가요를 지었다.

12 고려의 경제 상황

암기박사 관영 상점 : 서적점, 다점 ⇒ 고려 시대   **정답** ②

정답 해설
속칭 활구라 불리는 은병이 주조되어 화폐로 유통되던 시기는 고려 시대이다. 또한 최고 상설 기구인 도평의사사가 있던 시기도 고려 시대의 원 간섭기이다. 고려 시대에는 서경을 비롯한 개경, 동경 등의 대도시에 서적점, 다점 등의 관영 상점이 운영되었다.

오답 해설
① 솔빈부의 특산물 : 말 → 발해
솔빈부는 발해의 지방 행정 구역인 15부 중의 하나로, 그 지역의 특산물인 말이 주요 수출품으로 거래되었다.
③ 장보고 : 청해진 → 통일 신라
통일 신라 때 장보고는 완도에 청해진을 설치하여 해상 무역을 장악하고 국제 무역의 거점으로 번성하였다.
④ 덕대 : 광산 경영 → 조선
조선 후기에는 상인 물주에게 자본을 조달받은 덕대가 광산을 전문적으로 경영하였다.
⑤ 기유약조 : 일본과의 교역 재개 → 조선
조선 광해군 때 일본에 제한된 무역을 허용한 기유약조가 체결되어 일본과의 교역을 재개하였다.

13 여진족에 대한 고려의 대응

암기박사 윤관 : 동북 9성 설치 ⇒ 고려 vs 여진   **정답** ⑤

정답 해설
고려 숙종 때 윤관은 여진족을 정벌하기 위해 신기군, 신보군, 항마군으로 구성된 별무반을 편성하였고, 이후 예종 때 별무반을 이끌고 여진을 정벌한 후 동북 9성을 설치하고 경계를 알리는 비석을 세웠다.

오답 해설

① 광군 창설 → 고려 vs 거란

고려 정종은 광군을 창설하고 청천강에 배치하여 거란의 침입에 대비하였다.

② 박위 : 대마도 정벌 → 고려 vs 왜구

고려 창왕 때 박위를 파견하여 왜구의 근거지인 대마도를 토벌하였다.

③ 강화도 천도 → 고려 vs 몽골

몽골의 무리한 조공 요구와 내정 간섭에 반발한 최우가 다루가치를 사살하고 강화도로 도읍을 옮겨 장기 항전을 준비하였다.

④ 만부교 사건 → 고려 vs 거란

고려 태조는 거란을 배척하여 거란으로부터 선물 받은 낙타를 만부교에서 굶어 죽게 하였다.

14 무신 집권기 하층민의 반란

암기박사 김사미·효심의 난, 이연년 형제의 난 ⇒ 무신 집권기 하층민의 반란

정답 ⑤

정답 해설

첫 번째 사료는 최대 규모의 농민 봉기인 김사미·효심의 난이고, 두 번째 사료는 전라도 담양 일대에서 백적도원수를 자처하며 일어난 이연년 형제의 난이다. 이들 모두 고려 무신 집권기에 발생한 하층민의 반란이다.

오답 해설

① 노비안검법 실시 → 고려 광종

고려 광종은 노비안검법을 실시하여 양인이었다가 불법으로 노비가 된 자를 조사하여 해방시켜 줌으로써 호족의 경제적 기반을 약화시키고 왕권을 강화하였다.

② 임술 농민 봉기 : 삼정이정청 설치 → 조선 철종

세도 정치기인 조선 철종 때 임술 농민 봉기가 발발하자, 삼정의 문란을 해결하기 위해 박규수의 건의로 삼정이정청이 설치되었다.

③ 사심관 : 호족 세력 포섭 → 고려 태조

고려 태조는 왕권 유지를 위한 호족 세력의 포섭책으로 사심관 제도를 시행하였는데, 신라의 마지막 왕인 경순왕 김부를 경주의 사심관에 임명한 것이 시초였다.

④ 동학 농민 운동 : 집강소 설치 → 조선 고종

동학 농민 운동 당시 청·일군의 개입으로 전주 화약이 성립하자 농민군은 전라도 일대의 집강소를 중심으로 폐정 개혁안을 추진하였다.

핵심노트 ▶ 무신 집권기 하층민의 반란
- 망이·망소이의 난(1176) : 공주 명학소의 망이·망소이가 주동이 되어 일으킨 반란
- 전주 관노의 난(1182) : 경대승 집권기에 있었던 관노들의 난으로 전주를 점령
- 김사미·효심의 난(1193) : 운문(청도)에서 김사미가, 초전(울산)에서 효심이 신분 해방 및 신라 부흥을 기치로 내걸고 일으킨 최대 규모의 농민 봉기
- 만적의 난(1198) : 개경에서 최충헌의 사노 만적이 신분 해방을 외치며 반란
- 진주 노비의 난(1200) : 진주 공·사노비의 반란군이 합주의 부곡 반란군과 연합
- 이연년 형제의 난(1237) : 전라도 담양 일대에서 백적도원수를 자처하며 일어난 난

15 공민왕의 반원 자주 정책

암기박사 반원 자주 정책 ⇒ 고려 말 : 공민왕

정답 ⑤

정답 해설

고려 말기 공민왕은 기철 등 친원 세력을 숙청하고, 몽골풍을 폐지하는 등 반원 자주 정책을 펼쳤다. 공민왕의 개혁 정책은 원 간섭기이므로, 몽골과 강화를 맺고 개경으로 환도한 이후부터 고려가 멸망한 시기의 사이에 해당한다.

16 고려 문화유산

암기박사 금동 대향로 ⇒ 백제 문화유산

정답 ①

정답 해설

몽골의 침략을 받던 시기에 국가의 태평을 기원하며 발원한 법화경 서탑도는 고려 시대의 문화유산이다. 한편, 부여의 능산리 절터에서 발견된 금동 대향로는 백제의 문화유산으로, 백제의 금속 공예 기술이 중국을 능가할 정도로 매우 뛰어났음을 보여 주는 걸작품이다.

오답 해설

② 논산 관촉사 석조 미륵보살 입상 → 고려 문화유산

충남 논산에 있는 고려 시대 최대의 석불입상으로 은진미륵이라고도 불리며 규모가 거대하고 인체 비례가 불균형하다.

③ 청자 투각 칠보무늬 향로 → 고려 문화유산

향이 빠져나가는 뚜껑과 향을 태우는 몸통, 그리고 이를 지탱하는 받침으로 이루어진 대표적인 고려청자 향로로, 각각 다른 모양을 기능적으로 결합하여 완성된 조형물로 나타내었을 뿐만 아니라 음각, 양각, 투각, 퇴화, 상감, 첩화 등 다양한 기법이 조화롭게 이용되었다.

④ 평창 월정사 팔각 구층 석탑 → 고려 문화유산

강원도 평창의 월정사 대웅전 앞뜰에 있는 고려 전기의 석탑으로, 당시 불교문화 특유의 화려하고 귀족적인 면모가 잘 나타난 다각 다층 석탑이다.

⑤ 청동 은입사 포류수금문 정병 → 고려 문화유산

청동에 은입사 기법으로 물가의 버드나무와 물새 등을 표현한 고려 시대의 청동 정병이다.

17 고려의 대몽 항쟁

암기박사 몽골의 침입 ⇒ 대몽 항쟁 ⇒ 원 간섭기

정답 ③

정답 해설

(가) 몽골 사신 저고여 피살(1225) : 고려 무신 집권기 때 몽골 사신 저고여가 귀국길에 피살되어 몽골군이 침입하는 빌미가 되었다.
- 삼별초의 항쟁(1273) : 고려 정부의 개경 환도에 반발하여 강화도와 진도에 이어 김통정의 삼별초가 제주도에서 항쟁하였으나 몽골과 연합한 김방경의 군대에 의해 탐라에서 진압되었다.

(나) 원의 제국 대장 공주와 혼인(1274) : 제국 대장 공주는 충렬왕의 왕비로, 고려 말 원 간섭기에는 왕이 원의 공주와 결혼하여 원의 부마국으로 전락하였다.

오답 해설

① 공산 전투(927) → (가) 이전
후백제의 견훤이 신라를 공격하자 경애왕의 요청으로 태조 왕건은 신숭겸을 보내 견훤군을 공격하였으나 공산 전투에서 전사하였다.

② 최승로 : 시무 28조(982) → (가) 이전
고려 성종 때 최승로가 시무 28조를 건의하여 통치 체제를 정비하고 유교 정치 이념을 확립하였다.

④ 나성 축조(1009~1029) → (가) 이전
고려 현종 때 거란의 3차 침입에 맞서 강감찬은 귀주에서 대승을 거둔 후 개경에 나성을 축조할 것을 건의하였다.

⑤ 경대승 : 정중부 제거(1179) → (가) 이전
고려 시대 무신 간의 권력 쟁탈전이 벌어질 때 경대승이 정중부 등을 제거하고 권력을 장악하였다.

18 최영 장군의 활동

암기박사 홍산 전투 ⇒ 최영 **정답** ①

정답 해설

명의 철령위 설치에 반발하여 팔도도통사로서 요동 정벌을 추진하였던 인물은 최영 장군이다. 고려 우왕 때 왜구가 충남 내륙 지방까지 쳐들어오자 최영 장군은 군대를 이끌고 홍산 전투에서 왜구를 물리쳤다. ▶지금의 충남 부여 지역

오답 해설

② 화통도감 설치 → 최무선
고려 말 우왕 때 최무선이 화약과 화포 제작을 위한 화통도감의 설치를 건의하였다.

③ 목종 폐위 → 강조
고려 목종 때 강조가 정변을 일으켜 김치양을 제거한 후 목종까지 폐하고 대량군(현종)을 즉위시켰다.

④ 의종 복위 도모 → 김보당
고려 무신 집권기 때 동북면 병마사 김보당이 무신정변에 반대하고 의종 복위를 주장하며 군사를 일으켰다.

⑤ 교정별감 → 최충헌
최충헌은 이의민을 제거하고 무신 간의 권력 쟁탈전을 수습한 후 교정별감이 되어 국정 전반을 장악하였다.

19 균역법의 재정 보충 대책

암기박사 균역법 : 재정 부족 ⇒ 선무군관포 징수 **정답** ③

정답 해설

백성들의 군역 부담을 줄이기 위해 1년에 군포 2필을 부담하던 것을 1필로 경감한 것은 조선 영조 때 시행된 균역법이다. 균역법의 시행으로 재정이 부족해지자 일부 부유한 양민에게 선무군관이란 칭호를 주고 군포 1필을 부과하는 선무군관포를 징수하였다.

오답 해설

① 공인 등장 → 대동법
대동법의 시행으로 조선 후기에는 관청에 필요한 물품을 납품하는 공인이 등장하였다. ▶관허 상인

② 당백전 발행 → 경복궁 중건
흥선 대원군은 경복궁 중건에 필요한 재원 마련을 위해 당백전을 발행하였다.

④ 토산물 대신 쌀, 동전으로 납부 → 대동법
공납의 폐단을 해결할 목적으로 시행한 대동법은 토산물 대신 쌀, 베, 동전 등으로 납부하게 하였다.

⑤ 풍흉에 따라 9등급 차등 부과 → 연분 9등법
조선 세종 때 풍흉에 따라 전세를 9등급으로 차등 부과하는 연분 9등법을 시행하였다.

20 사헌부의 역할

암기박사 서경권 행사 ⇒ 사헌부 **정답** ⑤

정답 해설

제시된 사료의 내용 중 대사헌을 수장으로 하는 기구는 사헌부이다. 홍문관, 사간원과 함께 삼사를 구성하며, 5품 이하 관리의 임명 과정에서 서경권을 행사하였다.
▶인사 이동이나 법률 제정 등에서 대간의 서명을 받는 제도 : 왕권 견제

오답 해설

① 수도의 행정과 치안 담당 → 한성부
한성부는 수도의 행정과 치안을 담당하였으며 토지 및 가옥 소송도 관여하였다.

② 왕명 출납 → 승정원
승정원은 왕의 비서 기관으로 왕명의 출납을 관장하였으며, 은대라고도 불렸다.

③ 왕의 자문과 경연 주관 → 홍문관
홍문관은 사헌부, 사간원과 함께 삼사를 구성하였으며, 왕의 자문과 경서와 사서를 강론하는 경연을 주관하였다.

④ 역사서 편찬 및 보관 → 춘추관
조선 시대의 춘추관은 역사서를 편찬하고 실록을 사고에 보관 및 관리하는 업무를 담당하였다.

21 조광조의 개혁 정치

암기박사 소학 보급, 현량과 실시 ⇒ 조광조 **정답** ④

정답 해설

반정 공신의 위훈 삭제 등 개혁을 추진하다가 사사된 인물은 조광조이다. 조선 중종 때 조광조는 소학의 보급을 주장하고 천거제의 일종인 현량과를 통해 사림을 대거 등용하였다.

오답 해설

① 성학집요 저술 → 이이
조선 선조 때 율곡 이이는 군주가 수양해야 할 덕목을 제시한 성학집요를 저술하고 선조에게 바쳤다.

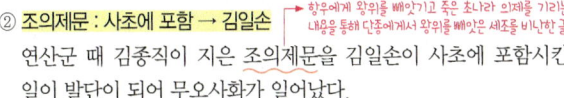

② 조의제문 : 사초에 포함 → 김일손
연산군 때 김종직이 지은 조의제문을 김일손이 사초에 포함시킨 일이 발단이 되어 무오사화가 일어났다.
③ 백운동 서원 : 최초의 서원 → 주세붕
조선 중종 때 풍기 군수 주세붕이 안향의 봉사를 위해 최초의 서원인 백운동 서원을 건립하였다.
⑤ 조선경국전 : 재상 중심의 정치 → 정도전
정도전은 조선 초기의 개국공신으로 재상 중심의 정치를 강조한 조선경국전을 저술하였다.

22 광해군의 정책

암기박사 전란 복구, 동의보감 간행 ⇒ 광해군 **정답** ③

정답 해설
동생 영창 대군을 죽이고 어머니 인목 대비를 폐위하였으며, 후금과의 관계 악화를 피하려 중립 외교 정책을 선택한 왕은 광해군이다. 광해군은 임진왜란과 정유재란으로 인한 피해를 복구하고, 허준으로 하여금 전통 한의학을 정리한 동의보감을 간행토록 하였다.

오답 해설
① 6조 직계제 실시 → 태종
태종은 6조 직계제를 처음으로 실시하여 의정부의 권한을 약화시키고 왕권을 강화하였다.
② 집현전 설치 → 세종
세종은 학문 연구 기관인 집현전을 설치하여 인재를 육성하고 편찬 사업을 추진하였다.
④ 동국문헌비고 편찬 → 영조
영조 때 홍봉한 등은 한국학 백과사전인 동국문헌비고를 편찬하여 역대 문물을 정리하였다.
⑤ 신해통공 단행 → 정조
정조는 시전 상인의 특권을 축소하는 신해통공을 단행하여 육의전을 제외한 시전 상인의 금난전권을 폐지하였다.

23 병자호란의 영향

암기박사 병자호란 : 삼전도 굴욕 ⇒ 북벌론 추진 **정답** ①

정답 해설
국왕이 삼전도에서 항복하며 종결된 전쟁은 조선 인조 때 발발한 병자호란이다(1636). 이후 효종이 즉위하고 이완 등을 중심으로 조선을 도운 명에 대한 의리를 내세우며 청에 당한 치욕을 갚자는 북벌론이 추진되었다(1649).

오답 해설
② 김종서 : 6진 개척 → 세종
조선 세종 때 여진족을 몰아내고 김종서가 두만강 일대에 6진을 개척하였다(1449).
③ 이종무 : 쓰시마섬 정벌 → 세종
조선 세종 때 이종무가 왜구의 근거지인 쓰시마섬을 정벌하였다(1419).

④ 강홍립 : 사르후 전투 → 광해군
조선 광해군 때 명의 요청으로 강홍립 부대가 사르후 전투에 참전하였으나, 명과 후금 사이에서 중립 외교를 펼쳤다(1619).
⑤ 비변사 설치 → 중종
조선 중종 때 국방 문제를 논의하기 위해 비변사가 처음으로 설치되었다(1517).

24 조선 세조 재위 시기의 사실

암기박사 간경도감 : 불교 경전 간행 ⇒ 조선 세조 **정답** ①

정답 해설
수신전, 휼양전 등의 명목으로 세습되던 토지를 폐지하고 현직 관리에게만 전지를 주는 직전법을 시행한 왕은 조선 세조이다. 단종을 폐위하고 왕위에 오른 세조는 불교를 장려하기 위해 궁중에 불교 경전을 간행하는 간경도감을 설치하였다.

오답 해설
② 악학궤범 완성 → 성종
성종 때 성현에 의해 궁중의 음악 이론 등을 집대성한 악학궤범이 완성되었다.
③ 혼일강리역대국도지도 제작 → 태종
태종 때 권근 · 김사형 · 이회 등에 의해 현존하는 동양 최고(最古)의 세계 지도인 혼일강리역대국도지도가 제작되었다.
④ 초계문신제 실시 → 정조
정조는 신하를 재교육하기 위해 초계문신제를 실시하고 시험을 통해 승진시켰다.
⑤ 농사직설 편찬 → 세종
조선 세종 때 정초 등이 삼남 지방의 농법을 소개한 농사직설을 편찬하였다.

25 충주 지역의 역사적 사실

암기박사 충주 고구려비 ⇒ 충주 **정답** ④

정답 해설
임진왜란 때 신립 장군이 결사 항전한 탄금대 전투가 벌어진 곳은 충주이다. 충주에는 남한 지역에서 유일하게 발견된 충주 고구려비가 위치해 있다. 충주 고구려비는 장수왕이 아버지인 광개토 대왕의 치적을 칭송하기 위해 세운 비이다.

오답 해설
① 제1차 미 · 소 공동 위원회 개최 → 서울 덕수궁
덕수궁 석조전은 덕수궁 안에 지어진 최초의 서양식 석조 건물로, 르네상스식 건물로 지어졌으며 제1차 미 · 소 공동 위원회가 개최되었다.
② 만동묘 건립 → 충북 괴산
임진왜란 때 조선을 도와준 데 대한 보답으로 명의 신종을 기리는 만동묘가 충북 괴산에 건립되었다.
③ 강주룡 : 을밀대 고공 농성 → 평양
노동자 강주룡이 평양 을밀대 지붕에서 임금 삭감에 저항하여 고

공 농성을 벌였다.
⑤ 박재혁 의거 → 부산
   의열단 단원인 박재혁은 부산 경찰서에서 폭탄을 터뜨려 하시모토 서장을 처단하였다.

26 조선 숙종의 환국 정치

정답 ②

암기박사 기사환국 ⇒ 송시열 사사 ⇒ 갑술환국

정답 해설

- **기사환국(1689)** : 조선 숙종 때 희빈 장씨 소생의 원자 명호 문제로 기사환국이 발생하여 인현 왕후가 폐위되고 남인이 권력을 차지하였다.
- (가) **송시열 사사(1689)** : 기사환국의 결과 송시열이 관직을 삭탈당하고 유배된 후 사사되었다. ← 이름과 호
- **갑술환국(1694)** : 조선 숙종 때 폐비 민씨의 복위 운동을 저지하려던 남인이 축출되고 서인의 노론과 소론이 정국을 주도하고 인현왕후가 복권되었다.

오답 해설

① 이징옥의 난 → 조선 세조
   함길도 도절제사 이징옥이 수양대군 일파의 권력 장악과 자신의 파직에 대해 불만을 품고 여진족 등과 함께 반란을 일으켰다.
③ 예송 논쟁 → 조선 현종
   조선 현종 때 자의 대비의 복상 문제를 둘러싸고 서인과 남인 사이에 두 차례에 걸쳐 예송이 전개되었다. ← 기해예송, 갑인예송
④ 정여립 모반 사건 : 기축옥사 → 조선 선조
   조선 선조 때 정여립 모반 사건을 빌미로 동인에 대한 기축옥사가 발생하였다.
⑤ 탕평비 건립 → 조선 영조
   조선 영조 때 붕당의 폐해를 막기 위해 성균관 입구에 탕평비가 건립되었다.

핵심노트 ▶ 조선 숙종의 환국 정치

경신환국 (1680)	서인이 허적(남인)의 서자 허견 등이 역모를 꾀했다 고발하여 남인을 대거 숙청 → 서인 집권
기사환국 (1689)	숙종이 희빈 장씨 소생인 연령군(경종)의 세자 책봉에 반대하는 서인을 유배·사사하고, 인현왕후를 폐비시킴 → 남인 재집권
갑술환국 (1694)	폐비 민씨 복위 운동을 저지하려던 남인이 실권하고 서인이 집권 → 서인 재집권

27 박제가의 활동

정답 ④

암기박사 박제가 ⇒ 규장각 검서관

정답 해설

연행사의 일원으로 북학의를 저술하여 청의 문물을 적극적으로 수용할 것을 주장한 인물은 박제가이다. 박제가는 서자 출신으로 정조 때 규장각 검서관에 기용되었다.
← 규장각 각신의 보좌, 문서 필사 등의 업무를 맡은 관리

오답 해설

① 지구전요 저술 → 최한기
   실학자인 최한기가 저술한 세계 지리서로 우주계의 천체와 기상, 지구상의 자연 및 인문지리를 내용으로 담고 있다.
② 의산문답 : 무한 우주론 → 홍대용
   홍대용은 의산문답을 통해 지전설과 무한 우주론을 주장하며 중국 중심의 세계관을 비판하였다.
③ 기기도설 : 거중기 설계 → 정약용
   정약용은 기기도설을 참고하여 거중기를 설계하였고, 조선 정조 때 수원 화성 축조 시 활용하였다.
⑤ 양반전 저술 → 박지원
   박지원은 양반전에서 양반 사회의 모순과 부조리를 비판하고 양반의 허례와 무능을 풍자하였다.

28 세도 정치기의 사회 모습

정답 ⑤

암기박사 임술 농민 봉기 ⇒ 세도 정치기

정답 해설

경상 우병사 백낙신의 탐학과 향리들의 횡포에 맞서 유계춘이 주도한 임술 농민 봉기가 발발한 것은 조선 후기인 세도 정치기이다. 이 시기에 안동 김씨 등 왕실의 외척을 비롯한 소수의 특정 가문이 권력을 독점하면서 벼슬을 사고파는 매관매직이 성행하였다.

오답 해설

① 흑창 설치 → 고려 태조
   고려 태조는 빈민을 구제하기 위해 고구려의 진대법을 계승한 흑창을 처음 설치하였다.
② 원종과 애노의 난 → 신라 하대
   신라 하대 진성여왕 때 원종과 애노가 가혹한 세금 수탈에 반발하여 사벌주(상주)에서 봉기하였다.
③ 홍건적 침입 → 고려 말기
   고려 말기 홍건적의 침입으로 개경이 함락되자 공민왕은 복주(안동)로 피란하였다.
④ 변발과 호복 유행 → 고려 원 간섭기
   고려 시대 원 간섭기에는 지배층을 중심으로 몽골풍의 변발과 호복이 유행하였다.

29 병인양요

정답 ③

암기박사 외규장각 도서 약탈 ⇒ 병인양요

정답 해설

양헌수 장군의 부대가 정족산성에서 프랑스군을 물리친 것은 병인양요 때의 일이다. 병인양요의 전개 과정에서 프랑스군에 의해 외규장각 도서가 약탈당하였다.

오답 해설

① 운요호 사건 → 강화도 조약
   운요호 사건을 빌미로 일본의 강압에 의해 불평등 조약인 강화도

조약이 체결되었다.
② 이괄의 난 → 인조 : 공산성 피란
인조반정 후 공신 책봉에 불만을 품은 이괄이 난을 일으켜 한양이 점령되자 인조는 공주의 공산성으로 피란하였다.
④ 고부 민란 → 이용태 : 안핵사
동학 농민 운동 당시 고부 군수 조병갑의 학정에 고부 민란이 일어나자 사태 수습을 위해 이용태가 안핵사로 파견되었다.
⑤ 신유박해 → 황사영 백서 사건
조선 순조 때 천주교에 대한 탄압으로 신유박해가 일어나자 황사영이 외국 군대의 출병을 요청하는 백서를 작성하였다.

30 임오군란의 영향

암기박사 임오군란 ⇒ 제물포 조약 : 일본군 주둔

정답 ④

정답 해설

제시된 사료에서 각 영에 소속된 군인들이 봉급을 몇 달 동안 못 받아 난을 일으킨 것은 임오군란이다. 임오군란의 결과 일본과 제물포 조약이 체결되어 일본 공사관 경비 명목으로 일본군이 주둔하는 계기가 되었다.

오답 해설

① 운요호 사건 → 강화도 조약
운요호 사건을 빌미로 일본의 강압에 의해 불평등 조약인 강화도 조약이 체결되었다.
② 강화도 조약 → 수신사 : 김기수 파견
일본과의 강화도 조약 이후 김기수가 수신사로 일본에 파견되어 메이지 유신 이후 발전된 일본의 문물을 시찰하였다.
③ 병인양요, 신미양요 → 척화비 건립
병인양요와 신미양요의 결과 흥선 대원군은 척화교서를 내리고 종로와 전국 각지에 척화비를 건립하였다.
⑤ 개화 정책 → 통리기무아문 설치
고종은 개화 정책의 일환으로 통리기무아문을 설치하고 그 아래 12사를 두어 신문물 수용과 부국강병을 도모하였다.

31 군국기무처의 활동

암기박사 제1차 갑오개혁 ⇒ 공사 노비법 혁파

정답 ①

정답 해설

근대적 개혁 추진을 위해 초정부적 정책 의결 기구인 군국기무처가 창설된 것은 제1차 갑오개혁 때이며, 이 때 사회 개혁의 일환으로 공사 노비법이 혁파되었다.

오답 해설

② 5군영을 2영으로 통합 → 개화 정책
고종은 개화 정책의 일환으로 군제를 개편하여 5군영을 2영으로 통합하고 별기군을 창설하였다.
③ 연호 : 건양 → 을미개혁
을미사변 후 김홍집 친일 내각이 을미개혁을 추진하고 건양이라는 연호를 제정하였다.

④ 한성 사범 학교 관제 반포 → 제2차 갑오개혁
제2차 갑오개혁 때 교육 입국 조서에 근거하여 교원 양성을 위한 한성 사범 학교 관제를 반포하였다.
⑤ 지계아문 : 지계 발급 → 광무개혁
대한 제국은 광무개혁 때 근대적 토지 소유제도의 마련을 위해 지계아문을 설치하고 지계를 발급하였다. → 근대적 토지증서

32 독립 협회의 활동

암기박사 중추원 개편 : 의회 설립 추진 ⇒ 독립 협회

정답 ④

정답 해설

자주 독립의 상징인 독립문을 건립한 단체는 독립 협회이다. 서재필을 중심으로 창립된 독립 협회는 중추원 개편을 통한 의회 설립을 추진하였다.

오답 해설

① 만세보 발행 → 천도교
천도교의 후원을 받은 오세창이 만세보를 발행하여 신지식 개발과 신문화 보급 운동 등 민중 계몽에 힘썼다.
② 일본의 황무지 개간권 요구 저지 → 보안회
보안회는 일본의 황무지 개간권 요구에 대한 지속적인 반대 운동을 벌여 일본의 황무지 개간권 요구를 저지하였다.
③ 105인 사건으로 와해 → 신민회
신민회는 국권 회복과 공화정체의 국민 국가 건설을 목적으로 안창호와 양기탁이 중심이 되어 조직된 비밀 결사 단체로, 일제가 조작한 105인 사건으로 와해되었다.
⑤ 독립 공채 발행 → 대한민국 임시 정부
대한민국 임시 정부는 독립운동 자금 마련을 위해 국외 거주 동포들에게 독립 공채를 발행하였다.

핵심노트 ▶ 독립협회의 활동

- 이권 수호 운동 : 러시아의 절영도 조차 요구 규탄, 한 · 러 은행 폐쇄
- 독립 기념물의 건립 : 자주 독립의 상징인 독립문을 세우고, 모화관을 독립관으로 개수
- 민중의 계몽 : 강연회 · 토론회 개최, 독립신문의 발간 등을 통해 근대적 지식과 국권 · 민권 사상을 고취
- 만민 공동회 개최 : 우리나라 최초의 근대적 민중 대회 → 외국의 내정 간섭·이권 요구·토지 조사 요구 등에 대항하여 반환을 요구
- 관민 공동회 개최 : 만민 공동회의 규탄을 받던 보수 정부가 무너지고 개혁파 박정양이 정권을 장악하자, 정부 관료와 각계각층의 시민 등 만여 명이 참여하여 개최
- 의회 설립 추진 : 의회식 중추원 신관제를 반포하여 최초로 국회 설립 단계까지 진행(1898. 11)
- 헌의 6조 : 헌의 6조를 결의하고 국왕의 재가를 받음 → 실현되지는 못함

33 국채 보상 운동

암기박사 대한매일신보 지원 ⇒ 국채 보상 운동

정답 ②

정답 해설

국채 보상 운동은 정부의 외채를 국민의 힘으로 상환하여 국권을 회복하자는 운동으로, 대한매일신보 등의 지원을 받아 확산되었다.

오답 해설

① **국채 보상 운동 → 조선 총독부(X)**
조선 총독부는 국권 피탈(1910)부터 일제 강점기에 조선을 지배했던 통치 기구이므로, 국채 보상 운동(1907)의 탄압과는 관련이 없다.

③ **대한민국 임시 정부 수립 계기 → 3·1 만세 운동**
고종의 인산일(因山日)에 민족 대표 33인의 이름으로 독립 선언서를 발표함으로써 전개된 3·1 만세 운동은 대한민국 임시 정부가 수립되는 계기가 되었다.

④ **백정에 대한 사회적 차별 철폐 → 형평 운동**
이학찬을 중심으로 진주에서 조선 형평사를 조직하고 백정에 대한 사회적 차별 철폐를 목적으로 형평 운동이 전개되었다.

⑤ **조선 민립 대학 기성회 → 민립 대학 설립 운동**
총독부가 대학 설립 요구를 묵살하자 조선 교육회는 우리 손으로 대학을 설립하고자 조선 민립 대학 기성회에서 모금 활동을 전개하였다.

34 고종의 강제 퇴위

정답 ④

🏷️ **암기박사** 고종의 강제 퇴위(1907) ⇒ 기유각서 : 사법권 박탈 (1909)

정답 해설

일제가 을사늑약의 무효를 선언하고 헤이그 만국 평화 회의에 특사를 파견한 일로 고종을 강제 퇴위시키고 순종을 즉위시켰다(1907). 이후 정미 7조약(한·일 신협약)에 의해 대한 제국 군대가 해산되고, 그 부대 각서인 기유각서가 체결되어 사법권을 박탈당하였다(1909).

오답 해설

① **별기군 창설(1881) → 고종의 강제 퇴위 이전**
일본과 강화도 조약을 체결한 이후 개화 정책의 일환으로 무위영 아래 별도로 신식 군대인 별기군이 창설되었다.

② **묄렌도르프 파견(1882) → 고종의 강제 퇴위 이전**
임오군란 이후 청의 내정 간섭이 강화되어 묄렌도르프가 외교 고문으로 파견되었다.

③ **이토 히로부미 부임(1905) → 고종의 강제 퇴위 이전**
을사늑약이 강제로 체결된 후 통감부가 설치되고 이토 히로부미가 초대 통감으로 부임하였다.

⑤ **관민 공동회 개최(1898) → 고종의 강제 퇴위 이전**
서재필을 중심으로 창립된 독립협회는 관민 공동회를 개최하고 헌의 6조를 결의하였다.

35 물산 장려 운동

정답 ②

🏷️ **암기박사** 평양에서 시작, 회사령 폐지 ⇒ 물산 장려 운동

정답 해설

조선인 기업이 만든 상품의 사용을 장려하고자 전개된 운동은 물산 장려 운동이다.

ㄱ. 일제의 회사령 폐지로 일본 대기업의 조선 진출이 용이해지자 민족 기업들이 민족 경제의 자립을 달성하고자 물산 장려 운동을 전개하였다.

ㄷ. 물산 장려 운동은 조만식 등이 중심이 되어 평양에서 조선 물산 장려회가 발족되고, '조선 사람 조선 것'이라는 구호 아래 전국으로 확산되었다.

오답 해설

ㄴ. **황국 중앙 총상회 → 상권 수호 운동**
서울의 시전 상인들이 아관파천 이후 열강의 이권 침탈에 대응하기 위해 황국 중앙 총상회를 조직하고 상권 수호 운동을 전개하였다.

ㄹ. **조·청 상민 수륙 무역 장정 → 대동 상회 설립**
조·청 상민 수륙 무역 장정의 체결로 외국 상인이 들어오자 관리들과 객주, 보부상 등이 중심이 되어 근대적 상회사인 대동 상회를 설립하였다.

36 의열단의 활동

정답 ①

🏷️ **암기박사** 활동 지침 : 조선 혁명 선언 ⇒ 의열단

정답 해설

일제 기관의 파괴와 조선 총독 이하의 관리 및 매국노의 암살 등을 위해 김원봉 등이 조직한 단체는 의열단이다. 의열단은 무장 투쟁과 민중의 직접 혁명을 주장한 신채호의 조선 혁명 선언을 활동 지침으로 삼았다.

오답 해설

② **건국 강령 : 삼균주의 → 충칭 임시 정부**
충칭의 대한민국 임시 정부는 조소앙의 삼균주의를 기초로 건국 강령을 발표하였다.

③ **잡지 개벽 발행 → 천도교**
천도교에서는 잡지 개벽 등을 발행하여 민족 의식을 고취하고 민중의 자각과 근대 문물의 보급에 기여하였다.

④ **윤봉길 의거 계획 → 한인 애국단**
김구가 상하이에서 결성한 한인 애국단은 홍커우 공원에서 일어난 윤봉길 의거를 계획하였다.

⑤ **국권 반환 요구서 제출 → 독립 의군부**
고종의 밀지를 받아 결성한 임병찬의 독립 의군부는 조선 총독부에 국권 반환 요구서를 제출하려 하였다.

37 신간회 결성

정답 ①

🏷️ **암기박사** 6·10 만세 운동 ⇒ 신간회 결성 ⇒ 광주 학생 항일 운동

정답 해설

(가) 6·10 만세 운동(1926) : 순종의 장례일을 맞아 6·10 만세 운동이 일어나 격문 살포와 시위 운동이 전개되었다.

(나) 신간회 결성(1927) : 6·10 만세 운동을 계기로 민족주의 세력과 사회주의 세력이 연대하여 민족 유일당 운동이 전개되었고 이듬해에 신간회가 결성되었다.

(다) 광주 학생 항일 운동(1929) : 광주에서 발생한 한·일 학생 간의

충돌을 일본 경찰이 편파적으로 처리하여 광주 학생 항일 운동이 촉발되자 신간회 중앙 본부가 진상 조사단을 파견하였다.

38 민족 말살 통치기의 일제 정책

암기박사 황국 신민 서사 암송 ⇒ 민족 말살 통치기

정답 ③

정답 해설

일제가 국가 총동원법을 시행하여 군사 시설물을 전국 각지에 구축하던 시기는 민족 말살 통치기이다. 이 시기에 일제는 천황에게 충성을 맹세하는 황국 신민 서사의 암송을 강요하였다.

오답 해설

① 조선 태형령(1912) → 무단 통치기
일제는 무단 통치기에 한국인에 한하여 태형을 통해 형벌을 가하는 조선 태형령을 공포하였다.

② 원산 총파업(1929) → 문화 통치기
원산 총파업은 원산 노동 연합회의 소속 노동자와 일반 노동자들이 합세하여 노동 조건 개선을 요구하며 전개한 1920년대 최대의 파업 투쟁이다.

④ 경성 제국 대학 설립(1924) → 문화 통치기
조선 교육회가 우리 손으로 대학을 설립하고자 조선 민립 대학 기성회를 중심으로 모금 운동을 전개하였으나 일제가 경성 제국 대학을 설립하여 중단되었다.

⑤ 13도 창의군 : 서울 진공 작전(1908) → 일제 강점기 이전
정미의병이 확산되는 과정에서 의병 연합군인 13도 창의군이 결성되어 서울 진공 작전에 참여하였다.

39 5·10 총선거 전후의 사실

암기박사 신한 공사 설립(1946) ⇒ 5·10 총선거(1948) ⇒ 농지 개혁법(1949)

정답 ④

정답 해설

(가) 신한 공사 설립(1946) : 미 군정기에 일제의 귀속 재산 처리를 위해 신한 공사가 설립되어 동양 척식 주식회사가 소유했던 재산 및 군정청 소유의 모든 토지를 관리하였다.
• 5·10 총선거(1948) : 우리나라 최초의 보통 선거인 5·10 총선거가 실시되어 제헌 국회를 구성하고 헌법을 제정·공포하였다.
(나) 농지 개혁법(1949) : 이승만 정부는 소작제를 철폐하고 자영농을 육성하고자 유상 매수, 유상 분배 원칙의 농지 개혁법을 제정하였다.

오답 해설

① 조선 건국 동맹 결성(1944) → (가) 이전
일제의 패망과 광복에 대비하여 일제 타도와 민주국가 건설을 목표로 조선 건국 동맹이 결성되었다.

② 한미 상호 방위 조약 체결(1953) → (나) 이후
휴전 협정 체결 직후 한·미 상호 방위 조약이 체결되어 한반도에서 무력 충돌이 일어날 경우 유엔의 결정 없이 미국이 즉각 개입할 수 있게 되었다.

③ 조선 사상범 예방 구금령 공포(1941) → (가) 이전
일제는 민족 말살 통치기 때 우리 민족의 사상을 통제하기 위해 조선 사상범 예방 구금령을 공포하였다.

⑤ 경향신문 폐간(1959) → (나) 이후
이승만 정부 때 정부에 비판적인 경향신문을 폐간하고 관련자들을 내란선동 혐의로 기소하는 등 언론을 통제하였다.

40 백남운의 저술 활동

암기박사 조선사회경제사 : 식민 사학 반박 ⇒ 백남운

정답 ③

정답 해설

우리 역사의 전개 과정을 세계사의 보편적인 발전 법칙에 따라 네 단계로 나누어 파악한 조선사회경제사를 저술한 인물은 백남운이다. 그는 조선사회경제사에서 유물 사관을 토대로 식민 사학의 정체성론을 반박하였다.

오답 해설

① 진단 학회 설립 → 이병도, 손진태
이병도, 손진태 등은 진단 학회를 조직하여 실증주의 사학을 발전시키고 진단 학보를 발행하였다.

② 한국독립운동지혈사 저술 → 박은식
박은식은 일제 침략에 대항하여 한민족의 독립 투쟁 과정을 서술한 한국독립운동지혈사를 저술하였다.

④ 우리말 큰 사전 편찬 사업 추진 → 이윤재
이윤재가 설립한 조선어 학회는 한글 맞춤법 통일안과 표준어를 제정하였으며, 우리말 큰 사전 편찬 사업도 추진하였다.

⑤ 조선학 운동 주도 → 정인보
정인보는 '오천 년간 조선의 얼'을 신문에 연재하여 민족의 얼을 강조하고 정약용의 여유당전서 간행 사업을 시작하면서 조선학 운동을 주도하였다.

41 한국 광복군의 독립 투쟁

암기박사 국내 진공 작전 추진 ⇒ 한국 광복군

정답 ④

정답 해설

지청천을 총사령관으로 하여 충칭에서 창립된 부대는 한국 광복군이다. 한국 광복군은 국내 정진군을 편성하여 국내 진공 작전을 추진하였으나 일제의 패망으로 실현하지는 못했다.

오답 해설

① 자유시 참변 → 대한 독립군단
간도 참변으로 인해 자유시로 이동한 대한 독립 군단은 적색군의 무장 해제 요구에 저항하다 공격을 받아 세력이 약화되었다.

② 영릉가 전투 → 조선 혁명군
양세봉의 조선 혁명군은 중국 의용군과 연합하여 영릉가 전투에서 일본군에게 승리하였다.

③ 쌍성보 전투 → 한국 독립군
지청천의 한국 독립군은 쌍성보 전투에서 한중 연합 작전을 전개하여 일본군에게 크게 승리하였다.

⑤ 청산리 대첩 → 북로 군정서군
김좌진의 북로 군정서군은 홍범도의 대한 독립군과 연합하여 간도의 청산리에서 일본군을 격퇴하였다.

42 6·25 전쟁 중의 사실

암기박사 흥남 철수 작전 ⇒ 6·25 전쟁 중

정답 ④

정답 해설
장진호 전투는 6·25 전쟁 당시 유엔군이 개마고원의 장진호 북쪽으로 진출하던 중 중공군의 포위망을 뚫고 흥남에 도착하기까지 전개한 철수 작전이다. 6·25 전쟁 중 중공군의 개입으로 전세가 불리해지자, 국군과 유엔군은 흥남항을 통해 대규모 철수 작전을 전개하였다.

오답 해설
① 애치슨라인 발표(1950. 1) → 6·25 전쟁 이전
미국의 극동 방위선에서 한반도를 제외한 애치슨라인이 발표되어 북한의 남침 오판으로 인한 6·25 전쟁이 발발하였다.

② 가쓰라·태프트 밀약(1905) → 6·25 전쟁 이전
러·일 전쟁에서 승리한 일본은 미국과 가쓰라·태프트 밀약을 맺고 일본의 한국 보호권과 미국의 필리핀 보호권을 교차 승인하였다.

③ 모스크바 3국 외상 회의(1945) → 6·25 전쟁 이전
모스크바의 3국 외상 회의에서 미·소 공동 위원회를 설치하고 최고 5년 동안 미·영·중·소 4개국이 신탁 통치를 하기로 결정하였다.

⑤ 남북 협상 참석(1948) → 6·25 전쟁 이전
김구, 김규식이 남한만의 단독 정부 수립과 분단을 막기 위해 평양에서 개최된 남북 협상에 참석하였다.

43 장면 내각

암기박사 양원제 : 민의원 + 참의원 ⇒ 장면 내각

정답 ⑤

정답 해설
4·19 혁명으로 이승만 대통령이 하야한 후 허정 과도 정부가 내각 책임제를 채택하면서 장면 내각이 출범하였고 국회가 민의원과 참의원의 양원제로 운영되었다. 이때 3·15 부정 선거 관련자가 처벌되었다.

오답 해설
① 국민 교육 헌장 발표 → 박정희 정부
박정희 정부 때에 국민의 윤리와 정신적인 기반을 확고히 하기 위하여 국민 교육 헌장이 발표되었다.

② 서울 올림픽 대회 개최 → 노태우 정부
노태우 정부 때에 동서 양 진영 160개국이 참가한 제24회 서울 올림픽 대회가 개최되었다.

③ 개성 공단 착공 → 노무현 정부
노무현 정부 때에 개성 공단 착공식이 개최되고 개성 공단 건설을 통해 남북 간 경제 교류가 이루어졌다.

④ 함평 고구마 피해 보상 투쟁 → 박정희 정부
박정희 정부 때에 함평군 농협이 농민들이 수확한 고구마를 전량 수매하기로 하고 이를 이행하지 않아 함평 고구마 피해 보상 투쟁이 전개되었다.

44 사사오입 개헌 이후의 사실

암기박사 사사오입 개헌(1954) ⇒ 진보당 사건(1958)

정답 ②

정답 해설
자유당의 이승만 정부가 권력을 계속 장악하기 위해 초대 대통령에 한해 중임 제한 규정을 철폐하는 개헌안을 제출하였으나, 1표 부족으로 부결되자 사사오입의 논리로 개헌안을 불법 통과시켰다(1954). 이후 이승만 정부 때 조봉암을 중심으로 진보당이 창당되었으나 평화 통일을 주장한 조봉암을 간첩 혐의로 처형하는 진보당 사건이 발발하였다(1958).

오답 해설
① 여수·순천 10·19 사건(1948) → 사사오입 개헌 이전
여수에 주둔하던 군인들이 제주 4·3 사건 진압을 거부하고 순천까지 무력 점거하는 여수·순천 10·19 사건이 일어났다.

③ 반민족 행위 특별 조사 위원회 설치(1948) → 사사오입 개헌 이전
제헌 국회에서 일제 강점기 친일 행위를 한 사람들을 처벌하고 공민권을 제한하기 위해 반민족 행위 특별 조사 위원회가 설치되었다.

④ 국회 프락치 사건(1949) → 사사오입 개헌 이전
친일 주요 인사들을 조사하기 위해 반민족 행위 특별 조사 위원회를 구성하였으나, 반공을 우선시하던 이승만 정부와 경찰이 공산당과 내통했다는 구실로 일부 반민 특위 소속 국회의원을 체포하였다.

⑤ 좌우 합작 위원회 구성(1946) → 사사오입 개헌 이전
이승만의 정읍 발언 이후 남한만의 단독 정부 수립운동이 일어나자, 이에 분단을 우려한 여운형 등의 주도로 좌우 합작 위원회가 구성되었다.

핵심노트 ▶ 사사오입 개헌(제2차 개헌, 1954. 11)

- 배경 : 3대 국회 의원 선거에서 관권 개입으로 자유당 압승
- 과정 : 초대 대통령에 한해 중임 제한 규정을 철폐하는 개헌안 제출 → 부결(1표 부족) → 2일 후 사사오입의 논리로 개헌안 불법 통과
- 결과 : 장기 집권을 위해 독재를 강화하면서 부정부패가 심화되고, 자유당 지지 세력 크게 감소, 민주당 창당

45 유신 헌법이 시행된 시기의 사실

암기박사 개헌 청원 백만인 서명 운동 ⇒ 박정희 정부

정답 ③

정답 해설
인민혁명당 재건위 사건은 박정희 정부 때 유신 반대 투쟁을 벌인 인사들의 배후가 인민 혁명당 재건위라며 관련자들을 탄압한 사건이다(1974). 박정희 정부 때에 유신헌법 철폐를 위해 재야인사들이 주도한 개헌 청원 백만인 서명 운동이 전개되었다(1973).

오답 해설

① 김주열 사망(1960) → 이승만 정부
이승만 정부 때에 김주열이 3·15 부정 선거를 규탄하는 시위에 참가하였다가 최루탄을 맞고 사망한 채로 발견되어 4·19 혁명의 도화선이 되었다.

② 부천 경찰서 성 고문 사건(1986) → 전두환 정부
전두환 정부 때에 대학 제적생으로 노동운동에 투신한 권인숙 씨가 부천 경찰서에 연행된 후 성 고문을 당하는 사건이 발생하였다.

④ 국민 보도 연맹 사건(1950) → 이승만 정부
이승만 정부 때에 해방 후에 좌익 활동의 전력이 있는 사람들을 전향시켜 인도한다는 취지로 국민 보도 연맹을 결성하였으나, 6·25 전쟁이 발발하자 국민 보도 연맹원에 대한 무차별 학살을 자행하였다.

⑤ 강경대 사망(1991) → 노태우 정부
노태우 정부 때 민주화 시위 도중 대학생 강경대가 백골단의 무차별 폭행으로 사망하여 5월 투쟁의 도화선이 되었다.

46 박정희 정부 시기의 경제 상황

정답 ①

암기박사 제3차 경제 개발 5개년 계획 추진 ⇒ 박정희 정부

정답 해설

경부 고속 도로 개통과 포항 제철소 1기가 준공된 것은 박정희 정부 때의 일이다. 이 시기에 중화학 공업 육성을 위한 제3차 경제 개발 5개년 계획이 추진되었다.

오답 해설

② 미국과 자유 무역 협정(FTA) 체결 → 노무현 정부
노무현 정부 때에 미국과 자유 무역 협정(FTA)이 체결되어 미국과의 무역 장벽을 허무는 계기가 되었다.

③ 금융 실명제 실시 → 김영삼 정부
김영삼 정부 때에 금융 거래의 투명성을 확보하고자 대통령의 긴급 명령으로 금융 실명제를 실시하였다.

④ 국제 통화 기금(IMF)의 조기 상환 → 김대중 정부
김대중 정부 때에 외환 위기로 지원받은 국제 통화 기금(IMF)의 구제 금융 지원금을 조기 상환하였다.

⑤ 최저 임금법 제정 → 전두환 정부
전두환 정부 때에 저임금 노동자의 생활 안정을 위해 임금의 최저 수준을 보장하는 최저 임금법을 제정하였다.

47 시대별 군사 조직

정답 ②

암기박사 9서당(통일 신라) ⇒ 2군(고려) ⇒ 5군영(조선) ⇒ 2영(개화기)

정답 해설

(가) 9서당(통일신라) : 여덟째의 적금서당과 아홉째의 청금서당은 통일 신라 신문왕 때 조직된 중앙군의 군사 조직인 9서당이다.
(나) 2군(고려) : 응양군은 용호군과 함께 고려 시대의 중앙군인 2군으로 국왕의 친위 부대이다.
(라) 5군영(조선) : 금위영은 훈련도감, 총융청, 수어청, 어영청과 함께 조선의 5군영 중의 하나로, 국왕의 호위와 도성 수비 강화를 목적으로 설치되었다.
(다) 2영(개화기) : 일본과 강화도 조약을 체결한 이후 개화 정책의 일환으로 군사 조직이 5군영에서 무위영, 장어영의 2영으로 개편되었다.

48 통일 신라 신문왕의 업적

정답 ①

암기박사 김흠돌의 난 진압 ⇒ 통일 신라 신문왕

정답 해설

제시된 사료에서 여덟째의 적금서당과 아홉째의 청금서당은 통일 신라 신문왕 때 조직된 중앙군의 군사 조직인 9서당이다. 통일 신라 신문왕은 장인인 김흠돌이 반란을 일으키자 이를 진압하고 진골 귀족 세력을 숙청하였다.

오답 해설

② 병부와 상대등 설치 → 신라 법흥왕
신라 법흥왕은 병부와 상대등을 설치하여 관등을 정비하고 율령 반포와 공복을 제정하여 통치 질서를 확립하였다.

③ 나선 정벌 : 조총 부대 파견 → 조선 효종
조선 효종 때 러시아의 남하로 청과 러시아 간 국경 충돌이 발생하자, 청의 요청으로 나선 정벌에 조총 부대를 파견하였다.

④ 정계와 계백료서 → 고려 태조
고려 태조 왕건은 정계와 계백료서를 지어 신하의 임금에 대한 도리를 강조하고 관리의 규범을 제시하였다.

⑤ 쌍성총관부 공격 : 철령 이북 수복 → 고려 공민왕
고려 공민왕 때 유인우, 이자춘 등이 쌍성총관부를 공격하여 원에 빼앗긴 철령 이북의 땅을 수복하였다.

49 5·18 민주화 운동

정답 ⑤

암기박사 5·18 민주화 운동 ⇒ 유네스코 세계 기록 유산 등재

정답 해설

시민군이 계엄군에 항쟁한 민주화 운동은 5·18 민주화 운동이다. 2011년에 5·18 민주화 운동 관련 기록물이 유네스코 세계 기록 유산으로 등재되었다.

오답 해설

① 긴급 조치 철폐 → 3·1 민주 구국 선언
박정희 정부의 유신 체제에 항거하여 재야 정치인들과 가톨릭 신부, 개신교 목사, 대학 교수 등이 3·1 민주 구국 선언을 통해 긴급 조치 철폐 등을 요구하였다.

② 이한열 사망 → 6월 민주 항쟁
박종철 고문치사와 국민들의 대통령 직선제 요구를 거부하는 전두환 정부의 4·13 호헌 조치 발표로 6월 민주 항쟁이 촉발되었고 시위 도중 대학생 이한열이 희생되었다.

③ 호헌 철폐, 독재 타도 → 6월 민주 항쟁
박종철 고문치사와 전두환 정부의 4·13 호헌 조치 발표로 호헌

철폐와 독재 타도 등의 구호를 외친 6월 민주 항쟁이 촉발되었다.
④ 허정 과도 정부 출범 → 4·19 혁명
4·19 혁명으로 이승만 대통령이 하야한 후 혼란 수습을 위해 허정을 수반으로 하는 과도 정부가 출범하였다.

50 김영삼 정부

정답 ⑤

> 암기박사 : 역사 바로 세우기 : 옛 조선 총독부 건물 철거 ⇒ 김영삼 정부

정답 해설

문민정부를 이끈 대한민국 제14대 대통령은 김영삼이다. 김영삼 대통령은 역사 바로 세우기를 내세우며 옛 조선 총독부 건물을 철거하였다.

오답 해설

① 6·3 시위 → 박정희 정부
박정희 정부 때에 한·일 회담에 따른 굴욕적인 한·일 국교 정상화에 반대하여 6·3 시위가 일어났다.

② 소련과 수교 → 노태우 정부
노태우 정부 때에 적극적인 북방 외교를 추진하여 사회주의 국가인 소련 및 동유럽 국가들과 수교하였다.

③ 남북 조절 위원회 설치 → 박정희 정부
박정희 정부 때에 7·4 남북 공동 성명에 따른 통일 방안을 논의하기 위해 남북 조절 위원회를 설치하였다.

④ 국민 기초 생활 보장법 → 김대중 정부
김대중 정부 때에 생활이 어려운 사람에게 최저 생활을 보장하고 자활을 조성할 목적으로 경제적 취약 계층을 위한 국민 기초 생활 보장법이 시행되었다.

2023년도 제68회 정답 및 해설

심화

01 청동기 시대의 생활 모습

정답 ①

🏷️ **암기박사** 반달 돌칼 : 벼 수확 ⇒ 청동기 시대

정답 해설

고인돌은 계급이 발생한 청동기 시대를 대표하는 무덤이다. 청동기 시대에는 벼농사가 시작되어 반달 돌칼을 사용하여 벼를 수확하였다.

오답 해설

② 깊이갈이 → 고려 시대
  고려 시대에는 소를 이용하여 이랑과 고랑의 높이 차이를 크게 하는 깊이갈이가 일반화되었다.
③ 동굴, 막집 → 구석기 시대
  구석기 시대에는 주로 동굴이나 강가의 막집에서 거주하면서 도구를 사용하여 사냥을 하거나 어로, 채집 생활을 하였다.
④ 오수전, 화천 → 철기 시대
  오수전, 화천 등의 중국 화폐로 교역한 시기는 철기 시대이다. 오수전은 중국 한(漢) 무제 때 사용된 화폐로 창원 다호리 등에서 출토되었고, 화천은 중국 왕망대에 제조된 동전 중의 하나이다.
⑤ 가락바퀴, 뼈바늘 → 신석기 시대
  신석기 시대에는 옷을 만들 때 가락바퀴와 뼈바늘을 이용하기 시작하였다.

02 위만 조선의 역사

정답 ④

🏷️ **암기박사** 진번과 임둔 복속 ⇒ 위만 조선

정답 해설

준왕을 몰아내고 왕이 되었으며 왕검성을 중심으로 기반을 정비한 왕은 위만이다. 위만 조선은 우세한 무력을 바탕으로 진번과 임둔을 복속하고 영토와 세력을 확장하였다.

오답 해설

① 율령 반포 : 체제 정비 → 고대 국가
  고대 국가를 완성한 고구려, 백제, 신라 등은 율령을 반포하여 체제를 정비하였다.
② 화랑도 개편 → 신라 진흥왕
  화랑도는 씨족 공동체의 전통을 가진 원화(源花)가 발전한 원시 청소년 집단으로, 진흥왕 때 국가적인 조직으로 개편되었다.
③ 6좌평 관제 → 백제 고이왕
  백제 고이왕은 내신좌평, 위사좌평 등 6좌평의 관제를 마련하고 중앙 집권 국가의 토대를 마련하였다. → 내신좌평, 내두좌평, 내법좌평, 병관좌평, 위사좌평, 조정좌평
⑤ 욕살, 처려근지 : 지방관 → 고구려
  고구려는 각 지방의 성이 군사적 요지로 개별적 방위망을 형성하였고 욕살, 처려근지 등의 지방관을 두었다.

👆 **핵심노트** ▶ 위만 조선의 발전

- 청동기 문화에서 벗어나지 못한 토착 세력과 연맹을 맺으면서 철기 문화를 본격적으로 수용
- 철기의 사용으로 농업과 무기 생산을 중심으로 한 수공업, 상업, 무역이 발달
- 우세한 무력을 바탕으로 활발한 정복 사업을 전개하여 넓은 영토를 차지 → 예 (濊)·진번·임둔 등을 편입하고 옥저·동예를 복속
- 사회와 경제의 발전을 기반으로 중앙 정치 조직을 갖춘 강력한 국가로 성장
- 지리적인 이점을 이용하여 동방의 예나 남방의 진(辰)이 직접 중국의 한과 교역하는 것을 막고 중계 무역의 이익을 독점하려 함 → 한과의 갈등이 싹틈

03 부여의 풍속

정답 ③

🏷️ **암기박사** 가(加) : 사출도 주관 ⇒ 부여

정답 해설

매년 음력 정월에 영고라는 제천 행사를 개최한 나라는 부여이다. 부여는 왕 아래에 가축의 이름을 딴 여러 가(加)들이 각각 사출도를 주관하였다. → 마가·우가·저가·구가 등 → 행정구역

오답 해설

① 소도 : 신성 지역 → 삼한
  삼한에는 신성 지역인 소도가 존재하였으며, 군장의 세력이 미치지 못하여 죄인이 이곳으로 도망치면 잡아가지 못하였다.
② 혼인 풍습 : 민며느리제 → 옥저
  옥저에는 혼인 풍습으로 장차 며느리로 삼기 위해 어린 소녀를 데려다 키운 뒤 아들과 혼인시켜 며느리로 삼는 민며느리제가 있었다.
④ 특산물 : 단궁, 과하마, 반어피 → 동예
  동예는 토지가 비옥하고 해산물이 풍부하여 농경·어로 등 경제 생활이 윤택하였으며, 특산물로 단궁, 과하마, 반어피가 유명하였다.
⑤ 대가 : 상가, 대로, 패자 → 고구려
  고구려는 5부족 연맹체로 왕 아래 상가, 대로, 패자, 고추가 등의 대가(大加)들이 존재하였다.

04 백제 문화유산

정답 ③

🏷️ **암기박사** 백제 성왕 전사 ⇒ 옥천 : 관산성 전투

정답 해설

충남 부여에 있는 부소산성은 백제의 마지막 수도였던 사비의 왕궁을 방어하기 위한 배후 산성으로, 낙화암의 전설을 간직하고 있다. 한편, 백제 성왕이 신라를 공격하다 전사한 곳은 옥천의 관산성이다.

오답 해설

① 공산성 → 백제의 수도인 웅진 방어
  웅진성으로도 불리는 공주 공산성은 백제의 수도인 웅진을 방어하기 위해 축조된 산성으로 사비로 천도될 때까지의 궁궐터가 남아 있다.
② 백제 무령왕릉 → 중국 남조의 영향
  백제 무령왕릉은 중국 남조의 영향을 받은 벽돌 무덤 양식으로,

무덤의 주인을 알 수 있는 묘지석이 출토되었다.
④ 능산리 고분군 → 사신도 벽화
능산리 고분군은 부여에 있는 백제의 사비 시대 고분으로 사신도 벽화 및 금동 대향로가 발견되었다.
⑤ 왕궁리 유적 → 수부(首府) 글자 기와 출토
익산 왕궁리 유적은 백제의 왕궁이 있었을 것으로 추측되는 궁궐 터로 수부(首府)라는 글자가 새겨진 기와가 출토되었다.
→ 한 나라의 수도

05 삼국 통일의 과정

암기박사 대야성 전투 ⇒ 안시성 전투 ⇒ 나·당 동맹   **정답** ②

정답 해설

(가) 대야성 전투(642) : 백제 의자왕은 윤충을 보내 신라를 공격하고 대야성을 비롯한 40여 개의 성을 함락하였다.
• 안시성 전투(645) : 당 태종이 연개소문의 정변을 빌미로 고구려에 침입하자 양만춘이 안시성 전투에서 당의 군대를 격퇴하였다.
(나) 나·당 동맹(648) : 신라의 김춘추는 백제 의자왕의 공격으로 고구려에 원병을 요청하였으나 거절당하자 당으로 건너가 나·당 동맹을 성사시켰다.

오답 해설

① 보덕국왕 책봉(674) → (나) 이후
고구려가 멸망한 뒤 신라 문무왕이 보장왕의 서자 안승을 금마저(익산)의 보덕국왕으로 책봉하였다.
③ 백제 부흥 운동(661) → (나) 이후
백제가 멸망한 후 복신과 도침이 부여풍을 왕으로 추대하고 주류성(한산)에서 백제 부흥 운동을 전개하였다.
④ 황산벌 전투(660) → (나) 이후
김유신이 지휘한 신라군이 백제를 공격하자 계백이 이끄는 결사대가 황산벌에서 항전하였다.
⑤ 대가야 정복(562) → (가) 이전
신라의 진흥왕은 고령의 대가야를 정복하여 낙동강 유역까지 영토를 확장하였다.

06 신라 하대의 역사

암기박사 원종과 애노의 난 ⇒ 신라 하대   **정답** ③

정답 해설

최치원이 활동하던 진성 여왕의 통치 시기는 귀족들의 왕위 쟁탈전으로 지방 통제력이 약화되던 신라 하대이다. 신라 하대에 원종과 애노가 가혹한 세금 수탈에 반발하여 사벌주(상주)에서 봉기하였다.

오답 해설

① 원광 : 세속 5계 → 신라 상대
진평왕 때 원광은 화랑도의 규범으로 사군이충, 사친이효, 교우이신, 임전무퇴, 살생유택의 세속 5계를 제시하였다.
② 이차돈 순교 : 불교 공인 → 신라 상대
신라는 법흥왕 때 이차돈의 순교를 계기로 불교를 공인하였다.
④ 거칠부 : 국사 편찬 → 신라 상대

신라는 진흥왕 때 거칠부가 왕명에 의해 국사를 편찬하였으나 현재 전하지는 않는다.
⑤ 황룡사 구층 목탑 건립 건의 → 신라 상대
신라 선덕여왕 때 자장의 건의로 황룡사 구층 목탑이 건립되었다.

07 금관가야

암기박사 낙랑과 왜에 철 수출 ⇒ 금관가야   **정답** ④

정답 해설

김해 봉황동 유적은 김수로왕에 의해 건국된 금관가야의 문화유산이다. 금관가야는 철이 많이 생산되어 낙랑, 왜 등에 수출하였으며 교역에서 화폐처럼 사용하였다.

오답 해설

① 집사부 + 14부 → 통일 신라
통일 신라의 진덕 여왕은 최고 정무 기구인 집사부를 비롯한 14부를 두어 행정 업무를 분담하였다.
② 부경 : 창고 → 고구려
고구려의 대가들과 지배층인 형(兄)은 농사를 짓지 않는 좌식 계층으로, 집집마다 부경이라는 창고가 있었다.
③ 관리 : 사자, 조의, 선인 → 고구려
고구려는 5부족 연맹체로 왕 아래 대가들이 존재하였으며, 대가들은 각기 사자, 조의, 선인 등의 관리를 거느렸다.
⑤ 부여씨와 8성의 귀족 → 백제
백제는 왕족인 부여씨와 왕비족인 진씨·해씨 그리고 8성의 귀족이 지배층을 이루었다.

08 고구려 소수림왕의 업적

암기박사 태학 설립 : 인재 양성 ⇒ 고구려 소수림왕   **정답** ①

정답 해설

고국원왕의 아들로 전진의 순도로부터 불교를 수용한 고구려 왕은 소수림왕이다. 고구려 소수림왕은 국립 교육 기관인 태학을 설립하여 인재를 양성하고 유학을 교육하였다.

오답 해설

② 평양 천도 → 장수왕
고구려 장수왕은 수도를 국내성에서 평양으로 옮기고 백제와 신라를 압박하는 남진 정책을 펼쳤다.
③ 서안평 공격 → 미천왕
고구려 미천왕은 서안평을 공격하고 영토를 확장하여 고조선의 옛 땅을 회복하였다.
④ 연호 : 영락 → 광개토 대왕
고구려 광개토 대왕은 영락이라는 독자적 연호를 사용하여 중국과 대등함을 과시하였다.
⑤ 을파소 : 진대법 실시 → 고국천왕
고구려의 고국천왕은 을파소를 등용하고 백성들에게 곡식을 빌려주는 진대법을 시행하였다.

> **핵심노트** ▶ 소수림왕의 체제 개혁
> - **율령 반포** : 국가 체제 정비
> - **불교 수용** : 신화 · 설화와 종교 · 철학으로 규합
> - **태학 설립** : 교육 기반 강화

09 고려 성종 재위 시간의 사실

정답 ②

> **암기박사** 국자감 : 국립 교육 기관 ⇒ 고려 성종

정답 해설

물가 조절 기관인 상평창과 지방 행정 조직인 12목이 설치된 것은 고려 성종 때의 일이다. 고려 성종은 인재를 양성하기 위해 국립 교육 기관인 국자감을 설치하였다.

오답 해설

① 서적포 : 인쇄 기관 → 고려 숙종
  고려 숙종은 국자감에 목판 인쇄 기관인 서적포를 두어 출판을 담당하게 하였다.
③ 관학 진흥 : 양현고 운영 → 고려 예종
  고려 예종은 국자감 내에 관학 진흥을 목적으로 교육 장학 재단인 양현고를 운영하였다.
④ 9재 학당 : 사학 기관 → 고려 문종
  고려 문종 때 최충이 최초의 사학인 9재 학당을 설립하여 유학을 교육하였다. ┗문헌공도
⑤ 청연각 : 학문 연구 → 고려 예종
  고려 예종 때 관학을 진흥하기 위해 궁중에 학술 연구 기관인 청연각을 두어 학문 연구를 장려하였다.

10 발해의 문화유산

정답 ①

> **암기박사** 이불 병좌상 ⇒ 발해 문화유산

정답 해설

영광탑은 벽돌을 쌓아 만든 발해 시대의 누각식 전탑이다. 흙을 구워 만든 이불병좌상 또한 발해의 문화유산으로, 두 부처가 나란히 앉아 있는 모습을 나타낸다.

오답 해설

② 부석사 소조여래좌상 → 고려 문화유산
  영주 부석사 무량수전의 건물 내부에 있는 고려 시대의 불상으로, 현재 남아 있는 소조불상 중 가장 크고 오래 되었다.
③ 금동 연가 7년명 여래 입상 → 고구려 문화유산
  금동 연가 7년명 여래 입상은 두꺼운 의상과 긴 얼굴 모습에서 북조 양식을 따르고 있으나, 강인한 인상과 은은한 미소에는 고구려의 독창성이 보인다.
④ 석굴암 본존불상 → 통일 신라
  통일 신라 시대에 건립된 석굴암 경내에 있는 불상으로, 균형미가 뛰어나고 조각의 최고 경지를 보여 준다.
⑤ 금동 관음보살 좌상 → 고려 후기
  고려 후기의 보살상으로 이국적인 얼굴과 원반 형태의 귀걸이가 중국 원나라 불상의 영향을 받은 것으로 보인다.

11 고려 광종 재위 시기의 사실

정답 ⑤

> **암기박사** 연호 : 광덕, 준풍 ⇒ 고려 광종

정답 해설

노비안검법을 시행하고 귀화인 쌍기를 적극 등용한 것은 고려 광종 때의 일이다. 고려 광종은 국왕을 황제라 칭하고 광덕, 준풍 등의 독자적 연호를 사용하였으며 개경을 황도라 하였다.

오답 해설

① 최승로 : 시무 28조 → 고려 성종
  고려 성종 때 최승로의 시무 28조에 따라 전국에 12목을 설치하고 지방관을 처음으로 파견하였다.
② 과전법 실시 → 고려 공양왕
  고려 공양왕 때 조준 등의 건의로 경기에 한하여 과전법이 실시되어 신진 사대부들의 경제적 기반을 확대하고 농민의 지지를 확보하였다.
③ 신돈 : 전민변정도감 → 고려 공민왕
  고려 공민왕 때 신돈이 전민변정도감의 판사로 임명되어 권문세족을 견제하고 개혁을 이끌었다.
④ 흑창 설치 → 고려 태조
  고려 태조는 빈민을 구제하기 위해 고구려의 진대법을 계승한 흑창을 처음 설치하였다.

12 고려 시대의 지방 통치 제제

정답 ③

> **암기박사** 특수 행정 구역 : 향 · 부곡 · 소 ⇒ 고려 시대

정답 해설

개경 외에 남경, 동경 등이 설치된 것은 고려 시대의 일이다. 고려 시대에는 특수 행정 구역으로 향 · 부곡 · 소가 있었는데, 향과 부곡에는 농민들이 주로 거주했고, 소(所)에는 국가가 필요로 하는 공납품을 만들어 바치는 공장(工匠)들이 거주했다.

오답 해설

① 22담로 : 왕족 파견 → 백제
  백제 무령왕은 지방 통제를 강화하기 위해 지방의 주요 지점에 22담로를 설치하고 왕족을 파견하였다.
② 지방 행정 제도 : 9주 5소경 → 통일 신라
  통일 신라는 통일 전 5주 2소경에서 통일 후 9주 5소경 체제로 지방 행정 제도를 갖추었다.
④ 외사정 파견 : 지방관 감찰 → 통일 신라
  통일 신라 문무왕은 지방관을 감찰하기 위해 주 · 군에 외사정을 파견하였다.
⑤ 8도에서 23부로 개편 → 제2차 갑오개혁
  고종은 제2차 갑오개혁 때 홍범 14조를 반포하고 지방 행정 구역을 8도에서 23부로 개편하였다.

13 금에 대한 고려의 대응

암기박사 윤관 : 동북 9성 축조 ⇒ 금의 사대 외교 ⇒ 묘청 : 서경 천도 운동

정답 ③

정답 해설
- (나) 윤관의 동북 9성 축조(1107) : 고려 예종 때 윤관은 별무반을 이끌고 여진을 정벌한 후 동북 9성을 축조하였다.
- (가) 금의 사대 외교(1126) : 고려 인종 때 금의 사대 요구를 둘러싸고 분쟁을 겪기도 했지만, 문신 귀족들은 자신들의 권력 유지와 무력 충돌의 부담을 고려하여 금의 사대 요구를 수용하였다.
- (다) 묘청의 서경 천도 운동(1135) : 고려 인종 때 묘청의 서경파가 풍수 지리설에 근거하여 서경 천도와 칭제 건원, 금국 정벌을 주장하였다.

14 천문에 관한 역사

암기박사 이장손 : 비격진천뢰 ⇒ 폭탄

정답 ④

정답 해설
조선 선조 때 이장손은 발화 장치를 활용한 비격진천뢰를 발명하였으며 임진왜란 때 실전에서 사용하였다. 비격진천뢰는 군사 목적으로 사용된 폭탄으로 천체를 관측하고 연구하는 천문과는 관련이 없다.

오답 해설
① 고구려 무용총 → 별자리 벽화
  고구려 무용총의 천장에는 해와 달, 북두칠성 등의 별자리를 그린 벽화가 있다.
② 삼국사기 → 일식과 월식 기록
  김부식이 편찬한 삼국사기에는 일식, 월식 등 천문 현상에 관한 많은 관측 기록들이 있다.
③ 서운관 → 천체 운행 관측
  충선왕은 서운관에서 천체 운행을 관측하고 절기와 날씨를 기록하는 등의 천문 관련 업무를 주관하도록 하였다.
⑤ 의산문답 → 지전설과 무한 우주론
  홍대용은 의산문답을 통해 지전설과 무한 우주론을 주장하며 중국 중심의 세계관을 비판하였다.

15 삼별초의 항쟁

암기박사 진도 : 용장성 구축 ⇒ 삼별초

정답 ④

정답 해설
제시된 자료에서 우별초는 고려 무신 집권기 때 최우가 몽골에 대항하기 위해 조직한 삼별초의 한 부대이다. 삼별초는 강화도에서 반몽 정권을 수립한 후 진도로 옮겨 용장성을 쌓고 몽골에 대항하였다.

오답 해설
① 후금의 침입 대비 → 어영청
  조선 인조 때 후금의 침입에 대비하여 수도 방어 및 북벌의 본영인 어영청이 창설되었다.
② 일본 원정 → 여·몽 연합군
  원 간섭기인 고려 충렬왕 때 원의 요청에 따라 정동행성이 설치되고 여·몽 연합군이 조직되어 일본 원정에 참여하였다.
③ 신기군, 신보군, 항마군 → 별무반
  고려 숙종 때 윤관은 여진족을 정벌하기 위해 신기군, 신보군, 항마군으로 구성된 별무반을 편성하였다.
⑤ 응양군 + 용호군 → 2군
  고려 시대의 중앙군은 2군 6위로, 2군은 응양군과 용호군으로 구성된 국왕의 친위 부대였다.

16 원 간섭기의 사회 모습

암기박사 변발과 호복 유행 ⇒ 원 간섭기

정답 ③

정답 해설
매 사육 기관인 응방, 몽골어 사용, 친원파인 기철 등은 모두 원 간섭기와 관련된 내용이다. 원 간섭기에는 지배층을 중심으로 변발과 호복이 유행하였다.

오답 해설
① 정감록 유포 → 조선 후기
  조선 후기에는 비기·도참과 같은 예언 사상이 유행하였고, 왕조 교체를 예언하는 정감록이 유포되었다.
② 의천 : 천태종 개창 → 고려 전기
  고려 전기의 승려 대각국사 의천이 불교 교단을 통합하기 위해 국청사에서 해동 천태종을 개창하였다.
④ 망이·망소이의 난 → 고려 무신 집권기
  고려 무신 집권기 때 망이·망소이가 가혹한 수탈에 저항하여 공주 명학소에서 봉기하였다.
⑤ 납속과 공명첩 → 조선 후기
  조선 후기에 상민층이 국가가 재정 확보를 목적으로 발행했던 납속과 공명첩을 활용하여 신분 상승을 꾀하였다.

17 직지심체요절

암기박사 현존하는 최고(最古)의 금속 활자본 ⇒ 직지심체요절

정답 ②

정답 해설
청주 흥덕사에서 인쇄된 문화유산은 현존하는 최고(最古)의 금속 활자본인 직지심체요절이다.

오답 해설
① 신미양요 → 수자기
  신미양요 당시 강화도를 수비하던 어재연 장군이 사용한 군기인 수자기(帥字旗)를 미군에게 약탈당하였다.
③ 거란의 침입 → 초조대장경
  고려 현종 때 대구 부인사에서 거란의 침략을 물리치기 위해 초조대장경을 조판하였다.
④ 장영실, 이천 → 갑인자
  조선 세종 때 주자소에서 장영실, 이천 등이 제작한 금속 활자로

갑인자를 제작하였다.
⑤ 불국사 삼층 석탑 → 무구정광대다라니경
경주 불국사 삼층 석탑을 보수하는 과정에서 현존하는 세계 최고(最古)의 목판 인쇄물인 무구정광대다라니경이 발견되었다.

18 삼봉 정도전

암기박사 조선경국전 저술 ⇒ 정도전

정답 ④

정답 해설

불씨잡변을 지어 불교를 비판하고, 경복궁이라는 이름을 지었으며, 제1차 왕자의 난 때 이방원에게 죽임을 당한 인물은 삼봉 정도전이다. 조선 초기의 개국공신으로 재상 중심의 정치를 강조한 정도전은 조선경국전을 저술하여 통치 제도 정비에 기여하였다.

오답 해설

① 백운동 서원 : 최초의 서원 → 주세붕
  조선 중종 때 풍기 군수 주세붕이 안향의 봉사를 위해 최초의 서원인 백운동 서원을 건립하였다.
② 해동제국기 편찬 → 신숙주
  조선 성종 때 신숙주는 통신사로 일본에 다녀와 일본의 지세와 국정 등을 기록한 해동제국기를 편찬하였다.
③ 성학십도 : 군주의 도 → 이황
  퇴계 이황은 성학십도를 선조에게 올려 군주의 도(道)에 관한 학문의 요체를 도식으로 설명하였다.
⑤ 경세유표 : 국가 제도의 개혁 방향 → 정약용
  다산 정약용은 신유박해 때 전라도 강진에서 유배 중 경세유표를 집필하여 국가 제도의 개혁 방향을 제시하였다.

핵심노트 ▶ 정도전의 업적

- 건국 초창기의 문물제도 형성에 크게 공헌
- 재상 중심의 정치를 강조하고 민본적 통치 규범을 마련
- 불씨잡변을 통하여 불교를 비판하고 성리학을 통치 이념으로 확립
- 주요 저서 : 조선경국전 → 왕도 정치 추구, 신권 정치와 민본 정치 강조, 경제문감, 경제육전 → 조례의 수집·편찬, 불씨잡변·심기리편 → 불교 배척, 도교 비판, 고려국사 등
- 제1차 왕자의 난(1398)으로 제거됨

19 조선 세조의 업적

암기박사 직전법 실시 ⇒ 조선 세조

정답 ②

정답 해설

함길도 토착 세력인 이시애가 일으킨 난을 진압한 왕은 조선 세조이다. 조선 세조 때 과전이 부족해지자 현직 관리에게만 수조권을 지급하는 직전법을 실시하였다. ← 조선 시대 각 지방 군현의 중요에 설치된 곡물 대여 기관

오답 해설

① 주자소 : 계미자 주조 → 조선 태종
  조선 태종 때 활자 주조를 담당하던 관청인 주자소가 설치되어 금속 활자인 계미자가 주조되었다.
③ 경국대전 완성 → 조선 성종
  조선 성종 때 통치 체제를 정비하기 위하여 조선의 기본 법전인 경국대전을 완성하였다.
④ 기유약조 체결 → 조선 광해군
  조선 광해군 때 제한된 무역을 허용한 기유약조를 체결하여 일본과의 무역을 재개하였다.
⑤ 갑자사화 → 조선 연산군
  조선 연산군 때 친모인 폐비 윤씨 사사 사건을 빌미로 김굉필 등이 처형되는 갑자사화가 일어났다.

20 임진왜란의 이해

암기박사 이순신 : 명량 해전 ⇒ 임진왜란

정답 ③

정답 해설

김충선은 임진왜란 당시 조선에 항복한 후 조총 기술의 보급에 기여한 일본군이고, 천만리는 임진왜란에 참전한 명의 장수이다. 임진왜란 당시 이순신은 명량의 울돌목에서 13척의 배로 왜의 수군을 대파하였고 왜군은 남해안 일대로 후퇴하였다.

오답 해설

① 나선 정벌 → 흑룡강 전투
  조선 효종 때 청의 원병 요청에 따라 나선 정벌을 단행한 신류가 조총 부대를 이끌고 흑룡강에서 전투를 벌였다.
② 북학론 → 서양 과학 기술 전래
  병자호란 이후 청의 선진 문물을 배우자는 북학론이 대두되고 청과의 교류를 통해 서양의 과학 기술이 전래되었다.
④ 임술 농민 봉기 → 삼정이정청 설치
  임술 농민 봉기가 발발하자 삼정의 폐단을 시정하기 위해 안핵사 박규수의 건의로 삼정이정청이 설치되었다.
⑤ 4군 6진 → 북방 영토 개척
  조선 세종 때 여진족을 몰아내고 최윤덕은 압록강 유역에 4군을, 김종서는 두만강 유역에 6진을 설치하여 북방 영토를 개척하였다.

21 남명 조식의 활동

암기박사 정인홍, 곽재우 등의 제자 배출 ⇒ 조식

정답 ①

정답 해설

호가 남명이며 조선 중기 경상우도의 대표적인 성리학자는 조식이다. 조식은 정인홍, 곽재우 등의 제자를 배출하였으며, 경(敬)과 의(義)를 강조하며 학문의 실천성을 강조하였다.

오답 해설

② 기기도설 : 거중기 설계 → 정약용
  정약용은 기기도설을 참고하여 거중기를 설계하였고, 조선 정조 때 수원 화성 축조 시 활용하였다.
③ 반정 공신 : 위훈 삭제 → 조광조
  조선 중종 때 조광조가 반정 공신의 위훈 삭제를 주장하였으나 훈구 세력이 주초위왕의 모략을 꾸며 조광조 일파를 제거하였다.
④ 북학의 : 수레와 배의 이용 권장 → 박제가

박제가는 청에 다녀온 후 북학의를 저술하고 수레와 배의 이용을 권장하였다.
⑤ 양명학 연구 : 강화학파 → 정제두
정제두는 성리학을 비판하고 지행합일의 실천성을 강조하는 양명학을 연구하여 강화학파를 형성하였다.

22 조선 세종 재위 기간의 사실

암기박사 정초 : 농사직설 편찬 ⇒ 조선 세종   **정답** ②

정답 해설
토지의 비옥도와 풍흉에 따라 조세를 차등 징수하는 공법을 시행한 왕은 조선 세종이다. 조선 세종 때에 정초, 변효문 등이 각지의 농법을 작물별로 정리한 농사직설을 간행하였다.

오답 해설
① 혼일강리역대국도지도 제작 → 조선 태종
  조선 태종 때 권근·김사형·이회 등이 현존하는 동양 최고(最古)의 세계 지도인 혼일강리역대국도지도를 제작하였다.
③ 초계문신제 운영 → 조선 정조
  조선 정조는 유능한 인재를 양성하기 위해 초계문신제를 시행하고 시험을 통해 승진시켰다.
④ 허준 : 동의보감 간행 → 조선 광해군
  조선 광해군 때 허준이 우리나라와 중국의 의서를 망라한 동의보감을 완성하고 의료 지식을 민간에 보급하였다.
⑤ 서거정 : 동국여지승람 편찬 → 조선 성종
  조선 성종 때 서거정은 팔도지리지를 보완하여 전국의 지리, 풍속 등이 수록된 동국여지승람을 편찬하였다.

23 조선 후기의 사회 모습

암기박사 벽란도 : 국제 무역항 ⇒ 고려 시대   **정답** ①

정답 해설
가면극인 산대놀이가 유행하고 고추, 담배 등의 상품 작물이 재배된 것은 조선 후기이다. 한편, 고려 시대에는 벽란도가 국제 무역항으로 번성하여 송의 상인을 비롯한 일본, 만양, 아라비아 상인 등과 교역하였다.

오답 해설
② 민화 : 까치와 호랑이 → 조선 후기
  조선 후기에는 까치와 호랑이 민화와 같이 민중의 미적 감각을 잘 나타낸 민화가 유행하였다.
③ 덕대 : 광산 전문 경영 → 조선 후기
  조선 후기에는 물주로부터 자금을 조달받아 광산을 전문적으로 경영하는 덕대가 등장하였다.
④ 장시 발달 : 보부상 → 조선 후기
  조선 후기에는 장시가 발달하여 보부상들이 장시를 돌아다니며 일용 잡화나 농·수산물, 수공업 제품, 약재 등을 판매하였다.
⑤ 전기수 → 조선 후기
  조선 후기에는 책 읽는 솜씨가 뛰어난 전기수가 저잣거리에서 홍길동전 등의 영웅 소설을 읽어주었다.

24 조선 영조의 업적

암기박사 균역법 시행 ⇒ 조선 영조   **정답** ⑤

정답 해설
탕평비를 건립하고 준천사를 신설했으며 신문고를 재설치한 조선의 왕은 영조이다. 영조는 백성들의 군역 부담을 줄이기 위해 균역법을 시행하여 1년에 군포 2필을 부담하던 것을 1필로 경감하였다.

오답 해설
① 대전회통 : 통치 체제 정비 → 흥선 대원군
  흥선 대원군 때 통치 체제를 정비하기 위해 경국대전, 속대전, 대전통편 등을 보완한 대전회통이 편찬되었다.
② 장용영 : 왕의 친위 부대 → 조선 정조
  조선 정조 때 왕권 강화를 위해 친위 부대인 장용영을 설치하고 한양에는 내영, 수원 화성에는 외영을 두었다.
③ 공노비 해방 → 조선 순조
  조선 순조 때 노비안을 소각하여 각 궁방과 중앙 관서의 공노비 6만 명을 양민으로 해방시켰다.
④ 어영청 : 북벌 추진 → 조선 효종
  조선 효종은 총포병과 기병 위주로 기능을 강화한 어영청을 중심으로 국방력을 강화하고 북벌을 추진하였다.

25 승정원의 활동

암기박사 왕의 비서 기관 : 왕명 출납 ⇒ 승정원   **정답** ④

정답 해설
은대라고 불린 기구는 승정원으로 왕명의 출납을 관장하는 왕의 비서 기관의 역할을 담당하였다. 승정원은 국왕의 직속 기관이며 장은 도승지(정2품)이다.

오답 해설
① 수도의 행정과 치안 담당 → 한성부
  한성부는 수도의 행정과 치안을 담당하였으며 토지 및 가옥 소송도 관여하였다.
② 국정 총괄 → 의정부
  의정부는 영의정, 좌의정, 우의정의 삼정승이 합의하여 국정을 총괄하였다.
③ 반역죄, 강상죄 처결 → 의금부
  의금부는 국왕 직속의 사법 기관으로 반역죄, 강상죄 등을 범한 중죄인을 다스렸다.
⑤ 외적의 침입 대비 → 비변사
  비변사는 조선 중종 때 삼포왜란을 계기로 외적의 침입에 대비하고자 임시 기구로 처음 설치되었다.

26 기해예송

암기박사 인조반정 ⇒ 기해예송 ⇒ 경신환국

정답 ④

정답 해설

- **인조반정(1623)** : 광해군의 폭정으로 서인이 반정을 일으켜 정권을 장악하고 북인 세력이 몰락하였다.
- **기해예송(1659)** : 조선 현종 때 효종 사망 시 자의대비의 복제를 두고 송준길 등 서인은 왕사동례의 1년설을, 허목 등 남인은 왕사부동례의 3년설을 주장하였다.
- **경신환국(1680)** : 조선 숙종 때 서인이 허적의 서자 허견 등이 역모를 꾀했다 고발하여 허적과 윤휴 등 남인들이 대거 축출되고 서인이 집권하였다.

핵심노트 ▶ 예송 논쟁의 전개

- 제1차 예송 논쟁(기해예송, 1659) : 효종 사망 시 자의대비의 복제를 두고 송시열·송준길 등 서인은 왕사동례의 1년설을, 윤휴·허목·허적 등 남인은 왕사부동례의 3년설을 주장 → 서인의 주장 수용
- 제2차 예송 논쟁(갑인예송, 1674) : 효종 비의 사망 시 서인은 9개월을, 남인은 1년을 주장 → 남인의 주장 수용

27 종묘

암기박사 역대 국왕과 왕비의 신주를 모신 사당 ⇒ 종묘

정답 ②

정답 해설

태조 이성계가 개경에 처음 세웠으며 사직과 더불어 왕조 국가를 표현하는 상징은 종묘이다. 종묘는 역대 국왕과 왕비의 신주를 모신 사당으로 왕이 국가와 백성의 안위를 기원하기 위해 문무백관과 함께 정기적으로 제사에 참여한 공간이다.

오답 해설

① 조선 총독부 청사 → 경복궁
  일제는 조선을 무력으로 통치하기 위해 최고의 식민지배 통치기구인 조선 총독부 청사를 경복궁 경내에 건립하였다.
③ 대성전, 명륜당 → 성균관, 향교
  성균관과 향교는 제향 공간인 대성전과 강학 공간인 명륜당을 중심으로 구성되어 있다.
④ 일제 : 창경원 격하 → 창경궁
  창경궁의 처음 이름은 수강궁으로 세종이 생존한 상왕인 태종을 모시기 위해 지은 궁이었으나, 일제에 의해 창경원으로 격하되고 동물원 등이 설치되었다.
⑤ 토지와 곡식의 신에게 제사 → 사직단
  사직단은 토지신인 국사신과 곡물신인 국직신의 두 신에게 제사를 지내는 공간이다.

28 조선 시대 역관

암기박사 사역원 : 노걸대언해 ⇒ 역관

정답 ⑤

정답 해설

변승업은 연행사의 사신을 수행하면서 통역을 하는 역관이다. 역관은 사역원에서 노걸대언해 같은 교재로 교육을 받았는데, 노걸대언해는 중국어 학습서인 노걸대 원문에 한글로 정음과 속음을 달아 번역한 책이다.

오답 해설

① 사관원 : 간쟁 담당 → 간관
  사간원의 관원은 간관으로서 국왕에 대한 간쟁과 봉박을 담당하였다.
② 매매·상속·증여의 대상 → 노비
  노비는 재산으로 간주되어 엄격히 관리되었으며, 매매·상속·증여의 대상이 되었다.
③ 수군, 봉수 → 신량역천
  조선 시대의 신량역천은 양인이지만 수군, 봉수 등의 천역에 종사하였다.
④ 수령 보좌, 향촌 실무 담당 → 향리
  조선 시대의 향리는 수령을 보좌하는 세습적 아전으로 격하되었고 지방 관아의 향촌 실무를 담당하였다.

29 개성 지역의 역사

암기박사 강주룡 : 을밀대 고공 농성 ⇒ 평양

정답 ④

정답 해설

송악, 개경은 모두 현재 북한에 위치하고 있는 지금의 개성을 말한다. 한편, 일제 강점기 때 강주룡이 을밀대 지붕 위에서 임금 삭감에 저항하여 고공 농성을 벌인 곳은 평양이다.

오답 해설

① 왕건 : 고려 건국 → 개성 ← 지금의 개성
  고려 태조 왕건은 폭정을 일삼던 후고구려의 궁예를 축출하고 개경을 도읍으로 삼아 고려를 건국하였다.
② 경천사지 10층 석탑 → 개성
  고려 후기 충목왕 때 개성의 경천사지에 조성된 석탑으로 원의 영향을 받아 기존의 신라계 석탑과는 양식을 달리하는 가장 특이하고 정련한 기교를 보이는 탑이다.
③ 송상의 근거지 → 개성 ← 개성 상인
  조선 후기에 송상이 개성을 근거지로 삼아 전국 각지에 송방을 설치하고 청과 일본 사이의 중계 무역으로 부를 축적하였다.
⑤ 6·25 전쟁 협정 : 북한 지역 → 개성
  개성은 광복 이후에 북위 38도선 분할 때 남한에 속했다가 6·25 정전 협정 이후 현재까지 북한 지역으로 귀속되었다.

30 강화도 조약

암기박사 일본 : 해안 측량권 인정 ⇒ 강화도 조약

정답 ③

정답 해설

일본 군함 운요호가 연안을 탐색하다 강화도 초지진에서 조선 측의

포격을 받자 이를 구실로 불평등 조약인 강화도 조약이 체결되었다. 강화도 조약은 우리나라가 외국과 맺은 최초의 근대적 조약이자 불평등 조약으로 일본 측의 해안 측량권을 인정하였다.

오답 해설

① 천주교 포교 허용 → 조·프 수호 통상 조약
조선과 프랑스 사이에 맺은 조·프 수호 통상 조약을 통해 천주교 포교가 허용되었다.

② 갑신정변 → 한성 조약, 톈진 조약
청의 무력 개입으로 실패한 갑신정변의 영향으로 조선과 일본 사이에는 한성 조약이 체결되었고, 청과 일본 사이에는 톈진 조약이 체결되었다.

④ 통신사 파견 → 기유약조
임진왜란 이후 에도 막부의 국교 재개 요청으로 기유약조가 체결되고 일본에 통신사가 처음 파견되었다.

⑤ 내지 통상권 최초 규정 → 조·청 상민 수륙 무역 장정
조·청 상민 수륙 무역 장정은 임오군란 이후 조선과 청이 양국 상인의 통상에 대해 맺은 규정으로, 외국 상인의 내지 통상권을 최초로 규정하였다. →청의 종주국 인정

31 동학 농민 운동의 전개 과정

암기박사 고부 민란 ⇒ 경복궁 점령 ⇒ 시모노세키 조약

정답 ①

정답 해설

(가) 고부 민란(1894. 1) : 고부 군수 조병갑의 탐학에 저항하여 전봉준이 농민들을 이끌고 고부 관아를 습격하면서 동학 농민 운동이 시작되었다.

(나) 경복궁 점령(1894. 6) : 동학 농민 운동 당시 청·일군이 개입하여 전주 화약이 성립하였으나 일본이 군대를 동원하여 경복궁을 점령하였다.

(다) 시모노세키 조약(1895. 4) : 일본이 청·일 전쟁에서 승리한 후 청은 조선국이 완전한 자주 독립국임을 인정한 시모노세키 조약을 체결하였다.

32 두모진 해관 수세 사건

암기박사 강화도 조약 : 수신사 파견 ⇒ 두모진 해관 수세 사건

정답 ②

정답 해설

강화도 조약으로 개항된 부산 동래부 두모진 해관에서 수세를 거부하는 일본 상인의 소동에 맞서 동래 부민이 대항하였다(1878). 두모진 해관 수세 사건은 일본과의 강화도 조약 체결 이후 일본에 수신사가 파견되던 시기이다.

33 대미 사절단 보빙사

암기박사 민영익, 홍영식, 서광범 ⇒ 보빙사

정답 ⑤

정답 해설

미국과 조·미 수호 통상 조약이 체결된 후, 미국 공사의 서울 부임에 답하여 보빙사가 미국에 파견되었다. 전권대신 민영익과 홍영식, 서광범 등으로 구성된 보빙사는 서양에 파견된 최초의 사절단이다.

오답 해설

① 기유약조 → 통신사 파견
임진왜란 이후 에도 막부의 국교 재개 요청으로 기유약조가 체결되고 일본에 통신사가 처음 파견되었다.

② 개화 정책의 일환 → 별기군 창설
일본과 강화도 조약을 체결한 이후 개화 정책의 일환으로 무위영 아래 별도로 신식 군대인 별기군(교련병대)이 창설되었다.

③ 조선책략 반입 → 2차 수신사 : 김홍집
제2차 수신사 김홍집이 일본에 갔다가 귀국할 때 황준헌이 저술한 조선책략을 가지고 들어와 국내에 소개하였다.

④ 기기국 : 무기 제조 기술 습득 → 영선사
고종 때 개화 정책의 일환으로 김윤식을 단장으로 하는 영선사가 청에 파견되어 기기국에서 무기 제조 기술을 습득하고 돌아왔다.

34 민족 말살 통치기의 일제 정책

암기박사 국가 총동원법 ⇒ 민족 말살 통치기

정답 ⑤

정답 해설

중일 전쟁 발발 이후 실시된 일제의 식민지 통치 정책은 민족 말살 통치이다. 일제는 민족 말살 통치기에 국가 총동원법을 시행하여 인력과 물자를 강제 동원하였다.

오답 해설

① 치안 유지법(1925) → 문화 통치기
일제는 문화 통치기에 사상 통제법인 치안 유지법을 제정하여 독립 운동가들을 탄압하였다.

② 조선 태형령(1912) → 무단 통치기
일제는 무단 통치기에 한국인에 한하여 태형을 통해 형벌을 가하는 조선 태형령을 공포하였다.

③ 제1차 조선 교육령(1911) → 무단 통치기
일제는 보통학교의 수업 연한을 4년으로 하고 실업 교육을 위주로 기능을 가르치는 데 목적을 둔 제 1차 조선 교육령을 공포하였다.

④ 경성 제국 대학 설립(1924) → 문화 통치기
일제는 문화 통치기 때 경성 제국 대학을 설립하여 조선 민립 대학 기성회의 민립 대학 설립 운동을 무마하였다.

35 3·1 운동

암기박사 신간회 : 진상 조사단 파견 ⇒ 광주 학생 항일 운동

정답 ③

정답 해설

고종의 장례식을 계기로 독립을 위한 행진과 시위가 일어난 것은 3·1 운동 때이다. 한편, 신간회에서 진상 조사단을 파견하여 지원한 것은 광주 학생 항일 운동이다.

오답 해설

① 중국의 5·4 운동에 영향 → 3·1 운동 이후
일제 강점기 최대의 민족 운동인 3·1 운동은 중국 전역에서 일어난 반일 애국 운동인 중국의 5·4 운동에 영향을 주었다.

② 대한민국 임시 정부 수립 계기 → 3·1운동 이후
고종의 인산일에 민족 대표 33인의 이름으로 독립 선언서를 발표함으로써 전개된 3·1 운동은 대한민국 임시 정부 수립의 계기가 되었다.

④ 필라델피아 한인 자유 대회 → 3·1운동 이후
3·1운동 후 대한민국 임시 정부가 수립된 다음날 서재필 주도로 독립 선언식을 거행한 필라델피아 한인 자유 대회가 열렸다.

⑤ 무장 독립 전쟁 → 3·1운동 이후
3·1 운동 후 독립 운동은 평화적 만세 운동에서 독립군에 의한 무장 독립 전쟁으로 발전하게 되었다.

36 신민회의 활동

암기박사 105인 사건으로 해체 ⇒ 신민회

정답 ⑤

정답 해설

안창호와 양기탁 등이 중심이 된 비밀 결사로 태극 서관을 설립한 단체는 신민회이다. 신민회는 일제가 데라우치 총독 암살 미수 사건이라고 조작한 105인 사건으로 해체되었다.

오답 해설

① 복벽주의 표방 → 독립 의군부
임병찬이 고종의 밀지를 받아 조직된 독립 의군부는 복벽주의를 표방하고 고종의 복위 및 대한 제국의 재건을 목표로 활동하였다.

② 정미의병 → 13도 창의군
정미의병이 확산되는 과정에서 의병 연합군인 13도 창의군이 결성되어 서울 진공 작전을 전개하였다.

③ 일제의 황무지 개간권 요구 저지 → 보안회
보안회는 일제의 황무지 개간권 요구에 대한 지속적인 반대 운동을 벌여 일제의 황무지 개간권 요구를 저지하였다.

④ 배재 학당 설립 → 개신교
배재 학당은 미국의 개신교 선교사 아펜젤러가 근대 교육을 위해 한양에 세운 학교로 신학문 보급에 기여하였다.

37 광무 개혁

암기박사 관립 상공 학교, 지계아문 ⇒ 대한 제국

정답 ⑤

정답 해설

ㄷ. 광무 개혁 때 상공업 진흥 정책으로 관립 상공 학교를 설립하고 실업 교육을 실시하였다.
ㄹ. 광무개혁 때 근대적 토지 소유제도의 마련을 위해 지계아문을 설치하고 토지 소유자에게 지계를 발급하였다. → 근대적 토지증서

오답 해설

ㄱ. 박문국 : 한성순보 발행 → 개화 정책
고종은 개화 정책의 일환으로 박문국을 설치하여 최초의 근대식 신문인 한성순보를 발행하였다.

ㄴ. 통리기무아문 설치 → 개화 정책
고종은 개화 정책의 일환으로 통리기무아문을 설치하고 그 아래 12사를 두어 신문물 수용과 부국강병을 도모하였다.

38 국민 대표 회의

암기박사 국민 대표 회의 ⇒ 창조파와 개조파의 대립

정답 ①

정답 해설

임시 정부의 대통령인 이승만의 위임 통치 청원이 알려지면서 신채호, 박용만 등의 요구로 상하이에서 국민 대표 회의가 소집되었으나 창조파와 개조파의 대립으로 분열되었다(1923).

오답 해설

② 대일 선전 성명서 공표 → 충칭 임시 정부
충칭으로 근거지를 옮긴 대한민국 임시 정부는 태평양 전쟁이 시작된 직후 김구와 조소앙 명의로 대일 선전 성명서를 공표하였다.

③ 건국 강령 : 삼균주의 → 충칭 임시 정부
충칭의 대한민국 임시 정부는 조소앙의 삼균주의를 기초로 하는 건국 강령을 발표하였다. → 정치, 경제, 교육의 균등

④ 파리 강화 회의 파견 → 신한 청년당
상해에서 결성된 신한 청년당은 파리 강화 회의에 김규식을 대표로 파견할 것을 결정하였다.

⑤ 한국 광복군 → 충칭 임시 정부
충칭 임시 정부의 김구와 지청천 등이 한국 광복군을 조직하고 군사력을 증강하여 무장항전을 주도하였다.

핵심노트 ▶ 국민 대표 회의 소집(1923)

- 독립 운동 방법론을 둘러싼 임시 정부의 대립과 침체
- 외교론의 성과에 대한 독립운동 세력의 불신과 비판 → 위임 통치 청원서 사건(이승만)에 대한 불만 고조
- 임시 정부 개편의 필요성 제기 → 레닌 정부가 한국 독립운동 지원을 약속하며 임시 정부 개조를 요구
- 신채호, 박용만 등 외교 중심 노선에 비판적인 인사들의 요구로 회의 소집
- 창조파는 새 정부(韓 정부)를 조직하고 연해주로 이동하였으나 소련의 지원을 얻지 못해 힘을 잃음 → 일부는 무정부주의 운동에, 일부는 중국 공산당에 가담
- 임시 정부는 이승만을 위임 통치건을 이유로 탄핵하고 박은식을 2대 대통령으로 추대, 제2차·제3차 개헌을 추진하며 체제를 정비

39 산미 증식 계획

암기박사 일본 : 쌀 부족 현상 ⇒ 산미 증식 계획

정답 ⑤

정답 해설

일본은 문화 통치기 때 일본의 쌀 부족 현상을 해결하기 위해 산미 증식 계획을 추진하였다(1920). 이 과정에서 조선 농민에게 과도한 수리 조합비를 징수하여 농민의 부담이 증가하는 등 다수의 조선인이 소작농으로 전락하는 결과를 낳았다.

오답 해설

① 독립 협회(1896) → 일제 강점기 이전
독립 협회는 서재필 등의 개화 지식층들이 자주 독립을 목표로 설

립한 근대적 사회 정치 단체이다.
② 국채 보상 운동(1907) → 일제 강점기 이전
대구에서 개최한 국민 대회에서 서상돈 등의 발의로 정부의 외채를 국민의 힘으로 상환하여 국권을 회복하자는 국채 보상 운동이 본격화되었다.
③ 화폐 정리 사업(1905) → 일제 강점기 이전
재정 고문 메가타의 주도로 조선의 상평통보나 구(舊) 백동화를 일본 제일 은행에서 만든 새 화폐로 교환하는 화폐 정리 사업이 실시되었다.
④ 토지 조사 사업(1912) → 무단 통치기
일제는 무단 통치기 때 토지 약탈과 식민지화에 필요한 재정 수입원을 마련하기 위해 토지 조사령을 발표하고 토지 조사 사업을 실시하였다.

40 북로 군정서군

암기박사 중광단 ⇒ 북로 군정서군   정답 ④

정답 해설
청산리 전투에 참가한 부대는 김좌진의 북로 군정서군이다. 3·1 운동 직후 북로 군정서군이 대종교의 중광단을 중심으로 조직되어 항일 독립 전쟁에 참여하였다.

오답 해설
① 대전자령 전투 → 한국 독립군
지청천의 한국 독립군은 중국군과 연합하여 호로군을 조직하고 대전자령 전투에서 일본군을 기습하였다.
② 영릉가 전투 → 조선 혁명군
양세봉의 조선 혁명군은 중국 의용군과 연합하여 영릉가 전투에서 일본군에게 승리하였다.
③ 동북 인민 혁명군 → 동북 항일 연군
만주에서 중국 공산당과 한인 사회주의자가 연합하여 결성한 동북 인민 혁명군은 동북 항일 연군으로 개편되어 유격전을 전개하였다.
⑤ 인도·미얀마 전선에 투입 → 한국 광복군
대한민국 임시 정부 산하의 한국 광복군은 영국군의 요청으로 인도·미얀마 전선에 파견되어 영국군과 연합 작전을 펼쳤다.

41 형평 운동

암기박사 이학찬 : 조선 형평사 ⇒ 형평 운동   정답 ①

정답 해설
백정들이 갑오개혁에 의해 신분이 해방된 뒤에도 계속해서 차별을 받자 차별 철폐를 주장하며 형평 운동을 전개하였다. 형평 운동은 이학찬이 진주에서 설립한 조선 형평사의 주도로 전개되었다.

오답 해설
② 대한매일신보 지원 → 국채 보상 운동
대한매일신보는 정부의 외채를 국민의 힘으로 상환하여 국권을 회복하자는 국채 보상 운동을 적극 지원하였다.

③ 평양에서 시작 → 물산 장려 운동
물산 장려 운동은 조만식 등이 중심이 되어 평양에서 조선 물산 장려회가 발족되고, '조선 사람 조선 것'이라는 구호 아래 전국으로 확산되었다.
④ 순종의 인산일 → 6·10 만세 운동
순종의 인산일을 기회로 삼아 6·10 만세 운동이 일어나 격문 살포와 시위 운동이 전개되었다.
⑤ 라이징 선 석유 회사 : 한국인 구타 사건 → 원산 총파업
라이징 선 석유 회사의 한국인 구타 사건을 계기로 1920년대 최대의 파업 투쟁인 원산 총파업이 시작되었다.

42 6·25 전쟁의 과정

암기박사 인천 상륙 작전(1950. 9. 15) ⇒ 서울 수복 이전(1950. 9. 28)   정답 ④

정답 해설
6·25 전쟁 중 맥아더 장군의 인천 상륙 작전을 계기로 국군과 유엔군은 전세를 역전시키고 서울을 수복하였다. 즉, 유엔군의 인천 상륙 작전은 서울 수복 이전의 사건이다.

오답 해설
① 반공 포로 석방(1953. 6) → 서울 수복 이후
이승만 정부가 6·25 전쟁 당시 유엔군의 휴전 협상 진행에 반대하여 거제도 포로 수용소에 있던 반공 포로를 석방하였다.
② 한미 상호 방위 조약(1953. 10) → 서울 수복 이후
휴전 협정 체결 직후 한·미 상호 방위 조약이 체결되어 한반도에서 무력 충돌이 일어날 경우 유엔의 결정 없이 미국이 즉각 개입할 수 있게 되었다.
③ 흥남 철수 작전(1950. 12) → 서울 수복 이후
6·25 전쟁 중 중공군의 개입으로 전세가 불리해지자, 국군과 유엔군은 흥남항을 통해 대규모 철수 작전을 전개하였다.
⑤ 발췌 개헌(1952. 7) → 서울 수복 이후
이승만 정부와 자유당은 6·25 전쟁 중 부산에서 계엄령을 선포한 가운데 대통령 직선제와 양원제의 발췌 개헌안을 통과시켰다.

핵심노트 ▶ 6·25 전쟁의 경과

전쟁 발발(1950. 6. 25) → 서울 함락(1950. 6. 28) → 한강 대교 폭파(1950. 6. 28) → 낙동강 전선 후퇴(1950. 7) → 인천 상륙 작전(1950. 9. 15) → 서울 수복(1950. 9. 28) → 중공군 개입(1950. 10. 25) → 압록강 초산까지 전진(1950. 10. 26) → 흥남 철수(1950. 12) → 서울 철수(1951. 1. 4) → 서울 재수복(1951. 3. 14) → 정전 회담(1951. 6. 23) → 정전 협정 체결(1953. 7. 27)

43 김대중 정부의 통일 정책

암기박사 6·15 남북 공동 선언 ⇒ 김대중 정부   정답 ④

정답 해설
최초의 남북 정상 회담, 2022 한일 월드컵 개최, 경의선 복원 사업 착공 등은 김대중 정부 때의 일이다. 김대중 정부 때에 6·15 남북 공동 선언이 채택되어 1국가 2체제 통일 방안 수용, 이산가족 방문단의 교환, 협력과 교류의 활성화 등을 목표로 하였다.

오답 해설

① 남북 기본 합의서 → 노태우 정부
　노태우 정부 때에 남북 사이의 화해와 불가침 및 교류·협력에 관한 남북 기본 합의서에 서명하였다.

② 남북한 유엔 동시 가입 → 노태우 정부
　노태우 정부 때에 제46차 UN 총회에서 개별 회원국으로 남북한이 유엔에 동시 가입하였다.

③ 7·4 남북 공동 성명 → 박정희 정부
　박정희 정부 때에 7·4 남북 공동 성명을 발표하여 '자주, 평화, 민족 대단결'의 민족 통일 3대 원칙을 제시하였다.

⑤ 최초의 남북 이산가족 고향 방문 → 전두환 정부
　전두환 정부 때에 최초의 이산가족 고향 방문이 성사되어 평양에서 이산가족 고향 방문과 예술 공연단 교환을 실현하였다.

44 4·19 혁명

암기박사　4·19 혁명 ⇒ 장면 내각 출범　　**정답** ②

정답 해설

이승만 정부 때 여당 부통령 후보 당선을 위한 3·15 부정 선거에 항의하며 4·19 혁명이 시작되었다. 4·19 혁명으로 이승만 대통령이 하야한 후 허정 과도 정부가 내각 책임제를 채택하면서 장면 내각이 출범하였다.

오답 해설

① 긴급 조치 철폐 → 3·1 민주 구국 선언
　박정희 정부의 유신 체제에 항거하여 재야 정치인들과 가톨릭 신부, 개신교 목사, 대학 교수 등이 3·1 민주 구국 선언을 통해 긴급 조치 철폐 등을 요구하였다.

③ 시민군 vs 계엄군 → 5·18 민주화 운동
　신군부의 계엄 확대와 무력 진압에 5·18 민주화 운동이 발발하였고, 전남 도청에서 시민군이 계엄군에 맞서 싸웠다.

④ 유신 헌법 반대 운동 → 개헌 청원 100만인 서명 운동
　박정희 정부 때 유신 헌법 반대 운동으로 민주화를 위한 개헌 청원 100만인 서명 운동이 전개되었다.

⑤ 5년 단임의 대통령 직선제 개헌 → 6월 민주 항쟁
　박종철 고문치사와 전두환 정부의 4·13 호헌 조치 발표로 6월 민주 항쟁이 촉발되었고, 그 결과 노태우의 6·29 민주화 선언에 따라 5년 단임의 대통령 직선제 개헌이 이루어졌다.

45 박정희 정부의 경제 상황

암기박사　100억 불 수출 달성 ⇒ 박정희 정부　　**정답** ②

정답 해설

신민당 당사에서 YH 무역 노동자들이 폐업에 항의하며 농성한 것은 박정희 정부 때의 일이다. 박정희 정부 때인 1971년에 수출 10억 달러를 돌파한 지 6년 만에 처음으로 연간 수출액 100억 달러가 달성되었다.

오답 해설

① 금융 실명제 실시 → 김영삼 정부
　김영삼 정부 때에 금융 거래의 투명성을 확보하고자 대통령의 긴급 명령으로 금융 실명제가 실시되었다.

③ 개성 공단 건설 → 노무현 정부
　노무현 정부 때 남북 간 경제 교류 협력을 위해 개성 공단이 건설되고 입주 업체들에 의해 의류 생산이 시작되었다.

④ 한·칠레 자유 무역 협정(FTA) → 노무현 정부
　노무현 정부 때에 칠레와 한·칠레 자유 무역 협정(FTA)을 체결하였다.

⑤ 3저 호황 → 전두환 정부
　전두환 정부 때에 저유가, 저금리, 저달러의 3저 호황으로 물가가 안정되고 수출이 증가하였다.

46 전두환 정부 시기의 사회 모습

암기박사　보도 지침 : 언론 통제 ⇒ 전두환 정부　　**정답** ④

정답 해설

야간 통행 금지를 해제하고 프로 야구와 축구가 출범하였으며 수많은 사람들이 불법적으로 삼청 교육대에 끌려간 것은 전두환 정부 때의 일이다. 전두환 정부는 당시 문화공보부가 방송사와 신문사에 하달한 보도 지침을 통해 언론을 통제하였다.

오답 해설

① 금강산 관광 사업 → 김대중 정부
　김대중 정부 때에 평양에서 최초로 남북 정상회담이 개최되고 햇볕 정책의 일환으로 금강산 관광 사업이 시작되었다.

② 서울 올림픽 대회 개최 → 노태우 정부
　노태우 정부 때에 동서 양 진영 160개국이 참가한 제24회 서울 올림픽 대회가 개최되었다.

③ 삼풍 백화점 붕괴 사고 → 김영삼 정부
　김영삼 정부 때 대규모 건축물 붕괴 사고인 삼풍 백화점 붕괴 사고로 많은 사상자가 발생하여 전국적인 건축물 안전실태 조사와 건축법 강화의 계기가 되었다.

⑤ 호주제 폐지 → 노무현 정부
　노무현 정부는 양성 평등의 실현을 위해 남성 중심의 가부장제를 상징했던 호주제를 폐지하였다.

47 몽양 여운형의 활동

암기박사　조선 건국 준비 위원회 ⇒ 좌우 합작 위원회　　**정답** ⑤

정답 해설

8·15 광복 직후 건국 작업을 진행하기 위해 여운형이 중심이 되어 조선 건국 준비 위원회가 조직되었다(1945). 이후 이승만의 정읍 발언으로 남북 분단의 우려가 제기되자 우익 측을 대표한 김규식과 좌익 측을 대표한 여운형이 좌우 합작 위원회를 조직하였다(1946).

오답 해설

① 한국 민주당 창당 → 송진우, 김성수
대한민국 정부 수립 이전인 미 군정기에 송진우, 김성수 등의 독립 운동가들이 한국 민주당을 창당하였다.

② 여운형 → 5·10 총선거 출마(X)
여운형은 극우파 한지근에 의해 1947년 혜화동에서 암살되었다. 5·10 총선거는 1948년이므로 여운형이 암살당한 이후이다.

③ 남한만의 단독 정부 수립 주장 → 이승만
제1차 미·소 공동 위원회가 개최되었으나 결렬되자 이승만은 정읍에서 남한만의 단독 정부 수립을 주장하였다.

④ 조선 혁명 선언 작성 → 신채호
신채호는 조선 혁명 선언을 통해 폭력을 통한 민중의 직접 혁명을 주장하였다.

48 삼국 시대의 역사

암기박사 경당 : 글과 활쏘기 교육 ⇒ 고구려 장수왕 **정답** ③

정답 해설

충남 부여 쌍북리에서 출토된 목간을 통해 삼국 시대의 사람들도 구구단을 공부했다는 사실이 밝혀졌다. 삼국 시대인 고구려 장수왕 때 청소년들이 경당에서 책을 읽고 활쏘기를 배웠다.

오답 해설

① 반구대 암각화 → 청동기 시대
고래 사냥 모습이 새겨져 있는 울산 울주 대곡리의 반구대 암각화는 청동기 시대에 제작되었다.

② 만권당 설립 → 고려 원 간섭기
원 간섭기인 고려 충선왕 때 이제현은 원의 만권당에서 원의 학자들과 교유하였으며 성리학의 보급에 기여하였다.

④ 송상 : 사개치부법 → 조선 후기
조선 후기 개성의 송상은 독특한 회계 정리 방식인 사개치부법을 사용하였다.

⑤ 정혜공주 묘지석 → 발해 문왕
정혜공주는 발해 문왕(대흠무)의 둘째 딸로, 정혜공주 묘지석에는 유교 경전과 중국 역사서의 내용이 인용 되어 있다.

49 도자기의 종류

암기박사 가지문 토기 ⇒ 청동기 시대 **정답** ③

정답 해설

(다)의 회색 대토 위에 백토로 표면을 분장한 뒤에 유약을 입혀 구운 자기는 분청사기이다. 가지문 토기는 청동기 시대에 제작된 일종의 채색 토기로 고운 흙으로 만들어졌다.

오답 해설

① 백자 달항아리 → 백자
온화한 순백색과 부드러운 곡선, 넉넉하고 꾸밈없는 형태를 고루 갖춘 조선 후기의 백자 항아리로, 몸통의 접합부가 비교적 완전하

고 전체적인 비례에 안정감이 있다.

② 청자 오리 모양 연적 → 고려 청자
오리 모양으로 만든 고려 시대의 청자 연적으로, 오리의 형태와 깃털까지 사실적 기법으로 세밀하게 나타낸 정교한 작품이다.

④ 백자 청화 매죽문 항아리 → 청화 백자
조선 시대에 제작된 청화 백자 항아리로 문양의 표현과 기법, 색·형태 면에서 아름다운 항아리이며 구도와 소재면에서 중국 명나라 청화 백자의 영향을 받았다.

⑤ 청자 상감운학문 매병 → 상감 청자
학과 구름을 상감기법으로 새겨 넣은 대표적인 고려 시대 상감 청자 매병이다.

50 전태일 분신 사건

암기박사 전태일 분신 사건 ⇒ 청계 피복 노동 조합 결성 **정답** ⑤

정답 해설

박정희 정부 때 서울 동대문 평화시장에서 노동운동가 전태일이 근로 기준법 준수를 외치며 분신하였다(1970). 이 사건을 계기로 평화 시장 노동자들을 중심으로 한 청계 피복 노동 조합이 결성되었다(1971).

오답 해설

① 신한 공사 설립 → 미 군정기
미 군정기에 일제의 귀속 재산 처리를 위해 신한 공사가 설립되어 동양 척식 주식회사가 소유했던 재산 및 군정청 소유의 모든 토지를 관리했다.

② 조선 방직 총파업 → 일제 강점기
일제 강점기 때 부산 지역 조선 방직 노동자들이 노동력 수탈과 민족 차별에 항거하여 총파업을 벌였다.

③ 제1차 경제 개발 5개년 계획 → 1960년대
박정희 정부 때인 1960년대에 경제 자립을 목표로 기간산업, 사회 간접 자본 확충, 경공업 중심의 수출 산업 육성을 위한 제1차 경제 개발 5개년 계획이 추진되었다.

④ 삼백 산업 발달 → 이승만 정부
이승만 정부 때에 미국의 원조 물자를 가공한 제분·제당·면방직의 삼백 산업이 발달하였다.

2023년도 제67회 정답 및 해설 (심화)

01 청동기 시대의 생활 모습

암기박사 비파형 동검, 청동 거울 ⇒ 청동기 시대

정답 ④

정답 해설
울주 검단리 유적에서 발굴된 환호, 고인돌, 민무늬 토기는 모두 청동기 시대의 유물들이다. 청동기 시대에는 요령식 동검인 비파형 동검과 청동 거울인 거친무늬 거울 등을 제작하였다.

오답 해설
① 철제 무기 : 정복 활동 → 철기 시대
철기 시대에는 철제 무기를 사용하게 되면서 더 많은 식량을 차지하려고 정복 활동을 벌였다.

② 동굴, 막집 → 구석기 시대
구석기 시대에는 주로 동굴이나 강가의 막집에서 거주하면서 도구를 사용하여 사냥을 하거나 어로, 채집 생활을 하였다.

③ 깊이갈이 → 고려 시대
고려 시대에는 소를 이용하여 이랑과 고랑의 높이 차이를 크게 하는 깊이갈이가 일반화되었다.

⑤ 빗살무늬 토기 : 음식 저장 → 신석기 시대
신석기 시대에는 빗살무늬 토기를 만들어 음식을 조리하거나 저장하였다.

02 여러 나라의 제천 행사

암기박사 고구려 ⇒ 동맹 / 삼한 ⇒ 5월 수릿날, 10월 계절제

정답 ④

정답 해설
ㄴ. 고구려는 매년 10월에 국중대회로 동맹이라는 제천 행사를 열어 하늘에 제사를 지냈다.
ㄹ. 삼한은 씨뿌리기가 끝난 5월 수릿날과 농사를 마친 10월 계절제에 제사를 지냈다.

오답 해설
ㄱ. 무천 : 제천 행사 → 동예
동예는 10월에 무천이라는 제천 행사를 열어 밤낮으로 음주가무를 즐겼다.

ㄷ. 영고 : 제천 행사 → 부여
부여는 매년 음력 12월에 영고라는 제천 행사를 개최하였는데, 맞이굿이라고도 하며 죄수를 풀어 주기도 하였다.

03 백제 성왕의 업적

암기박사 국호 : 남부여 변경 ⇒ 백제 성왕

정답 ①

정답 해설
신라와 연합하여 한강 유역을 되찾았지만 관산성 전투에서 전사한 왕은 백제 성왕이다. 백제 성왕은 웅진에서 사비로 천도하고 국호를 남부여로 변경하는 등 행정 조직을 재정비하였다.

오답 해설
② 미륵사 창건 → 백제 무왕
서동 설화의 주인공으로 알려진 백제 무왕은 삼국시대의 절 가운데 최대 규모인 미륵사를 금마저에 창건하였다. → 지금의 익산

③ 고흥 : 서기 편찬 → 백제 근초고왕
백제의 전성기를 이끈 근초고왕은 고흥에게 백제의 역사서인 서기를 편찬하게 하였다.

④ 윤충 : 대야성 함락 → 백제 의자왕
백제의 의자왕은 윤충을 보내 신라를 공격하고 대야성을 비롯한 40여 개의 성을 함락하였다.

⑤ 동진 마라난타 : 불교 수용 → 백제 침류왕
백제의 침류왕은 동진에서 온 마라난타를 통해 불교를 수용하였다.

04 경주 분황사 모전 석탑

암기박사 현존하는 최고(最古)의 신라 석탑 ⇒ 경주 분황사 모전 석탑

정답 ④

정답 해설
경북 경주의 분황사에 있는 모전 석탑은 석재를 벽돌 모양으로 만들어 쌓은 탑으로, 현존하는 신라 석탑 중 가장 오래된 석탑이다. 선덕여왕 3년에 건립된 것으로 추정된다.

오답 해설
① 경주 불국사 삼층 석탑 → 통일 신라
경북 경주의 불국사에 있는 통일 신라의 석탑으로, 내부에서 현존하는 세계 최고(最古)의 목판 인쇄물인 무구정광대다라니경이 발견되었다.

② 부여 정림사지 5층 석탑 → 백제
충남 부여의 정림사지에 있는 5층 석탑은 목탑의 구조와 비슷하지만 돌의 특성을 살려 전체적인 형태가 매우 우아하고 아름답다. 당나라 장수 소정방이 백제를 정복한 후 '백제를 정벌한 기념탑'이라는 글귀가 새겨져 있다.

③ 장백 영광탑 → 발해
중국 길림성 장백진 북서쪽 탑산에 있는 발해 시대의 누각식 전탑으로 장방형, 규형, 다각형의 벽돌로 쌓은 5층의 벽돌탑이다.

⑤ 익산 미륵사지 석탑 → 백제 → 석탑 보수 과정에서 금제 사리 봉안기가 발견됨
전북 익산에 있는 미륵사지 석탑은 백제 시대의 석탑으로, 목탑 양식을 계승한 우리나라에서 가장 오래된 탑이다.

05 삼국 통일 과정

암기박사 고구려 멸망 ⇒ 고구려 부흥 운동

정답 ②

정답 해설
연개소문의 사후 집권층의 내부 분열과 나·당 연합군의 협공으로 고구려가 멸망하였다(668). 고구려가 멸망한 뒤 신라 문무왕이 보장왕의 서자 안승을 금마저(익산)의 보덕국왕으로 책봉하였다(674).

오답 해설
① 흑치상지 : 당의 유인궤에게 항복 → 백제 부흥 운동

흑치상지가 임존성에서 군사를 일으켜 백제 부흥 운동을 전개하였으나 결국 당의 유인궤에게 항복하였다.

③ 살수 대첩 → 고구려 멸망 이전
고구려 영양왕 때 수 양제가 대군을 이끌고 고구려를 침입했으나 을지문덕이 이끄는 고구려 군이 살수에서 대승을 거두었다.

④ 백강 전투 → 고구려 멸망 이전
백제가 멸망한 후 부여풍이 왜군과 함께 백강에서 당군에 맞서 싸웠으나 패하였다.

⑤ 백제 개로왕 : 북위에 사신 파견 → 고구려 멸망 이전
고구려 장수왕의 남진 정책에 백제 개로왕은 북위에 사신을 보내 고구려 공격을 요청하였다.

06 의상의 활동

암기박사 관음 신앙 강조 ⇒ 의상

정답 ⑤

정답 해설
영주 부석사에서 화엄학을 공부한 승려는 신라의 의상이다. 의상은 아미타 신앙과 함께 현세의 고난에서 구제받고자 하는 관음 신앙을 강조하였다.

오답 해설
① 황룡사 구층 목탑 건립 건의 → 자장
자장은 당에서 귀국하여 선덕여왕에게 황룡사 구층 목탑의 건립을 건의하였다.

② 무애가 : 불교 대중화 → 원효
원효는 일심과 화쟁 사상을 중심으로 몸소 아미타 신앙을 전개하고 무애가를 지어 불교 대중화에 노력하였다.

③ 해심밀경소 저술 → 원측
원측은 당나라로 건너가 유식학의 대가로 명성을 떨쳤던 신라의 고승으로, 유식의 교의를 담은 해심밀경소를 저술하였다.

④ 해동고승전 편찬 → 각훈
화엄종의 대가인 각훈은 삼국 시대 승려 33명의 전기를 정리한 해동고승전을 편찬하였다.

핵심노트 ▶ 의상(625~702)

- 당에 유학하여 중국 화엄종의 제2조인 지엄의 문하에서 화엄종을 연구
- 화엄일승법계도를 저술 → 해동 화엄의 시조로서, 고려 균여에게 영향을 미침
- 화엄의 근본 도량이 된 부석사를 창건하고, 화엄 사상을 바탕으로 교단을 형성
- 모든 사상을 보다 높은 차원에서 하나로 조화시키는 원융 사상을 설파하여 통일 후 갈등 해소와 왕권 전제화에 공헌
- 아미타 신앙과 함께 현세에서 고난을 구제받고자 하는 관음 신앙을 설파

07 신문왕의 업적

암기박사 관료전 지급 : 녹읍 폐지 ⇒ 신문왕

정답 ②

정답 해설
만파식적은 해룡이 된 문무왕과 천신이 된 김유신이 합심하여 대나무로 만들어 신문왕에게 보냈다는 피리이다. 신문왕은 관료전을 지급하고 귀족의 경제 기반이었던 녹읍을 폐지하였다.

오답 해설
① 위홍과 대구화상 : 삼대목 → 진성여왕
신라 진성여왕 때 위홍과 대구화상이 향가 모음집인 삼대목을 편찬하였으나 전하지 않는다.

③ 위화부 창설 → 진평왕
신라 진평왕 때 관리 인사와 관등의 업무를 담당하는 위화부를 창설하였다.

④ 연호 : 건원 → 법흥왕
신라 법흥왕은 건원이라는 독자적인 연호를 사용하여 자주 국가로서의 위상을 높였다.

⑤ 동시전 : 시장 감독 → 지증왕
신라 지증왕 때 시장을 감독하는 관청인 동시전이 수도 경주에 설치되었다.

08 신라 하대의 역사

암기박사 장보고의 난(839) ⇒ 신라 하대

정답 ④

정답 해설
혜공왕이 귀족 세력에게 피살되고 상대등 김양상이 선덕왕으로 즉위하면서 신라 하대가 시작되었다. 신라 하대에는 장보고가 왕위 쟁탈전에 가담하여 민애왕을 죽이고 신무왕을 즉위시켰다.

오답 해설
① 김흠돌의 난 → 신라 중대
신라 신문왕 때 장인인 김흠돌이 반란을 일으키자 이를 진압하고 진골 귀족 세력을 숙청하였다.

② 이사부 : 우산국 복속 → 신라 상대
신라 지증왕은 이사부를 파견하여 우산국(울릉도)을 복속시켰다.

③ 김대성 : 불국사 조성 → 신라 중대
신라 경덕왕 때 김대성이 불국토의 이상을 조화와 균형 감각으로 표현한 불국사 조성을 주도하였다.

⑤ 거칠부 : 국사 편찬 → 신라 상대
신라는 진흥왕 때 거칠부가 왕명에 의해 국사를 편찬하였으나 현재 전하지는 않는다.

09 발해의 교육 기관

암기박사 주자감 : 교육 기관 ⇒ 발해

정답 ①

정답 해설
정효 공주는 발해의 제3대 왕인 문왕(대흠무)의 넷째 딸이다. 발해는 문왕 때 최고 교육 기관으로 주자감을 설립하여 인재를 양성하고, 왕족과 귀족을 대상으로 유교 경전을 교육하였다.

오답 해설
② 골품 : 엄격한 신분 차별 → 신라
신라의 골품제는 혈연에 따라 사회적 제약이 가해지는 폐쇄적 신분 제도로, 골품에 따른 신분 차별이 엄격하였다.

③ 정사암 : 국가 중대사 논의 → 백제

백제는 귀족 회의체인 정사암 회의를 개최하여 재상을 선출하는 등 국가 중대사를 논의하였다.
④ 독서삼품과 : 관리 선발 → 통일 신라
통일 신라의 원성왕은 관리 선발을 위해 유교 경전의 이해 수준에 따라 3등급으로 구분한 독서삼품과를 시행하였다.
⑤ 청연각 · 보문각 : 학문 연구 → 고려 *상품·중품·하품*
고려 예종 때 관학을 진흥하기 위해 궁중에 학술 연구 기구로 청연각과 보문각을 두어 학문 연구를 장려하였다.

10 후삼국의 통일 과정

암기박사 견훤 : 금산사 유폐 ⇒ 일리천 전투 : 왕건 승리 **정답 ④**

정답 해설
견훤은 왕위 계승 문제로 반란을 일으킨 장남 신검에 의해 금산사에 유폐된 후 탈출하여 왕건에게 귀부하였다(935). 이후 고려 왕건이 일리천 전투에서 신검의 군대를 격파하고 후백제를 멸망시켰다(936).
→ 스스로 와서 복종함

오답 해설
① 광평성 설치(904) → 견훤 유폐 이전
후고구려의 궁예는 국정을 총괄하는 광평성을 비롯한 각종 정치 기구를 설치하였다.
② 장문휴 : 당의 등주 공격(732) → 견훤 유폐 이전
발해 무왕(대무예) 때 장문휴가 당의 등주를 공격하여 요서 지역에서 당과 격돌하였다.
③ 공산 전투(927) → 견훤 유폐 이전
후백제의 견훤이 신라를 공격하자 경애왕의 요청으로 태조 왕건은 신숭겸을 보내 견훤군을 공격하였으나 공산 전투에서 전사하였다.
⑤ 김헌창의 난(822) → 견훤 유폐 이전
신라 하대 헌덕왕 때 웅천주(공주) 도독 김헌창이 아버지가 왕위 쟁탈전에서 패한 것에 대해 불만을 품고 반란을 일으켰다.

11 고려 광종의 업적

암기박사 과거제 도입 ⇒ 고려 광종 **정답 ①**

정답 해설
왕권을 강화하기 위해 광덕, 준풍 등의 연호를 사용하였으며 개경을 황도라 칭한 왕은 고려 광종이다. 인재를 등용하기 위해 고려 광종은 후주인 쌍기의 건의를 수용하여 과거제를 도입하였다.

오답 해설
② 흑창 설치 → 고려 태조
고려 태조는 빈민을 구제하기 위해 고구려의 진대법을 계승한 흑창을 처음 설치하였다.
③ 전시과 제도 → 고려 경종
고려 경종은 전시과 제도를 마련하여 모든 전·현직 관리를 대상으로 관품과 인품·세력을 반영하여 토지를 지급하였다.
④ 삼국사기 편찬 → 고려 인종
고려 인종 때 김부식은 왕명으로 현존하는 우리나라 최고의 역사서인 삼국사기를 편찬하였다.
⑤ 12목 설치 : 지방관 파견 → 고려 성종
고려 성종은 최승로의 시무 28조에 따라 전국에 12목을 설치하고 지방관을 처음으로 파견하였다.

핵심노트 ▶ 고려 광종의 업적
- 개혁 주도 세력 강화 : 개국 공신 계열의 훈신 등을 숙청하고 군소 호족과 신진 관료 중용
- 군사 기반 마련 : 내군을 장위부로 개편하여 시위군을 강화
- 칭제 건원 : 국왕을 황제라 칭하고 광덕·준풍 등 독자적 연호를 사용, 개경을 황도라 함
- 노비안검법 실시(956) : 양인이었다가 불법으로 노비가 된 자를 조사하여 해방시켜 줌으로써, 호족·공신 세력을 약화시키고 국가 재정 수입 기반을 확대
- 과거 제도의 실시(958) : 후주인 쌍기의 건의로 실시, 유학을 익힌 신진 인사를 등용해 호족 세력을 누르고 신구 세력의 교체를 도모
- 백관의 공복 제정(960) : 지배층의 위계질서 확립을 목적으로 제정, 4등급으로 구분
- 주현공부법 : 국가 수입 증대와 지방 호족 통제를 위해 주현 단위로 공물과 부역의 양을 정함 → 해거를 최초의 국사로, 탄문을 왕사로 임명
- 불교의 장려 : 왕사·국사 제도 제정(963), 불교 통합 정책

12 고려 현종 재위 시간의 사실

암기박사 거란군 침입 : 초조대장경 조판 ⇒ 고려 현종 **정답 ②**

정답 해설
강조의 정변을 구실로 거란군이 침입한 것은 고려 현종 때의 일이다. 이 시기에 대구 부인사에서 거란의 침략을 물리치기 위해 초조대장경 조판이 시작되었다.

오답 해설
① 만부교 사건 → 고려 태조
고려 태조가 거란을 배척하여 거란이 선물로 보낸 낙타를 만부교에 묶어 아사하도록 한 만부교 사건이 일어났다.
③ 사신 저고여 피살 → 고려 고종
고려 무신집권기인 고종 때에 몽골 사신 저고여가 귀국길에 피살되자 이를 구실로 몽골군이 여섯 차례에 걸쳐 고려를 침입하였다.
④ 망이·망소이의 난 → 고려 명종
고려 명종 때 망이·망소이가 무신 정변 이후 가혹한 수탈에 저항하여 공주 명학소에서 봉기하였다.
⑤ 전민변정 사업 → 고려 공민왕
고려 공민왕 때 신돈을 중심으로 전민변정 사업이 추진되어 권문 세족에게 빼앗긴 토지와 노비를 본래의 소유주에게 돌려주었다.

13 최충헌의 활동

암기박사 교정도감 설치 ⇒ 최충헌 **정답 ②**

정답 해설
고려 무신 집권기에 이의민을 제거하고 정권을 장악한 인물은 최충헌이다. 최충헌은 국정 총괄 기구로 교정도감을 설치하여 인재 천거, 조세 징수, 감찰, 재판 등 국가의 중요한 사무를 처리하였다.

오답 해설

① **정방 폐지 → 고려 공민왕**
고려 공민왕 때 인사 행정을 담당하여 신진 사대부의 등용을 억제하였던 정방을 폐지하였다.
③ **배중손 : 삼별초 → 고려 무신 집권기**
고려 무신 집권기 때 강화도에 반몽정권을 수립한 배중손은 삼별초를 이끌고 진도로 이동하여 대몽 항쟁을 펼쳤다.
④ **화통도감 설치 → 고려 우왕**
고려 말 우왕 때 최무선이 화약과 화포 제작을 위한 화통도감 설치를 건의하였다.
⑤ **훈요 10조 → 고려 태조**
고려 태조 왕건은 자신의 사후 후세의 정책 방향을 제시하기 위해 훈요 10조를 남겼다.

14 고려의 대외 항쟁

암기박사 윤관 : 동북 9성 축조 ⇒ 묘청 : 서경 천도 운동 ⇒ 김윤후 : 처인성 전투   **정답** ④

정답 해설

(가) **윤관의 동북 9성 축조(1107)** : 고려 예종 때 윤관은 별무반을 이끌고 여진을 정벌한 후 동북 9성을 축조하였다.
• **묘청의 서경 천도 운동(1135)** : 고려 인종 때 묘청의 서경파가 풍수지리설에 근거하여 서경 천도와 칭제 건원, 금국 정벌을 주장하였다.
(나) **김윤후의 처인성 전투(1232)** : 몽골의 2차 침입 때 김윤후가 처인성에서 적장 살리타를 사살하고 몽골군을 물리쳤다.

오답 해설

① **광군 조직(947) → (가) 이전**
고려 정종은 광군을 조직하고 청천강에 배치하여 거란의 침입에 대비하였다.
② **강동 6주 획득(993) → (가) 이전**
거란의 1차 침입 때 서희가 거란의 소손녕과 외교 담판을 벌여 강동 6주를 획득하였다.
③ **만권당 설립(1314) → (나) 이후**
원 간섭기인 고려 충선왕 때 이제현은 원의 만권당에서 원의 학자들과 교유하였으며 성리학의 보급에 기여하였다.
⑤ **천리장성 축조(1044) → (가) 이전**
강감찬은 귀주 대첩에서 승리한 후 거란의 침입에 대비하기 위하여 압록강에서 도련포까지 천리장성을 축조하였다.

15 정동행성 설치 배경

암기박사 일본 원정 ⇒ 정동행성 설치   **정답** ②

정답 해설

원 간섭기인 고려 충렬왕 때 원의 요청에 따라 일본 원정에 참여하기 위해 정동행성이 설치되었다. 이후 정동행성은 고려 내정 간섭 기구로 점차 변질되었다.

오답 해설

① **병자호란 → 삼전도비 건립**
조선 인조는 병자호란 당시 남한산성에서 항전하다 결국 삼전도에서 굴욕적인 강화를 맺고 청의 요구로 삼전도비를 건립하였다.
③ **고려 태조 : 호족 세력 포섭책 → 사심관 제도**
고려 태조는 왕권 유지를 위한 호족 세력의 포섭책으로 사심관 제도를 시행하였는데, 신라의 마지막 왕인 경순왕 김부를 경주의 사심관에 임명한 것이 시초였다.
④ **무신정변 → 조위총의 난**
서경 유수 조위총이 무신정변의 주동자를 제거하고 나라를 바로 잡는다는 명분으로 난을 일으켰다.
⑤ **수선사 결사 운동 → 지눌 : 권수정혜결사문 작성**
조계종을 창시한 보조국사 지눌은 불교 개혁을 위해 수선사 결사 운동을 주도하고 권수정혜결사문을 작성하였다.

16 논산 관촉사 석조 미륵보살입상

암기박사 논산 관촉사 석조 미륵보살입상 ⇒ 은진 미륵   **정답** ③

정답 해설

충남 논산의 관촉사에 있는 석조 미륵보살입상은 고려 시대 최대의 석불입상으로, 은진미륵이라고도 불리며 규모가 거대하고 인체 비례가 불균형하다. 고려 광종 때 제작되었으며, 파격적이고 대범한 미적 감각을 담고 있는 국보 제323호이다.

오답 해설

① **파주 용미리 마애이불입상 → 고려 시대 2구의 거불 불상**
파주 용미리 마애이불입상은 경기도 파주시 광탄면 용미리에 있는 고려 시대의 불상으로, 천연암벽을 몸체로 삼아 그 위에 목, 머리, 갓 등을 따로 만들어 얹어놓은 2구의 거불이다.
② **경산 팔공산 관봉 석조여래좌상 → 갓 바위 불상**
경산 팔공산 관봉 석조여래좌상은 경북 경산시 와촌면에 있는 통일 신라 시대의 불상으로, 불상의 머리 윗부분에 갓 모양의 모자가 얹혀 있다고 하여 갓바위 불상이라고 한다. 원래 있던 바위를 깎아서 환조(丸彫) 기법으로 조성한 것이 특징이다.
④ **서산 용현리 마애여래삼존상 → 백제의 미소**
서산 용현리 마애여래삼존상은 충남 서산시 운산면 용현리에 있는 백제 시대의 불상으로 흔히 '백제의 미소'로 널리 알려져 있다. 이 마애불은 부처를 중심으로 좌우에 보살입상과 반가사유상이 배치된 특이한 삼존형식이다.
⑤ **안동 이천동 마애여래 입상 → 제비원 석불**
경북 안동시 이천동에 있는 고려 시대의 불상으로, 원래 연미사(燕尾寺)가 있었다고 전해지는 곳에 위치하며 근래에 제비원이라는 암자가 새로 들어와 '제비원 석불'이라고도 불린다.

17 고려의 국립 교육 기관 국자감

암기박사 양현고 : 교육 장학 재단 ⇒ 국자감   **정답** ④

정답 해설

국자감은 고려 성종 때 설치된 국립 교육 기관으로, 예종 때에는 장학 기금을 마련을 위해 교육 장학 재단인 양현고를 두었고, 전문 강좌인 7재를 개설하였다.

오답 해설

① 문헌공도 → 최충 : 9재 학당
9재 학당은 고려 문종 때 최충이 설립한 최초의 사학으로 문헌공도로 불리기도 하였다.

②·③ 중앙에서 교수나 훈도 파견 → 향교
향교는 전국의 부·목·군·현에 하나씩 설립된 지방의 국립 중등 교육 기관으로, 중앙에서 파견된 교수나 훈도가 지방 관리와 서민의 자제들을 지도하였다.

⑤ 사가독서제 → 조선 세종
조선 세종 때 집현전 관리를 대상으로 젊은 문신들에게 휴가를 주어 학문에 전념하게 하는 사가독서제가 시행되었다.

18 고려의 정치 기구

정답 ①

암기박사 군사 기밀과 왕명 출납 ⇒ 추밀원(중추원)
낭사와 함께 서경권 행사 ⇒ 어사대

정답 해설

추밀원(중추원)은 고려 시대에 군사 기밀을 담당하고 왕명을 출납하는 정치 기구로, 추밀원의 추신은 중서문하성의 재신과 함께 도병마사에 참여하여 국방과 군사에 관한 문제를 논의하였다.
ㄴ. 어사대의 소속 관원은 낭사와 함께 관직 임명에 대한 서경권을 행사하였으며 대간으로 불렸다.

오답 해설

ㄷ. 화폐·곡식의 출납과 회계 → 삼사
고려의 삼사는 화폐·곡식의 출납과 회계 및 녹봉 관리를 담당하였다.

ㄹ. 도병마사 → 원 간섭기 : 도평의사사
도병마사는 원 간섭기에 도평의사사(도당)로 개편되면서 구성원이 확대되고 국정 전반의 중요 사항을 합의·집행하는 최고 상설 기구로 발전하였다.

19 최영의 요동 정벌

정답 ③

암기박사 황산 대첩 ⇒ 요동 정벌 ⇒ 과전법 실시

정답 해설

- 황산 대첩(1380) : 고려 말 이성계는 내륙까지 쳐들어와 약탈하던 왜구를 황산 대첩에서 무찌르고 백성들의 지지를 얻었다.
- 요동 정벌(1388) : 고려 우왕 때 최영이 명의 철령위 설치에 반발하여 요동 정벌을 추진한 내용이다.
- 과전법 실시(1391) : 고려 공양왕 때 조준 등의 건의로 과전법이 실시되어 신진 사대부들의 경제적 기반이 확대되었다.

20 고려 시대의 역사서

정답 ⑤

암기박사 조선 건국의 정당화 ⇒ 고려사

정답 해설

사마천의 사기를 따르고, 본기(本紀)라는 이름 대신 세가(世家)라는 이름으로 구성된 역사서는 고려사이다. 조선 초부터 편찬하기 시작해 문종 대에 김종서, 정인지 등이 완성한 고려사는 조선 건국을 정당화하는 입장에서 고려의 역사를 정리하였다.

오답 해설

① 발해사의 체계화 → 유득공 : 발해고
유득공은 발해고에서 남북국이라는 용어를 처음 사용하였고 발해사를 우리 역사로 체계화하였다.

② 고구려 시조의 일대기 → 이규보 : 동명왕편
이규보의 동명왕편은 고구려의 건국 시조인 동명왕의 일대기를 서사시 형태로 표현하였다.

③ 불교사 중심의 민간 설화 → 일연 : 삼국유사
일연의 삼국유사에는 단군부터 고려 말까지의 불교사를 중심으로 고대의 민간 설화 등이 수록되어 있다.

④ 편년체 사서 → 서거정 : 동국통감
서거정의 동국통감은 고조선부터 고려까지의 역사를 연대순으로 기록한 편년체 사서이다.

21 유향소

정답 ②

암기박사 좌수와 별감 운영 ⇒ 유향소

정답 해설

조선 세조 때 이시애의 난 이후 혁파된 기구는 유향소이다. 유향소는 좌수와 별감을 선발하여 운영되던 향촌 자치 기구로, 지방의 수령을 보좌하고 향리를 감찰하였다.

오답 해설

① 조광조 건의로 폐지 → 소격서
소격서는 국가적 제사를 주관하기 위해 설치된 도교 기관으로, 조선 중종 때 조광조를 비롯한 사림의 건의로 폐지되었다.

③ 주세붕이 최초 설립 → 서원
조선 중종 때 풍기 군수 주세붕이 안향의 봉사를 위해 최초의 서원인 백운동 서원을 설립하였다.

④ 대사성, 좨주, 직강 → 성균관
조선 시대 최고의 국립대학인 성균관은 대사성을 수장으로 좨주, 직강 등의 관직을 두었다. *(성균관의 으뜸 벼슬인 정3품의 당상관직 / 성균관의 종3품 관직 / 성균관의 종5품 관직)*

⑤ 매향 활동 → 향도
향도는 향나무를 바닷가에 묻는 매향(埋香) 활동 등 각종 불교 행사를 주관하였다.

22 김종서의 활동

정답 ①

암기박사 6진 개척 ⇒ 김종서

정답 해설

고려사절요를 찬술하고 계유정난 때 살해된 인물은 김종서이다. 조선 세종 때 김종서는 여진족을 몰아내고 두만강 일대에 6진을 개척

한국사 능력검정시험 3개년 기출문제

하였다.

오답 해설

② 불씨잡변 : 불교 비판 → 정도전
　조선 건국 이후 정도전은 불씨잡변을 지어 불교를 비판하고 성리학을 통치 이념으로 확립하였다.
③ 반정 공신 : 위훈 삭제 → 조광조
　조선 중종 때 조광조가 반정 공신의 위훈 삭제를 주장하였으나 훈구 세력이 주초위왕의 모략을 꾸며 조광조 일파를 제거하였다.
④ 쓰시마섬 정벌 → 이종무
　조선 세종 때 대일 강경책의 일환으로 이종무가 왜구의 근거지인 쓰시마섬을 정벌하였다.
⑤ 대동법 : 충청도 실시 → 김육
　광해군 때에 경기도에서 처음 시행된 대동법은 효종 때 김육이 충청도 지역까지 확대 실시를 건의하였다.

23 조선 후기의 사회 모습

정답 ⑤

암기박사 솔빈부의 특산물 : 말 ⇒ 발해

정답 해설

만상 임상옥이 인삼 무역으로 큰 수익을 올린 것은 조선 후기이다. 한편, 솔빈부의 특산물인 말이 주요 수출품으로 거래된 것은 발해이다.

오답 해설

① 상품 작물 : 담배, 인삼 → 조선 후기
　조선 후기에는 담배, 인삼을 비롯한 약재, 면화, 삼 등 시장에서 매매하기 위한 상품 작물의 재배가 활발해졌다.
② 공인 : 관청에 물품 조달 → 조선 후기
　조선 후기에는 대동법이 실시되면서 관청에 물품을 조달하는 공인이 활동하였다.
③ 중인 : 시사 조직 → 조선 후기
　조선 후기에는 중인들이 시사(詩社)를 조직해 활발한 문예 활동을 전개하였다.
④ 장시 : 판소리 공연 → 조선 후기
　조선 후기에는 장시에서 춘향가, 흥보가 등의 판소리 공연이 유행하였다.

24 임진왜란의 전개 과정

정답 ②

암기박사 조·명 연합군 : 평양성 탈환(1593. 1) ⇒ 권율 : 행주대첩(1593. 2)

정답 해설

조·명 연합군이 평양성을 탈환한 것은 임진왜란 때의 일이다. 임진왜란 당시 조·명 연합군의 공격으로 평양성을 뺏기고 한양으로 퇴각하던 왜군을 권율이 백성들과 함께 행주산성에서 격퇴하였다.

오답 해설

① 송상현 : 동래성 전투(1592. 5) → 평양성 탈환 이전

임진왜란 초기 송상현 부사가 동래성 전투에서 항전하였으나 부산 일대가 왜구에 의해 함락되었다.
③ 이순신 : 한산도 대첩(1592. 7) → 평양성 탈환 이전
　임진왜란 때 이순신이 한산도 앞바다에서 지형적 특성과 학익진을 이용하여 왜군에 대승을 거두었다.
④ 신립 : 탄금대 전투(1592. 6) → 평양성 탈환 이전
　임진왜란 당시 왜군이 파죽지세로 쳐들어오자 도순변사 신립이 충주 탄금대에서 배수의 진을 치고 왜군에 항전하였다.
⑤ 최윤덕 : 이만주 부대 정벌(1443) → 조선 세종
　조선 세종 때 최윤덕이 올라산성에서 여진족의 이만주 부대를 정벌하고 4군을 개척하였다.

핵심노트 ▶ 임진왜란의 주요 전투

동래성 전투(1592. 5) → 탄금대 전투(1592. 6) → 한산도 대첩(1592. 7) → 진주 대첩(1592. 10) → 평양성 탈환(1593. 1) → 행주 대첩(1593. 2) → 명량 대첩(1597. 9) → 노량해전(1598. 12)

25 조선 후기의 실학자

정답 ④

암기박사 여전론 : 마을 단위의 공동 경작 ⇒ 정약용

정답 해설

(가) 박제가 / (나) 정약용
　북학의를 저술한 인물은 박지원이고, 경세유표를 저술한 인물은 정약용이다. 정약용은 여전론을 통해 마을 단위의 공동 경작을 주장하였다.

오답 해설

① 동국지도 : 100리 척의 축척 → 정상기
　조선 영조 때 정상기는 최초로 100리 척의 축척 개념을 사용하여 동국지도를 제작하였다.
② 곽우록 : 한전론 제시 → 이익
　이익은 곽우록에서 자영농의 몰락을 막기 위해 토지 매매를 제한하는 한전론을 제시하였다.
③ 의산문답 : 중국 중심 세계관 비판 → 홍대용
　홍대용은 의산문답을 통해 지전설과 무한 우주론을 주장하며 중국 중심의 세계관을 비판하였다.
⑤ 양명학 연구 : 강화학파 → 정제두
　정제두는 성리학을 비판하고 지행합일의 실천성을 강조하는 양명학을 연구하여 강화학파를 형성하였다.

26 조선 후기의 군사 조직

정답 ③

암기박사 훈련도감 ⇒ 총융청 ⇒ 금위영

정답 해설

(나) 훈련도감(1594) : 조선 선조 때 임진왜란으로 왜군의 조총에 대응하고 국방력을 강화하기 위해 포수·살수·사수의 삼수병으로 구성된 훈련도감이 설치되었다.
(가) 총융청(1624) : 인조반정 후 공신 책봉에 불만을 품은 이괄이 난을 일으키자 인조는 이를 진압한 후 수도 외곽의 방어를 위해 총

320

융청을 설치하였다.
(다) 금위영(1682) : 조선 숙종은 국왕의 호위와 도성 수비 강화를 목적으로 금위영을 설치하고 5군영 체제를 완성하였다.

→ 설치 순서 : 훈련도감 → 총융청 → 수어청 → 어영청
→ 금위영

27 조선 정조 재위 기간의 사실

암기박사 초계문신제 실시 ⇒ 조선 정조

정답 ③

정답 해설

혜경궁 홍씨는 조선 정조의 어머니이며, 현륭원은 아들인 정조가 마련한 사도세자의 묘이다. 조선 정조 때 문신을 재교육하기 위한 초계문신제가 실시되었다.

오답 해설

① 예송 논쟁 → 조선 현종
 조선 현종 때 자의 대비의 복상 문제를 둘러싸고 서인과 남인 사이에 두 차례에 걸쳐 예송이 전개되었다.

② 만동묘 건립 → 조선 숙종 → 기해예송, 갑인예송
 조선 숙종 때 임진왜란 당시 조선을 도와준 명에 대한 보답으로 명의 신종을 제사 지내기 위해 만동묘가 건립되었다.

④ 탕평비 건립 → 조선 영조
 조선 영조는 붕당의 폐해를 경계하기 위해 성균관 입구에 탕평비를 건립하였다.

⑤ 비변사 혁파 → 조선 흥선 대원군
 흥선 대원군은 집권기에 왕권 강화의 일환으로 비변사를 혁파하고 의정부와 삼군부의 기능을 정상화하였다.

28 황사영 백서 사건

암기박사 신해박해 ⇒ 신유박해 ⇒ 황사영 백서 사건

정답 ③

정답 해설

• 신해박해(1791) : 전라도 진산의 양반 윤지충 등이 신주를 불태우고 모친상을 천주교식으로 지내자 천주교에 대해 비교적 관대했던 정조도 이들을 사형에 처하였다.
• 신유박해(1801) : 조선 순조 때 천주교에 대한 탄압으로 이가환, 이승훈 등 3백여 명이 처형되고 정약용이 강진으로 유배되었다.
• 황사영 백서 사건(1801) : 황사영이 신유박해의 실태와 외국 군대의 출병을 요청하는 백서를 작성하여 중국 베이징의 구베아 주교에게 보내려다 발각되었다.

29 신미양요

암기박사 어재연 : 광성보 전투 ⇒ 신미양요

정답 ⑤

정답 해설

척화비는 흥선 대원군 때 서양 세력의 침략을 경계하기 위해 세워진 비이다. 미국이 제너럴셔먼호 사건을 구실로 강화도를 공격하여 신미양요가 발발하자 어재연 부대가 광성보에서 항전하였다.

오답 해설

① 청군의 개입 → 임오군란, 갑신정변
 임오군란 때는 명성황후 일파가 청에 군대를 요청하여 군란을 진압하였고, 갑신정변 때는 청의 무력 개입으로 3일 만에 실패로 끝났다.

② 외규장각 도서 약탈 → 병인양요
 병인양요 때 프랑스군이 철군하면서 문화재에 불을 지르고 외규장각 도서를 국외로 약탈하였다.

③ 통신사 파견 → 기유약조
 임진왜란 이후 에도 막부의 국교 재개 요청으로 기유약조가 체결되고 일본에 통신사가 파견되었다.

④ 안핵사 : 박규수 파견 → 임술 농민 봉기
 삼정의 문란과 백낙신의 탐학으로 임술 농민 봉기가 발발하자 사태 수습을 위해 박규수가 안핵사로 파견되었다.

30 개항기 시기의 조약

암기박사 최혜국 대우 규정 ⇒ 조 · 일 통상 장정

정답 ③

정답 해설

(가) 조 · 청 상민 수륙 무역 장정 / (나) 조 · 일 통상 장정
 천재 · 변란 등에 의한 식량부족의 우려가 있을 때 1개월 전에 사전 통보토록 한 방곡령 시행 규정을 담고 있는 조약은 조 · 일 통상 장정이다. 조 · 일 통상 장정에는 또한 최혜국 대우를 규정한 조항도 담고 있다.

오답 해설

① 통감부 설치 → 을사늑약
 러 · 일 전쟁에서 승리한 일본은 을사늑약을 강제로 체결하여 외교권을 박탈하고 통감부를 설치하여 한국의 독점적 지배권을 인정받았다.

② 관세 자주권 인정 → 조 · 미 수호 통상 조약
 조선이 서양 국가와 체결한 최초의 조약인 조 · 미 수호 통상 조약을 통해 조선의 관세 자주권을 최초로 인정받았다.

④ 일본 공사관 경비병 주둔 → 제물포 조약
 임오군란의 결과 조선은 일본과 제물포 조약을 체결하고 일본 공사관의 경비병 주둔을 명시하였다.

⑤ 갑신정변 → 한성 조약, 톈진 조약
 청의 무력 개입으로 실패한 갑신정변의 영향으로 조선과 일본 사이에는 한성 조약이 체결되었고, 청과 일본 사이에는 톈진 조약이 체결되었다.

31 개항기 발행 신문

암기박사 열흘마다 발행 ⇒ 한성순보

정답 ⑤

정답 해설

1883년 박문국에서 창간된 최초의 근대 신문은 한성순보이다. 한성순보는 순 한문 신문으로 열흘마다 발행하는 것이 원칙이었다.

오답 해설

① 여권통문 보도 → 황성신문
황성신문은 서울 북촌의 양반 여성들이 주축이 되어 여성의 평등한 권리를 주장한 여권통문을 처음 보도하였다.

② 국채 보상 운동 후원 → 대한매일신보
대한매일신보는 정부의 외채를 국민의 힘으로 상환하여 국권을 회복하자는 국채 보상 운동을 적극 후원하였다.

③ 의병 투쟁에 호의적 기사 → 대한매일신보
양기탁이 영국인 베델과 공동으로 창간한 대한매일신보는 의병 투쟁에 호의적인 기사를 게재하였다.

④ 영문판 발행 → 독립신문
서재필이 발행한 독립협회의 기관지인 독립신문은 외국인이 읽을 수 있도록 영문으로도 발행되었다.

32 동학 농민 운동의 전개 과정

암기박사 전주 화약(1894. 5) ⇒ 남북접 집결(1894. 10) **정답** ①

정답 해설

동학 농민군이 전주성을 점령한 후 청·일군이 개입하자 정부가 농민군에 휴전을 제의해 전주 화약이 체결되었다. 이후 농민군은 남접(전봉준)과 북접(손병희)이 논산에서 연합하여 서울로 북진하였다.

오답 해설

② 황룡촌 전투(1894. 4) → 전주 화약 이전
동학 농민군은 전라도 장성 황룡촌 전투에서 홍계훈의 중앙 관군과 싸워 승리한 후 전주성을 점령하였다.

③ 보은 집회(1893) → 동학 농민 운동 이전
동학교도와 농민들은 보은에서 교조 신원을 요구하는 대규모 집회를 열고 탐관오리 숙청과 반봉건, 반외세를 요구하였다.

④ 안핵사 이용태 파견(1894. 1) → 전주 화약 이전
동학 농민 운동 당시 고부 군수 조병갑의 학정에 고부 민란이 일어나자 사태 수습을 위해 이용태가 안핵사로 파견되었다.

⑤ 고부 민란(1894. 1) → 전주 화약 이전
고부 군수 조병갑의 탐학에 저항하여 전봉준이 농민들을 이끌고 고부 관아를 습격하면서 동학 농민 운동이 시작되었다.

33 육영 공원

암기박사 헐버트, 길모어 등 교사로 초빙 ⇒ 육영 공원 **정답** ⑤

정답 해설

상류층 자제에게 영어, 산학, 지리 등의 신학문을 가르치는 관립 교육 기관은 육영 공원이다. 육영 공원은 최초의 근대식 관립 학교로 헐버트, 길모어 등을 교사로 초빙하였다.

오답 해설

① 전문 강좌 : 7재 → 국자감
고려 예종 때 관학 진흥을 위해 국자감에 전문 강좌인 7재가 개설되어 운영되었다. ← 여택재, 대빙재, 경덕재, 구인재, 복응재, 양정재, 강예재

② 조선 총독부 탄압으로 폐교 → 대성 학교
신민회의 안창호가 민족 교육을 위해 평양에 설립한 대성 학교는 조선 총독부의 탄압으로 폐교되었다.

③ 교육 입국 조서 → 한성 사범 학교
제2차 갑오개혁 때 교원 양성을 위해 교육 입국 조서에 근거하여 한성 사범 학교가 설립되었다.

④ 명륜당, 대성전 → 성균관, 향교
성균관과 향교는 주요 건물로 제향 공간인 대성전과 강학 공간인 명륜당으로 구성되어 있다.

34 초대 주미 공사 박정양

암기박사 중추원 관제 개편 추진 ⇒ 박정양 **정답** ⑤

정답 해설

초대 주미 공사로 활동한 인물은 박정양이다. 그는 만민 공동회에 참가한 후 독립 협회의 제안을 받아들여 중추원 관제 개편을 추진하였다.

오답 해설

① 흥사단 창립 → 안창호
신민회에서 활동한 안창호는 미국 샌프란시스코로 건너가 재미 한인을 중심으로 한민족 운동 단체인 흥사단을 창립하였다.

② 조선 책략 반입 → 김홍집
제2차 수신사 김홍집이 일본에 갔다가 귀국할 때 황준헌이 저술한 조선책략을 가지고 들어와 국내에 소개하였다.

③ 오산 학교 설립 → 이승훈
신민회의 이승훈이 민족 정신 고취와 인재 양성을 위해 오산 학교를 설립하였다.

④ 국문 연구소 설립 → 주시경
주시경은 국문 연구소를 설립하고 한글을 체계적으로 연구하였으며 국어문법을 편찬하였다.

35 대한제국의 광무개혁

암기박사 원수부 창설 ⇒ 광무개혁 **정답** ④

정답 해설

아관파천 후 환궁한 고종은 국호를 대한제국으로 고치고 환구단에서 황제 즉위식을 거행하였다. 고종은 군 통수권을 장악하기 위해 황제 직속의 원수부를 설치하였고, 구본신참에 입각한 광무개혁을 단행하였다(1897). ← 옛것을 근본으로 새로운 것을 참작한다.

오답 해설

① 동문학(1883) → 광무개혁 이전
동문학은 개화기 때 정부가 외국어 통역관 양성을 목적으로 설립한 교육 기관이다.

② 홍범 14조 반포(1895) → 광무개혁 이전
고종은 제2차 갑오개혁 때 종묘에 나가 독립 서고문을 바치고, 개혁의 기본 방향을 제시한 홍범 14조를 반포하였다.

③ 통리기무아문 설치(1880) → 광무개혁 이전

고종은 개화 정책을 총괄하는 통리기무아문을 설치하고 그 아래 12사를 두어 신문물 수용과 부국강병을 도모하였다.

⑤ 23부 개편(1894) → 광무개혁 이전
고종은 제2차 갑오개혁 때 홍범 14조를 반포한 후 23부로의 지방 제도 개편과 지방관 권한을 축소하였다.

36 국권 피탈 과정

암기박사 제1차 한·일 협약 ⇒ 헤이그 특사 파견 ⇒ 정미의병

정답 ⑤

정답 해설

(가) 제1차 한·일 협약(1904) : 러·일 전쟁의 전세가 유리해진 일본이 제1차 한·일 협약을 체결한 후 메가타를 재정 고문으로 임명하였다.

• 헤이그 특사 파견(1907) : 고종은 을사늑약의 무효를 선언하고 헤이그 만국 평화 회의에 특사를 파견해 일제 침략의 부당성을 호소하였다.

(나) 정미의병(1907) : 일제의 정미 7조약에 따른 대한제국 군대의 강제 해산에 맞서 정미의병이 확산되었다.

오답 해설

① 데라우치 부임(1910) → (나) 이후
한·일 병합 조약으로 식민 통치의 중추 기관인 조선 총독부가 설치되고, 초대 총독으로 데라우치가 부임하였다.

② 13도 창의군(1907) → (나) 이후
정미의병이 확산되는 과정에서 총대장 이인영이 13도 창의군을 지휘하여 서울 진공 작전을 전개하였다.

③ 기유각서 체결(1909) → (나) 이후
일제의 강압에 의해 기유각서가 체결되어 사법권과 감옥에 관한 사무를 강탈당했다(1909).

④ 황국 중앙 총상회(1898) → (가) 이전
서울의 시전 상인들이 상권 수호를 위해 황국 중앙 총상회를 조직하여 일제의 경제적 침탈에 적극적으로 대응하였다.

37 의열단의 활동

암기박사 동양 척식 주식회사에 폭탄 투척 ⇒ 의열단 : 나석주

정답 ③

정답 해설

김원봉이 조직한 단체는 의열단이다. 의열단의 단원인 나석주가 일제의 대표적 수탈 기관인 동양 척식 주식회사에 폭탄을 투척하였다.

오답 해설

① 일제의 황무지 개간권 요구 저지 → 보안회
보안회는 일제의 황무지 개간권 요구에 대한 지속적인 반대 운동을 벌여 일제의 황무지 개간권 요구를 저지하였다.

② 105인 사건 → 신민회
안창호와 양기탁이 중심이 되어 조직한 신민회는 일제가 데라우치 총독 암살 미수 사건이라고 조작한 105인 사건으로 큰 타격을 입었다.

④ 국권 반환 요구서 제출 → 독립 의군부

고종의 밀지를 받아 결성한 임병찬의 독립 의군부는 조선 총독부에 국권 반환 요구서를 제출하고자 하였다.

⑤ 이륭양행 : 교통국 설치 → 대한민국 임시 정부
대한민국 임시 정부는 아일랜드계 영국인 조지 루이스 쇼가 중국 단둥에 설립한 무역선박 회사인 이륭양행에 교통국을 설치하여 국내와 비밀연락을 취하였다.

38 광주 학생 항일 운동

암기박사 조선인 본위의 교육 제도 요구 / 신간회 : 진상 조사단 파견 ⇒ 광주 학생 항일 운동

정답 ②

정답 해설

ㄱ. 광주 학생 항일 운동 당시 학생들이 일제의 교육 제도 방식에 저항하며 조선인 본위의 교육 제도 확립 등을 요구하였다.

ㄷ. 광주에서 발생한 한·일 학생 간의 충돌을 일본 경찰이 편파적으로 처리하여 광주 학생 항일 운동이 발생하자 신간회에서 진상 조사단을 파견하여 지원하였다.

오답 해설

ㄴ. 대한매일신보의 후원 → 국채 보상 운동
국채 보상 운동은 정부의 외채를 국민의 힘으로 상환하여 국권을 회복하자는 운동으로, 대한매일신보의 후원을 받아 전국적으로 확산되었다.

ㄹ. 문화 통치 실시 배경 → 3·1 운동
3·1 운동에서 나타난 민족적 저항과 국제적 여론 악화는 일제가 이른바 문화 통치를 실시하는 배경이 되었다.

39 한국 독립군의 활동

암기박사 한국 독립당의 군사 조직 ⇒ 지청천 : 한국 독립군

정답 ⑤

정답 해설

대전자령 전투에서 활약한 부대는 한국 독립군이다. 지청천의 한국 독립군은 한국 독립당의 군사 조직으로 중국군과 연합하여 호로군을 조직하고 북만주 지역에서 활약하였다.

오답 해설

① 인도·미얀마 전선에 투입 → 한국 광복군
대한민국 임시 정부 산하의 한국 광복군은 영국군의 요청으로 태평양 전쟁에 참가하여 연합군과 함께 인도·미얀마 전선에 투입되었다.

② 간도 참변 : 자유시 이동 → 대한 독립 군단
대한 독립 군단은 간도 참변 이후 조직을 정비하고 밀산에서 집결하여 자유시로 이동하였다.

③ 중국 관내에서 결성된 최초의 한인 무장 부대 → 조선 의용대
조선 의용대는 중국 관내(關內)에서 결성된 최초의 한인 무장 부대로, 중국 국민당과 연합하여 포로 심문, 요인 사살, 첩보 작전을 수행하였다.

④ 청산리 대첩 → 북로 군정서군
김좌진의 북로 군정서군은 홍범도의 대한 독립군과 연합하여 간

도의 청산리에서 일본군과 교전하였다.

40 민족 말살 통치기의 사실

정답 ⑤

암기박사 황국 신민 서사 암송 ⇒ 민족 말살 통치기

정답 해설

일제가 국가 총동원법을 제정하고 노동력 수탈을 위해 국민 징용령 등을 시행하던 시기는 민족 말살 통치기이다. 이 시기에 일제는 천황에게 충성을 맹세하는 황국 신민 서사 암송을 강요하였다.

오답 해설

① 조선 태형령 → 무단 통치기
  일제는 무단 통치기에 한국인에 한하여 태형을 통해 형벌을 가하는 조선 태형령을 공포하였다.
② 헌병 경찰제 → 무단 통치기
  일제는 무단 통치기에 강압적 통치를 목적으로 헌병이 경찰 업무를 대행하는 헌병 경찰제를 실시하였다.
③ 경성 제국 대학 설립 → 문화 통치기
  일제는 문화 통치기 때 경성 제국 대학을 설립하여 조선 민립 대학 기성회의 민립 대학 설립 운동을 무마하였다.
④ 조선 농민 총동맹 조직 → 문화 통치기
  일제의 문화 통치기 때 조선 노·농 총동맹에서 조선 노동자 총동맹과 분리되어 농민 운동 단체인 조선 농민 총동맹이 조직되었다.

41 일제 강점기의 종교 활동

정답 ②

암기박사 오세창 : 만세보 ⇒ 천도교 기관지

정답 해설

소파 방정환의 소년 운동을 후원한 종교는 동학을 계승한 천도교이다. 오세창은 천도교의 후원을 받아 천도교의 기관지인 만세보를 발행하여 민족의식을 고취하고 민중 계몽에 앞장섰다.

오답 해설

① 사찰령 폐지 운동 → 불교
  조선 불교의 자주성을 말살하기 위해 전국 사찰을 총독부에 직속시킨 일제의 통제에 맞서 불교계에서는 한용운 등이 사찰령 폐지 운동을 추진하였다.
③ 새생활 운동 추진 → 원불교
  원불교는 박중빈을 중심으로 현대화와 생활화를 주창한 새생활 운동을 추진하였다.
④ 배재 학당 설립 → 개신교
  배재 학당은 미국의 개신교 선교사 아펜젤러가 선교를 목적으로 한양에 세운 학교로 신학문 보급에 기여하였다.
⑤ 의민단 조직 → 천주교
  천주교는 만주에서 항일 운동 단체인 의민단을 조직하여 무장 투쟁을 전개하였다.

핵심노트 ▶ 일제 강점기의 종교 활동

- **천도교** : 제2의 3·1 운동을 계획하여 자주 독립 선언문 발표, 개벽·어린이·학생 등의 잡지를 간행하여 민중의 자각과 근대 문물의 보급에 기여
- **개신교** : 천도교와 함께 3·1 운동에 적극 참여, 민중 계몽과 문화 사업을 활발하게 전개, 1930년대 후반에는 신사 참배를 거부하여 탄압을 받음
- **천주교** : 고아원·양로원 등 사회사업을 계속 확대하면서 경향 등의 잡지를 통해 민중 계몽에 이바지, 만주에서 항일 운동 단체인 의민단을 조직하여 항일 무장 투쟁 전개
- **대종교** : 지도자들은 항일 무장 단체인 중광단을 조직, 3·1 운동 직후 북로 군정서로 개편하여 청산리 대첩에 참여 → 천도교와 더불어 양대 민족 종교 형성
- **불교** : 3·1 운동에 참여, 한용운 등의 승려들이 총독부의 정책에 맞서 민족 종교의 전통을 지키려 노력, 교육 기관을 설립하여 민족 교육 운동에 기여
- **원불교** : 박중빈이 창시(1916), 불교의 현대화와 생활화를 주창, 민족 역량 배양과 남녀평등, 허례허식의 폐지 등 생활 개선 및 새생활 운동에 앞장섬

42 일제 강점기 민족 문화 수호 운동

정답 ①

암기박사 정인보 : 조선학 운동 ⇒ 일제 강점기

정답 해설

정인보는 일제 강점기 때 '오천 년간 조선의 얼'을 신문에 연재하여 민족의 얼을 강조하고 정약용의 여유당전서 간행 사업을 시작하면서 조선학 운동을 추진하였다.

오답 해설

② 장지연 : 시일야방성대곡 → 1905년
  을사늑약의 부당성을 알리기 위해 황성신문에 장지연의 시일야방성대곡이 게재되었다.
③ 유길준 : 서유견문 → 1895년
  미국에 보빙사의 일행으로 파견된 유길준은 유럽을 여행한 후 서유견문을 집필하여 서양 근대 문명을 소개하였다.
④ 최익현 : 지부복궐척화의소 → 1876년
  최익현은 지부복궐척화의소를 올려 왜양일체론을 주장하며 위정척사 운동을 전개하였다.
⑤ 신헌 : 심행일기 → 1876년
  조선 후기 무신이자 외교가인 신헌은 일본과 맺은 강화도 조약 체결의 전말을 기록한 심행일기를 남겼다.

43 일본 도쿄에서의 민족 운동

정답 ③

암기박사 2·8 독립 선언서 ⇒ 일본 도쿄

정답 해설

1923년 일본 관동 대지진 때 잘못된 유언비어로 자경단 조직에 의해 수많은 조선인이 학살당한 곳은 일본 도쿄이다. 일본 도쿄 유학생들이 조선 청년 독립단을 결성하고 2·8 독립 선언서를 발표하였다.

오답 해설

① 경학사 설립 → 서간도
  신민회는 서간도의 삼원보에 한인 자치 기구인 경학사를 설립하였다.
② 서전서숙 설립 → 북간도

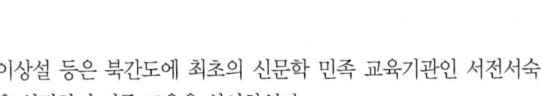

이상설 등은 북간도에 최초의 신문학 민족 교육기관인 서전서숙을 설립하여 민족 교육을 실시하였다.

④ 대조선 국민 군단 결성 → 하와이

박용만의 주도로 하와이에서 대조선 국민군단이 결성되어 군사 훈련을 실시하고 독립군 사관을 양성하였다.

⑤ 대한 광복군 정부 → 연해주

연해주에서는 권업회가 조직되고 대한 광복군 정부가 세워져 무장 독립 투쟁을 준비하였다.

44 몽양 여운형

암기박사 조선 건국 동맹 결성 ⇒ 몽양 여운형

정답 ①

정답 해설

신한 청년당을 조직하고 해방 후 좌우 합작 운동을 추진한 인물은 몽양 여운형이다. 여운형은 일제의 패망과 광복에 대비하여 일제 타도와 민주국가 건설을 목표로 조선 건국 동맹을 결성하였다.

오답 해설

② 한국독립운동지혈사 저술 → 박은식

박은식은 일제 침략에 대항하여 한민족의 독립 투쟁 과정을 서술한 한국독립운동지혈사를 저술하였다.

③ 권업회 초대 회장 → 최재형

연해주에 설립된 한인 자치 조직인 권업회의 초대 회장으로 최재형이 선출되었다.

④ 대한 광복회 조직 → 박상진

박상진은 대구에서 광복단과 조선 국권 회복단의 일부 인사를 통합하여 대한 광복회를 조직하고 친일파를 처단하였다.

⑤ 백산 상회 설립 → 안희제

안희제는 민족기업인 백산 상회를 설립하여 대한민국 임시 정부의 독립운동 자금을 마련하였다.

45 헌법의 변천 과정

암기박사 초대 대통령에 한해 중임 제한 철폐 ⇒ 제2차 개헌(사사오입 개헌)

정답 ⑤

정답 해설

자유당의 이승만 정부가 권력을 계속 장악하기 위해 초대 대통령에 한해 중임 제한 규정을 철폐하는 개헌안을 제출하였으나, 1표 부족으로 부결되자 사사오입의 논리로 개헌안을 불법 통과시켰다(1954).

오답 해설

① 통일 주체 국민회의 : 대통령 선출 → 제7차 개헌(유신 헌법)

박정희 정부 때 유신 헌법에 따라 중임 제한을 철폐하고 통일 주체 국민회의에서 대통령이 선출되었다.

② 5년 단임의 대통령 직선제 → 제9차 개헌

전두환 정부 때 노태우의 6·29 민주화 선언에 따라 5년 단임의 대통령 직선제 개헌안이 통과되었다.

③ 국회의원 1/3 선출권 → 제7차 개헌(유신 헌법)

박정희 정부 때에 유신 헌법에 따라 통일 주체 국민 회의에서 정

수의 3분의 1에 해당하는 국회의원 선출권을 행사하였다.

④ 간선제 대통령 선출 → 8차 개헌

전두환의 신군부가 대통령 선거인단에 의한 임기 7년의 대통령 선거를 골자로 하는 8차 개헌을 단행하였다.

핵심노트 ▶ 대한민국 헌법의 변천 과정

개헌 정부	개헌 회차	개헌 연도	개헌 내용
이승만 정부	제1차 (발췌 개헌)	1952	• 대통령 직선제(이승만 재선 목적) • 국회 양원제(시행 안 됨) • 국회의 국무위원 불신임 제도
	제2차 (사사오입 개헌)	1954	• 자유당의 사사오입 논리로 개헌 통과 • 초대 대통령에 한해 중임 제한 철폐(이승만 3선 목적)
허정 과도 정부	제3차	1960. 6	• 국회에서 대통령 선출 • 의원 내각제(장면 내각 출범) • 양원제(민의원 · 참의원)
장면 내각	제4차	1960. 11	• 3·15 부정 선거 관련자 처벌 • 특별 재판소 및 검찰부 설치
박정희 군정	제5차	1962	• 5·16 군사 정변(공화당 정권) • 대통령 중심제(직선제) • 단원제 국회
박정희 정부	제6차 (3선 개헌)	1969	• 대통령 직선제 • 대통령 3선 연임 허용 • 국회의원의 국무위원 겸직 허용
	제7차 (유신 헌법)	1972	• 대통령 간선제(통일 주체 국민 회의에서 선출) • 대통령 임기 6년(중임 및 연임 제한 규정 철폐) • 대통령 권한 극대화(국회의원 1/3 추천권, 긴급 조치권, 국회 해산권 등)
전두환 정부	제8차	1980	• 전두환 신군부의 비상계엄 확대 (12·12 사태) • 7년 단임의 대통령 간선제(대통령 선거인단에서 선출)
	제9차 (현행 헌법)	1987	• 노태우의 6·29 민주화 선언 • 5년 단임의 대통령 직선제

46 우리 역사의 화폐

암기박사 흥선 대원군 : 경복궁 중건 ⇒ 당백전

정답 ③

정답 해설

흥선 대원군은 경복궁 중건을 위한 재정 문제를 해결하기 위해 당백전을 발행하였다.

오답 해설

① 중국 연의 화폐 → 명도전

명도전은 중국 춘추 전국 시대에 연에서 사용한 청동 화폐로 연과의 교류 관계를 보여준다.

② 의천의 건의 → 해동통보

고려 숙종 때에는 동생인 의천의 건의로 해동통보를 발행하였으나 널리 사용되지는 못하였다.

④ 조선 시대 법화 → 상평통보
조선 숙종 때 상평통보가 발행되어 전국적인 법화로 유통되었다.
⑤ 전환국 발행 → 백동화 ← 한 나라의 법정 화폐
근대식 화폐 발행 기구인 전환국에서 종래 사용하던 상평통보를 대체하기 위해 백동화가 발행되었다.

47 노비 관련 역사적 사실

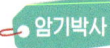 노비안검법 ⇒ 만적의 난 ⇒ 공노비 해방 ⇒ 공사 노비법 혁파

정답 ③

정답 해설

- (나) 노비안검법(956) : 고려 광종은 노비안검법을 실시하여 양인이었다가 불법으로 노비가 된 자를 조사하여 해방시켜 주었다.
- (가) 만적의 난(1198) : 개경에서 최충헌의 사노 만적을 비롯한 노비들이 신분 해방을 도모하며 반란을 일으켰다.
- (라) 공노비 해방(1801) : 조선 순조 때 노비안을 소각하여 각 궁방과 중앙 관서의 공노비를 양민으로 해방시켰다.
- (다) 공사 노비법 혁파(1894) : 제1차 갑오개혁 때 김홍집 친일 내각은 군국기무처를 설치하고 사회 개혁의 일환으로 공사 노비법을 혁파하였다.

48 노비 관련 역사적 사실

만적의 난 ⇒ 무신 집권기
노비안검법 ⇒ 호족의 경제적 기반 약화

정답 ①

정답 해설

ㄱ. 만적의 난은 고려 무신 집권기 때 발생한 하층민의 봉기이다.
ㄴ. 고려 광종은 노비안검법을 실시하여 호족의 경제적 기반을 약화시키고 왕권을 강화하였다.

오답 해설

ㄷ. 군역 부담 경감 → 균역법 제정
조선 영조 때 군역의 부담을 줄이기 위해 1년에 군포 2필을 부담하던 것을 1필로 경감하는 균역법을 제정하였다.

ㄹ. 임술 농민 봉기 → 삼정이정청 설치
임술 농민 봉기가 발발하자 삼정의 폐단을 시정하기 위해 안핵사 박규수의 건의로 삼정이정청이 설치되었다.

49 박정희 정부 시기의 사실

3·1 민주 구국 선언 ⇒ 박정희 정부

정답 ④

정답 해설

민청학련 사건은 박정희 정부 때 전국 민주 청년 학생 총연맹이 공산주의적 인민 혁명을 시도한다고 하여 학생과 사회 인사들을 처벌했던 사건이다. 박정희 정부 때에 장기 독재에 저항한 3·1 민주 구국 선언이 발표되었다.

오답 해설

① 경향신문 폐간 → 이승만 정부
이승만 정부 때 정부에 비판적인 경향신문을 폐간하고 관련자들을 내란선동 혐의로 기소하는 등 언론을 통제하였다.

② 대통령 하야 → 이승만 정부
3·15 부정선거 규탄 시위에 대한 유혈 진압에 항거하여 4·19 혁명이 발발하였고, 결국 국민의 요구에 굴복하여 이승만 대통령이 하야하였다.

③ 강경대 사망 → 노태우 정부
노태우 정부 때 민주화 시위 도중 대학생 강경대가 백골단의 무차별 폭행으로 사망하여 5월 투쟁의 도화선이 되었다.

⑤ 4·13 호헌 조치 → 전두환 정부
전두환 정부 때 국민들의 대통령 직선제 요구를 거부하는 전두환 정부의 4·13 호헌 조치 발표로 6월 민주 항쟁이 촉발되었다.

50 노무현 정부의 통일 노력

10·4 남북 정상 선언 ⇒ 노무현 정부

정답 ⑤

정답 해설

개성 공단 건설을 통해 남북 간 경제 교류와 협력을 이룬 것은 참여 정부인 노무현 정부 때의 일이다. 노무현 정부 때에 남북 관계 발전과 평화 번영을 위한 10·4 남북 정상 선언을 발표하였다.

오답 해설

① 남북한 유엔 동시 가입 → 노태우 정부
노태우 정부 때에 제46차 UN 총회에서 개별 회원국으로 남북한이 국제 연합(UN)에 동시에 가입하였다.

② 7·7 선언 발표 → 노태우 정부
노태우 정부 때에 통일 외교 정책의 기본 방향으로 민족 자존과 통일 번영을 위한 7·7 선언을 발표하였다.

③ 최초의 이산가족 남북 고향 방문 → 전두환 정부
전두환 정부 때에 최초의 이산가족 남북 고향 방문이 성사되어 평양에서 이산가족 고향 방문과 예술 공연단 교환을 실현하였다.

④ 남북 조절 위원회 설치 → 박정희 정부
박정희 정부 때에 7·4 남북 공동 성명을 실천하기 위한 남북 조절 위원회를 구성하여 통일 방안을 논의하였다.

2023년도 제66회 정답 및 해설

심화

01 구석기 시대의 생활 모습

정답 ②

암기박사 동굴, 막집 거주 ⇒ 구석기 시대

정답 해설

공주 석장리는 구석기 시대의 대표적인 유물인 주먹도끼, 찍개 등이 한반도 남부에서 최초로 출토된 곳이다. 구석기 시대에는 주로 동굴이나 강가의 막집에 거주하면서 사냥과 채집 생활을 하였다.

오답 해설

① 반달 돌칼 : 벼 수확 → 청동기 시대
  청동기 시대에는 벼농사가 시작되어 반달 돌칼을 사용하여 벼를 수확하였다.

③ 반량전, 명도전 → 철기 시대 ▶ BC 3세기 무렵 진에서 사용한 청동 화폐
  철기 시대에는 반량전, 명도전 등의 중국 화폐를 사용하여 중국과 활발하게 교역하였다. ▶ 중국 춘추 전국 시대에 연과 제에서 사용한 청동화폐

④ 빗살무늬 토기 : 식량 저장 → 신석기 시대
  신석기 시대에는 빗살무늬 토기를 만들어 식량을 조리하거나 저장하였다.

⑤ 가락바퀴, 뼈바늘 → 신석기 시대 ▶ 방추차
  신석기 시대에는 실을 뽑기 위한 가락바퀴와 옷의 가공이나 수선을 위한 뼈바늘을 이용하여 옷을 만들기 시작하였다.

핵심노트 ▶ 구석기 시대의 생활 모습 ▶ 공침

- **이동 생활** : 사냥이나 어로, 채집 생활을 영위 → 농경은 시작되지 않음
- **도구의 사용** : 처음에는 찍개 같은 도구를 여러 용도로 사용하였으나 뗀석기 제작 기술이 발달함에 따라 용도가 나누어짐
- **무리 사회·구석기인**은 가족 단위를 토대로 무리를 이루어 공동체 생활을 영위하였으며, 언어를 사용하였고 시신을 매장하는 풍습이 발생함
- **평등 사회** : 무리 중 경험이 많고 지혜로운 사람이 지도자가 되었으나, 권력을 갖지는 못해 모든 사람이 평등 → 구석기 시대와 신석기 시대는 계급이 없는 평등 사회
- **주거 생활** : 대부분 자연 동굴에 거주하였으며, 바위 그늘이나 강가에 막집을 짓고 거주하기도 함 ▶ 단양 상시리 ▶ 공주 석장리

02 옥저의 풍속

정답 ②

암기박사 혼인 풍습 : 민며느리제 ⇒ 옥저

정답 해설

삼로라는 지배자와 가족이 죽으면 뼈만 추려 보관하는 가족 공동묘의 풍습이 있던 나라는 옥저이다. 옥저에는 혼인 풍습으로 장차 며느리로 삼기 위해 어린 소녀를 데려다 키운 뒤 아들과 혼인시켜 며느리로 삼는 민며느리제가 있었다.

오답 해설

① 소도 : 신성 지역 → 삼한
  삼한에는 신성 지역인 소도가 존재하였으며, 군장의 세력이 미치지 못하여 죄인이 이곳으로 도망치면 잡아가지 못하였다.

③ 범금 8조 : 사회 질서 유지 → 고조선
  고조선에는 사회 질서를 유지하기 위한 만민법인 범금 8조가 있었다.

④ 가(加) : 사출도 주관 → 부여
  부여는 왕 아래에 가축의 이름을 딴 여러 가(加)들이 별도로 사출도를 주관하였다. ▶ 마가·우가·저가·구가 등 ▶ 행정 구역

⑤ 정사암 회의 : 귀족 회의체 → 백제
  백제는 귀족 회의체인 정사암 회의를 개최하여 재상을 선출하는 등 국가의 중대사를 결정하였다.

03 신라의 문화유산

정답 ③

암기박사 금관총 금관 ⇒ 신라 문화유산

정답 해설

천마총은 신라의 대표적인 돌무지덧널무덤 중의 하나이다. 금관총 금관은 신라 금관의 전형적 형태이며 미학적으로 가장 아름다워 신라 금관의 백미로 평가된다.

오답 해설

① 청동 은입사 포류수금문 정병 → 고려 문화유산
  청동에 은입사 기법으로 물가의 버드나무와 물새 등을 표현한 고려 시대의 청동 정병이다.

② 연가 7년명 금동 여래 입상 → 고구려 문화유산
  연가 7년명 금동 여래 입상은 두꺼운 의상과 긴 얼굴 모습에서 북조 양식을 따르고 있으나, 강인한 인상과 은은한 미소에는 고구려의 독창성이 보인다.

④ 이불 병좌상 → 발해 문화유산
  흙을 구워 만든 이불병좌상은 발해의 문화유산으로, 두 부처가 나란히 앉아 있는 모습을 나타낸다.

⑤ 금동 대향로 → 백제 문화유산
  부여의 능산리 절터에서 발견된 금동 대향로는 백제의 문화유산으로, 백제의 금속 공예 기술이 중국을 능가할 정도로 매우 뛰어났음을 보여 주는 걸작품이다.

04 광개토 대왕의 업적

정답 ④

암기박사 연호 : 영락 ⇒ 고구려 광개토 대왕

정답 해설

신라의 요청으로 신라에 침입한 왜를 격퇴한 왕은 고구려 광개토 대왕이다. 광개토 대왕은 영락이라는 독자적 연호를 사용하여 중국과 대등함을 과시하였다.

오답 해설

① 대가야 병합 → 신라 진흥왕
  신라의 진흥왕은 고령의 대가야를 병합하여 낙동강 유역까지 영토를 확장하였다.

② 평양 천도 → 고구려 장수왕
  고구려 장수왕은 수도를 국내성에서 평양으로 옮기고 백제와 신라를 압박하는 남진 정책을 펼쳤다.

③ 22담로 : 왕족 파견 → 백제 무령왕
  백제 무령왕은 지방 통제를 강화하기 위해 지방의 주요 지점에 22담로를 설치하고 왕족을 파견하였다.

⑤ 낙랑군 축출 → 고구려 미천왕

327

고구려 미천왕은 낙랑군을 몰아내고 고조선의 옛 땅인 대동강 유역까지 영토를 확장하였다.

05 백제 무왕 재위 시기의 사실

암기박사 미륵사 창건(639) / 살수 대첩(612) ⇒ 7C 초

정답 ①

정답 해설

익산 미륵사를 창건한 왕은 서동 설화의 주인공으로 알려진 백제 무왕이다. 백제 무왕 재위 시 고구려에서는 을지문덕 장군이 살수에서 수 양제의 대군을 격파하였다.

오답 해설

② 서기 편찬(375) → 4C 중반
백제의 전성기를 이끈 근초고왕이 고흥에게 백제의 역사서인 서기를 편찬하게 하였다.

③ 황산벌 전투(660) → 7C 중반
백제 의자왕 때 계백이 이끄는 결사대가 황산벌에서 신라군에 맞서 결사 항전하였다.

④ 우산국 복속(512) → 6C 초
신라 지증왕은 이사부를 보내 우산국(울릉도)을 복속시켰다.

⑤ 기벌포 전투(676) → 7C 중반
신라 문무왕 때 사찬 시득이 이끄는 신라군이 금강 하구의 기벌포에서 설인귀가 이끄는 당의 대군을 격파하였다.

06 통일 신라의 경제 상황

암기박사 촌락 문서 : 조세 수취 목적 ⇒ 통일 신라

정답 ⑤

정답 해설

장보고가 청해진을 설치하여 해상 교역을 활발하게 전개하였던 국가는 통일 신라이다. 통일 신라는 노동력 동원과 조세 수취를 위해 3년마다 촌락 문서를 작성하였다.

오답 해설

① 삼한통보, 해동통보 발행 → 고려
고려 숙종 때에는 국가 주도로 삼한통보, 해동통보 등의 금속 화폐가 발행되었으나 널리 유통되지는 못하였다.

② 솔빈부의 특산물 : 말 → 발해
솔빈부는 발해의 지방 행정 구역인 15부 중의 하나로, 그 지역의 특산물인 말이 주요 수출품으로 거래되었다.

③ 구황 작물 : 고구마, 감자 재배 → 조선 후기
조선 후기에는 일본에서 들여 온 고구마와 청에서 들여 온 감자 등의 구황 작물을 재배하였다. ← 기후가 불순한 흉년에도 비교적 안전한 수확을 얻을 수 있는 작물

④ 특수 행정 구역 : 소 → 고려
고려 시대에는 특수 행정 구역인 소(所)에서 공장(工匠)들이 국가가 필요로 하는 여러 물품을 생산하였다.

07 신라 하대의 역사

암기박사 원성왕 즉위 ⇒ 김헌창의 난 ⇒ 원종과 애노의 난

정답 ⑤

정답 해설

(가) 원성왕 즉위(785) : 선덕왕 사후 김주원 대신 김경신이 원성왕으로 즉위하여 김주원의 아들 김헌창이 반란을 일으키는 배경이 되었다.

• 김헌창의 난(822) : 신라 하대 헌덕왕 때 웅천주(공주) 도독 김헌창이 아버지가 왕위 쟁탈전에서 패한 것에 대해 불만을 품고 반란을 일으켰다.

(나) 원종과 애노의 난(889) : 신라 하대 진성여왕 때 원종과 애노가 가혹한 세금 수탈에 반발하여 사벌주(상주)에서 봉기하였다.

오답 해설

① 계백료서 저술 → 고려 태조
고려 태조는 신하들의 예법을 바로잡고 관리의 규범을 제시하기 위해 계백료서를 저술하였다.

② 관료전 지급 : 녹읍 폐지 → 신라 중대
통일 신라의 신문왕은 관료전을 지급하고 귀족의 경제 기반이었던 녹읍을 폐지하였다.

③ 성균관 → 조선 시대
성균관은 조선 시대 최고의 국립대학으로 유교 경전을 교육하였다.

④ 초조대장경 조판 → 고려 현종
고려 현종 때 대구 부인사에서 거란의 침략을 물리치기 위해 초조대장경을 조판하였다.

08 발해의 고구려 계승 근거

암기박사 고구려 문화 계승 : 연꽃무늬 수막새, 온돌 ⇒ 발해

정답 ⑤

정답 해설

크라스키노 성 유적에서 출토된 연꽃무늬 수막새와 콕샤로프카의 평지성 온돌 유적은 발해와 고구려의 문화가 문화적 연관성이 있음을 보여준다.

👉 **핵심노트** ▶ 발해의 고구려 계승 근거

- 건국 주도 세력과 지배층, 사신의 대부분이 고구려인
- 일본과의 외교 문서에서 고려 및 고려국왕이라는 명칭 사용
- 고구려 문화의 계승 : 발해 성터, 수도 5경, 궁전의 온돌 장치, 천장의 모줄임 구조, 사원의 불상 양식, 와당의 연화문, 이불병좌상(법화 신앙), 정혜공주 무덤 양식 등

09 후백제의 견훤

암기박사 후당, 오월에 사신 파견 ⇒ 후백제 견훤

정답 ③

정답 해설

김제 금산사는 완산주를 도읍으로 후백제를 건국한 견훤이 아들 신검에 의해 유폐된 곳이다. 견훤은 중국의 후당과 오월에 사신을 파견

하였고, 거란과도 외교 관계를 형성하였다.

오답 해설

① 독서삼품과 : 관리 선발 → 통일 신라 원성왕
통일 신라의 원성왕은 관리 선발을 위해 유교 경전의 이해 수준에 따라 3등급으로 구분한 독서삼품과를 실시하였다. → 상품·중품·하품

② 동진 마라난타 : 불교 수용 → 백제 침류왕
백제의 침류왕은 동진에서 온 마라난타를 통해 불교를 수용하였다.

④ 광평성 : 국정 총괄 → 후고구려 궁예
후고구려의 궁예는 국정을 총괄하는 광평성을 비롯한 각종 정치 기구를 마련하였다.

⑤ 화랑도 : 국가 조직으로 개편 → 신라 진흥왕
화랑도는 씨족 공동체의 전통을 가진 원화가 발전한 원시 청소년 집단으로, 신라 진흥왕 때 국가 조직으로 개편되었다.

10 고려 시대의 경제 상황

암기박사 설점수세제 : 민간 광산 개발 허용 ⇒ 조선 후기

정답 ⑤

정답 해설

제시된 사료에서 언급된 공음전은 고려 시대 5품 이상의 관리에게 지급되었던 세습 가능한 토지이다. 한편, 조선 후기에는 설점수세제의 시행으로 민간의 광산 개발이 허용되었다.

오답 해설

① 활구 : 은병 → 고려 시대
고려 시대에는 입구가 넓어 활구라고 불리는 은병이 주조되어 화폐로 유통되었다.

② 벽란도 : 국제 무역항 → 고려 시대
고려 시대에는 벽란도가 국제 무역항으로 번성하여 송의 상인을 비롯한 일본, 만양, 아라비아 상인 등과 교역하였다.

③ 관영 상점 운영 → 고려 시대
고려 시대에는 서경을 비롯한 개경, 동경 등의 대도시에 서적점, 다점 등의 관영 상점이 운영되었다. → 관허 상설 상점 : 관수품 조달, 국고 잉여품 처분

④ 경시서 : 시전 감독 → 고려 시대
고려 시대에는 경시서의 관리들이 물가를 조절하고 상품 종류를 통제하는 등 수도의 시전을 감독하였다.

11 거란에 대한 고려의 대응

암기박사 광군 창설 ⇒ 서희의 외교 담판 ⇒ 강감찬의 귀주 대첩

정답 ②

정답 해설

(가) 광군 창설(947) : 고려 정종은 거란의 침입에 대비하기 위하여 상비군인 광군을 창설하고 청천강에 배치하였다.

(다) 서희의 외교 담판(993) : 고려 성종 때 거란이 침입하자 서희는 소손녕과 외교 담판을 통해 강동 6주를 획득하였다.

(나) 강감찬의 귀주 대첩(1019) : 고려 현종 때 10만 대군의 소배압이 이끄는 거란의 3차 침입에 맞서 강감찬이 귀주대첩에서 대승을 거두었다.

12 고려의 정치 기구

암기박사 고려 : 서경권 행사 ⇒ 어사대

정답 ④

정답 해설

고려의 관청으로 정치의 잘잘못을 가리고 풍속을 교정하며, 관리들의 부정을 감찰하고 탄핵하는 일을 담당했던 기구는 어사대이다. 어사대의 소속 관원은 낭사와 함께 관직 임명에 대한 서경권을 행사하였으며 대간으로 불렸다. → 간쟁·봉박을 통해 정치 기틀 비판·견제

오답 해설

① 중방 → 무신 집권기 최고 권력 기구
중방은 고려 시대 2군 6위의 상장군·대장군 등이 모여 군사 문제를 논의하는 무신 집권기 최고의 권력 기구였다.

② 중서문하성 + 상서성 → 원 간섭기 : 첨의부
원 간섭기에는 중서문하성과 상서성이 통합되어 첨의부로 격하되었다.

③ 도병마사 → 원 간섭기 : 도평의사사
도병마사는 원 간섭기에 도평의사사(도당)로 개편되면서 구성원이 확대되고 국정 전반의 중요 사항을 합의·집행하는 최고 상설 기구로 발전하였다.

⑤ 규장각 : 검서관 기용 → 조선 정조
조선 정조 때 박제가, 이덕무, 유득공 등의 서얼 출신 학자들이 규장각 검서관으로 기용되었다.

13 몽골에 대한 고려의 대응

암기박사 김윤후 : 충주성 전투 / 송문주 · 죽주성 전투 ⇒ 고려 vs 몽골

정답 ③

정답 해설

ㄴ. 몽골의 5차 침입 때 김윤후가 이끄는 민병과 관노가 충주성 전투에서 몽골군을 물리쳤다.

ㄷ. 몽골의 3차 침입 때 송문주가 죽주성 전투에서 적군을 격퇴하였다.

오답 해설

ㄱ. 양규 : 무로대 전투 → 고려 vs 거란
거란의 2차 침입 때 양규가 무로대에서 거란군을 습격하여 포로를 되찾았다. → 평북 의주

ㄹ. 윤관 : 동북 9성 축조 → 고려 vs 여진족
고려 예종 때 윤관은 별무반을 이끌고 여진을 정벌한 후 동북 9성을 축조하였다.

14 무신 정변 이후의 사실

암기박사 무신 정변(1170) ⇒ 최충헌 : 봉사 10조(1196)

정답 ②

정답 해설

고려 시대 무신 간의 권력 쟁탈전이 벌어질 때 경대승이 정중부를 제거하고 권력을 장악하였다. 경대승의 사후 최충헌은 이의민을 제거

하고 무신 간의 권력 쟁탈전을 수습하여 강력한 독재 정권을 이룩하였다. 또한 최충헌은 사회 개혁책인 봉사 10조를 올려 시정 개혁을 건의하였다.

오답 해설

① 묘청 : 서경 천도 운동(1135) → 무신 정변 이전
고려 인종 때 묘청이 풍수지리설에 근거하여 서경 천도를 주장하며 난을 일으켰다.

③ 강조의 정변(1009) → 무신 정변 이전
고려 목종 때 강조가 정변을 일으켜 김치양을 제거한 후 목종까지 폐하고 대량군(현종)을 즉위시켰다.

④ 이자겸의 난(1126) → 무신 정변 이전
인종을 왕위에 올리면서 왕실 외척인 이자겸이 척준경과 함께 금의 사대 요구 수용을 주장하며 난을 일으켰다.

⑤ 김보당의 난(1173) → 무신 집권기
고려 무신 집권기 때 동북면 병마사 김보당이 무신정변에 반대하고 의종 복위를 주장하며 난을 일으켰다.

핵심노트 ▶ 무신 간의 권력 쟁탈전
- 이의방(1171~1174) : 중방 강화
- 정중부(1174~1179) : 이의방을 제거하고 중방을 중심으로 정권을 독점
- 경대승(1179~1183) : 정중부를 제거하고 집권, 신변 보호를 위해 사병 집단인 도방을 설치
- 이의민(1183~1196) : 경대승의 병사 후 정권을 잡았으나 최씨 형제에게 피살
- 최충헌(1196~1219) : 이의민을 제거하고 무신 간의 권력 쟁탈전을 수습하여 강력한 독재 정권을 이룩 → 1196년부터 1258년까지 4대 60여 년간 최씨 무단 독재 정치

15 고려 공민왕 재위 시기의 사실

암기박사 신돈 : 전민변정도감 ⇒ 고려 공민왕

정답 ④

정답 해설

이자춘, 유인우 등이 쌍성총관부를 공격한 것은 고려 말 공민왕 때의 일이다. 고려 공민왕 때 전민변정도감의 책임자로 신돈을 임명하여 권문세족을 견제하고 개혁을 이끌었다.

오답 해설

① 내상 : 초량 왜관 → 조선 후기
조선 후기에는 부산의 초량 왜관을 통해 내상이 일본과 무역하였다.

② 허준 : 동의보감 → 조선 광해군
조선 광해군 때 허준이 전통 한의학을 정리한 동의보감을 간행하여 의료 지식을 민간에 보급하였다.

③ 주자감 : 유학 교육 기관 → 발해
발해는 문왕(대흠무) 때 유학 교육 기관인 주자감을 두어 왕족과 귀족을 대상으로 유교 경전을 교육하였다.

⑤ 자장 : 황룡사 구층 목탑 건립 건의 → 신라 상대
선덕여왕 때 자장의 건의로 황룡사 구층 목탑이 경주에 건립되었다.

16 진각국사 혜심

암기박사 선문염송집 편찬 ⇒ 혜심

정답 ③

정답 해설

지눌의 제자로 수선사의 제2대 사주가 된 인물은 진각국사 혜심이다. 혜심은 선문염송집을 편찬하고 유불 일치설을 주장하여 심성의 도야를 강조하였다.

오답 해설

① 화엄일승법계도 저술 → 의상
의상은 해동 화엄사의 시조로서 화엄일승법계도를 지어 화엄 사상을 정리하였다.

② 해동 천태종 개창 → 의천
대각국사 의천은 불교 교단을 통합하기 위해 해동 천태종을 개창하고, 교관겸수를 내세워 이론 연마와 실천을 함께 중시하였다.

④ 권수정혜결사문 작성 → 지눌
조계종을 창시한 보조국사 지눌은 권수정혜결사문을 작성하여 정혜쌍수를 강조하였다.

⑤ 보현십원가 저술 → 균여
균여는 11수의 향가인 보현십원가를 지어 불교 교리를 대중에게 전파하였다.

17 월정사 팔각 구층 석탑

암기박사 월정사 팔각 구층 석탑 ⇒ 고려 전기

정답 ①

정답 해설

월정사 팔각 구층 석탑은 강원도 평창의 월정사 대웅전 앞뜰에 있는 고려 전기의 석탑으로, 당시 불교문화 특유의 화려하고 귀족적인 면모가 잘 나타난 다각 다층 석탑이다.

오답 해설

② 경주 정혜사지 십삼층 석탑 → 통일 신라
경북 경주의 정혜사지에 있는 통일 신라 석탑으로, 흙으로 쌓은 1단의 기단 위에 13층의 탑신을 올린 독특한 모습의 탑이다.

③ 개성 : 경천사지 10층 석탑 → 고려 후기
고려 후기 충목왕 때 개성의 경천사지에 조성된 석탑으로 원의 영향을 받아 기존의 신라계 석탑과는 양식을 달리하는 가장 특이하고 정련한 기교를 보이는 탑이다.

④ 장백 영광탑 → 발해
중국 길림성 장백진 북서쪽 탑산에 있는 발해 시대의 누각식 전탑으로 장방형, 규형, 다각형의 벽돌로 쌓은 5층의 벽돌탑이다.

⑤ 정선 정암사 수마노탑 → 고려 시대
강원도 정선의 정암사에 있는 고려 시대의 탑으로 모전석탑 형식으로 조성된 불탑이다. 탑의 해체 복원 과정에서 탑지석과 사리장엄구가 발견되었다.

18 왕자의 난

암기박사: 사병 혁파 : 군사권 강화 ⇒ 조선 태종

정답: ②

정답 해설

두 차례에 걸친 왕자의 난을 통해 왕위에 오른 태종은 왕권을 강화시키기 위해 6조 직계제를 실시하고 권근 등의 건으로 공신과 왕족의 사병을 혁파하여 군사권을 강화하였다.

오답 해설

① 최승로 : 시무 28조 → 고려 성종
　고려 성종 때 최승로의 시무 28조에 따라 전국에 12목을 설치하고 지방관을 처음으로 파견하였다.

③ 안우, 이방실 : 홍건적 격파 → 고려 공민왕
　고려 말 홍건적의 침입으로 개경이 함락되자 공민왕은 복주(안동)로 피란하였고 안우, 이방실 등이 홍건적을 격파하였다.

④ 망이·망소이의 난 → 고려 명종
　고려 명종 때 망이·망소이가 가혹한 수탈에 저항하여 공주 명학소에서 봉기하였다.

⑤ 쌍기 : 과거제 시행 → 고려 광종
　고려 광종은 인재를 등용하기 위해 후주인 쌍기의 건의를 수용하여 과거제를 시행하였다.

19 세종대왕의 업적

암기박사: 정초 : 농사직설 편찬 ⇒ 조선 세종

정답: ③

정답 해설

금속 활자인 경자자, 갑인자가 주조된 시기는 조선 세종 때이다. 조선 세종 때 정초 등이 삼남 지방의 농법을 소개한 농사직설을 편찬하였다. *우리나라 최초의 농서*

오답 해설

① 경국대전 반포 → 조선 성종
　조선 성종 때 조선 사회의 통치 방향과 이념을 제시한 조선의 기본 법전인 경국대전이 반포되었다.

② 동국문헌비고 간행 → 조선 영조
　조선 영조 때 홍봉한 등이 한국학 백과사전인 동국문헌비고를 간행하여 역대 문물을 정리하였다.

④ 영정법 제정 → 조선 인조
　조선 인조 때 풍흉에 관계없이 전세를 1결당 4~6두로 고정하는 영정법을 제정하였다.

⑤ 삼정이정청 설치 → 조선 철종
　세도 정치기인 조선 철종 때 임술 농민 봉기가 발발하자, 삼정의 문란을 해결하기 위해 박규수의 건의로 삼정이정청이 설치되었다.

20 조선의 4대 사화

암기박사: 무오사화 ⇒ 갑자사화 ⇒ 기묘사화

정답: ⑤

정답 해설

(가) 무오사화(1498) : 연산군 때에 김종직이 지은 조의제문을 김일손이 사초(史草)에 올린 일을 문제 삼아 유자광·윤필상 등의 훈구파가 김일손·김굉필 등의 사림파를 제거하였다.

• 갑자사화(1504) : 연산군의 친모인 폐비 윤씨 사사 사건을 빌미로 김굉필 등이 처형되는 등 관련자들이 화를 입었다.

(나) 기묘사화(1519) : 조선 중종 때 위훈 삭제 등 조광조의 급격한 개혁에 훈구 세력이 주초위왕의 모략을 꾸며 조광조 일파를 제거하였다.

오답 해설

① 기축옥사(1589) → (나) 이후
　조선 선조 때 정여립 모반 사건으로 권력을 잡은 서인이 동인에 대한 기축옥사를 주도하였다.

② 을사사화(1545) → (나) 이후
　명종을 옹립한 소윤파 윤원로·윤원형 형제가 인종의 외척 세력인 대윤파 윤임 등을 제거하면서 외척 간의 권력 다툼이 발생하였다.

③ 예송 논쟁(1659, 1674) → (나) 이후
　조선 현종 때 자의 대비의 복상 문제를 둘러싸고 서인과 남인 사이에 두 차례에 걸쳐 예송이 전개되었다. → *기해예송, 갑인예송*

④ 기사환국(1689) → (나) 이후 → *이름과 호*
　조선 숙종 때 희빈 장씨 소생의 원자 명호 문제로 기사환국이 발생하여 인현 왕후가 폐위되고 남인이 권력을 차지하였다.

21 광해군의 중립 외교

암기박사: 중립외교 ⇒ 성묘호란

정답: ③

정답 해설

광해군 때에 명의 요청에 따라 강홍립이 이끄는 부대가 참전하였으나, 명과 후금 사이에서 중립 외교 정책을 추진한 광해군은 강홍립을 후금에 투항하도록 하였다(1619). 이후 조선 인조 때 후금이 조선의 친명배금 정책을 빌미로 침입하여 정묘호란이 발발하였다(1627).

22 임진왜란 중의 사실

암기박사: 김시민 : 진주 대첩 ⇒ 임진왜란

정답: ④

정답 해설

동래부순절도, 금산 칠백의총, 징비록은 모두 임진왜란과 관련된 문화유산이다. 임진왜란 당시 진주 목사 김시민이 진주성에서 적군을 크게 물리치고 왜군의 보급로를 차단하였다.

오답 해설

① 김상용 순절 → 병자호란
　조선 인조 때 김상용은 병자호란이 발발하여 봉림대군과 인평대군을 수행해 강화도에 피난을 하였으나 청에 의해 강화성이 함락되자 남문루에서 순절하였다.

② 이괄의 난 → 조선 인조

인조반정 후 공신 책봉에 불만을 품은 이괄이 난을 일으켜 한양이 점령되자 인조는 공주의 공산성으로 피란하였다.

③ 용골산성 전투 → 정묘호란

조선 인조 때 친명배금 정책을 빌미로 후금이 침입하여 정묘호란이 발발하자 정봉수와 이립이 용골산성에서 항전하였다.

⑤ 이종무 : 쓰시마섬 정벌 → 조선 세종

조선 세종 때 대일 강경책의 일환으로 이종무가 왜구의 근거지인 쓰시마섬을 정벌하였다.

23 조선 영조의 업적

암기박사 속대전 편찬 ⇒ 조선 영조

정답 ③

정답 해설

청계천 준설 공사와 균역법의 제정은 조선 영조 때의 일이다. 조선 영조 때 경국대전 시행 이후에 공포된 법령 중에서 시행할 만한 법령을 추려 속대전을 편찬하고 통치 체제를 정비하였다.

오답 해설

① 집현전 설치 → 조선 세종

조선 세종 때 학문 연구 기관인 집현전이 설치되어 인재를 육성하고 편찬 사업을 추진하였다.

② 훈련도감 설치 → 조선 선조

조선 선조 때 임진왜란으로 왜군의 조총에 대응하고 국방력을 강화하기 위해 삼수병으로 구성된 훈련도감이 설치되었다.

④ 악학궤범 편찬 → 조선 성종

조선 성종 때 성현에 의해 궁중의 음악 이론 등을 집대성한 악학궤범이 편찬되었다.

⑤ 신해통공 단행 → 조선 정조

조선 정조 때 시전 상인의 특권을 축소하는 신해통공이 단행되어 육의전을 제외한 시전 상인의 금난전권이 폐지되었다.

핵심노트 ▶ 조선 영조의 업적

- **완론 탕평** : 각 붕당의 타협적 인물들 등용
- **탕평파 육성** : 탕평파를 육성하고 탕평비를 건립
- **산림 부정, 서원 정리** : 붕당의 뿌리를 제거하기 위해 공론의 주재자로 인식되던 산림을 부정, 붕당의 본거지인 서원 대폭 정리
- **이조 전랑 권한 약화** : 붕당의 이익을 대변하던 이조 전랑의 권한을 약화
- **균역법** : 군역 부담 경감을 위해 군포를 2필에서 1필로 경감
- **가혹한 형벌 폐지** : 심한 고문, 형벌 등 폐지
- **서적 간행** : 속오례의, 속대전, 동국문헌비고 등
- **준천사 설치** : 서울 성내의 치산치수를 위해 설치

24 담헌 홍대용

암기박사 의산문답 : 무한 우주론 주장 ⇒ 담헌 홍대용

정답 ②

정답 해설

연행사의 일원으로 청에 다녀와 을병연행록을 저술한 인물은 담헌 홍대용이다. 홍대용은 의산문답에서 지전설과 무한 우주론을 주장하며 중국 중심의 세계관을 비판하였다.

오답 해설

① 지봉유설 → 이수광

조선 중기의 실학자 이수광은 지봉유설에서 천주실의를 조선에 소개하였다.

③ 양반전 → 박지원

박지원은 양반전에서 양반 사회의 모순과 부조리를 비판하고 양반의 허례와 무능을 풍자하였다.

④ 북학의 → 박제가

조선 후기의 실학자 초정 박제가는 청에 다녀온 후 북학의를 저술하고 청의 문물 수용을 강조하였다.

⑤ 동의수세보원 → 이제마

이제마는 동의수세보원을 저술하고 사람의 체질에 따라 치료를 달리하는 사상 의학을 정립하였다.

25 조선 효종의 업적

암기박사 어영청 : 북벌 추진 ⇒ 조선 효종

정답 ①

정답 해설

나선 정벌에 조총 부대를 파견한 왕은 조선 효종이다. 조선 효종은 총포병과 기병 위주로 어영청을 개편한 후 청에 대한 북벌을 추진하였다.

오답 해설

② 위화도 회군, 과전법 시행 → 고려 말 이성계

고려 말 이성계가 요동 정벌을 위해 파견되었으나 4불가론을 들어 회군한 후 과전법이 시행되었다.

③ 초계문신제 운영 → 조선 정조

조선 정조는 초계문신제를 운영하여 젊은 문신들을 재교육하고 시험을 통해 승진시켰다.

④ 백두산정계비 건립 → 조선 숙종

조선 숙종 때 청의 요구로 조선과 청의 경계를 확정한 백두산정계비를 건립하였다.

⑤ 기유약조 체결 → 조선 광해군

조선 광해군 때 제한된 무역을 허용한 기유약조를 체결하여 일본과 무역을 재개하였다.

26 조선 후기의 경제 상황

암기박사 동시전 : 시장 관리 ⇒ 신라

정답 ②

정답 해설

담배, 목화 등 시장에서 매매하기 위한 상품 작물이 재배된 것은 조선 후기이다. 한편, 신라 지증왕 때 시장을 관리하는 관청인 동시전이 수도 경주에 설치되었다.

오답 해설

① 상평통보 유통 → 조선 후기

조선 숙종 때 상평통보가 다시 발행되어 서울과 서북 일대에서 사용되었고 조선 후기에 전국적으로 유통되었다.

③ 공인 : 관청에 물품 조달 → 조선 후기
조선 후기에는 대동법이 실시되면서 관청에 물품을 조달하는 공인이 활동하였다.

④ 장시 발달 : 보부상 → 조선 후기
조선 후기에는 장시가 발달하여 보부상들이 장시를 돌아다니며 일용 잡화나 농·수산물, 수공업 제품, 약재 등을 판매하였다.

⑤ 개시 무역, 후시 무역 → 조선 후기
조선 후기에는 국경 지대에서 공무역인 개시 무역과 사무역인 후시 무역이 이루어졌다.

27 경복궁의 역사

암기박사 일제 : 조선 물산 공진회 개최 ⇒ 경복궁
정답 ④

정답 해설
임진왜란 때 불타 소실된 것을 흥선 대원군이 중건한 궁은 경복궁이다. 조선 총독부는 경복궁에서 일부 건물을 훼손하거나 수축하여 전국의 물품을 수집·전시한 조선 물산 공진회를 개체하였다.

오답 해설
① 일제 : 동물원 설치 → 창경궁
창경궁의 처음 이름은 수강궁으로 세종이 생존한 상왕인 태종을 모시기 위해 지은 궁이었으나, 일제에 의해 창경원으로 격하되고 동물원 등이 설치되었다.

② 제1차 미·소 공동 위원회 개최 → 덕수궁
덕수궁 석조전은 덕수궁 안에 지어진 최초의 서양식 석조 건물로, 르네상스식 건물로 지어졌으며 제1차 미·소 공동 위원회가 개최되었다.

③ 서궐 → 경희궁
경희궁은 유사시 왕이 본궁을 떠나 피난하는 이궁(離宮)으로 도성 내 서쪽에 있어 서궐이라고 불렸다.

⑤ 태종 : 한양 재천도 → 창덕궁
창덕궁은 조선 태종이 도읍을 한양으로 다시 옮기면서 건립된 궁으로, 후원에는 왕실 도서관인 규장각이 있었다.

28 제너럴 셔먼호 사건의 영향

암기박사 제너럴 셔먼호 사건 ⇒ 신미양요
정답 ④

정답 해설
대동강에 침입하여 통상을 요구하며 행패를 부리던 미국 상선 제너럴 셔먼호를 박규수와 평양 관민들이 격침시켰다. 이 사건을 계기로 로저스 제독이 이끄는 미군이 강화도에 침입하여 신미양요가 발발하였다.

오답 해설
① 고부 민란 → 이용태 : 안핵사
동학 농민 운동 당시 고부 군수 조병갑의 학정에 고부 민란이 일어나자 사태 수습을 위해 이용태가 안핵사로 파견되었다.

② 방납의 폐단 → 이원익 : 대동법
조선 광해군 때 방납의 폐단을 시정하고자 이원익의 건의로 대동법이 경기도에 한하여 시행되었다.

③ 신유박해 → 정약종 처형
조선 순조 때 천주교에 대한 탄압으로 정약종 등이 처형된 신유박해가 일어났다.

⑤ 신유박해 → 황사영 백서 사건
조선 순조 때 천주교에 대한 탄압으로 신유박해가 일어나자 황사영이 외국 군대의 출병을 요청하는 백서를 작성하였다.

29 갑신정변의 결과

암기박사 갑신정변 ⇒ 한성 조약 체결
정답 ①

정답 해설
급진개화파가 우정총국 낙성 축하연을 이용해 사대당 요인을 살해하는 갑신정변을 일으켰다. 갑신정변은 청의 무력 개입으로 3일 만에 실패로 끝났고, 조선과 일본 사이에는 한성 조약이 체결되었다(1884).

오답 해설
② 별기군 창설(1881) → 갑신정변 이전
고종은 개화 정책의 일환으로 무위영 아래 별도로 신식 군대인 별기군을 창설하였다.

③ 영선사 파견(1881) → 갑신정변 이전
고종 때 개화 정책의 일환으로 김윤식을 단장으로 하는 영선사가 청에 파견되어 기기국에서 무기 제조 기술을 도입하였다.

④ 운요호 사건(1875) → 갑신정변 이전
일본 군함 운요호가 연안을 탐색하다 강화도 초지진에서 조선 측의 포격을 받자 이에 대한 보복으로 영종도를 공격하였다.

⑤ 통리기무아문 설치(1880) → 갑신정변 이전
고종은 개화 정책을 총괄하는 통리기무아문을 설치하고 그 아래 12사를 두어 신문물 수용과 부국강병을 도모하였다.

30 우리나라 역사서

암기박사 조선 혁명 선언 : 폭력을 통한 민중의 직접 혁명 ⇒ 신채호
정답 ⑤

정답 해설
(가) 김부식 / (나) 유득공 / (다) 신채호
조선상고사를 저술한 신채호는 대한매일신보의 주필로 활동하였으며, 조선 혁명 선언을 통해 폭력을 통한 민중의 직접 혁명을 주장하였다.

오답 해설
① 만권당 : 원의 학자들과 교유 → 이제현
고려 충선왕 때 이제현은 원의 만권당에서 원의 학자들과 교유하였으며 성리학의 보급에 기여하였다.

② 칠대실록 편찬, 문헌공도 설립 → 최충
최충은 고려 태조에서 목종에 이르는 칠대실록의 편찬에 참여하였으며, 문헌공도를 만들어 사학을 진흥시켰다.

③ 북한산비 : 진흥왕 순수비 고증 → 김정희

추사 김정희는 금석학을 연구하고 금석과안록을 저술하여 북한산비가 진흥왕 순수비임을 고증하였다.

④ 한국통사 저술, 임시 정부 2대 대통령 → 박은식

박은식은 "나라는 형(形)이요, 역사는 신(神)이다."라는 국혼을 강조하며 한국통사를 저술하였고, 대한민국 임시 정부의 제2대 대통령을 역임하였다.

31 우리나라 역사서

암기박사 삼국사기 ⇒ 기전체 사서   **정답** ②

정답 해설

㉠ 삼국사기 / ㉡ 발해고

고려 인종 때 김부식이 왕명을 받아 편찬한 현존하는 우리나라 최고의 역사서인 삼국사기는 본기, 연표, 잡지, 열전 등으로 구성된 기전체 사서이다.

오답 해설

① 불교사 중심의 민간 설화 수록 → 일연 : 삼국유사

일연의 삼국유사에는 단군부터 고려 말까지의 불교사를 중심으로 고대의 민간 설화 등이 수록되어 있다.

③ 사초, 시정기 바탕 → 조선왕조실록 ← 사관이 매일 기록한 역사 편찬의 자료

조선왕조실록은 왕의 사후 사초와 시정기 등을 바탕으로 춘추관에서 편찬되었다.
← 조선 시대 춘추관에서 각 관서들의 업무 기록을 종합하여 편찬한 국정 기록물

④ 고구려 건국 시조의 일대기 → 이규보 : 동명왕편

이규보의 동명왕편은 고구려의 건국 시조인 동명왕의 일대기를 서사시 형태로 표현하였다.

⑤ 단군 조선 수록 → 삼국유사, 제왕운기 등

고려 충렬왕 때 지은 일연의 삼국유사와 이승휴의 제왕운기는 우리 역사의 시작을 단군 조선으로 삼았다.

32 동학의 이해

암기박사 경전 : 동경대전 ⇒ 동학   **정답** ①

정답 해설

자료 속에 등장하는 최제우, 최시형, 손병희 등은 모두 동학의 교주들이다. 동학은 최제우가 지은 동경대전을 경전으로 삼았는데, 동경대전은 최제우 생전에는 간행되지 못하고 제2대 교주인 최시형 때 간행되었다.

오답 해설

② 중광단 조직 → 대종교

나철이 조직한 대종교는 천도교와 더불어 양대 민족 종교를 형성하였고, 중광단을 조직하여 항일 무장 투쟁을 전개하였다.

③ 박중빈 : 새생활 운동 → 원불교

박중빈이 창시한 원불교는 현대화와 생활화를 주창하여 민족 역량 배양과 남녀평등, 허례허식의 폐지 등 생활 개선 및 새생활 운동을 펼쳤다.

④ 배재 학당 설립 → 개신교

미국의 개신교 선교사 아펜젤러가 배재 학당을 세워 신학문 보급

에 앞장섰다.

⑤ 천주교 포교 허용 → 조·프 수호 통상 조약

조선과 프랑스 사이에 맺은 조·프 수호 통상 조약을 통해 천주교 포교가 허용되었다.

33 보안회의 활동

암기박사 일제의 황무지 개간권 요구 저지 ⇒ 보안회   **정답** ②

정답 해설

보안회는 일제의 황무지 개간권 요구에 대한 지속적인 반대 운동을 벌여 일제의 황무지 개간권 요구를 저지하였다.

오답 해설

① 독립문 건립 → 독립 협회

독립 협회는 자주 독립의 상징인 독립문 건립을 위해 모금 활동을 전개하였다.

③ 조·일 통상 장정 → 조병식 : 방곡령 선포

조선 양곡의 무제한 유출을 허용한 조·일 통상 장정으로 인해 일본으로 지나치게 곡물이 반출되자 이를 막기 위해 함경도 관찰사 조병식이 방곡령을 선포하였다.

④ 화폐 정리 사업 → 국내 중소 상인 몰락

조선의 상평통보나 구(舊) 백동화를 일본 제일 은행에서 만든 새 화폐로 교환하는 화폐 정리 사업의 실시로 유통 화폐가 부족해지고 통화량이 줄어들어 이에 대처하지 못한 국내 중소 상인들이 몰락하였다.

⑤ 상권 수호 운동 → 황국 중앙 총상회

서울의 시전 상인들이 아관파천 이후 열강의 이권 침탈에 대응하기 위해 황국 중앙 총상회를 조직하고 상권 수호 운동을 전개하였다.

34 아관파천의 배경

암기박사 을미사변 : 명성황후 시해 ⇒ 아관파천   **정답** ①

정답 해설

을미사변으로 명성황후가 시해되자 신변에 위협을 느낀 고종이 러시아 공사관으로 파천하였다(1896). 을미사변 후 김홍집 친일 내각이 단발령을 시행하자 유생 출신 유인석 등이 이에 반발하여 을미의병을 일으켰다.

오답 해설

② 을사늑약(1905) → 아관파천 이후

러·일 전쟁에서 승리한 일본은 을사늑약(제2차 한·일 협약)을 강제로 체결하여 외교권을 박탈하고, 통감부를 설치하여 한국의 독점적 지배권을 인정받았다.

③ 용암포 사건(1903) → 아관파천 이후

대한 제국 때 러시아가 용암포를 점령하고 조차를 요구한 용암포 사건이 발생하였다. ← 조약에 의해 다른 나라로부터 유상 또는 무상으로 영토를 빌림

④ 헤이그 특사 파견(1907) → 아관파천 이후

고종은 을사늑약의 무효를 선언하고 헤이그 만국 평화 회의에 특

사를 파견해 일제 침략의 부당성을 호소하였다.
⑤ 대한 제국 군대 해산(1907) → 아관파천 이후
  을사늑약 후 일제는 모든 통치권이 일제의 통감부로 이관되는 정미 7조약(한·일 신협약)을 체결하고 대한 제국 군대를 강제 해산시켰다.

35 광무개혁의 이해

암기박사 지계아문 설치 ⇒ 광무개혁 **정답** ①

정답 해설

대한 제국의 광무개혁 때 고종 황제는 군 통수권 장악을 위해 황제 직속의 원수부를 설치하였다. 또한 근대적 토지 소유제도의 마련을 위해 지계아문을 설치하고 지계를 발급하였다.
→ 근대적 토지증서

오답 해설

② 군국기무처 창설 → 제1차 갑오개혁
  제1차 갑오개혁 때 근대적 개혁 추진을 위해 초정부적 정책 의결 기구인 군국기무처가 창설되었다.
③ 5군영을 2영으로 통합 → 개화 정책
  고종은 개화 정책의 일환으로 군제를 개편하여 5군영을 2영으로 통합하고 별기군을 창설하였다.
④ 한성 사범 학교 설립 → 제2차 갑오개혁
  제2차 갑오개혁 때 교육 입국 조서가 발표되고 교원 양성을 위해 한성 사범 학교가 설립되었다.
⑤ 연호 : 건양 → 을미개혁
  을미사변 후 김홍집 친일 내각이 을미개혁을 추진하고 건양이라는 연호를 제정하였다.

36 한국 독립군

암기박사 대전자령 전투 ⇒ 지청천 : 한국 독립군 **정답** ③

정답 해설

지청천의 한국 독립군은 중국군과 연합하여 호로군을 조직하고 대전자령 전투에서 일본군을 상대로 승리를 거두었다.

오답 해설

① 청산리 대첩 → 북로 군정서군
  김좌진의 북로 군정서군은 홍범도의 대한 독립군과 연합하여 간도의 청산리에서 일본군을 크게 격파하였다.
② 국내 진공 작전 준비 → 한국 광복군
  한국 광복군은 미국 전략정보처(OSS)의 지원 하에 미군과 연합하여 국내 진공 작전을 준비하였으나 일제의 패망으로 실현하지는 못했다.
④ 중국 관내에서 결성된 최초의 한인 무장 부대 → 조선 의용대
  조선 의용대는 중국 관내(關內)에서 결성된 최초의 한인 무장 부대로, 중국 국민당과 연합하여 포로 심문, 요인 사살, 첩보 작전을 수행하였다.
⑤ 봉오동 전투 → 대한 독립군
  홍범도의 대한 독립군은 대한 국민회군과 연합하여 봉오동에서 간도 지역을 기습한 일본군을 상대로 승리하였다.

37 무단 통치기의 일제 정책

암기박사 토지 조사 사업(1912) ⇒ 무단 통치기 **정답** ③

정답 해설

회사를 설립할 때 조선 총독의 허가를 받도록 하는 회사령이 제정된 것은 무단 통치기이다. 일제는 무단 통치기 때 토지 약탈과 식민지화에 필요한 재정 수입원을 마련하기 위해 토지 조사령을 발표하고 토지 조사 사업을 실시하였다.

오답 해설

① 신문지법(1907) → 무단 통치기 이전
  대한 제국 때 이완용 내각이 우리나라의 신문을 탄압하고 통제하기 위해 신문지법을 제정하였다.
② 미쓰야 협정(1925) → 문화 통치기
  일제의 문화 통치기 때 독립군 탄압을 위해 만주 군벌 장쭤린과 일본 총독부 경무국장 사이에 미쓰야 협정이 체결되었다.
④ 경성 제국 대학 설립(1924) → 문화 통치기
  일제는 문화 통치기 때 경성 제국 대학을 설립하여 조선 민립 대학 기성회의 민립 대학 설립 운동을 무마하였다.
⑤ 조선 사상범 예방 구금령(1941) → 민족 말살 통치기
  일제는 민족 말살 통치기 때 우리 민족의 사상을 통제하기 위해 조선 사상범 예방 구금령을 시행하였다.

38 대한 광복회

암기박사 박상진 : 대한 광복회 ⇒ 군대식 비밀 결사 단체 **정답** ②

정답 해설

박상진이 주도한 대한 광복회는 풍기의 대한광복단과 대구의 조선 국권 회복단의 일부 인사가 모여 군대식으로 조직된 비밀 결사 단체이다. 대한 광복회는 공화정체의 국민 국가 수립을 목표로 군자금을 모아 만주에 독립 사관학교를 설립하고 독립군을 양성하여 친일파를 처단하였다.

오답 해설

① 대한 광복회(1915) → 중일 전쟁(1937)
  박상진의 대한 광복회는 중일 전쟁 발발 전에 대구에서 결성되었다.
③ 파리 강화 회의 파견 → 신한 청년당
  상해에서 결성된 신한 청년당은 파리 강화 회의에 김규식을 대표로 파견하여 독립 청원서를 제출하였다.
④ 105인 사건 → 신민회
  안창호와 양기탁이 중심이 되어 조직한 신민회는 일제가 데라우치 총독 암살 미수 사건이라고 조작한 105인 사건으로 와해되었다.
⑤ 만민 공동회 개최 → 독립 협회
  독립 협회는 우리나라 최초의 근대적 민중 대회인 만민 공동회를 열어 열강의 이권 침탈을 비판하였다.

한국사 능력검정시험 3개년 기출문제

39 3·1 운동의 배경

암기박사 2·8 독립 선언 ⇒ 3·1 운동

정답 ⑤

정답 해설

일본의 도쿄 유학생들이 중심이 되어 발표한 2·8 독립 선언서는 일제 강점기 최대의 민족 운동인 3·1 운동의 도화선이 되었다(1919).

오답 해설

① 간도 참변(1920) → 3·1 운동 이후
  봉오동 전투와 청산리 전투에서 패배한 일본군의 보복으로, 간도의 한인 촌락이 습격을 받아 민간인이 학살되었다.
② 국민 대표 회의 개최(1923) → 3·1 운동 이후
  임시 정부의 대통령인 이승만의 통치 청원이 알려지면서 독립운동의 방략을 논의하고자 국민 대표 회의가 상하이에서 개최되었다.
③ 브나로드 운동(1931) → 3·1 운동 이후
  동아일보사에서 문맹 퇴치를 목적으로 '배우자 가르치자 다 함께 브나로드' 등의 구호를 내세우며 브나로드(Vnarod) 운동을 전개하였다. → 러시아어로 '민중 속으로'라는 의미
④ 조선 노동 총동맹, 조선 농민 총동맹 결성(1927) → 3·1 운동 이후
  사회주의자를 중심으로 결성된 조선 노농 총동맹은 조선 노동 총동맹과 조선 농민 총동맹으로 분리 설립되어 노동 운동을 전개하였다.

40 저항 시인 이육사

암기박사 저항시 : 광야, 절정 ⇒ 이육사

정답 ②

정답 해설

청포도는 일제 강점기 독립 운동가이자 문학가인 이육사가 지은 시이다. 이육사는 본명이 이원록으로, 항일 정신과 작가의 독립 운동 정신이 잘 드러난 광야, 절정 등의 저항시를 발표하였다.

오답 해설

① 상록수 : 신문 연재 → 심훈
  독립 운동가이자 소설가인 심훈은 소설 상록수를 신문에 연재하였으며, 시 '그 날이 오면' 등의 작품을 남겼다.
③ 타이완 : 일본 육군 대장 저격 → 조명하
  타이완에서 육군 특별 검열사로 파견된 일본 육군 대장 구니노미야를 저격하였다.
④ 삼균주의 : 건국 강령 작성 → 조소앙
  조소앙은 삼균주의를 바탕으로 정치, 경제, 교육의 균등을 주장한 대한민국 건국 강령을 작성하였다.
⑤ 조선학 운동 : 여유당전서 간행 → 정인보, 안재홍
  정인보, 안재홍 등은 다산 정약용의 서거 99주년을 기념하여 여유당전서를 간행하고 조선학 운동을 전개하였다.

41 김원봉의 의열단

암기박사 활동 지침 : 조선 혁명 선언 ⇒ 의열단

정답 ③

정답 해설

이중교 폭탄 사건의 주역 김지섭은 의열단의 단원이다. 김원봉의 의열단은 무장 투쟁과 민중의 직접 혁명을 주장한 신채호의 조선 혁명 선언을 활동 지침으로 삼았다.

오답 해설

① 김구 : 상하이에서 결성 → 한인 애국단
  김구가 상하이에서 임시 정부의 위기 타개책으로 한인 애국단을 조직하였고, 이 단체 소속의 이봉창과 윤봉길이 의거 활동을 전개하였다.
② 연통제 : 비밀 행정 조직 → 대한민국 임시 정부
  대한민국 임시 정부는 국내 비밀 행정 조직인 연통제를 운영하여 문서와 명령 전달, 군자금 송부, 정보 보고 등의 업무를 수행하였다.
④ 신흥 무관 학교 설립 → 신민회
  신민회는 서간도 삼원보에 신흥 강습소를 세워 무장 투쟁을 준비하였고, 이후 신흥 무관 학교로 발전하였다.
⑤ 국권 반환 요구서 제출 → 독립 의군부
  고종의 밀지를 받아 결성한 임병찬의 독립 의군부는 조선 총독부에 국권 반환 요구서를 제출하려 하였다.

42 광주 학생 항일 운동

암기박사 신간회 : 진상 조사단 파견 ⇒ 광주 학생 항일 운동

정답 ④

정답 해설

광주에서 한·일 학생 간의 충돌을 일본 경찰이 편파적으로 처리하여 발생한 광주 학생 항일 운동은 진상 조사단을 파견한 신간회의 지원을 받으며 전국적으로 확산되었다.

오답 해설

① 순종의 장례일 → 6·10 만세 운동
  순종의 장례일을 맞아 6·10 만세 운동이 일어나 격문 살포와 시위 운동이 전개되었다.
② 대한민국 임시 정부 수립에 영향 → 3·1운동
  고종의 장례일에 민족 대표 33인의 이름으로 독립 선언서를 발표함으로써 전개된 3·1 운동은 대한민국 임시 정부 수립에 영향을 주었다.
③ '조선 사람 조선 것' → 물산 장려 운동
  물산 장려 운동은 조만식 등이 중심이 되어 평양에서 조선 물산 장려회가 발족되고, '조선 사람 조선 것'이라는 구호 아래 전국으로 확산되었다.
⑤ 외국 노동 단체 : 격려 전문 → 원산 총파업
  원산 총파업은 노동 조건 개선을 요구하며 전개한 1920년대 최대의 파업 투쟁으로 일본, 프랑스 등의 노동 단체로부터 격려 전문을 받았다.

43 민족 말살 통치기의 일제 정책

암기박사 여자 정신 근로령 ⇒ 민족 말살 통치기

정답 ④

정답 해설

일제가 일본식 성명을 강요하기 위해 조선 민사령을 개정한 시기는 민족 말살 통치기이다. 일제는 민족 말살 통치기에 여자 정신 근로령을 공포하고 일본군 위안부 등으로 한국인 여성을 강제 동원하였다.

> 일제강점기에 조선인에게 적용되었던 민사에 관한 사항을 규정한 법규

오답 해설

① 통감부 설치 → 을사늑약
러·일 전쟁에서 승리한 일본은 을사늑약을 강제로 체결하여 외교권을 박탈하고 통감부를 설치하여 한국의 독점적 지배권을 인정받았다.

② 조선 태형령 → 무단 통치기
일제는 무단 통치기에 한국인에 한하여 태형을 통해 형벌을 가하는 조선 태형령을 시행하였다.

③ 헌병 경찰제 → 무단 통치기
일제는 무단 통치기에 강압적 통치를 목적으로 헌병이 경찰 업무를 대행하는 헌병 경찰제를 실시하였다.

⑤ 동양 척식 주식회사 설립 → 무단 통치기 이전
일제가 대한 제국의 토지와 자원을 수탈할 목적으로 동양 척식 주식회사를 설립하였다.

핵심노트 ▶ 민족 말살 통치기의 일제 정책

- 우리 말, 우리 역사 교육 금지
- 조선·동아일보 폐간
- 창씨개명, 조선 민사령 개정
- 황국 신민 서사 암송
- 신사 참배, 궁성 요배 강요
- 조선 사상범 보호 관찰령
- 조선 사상범 예비 구금령
- 병참 기지화 정책
- 남면북양 정책
- 국가 총동원령, 국민 징용령, 여자 정신 근로령

44 몽양 여운형

암기박사 좌우 합작 위원회 조직 ⇒ 여운형

정답 ③

정답 해설

8·15 광복 직후 건국 작업을 진행하기 위해 조선 건국 준비 위원회를 조직한 인물은 여운형이다(1945). 이승만의 정읍 발언 후 우익 측을 대표한 김규식과 좌익 측을 대표한 여운형이 좌우 합작 위원회를 조직하고 좌우 합작 운동을 전개하였다(1946).

오답 해설

① 흥사단 결성 → 안창호
신민회에서 활동한 안창호는 미국 샌프란시스코로 건너가 재미 한인을 중심으로 한민족 운동 단체인 흥사단을 결성하였다.

② 조선어 학회 사건 → 최현배, 이극로 등
조선어 학회가 독립 운동 단체라는 일제의 조선어 학회 사건으로 최현배, 이극로 등의 한글 학자가 구속되어 옥고를 치렀다.

④ 반민족 행위 특별 조사 위원회 → 제헌 국회 의원
제헌 국회에서 일제 강점기 친일 행위를 한 사람들을 처벌하고 공민권을 제한하기 위해 반민족 행위 특별 조사 위원회가 설치되었다.

⑤ 독립 촉성 중앙 협의회 결성 → 이승만
미국에서 귀국한 이승만을 중심으로 조국의 자주 독립을 촉진하기 위해 정당 통일 운동 차원에서 독립 촉성 중앙 협의회가 결성되었다.

45 6·25 전쟁 중의 사실

암기박사 인천 상륙 작전, 발췌 개헌 ⇒ 6·25 전쟁 중

정답 ③

정답 해설

ㄴ. 6·25 전쟁 중 맥아더 장군의 인천 상륙 작전을 계기로 국군과 유엔군은 전세를 역전시키고 서울을 수복하였다.

ㄷ. 이승만 정부와 자유당은 대통령 직선제와 양원제의 발췌 개헌안을 6·25 전쟁 중 부산에서 계엄령 아래 통과시켰다.

오답 해설

ㄱ. 애치슨 선언(1950. 1) → 6·25 전쟁 이전
미국의 극동 방위선에서 한반도를 제외한 애치슨 라인이 발표되어 북한의 남침 오판으로 인한 6·25 전쟁이 발발하였다.

ㄹ. 모스크바 3국 외상 회의(1945) → 6·25 전쟁 이전
모스크바의 3국 외상 회의에서 미·소 공동 위원회를 설치하고 최고 5년 동안 미·영·중·소 4개국이 신탁 통치를 하기로 결정하였다.

46 박정희 정부의 경제 상황

암기박사 제2차 경제 개발 5개년 계획 ⇒ 박정희 정부

정답 ①

정답 해설

서울과 부산을 연결하는 경부 고속 도로가 완공된 것은 박정희 정부 때의 일이다. 박정희 정부 때 제2차 경제 개발 5개년 계획이 추진되어 모든 산업의 동맥이 되는 도로 건설을 비롯한 각종 건설 사업에 박차를 가하였다.

오답 해설

② 삼백 산업 발달 → 이승만 정부
이승만 정부 때에 미국의 원조 물자를 가공한 제분·제당·면방직의 삼백 산업이 발달하였다.

③ 신한 공사 설립 → 미 군정기
미 군정기에 일제의 귀속 재산 처리를 위해 신한 공사가 설립되어 동양 척식 주식회사가 소유했던 재산 및 군정청 소유의 모든 토지를 관리했다.

④ 금융 실명제 실시 → 김영삼 정부
김영삼 정부 때에 금융 거래의 투명성을 확보하고자 대통령의 긴급 명령으로 금융 실명제가 실시되었다.
대통령 긴급 명령으로 금융 실명제가 실시되었다.

⑤ 최저 임금 위원회 설치 → 전두환 정부

전두환 정부 때 근로자의 최저 임금 결정을 위한 최저 임금 위원회가 설치되었다.

47 IMF 외환 위기

암기박사 김영삼 : IMF 구제 금융 ⇒ 김대중 : 노사정 위원회   정답 ④

정답 해설

김영삼 정부 때 외환 위기로 인해 국제 통화 기금(IMF)으로부터 구제 금융을 지원 받았다(1997). 이후 김대중 정부 때에 대통령 직속 자문 기구인 노사정 위원회가 구성되어 고용 안정, 노사 협력, 경제 위기 극복 등의 현안을 논의하였다(1998).

48 강릉 지역의 역사

암기박사 율곡 이이 : 오죽헌 ⇒ 강릉   정답 ①

정답 해설

관동팔경 중 하나인 경포대가 있는 곳은 강릉이다. 강릉 오죽헌은 신사임당과 율곡 이이가 태어난 집으로 조선 중종 때 건축되었다.

오답 해설

② 백제 무령왕릉 → 공주

백제 무령왕과 왕비의 무덤이 발굴된 공주 송산리 고분군은 중국 남조의 영향을 받은 벽돌 무덤 양식으로, 무덤의 주인을 알 수 있는 묘지석이 출토되었다.

③ 어재연 : 광성보 전투 → 강화도

미국이 제너럴셔먼호 사건을 구실로 강화도를 공격하여 신미양요가 발발하자 어재연 부대가 광성보에서 항전하였다.

④ 해인사 : 팔만대장경 → 합천

몽골의 침입 때 부처의 힘으로 외적을 방어한다는 호국 불교 사상에 기초하여 간행된 것으로 현재 합천 해인사에 보관되어 있다.

⑤ 삼별초 : 항파두리 → 제주도

김통정의 지휘 아래 삼별초는 제주도 항파두리에서 몽골과 항전하였으나 여·몽 연합군에게 진압되었다.

49 4·19 혁명

암기박사 4·19 혁명 ⇒ 이승만 대통령 하야   정답 ②

정답 해설

3·15 부정 선거를 규탄하는 시위에 참가하였다가 실종된 김주열이 사망한 채로 발견되어 4·19 혁명의 도화선이 되었고 결국 이승만 대통령이 하야하였다.

오답 해설

① 시민군 vs 계엄군 → 5·18 민주화 운동

신군부의 계엄 확대와 무력 진압에 5·18 민주화 운동이 발발하였고, 시위 전개 과정에서 시민군이 조직되어 계엄군에 저항하였

다.

③ 호헌 철폐, 독재 타도 → 6월 민주 항쟁

박종철 고문치사와 전두환 정부의 4·13 호헌 조치 발표로 호헌 철폐와 독재 타도 등의 구호를 외친 6월 민주 항쟁이 촉발되었다.

④ 3선 개헌 반대 운동 → 3선 개헌 반대 범국민 투쟁 위원회

박정희 정부의 장기 집권 의도로 3선 개헌이 강행되자, 3선 개헌 반대 범국민 투쟁 위원회가 이를 저지하기 위한 투쟁을 주도하였다.

⑤ 박정희 : 장기 독재 → 3·1 민주 구국 선언

박정희 정부의 장기 독재에 항거하여 재야 정치인들과 가톨릭 신부, 개신교 목사, 대학 교수 등이 3·1 민주 구국 선언을 통해 긴급 조치 철폐 등을 주장하였다.

50 평화 통일 노력

암기박사 박정희 정부 : 남북 조절 위원회 ⇒ 전두환 정부 : 최초의 남북 이산가족 고향 방문 ⇒ 노태우 정부 : 남북 기본 합의서   정답 ⑤

정답 해설

(가) 남북 조절 위원회(박정희 정부) : 박정희 정부 때에 7·4 남북 공동 성명을 실천하기 위한 남북 조절 위원회가 구성되어 통일 방안이 논의되었다.

• 최초의 남북 이산가족 고향 방문(전두환 정부) : 전두환 정부 때에 남북 이산가족 고향 방문단의 교환 방문이 최초로 성사되었다.

(나) 남북 기본 합의서(노태우 정부) : 노태우 정부 때에 남북 사이의 화해와 불가침 및 교류·협력에 관한 남북 기본 합의서를 채택하였다.

오답 해설

① 금강산 육로 관광 → 김대중 정부

김대중 정부 때에 금강산 해로 관광이 먼저 시작된 후 금강산 육로 관광도 시작되었다.

② 6·15 남북 공동 선언 → 김대중 정부

김대중 정부 때에 평양에서 최초로 남북 정상 회담이 개최되고 6·15 남북 공동 선언이 발표되었다.

③ 평창 동계 올림픽 개최 → 문재인 정부

문재인 정부 때에 제23회 평창 동계 올림픽이 개최되어 남북 단일팀이 참가하였다.

④ 개성 공업 지구 조성 → 노무현 정부

노무현 정부 때에 남북 경제 협력을 위한 개성 공업 지구가 조성되었다.

조성 합의 : 김대중 정부

2023년도 제65회 정답 및 해설

01 청동기 시대의 생활 모습

암기박사 고인돌 축조 ⇒ 청동기 시대

정답 ②

정답 해설
부여 송국리 유적은 사유 재산과 계급이 출현한 청동기 시대의 대표적 유적지이다. 청동기 시대에는 많은 인력을 동원하여 지배층의 무덤인 고인돌을 축조하였다.

오답 해설
① 깊이갈이 → 고려 시대
  고려 시대에는 소를 이용하여 이랑과 고랑의 높이 차이를 크게 하는 깊이갈이가 일반화되었다.
③ 가락바퀴 → 신석기 시대
  신석기 시대에는 실을 뽑기 위해 가락바퀴(방추차)를 처음 사용하였으며, 뼈바늘(골침)로 옷을 지어 입었다.
④ 쟁기, 쇠스랑 → 철기 시대
  철기 시대에는 기존의 석기나 목기 외에 쟁기, 쇠스랑 등의 철제 농기구를 사용하여 농사를 지었다.
⑤ 동굴, 막집 → 구석기 시대
  구석기 시대에는 주로 동굴이나 강가의 막집에서 살면서 도구를 사용하여 사냥을 하거나 어로, 채집 생활을 하였다.

02 고조선의 이해

암기박사 범금 8조 ⇒ 고조선

정답 ⑤

정답 해설
고조선은 한 무제의 공격으로 왕검성(평양성)이 함락되고 우거왕이 피살되어 멸망하였다. 고조선은 사회 질서를 유지하기 위해 만민법인 범금 8조를 두었다.

오답 해설
① 동맹 : 제천 행사 → 고구려
  고구려는 매년 10월에 동맹이라는 제천 행사를 열어 하늘에 제사를 지냈다.
② 소도 : 신성 지역 → 삼한
  삼한에는 신성 지역인 소도가 존재하였으며, 군장의 세력이 미치지 못하여 죄인이 이곳으로 도망치면 잡아가지 못하였다.
③ 책화 : 읍락 간의 경계 중시 → 동예
  동예에는 읍락 간의 경계를 중시하는 책화가 있어서, 다른 부족의 생활권을 침범하면 노비와 소·말로 변상하였다.
④ 가(加) : 사출도 주관 → 부여
  부여는 왕 아래에 가축의 이름을 딴 여러 가(加)들이 별도로 사출도를 다스렸다. (마가·우가·저가·구가 등 / 행정 구역)

핵심노트 ▶ 한(漢) 무제에 맞선 우거왕의 항전
- 1차 접전(패수)에서 고조선은 대승을 거두었고 위만의 손자인 우거왕이 1년간 항전
- 2차 침입에 대신 성기(成已)가 항전하였으나, 고조선의 내분(주전파·주화파의 분열)으로 우거왕이 암살되고, 주화파의 항복으로 왕검성(평양성)이 함락됨(BC 108)

03 공주 지역의 역사

암기박사 백제 무령왕릉의 무덤 ⇒ 공주

정답 ②

정답 해설
고구려 장수왕의 공격으로 백제 한성이 함락되고 개로왕이 전사하였다. 이후 즉위한 문주왕이 도읍을 지금의 공주 지역인 웅진으로 옮겼다. 공주 송산리 고분군에서 백제 무령왕과 왕비의 무덤이 발굴되었다.

오답 해설
① 백제 무왕 : 미륵사 창건 → 익산
  서동 설화의 주인공으로 알려진 백제 무왕은 삼국시대의 절 가운데 최대 규모인 미륵사를 금마저에 창건하였다. (지금의 익산)
③ 백제 성왕 전사 : 관산성 전투 → 옥천
  신라 진흥왕이 나제 동맹을 깨고 백제가 차지한 지역을 점령하자 백제 성왕이 신라를 공격하다 옥천의 관산성 전투에서 전사하였다.
④ 윤충 : 대야성 함락 → 합천
  윤충이 백제 의자왕의 명을 받아 신라를 공격하여 합천의 대야성을 함락시켰다.
⑤ 계백 : 황산벌 전투 → 논산
  백제 의자왕 때 계백이 이끄는 결사대가 논산의 황산벌에서 신라군에 맞서 전투를 벌였으나 패배하였다.

04 호우명 그릇

암기박사 광개토 대왕명 호우 ⇒ 신라 문화유산

정답 ①

정답 해설
일명 호우명 그릇이라 불리는 광개토 대왕명 호우는 경주 호우총에서 발견된 신라의 문화유산으로, 그릇 밑바닥에 신라가 광개토대왕을 기리는 내용의 "을묘년국강상광개토지호태왕(乙卯年國岡上廣開土地好太王)"이라는 글씨가 새겨져 있어 당시에 신라와 고구려의 정치적 관계를 유추해볼 수 있다.

오답 해설
② 석수 → 백제 문화유산
  백제의 무령왕릉에서 출토된 석수는 무덤을 수호하는 진묘수의 역할을 한 것으로 추정된다. (무덤 수호를 목적으로 한 짐승 모양의 신상)
③ 칠지도 → 백제 문화유산
  칠지도는 백제 근초고왕이 왜왕에게 친선 외교의 목적으로 하사한 칼로 금으로 상감한 글씨가 새겨져 있다.
④ 연가 7년명 금동 여래 입상 → 고구려 문화유산
  연가 7년명 금동 여래 입상은 두꺼운 의상과 긴 얼굴 모습에서 북조 양식을 따르고 있으나, 강인한 인상과 은은한 미소에는 고구려의 독창성이 보인다.
⑤ 도기 기마인물형 명기 → 신라 문화유산
  경북 경주시 금령총에서 출토된 신라 시대의 토기로, 당시의 복식, 무기, 말갖춤의 착장 상태, 공예 의장 등을 파악할 수 있다.

05 고구려의 발전 과정

암기박사 고국원왕 전사(371) ⇒ 소수림왕 즉위

정답 ③

정답 해설

백제 근초고왕이 고구려의 평양성을 공격하여 고국원왕이 전사하였다. 고국원왕의 뒤를 이어 즉위한 소수림왕은 전진으로부터 불교를 수용하여 공인하고 율령을 반포하였다.

오답 해설

① 국내성 천도(서기 3) → 유리왕
주몽이 졸본에서 고구려를 건국한 후 2대 유리왕이 졸본에서 국내성으로 천도하였다.

② 낙랑군 축출(313) → 미천왕
고구려 미천왕은 낙랑군을 축출하여 고조선의 옛 땅인 대동강 유역까지 영토를 확장하였다.

④ 진대법 실시(194) → 고국천왕
고구려의 고국천왕은 을파소를 등용하고 백성들에게 곡식을 빌려주는 진대법을 실시하였다.

⑤ 환도성 함락(246) → 동천왕
고구려 동천왕 때 위(魏)의 유주자사 관구검이 이끄는 군대의 침략을 받아 환도성이 함락되었다.

06 삼국 통일의 과정

암기박사 백강 전투 ⇒ 고구려 부흥 운동 ⇒ 매소성 전투

정답 ⑤

정답 해설

(가) 백강 전투(663) : 백제 부흥군은 왜에 원군을 요청하였으나 나·당 연합군의 공격에 왜의 수군이 백강 전투에서 패배하여 백제 부흥 운동은 실패로 돌아갔다.

• 고구려 부흥 운동(670) : 고구려가 멸망한 후 검모잠이 보장왕의 서자 안승을 왕으로 추대하고 고구려 부흥 운동을 전개하였으나, 안승이 검모잠을 죽이고 신라로 망명하였다.

(나) 매소성 전투(675) : 나·당 전쟁 중 신라군이 매소성에서 20만의 당군을 격파하여 당나라 세력을 몰아내는 데 결정적인 계기를 마련하였다.

오답 해설

① 장문휴 : 당의 등주 공격(732) → (나) 이후
발해 무왕(대무예) 때 장문휴가 당의 등주를 공격하여 요서 지역에서 당과 격돌하였다.

② 원광 : 걸사표 작성(608) → (가) 이전
신라 진평왕 때 고구려가 침범하자 원광은 왕명으로 수에 군사를 청하는 걸사표를 작성하였다.

③ 살수 대첩(612) → (가) 이전
고구려 영양왕 때 수 양제가 대군을 이끌고 고구려를 침입했으나 을지문덕이 이끄는 고구려 군이 살수에서 대승을 거두었다.

④ 군사 동맹(648) → (가) 이전
신라의 김춘추는 백제 의자왕의 공격으로 고구려에 원병을 요청하였으나 거절당하자 당으로 건너가 군사 동맹을 성사시켰다.

07 발해의 역사

암기박사 연호 : 인안, 대흥 ⇒ 발해

정답 ④

정답 해설

고왕 대조영이 건국한 후 해동성국이라 불리고 5경 15부 62주의 지방 행정 조직을 갖춘 나라는 발해이다. 발해는 무왕(대무예) 때 인안, 문왕(대흠무) 때 대흥이라는 독자적 연호를 사용하였다.

오답 해설

① 정사암 회의 : 귀족 회의체 → 백제
백제는 귀족 회의체인 정사암 회의를 개최하여 재상을 선출하는 등 국가의 중대사를 결정하였다.

② 9서당 10정 : 군사 조직 → 통일 신라
통일 신라의 신문왕은 중앙군으로 9서당, 지방군으로 10정의 군사 조직을 운영하였다.

③ 욕살, 처려근지 : 지방관 → 고구려
고구려는 각 지방의 성이 군사적 요지로 개별적 방위망을 형성하였고 욕살, 처려근지 등의 지방관을 두어 병권을 행사하였다.

⑤ 광평성 : 국정 총괄 → 후고구려
후고구려의 궁예는 국정을 총괄하는 광평성을 비롯한 각종 정치 기구를 마련하였다.

08 설총의 활동

암기박사 화왕계 집필 ⇒ 설총

정답 ⑤

정답 해설

한자의 음과 훈을 빌려 우리말을 표기하는 이두를 체계적으로 정리한 인물은 설총이다. 설총은 원효의 아들로 신문왕에게 향락을 배격하고 경계로 삼도록 화왕계를 집필하였다.

오답 해설

① 삼대목 : 향가 모음집 → 위홍과 대구화상
신라 진성여왕 때 위홍과 대구화상이 향가 모음집인 삼대목을 편찬하였으나 전하지 않는다.

② 시무책 10여 조 건의 → 최치원
최치원은 6두품 출신으로 당의 빈공과에 급제하고 귀국 후 진성여왕에게 시무책 10여 조를 건의하였으나 수용되지 않았다.

③ 세속 5계 : 화랑도의 규범 → 원광
원광은 화랑도의 규범으로 사군이충, 사친이효, 교우이신, 임전무퇴, 살생유택의 세속 5계를 제시하였다.

④ 청방인문표 작성 → 강수
6두품 출신의 강수는 외교 문서 작성에 능하여 당나라에 갇혀 있는 김인문을 석방해 줄 것을 요청한 청방인문표를 작성하였다.

09 신라 하대의 모습

암기박사 장보고 : 청해진 ⇒ 신라 하대

정답 ⑤

정답 해설

혜공왕 피살 이후 왕위 쟁탈전이 치열했던 시기는 신라 하대이다. 이 시기에 청해진을 거점으로 해상왕 장보고가 해적들을 소탕하고 해상 무역을 장악하였다.

오답 해설

① 의창 : 빈민 구제 기관 → 고려 성종
　고려 성종 때에 빈민 구제를 위해 봄에 곡식을 빌려주고 가을에 갚도록 하는 춘대추납의 의창이 설치되었다.
② 만권당 : 독서당 → 고려 충선왕
　고려 충선왕 때 원의 연경에 독서당인 만권당이 설립되어 원과 고려의 학자가 교유하였다.
③ 혜민국 : 의약품 제공 → 고려 예종
　고려 예종 때 병자에게 의약품을 제공하는 혜민국이 설치되어 백성에게 약을 무료로 나눠주었다.
④ 의상 : 화엄일승법계도 저술 → 신라 중대
　신라 문무왕 때 해동 화엄사의 시조인 의상이 화엄일승법계도를 지어 화엄 사상을 정리하였다.

10　고려 태조 재위 시기의 사실

암기박사 역분전 : 개국 공신에게 지급 ⇒ 고려 태조

정답 ①

정답 해설

지방 호족을 포섭하고 정계와 계백료서를 지어 관리의 규범을 제시하였으며 흑창을 두어 민생을 안정시킨 고려의 왕은 태조 왕건이다. 고려 태조는 후삼국 통일에 공을 세운 개국 공신에게 공로와 인품에 따라 역분전을 지급하였다.

오답 해설

② 외침 대비 : 광군 조직 → 고려 정종
　고려 정종은 외침에 대비하기 위하여 상비군인 광군을 창설하고 청천강에 배치하였다. → 거란의 침입
③ 연호 : 광덕, 준풍 → 고려 광종
　고려 광종은 국왕을 황제라 칭하고 광덕, 준풍 등의 독자적 연호를 사용하였으며 개경을 황도라 하였다.
④ 관학 진흥 : 양현고 운영 → 고려 예종
　고려 예종은 국자감 내에 관학 진흥을 목적으로 교육 장학 재단인 양현고를 운영하였다.
⑤ 주전도감 : 해동통보 발행 → 고려 숙종
　고려 숙종은 화폐 유통의 촉진을 도모하기 위해 주전도감을 설치하고 해동통보를 발행하였으나 널리 사용되지는 못하였다.

11　고려 성종 재위 시기의 사건

암기박사 왕규의 난(혜종) ⇒ 12목 설치(성종) ⇒ 강조의 정변(목종)

정답 ②

정답 해설

• 왕규의 난(945) : 고려 혜종 때 왕위 계승을 둘러싸고 왕실의 외척인 왕규가 자신의 손자인 광주원군을 왕위에 옹립하기 위해 난을 일으켰다.

• 12목 설치(983) : 고려 성종은 시무 28조에 따라 전국의 주요 지역에 12목을 설치하고 지방관을 파견하였다.
• 강조의 정변(1009) : 고려 목종 때 강조가 정변을 일으켜 김치양을 제거한 후 목종까지 폐하고 대량군(현종)을 즉위시켰다.

12　거란에 대한 고려의 대응

암기박사 나성 축조 ⇒ 고려 vs 거란

정답 ③

정답 해설

고려 현종 때 강조의 정변을 구실로 거란이 2차 침입을 시도하자 현종이 나주로 피난하고 부처의 힘으로 이를 극복하기 위해 초조대장경 조판을 시작하였다. 또한 거란의 3차 침입 때에는 강감찬이 귀주에서 대승을 거둔 후 개경을 방어하기 위해 나성을 축조하였다.

오답 해설

① 박위 : 대마도 토벌 → 고려 vs 왜구
　고려 창왕 때 박위를 파견하여 왜구의 근거지인 대마도를 토벌하였다.
② 나선 정벌 : 조총 부대 파견 → 조선 vs 러시아
　조선 효종 때 러시아의 남하로 청과 러시아 간 국경 충돌이 발생하자 청의 원병 요청으로 나선 정벌에 조총 부대를 파견하였다.
④ 최윤덕 : 4군 설치 → 조선 vs 여진족
　조선 세종 때 최윤덕은 여진족을 정벌하고 압록강 상류 지역을 개척하여 4군을 설치하였다.
⑤ 비변사 신설 → 조선 vs 일본
　조선 중종 때 삼포왜란을 계기로 국방 문제를 논의하기 위해 임시 기구인 비변사를 신설하였다.

13　대각국사 의천

암기박사 해동 천태종 개창 ⇒ 대각국사 의천

정답 ①

정답 해설

문종의 아들로 신편제종교장총록을 간행한 승려는 대각국사 의천이다. 그는 국청사의 주지가 되어 해동 천태종을 개창하고, 교관겸수를 내세워 이론 연마와 실천을 함께 중시하였다.

오답 해설

② 수선사 결사 조직 → 지눌
　조계종을 창시한 보조국사 지눌은 불교 개혁을 주장하며 수선사 결사를 조직하였다.
③ 선문염송집 편찬 → 혜심
　진각국사 혜심은 선문염송집을 편찬하고 유불 일치설을 주장하여 심성의 도야를 강조하였다.
④ 삼국유사 집필 → 일연
　일연은 단군부터 고려 말까지의 불교 관련 자료를 중심으로 삼국유사를 집필하였다.
⑤ 왕오천축국전 저술 → 혜초
　혜초는 인도와 중앙아시아 일대를 여행하고 이를 바탕으로 구법 순례기인 왕오천축국전을 남겼다.

14 고려 시대의 사건

암기박사 무신정변 ⇒ 이자겸의 난 ⇒ 묘청의 난

정답 ④

정답 해설

(나) 무신정변(1170) : 고려 의종 때 정중부와 이의방을 비롯한 무신들이 다수의 문신을 제거하고 권력을 장악하였다.
(다) 이자겸의 난(1126) : 인종을 왕위에 올리면서 왕실 외척인 이자겸이 척준경과 함께 금의 사대 요구 수용을 주장하며 난을 일으켰다.
(가) 묘청의 난(1135) : 고려 인종 때 묘청이 풍수지리설에 근거하여 서경 천도를 주장하며 난을 일으키자 김부식이 관군을 이끌고 이를 진압하였다.

15 원 간섭기의 사회 모습

암기박사 도평의사사 : 최고 상설 기구 ⇒ 원 간섭기

정답 ③

정답 해설

기철은 친원파이고, 정치도감은 충목왕 때 폐정 개혁을 목표로 설치된 기구이며, 정동행성은 충렬왕 때 원의 요청에 따라 일본 원정에 참여하기 위해 설치된 기구이다. 원 간섭기에 도병마사는 도평의사사로 개편되어 국정 전반의 중요 사항을 합의·집행하는 최고 상설 기구로 발전하였다.

오답 해설

① 농사직설 편찬 → 조선 세종
조선 세종 때 정초 등이 우리나라 실정에 맞는 농법을 소개한 농사직설을 편찬하였다. → 우리나라 최초의 농서
② 내상 : 초량 왜관 → 조선 후기
조선 후기에는 부산의 초량 왜관을 통해 내상이 일본과 무역하였다.
④ 규장각 검서관 기용 → 조선 정조
조선 정조 때 박제가, 이덕무, 유득공 등의 서얼 출신 학자들이 규장각 검서관으로 기용되었다. → 규장각 각신의 보좌, 문서 필사 등의 업무를 맡은 관리
⑤ 6두품 : 빈공과 급제 → 신라 하대
신라 하대에는 6두품 세력이 당의 빈공과에 급제한 후 귀국하여 정계에 진출하였다.

핵심노트 ▶ 도병마사

- 국방 문제를 담당하는 임시 기구로, 고려 성종 때 처음 시행
- 무신정변 후 중추원(추신)과 중서문하성(재신)이 참여하여 국방 문제를 심의하는 재추 합의 기구(군정 기구)로 발전
- 고려 후기 원 간섭기(충렬왕)에 도평의사사(도당)로 개편되면서 구성원이 확대되고 국정 전반의 중요 사항을 합의·집행하는 최고 상설 정무 기구로 발전 → 조선 정종 때 혁파

16 고려의 경제 상황

암기박사 활구(은병) ⇒ 고려 시대

정답 ②

정답 해설

제시된 사료에서 벽란정은 고려 시대 예성강 하류에 있었던 항구인 벽란도의 객관이다. 고려 시대에는 활구라고 불리는 은병이 주조되었는데, 은 1근을 사용하여 우리나라의 지형을 본 떠 만들었다. → 은병의 입구가 넓어 활구라고 불림

오답 해설

① 부경 : 창고 → 고구려
고구려의 대가들과 지배층인 형(兄)은 농사를 짓지 않는 좌식 계층으로, 집집마다 부경이라는 창고가 있었다.
③ 동시전 : 시장 감독 → 신라
신라 지증왕 때 시장을 감독하는 관청인 동시전이 수도 경주에 설치되었다.
④ 계해약조 체결 → 조선 전기
조선 전기 세종 때 일본과의 교역 규모를 정한 계해약조를 체결하고 부산포, 제포, 염포의 삼포를 개항하였다.
⑤ 덕대 : 광산 전문 경영 → 조선 후기
조선 후기에는 물주로부터 자금을 조달받아 광산을 전문적으로 경영하는 덕대가 등장하였다.

17 수덕사 대웅전

암기박사 수덕사 대웅전 ⇒ 충남 예산

정답 ①

정답 해설

수덕사의 대웅전은 충남 예산에 있는 고려 시대 주심포 양식의 건물로 모란이나 들국화를 그린 벽화가 유명하다. 건물 보수 중 묵서명이 발견되어 충렬왕 34년이라는 정확한 건립 연도를 알게 되었다.

오답 해설

② 구례 화엄사 각황전 → 현존 중층 불전 중 가장 큼
구례 화엄사의 각황전은 조선 숙종 때 계파대사가 중건한 중층의 대불전으로 현존하는 중층의 불전 중 규모가 가장 크다.
③ 영주 부석사 무량수전 → 신라 양식을 계승한 고려 시대 목조 건축물
경북 영주시 부석사에 있는 고려 중기의 건물로, 부석사는 신라 문무왕 때 의상대사가 창건하였다. 무량수전은 배흘림기둥과 주심포 양식의 신라 양식을 계승한 고려 시대 목조 건축물이다.
④ 안동 봉정사 극락전 → 현존 최고(最古)의 목조 건축물
안동 봉정사 극락전은 고려 시대 주심포 양식의 건축물로, 현존하는 가장 오래된 목조 건축물이다.
⑤ 보은 법주사 팔상전 → 현존하는 유일한 목탑
충북 보은군 법주사에 있는 조선 시대의 목조 건물로, 현존하는 유일한 목탑이다. 석가모니의 일생을 여덟 폭의 그림으로 나누어 그린 팔상도가 있어 팔상전이라고 한다.

18 조선의 건국 과정

암기박사 최영 : 요동 정벌 추진 ⇒ 이성계 : 위화도 회군

정답 ③

정답 해설

고려 우왕 때 최영이 명의 철령위 설치에 반발하여 요동 정벌을 추

진하였고, 이성계가 요동 정벌을 위해 파견되었으나 4불가론을 들어 위화도에서 회군하여 정권을 장악하였다(1388).

오답 해설

① 윤관 : 동북 9성 축조(1107) → 요동 정벌 추진 이전
  고려 예종 때 윤관은 별무반을 이끌고 여진을 정벌한 후 동북 9성을 축조하였다.

② 서희 : 외교 담판(993) → 요동 정벌 추진 이전
  고려 성종 때 거란이 침입하자 서희는 소손녕과 외교 담판을 통해 강동 6주를 획득하였다.

④ 삼별초 : 진도 항전(1271) → 요동 정벌 추진 이전
  배중손이 이끄는 삼별초가 개경환도에 반대하여 진도에서 용장산성을 쌓고 항전하였다.

⑤ 최우 : 강화도 천도(1232) → 요동 정벌 추진 이전
  몽골의 무리한 조공 요구와 내정 간섭에 반발한 최우가 다루가치를 사살하고 강화도로 도읍을 옮겨 장기 항전을 준비하였다.

19 조선 성종 재위 시기의 사실

암기박사 홍문관 : 경연 주관 ⇒ 조선 성종 **정답** ③

정답 해설

경국대전은 조선 세조 때 편찬이 시작되어 성종 때 완성 및 반포되었다. 조선 성종은 집현전의 직제가 개편된 홍문관에서 경연을 주관하였다.

오답 해설

① 사간원 설치 → 태종
  조선 태종 때 문하부 낭사가 폐지되고 독립된 간쟁 기관으로 사간원이 설치되었다.

② 이시애의 난 → 세조
  조선 세조는 함길도 토착 세력인 이시애가 길주를 근거지로 난을 일으키자 이를 진압하였다.

④ 사가독서제 시행 → 세종
  조선 세종 때 집현전 관리를 대상으로 젊은 문신들에게 휴가를 주어 학문에 전념하게 하는 사가독서제가 시행되었다.

⑤ 탕평비 건립 → 영조
  조선 영조 때 붕당 정치의 폐단을 경계하고자 성균관 입구에 탕평비가 세워졌다.

20 조선 명종 재위 시기의 사건

암기박사 을사사화 : 윤임 일파 축출 ⇒ 조선 명종 **정답** ⑤

정답 해설

외척 간의 세력 다툼인 을사사화는 명종을 옹립한 소윤파 윤원로·윤원형 형제에 의해 인종의 외척 세력인 윤임 일파가 축출되는 결과를 가져왔다.

오답 해설

① 제1차 왕자의 난 → 조선 태조
  조선 태조 때 제1차 왕자의 난으로 개국공신 정도전과 세자 방석이 이방원(태종)에 의해 피살되었다.

② 황사영 백서 사건 → 조선 순조
  조선 순조 때 황사영이 신유박해의 내용과 대응 방안을 적은 밀서를 중국 베이징의 구베아 주교에게 보내려고 하다 발각되었다.

③ 예송 논쟁 → 조선 현종
  조선 현종 때 자의 대비의 복상 문제를 둘러싸고 서인과 남인 사이에 두 차례에 걸쳐 예송이 전개되었다.

④ 갑술환국 → 조선 숙종   → 기해예송, 갑인예송
  조선 숙종 때 갑술환국으로 폐비 민씨의 복위 운동을 저지하려던 남인이 축출되고 서인의 노론과 소론이 정국을 주도하였다.

21 단종 복위 운동의 배경

암기박사 수양대군 : 계유정난 ⇒ 성삼문 : 단종 복위 운동 **정답** ③

정답 해설

수양대군(세조)이 정인지·권람·한명회 등과 함께 계유정난을 일으켜 정권을 장악하고 김종서·황보인 등의 중신과 안평대군을 축출하였다. 이후 성삼문 등의 사육신이 세조의 왕위 찬탈에 저항하여 단종의 복위를 꾀하다 처형되었다.   → 성삼문, 이개, 박팽년, 하위지, 유성원, 유응부

오답 해설

① 인조반정 → 조선 광해군
  광해군의 폭정으로 서인이 인조반정을 일으켜 정권을 장악하고 북인 세력이 몰락하였다.

② 기사환국 → 조선 숙종   → 이름과 호
  조선 숙종 때 희빈 장씨 소생이 원자 명호 문제로 기사환국이 발생하여 인현 왕후가 폐위되고 남인이 권력을 차지하였다.

④ 이인좌의 난 → 조선 영조
  조선 영조 때 이인좌를 중심으로 소론 세력 등이 경종의 죽음에 영조와 노론이 관계되어 있다고 주장하며 난을 일으켰다.

⑤ 갑자사화 → 연산군
  연산군의 친모인 폐비 윤씨 사사 사건의 전말이 알려져 김굉필 등이 처형되는 등 관련자들이 화를 입었다.

22 안견의 몽유도원도

암기박사 몽유도원도 ⇒ 안견 **정답** ①

정답 해설

안견이 안평대군의 꿈을 소재로 그린 몽유도원도는 자연스러운 현실 세계와 환상적인 이상 세계가 대비를 이루면서도 전체적으로 통일된 분위기를 자아내고 있다.

오답 해설

② 세한도 → 김정희
  세한도는 조선 후기의 학자 추사 김정희가 그린 작품으로, 화가가 아닌 선비가 그린 문인화의 대표작이다.

③ 옥순봉도 → 김홍도
  옥순봉도는 김홍도가 그린 진경산수화로 충청도 단양의 명승인

한국사 능력검정시험 3개년 기출문제

옥순봉을 생기와 변화 있는 필묘를 구사하여 사실적으로 재현하고 있다.
④ **고사관수도 → 강희안**
고사관수도는 조선 전기의 사대부 화가 인재 강희안의 작품으로, 깎아지른 듯한 절벽을 배경으로 바위 위에 양팔을 모아 턱을 괸 채 수면을 바라보는 선비의 모습을 묘사하였다.
⑤ **인왕제색도 → 정선**
인왕제색도는 조선 후기 진경산수화의 대가 겸재 정선의 작품으로, 비가 내린 뒤의 인왕산의 분위기를 적묵법으로 진하고 묵직하게 표현한 산수화이다.

23 병자호란

> 암기박사 김준룡 : 광교산 전투 ⇒ 병자호란

정답 ③

정답 해설

조선 인조 때 김상용은 병자호란이 발발하여 봉림대군과 인평대군을 수행해 강화도에 피난을 하였으나 청에 의해 강화성이 함락되자 남문루에서 순절하였다. 병자호란 당시 김준룡이 남한산성에 고립된 인조를 구하기 위해 청나라와의 광교산 전투에서 승리하였다.

오답 해설

① **조·명 연합군 : 평양성 탈환 → 임진왜란**
임진왜란 때 명나라가 일본의 정명가도에 대한 자위책으로 참전하였고, 조·명 연합군이 평양성을 탈환하였다.
② **강홍립 : 사르후 전투 → 명 vs 후금**
광해군 때 명의 요청으로 강홍립 부대가 사르후 전투에 참전하였으나, 명과 후금 사이에서 중립 외교를 펼쳤다.
④ **김종서 : 두만강 유역 → 6진 개척**
조선 세종 때 김종서가 여진족을 몰아내고 두만강 일대에 6진을 개척하였다.
⑤ **의병장 : 곽재우, 김천일 → 임진왜란**
조선 선조 때 임진왜란이 발발하자 홍의 장군 곽재우가 경상도 의령에서 김천일이 전라도 나주에서 의병을 일으켰다.

24 조선 정조의 업적

> 암기박사 신해통공 : 금난전권 폐지 ⇒ 조선 정조

정답 ⑤

정답 해설

현륭원은 아들인 정조가 마련한 사도세자의 묘이다. 조선 정조 때 시전 상인의 특권을 축소하는 신해통공을 단행하여 육의전을 제외한 시전 상인의 금난전권을 폐지하였다.

오답 해설

① **백두산정계비 건립 → 숙종**
조선 숙종 때 청의 요구로 조선과 청의 경계를 정한 백두산정계비를 건립하였다.
② **속대전 편찬 → 영조**
조선 영조 때 통치 체제를 정비하고자 경국대전 시행 이후에 공포된 법령 중에서 시행할 만한 법령을 추려 속대전을 편찬하였다.

③ **경복궁 중건 → 흥선 대원군**
조선 고종 때 흥선 대원군은 왕실의 위엄을 높이고 국가 위신의 제고를 위해 경복궁을 중건하였다.
④ **삼정이정청 설치 → 철종**
조선 철종은 임술 농민 봉기가 발발하자 삼정의 문란을 해결하기 위해 안핵사 박규수의 건의로 삼정이정청을 설치하였다.

> 핵심노트 ▶ 조선 정조의 업적

- **탕평 정치** : 진붕과 위붕의 구분, 남인(시파) 중용
- **왕권 강화** : 능력 인사 중용, 규장각의 설치·강화, 서얼 등용, 초계문신제 시행, 장용영 설치
- **수원 화성 건설** : 정치적·군사적 기능 부여, 정치적 이상 실현, 화성 행차
- **수령의 권한 강화** : 수령이 군현 단위의 향약을 직접 주관, 지방 사족의 향촌 지배력 억제, 국가의 통치력 강화
- **문물·제도 정비** : 민생 안정과 서얼·노비의 차별 완화, 청과 서양의 문물 수용, 실학 장려, 신해통공(1791), 문체 반정 운동
- **편찬** : 대전통편, 추관지·탁지지, 동문휘고, 증보문헌비고, 무예도보통지, 제언절목, 규장전운, 홍재전서 · 일득록
- **활자** : 정리자, 한구자, 생생자(목판) 등 주조

25 대동법의 영향

> 암기박사 대동법 시행 ⇒ 공인 등장

정답 ⑤

정답 해설

조선 광해군 때 이원익의 건의로 방납의 폐단을 혁파하고자 선혜청을 두고 실시한 것은 대동법이다. 대동법의 시행으로 조선 후기에는 관청에 물품을 조달하는 공인이 등장하였다.

오답 해설

① **양반에게도 군포 부과 → 호포법**
조선 고종 때 흥선 대원군은 군정의 문란을 개혁하기 위하여 양반에게도 군포를 부과하는 호포법을 실시하였다.
② **수신전, 휼양전 폐지 → 직전법**
조선 세조 때 직전법을 시행하여 현직 관리에게만 과전을 지급하고 수신전, 휼양전 등의 명목으로 세습되는 토지를 폐지하였다.
③ **양전 사업 : 지계 발급 → 광무개혁**
대한 제국은 광무개혁 때 근대적 토지 소유제도의 마련을 위해 양전 사업을 실시하고 지계를 발급하였다. ← 근대적 토지증서
④ **풍흉에 따라 차등 과세 → 연분 9등법**
조선 세종 때 풍흉에 따라 전세를 9등급으로 차등 과세하는 연분 9등법을 시행하여 수취 체제가 정비되었다.

26 역대 대일 전쟁

> 암기박사 일본 원정(여·몽 연합군) ⇒ 진포 대첩(최무선) ⇒ 대마도 정벌(이종무) ⇒ 진주 대첩(김시민)

정답 ④

정답 해설

(나) **여·몽 연합군 : 일본 원정(1274)**
고려 충렬왕 때 원의 요청에 따라 김방경과 홍다구 등의 여·몽 연합군이 일본 원정에 참전하였으나 태풍으로 실패하였다.
(다) **최무선 : 진포 대첩(1380)**

고려 우왕 때 나세, 심덕부 등은 최무선이 만든 화약과 화포를 실전에서 처음으로 사용하여 진포에서 왜구를 크게 물리쳤다.

(가) **이종무 : 대마도 정벌(1419)**

조선 세종 때 대일 강경책의 일환으로 이종무가 왜구의 근거지인 대마도를 정벌하였다.

(라) **김시민 : 진주 대첩(1592)**

임진왜란 당시 진주 목사 김시민이 진주성에서 적군을 크게 물리치고 왜군의 보급로를 차단하였다.

27 성호 이익

암기박사 곽우록 : 한전론 제시 ⇒ 성호 이익 | **정답** ④

정답 해설

이익은 성호사설에서 양반 제도, 노비 제도, 과거 제도, 기교(사치와 미신), 승려, 게으름을 사회 폐단의 여섯 가지 좀으로 규정하였다. 이익은 곽우록에서 토지 매매를 제한하는 한전론을 제시하였다.

오답 해설

① 마과회통 → 정약용
  정약용은 홍역에 관한 국내외 자료를 종합하여 편찬한 마과회통에서 홍역에 대한 지식을 정리하였다.

② 의산문답 → 홍대용
  홍대용은 의산문답을 통해 지전설과 무한 우주론을 주장하며 중국 중심의 세계관을 비판하였다.

③ 발해고 → 유득공
  유득공은 발해고에서 발해를 북국, 신라를 남국으로 칭하며 남북국이라는 용어를 처음 사용하였다.

⑤ 금석과안록 → 김정희
  추사 김정희는 금석과안록을 저술하여 북한산비가 진흥왕 순수비임을 고증하였다.

28 조선 후기의 사회 모습

암기박사 주자소 : 계미자 주조 ⇒ 조선 전기 | **정답** ①

정답 해설

한글 소설과 판소리가 유행한 것은 조선 후기이다. 한편, 조선 전기 태종 때 활자 주조를 담당하던 관청인 주자소가 설치되어 금속 활자인 계미자가 주조되었다.

오답 해설

② 가면극 : 산대놀이 → 조선 후기
  조선 후기에는 산대놀이라는 가면극 그리고 인형극인 꼭두각시놀이 등이 성행하여 서민 문학의 절정을 이루었다.

③ 도고 : 독점적 도매상인 → 조선 후기
  조선 후기에는 독점적 도매상인인 도고가 대규모 자본을 동원하여 상품을 매점매석함으로써 이윤을 추구하였다.

④ 중인 : 시사 조직 → 조선 후기
  조선 후기에는 중인들이 시사(詩社)를 조직해 활발한 문예 활동을 전개하였다.

⑤ 상품 작물 : 인삼, 담배 → 조선 후기
  조선 후기에는 인삼, 담배를 비롯한 약재, 면화, 삼 등 시장에서 매매하기 위한 상품 작물의 재배가 활발해졌다.

29 흥선 대원군 집권 시기의 사실

암기박사 흥선 대원군 집권 ⇒ 오페르트 도굴 사건 ⇒ 척화비 건립 | **정답** ④

정답 해설

(가) **흥선 대원군 집권(1864)** : 어린 고종이 왕으로 즉위한 후 왕의 생부 이하응이 대원군으로 봉작을 받고 실권을 행사하였다.

• **오페르트 도굴 사건(1868)** : 독일 상인 오페르트가 통상을 거부당하자 충청남도 덕산에 있는 남연군 묘 도굴을 시도하였다. → 흥선 대원군의 아버지

(나) **척화비 건립(1871)** : 병인양요와 신미양요의 결과 흥선 대원군은 척화교서를 내리고 종로와 전국 각지에 척화비를 건립하였다.

오답 해설

① 거문도 사건(1885) → (나) 이후
  갑신정변 이후 조·러 수호 통상 조약이 체결되자 영국은 러시아의 남하를 견제하기 위해 거문도를 불법으로 점령하였다.

② 운요호 사건(1875) → (나) 이후
  연안을 탐색하다 강화도 초지진에서 조선 측의 포격을 받자 일본 군함 운요호가 보복으로 영종도를 공격하였다.

③ 용암포 사건(1903) → (나) 이후
  대한 제국 때 러시아가 용암포를 점령하고 조차를 요구한 용암포 사건이 발생하였다. → 조약에 의해 다른 나라로부터 유상 또는 무상으로 영토를 빌림

⑤ 조·미 수호 통상 조약(1882) → (나) 이후
  조선이 서양 국가와 체결한 최초의 조약인 조·미 수호 통상 조약 체결 후 미국이 푸트 공사를 파견하였다.

30 임오군란의 결과

암기박사 임오군란 : 제물포 조약 ⇒ 일본 공사관에 경비병 주둔 | **정답** ⑤

정답 해설

구식 군인들에 대한 차별 대우로 발생한 사건은 임오군란이다. 임오군란의 결과 일본과 제물포 조약이 체결되어 일본 공사관에 경비병이 주둔하는 계기가 되었다(1882).

오답 해설

①·③ 입헌 군주제 수립 목표 → 갑신정변
  급진개혁파는 우정총국 개국 축하연에서 사대당 요인을 살해하고 입헌 군주제 수립을 목표로 갑신정변을 일으켰다.

② 임오군란 → 조선 총독부(X)
  조선 총독부는 국권 피탈(1910)부터 일제 강점기에 조선을 지배했던 통치 기구이므로, 임오군란(1882)의 탄압과는 관련이 없다.

④ 홍범 14조 반포 → 제2차 갑오개혁
  고종은 제2차 갑오개혁 때 종묘에 나가 독립 서고문을 바치고, 개혁의 기본 방향을 제시한 홍범 14조를 반포하였다.

한국사 능력검정시험 3개년 기출문제

31 동학 농민 운동의 전개 과정

암기박사 보은 집회 ⇒ 고부 민란 ⇒ 황토현 전투

정답 ④

정답 해설

- (가) 보은 집회(1893) : 동학교도와 농민들은 보은에서 교조 신원을 요구하는 대규모 집회를 열고 탐관오리 숙청과 반봉건, 반외세를 요구하였다.
- 고부 민란(1894. 1) : 고부 농민들이 조병갑의 탐학에 맞서 전봉준이 농민들을 이끌고 만석보를 파괴하였다.
- (나) 황토현 전투(1894. 4) : 백산 집결 후 동학 농민군은 황토현 전투에서 전라 감영의 지방 관군을 물리치고 농민군 최대의 승리를 하였다.

오답 해설

① 남접과 북접의 집결(1894. 10) → (나) 이후
  동학 농민 운동 당시 남접(전봉준)과 북접(손병희)이 논산에서 집결한 후 서울로 북진하였다.
② 교정청 설치(1894. 6) → (나) 이후
  동학 농민 운동 당시 고종이 내정 개혁을 실시하기 위한 개혁 추진 기구로 교정청을 설치하였다.
③ 경복궁 점령(1894. 6) → (나) 이후
  동학 농민 운동 당시 청·일군이 개입하여 전주 화약이 성립하였으나 일본이 군대를 동원하여 경복궁을 점령하였다.
⑤ 공주 우금치 전투(1894. 11) → (나) 이후
  동학 농민군이 서울로 북진하다 공주 우금치에서 관군 및 일본군에 맞서 싸웠으나 패하였다.

핵심노트 ▶ 동학 농민 운동의 전개 과정

삼례 집회 → 경복궁 상소 → 보은 집회 → 고부민란 → 백산 집결 → 황토현 전투 → 황룡천 전투 → 전주성 점령 → 전주 화약 → 집강소 설치 → 일본군 경복궁 침입 → 청·일 전쟁 → 남접과 북접의 연합 → 공주 우금치 전투

32 헤이그 특사 파견

암기박사 을사늑약 체결 ⇒ 헤이그 특사 파견

정답 ⑤

정답 해설

러·일 전쟁에서 승리한 일본이 한국에 대한 독점적 지배권을 얻고자 을사늑약을 강제로 체결하였다(1905). 이에 고종은 을사늑약의 무효를 선언하고 헤이그 만국 평화 회의에 이준, 이상설, 이위종 등의 특사를 파견해 일제 침략의 부당성을 호소하였다(1907).

33 13도 창의군

암기박사 고종의 강제 퇴위와 군대 해산 ⇒ 13도 창의군

정답 ⑤

정답 해설

일제의 정미 7조약(한·일 신협약)에 따른 고종의 강제 퇴위와 대한 제국 군대의 해산에 반발하여 정미의병이 확산되었고, 이 과정에서 유생 이인영을 총대장, 허위를 군사장으로 하는 13도 창의군이 조직되어 서울 진공 작전을 전개하였다(1908).

오답 해설

① 활동 지침 : 조선 혁명 선언 → 의열단
  김원봉의 의열단은 무장 투쟁과 민중의 직접 혁명을 주장한 신채호의 조선 혁명 선언을 활동 지침으로 하였다.
② 김홍집 : 조선책략 유포 → 이만손 : 영남 만인소
  이만손을 비롯한 영남 유생들이 김홍집의 조선책략 유포에 반발하여 만인소를 올리고 그의 처벌을 요구하였다.
③ 군자금 : 상덕태상회 → 대한 광복회
  공화정체의 국민 국가 수립을 목표로 박상진이 설립한 대한 광복회는 대구의 상덕태상회를 통하여 군자금을 모집하였다.
④ 국권 반환 요구서 → 독립 의군부
  임병찬이 고종의 밀지를 받아 결성한 비밀 무장 단체인 독립 의군부는 일본에 국권 반환 요구서를 제출하고자 하였다.

34 아관파천 이후의 사건

암기박사 아관파천(1896) ⇒ 대한국 국제 반포(1899)

정답 ③

정답 해설

아관파천 후 환궁한 고종은 국호를 대한 제국으로 고치고 환구단에서 황제 즉위식을 거행하였다. 또한 구본신참에 입각하여 광무 개혁을 단행하였으며, 이후 한국 최초의 근대적 헌법인 대한국 국제를 반포하였다.

오답 해설

① 영선사 파견(1883) → 아관파천 이전
  김윤식을 단장으로 한 영선사가 청에 파견되어 무기 제조법과 근대식 군사 훈련법을 배우고 돌아왔다.
② 제1차 갑오개혁(1894) → 아관파천 이전
  제1차 갑오개혁 때 근대적 개혁 추진을 위해 초정부적 정책 의결 기구인 군국기무처가 설치되었다.
④ 제너럴 셔먼호 사건(1866) → 아관파천 이전
  대동강에 침입하여 통상을 요구하며 행패를 부리던 미국 상선 제너럴 셔먼호를 박규수와 평양 관민들이 불태웠다.
⑤ 조청 상민 수륙 무역 장정(1882) → 아관파천 이전
  임오군란의 결과 조선과 청이 양국 상인의 통상에 대해 맺은 조청 상민 수륙 무역 장정이 체결되었다.

35 상권 수호 운동

암기박사 황국 중앙 총상회 ⇒ 보안회 ⇒ 국채 보상 운동

정답 ①

정답 해설

- (가) 황국 중앙 총상회(1898) : 서울의 시전 상인들이 상권 수호를 위해 황국 중앙 총상회를 조직하여 일제의 경제적 침탈에 적극적으로 대응하였다.
- (나) 보안회(1904) : 일제의 황무지 개간권 요구에 대해 보안회가 지속적인 반대 운동을 벌여 일제의 황무지 개간권 요구를 저지하였

346

다.
(다) 국채 보상 운동(1907) : 대구에서 개최한 국민 대회에서 서상돈 등의 발의로 정부의 외채를 국민의 힘으로 상환하여 국권을 회복하자는 국채 보상 운동이 본격화되었다.

36 독립 협회의 활동

암기박사 중추원 개편 : 의회 설립 추진 ⇒ 독립 협회 **정답** ③

정답 해설

저탄소 설치를 위한 러시아의 절영도 조차 요구를 저지한 단체는 독립 협회이다. 서재필을 중심으로 창립된 독립 협회는 중추원 개편을 통한 의회 설립을 추진하였다.

오답 해설

① 정우회 선언 → 신간회
사회주의 세력의 활동 방향을 밝힌 정우회 선언으로 민족주의 세력과의 연합을 도모하고 민족 유일당인 신간회가 결성되었다.

② 만세보 발행 → 천도교
천도교의 후원을 받아 오세창이 만세보를 발행하여 민중 계몽에 힘쓰고 민족의식을 고취하였다.

④ 소년 운동 → 천도교
천도교 소년회는 어린이날을 제정하고 잡지 어린이를 간행하는 등 소년 운동을 전개하였다.

⑤ 태극 서관 운영 → 신민회
신민회는 민중 계몽을 위해 태극 서관을 운영하여 계몽 서적 등을 보급하였다.

37 서울 근대 역사의 현장

암기박사 을사늑약 체결 ⇒ 중명전 **정답** ④

정답 해설

이토 히로부미가 대한제국의 외교권을 박탈하는 을사늑약(제2차 한·일 협약)을 강제로 체결한 곳은 중명전이다. 러·일 전쟁에서 승리한 일본은 을사늑약을 강제로 체결하여 외교권을 박탈하고 통감부를 설치하여 한국의 독점적 지배권을 인정받았다.

오답 해설

① 한성순보 간행 → 박문국
우리나라 최초의 근대 신문인 한성순보가 박문국에서 납으로 만든 활자를 사용해 간행되었다.

② 고종의 황제 즉위식 → 환구단
아관파천 후 환궁한 고종이 국호를 대한 제국, 연호를 광무로 고치고 환구단에서 황제 즉위식을 거행하였다.

③ 백동화 주조 → 전환국
근대식 화폐 발행 기구인 전환국에서 종래 사용하던 상평통보를 대체하기 위해 백동화가 주조되었다.

⑤ 나운규 : 영화 아리랑 → 단성사
나운규가 감독한 영화 아리랑이 단성사에서 처음 상영되어 한국 영화를 획기적으로 도약시키는 계기가 되었다.

38 무단 통치기의 일제 정책

암기박사 헌병 경찰제 ⇒ 무단 통치기 **정답** ④

정답 해설

제시된 사료에서 태형을 통해 형벌을 가하는 조선 태형령이 시행된 것은 1910년대인 무단 통치기이다. 이 시기에 일제는 강압적 통치를 목적으로 헌병이 경찰 업무를 대행하는 헌병 경찰 제를 실시하였다.

오답 해설

① 원수부 설치(1899) → 대한 제국
대한 제국의 광무개혁 때 고종 황제는 군 통수권 장악을 위해 황제 직속의 원수부를 설치하였다.

② 신간회 창립(1927) → 문화 통치기
민족주의 진영과 사회주의 진영의 연대에 의한 민족 유일당 운동의 일환으로 신간회가 창립되었다.

③ 치안 유지법(1925) → 문화 통치기
일제는 문화 통치기에 사상 통제법인 치안 유지법을 제정하여 독립 운동가들을 탄압하였다.

⑤ 동양 척식 주식회사 설립(1908) → 무단 통치기 이전
일제가 대한 제국의 토지와 자원을 수탈할 목적으로 동양 척식 주식회사를 설립하였다.

39 역대 교육 기관

암기박사 배재 학당, 이화 학당 ⇒ 교육 입국 조서 반포 이전 **정답** ⑤

정답 해설

배재 학당(1885)과 이화 학당(1886)은 모두 교육 입국 조서 반포(1895) 이전에 세워진 학교들이다. 제2차 갑오개혁 때 고종의 교육 입국 조서 반포를 계기로 설립된 학교는 한성 사범 학교이다.

오답 해설

① 고구려 : 태학 → 국립 교육 기관
고구려 소수림왕은 국립 교육 기관인 태학을 설립하여 유학을 교육하고 인재를 양성하였다.

② 최충 : 9재 학당 → 사학 기관
고려 문종 때 최충이 최초의 사학인 9재 학당을 설립하여 유학을 교육하였다.

③ 명륜당, 대성전 → 성균관, 향교
강학 공간인 명륜당과 제향 공간인 대성전을 중심으로 구성되어 있는 조선 시대의 교육 기관은 성균관과 향교이다.

④ 동문학, 육영 공원 → 개화기 정부 설립 교육 기관
동문학은 정부가 외국어 통역관 양성을 목적으로 설립한 교육 기관이고, 육영 공원은 정부가 보빙사 민영익의 건의로 설립한 최초의 근대식 관립 학교이다.

40 제2차 조선 교육령 발표 이후의 사실

암기박사 제2차 조선 교육령(1922) ⇒ 조선 민립 대학 설립 기성회(1923) **정답** ⑤

정답 해설

보통학교의 수업 연한을 6년으로 하는 제2차 조선 교육령은 1922년에 발표되었다. 조선 교육회가 우리 손으로 대학을 설립하고자 조선 민립 대학 설립 기성회를 창립하고 모금 운동을 전개한 것은 1923년이다.

오답 해설

① **서당 규칙 제정(1918)** : 일제의 사립 학교 규칙 개정에 저항하여 개량 서당을 설립하고 일제의 제도 교육에 편입되기를 거부한 사람들을 교육하였으나, 일제는 서당 규칙을 제정하여 이를 탄압하였다.

② **2·8 독립 선언서 발표(1919)** : 미국 대통령 윌슨이 제창한 민족 자결주의의 영향을 받아 일본 도쿄 유학생들이 조선 청년 독립단을 결성하고 2·8 독립 선언서를 발표하였다.

③ **조선어 연구회(1921)** : 3·1 운동 이후 최현배·이윤재 등이 국문 연구소의 전통을 이어 조선어 연구회를 결성하고 잡지 한글의 간행을 주도하였다.

④ **조선 여자 교육회(1920)** : 선진 교육을 받고 귀국한 차미리사에 의해 조직된 여성 교육 계몽 단체로, 근화학원을 설립하고 야학과 강연회를 통해 근대 여성 교육에 앞장섰다.

41 대한민국 임시 정부의 활동

암기박사 구미 위원부 설치 ⇒ 대한민국 임시 정부 **정답** ④

정답 해설

독립운동 자금을 모으기 위해 국외 거주 동포들에게 독립 공채를 발행한 정부는 대한민국 임시 정부이다. 대한민국 임시 정부는 미국에 구미 위원부를 설치하여 국제 연맹과 워싱턴 회의에 우리 민족의 독립 열망을 전달하는 외교 활동을 펼쳤다.

오답 해설

① **중광단 조직 → 대종교**
대종교의 지도자들은 항일 무장 단체인 중광단을 조직하였고, 3·1 운동 직후 북로 군정서로 개편하여 청산리 대첩에 참여하였다.

② **서전서숙 설립 → 이상설**
이상설 등은 북간도에 최초의 신문학 민족 교육기관인 서전서숙을 설립하여 민족 교육을 실시하였다.

③ **신흥 강습소 설립 → 신민회**
신민회는 서간도 삼원보에 신흥 강습소를 세워 독립군을 양성하였고, 이후 신흥 무관 학교로 발전하였다.

⑤ **브나로드 운동 → 동아일보사**
동아일보사에서 문맹 퇴치를 목적으로 '배우자 가르치자 다 함께 브나로드' 등의 구호를 내세우며 농촌 계몽을 위한 브나로드(Vnarod) 운동을 전개하였다. *(러시아어로 '민중 속으로'라는 의미)*

핵심노트 ▶ 대한민국 임시 정부의 활동

- **군자금의 조달** : 애국 공채 발행이나 국민의 의연금으로 마련, 국내외에서 수합된 자금은 연통제나 교통국 조직망에 의해 임시 정부에 전달되었으며, 만주의 이륭양행이나 부산의 백산 상회를 통하여 전달되기도 함
- **외교 활동** : 파리 강화 회의에 김규식을 대표로 파견하여 독립을 주장, 미국에 구미 위원부를 두어 국제 연맹과 워싱턴 회의에 우리 민족의 독립 열망을 전달
- **문화 활동** : 기관지로 독립신문을 간행하여 배포, 사료 편찬소를 두어 한·일 관계 사료집과 한국 독립 운동 지혈사(박은식) 등 간행
- **군사 활동** : 육군 무관 학교 설립, 임시 정부 직할대 결성, 한국 광복군 창설

42 민족 말살 통치기의 일제 정책

암기박사 국가 총동원법 ⇒ 민족 말살 통치기 **정답** ④

정답 해설

중일 전쟁이 시작되고 황국 신민 서사의 암송을 강요한 시기는 민족 말살 통치기이다. 일제는 민족 말살 통치기에 국가 총동원법을 시행하여 인력과 물자를 강제 동원하였다.

오답 해설

① **원산 총파업 → 문화 통치기**
원산 총파업은 원산 노동 연합회의 소속 노동자와 일반 노동자들이 합세하여 노동 조건 개선을 요구하며 전개한 1920년대 최대의 파업 투쟁이다.

② **미쓰야 협정 → 문화 통치기**
일제의 문화 통치기 때 독립군 탄압을 위해 만주 군벌 장쭤린과 일본 총독부 경무국장 사이에 미쓰야 협정이 체결되었다.

③ **조선 형평사 결성 → 문화 통치기**
일제의 문화 통치기 때 이학찬을 중심으로 진주에서 조선 형평사가 결성되어 백정에 대한 차별 철폐를 주장하였다.

⑤ **임시 토지 조사국 설립 → 무단 통치기**
일제는 무단 통치기 때 토지 약탈과 식민지화에 필요한 재정 수입원을 마련하기 위해 임시 토지 조사국을 설립하고 토지 조사 사업을 실시하였다.

43 조선 의용대

암기박사 대원 일부가 한국 광복군에 합류 ⇒ 조선 의용대 **정답** ②

정답 해설

중국 국민당 정부의 지원을 받아 김원봉을 중심으로 창설된 조선 의용대는 중국 관내에서 만들어진 최초의 한인 무장 부대이다. 조선 의용대는 포로 심문, 요인 사살, 첩보 작전을 수행하였으며, 이후 조선 의용대의 분열로 대원 일부가 한국 광복군에 합류하였다.

오답 해설

① **자유시 참변 → 대한 독립군단**
간도 참변으로 인해 자유시로 이동한 대한 독립 군단은 적색군의 무장 해제 요구에 저항하다 공격을 받아 타격을 입었다.

③ **쌍성보 전투 → 한국 독립군**
지청천의 한국 독립군은 쌍성보 전투에서 한중 연합 작전을 전개

하여 일본군에게 크게 승리하였다.
④ 한인 소년병 학교 → 박용만
박용만의 주도하에 미국에서 독립군 양성 기관인 한인 소년병 학교가 설립되었다.
⑤ 청산리 대첩 → 북로 군정서군
김좌진의 북로 군정서군은 홍범도의 대한 독립군과 연합하여 간도의 청산리에서 일본군과 교전하였다.

44 최현배의 활동

암기박사 조선어 학회 사건 ⇒ 최현배   정답 ①

정답 해설
최현배는 조선어 학회를 조직하고 국어 교재 편찬과 각종 한글 교과서를 편찬하였다. 최현배는 조선어 학회가 독립 운동 단체라는 일제의 조선어 학회 사건으로 구속되어 옥고를 치렀다.

오답 해설
② 독립 청원서 제출 → 김규식
상해에서 결성된 신한 청년당은 파리 강화 회의에 김규식을 대표로 파견하여 독립 청원서를 제출하였다.
③ 독립 의군부 조직 → 임병찬
임병찬은 고종의 밀지를 받아 복벽주의 단체인 독립 의군부를 조직하였고, 고종의 복위 및 대한 제국의 재건을 목표로 활동하였다.
④ 한국통사 저술 → 박은식
박은식은 "나라는 형(形)이요, 역사는 신(神)이다."라는 국혼을 강조하며, 국권 피탈 과정을 정리한 한국통사를 저술하였다.
⑤ 105인 사건 → 신민회
안창호와 양기탁이 중심이 되어 조직한 신민회는 일제가 데라우치 총독 암살 미수 사건이라고 조작한 105인 사건으로 해체되었다.

45 5·10 총선거

암기박사 제주도 : 선거 무효 처리 ⇒ 5·10 총선거
제헌 국회의원 선출 ⇒ 5·10 총선거   정답 ⑤

정답 해설
ㄷ. 5·10 총선거를 반대한 제주도의 일부 선거구에서는 선거가 무효 처리되고 국회의원이 선출되지 못하였다.
ㄹ. 제헌 국회의원을 선출하기 위해 우리나라 최초의 보통 선거인 5·10 총선거가 실시되었다.

오답 해설
ㄱ. 좌우 합작 운동 → 좌우 합작 위원회
이승만의 정읍 발언 후 우익 측을 대표한 김규식과 좌익 측을 대표한 여운형이 좌우 합작 위원회를 조직하고 좌우 합작 운동을 전개하였다.
ㄴ. 4·19 혁명 → 장면 내각
4·19 혁명으로 이승만 대통령이 하야한 후 허정 과도 정부가 내각 책임제를 채택하면서 장면 내각이 출범하였다.

46 6·25 전쟁 중의 사실

암기박사 부산 : 임시 수도 ⇒ 6·25 전쟁 중   정답 ②

정답 해설
중국군의 개입으로 전세가 불리해지자 유엔군과 국군이 1·4 후퇴를 단행한 것은 6·25 전쟁 때이다. 6·25 전쟁 중 부산이 대한민국 정부의 임시 수도로 정해져 정부 기관들이 부산에 임시 이전되었다.

오답 해설
① 애치슨 선언(1950. 1) → 6·25 전쟁 이전
미국의 극동 방위선에서 한반도를 제외한 애치슨 라인이 발표되어 북한의 남침 오판으로 인한 6·25 전쟁이 발발하였다.
③ 한미 상호 방위 조약(1953) → 6·25 전쟁 이후
휴전 협정 체결 직후 한·미 상호 방위 조약이 체결되어 한반도에서 무력 충돌이 일어날 경우 유엔의 결정 없이 미국이 즉각 개입할 수 있게 되었다.
④ 푸에블로호 나포 사건(1968) → 6·25 전쟁 이후
북한 원산항 앞 공해상에서 미국의 정보수집함 푸에블로호가 북한의 해군초계정에 의해 나포되었다.
⑤ 국가 보위 비상 대책 위원회(1980) → 6·25 전쟁 이후
유신 체제 붕괴 후 12·12 군사 반란을 일으킨 전두환의 신군부가 통치권을 확립하기 위해 국가 보위 비상 대책 위원회를 설치하였다.

47 박정희 정부의 경제 정책

암기박사 제1·2차 경제 개발 5개년 계획 ⇒ 1962~1971년   정답 ②

정답 해설
제시된 사료는 박정희 정부 때 제1차 경제 개발 5개년 계획이 성공적으로 마무리되고, 제2차 경제 개발 5개년 계획이 새롭게 시작됨을 알리고 있다. 제1·2차 경제 개발 5개년 계획은 1962~1971년 사이에 추진되었다.

핵심노트 ▶ 경제 개발 5개년 계획

- 제1·2차 경제 개발 계획(1962~1971) : 기간산업, 사회 간접 자본 확충, 경공업 중심의 수출 산업 육성, 베트남 특수로 호황, 새마을 운동 시작
- 제3·4차 경제 개발 계획(1972~1981) : 중화학 공업 육성, 중동 진출, 새마을 운동 확산

48 전두환 정부

암기박사 5년 단임의 대통령 직선제 개헌 ⇒ 전두환 정부   정답 ②

정답 해설
전두환 정부 때 박종철 고문치사와 4·13 호헌 조치 발표로 호헌 철폐와 독재 타도 등의 구호를 외친 6월 민주 항쟁이 촉발되었다. 그 결과 노태우의 6·29 민주화 선언에 따라 5년 단임의 대통령 직선제

개헌안이 통과되었다.

오답 해설

① 부·마 민주 항쟁 → 박정희 정부
　박정희 정부 때에 야당 총재인 김영삼의 국회의원직 제명을 계기로 부산과 마산에서 부·마 민주 항쟁이 촉발되었다.
③ 국가 재건 최고 회의 → 박정희 정부
　박정희의 5·16 군사 정변 당시 최고 통치 기구인 국가 재건 최고 회의를 기반으로 군정이 실시되었다.
④ 진보당 사건 → 이승만 정부
　이승만 정부 때 조봉암을 중심으로 진보당이 창당되었으나 평화 통일을 주장한 조봉암을 간첩 혐의로 처형하였다.
⑤ 3·1 민주 구국 선언 → 박정희 정부
　박정희 정부의 유신 체제에 항거하여 재야 정치인들과 가톨릭 신부, 개신교 목사, 대학 교수 등이 3·1 민주 구국 선언을 통해 긴급 조치 철폐 등을 주장하였다.

49 전주 지역의 역사

암기박사 동학 농민군 : 화약 체결 ⇒ 전주

정답 ③

정답 해설

전라 감영, 풍패지관, 경기전, 성황사 등이 있는 곳은 전주이다. 동학 농민 운동의 봉기로 청·일군이 개입하자 전주에서 동학 농민군과 정부 사이에 화약이 체결되었다.
　→ 화목하게 지내자는 약속

오답 해설

① 유형원 : 반계수록 저술 → 부안
　조선의 실학자 유형원은 사회 개혁을 뒷받침할 학문 연구를 위해 전북 부안에 내려가 반계수록을 저술하였다.
② 견훤 : 금산사 유폐 → 김제
　왕위 계승 문제로 반란을 일으킨 아들 신검이 견훤을 김제의 금산사에 유폐하였으나 견훤은 탈출하여 고려 왕건에게 투항하였다.
④ 기묘사화 : 조광조 사사 → 화순
　조선 중종 때 기묘사화 당시 능주(지금의 전남 화순)로 유배된 조광조가 사사되었다.
⑤ 임병찬 : 을사의병 → 정읍
　일제에 의해 을사늑약이 체결되자 임병찬이 전북 정읍의 무성 서원에서 의병을 일으켰다.

50 김대중 정부의 통일 정책

암기박사 6·15 남북 공동 선언 ⇒ 김대중 정부

정답 ②

정답 해설

김대중 정부 때에 도쿄에서 오부치 일본 총리와 21세기 새로운 한일 파트너십 공동 선언에 합의하였다. 또한 김대중 정부 때에 평양에서 최초로 남북 정상 회담이 개최되고 6·15 남북 공동 선언이 채택되었다.

오답 해설

① 남북 조절 위원회 구성 → 박정희 정부
　박정희 정부 때에 7·4 남북 공동 성명을 실천하기 위한 남북 조절 위원회가 구성되어 통일 방안이 논의되었다.
③ 한반도 비핵화 공동 선언 → 노태우 정부
　노태우 정부 때에 한반도에서 핵무기의 보유나 사용금지 등을 규정한 한반도 비핵화 공동 선언에 합의하였다.
④ 판문점 남북 정상 회담 → 문재인 정부
　문재인 정부 때에 판문점에서 김정은 국무위원장과 남북 정상 회담을 개최하였다.
⑤ 최초의 남북 이산가족 고향 방문 → 전두환 정부
　전두환 정부 때에 남북 이산가족 고향 방문단의 교환 방문이 최초로 실현되어, 평양에서 이산가족 고향 방문과 예술 공연이 이루어졌다.

2023년도 제64회 정답 및 해설

심화

01 신석기 시대의 생활 모습

암기박사 가락바퀴, 뼈바늘 ⇒ 신석기 시대

정답 ⑤

정답 해설
갈돌과 갈판, 빗살무늬 토기는 신석기 시대의 대표적인 유물이다. 신석기 시대에는 실을 뽑기 위한 가락바퀴와 옷의 가공이나 수선을 위한 뼈바늘을 이용하여 옷을 만들었다.

오답 해설
① 깊이갈이 → 고려 시대
  고려 시대에는 소를 이용하여 이랑과 고랑의 높이 차이를 크게 하는 깊이갈이가 일반화되었다.
② 반량전, 명도전 → 철기 시대 → BC 3세기 무렵 진에서 사용한 청동 화폐
  철기 시대에는 반량전, 명도전 등의 중국 화폐를 사용하여 중국과 활발하게 교역하였다. → 중국 춘추 전국 시대에 연과 제에서 사용한 청동 화폐
③ 청동 방울 → 청동기 시대
  청동기 시대에는 청동 방울과 거울 등을 의식을 행하기 위한 의례 도구로 이용하였다. → 동경, 쌍두령, 팔주령 등
④ 세형 동검 제작 → 철기 시대
  철기 시대에는 거푸집을 이용하여 세형 동검을 제작하였다.

02 부여의 풍속

암기박사 제천 행사 : 영고 ⇒ 부여

정답 ①

정답 해설
가축의 이름을 딴 마가, 우가, 구가 등 여러 (加)가가 있었던 나라는 부여이다. 부여는 매년 음력 12월에 영고라는 제천 행사를 열어 하늘에 제사를 지내고 노래와 춤을 즐겼다.

오답 해설
② 한 무제의 공격으로 멸망 → 고조선
  고조선은 한 무제의 공격으로 왕검성이 함락되고 우거왕이 피살되어 멸망하였다. → 평양성
③ 정사암 : 재상 선출 → 백제
  백제는 귀족 회의체인 정사암 회의를 개최하여 재상을 선출하는 등 국가의 중대사를 결정하였다.
④ 책화 : 읍락 간의 경계 중시 → 동예
  동예에는 읍락 간의 경계를 중시하는 책화가 있어서 부족의 영역을 엄격히 구분하였다.
⑤ 제사장 : 천군, 신성 지역 : 소도 → 삼한
  삼한에는 신성 지역인 소도에서 의례를 주관하는 천군이라는 제사장이 존재하였다.

👉 **핵심노트** ▶ 부여의 정치
- 왕 아래에 가축의 이름을 딴 마가·우가·저가·구가와 대사자·사자 등의 관리를 둠
- 4가(加)는 각기 행정 구획인 사출도를 다스리고 있어서, 왕이 직접 통치하는 중앙과 합쳐 5부를 구성 → 5부족 연맹체
- 가(加)들은 왕을 제가 회의에서 추대하기도 하였고, 수해나 한해를 입어 오곡이 잘 익지 않으면 책임을 물어 왕을 교체 → 초기에는 왕권이 약하여 문책되어 사형당하기도 함

• 왕이 나온 대표 부족의 세력은 매우 강해서, 궁궐·성책·감옥·창고 등의 시설을 갖추고 부족장들이 통제

03 고구려의 역사

암기박사 빈민 구제 : 진대법 ⇒ 고구려

정답 ③

정답 해설
안악 3호분 벽화, 경당, 제가 회의는 모두 고구려와 관련된 내용이다. 고구려의 고국천왕은 을파소의 건의로 빈민을 구제하기 위한 진대법을 실시하였다.

오답 해설
① 연나라 진개의 공격 → 고조선
  고조선은 부왕 때 연의 장수 진개의 공격을 받아 영토를 빼앗기고 만번한을 경계로 삼았다.
② 골품 : 엄격한 신분 차별 → 신라
  신라의 골품제는 혈연에 따라 사회적 제약이 가해지는 폐쇄적 신분 제도로, 골품에 따른 신분 차별이 엄격하였다.
④ 범금 8조 : 사회 질서 유지 → 고조선
  고조선에는 사회 질서를 유지하기 위한 만민법인 범금 8조가 있었다.
⑤ 부여씨와 8성의 귀족 → 백제
  백제는 왕족인 부여씨와 왕비족인 진씨·해씨 그리고 8성의 귀족이 지배층을 이루었다.

04 금동 대향로

암기박사 금동 대향로 ⇒ 백제 문화유산

정답 ⑤

정답 해설
부여의 능산리 절터에서 발견된 금동 대향로는 백제의 문화유산으로, 백제의 수준 높은 금속 공예 기술을 보여주며 불교와 도교 사상을 복합적으로 반영하고 있다.

오답 해설
① 이불 병좌상 → 발해 문화유산
  흙을 구워 만든 이불병좌상은 발해의 문화유산으로, 두 부처가 나란히 앉아 있는 모습을 나타낸다.
② 연가 7년명 금동 여래 입상 → 고구려 문화유산
  두꺼운 의상과 긴 얼굴 모습에서 북조 양식을 따르고 있으나, 강인한 인상과 은은한 미소에는 고구려의 독창성이 보인다.
③ 금동관 → 대가야 문화유산
  경북 고령군 지산동에서 발견된 금동관은 대가야의 문화유산으로, 신라의 관과 구별되는 독특한 형식적 특징을 보인다.
④ 도기 기마인물형 명기 → 신라 문화유산
  경북 경주시 금령총에서 출토된 신라 시대의 토기로, 당시의 복식, 무기, 말갖춤의 착장 상태, 공예 의장 등을 파악할 수 있다.

05 김유신의 활동

암기박사 비담과 염종의 난 ⇒ 김유신

정답 ③

정답 해설

금관가야 마지막 왕의 후손으로 신라의 삼국 통일에 크게 기여한 인물은 김유신이다. 신라 선덕여왕 때 김유신은 진덕여왕으로의 왕위 계승에 불만을 품은 비담과 염종의 난을 진압하였다(647).

오답 해설

① 안승을 왕으로 추대 → 검모잠
고구려가 멸망한 후 검모잠이 보장왕의 서자 안승을 왕으로 추대하고 고구려 부흥 운동을 전개하였다.

② 당의 등주 공격 → 장문휴
발해 무왕 때 장문휴의 수군이 당의 등주(산둥 지방)를 선제 공격하여 당군을 격파하였다.

④ 기벌포 전투 → 시득
신라 문무왕 때 사찬 시득이 이끄는 신라군이 금강 하구의 기벌포에서 설인귀가 이끄는 당의 대군을 격파하였다.

⑤ 일리천 전투 → 왕건
고려 왕건이 일리천 전투에서 신검의 군대를 격파하고 후백제를 멸망시켰다. → 견훤의 장남

06 백제 성왕의 업적

암기박사 사비 천도 ⇒ 백제 성왕

정답 ②

정답 해설

신라와 연합하여 한강 유역을 되찾았지만 관산성 전투에서 전사한 왕은 백제 성왕이다. 백제 성왕은 웅진에서 사비로 천도하고 국호를 남부여로 변경하는 등 행정 조직을 재정비하였다.

오답 해설

① 익산 미륵사 창건 → 백제 무왕
서동 설화의 주인공으로 알려진 백제 무왕은 삼국시대의 절 가운데 최대 규모인 미륵사를 금마저에 창건하였다. → 지금의 익산

③ 윤충 : 대야성 함락 → 백제 의자왕
백제의 의자왕은 윤충을 보내 신라를 공격하고 대야성을 비롯한 40여 개의 성을 함락하였다.

④ 고흥 : 서기 편찬 → 백제 근초고왕
백제의 전성기를 이끈 근초고왕은 고흥에게 백제의 역사서인 서기를 편찬하게 하였다.

⑤ 북위에 사신 파견 → 백제 개로왕
고구려 장수왕의 남진 정책에 백제 개로왕은 북위에 사신을 보내 고구려 공격을 요청하였다.

07 고구려의 멸망

암기박사 안시성 전투 ⇒ 군사 동맹 ⇒ 고구려 멸망

정답 ④

정답 해설

(가) 안시성 전투(645) : 당 태종이 연개소문의 정변을 빌미로 고구려에 침입하자 양만춘이 안시성 전투에서 당의 군대를 격퇴하였다.

• 군사 동맹(648) : 신라의 김춘추는 백제 의자왕의 공격으로 고구려에 원병을 요청하였으나 거절당하자 당으로 건너가 군사 동맹을 성사시켰다.

(나) 고구려 멸망(668) : 연개소문의 사후 집권층의 내부 분열과 나·당 연합군의 협공으로 고구려가 멸망하였다.

오답 해설

① 율령 반포(530) → (가) 이전
고구려 소수림왕이 율령을 반포하여 통치 체제를 정비하였다.

② 대가야 병합(562) → (가) 이전
신라의 진흥왕이 고령의 대가야를 병합하여 낙동강 유역까지 영토를 확장하였다.

③ 살수 대첩(612) → (가) 이전
고구려 영양왕 때 수 양제가 대군을 이끌고 고구려를 침입했으나 을지문덕이 이끄는 고구려 군이 살수에서 대승을 거두었다.

⑤ 고국원왕 전사(371) → (가) 이전
백제의 전성기를 이끈 근초고왕이 고구려의 평양성을 공격하여 고국원왕을 전사시켰다.

08 발해의 경제 상황

암기박사 거란도, 영주도 ⇒ 발해

정답 ⑤

정답 해설

솔빈부의 말이 당에 수출될 정도로 유명하였던 나라는 발해이다. 발해는 신라도를 통하여 신라와 교류하였을 뿐만 아니라 거란도, 영주도 등을 통해 주변 국가와 교역하였다.

오답 해설

① 벽란도 : 국제 무역항 → 고려
고려 시대에는 벽란도가 국제 무역항으로 번성하여 송의 상인을 비롯한 일본, 만양, 아라비아 상인 등과 교역하였다.

② 구황작물 : 감자, 고구마 → 조선 후기
조선 후기에는 청에서 들여 온 감자와 일본에서 들여 온 고구마 등의 구황 작물을 재배하였다. → 기후가 불순한 흉년에도 비교적 안전한 수확을 얻을 수 있는 작물

③ 해동통보 발행 → 고려
고려 숙종 때에는 국가 주도로 해동통보를 발행하여 화폐 유통을 추진하였으나 널리 유통되지는 못하였다.

④ 동시전 : 시장 관리 → 신라
신라 지증왕 때 시장을 관리하는 관청인 동시전이 수도 경주에 설치되었다.

09 신라 하대의 역사

암기박사 최치원 : 시무책 10여 조 건의 ⇒ 신라 하대

정답 ②

정답 해설

해상왕 장보고가 청해진을 중심으로 활동하던 시기는 신라 하대이다. 신라 하대에 당에서 귀국한 최치원이 진성 여왕에게 시무책 10여 조를 건의하였으나 수용되지 않았다.

오답 해설

① 혜공왕 피살 → 신라 중대
  혜공왕이 귀족 세력에게 피살되고 상대등 김양상이 선덕왕으로 즉위하였다.

③ 김흠돌의 난 → 신라 중대
  신문왕 때 장인인 김흠돌이 반란을 일으키자 이를 진압하고 진골 귀족 세력을 숙청하였다.

④ 자장 : 황룡사 구층 목탑 건립 건의 → 신라 상대
  선덕여왕 때 자장의 건의로 황룡사 구층 목탑이 경주에 건립되었다.

⑤ 원광 : 세속 5계 제시 → 신라 상대
  진평왕 때 원광은 화랑도의 규범으로 사군이충, 사친이효, 교우이신, 임전무퇴, 살생유택의 세속 5계를 제시하였다.

핵심노트 ▶ 신라의 시대 구분

- **상대(박혁거세~진덕여왕)** : BC 57~AD 654년, 성골 왕, 상대등이 수상, 고대 국가 완성기
- **중대(태종 무열왕~혜공왕)** : 654~780년, 진골 왕, 집사부 시중이 수상, 왕권의 전성기 → 상대등 권한 약화
- **하대(선덕왕~경순왕)** : 780~935년, 왕위 쟁탈전 가열, 상대등 권한 강화, 호족의 발호 → 왕권 약화

10 후고구려 궁예

암기박사 광평성 설치 ⇒ 후고구려 궁예

정답 ④

정답 해설

송악에서 후고구려를 건국한 궁예는 국호를 마진으로 정하고 철원으로 천도하였다. 또한 궁예는 국정을 총괄하는 광평성을 비롯한 각종 정치 기구를 마련하였다.

오답 해설

① 후당, 오월에 사신 파견 → 후백제 견훤
  후백제를 세운 견훤은 중국의 후당과 오월에 사신을 파견하였고, 거란과도 외교 관계를 형성하였다.

② 이사부 : 우산국 복속 → 신라 지증왕
  신라 지증왕은 이사부를 보내 우산국(울릉도)을 복속시켰다.

③ 정치도감 : 폐정 개혁 → 고려 충목왕
  고려 충목왕 때 폐정 개혁을 목표로 정치도감을 설치하였으나 정동행성이문소에 의한 원나라의 간섭을 받았다.

⑤ 정계와 계백료서 저술 → 고려 태조
  고려 태조 왕건은 정계와 계백료서를 지어 신하의 임금에 대한 도리와 관리가 지켜야 할 규범을 제시하였다.

11 거란에 대한 고려의 대응

암기박사 만부교 사건 ⇒ 광군 조직 ⇒ 흥화진 전투

정답 ①

정답 해설

(가) 만부교 사건(942) : 고려 태조 왕건은 발해를 멸망시킨 거란을 적대시하여 거란이 선물로 보낸 낙타를 만부교에 묶어 굶어 죽게 하였다.
- 광군 조직(947) : 고려 정종은 광군을 조직하고 청천강에 배치하여 거란의 침입에 대비하였다.
(나) 흥화진 전투(1010) : 강조의 정변을 구실로 강동 6주를 넘겨줄 것을 요구하며 거란이 2차 침입을 시도하자 양규가 흥화진 전투에서 항전하였다.

오답 해설

② 귀주 대첩(1019) → (나) 이후
  10만 대군의 소배압이 이끄는 거란의 3차 침입에 맞서 강감찬이 귀주에서 대승을 거두었다.

③ 화통도감 설치(1377) → (나) 이후
  고려 말 우왕 때 최무선의 건의로 화통도감이 설치되어 화약과 화포가 제작되었다.

④ 처인성 전투(1232) → (나) 이후
  몽골의 2차 침입 때 김윤후가 처인성에서 적장 살리타를 사살하고 몽골군을 물리쳤다.

⑤ 요동 정벌 추진(1388) → (나) 이후
  고려 우왕 때 최영이 명의 철령위 설치에 반발하여 요동 정벌을 추진하였다.

12 이자겸의 난

암기박사 이자겸의 난 ⇒ 묘청의 난

정답 ①

정답 해설

인종을 왕위에 올리면서 왕실 외척인 이자겸이 척준경과 함께 금의 사대 요구 수용을 주장하며 난을 일으켰다(1126). 이후 묘청이 풍수지리설에 근거하여 서경 천도를 주장하며 난을 일으키자 김부식이 관군을 이끌고 이를 진압하였다(1135).

13 고려 시대의 경제 상황

암기박사 경시서 : 시전 감독 ⇒ 고려

정답 ⑤

정답 해설

여진을 정벌하고 동북 9성을 축조한 윤관과 해동 천태종을 개창한 의천은 모두 고려 시대에 화폐 유통의 필요성을 주장하였다. 고려 시대에는 경시서의 관리들이 물가를 조절하고 상품 종류를 통제하는 등 시전의 상행위를 감독하였다.

오답 해설

① 부경 : 창고 → 고구려
  고구려의 대가들과 지배층인 형(兄)은 농사를 짓지 않는 좌식 계

층으로, 집집마다 부경이라는 창고가 있었다.
② 관료전 지급 : 녹읍 폐지 → 통일 신라
통일 신라의 신문왕은 관료전을 지급하고 귀족의 경제 기반이었던 녹읍을 폐지하였다.
③ 법화 : 상평통보 발행 → 조선
조선 숙종 때 상평통보가 발행되어 전국적인 법화로 사용되었다. ← 한 나라의 법정 화폐
④ 국제 무역항 : 당항성, 영암 → 통일 신라
통일 신라 시대에는 대당 무역이 발달하여 당항성, 영암 등이 국제 무역항으로 번성하였다.

14 최우의 활동

암기박사 정방 설치 : 인사 행정 담당 기구 ⇒ 최우 **정답** ①

정답 해설

몽골의 침략 당시 실권자로 항전을 위해 강화 천도를 강행한 인물은 최우이다. 최우는 자신의 집에 교정도감에서 인사 행정 기능을 분리한 정방을 설치하여 문무 관직에 대한 인사권을 장악하였다.

오답 해설

② 봉사 10조 → 최충헌
고려 무신 집권기 때 최충헌이 사회 개혁책인 봉사 10조를 올려 시정 개혁을 건의하였다.
③ 삼별초 → 배중손
배중손이 이끄는 삼별초가 개경환도에 반대하여 진도에서 용장성을 쌓고 항전하였다.
④ 정중부 제거 도모 → 조위총
서경 유수 조위총이 군사를 일으켜 무신정변의 주동자인 정중부 등의 제거를 도모하였다.
⑤ 전민변정도감 설치 → 신돈
고려 공민왕 때 신돈은 전민변정도감의 책임자로 임명되어 권문세족을 견제하고 개혁을 이끌었다.

15 원 간섭기 이후의 사건

암기박사 쌍성총관부 수복 ⇒ 고려 말 : 공민왕 **정답** ⑤

정답 해설

변발과 호복이 유행한 시기는 고려 원 간섭기이다. 이후 고려 말 공민왕 때 유인우, 이자춘 등이 쌍성총관부를 공격하여 원에 빼앗긴 철령 이북의 땅을 수복하였다.

오답 해설

① 흑창 설치 : 빈민 구제 → 고려 태조
고려 태조 때 빈민 구제를 위해 고구려의 진대법을 계승한 흑창이 처음 설치되었다.
② 망이 · 망소이의 난 → 고려 무신 집권기
고려 무신 집권기 때 망이 · 망소이가 가혹한 수탈에 저항하여 공주 명학소에서 봉기하였다.
③ 삼국사기 편찬 → 고려 인종
고려 인종 때 김부식은 왕명으로 현존하는 우리나라 최고의 역사

서인 삼국사기를 편찬하였다.
④ 김보당의 난 → 고려 무신 집권기
고려 무신 집권기 때 동북면 병마사 김보당이 무신정변에 반대하고 의종 복위를 주장하며 난을 일으켰다.

16 고려의 불교 문화

암기박사 보은 법주사 팔상전 ⇒ 조선 후기 **정답** ④

정답 해설

예산 수덕사 대웅전, 수월관음도는 모두 고려 시대의 불교 문화유산이다. 보은 법주사 팔상전은 충북 보은군 법주사에 있는 조선 후기의 목조 건물로, 현존하는 유일한 목탑이다. 석가모니의 일생을 여덟 폭의 그림으로 나누어 그린 팔상도가 있어 팔상전이라고 한다.

오답 해설

① 평창 월정사 팔각 구층 석탑 → 고려
강원도 평창의 월정사 대웅전 앞뜰에 있는 고려 전기의 석탑으로, 당시 불교문화 특유의 화려하고 귀족적인 면모가 잘 나타난 다각다층 석탑이다.
② 논산 관촉사 석조 미륵보살 입상 → 고려
충남 논산에 있는 고려 시대 최대의 석불입상으로 은진미륵이라고도 불리며 규모가 거대하고 인체 비례가 불균형하다.
③ 원주 법천사지 지광국사 탑비 → 고려
고려 문종 때의 국사인 지광국사가 법천사에서 입적하자 그의 공적을 추모하기 위해 세운 탑비이다.
⑤ 영주 부석사 무량수전 → 고려
경북 영주시 부석사에 있는 무량수전은 배흘림기둥과 주심포 양식의 신라 양식을 계승한 고려 시대 목조 건축물이다.

17 조선 세종 재위 시기의 사실

암기박사 금속 활자 : 갑인자 제작 ⇒ 조선 세종 **정답** ①

정답 해설

집현전 학사인 신숙주, 최항, 박팽년 등이 동국정운을 편찬한 시기는 조선 세종 때이다. 이 시기에 주자소에서 금속 활자인 갑인자를 제작하여 활자 인쇄술을 발전시켰다.

오답 해설

② 금위영 설치 → 조선 숙종
조선 숙종은 수도 방위를 위하여 금위영을 설치하고 5군영 체제를 완성하였다. ← 설치 순서 : 훈련도감 → 총융청 → 수어청 → 어영청 → 금위영
③ 무예도보통지 편찬 → 조선 정조
조선 정조 때 이덕무, 박제가, 백동수 등이 왕명으로 훈련 교범인 무예도보통지를 편찬하였다.
④ 경국대전 완성 → 조선 성종
조선 성종 때 통치 체제를 정비하기 위하여 국가의 기본 법전인 경국대전을 완성하였다.
⑤ 현량과 시행 → 조선 중종
조선 중종 때 조광조가 신진 인사를 등용하기 위해 천거제의 일종

인 현량과를 시행하였다.

18 한국의 궁궐

암기박사 태종 : 한양 재천도를 위해 건립 ⇒ 창덕궁 **정답** ⑤

정답 해설

유네스코 세계유산에 등재된 조선의 궁궐은 창덕궁이다. 창덕궁은 조선 태종이 도읍을 한양으로 다시 옮기면서 건립된 궁으로, 후원에는 왕실 도서관인 규장각이 있었다.

오답 해설

① 일제 : 동물원 설치 → 창경궁
창경궁의 처음 이름은 수강궁으로 세종이 생존한 상왕인 태종을 모시기 위해 지은 궁이었으나, 일제에 의해 창경원으로 격하되고 동물원 등이 설치되었다.

② 서궐 → 경희궁
경희궁은 유사시 왕이 본궁을 떠나 피난하는 이궁(離宮)으로 지어졌으나, 여러 왕이 정사를 보았기 때문에 동궐인 창덕궁에 대해 서쪽에 있어 서궐이라 불렸다.

③ 인목 대비 유폐 → 덕수궁
경운궁으로 불리다가 퇴위한 고종이 머무르면서 이름이 바뀐 덕수궁은 인목 대비가 광해군에 의해 유폐된 장소이다.

④ 정도전 : 명칭 결정 → 경복궁
태조 이성계가 한양으로 도읍을 천도할 때 정도전이 경복궁과 근정전 등 궁궐과 주요 전각의 명칭을 정하였다.
경복(景福) : '큰 복을 누리다'
근정(勤政) : '정사를 부지런히 돌보다'

19 향약의 역할

암기박사 풍속 교화와 향촌 자치 ⇒ 향약 **정답** ④

정답 해설

제시된 사료는 『율곡전서』에 수록된 해주향약에 대한 내용이다. 조선 중종 때 조광조에 의해 처음 보급된 향약은 풍속 교화와 향촌 자치 등의 역할을 수행하였다.

오답 해설

① 전문 강좌 : 7재 → 국자감
고려 예종 때 관학 진흥을 위해 국자감에 전문 강좌인 7재가 설치되어 운영되었다.
여택재, 대빙재, 경덕재, 구인재, 복응재, 양정재, 강예재

② 별칭 : 옥당 → 홍문관
조선 성종 때 집현전의 학문 연구 기능을 계승하여 설치된 홍문관은 옥당이라고 불리며 경연을 담당하였다.

③ 중앙에서 교수나 훈도 파견 → 향교
향교는 지방의 국립 중등 교육 기관으로, 중앙에서 파견된 교수나 훈도가 지방 관리와 서민의 자제들을 지도하였다.

⑤ 매향 활동 → 향도
향도는 향나무를 바닷가에 묻는 매향(埋香) 활동 등 각종 불교 행사를 주관하였다.

20 조선 후기의 사회 모습

암기박사 상품 작물 재배 ⇒ 조선 후기 **정답** ⑤

정답 해설

제시된 사료는 조선 후기 민간의 광산 개발을 허용한 설점수세제에 대한 내용이다. 조선 후기에는 고추, 담배 등 시장에서 판매하기 위한 상품 작물이 널리 재배되었다.

오답 해설

① 주자감 : 유학 교육 기관 → 발해
발해는 문왕(대흠무) 때 유학 교육 기관인 주자감을 두어 왕족과 귀족을 대상으로 유교 경전을 교육하였다.

② 초조대장경 조판 → 고려 전기
고려 전기 현종 때 대구 부인사에서 거란의 침략을 물리치기 위해 초조대장경을 조판하였다.

③ 6두품 : 빈공과 급제 → 신라 하대
신라 하대에는 6두품 세력이 당의 빈공과에 급제한 후 귀국하여 정계에 진출하였다.

④ 과전법 제정 → 고려 말
고려 말 공양왕 때 조준 등의 건의로 과전법이 제정되어 신진 사대부들의 경제적 기반이 확대되었다.

21 임술 농민 봉기

암기박사 백낙신의 탐학 ⇒ 임술 농민 봉기 **정답** ⑤

정답 해설

안핵사 박규수가 파견되어 삼정이정청이 설치된 것은 임술 농민 봉기 때의 일이다. 임술 농민 봉기는 삼정의 문란과 백낙신의 탐학이 발단이 되어 진주에서 몰락 양반 유계춘을 중심으로 농민들이 봉기하였다.

오답 해설

① 김홍집 : 조선책략 유포 → 이만손 : 영남 만인소
이만손을 비롯한 영남 유생들이 김홍집의 조선책략 유포에 반발하여 만인소를 올리고 그의 처벌을 요구하였다.

② 운요호 사건 → 강화도 조약
연안을 탐색하다 강화도 초지진에서 조선 측의 포격을 받은 일본 군함 운요호가 보복으로 강화도와 영종도를 공격하였고 이후 강화도 조약의 빌미가 되었다.

③ 교조 신원 요구 → 삼례 집회
동학의 창시자로 처형된 최제우의 억울함을 풀고 포교의 자유를 인정받고자 교조 신원을 요구하는 삼례 집회가 개최되었다.

④ 신유박해 → 황사영 백서 사건
황사영이 신유박해의 내용과 대응 방안을 적은 밀서를 중국 베이징의 구베아 주교에게 보내려고 하다 발각되었다.

22 조선 성종 재위 시기의 사실

암기박사 국조오례의 완성 ⇒ 조선 성종

정답 ③

정답 해설

조선 성종 때 서거정을 비롯한 노사신, 양성지 등이 팔도지리지를 보완하여 각 지방의 산천, 인물, 풍속 등이 수록된 동국여지승람을 편찬하였다. 또한 조선 성종 때 신숙주, 정척 등이 국가의 의례를 정비한 국조오례의를 완성하였다.
→ 빈례·흉례·가례·길례·군례

오답 해설

① **김장생 : 가례집람 → 조선 선조**
조선 선조 때 김장생이 주자가례의 본문을 기본으로 예학을 조선의 현실에 맞게 정리한 가례집람을 저술하였다.

② **정창순 : 동문휘고 → 조선 정조**
조선 정조 때 정창순 등이 왕명에 따라 일본 및 청나라와의 외교문서를 집대성한 동문휘고를 편찬하였다.

④ **허준 : 동의보감 → 조선 광해군**
조선 광해군 때 허준이 전통 한의학을 정리한 동의보감을 간행하여 의료 지식을 민간에 보급하였다.

⑤ **홍봉한 : 동국문헌비고 → 조선 영조**
조선 영조 때 홍봉한 등이 역대 문물 제도를 정리한 한국학 백과사전인 동국문헌비고를 간행하였다.

핵심노트 ▶ 조선 성종(1469~1494)의 업적

- **사림 등용** : 김숙자·김종직 등의 사림을 등용하여 의정부의 대신들을 견제 → 훈구와 사림의 균형을 추구
- **홍문관(옥당) 설치** : 학술·언론 기관(집현전 계승), 경서 및 사적관리, 문한의 처리 및 왕의 정치적 고문 역할
- **경연 중시** : 단순히 왕의 학문 연마를 위한 자리가 아니라 신하(정승, 관리)가 함께 모여 정책을 토론하고 심의
- **독서당(호당) 운영** : 관료의 학문 재충전을 위해 운영된 제도, 성종 때 마포의 남호 독서당, 중종 때 두모포에 동호 독서당이 대표적 → 교육 기관의 경비에 충당하기 위해 지급된 토지
- **관학의 진흥** : 성균관과 향교에 학전과 서적을 지급하고 관학을 진흥
- **유향소의 부활(1488)** : 유향소는 세조 때 이시애의 난으로 폐지(1488)되었으나 성종 때 사림 세력의 정치적 영향력 확대에 따라 부활됨
- **경국대전 반포(1485)** : 세조 때 착수해 성종 때 완성·반포
- **토지 제도** : 직전법 하에서 관수관급제를 실시해 양반관료의 토지 겸병과 세습, 수탈 방지
- **숭유억불책** : 도첩제 폐지 → 승려가 되는 길을 없앤 완전한 억불책
- **문물 정비와 편찬 사업** : 건국 이후 문물제도의 정비를 마무리하고, 경국대전, 삼국사절요, 고려사절요, 악학궤범, 동국통감, 동국여지승람, 동문선, 국조오례의 등을 편찬

23 조선 중종 재위 시기의 사실

암기박사 기묘사화 : 조광조 축출 ⇒ 중종

정답 ④

정답 해설

반정으로 연산군이 폐위된 후 즉위한 왕은 중종이다. 조선 중종 때 반정 공신의 위훈 삭제를 주장한 조광조 일파가 훈구 세력의 주초위왕 모략으로 축출되는 기묘사화가 일어났다.

오답 해설

① **이괄의 난(1624) → 인조**
인조반정 후 공신 책봉에 불만을 품은 이괄이 난을 일으켜 한양이 점령되자 인조는 공주의 공산성으로 피란하였다.

② **경신환국(1680) → 숙종**
조선 숙종 때 서인이 허적의 서자 허견 등이 역모를 꾀했다 고변하여 허적과 윤휴 등 남인들이 대거 축출되었다.

③ **기축옥사(1589) → 선조**
조선 선조 때 정여립 모반 사건으로 권력을 잡은 서인이 동인에 대한 기축옥사를 주도하였다.

⑤ **무오사화(1498) → 연산군**
조선 연산군 때에 김종직이 지은 조의제문을 사초에 올린 일이 발단이 되어 김일손 등이 화를 입었다.

24 임진왜란 중의 사건

암기박사 송상현 : 동래성 전투 ⇒ 임진왜란

정답 ②

정답 해설

조헌이 금산에서 의병을 이끌고 왜군과 전투를 벌이다 전사한 것은 임진왜란 때의 일이다. 조선 선조 때 발발한 임진왜란 초기 송상현 부사가 동래성 전투에서 항전하였으나 부산 일대가 왜구에 의해 함락되었다.

오답 해설

① **이종무 : 대마도 정벌 → 조선 세종**
조선 세종 때 대일 강경책의 일환으로 이종무가 왜구의 근거지인 대마도를 정벌하였다.

③ **김상용 순절 : 병자호란 → 조선 인조**
조선 인조 때 김상용은 병자호란이 발발하여 봉림대군과 인평대군을 수행해 강화도에 피난을 하였으나 청에 의해 강화성이 함락되자 남문루에서 순절하였다.

④ **최영 : 홍산 전투 → 고려 우왕**
고려 우왕 때 왜구가 충남 내륙 지방까지 쳐들어오자 최영 장군이 군대를 이끌고 홍산 전투에서 크게 승리하였다. → 지금의 충남 부여 지역

⑤ **강홍립 : 사르후 전투 → 조선 광해군**
조선 광해군 때 명의 요청으로 강홍립 부대가 사르후 전투에 참전하였으나, 명과 후금 사이에서 중립 외교를 펼쳤다.

25 조선 후기의 문화

암기박사 원의 수시력 도입 ⇒ 고려 : 충선왕

정답 ②

정답 해설

조영석과 김홍도의 풍속화가 그려진 것은 조선 후기의 일이다. 한편, 새로운 역법으로 원의 수시력이 도입된 것은 고려 충선왕 때이다.

오답 해설

① **진경산수화 → 조선 후기**
금강전도는 조선 후기 진경산수화의 대가 겸재 정선의 작품으로

금강내산을 부감 형식의 원형구도로 그렸다.
③・④ 탈춤, 판소리 공연 → 조선 후기
　조선 후기에는 양반의 위선을 풍자한 탈춤과 춘향가, 흥보가 등의 판소리와 같은 서민 문화가 크게 유행하였다.
⑤ 한글 소설 유행 → 조선 후기
　조선 후기에는 홍길동전, 박씨전 등 사회의 부조리를 비판하는 한글 소설이 널리 읽혔다.

26 조선 정조 재위 시기의 사실

정답 ①

암기박사 초계문신제 시행 ⇒ 조선 정조

정답 해설

경국대전과 속대전 및 그 뒤의 법령을 통합하여 편찬한 대전통편은 조선 정조 때 편찬되었다. 정조는 인재 양성을 위해 초계문신제를 시행하여 젊은 문신들을 재교육하고 시험을 통해 승진시켰다.

오답 해설

② 홍경래의 난 → 조선 순조　*평안도민*
　조선 순조 때 서북민에 대한 차별과 가혹한 수취에 반발하여 홍경래가 봉기하여 정주성 등을 점령하였다.
③ 예송 논쟁 → 조선 현종
　조선 현종 때 자의 대비의 복상 문제를 둘러싸고 서인과 남인 사이에 두 차례에 걸쳐 예송이 전개되었다. *기해예송, 갑인예송*
④ 이인좌의 난 → 조선 영조
　조선 영조 때 이인좌를 중심으로 소론 세력 등이 경종의 죽음에 소론과 노론이 관계되어 있다고 주장하며 난을 일으켰다.
⑤ 흑룡강 전투 → 조선 효종
　조선 효종 때 청의 원병 요청에 따라 나선 정벌을 단행한 신류가 조총 부대를 이끌고 흑룡강에서 전투를 벌였다.

27 다산 정약용

정답 ⑤

암기박사 기기도설 : 거중기 설계 ⇒ 정약용

정답 해설

유배지인 전라도 강진에서 목민심서, 경세유표를 저술한 인물은 다산 정약용이다. 그는 기기도설을 참고하여 거중기를 설계하였고, 조선 정조 때 수원 화성 축조 시 활용하였다.

오답 해설

① 해동제국기 편찬 → 신숙주
　조선 성종 때 신숙주는 통신사로 일본에 다녀와 일본의 지세와 국정 등을 기록한 해동제국기를 편찬하였다.
② 백운동 서원 : 최초의 서원 → 주세붕
　조선 중종 때 풍기 군수 주세붕이 안향의 봉사를 위해 최초의 서원인 백운동 서원을 건립하였다.
③ 북한산비 : 진흥왕 순수비 고증 → 김정희
　추사 김정희는 금석과안록을 저술하여 북한산비가 진흥왕 순수비임을 고증하였다.

④ 양명학 연구 : 강화학파 → 정제두
　정제두는 성리학을 비판하고 지행합일의 실천성을 강조하는 양명학을 연구하여 강화학파를 형성하였다.

28 신미양요의 원인

정답 ②

암기박사 제너럴 셔먼호 사건 ⇒ 신미양요

정답 해설

대동강에 침입하여 통상을 요구하며 행패를 부리던 미국 상선 제너럴 셔먼호를 박규수와 평양 관민들이 격침시켰다. 이 사건을 계기로 미국의 로저스 제독이 강화도를 공격하여 신미양요가 발발하였다.

오답 해설

① 신유박해 → 황사영 백서 사건
　황사영이 신유박해의 내용과 대응 방안을 적은 밀서를 중국 베이징의 구베아 주교에게 보내려고 하다 발각되었다.
③ 전주 화약 체결 → 동학 농민 운동
　동학 농민 운동의 봉기로 청・일군이 개입하자 정부가 농민군에 휴전을 제의해 전주 화약이 체결되었다.
④ 외규장각 도서 약탈 → 병인양요
　병인양요 때 프랑스군이 철군하면서 문화재에 불을 지르고 외규장각 도서를 국외로 약탈하였다.
⑤ 오페르트 도굴 사건 → 통상 거부
　독일 상인 오페르트가 통상을 거부당하자 충남 덕산에 있는 남연군 묘의 도굴을 시도하였다. *흥선 대원군의 아버지*

29 최익현의 활동

정답 ③

암기박사 을사늑약 체결 ⇒ 최익현 : 을사의병

정답 해설

최익현은 흥선 대원군의 하야를 요구하는 탄핵 상소를 올렸고, 지부복궐척화의소를 올려 왜양일체론을 주장하였다. 또한 을사늑약 체결에 반대하여 태인에서 의병 활동을 전개하다 체포되었고, 이후 쓰시마 섬으로 유배되어 결국 순국하였다.

오답 해설

① 대한 광복회 조직 → 박상진
　박상진은 대구에서 광복단과 조선 국권 회복단의 일부 인사를 통합하여 대한 광복회를 조직하고 친일파를 처단하였다.
② 한국통사 집필 → 박은식
　박은식은 "나라는 형(形)이요, 역사는 신(神)이다."라는 국혼을 강조하며, 국권 피탈 과정을 정리한 한국통사를 집필하였다.
④ 13도 창의군 지휘 → 이인영
　정미의병이 확산되는 과정에서 총대장 이인영이 13도 창의군을 지휘하여 서울 진공 작전을 전개하였다.
⑤ 우금치 전투 → 전봉준
　동학 농민군의 2차 봉기 때 녹두 장군 전봉준이 보국안민을 기치로 우금치에서 일본군 및 관군에 맞서 싸웠다.

30 갑신정변

정답 ③

> 암기박사   갑신정변(1884) ⇒ 톈진 조약(1885)

정답 해설

급진개혁파가 우정총국 낙성 축하연을 이용해 민영목, 민태호 등의 사대당 요인을 살해한 것은 갑신정변 때의 일이다. 갑신정변은 청의 무력 개입으로 3일 만에 실패로 끝났고, 청과 일본 사이에는 톈진 조약이 체결되었다.

31 제1차 갑오개혁

정답 ④

> 암기박사   탁지아문 : 재정 일원화 ⇒ 제1차 갑오개혁
> 조혼 금지, 과부 재가 허용 ⇒ 제1차 갑오개혁

정답 해설

ㄴ. 제1차 갑오개혁 때 탁지아문으로 국가의 재정을 일원화하였다.
ㄹ. 제1차 갑오개혁 때 전통적 폐습을 타파하여 조혼을 금지하고 과부의 재가를 허용하였다.

오답 해설

ㄱ. 연호 : 건양 → 을미개혁
을미사변 후 김홍집 친일 내각의 을미개혁에 따라 건양이라는 연호가 제정되었다.
ㄷ. 양전 사업 : 지계 발급 → 광무개혁
대한 제국은 광무개혁 때 근대적 토지 소유제도의 마련을 위해 양전 사업을 실시하고 지계를 발급하였다. ← 근대적 토지증서

핵심노트 ▶ 제1차 갑오개혁 : 군국기무처

정치	연호 개국, 왕실과 정부 사무 분리, 6조를 80아문으로 개편, 과거제 폐지
경제	재정 일원화로 탁지아문이 관장, 은 본위 화폐 제도, 조세 금납제, 도량형 통일
사회	신분제 철폐, 공·사 노비제 폐지, 조혼 금지, 과부 개가 허용, 인신 매매 금지, 고문과 연좌법의 폐지

32 독립 협회의 활동

정답 ②

> 암기박사   러시아의 절영도 조차 요구 저지 ⇒ 독립 협회

정답 해설

만민 공동회에서 헌의 6조를 결의한 것은 독립 협회이다. 독립 협회는 만민 공동회를 개최하여 저탄소 설치를 위한 러시아의 절영도 조차 요구를 반대하였다.

오답 해설

① 일제의 황무지 개간권 요구 저지 → 보안회
보안회는 일제의 황무지 개간권 요구에 대한 지속적인 반대 운동을 벌여 일제의 황무지 개간권 요구를 저지하였다.

③ 태극 서관 설립 → 신민회
신민회는 민중 계몽을 위해 태극 서관을 설립하여 계몽 서적을 보급하였다.
④ 민립 대학 설립 운동 → 조선 민립 대학 기성회
우리 손으로 대학을 설립하고자 조선 민립 대학 기성회에서 이상재 등의 주도로 민립 대학 설립 운동을 전개하였다.
⑤ 건국 강령 : 삼균주의 → 충칭 임시 정부
충칭의 대한민국 임시 정부는 조소앙의 삼균주의를 기초로 건국 강령을 발표하였다. → 정치, 경제, 교육의 균등

33 한성 사범 학교 설립 이후의 사실

정답 ③

> 암기박사   한성 사범 학교 설립(1895) ⇒ 오산 학교 설립(1907)

정답 해설

제2차 갑오개혁(1894. 12) 때 고종의 교육 입국 조서 반포(1895. 2)를 계기로 교원 양성을 위해 한성 사범 학교가 설립(1895. 4)되었다. 이후 남강 이승훈이 비밀 결사 단체인 신민회에 가입하였고, 민족정신 고취와 인재 양성을 위해 오산 학교를 설립하였다(1907).

오답 해설

① 길모어 등이 교사로 초빙 → 육영 공원(1886)
육영 공원은 정부가 보빙사 민영익의 건의로 설립한 최초의 근대식 관립 학교로, 길모어 등이 육영 공원 교사로 초빙되었다.
② 통역관 양성 → 동문학(1883)
동문학은 정부가 외국어 통역관 양성을 목적으로 설립한 교육 기관으로 통리교섭통상사무아문의 부속 기관이다.
④ 함경도 덕원 지방 관민 → 원산 학사(1883)
함경도 덕원 지방의 관민들이 설립한 원산 학사는 최초의 근대적 사립 학교이다.
⑤ 교육의 기본 방향 제시 → 교육 입국 조서(1895)
제2차 갑오개혁 때 교육의 기본 방향을 제시한 교육 입국 조서가 반포되었다.

34 대한매일신보

정답 ③

> 암기박사   대한매일신보 ⇒ 국채 보상 운동

정답 해설

영국인 베델과 한말의 언론인이자 독립운동가인 양기탁이 공동으로 창간한 신문은 대한매일신보이다. 대한매일신보는 정부의 외채를 국민의 힘으로 상환하여 국권을 회복하자는 국채 보상 운동의 확산에 기여하였다.

오답 해설

① 최초의 상업 광고 → 한성주보
박문국이 재설치 된 후 최초의 상업 광고가 게재된 한성주보가 발행되었다.
② 천도교의 기관지 → 만세보
천도교의 후원을 받아 오세창이 발간한 만세보는 천도교의 기관지로 민중 계몽에 힘쓰고 일진회의 국민신보에 대항하였다.

358

④ 일장기 말소 사건 → 동아일보
동아일보는 제11회 베를린 올림픽 마라톤 대회 우승자인 손기정 선수의 가슴에 있던 일장기를 삭제하고 게재하여 무기 정간을 당하였다.
⑤ 순 한문 신문, 열흘마다 발행 → 한성순보
한성순보는 정부에서 발행하는 순 한문 신문으로 국가 정책 홍보와 서양의 근대 문물을 소개하고 있으며 열흘마다 발행하는 것이 원칙이었다.

핵심노트 ▶ 개항기 발행 신문

언론기관	주요 활동
한성순보 (1883~1884)	• 박영효 등 개화파가 창간하여 박문국에서 발간한 최초의 신문, 관보 성격의 순한문 신문으로, 10일 주기로 발간
한성주보 (1886~1888)	박문국 재설치 후 〈한성순보〉를 이어 속간, 최초의 국한문 혼용, 최초의 상업광고
독립신문 (1896~1899)	서재필이 발행한 독립 협회의 기관지, 최초의 민간지, 격일간지, 순한글판과 영문판 간행, 띄어쓰기 실시
매일신문 (1898~1899)	협성회의 회보를 발전시킨 최초의 순한글 일간지, 독립 협회 해산으로 폐간
황성신문 (1898~1910)	남궁억, 유근 등 개신유학자들이 발간, 국한문 혼용, 민족주의적 성격의 항일 신문, 보안회 지원, 장지연의 '시일야방성대곡'을 게재하고 을사조약을 폭로하여 80일간 정간
제국신문 (1898~1910)	이종일이 발행한 순한글의 계몽적 일간지 → 일반 대중과 부녀자 중심
대한매일신보 (1904~1910)	영국인 베델이 양기탁 등과 함께 창간, 국한문판·한글판·영문판 간행(최대 발행부수), 신민회 기관지, 국채 보상 운동에 주도적 참여, 총독부에 매수되어 일제 기관지(매일신보)로 속간
만세보 (1906~1907)	천도교의 후원을 받아 오세창이 창간한 천도교 기관지, 이인직의 혈의 누 연재
경향신문 (1906)	가톨릭 교회의 기관지, 주간지, 민족성 강조
해조신문 (1908)	최봉준이 연해주에서 창간, 해외에서 발행된 한인 최초의 한글 신문, 러시아 한인 동포 계몽
대한민보 (1909~1910)	대한협회의 기관지로, 일진회의 기관지인 〈국민신보〉에 대항
경남일보 (1909)	최초의 지방지

35 러·일 전쟁 중의 사실

정답 ④

암기박사 기유각서 : 사법권 박탈 ⇒ 한·일 신협약 직후

정답 해설
포츠머스 조약은 러·일 전쟁을 종결시키기 위해 1905년 일본과 러시아가 맺은 강화 조약이다. 한편, 대한 제국이 기유각서를 통해 일제에 사법권을 박탈당한 것은 1907년 한·일 신협약 직후이다.

← 한·일 신협약의 부대 각서

오답 해설
① 독도 : 일제의 불법 편입 → 러·일 전쟁
러·일 전쟁 때 일본이 독도를 무주지라고 하여 불법으로 자국 영토에 편입하였다.

② 가쓰라·태프트 밀약 → 러·일 전쟁
러·일 전쟁에서 승리한 일본은 미국과 가쓰라·태프트 밀약을 맺고 일본의 한국 보호권과 미국의 필리핀 보호권을 교차 승인하였다.
③ 메가타 : 재정 고문 → 러·일 전쟁
러·일 전쟁의 전세가 유리해진 일본이 제1차 한·일 협약을 체결한 후 메가타를 대한 제국의 재정 고문으로 초빙하였다.
⑤ 한일 의정서 체결 → 러·일 전쟁
러·일 전쟁이 발발하자 일본군은 한반도 내 전략상 필요한 지역을 마음대로 사용하기 위해 한일 의정서를 체결하였다.

36 무단 통치기에 있었던 사실

정답 ①

암기박사 회사령(1910) ⇒ 무단 통치기

정답 해설
일제가 임시 토지 조사국을 설치하고 토지 조사 사업을 진행하던 시기는 1910년대의 무단 통치기이다. 이 시기에 일제는 회사 설립 시 총독의 허가를 받도록 하는 회사령을 실시하여 민족 기업의 설립을 방해하였다.

오답 해설
② 원산 총파업(1929) → 문화 통치기
원산 총파업은 노동 조건 개선을 요구하며 전개한 1920년대 최대의 파업 투쟁으로 중국, 프랑스 등의 노동 단체로부터 격려 전문을 받았다.
③ 국가 총동원법(1938) → 민족 말살 통치기
일제는 민족 말살 통치기에 국가 총동원법을 제정하여 인력과 물자를 강제 동원하였다.
④ 조선 노동 공제회 조직(1920) → 문화 통치기
일제의 문화 통치기 때 최초의 대중적 노동단체로써 전국 단위의 노동 운동 단체인 조선 노동 공제회가 조직되었다.
⑤ 조선 사상범 예방 구금령(1941) → 민족 말살 통치기
일제는 민족 말살 통치기에 우리 민족의 사상을 통제하기 위한 조선 사상범 예방 구금령을 공포하고 독립운동을 탄압하였다.

37 신간회의 활동

정답 ②

암기박사 민족 협동 전선 : 민족주의 + 사회주의 ⇒ 신간회

정답 해설
광주 학생 항일 운동 당시 진상 조사단을 파견한 단체는 신간회이다. 신간회는 민족주의 진영과 사회주의 진영이 민족 협동 전선으로 결성한 민족 유일당이다.

오답 해설
① 암태도 소작 쟁의 → 노동단체
전남 신안군 암태도에서 지주 문재철의 횡포에 맞서 농민들이 소작료 인상률 저지를 위한 소작 쟁의가 일어나자 전국 각지의 노동 단체들이 이를 지원하였다.
③ 부민관 폭파 사건 → 애국 청년당
애국 청년당 당원인 조문기, 유만수 등이 친일 어용 대회가 열리

던 부민관에 폭탄을 터뜨렸다.
④ 활동 지침 : 조선 혁명 선언 → 의열단
김원봉의 의열단은 무장 투쟁과 민중의 직접 혁명을 주장한 신채호의 조선 혁명 선언을 활동 지침으로 하였다.
⑤ 소년 운동 → 천도교 소년회
천도교 소년회는 어린이날을 제정하고 잡지 어린이를 간행하는 등 소년 운동을 지원하였다.

38 물산 장려 운동

암기박사 조선 관세령 폐지 ⇒ 물산 장려 운동 **정답** ②

정답 해설

'조선 사람 조선 것'이라는 구호 아래 평양에서 조만식 등의 주도로 시작된 운동은 물산 장려 운동이다. 물산 장려 운동은 일제의 조선 관세령 폐지를 계기로 일본 대기업의 조선 진출이 용이해지자 국내 기업의 위기감이 고조되면서 전국적으로 확산되었다.

오답 해설

① 통감부의 탄압과 방해 → 국채 보상 운동
국채 보상 운동은 정부의 외채를 국민의 힘으로 상환하여 국권을 회복하자는 운동으로 통감부의 탄압과 방해로 중단되었다.
③ 열강의 이권 침탈 → 황국 중앙 총상회
서울의 시전 상인들이 아관파천 이후 열강의 이권 침탈에 대응하기 위해 황국 중앙 총상회를 조직하고 상권 수호 운동을 전개하였다.
④ 한성 은행, 대한 천일 은행 설립 → 광무개혁
광무개혁 당시 일본의 금융 기관 침투와 고리대금업에 대응하기 위하여 민족 은행인 한성 은행과 대한 천일 은행이 설립되었다.
⑤ 외국 노동 단체 : 격려 전문 → 원산 총파업
원산 총파업은 노동 조건 개선을 요구하며 전개한 1920년대 최대의 파업 투쟁으로 중국, 프랑스 등의 노동 단체로부터 격려 전문을 받았다.

39 민족 말살 통치기의 사회 모습

암기박사 애국반 조직(1938) ⇒ 민족 말살 통치기 **정답** ②

정답 해설

태평양 전쟁 발발 후 일제의 전시 동원 체제가 강화되던 시기는 민족 말살 통치기이다. 일제는 민족 말살 통치기에 전시체제 하에서 조선인의 생활을 감시·통제하기 위해 애국반을 조직하였다.

오답 해설

① 국가 보안법 제정(1948) → 제헌 국회
이승만 정부가 여수·순천 사건으로 계엄령을 선포하여 이를 진압한 후 제헌 국회에서 반국가 활동 규제를 위한 국가 보안법을 제정하였다.
③ 경부선 철도 개통(1905) → 개화기
개화기 때 러·일 전쟁을 치르는 일본이 군수 물자를 수송하기 위한 군사적 목적으로 경부선 철도를 개통하였다.

④ 조선 형평사 창립 대회(1923) → 문화 통치기
일제의 문화 통치기 때 이학찬을 중심으로 진주에서 백정에 대한 차별 철폐를 주장하는 조선 형평사 창립 대회가 개최되었다.
⑤ 헌병 경찰 제도(1910) → 무단 통치기
일제는 무단 통치기에 강압적 통치를 목적으로 헌병이 경찰 업무를 대행하는 헌병 경찰 제도를 실시하였다.

40 이윤재의 활동

암기박사 한글 맞춤법 통일안 제정 ⇒ 이윤재 **정답** ①

정답 해설

조선어 연구회에 가입하여 한글의 연구 및 보급에 앞장섰으나 조선어 학회 사건으로 옥사한 인물은 이윤재이다. 이윤재 등이 조직한 조선어 학회는 한글 맞춤법 통일안과 표준어를 제정하였다.

오답 해설

② 서유견문 집필 → 유길준
미국에 보빙사의 일행으로 파견된 유길준은 유럽을 여행한 후 서유견문을 집필하여 서양 근대 문명을 소개하였다.
③ 국문 연구소 설립 → 주시경
주시경은 국문 연구소를 설립하고 한글을 체계적으로 연구하였으며 국어문법을 편찬하였다.
④ 사민필지 저술 → 호머 헐버트
호머 헐버트는 조선 말기와 일제 강점기 때 우리나라의 국권 회복 운동을 도운 미국인으로, 세계지리 교과서인 사민필지를 한글로 저술하였다.
⑤ 독사신론 발표 → 신채호
신채호는 만주와 부여족 중심의 고대사를 서술한 독사신론을 발표하여 민족주의 사학의 기반을 마련하였다.

41 한국 광복군의 독립 투쟁

암기박사 국내 진공 작전 계획 ⇒ 한국 광복군 **정답** ①

정답 해설

대한민국 임시 정부가 충칭에서 지청천을 총사령관으로 창설한 부대는 한국 광복군이다. 한국 광복군은 미국 전략정보처(OSS)의 지원 하에 미군과 연계하여 국내 진공 작전을 계획하였으나 일제의 패망으로 실현하지는 못했다.

오답 해설

② 쌍성보, 대전자령 전투 → 한국 독립군
지청천의 한국 독립군은 중국 호로군과 한·중 연합군을 편성하여 쌍성보와 대전자령 전투에서 일본군을 격파하였다.
③ 조선 민족 전선 연맹의 무장 조직 → 조선 의용대
김원봉의 조선 의용대는 중국 관내(關內)에서 결성된 최초의 한인 무장 부대로, 조선 민족 전선 연맹의 무장 조직으로 결성되었다.
④ 영릉가 전투 → 조선 혁명군
양세봉의 조선 혁명군은 중국 의용군과 연합하여 영릉가 전투에서 일본군에게 승리하였다.

⑤ 간도 참변 : 자유시 이동 → 대한 독립 군단

대한 독립 군단은 간도 참변 이후 조직을 정비하고 밀산에서 집결하여 자유시로 이동하였다.

42 광복 이후의 현대사

정답 ④

암기박사 이승만의 정읍 발언 ⇒ 좌우 합작 위원회 ⇒ 제2차 미·소 공동 위원회

정답 해설

- (가) 이승만의 정읍 발언(1946. 6) : 제1차 미·소 공동 위원회가 개최되었으나 결렬되자 이승만에 의해 남한만의 단독 정부 수립을 주장한 정읍 발언이 제기되었다.
- 좌우 합작 위원회(1946. 7) : 여운형 등의 주도로 좌우 합작 위원회가 발족되고 좌우 합작 7원칙이 발표되었다.
- (나) 제2차 미·소 공동 위원회(1947. 5) : 임시 민주 정부 수립을 위해 서울의 덕수궁 석조전에서 제2차 미소 공동 위원회가 개최되었으나 결렬되었다.

오답 해설

① 여수·순천 10·19 사건(1948) → (나) 이후

여수에 주둔하던 군인들이 제주 4·3 사건 진압을 거부하고 순천까지 무력 점거하는 여수·순천 10·19 사건이 일어났다.

② 유엔 한국 임시 위원단 방한(1948) → (나) 이후

남한만의 단독 선거인 5·10 총선거를 참관하기 위해 유엔 한국 임시 위원단이 서울에 도착하였다.

③ 한국 민주당 창당(1945) → (가) 이전

대한민국 정부 수립 이전인 미 군정기에 송진우, 김성수 등이 독립 운동가들이 한국 민주당을 창당하였다.

⑤ 조선 인민 공화국 선포(1945) → (가) 이전

대한민국의 건국 작업을 진행하기 위해 조선 건국 준비 위원회는 조선 인민 공화국을 선포하고 전국 각 지역에 인민 위원회를 조직하였다.

43 지방 통치 체제의 변화

정답 ②

암기박사
(가) 9주 5소경 ⇒ 통일 신라
(나) 5도 양계 ⇒ 고려 시대
(다) 8도 ⇒ 조선 시대
(라) 23부 ⇒ 제2차 갑오개혁

정답 해설

ㄱ. 통일 신라 신문왕 때 통일 전 5주 2소경을 9주 5소경 체제로 정비하여 중앙 집권 및 지방 통제력을 강화하였다.

ㄷ. 조선 시대에는 전국을 8도로 나누어 각 도에 관찰사가 임명되어 수령을 감독하였다.

오답 해설

ㄴ. 지방 장관 : 욕살, 처려근지 → 고구려

고구려는 각 지방의 성이 군사적 요지로 개별적 방위망을 형성하였고 욕살, 처려근지 등의 지방관을 두어 병권을 행사하였다.

ㄹ. 지방 행정 구역 : 23부 → 제2차 갑오개혁

고종은 제2차 갑오개혁 때 홍범 14조를 반포하고 지방 행정 구역을 8도에서 23부로 개편하였다.

44 1·4 후퇴 이후의 사실

정답 ①

암기박사 한미 상호 방위 조약 체결 ⇒ 6·25 전쟁 이후

정답 해설

유엔군과 국군이 한강에 설치된 임시 교량을 이용해 철수한 후 임시 교량을 폭파시킨 것은 6·25 전쟁 당시 1·4 후퇴 때의 일이다(1951). 한편, 휴전 협정 체결 직후 한·미 상호 방위 조약이 체결되어 한반도에서 무력 충돌이 일어날 경우 유엔의 결정 없이 미국이 즉각 개입할 수 있게 되었다(1953).

오답 해설

② 장진호 전투(1950. 11~12) → 1·4 후퇴 이전

장진호 전투는 6·25 전쟁 당시 유엔군이 개마고원의 장진호 북쪽으로 진출하던 중 중공군의 포위망을 뚫고 흥남에 도착하기까지 전개한 철수 작전이다.

③ 반민 특위 습격 사건(1949) → 6·25 전쟁 이전

이승만 정부 때 친일 주요 인사들을 조사하기 위해 반민 특위를 구성하였으나, 반공을 우선시하던 이승만 정부와 경찰이 반민족 행위 특별 조사 위원회를 습격하였다.

④ 애치슨 선언(1950. 1) → 6·25 전쟁 이전

미국의 극동 방위선에서 한반도를 제외한 애치슨 라인이 발표되어 북한의 남침 오판으로 인한 6·25 전쟁이 발발하였다.

⑤ 5·10 총선거(1948) → 6·25 전쟁 이전

우리나라 최초의 보통 선거인 5·10 총선거가 실시되어 제헌 국회를 구성하고 헌법을 제정·공포하였다.

45 박정희 정부의 경제 상황

정답 ①

암기박사 경부 고속 도로 개통 ⇒ 박정희 정부

정답 해설

정부의 무계획적인 도시정책과 졸속행정에 반발하여 경기도 광주 대단지 사건이 일어난 것은 박정희 정부 때의 일이다. 박정희 정부 때에 새마을 운동이 시작되고 서울과 부산을 연결하는 경부 고속 도로가 개통되었다.

오답 해설

② 경제 협력 개발 기구(OECD) 가입 → 김영삼 정부

김영삼 정부 때에 선진국 진입의 관문인 경제 협력 개발 기구(OECD)에 29번째 회원국으로 가입하였다.

③ 삼백 산업 발달 → 이승만 정부

이승만 정부 때에 미국의 원조 물자를 가공한 제분·제당·면방직의 삼백 산업이 발달하였다.

④ 3저 호황 → 전두환 정부

전두환 정부 때에 저유가, 저금리, 저달러의 3저 호황으로 물가가 안정되고 수출이 증가하였다.

한국사 능력검정시험 3개년 기출문제

⑤ 노사정 위원회 구성 → 김대중 정부
  김대중 정부 때에 대통령 직속 자문 기구인 노사정 위원회가 구성되어 고용 안정, 노사 협력, 경제 위기 극복 등의 현안을 논의하였다.

46 민주화 운동

암기박사 6월 민주 항쟁 ⇒ 5년 단임 : 대통령 직선제 개헌   **정답** ③

정답 해설

(가) 4·19 혁명 / (나) 6월 민주 항쟁
 6월 민주 항쟁의 결과 노태우의 6·29 민주화 선언에 따라 5년 단임의 대통령 직선제 개헌안을 이끌어냈다.

오답 해설

① 한·일 국교 정상화 → 6·3 시위
 박정희 정부 때에 한·일 회담에 따른 굴욕적인 한·일 국교 정상화에 반대하여 6·3 시위가 전개되었다.

② 군부 독재 타도 → 6월 민주 항쟁
 박종철 고문치사와 전두환 정부의 4·13 호헌 조치 발표로 군부 독재 타도를 위한 6월 민주 항쟁이 촉발되었다.

④ 시민군의 자발적 조직 → 5·18 민주화 운동
 신군부의 계엄 확대와 무력 진압에 5·18 민주화 운동이 발발하였고 시위 전개 과정에서 시민군이 자발적으로 조직되었다.

⑤ 대통령 하야 → 4·19 혁명(O) / 6월 민주 항쟁(X)
 자유당 정권의 3·15 부정선거 규탄 시위에 대한 유혈 진압에 항거하여 4·19 혁명이 발발하였으며, 국민들의 요구에 굴복하여 이승만 대통령이 하야하였다.

47 박정희 정부 시기의 사실

암기박사 3·1 민주 구국 선언 ⇒ 박정희 정부   **정답** ⑤

정답 해설

제시된 사료에서 대통령 긴급조치 제9호가 시행된 것은 박정희 정부 때의 일이다. 박정희 정부의 장기 독재에 저항하여 재야 정치인들과 가톨릭 신부, 개신교 목사, 대학 교수 등이 3·1 민주 구국 선언을 통해 긴급 조치 철폐 등을 주장하였다.

오답 해설

① 국민 방위군 설치법 공포 → 이승만 정부
 6·25 전쟁 때 이승만 정부가 중공군의 개입으로 전세가 불리해지자 국민 방위군 조직을 위해 국민 방위군 설치법을 공포하였다.

② 내각 책임제 개헌 → 허정 과도 정부
 4·19 혁명으로 이승만 대통령이 하야한 후 허정 과도 정부 때 내각 책임제를 골자로 하는 개헌이 이루어졌다.

③ 신한 공사 설립 → 미 군정기
 미 군정기에 일제의 귀속 재산 처리를 위해 신한 공사가 설립되어 동양 척식 주식회사가 소유했던 재산 및 군정청 소유의 모든 토지를 관리했다.

④ 진보당 사건 → 이승만 정부
 이승만 정부 때 조봉암을 중심으로 진보당이 창당되었으나 평화 통일론을 주장한 조봉암과 간부들이 간첩 혐의로 구속되었다.

48 김대중 정부의 통일 노력

암기박사 개성 공업 지구 조성 합의 ⇒ 김대중 정부   **정답** ①

정답 해설

북한의 김정일 국방위원장과 정상 회담을 가진 것은 김대중 정부 때의 일이다. 김대중 정부 때에 남북 교류 협력을 위한 개성 공업 지구 조성에 합의하였다.

오답 해설

② 6·23 평화 통일 외교 정책 선언 → 박정희 정부
 박정희 정부 때에 공산권에 문호개방, 남북한 유엔 동시 가입 등을 주요 내용으로 하는 평화 통일 외교 정책에 관한 6·23 특별 성명이 발표되었다.

③ 남북 기본 합의서 채택 → 노태우 정부
 노태우 정부 때에 남북 사이의 화해와 불가침 및 교류·협력에 관한 남북 기본 합의서를 채택하였다.

④ 10·4 남북 정상 선언 → 노무현 정부
 노무현 정부 때에 제2차 남북 정상회담이 개최된 후 남북 관계 발전과 평화 번영을 위한 10·4 남북 정상 선언에 서명하였다.

⑤ 남북 조절 위원회 구성 → 박정희 정부
 박정희 정부 때에 7·4 남북 공동 성명을 실천하기 위한 남북 조절 위원회가 구성되어 통일 방안이 논의되었다.

핵심노트 ▶ 김대중 정부(국민의 정부, 1998.3 ~ 2003.2)

- 베를린 선언 : 남북 경협, 냉전 종식과 평화 공존, 남북한 당국 간 대화 추진
- 남북 정상 회담 개최 : 평양에서 최초로 남북 정상 회담 개최
- 6·15 남북 공동 선언 : 1국가 2체제 통일 방안 수용, 이산가족 방문단의 교환, 협력과 교류의 활성화 등
- 금강산 관광 시작(1998), 육로 관광은 2003년부터 시작
- 경의선 철도 연결 사업 → 2000년 9월 착공, 2003년 12월 완료
- 남북한의 교류 협력을 위한 개성 공업 지구 조성에 합의
- 금 모으기 운동, 노사정 위원회 구성, 신자유주의 경제 정책 추진
- 수출, 무역 흑자 증가, 벤처 기업 창업 등으로 외환위기 극복
- 중학교 의무 교육 실시, 만 5세 유아에 대한 무상 교육·보육 등 추진

49 역사적 외교 활동

암기박사 보빙사 전권대신 ⇒ 민영익   **정답** ④

정답 해설

미국과 조·미 수호 통상 조약이 체결된 후, 미국 공사의 서울 부임에 답하여 민영익이 보빙사의 전권대신으로 미국에 파견되었다.
→ 서양에 파견된 최초의 사절단

오답 해설

① 청방인문표 작성 → 강수
 6두품 출신의 강수는 외교 문서 작성에 능하여 당나라에 갇혀 있는 김인문을 석방해 줄 것을 요청한 청방인문표를 작성하였다.

② 외교 담판 : 강동 6주 확보 → 서희
 고려 성종 때 거란이 침입하자 서희는 소손녕과 외교 담판을 통해

강동 6주를 확보하였다.
③ 계해약조 체결 → 이예
조선 세종 때 이예가 일본에 파견되어 일본과의 교역 규모를 정한 계해약조를 체결하였다.
⑤ 독립 청원서 제출 → 김규식
상해에서 결성된 신한 청년당은 파리 강화 회의에 김규식을 대표로 파견하여 독립 청원서를 제출하였다.

50 안동 지역의 역사

정답 ③

암기박사 홍건적의 침입 ⇒ 공민왕 : 복주(안동) 피란

정답 해설

고창 전투, 봉정사 극락전, 도산 서원, 임청각 등은 모두 안동과 관련된 역사적 장소이다. 고려 말기 홍건적의 침입으로 개경이 함락되자 공민왕은 복주(안동)로 피란하였다.

오답 해설

① 김헌창의 난 → 공주
　신라 하대 헌덕왕 때 웅천주(공주) 도독 김헌창이 아버지가 왕위 쟁탈전에서 패한 것에 대해 불만을 품고 반란을 일으켰다.
② 강주룡 : 을밀대 고공 농성 → 평양
　노동자 강주룡이 평양 을밀대 지붕에서 임금 삭감에 저항하여 고공 농성을 전개하였다.
④ 신립 : 탄금대 전투 → 충주
　임진왜란 당시 왜군이 파죽지세로 쳐들어오자 도순변사 신립이 충주 탄금대에서 배수의 진을 치고 왜군과 전투를 벌였다.
⑤ 김사미의 난 → 청도
　고려 무신 집권기 때 김사미가 가혹한 수탈에 저항하여 운문(청도)에서 봉기하였다.

2023년도 제63회 정답 및 해설

01 구석기 시대의 생활 모습

암기박사 동굴, 막집 ⇒ 구석기 시대

정답 ⑤

정답 해설

연천 전곡리는 대표적인 구석기 시대의 유적지로 아슐리안형 주먹도끼가 발견된 곳이다. 구석기 시대에는 주로 동굴이나 강가의 막집에서 거주하면서 도구를 사용하여 사냥을 하거나 어로, 채집 생활을 하였다.

오답 해설

① 깊이갈이 → 고려 시대
  고려 시대에는 소를 이용하여 이랑과 고랑의 높이 차이를 크게 하는 깊이갈이가 일반화되었다.
② 빗살무늬 토기 → 신석기 시대
  신석기 시대에는 빗살무늬 토기를 제작하여 식량을 조리하거나 저장하였다.
③ 고인돌 축조 → 청동기 시대
  청동기 시대에는 많은 인력을 동원하여 지배층의 무덤인 고인돌을 만들었다.
④ 세형 동검 제작 → 철기 시대
  철기 시대에는 거푸집을 이용하여 세형 동검을 제작하였다.

02 동예의 풍속

암기박사 무천 : 제천 행사 ⇒ 동예

정답 ④

정답 해설

읍군과 삼로라는 지배자가 있었고 단궁, 과하마, 반어피 등의 특산물이 유명했으며, 다른 읍락을 침범하면 소, 말 등으로 변상하게 하는 책화라는 풍습이 있었던 나라는 동예이다. 동예는 10월에 무천이라는 제천 행사를 개최하여 하늘에 제사를 지내고 춤과 노래를 즐겼다.

오답 해설

① 소도 : 신성 지역 → 삼한
  삼한에는 신성 지역인 소도가 존재하였으며, 군장의 세력이 미치지 못하여 죄인이 이곳으로 도망치면 잡아가지 못하였다.
② 포상 8국의 난 → 가야
  포상 8국은 가야시대 낙동강 하류 및 지금의 경상남도 남해안 일대에 있던 8개의 소국으로, 신라 내해왕 때 포상 8국이 연합하여 난을 일으켰으나 진압되었다.
③ 김알지 : 경주 김씨의 시조 → 신라
  김알지는 삼국유사에 등장하는 신라의 왕족으로 신라 경주 김씨의 시조이다.
⑤ 사출도 : 4가(加) 통치 → 부여
  부여는 왕 아래 가축의 이름을 딴 마가, 우가, 저가, 구가 등의 4가(加)가 사출도를 다스렸다.

03 백제와 고구려

암기박사 교육 기관 : 태학, 경당 ⇒ 고구려

정답 ③

정답 해설

(가) 백제 / (나) 고구려
태학과 경당은 모두 인재 양성을 위한 고구려의 교육 기관이다. 태학은 소수림왕 때 설립된 국립 교육 기관이고, 경당은 장수왕 때 지방 청소년의 무예와 한학 교육을 위해 설립된 지방 교육 기관이다.

오답 해설

① 범금 8조 : 사회 질서 유지 법 → 고조선
  고조선에서는 사회 질서를 유지하기 위해 만민법인 범금 8조를 두었다.
② 거란도, 일본도 → 발해
  발해는 거란도, 일본도 등의 교통로를 통해 거란과 일본 등의 주변 국가와 교류하였다.
④ 정사암 : 국가 중대사 논의 → 백제
  백제는 귀족 회의체인 정사암 회의를 개최하여 국가의 중대사를 논의하였다.
⑤ 골품 : 관등 승진 제한 → 신라
  신라의 골품제는 혈연에 따라 사회적 제약이 가해지는 폐쇄적 신분 제도로, 골품에 따라 관등 승진에 제한이 있었다.

04 황산벌 전투

암기박사 대야성 전투 ⇒ 황산벌 전투 ⇒ 사비성 함락

정답 ②

정답 해설

신라군이 황산벌 전투에서 계백이 이끈 백제의 결사대를 격파한 뒤, 나당 연합군이 사비성을 함락하여 백제가 멸망하였다(660).

05 통일 신라의 경제 상황

암기박사 무역항 : 울산항, 당항성 ⇒ 통일 신라

정답 ⑤

정답 해설

일본 도다이사 쇼소인에서 발견된 신라 촌락 문서(민정문서, 신라장적)는 서원경에 속한 촌을 비롯한 4개 촌락의 경제 상황이 기록되어 있다. 통일 신라 시대에는 대당 무역이 발달하여 울산항, 당항성 등이 국제 무역항으로 번성하였다.

오답 해설

① 낙랑과 왜에 철 수출 → 가야
  가야는 철이 많이 생산되어 낙랑과 왜에 수출하였으며 교역에서 화폐처럼 사용하였다.
② 부경 : 창고 → 고구려
  고구려의 대가들과 지배층인 형(兄)은 농사를 짓지 않는 좌식 계층으로, 집집마다 부경이라는 창고가 있었다.
③ 활구 : 은병 → 고려
  고려 시대에는 입구가 넓어 활구라고 불리는 은병이 주조되어 화

폐로 유통되었다.
④ 솔빈부의 특산품 : 말 → 발해
  솔빈부는 발해의 지방 행정 구역인 15부 중의 하나로, 그 지역의 특산품인 말이 유명하였다.

06 최치원의 활동

암기박사 시무책 10여 조 건의 ⇒ 최치원

정답 ③

정답 해설
6두품 출신으로 당에 유학하여 빈공과에 급제하고 황소의 난 때 격황소서를 지어 이름을 떨친 인물은 최치원이다. 그는 당에서 귀국 후 진성 여왕에게 시무책 10여 조를 올렸으나 수용되지 않았다.

오답 해설
① 화왕계 저술 → 설총
  설총은 원효의 아들로 신문왕에게 향락을 배격하고 경계로 삼도록 화왕계를 지어 올렸다.
② 청방인문표 작성 → 강수
  6두품 출신의 강수는 외교 문서 작성에 능하여 당나라에 갇혀 있는 김인문을 석방해 줄 것을 요청한 청방인문표를 작성하였다.
④ 청해진 : 해상 무역 → 장보고
  장보고는 완도에 청해진을 설치하여 해상 무역을 장악하고 국제 무역의 거점으로 번성하였다.
⑤ 왕오천축국전 저술 → 혜초
  혜초는 인도와 중앙아시아 일대를 여행하고 이를 바탕으로 구법 슈례기인 왕오천축국전을 저술하였다.

07 신라 진흥왕의 업적

암기박사 화랑도를 국가 조직으로 개편 ⇒ 진흥왕

정답 ④

정답 해설
거칠부가 왕명으로 국사를 편찬한 것은 신라 진흥왕 때의 일이다. 진흥왕은 국가적인 조직으로 화랑도를 개편하였다.

오답 해설
① 이사부 : 우산국 복속 → 지증왕
  신라 지증왕은 이사부를 파견하여 우산국(울릉도)을 복속시켰다.
② 패강진 설치 → 선덕왕
  통일 신라 선덕왕은 국토방위를 위한 군진으로 예성강 이북에 패강진을 설치하였다.
③ 관료전 지급 : 녹읍 폐지 → 신문왕
  통일 신라의 신문왕은 관료전을 지급하고 귀족의 경제 기반이었던 녹읍을 폐지하였다
⑤ 이차돈 순교 : 불교 공인 → 법흥왕
  신라는 법흥왕 때 이차돈의 순교를 계기로 불교를 공인하였다.

08 발해 문왕의 업적

암기박사 상경 용천부로 천도 ⇒ 발해 문왕

정답 ④

정답 해설
대흥이라는 연호를 사용한 발해의 왕은 문왕(대흠무)이다. 발해 문왕은 수도를 중경 현덕부에서 상경 용천부로 천도하여 지배 체제를 정비하였다.

오답 해설
① 북연의 왕을 신하로 봉함 → 고구려 장수왕
  고구려 장수왕 때 북위의 침입을 받아 고구려로 피신한 북연의 왕과 일족을 신하로 봉하였다.
② 발해 건국 → 발해 고왕(대조영)
  고구려 출신 대조영이 고구려 유민과 말갈 집단을 규합하여 지린성 동모산에서 발해를 건국하였다
③ 신라에 침입한 왜 격퇴 → 고구려 광개토 대왕
  고구려 광개토 대왕은 신라에 침입한 왜를 낙동강 유역에서 격퇴시킴으로써 한반도 남부에까지 영향력을 행사하였다.
⑤ 5경 15부 62주 → 발해 선왕(대인수)
  발해의 선왕(대인수)은 발해 최대의 영토를 형성하고 중흥기를 이루어 해동성국이라 불렸으며, 5경 15부 62주의 지방 행정 조직을 확립하였다.

핵심노트 ▶ 발해 문왕(대흠무, 737~793)
- 당과 친선 관계를 맺고 독립 국가로 인정받음 → 당은 발해군왕을 발해국왕으로 승격
- 당의 관제를 모방하여 3성 6부의 중앙 관제를 정비
- 당의 문물을 수용하고 장안성을 모방하여 주작대로를 건설하였으며, 유학생을 파견
- 신라와 상설 교통로(신라도)를 개설하고 친교에 노력 → 신라는 사신을 파견(790)
- 수도를 중경 현덕부에서 상경 용천부로 천도하여 지배 체제를 정비
- 대흥이라는 독자적 연호 사용, 주자감(국립대학) 설립

09 고려 최씨 무신 집권기

암기박사 최충헌 : 교정도감 설치 ⇒ 최우 : 정방 설치

정답 ⑤

정답 해설
교정도감은 최충헌 부자의 살해를 모의한 자들을 수색·처벌하기 위해 설치한 임시 기구였으나 이후 존속하면서 국정을 총괄하는 중심 기구가 되었다(1209). 최충헌의 아들 최우는 자신의 집에 교정도감에서 인사 행정 기능을 분리한 정방을 설치하여 문무 관직에 대한 인사권을 장악하였다(1225).

오답 해설
① 묘청의 난(1135) : 고려 인종 때 묘청이 풍수지리설에 근거하여 서경 천도를 주장하며 난을 일으키자 김부식이 관군을 이끌고 이를 진압하였다.
② 원종과 애노의 난(889) : 신라 하대 진성여왕 때 원종과 애노가 가혹한 세금 수탈에 반발하여 사벌주(상주)에서 봉기하였다.
③ 이자겸의 난(1126) : 인종을 왕위에 올리면서 왕실 외척인 이자겸이 척준경과 함께 금의 사대 요구 수용을 주장하며 난을 일으켰다.

④ **무신정변(1170)** : 고려 의종 때 정중부와 이의방을 비롯한 무신들이 다수의 문신을 제거하고 권력을 장악하였다.

10 경주 불국사 삼층 석탑

> 🏷️ **암기박사** 무구정광대다라니경 발견 ⇒ 경주 불국사 삼층 석탑
>
> **정답** ①

정답 해설

경주 불국사에 있는 탑으로, 탑의 해체 보수 과정에서 은제 사리 내·외합과 무구정광대다라니경이 발견된 탑은 경주 불국사 삼층 석탑이다. 무구정광대다라니경은 현존하는 세계 최고(最古)의 목판 인쇄물이다.

오답 해설

② **부여 정림사지 5층 석탑 → 백제** ← 당나라 장수 소정방이 백제를 정복한 후 '백제를 정벌한 기념탑'이라는 글귀가 새겨져 있음

충남 부여의 정림사지에 있는 5층 석탑은 목탑의 구조와 비슷하지만 돌의 특성을 살려 전체적인 형태가 매우 우아하고 아름답다.

③ **익산 미륵사지 석탑 → 백제** ← 석탑 보수 과정에서 금제 사리 봉안기가 발견됨

전북 익산에 있는 미륵사지 석탑은 백제 시대의 석탑으로, 목탑 양식을 계승한 우리나라에서 가장 오래된 탑이다.

④ **구례 화엄사 사사자 삼층 석탑 → 통일 신라**

전남 구례의 화엄사에 있는 통일 신라의 석탑으로 기단 모서리에 사자를 넣어 사자좌 위에 탑이 서 있는 독특한 형태의 석탑이다.

⑤ **평창 월정사 팔각 구층 석탑 → 고려**

강원도 평창의 월정사 대웅전 앞뜰에 있는 고려 전기의 석탑으로, 당시 불교문화 특유의 화려하고 귀족적인 면모가 잘 나타난 다각 다층 석탑이다.

11 후백제의 견훤

> 🏷️ **암기박사** 후당과 오월에 사신 파견 ⇒ 후백제 : 견훤
>
> **정답** ③

정답 해설

완산주를 도읍으로 삼아 후백제를 세운 왕은 견훤이다. 견훤은 중국의 후당과 오월에 사신을 파견하였고 거란과도 외교 관계를 형성하였다. 말년에는 왕위 계승 문제로 아들 신검에 의해 금산사에 유폐되었다가 탈출하여 고려 왕건에게 귀부하였다. ← 스스로 와서 복종함

오답 해설

① **공산 전투에서 전사 → 고려 신숭겸**

후백제의 견훤이 신라를 공격하자 경애왕의 요청으로 태조 왕건은 견훤군을 공격하였으나 신숭겸이 전사하는 등 크게 패하였다.

② **익산 미륵사 창건 → 백제 무왕**

서동 설화의 주인공으로 알려진 백제 무왕은 삼국시대의 절 가운데 최대 규모인 미륵사를 금마저에 창건하였다.

④ **김흠돌의 난 → 통일 신라 신문왕** ← 지금의 익산

통일 신라 신문왕은 장인인 김흠돌이 반란을 일으키자 이를 진압하고 진골 세력을 숙청하였다.

⑤ **국호 마진, 철원 천도 → 후고구려 궁예**

후고구려의 궁예는 국호를 마진으로 고치고 철원으로 천도한 후 다시 국호를 태봉으로 바꾸었다.

12 고려 광종 재위 시기의 사실

> 🏷️ **암기박사** 연호 : 광덕, 준풍 ⇒ 고려 광종
>
> **정답** ②

정답 해설

노비안검법 등 호족을 견제하는 정책을 펼친 왕은 고려 광종이다. 광종은 국왕을 황제라 칭하고 광덕, 준풍 등의 독자적 연호를 사용하였다.

오답 해설

① **최승로 : 시무 28조 → 고려 성종**

고려 성종 때 최승로가 시무 28조를 올려 국가 운영 방안을 제시하였다.

③ **관리 규범 : 계백료서 → 고려 태조**

고려 태조 때 신하들의 예법을 바로잡고 관리의 규범을 제시하기 위해 계백료서가 반포되었다.

④ **쌍성총관부 공격 : 철령 이북 수복 → 고려 공민왕**

고려 공민왕 때 유인우, 이자춘 등이 쌍성총관부를 공격하여 원에 빼앗긴 철령 이북의 땅을 수복하였다.

⑤ **상수리 제도 : 지방 세력 견제 → 통일 신라**

통일 신라는 각 주 향리의 자제를 일정 기간 금성(경주)에서 볼모로 거주하게 하는 상수리 제도를 실시하여 지방 세력을 견제하였다.

13 고려의 관학 진흥책

> 🏷️ **암기박사** 고려 : 관학 진흥 정책 ⇒ 양현고 설치
>
> **정답** ④

정답 해설

고려 중기 최충의 9재 학당 비롯한 사학 12도의 융성으로 관학 교육이 위축되자, 고려 정부는 서적포를 설치하고 7재를 개설하였다. 또한 양현고를 설치하여 장학 기금을 마련하였다.

오답 해설

① **독서삼품과 → 통일 신라**

통일 신라의 원성왕은 독서삼품과를 실시하여 유교 경전의 이해 수준에 따라 3등급으로 구분해 인재를 등용하였다.

② **사액 서원 → 조선** ← 상품, 중품, 하품

사액 서원은 조선 시대 풍기 군수 주세붕이 안향의 봉사를 위해 설립한 백운동 서원이 시초이며, 왕으로부터 현판과 함께 서적과 노비를 지급받았다.

③ **4부 학당 → 조선**

조선 시대에는 수도 한양에 중등 교육 기관인 4부 학당을 두어 유학 경전을 교육하였다.

⑤ **초계문신제 → 조선**

조선 정조는 초계문신제를 시행하여 젊은 문신들을 재교육하고 시험을 통해 승진시켰다.

14 거란에 대한 고려의 대응

암기박사 광군 조직 ⇒ 고려 vs 거란

정답 ②

정답 해설

양규는 거란의 2차 침입 때, 강감찬은 거란의 3차 침입 때 거란군에 맞서 항전하였다. 고려 정종은 광군을 조직하고 청천강에 배치하여 거란의 침입에 대비하였다.

오답 해설

① 강화도 천도 → 고려 vs 몽골
몽골의 무리한 조공 요구와 내정 간섭에 반발한 최우는 다루가치를 사살하고 강화도로 도읍을 옮겨 항전하였다.

③ 박위 : 대마도 정벌 → 고려 vs 왜구
고려 창왕 때 박위를 파견하여 왜구의 근거지인 대마도를 정벌하였다.

④ 최윤덕 : 4군 설치 → 조선 vs 여진족
조선 세종 때 최윤덕은 여진족을 정벌하고 압록강 상류 지역을 개척하여 4군을 설치하였다.

⑤ 윤관 : 별무반 → 고려 vs 여진족
고려 숙종 때 윤관은 여진족을 정벌하기 위해 신기군, 신보군, 항마군으로 구성된 별무반을 편성하였다.

15 고려 시대 문화유산

암기박사 청자 상감 모란문 표주박모양 주전자 ⇒ 고려 문화유산

정답 ③

정답 해설

직지심체요절과 천산대렵도는 대표적인 고려 시대의 문화유산이다. 이와 더불어 청자 상감 모란문 표주박모양 주전자는 표주박 모양을 하고 있는 고려 시대 상감 청자로, 세련된 유선형의 완벽한 비례와 아름다움까지 조화시킨 청자 주전자이다.

오답 해설

① 금동 대향로 → 백제 문화유산
부여의 능산리 절터에서 발견된 금동 대향로는 백제의 문화유산으로, 백제의 금속 공예 기술이 중국을 능가할 정도로 매우 뛰어났음을 보여 주는 걸작품이다.

② 호우총 청동 그릇 → 신라 문화유산
경주의 호우총 청동 그릇은 광개토 대왕명 호우로 불리며 그릇 밑바닥에 신라가 광개토대왕을 기리는 내용이 적혀 있다.

④ 이불 병좌상 → 발해 문화유산
흙을 구워 만든 이불병좌상은 발해의 문화유산으로, 두 부처가 나란히 앉아 있는 모습을 나타낸다.

⑤ 인왕제색도 → 조선 문화유산
인왕제색도는 조선 후기 진경산수화의 대가 겸재 정선의 작품으로, 비가 내린 뒤의 인왕산의 분위기를 적묵법으로 진하고 묵직하게 표현한 산수화이다.

16 보조국사 지눌

암기박사 돈오점수 ⇒ 보조국사 지눌

정답 ①

정답 해설

시호가 '불일보조국사'이며, 전라남도 순천에 있는 송광사에서 신앙 결사 운동을 펼친 승려는 보조국사 지눌이다. 지눌은 참선을 강조하고 돈오점수를 주장하였다.
→ 인간의 마음이 곧 부처의 마음임을 깨닫고(돈오) 그 뒤에 깨달음을 꾸준히 실천하는 것(점수)

오답 해설

② 해동 천태종 개창 → 의천
대각국사 의천은 불교 교단을 통합하기 위해 해동 천태종을 개창하고, 교관겸수를 내세워 이론 연마와 실천을 함께 중시하였다.

③ 선문염송집 편찬 → 혜심
진각국사 혜심은 선문염송집을 편찬하고 유불 일치설을 주장하여 심성의 도야를 강조하였다.

④ 해동고승전 편찬 → 각훈
화엄종의 대가인 각훈은 삼국 시대 승려 33명의 전기를 정리한 해동고승전을 편찬하였다.

⑤ 보현십원가 저술 → 균여
균여는 11수의 향가인 보현십원가를 지어 불교 교리를 대중에게 전파하였다.

17 고려 말의 역사

암기박사 요동 정벌 추진 ⇒ 위화도 회군 ⇒ 과전법 제정

정답 ①

정답 해설

(가) 요동 정벌 추진(1388) : 고려 우왕 때 최영이 명의 철령위 설치에 반발하여 요동 정벌을 추진하였다.

(나) 위화도 회군(1388) : 고려 우왕 때 이성계가 요동 정벌을 위해 파견되었으나, 4불가론을 들어 요동 정벌을 반대하고 위화도에서 회군하였다.

(다) 과전법 제정(1391) : 고려 공양왕 때 조준 등의 건의로 과전법이 제정되어 신진 사대부들의 경제적 기반이 확대되었다.

18 고려 시대의 경제 모습

암기박사 전시과 제도 ⇒ 고려

정답 ①

정답 해설

제시된 사료의 도병마사는 고려의 독자적 정치 기구로 주로 국방과 군사 문제를 논의하였다. 고려 경종 때 관리에게 전지와 시지를 차등 지급하는 전시과 제도를 시행하였다.
→ 땔감을 얻을 수 있는 임야
→ 농작물을 수확할 수 있는 논이나 밭

오답 해설

② 동시전 : 시장 감독 → 신라
신라 지증왕 때 시장을 감독하는 관청인 동시전이 수도 경주에 설치되었다.

③ 상평통보 발행 → 조선
조선 숙종 때 허적의 제안에 따라 상평통보를 다시 발행하여 서울

과 서북 일대에서 유통되었고 이후 전국적으로 확산되었다.
④ 계해약조 체결 → 조선
  조선 세종 때 일본과의 교역 규모를 정한 계해약조를 체결하고 부산포, 제포, 염포의 삼포를 개항하였다.
⑤ 황국 중앙 총상회 조직 → 개항기
  개항기 때 서울의 시전 상인들이 상권 수호를 목적으로 황국 중앙 총상회를 조직하여 일제의 경제적 침탈에 적극 대응하였다.

19 조선 영조의 정책

암기박사 속대전 편찬 ⇒ 영조 | 정답 ④

정답 해설

청계천 준설, 탕평비 건립, 균역법 제정 등은 조선 영조의 정책이다. 영조는 경국대전 시행 이후에 공포된 법령 중에서 시행할 만한 법령을 추려 속대전을 간행하고 통치 체제를 정비하였다.

오답 해설

① 나선 정벌 : 조총 부대 파견 → 효종
  조선 효종 때 러시아의 남하로 청과 러시아 간 국경 충돌이 발생하자 청의 원병 요청으로 나선 정벌에 조총 부대를 파견하였다.
② 대동법 시행 → 광해군
  조선 광해군 때 토지 결수에 따라 공물을 쌀로 대신 납부하게 하는 대동법이 경기도에 한하여 시행되었다.
③ 훈련도감 창설 → 선조
  조선 선조 때 유성룡이 임진왜란 중 왜군의 조총에 대응하기 위해 삼수병으로 구성된 훈련도감을 창설하였다.
⑤ 칠정산 간행 → 세종
  조선 세종 때 중국의 수시력과 아라비아의 회회력을 참고로, 한양을 기준으로 한 역법서인 칠정산이 간행되었다.

20 무오사화

암기박사 무오사화 ⇒ 연산군 | 정답 ②

정답 해설

연산군 때 김종직이 지은 조의제문을 김일손이 사초에 올린 일이 발단이 되어 무오사화가 일어났다(1498).

21 조선 세조 재위 시기의 사실

암기박사 직전법 시행 ⇒ 조선 세조 | 정답 ④

정답 해설

한명회, 권람 등의 조력으로 김종서, 황보인 등을 제거하고 왕위에 오른 왕은 조선 세조이다. 세조는 과전이 부족해지자 현직 관리에게만 수조지를 지급하는 직전법을 시행하였다.
→ 조세를 거둘 수 있는 토지

오답 해설

① 주자소 : 계미자 주조 → 조선 태종
  조선 태종 때 활자 주조를 담당하던 관청인 주자소가 설치되어 금

속 활자인 계미자가 주조되었다.
② 신숙주 : 국조오례의 완성 → 조선 성종
  조선 성종 때 신숙주, 정척 등이 국가의 의례를 정비한 국조오례의를 완성하였다. → 빈례·흉례·가례·길례·군례
③ 정초 : 농사직설 편찬 → 조선 세종
  조선 세종 때 정초 등이 삼남 지방의 농법을 소개한 농사직설을 편찬하였다. → 우리나라 최초의 농서
⑤ 허준 : 동의보감 간행 → 조선 광해군
  조선 광해군 때에 허준이 우리나라와 중국의 의서를 망라한 동의보감을 간행하여 의료 지식을 민간에 보급하였다.

22 율곡 이이

암기박사 성학집요 집필 ⇒ 율곡 이이 | 정답 ⑤

정답 해설

해주향약을 시행하고 동호문답과 격몽요결을 저술한 인물은 율곡 이이이다. 이이는 군주가 수양해야 할 덕목과 지식을 담은 성학집요를 집필한 후 선조에게 바쳤다.

오답 해설

① 기축봉사 올림 → 송시열
  송시열은 효종에게 장문의 상소인 기축봉사를 올려 명에 대한 의리와 북벌론을 주장하였다.
② 시헌력 도입 → 김육
  조선 인조 때 김육은 청으로부터 시헌력을 도입하자고 건의하였는데, 시헌력은 서양의 수치와 계산 방법이 채택된 숭정역법을 교정한 것이다.
③ 양반전 저술 → 박지원
  박지원은 양반 사회의 모순과 부조리를 비판하고 양반의 허례와 무능을 풍자한 양반전을 저술하였다.
④ 가례집람 저술 → 김장생
  조선 선조 때 김장생이 주자가례의 본문을 기본으로 예학을 조선의 현실에 맞게 정리한 가례집람을 저술하였다.

23 인조반정

암기박사 동인과 서인의 붕당 ⇒ 인조반정 ⇒ 기해예송 | 정답 ①

정답 해설

(가) 동인과 서인의 붕당(1575) : 조선 선조 때 언론 삼사 요직의 인사권과 추천권을 가진 이조 전랑 임명을 둘러싸고 김효원과 심의겸이 대립하여 사림이 동인과 서인으로 붕당되었다.
· 인조반정(1623) : 광해군의 폭정으로 서인이 반정을 일으켜 정권을 장악하고 북인 세력이 몰락하였다.
(나) 기해예송(1659) : 효종 사망 시 자의대비의 복제를 두고 서인과 남인 사이에 예송 논쟁이 벌어졌다.

오답 해설

② 신임사화(1721) → (나) 이후
  조선 경종 때의 지관 목호룡이 노론 김창집 등이 경종 시해를 역

모하였다고 고변하여 노론 세력이 숙청되었다.
③ 양재역 벽서 사건(1547) → (가) 이전
  조선 명종 때 소윤인 윤원형 일파가 대윤인 윤임 일파의 남은 세력을 없애기 위해 벽서를 조작한 양재역 벽서 사건으로 이언적 등이 화를 입었다.
④ 기사환국(1689) → (나) 이후 *이름과 호*
  조선 숙종 때 희빈 장씨 소생의 원자 명호 문제로 기사환국이 발생하여 인현 왕후가 폐위되고 남인이 권력을 차지하였다.
⑤ 이인좌의 난(1728) → (나) 이후
  조선 영조 때 이인좌를 중심으로 소론 세력 등이 경종의 죽음에 영조와 노론이 관계되어 있다고 주장하며 난을 일으켰다.

24 청나라에 대한 조선 정책

암기박사 어영청 : 북벌 추진 ⇒ 조선 vs 청 **정답 ②**

정답 해설

삼학사(홍익한, 윤집, 오달제)는 청의 침입으로 발생한 전쟁에서 화의를 반대하며 결사 항전을 주장한 척화론자들로 병자호란 이후 청에 압송되어 처형되었다. 이후 조선 효종은 총포병과 기병 위주로 어영청을 강화하는 등 북벌을 추진하였다.

오답 해설

① 만권당 설립 → 고려 vs 원
  고려 충선왕 때 원의 연경에 독서당인 만권당을 세워 원의 학자들과 학문 교류를 장려하였다.
③ 화통도감 설치 → 고려 vs 일본
  고려 우왕 때 일본의 침입에 대응하기 위해 최무선의 건의로 화통도감을 설치하여 군사력을 증강하였다.
④ 동평관 설치 → 조선 vs 일본
  조선 태종은 일본 사신의 접대를 위해 한성에 동평관을 설치하고 일본과의 무역을 허용하였다.
⑤ 쇄환사 파견 → 조선 vs 일본
  조선 선조는 임진왜란 때 포로 송환을 목적으로 유정을 회답 겸 쇄환사로 일본에 파견하였다.

25 조선 후기의 경제 상황

암기박사 상품 작물 재배 ⇒ 조선 후기 **정답 ⑤**

정답 해설

박제가는 조선 후기의 실학자이며, 이현과 종루 그리고 칠패는 조선 후기에 발달한 대표적인 장시들이다. 조선 후기에는 인삼, 담배 등 시장에서 판매하기 위한 상품 작물이 널리 재배되었다.

오답 해설

① 정전 지급 → 통일 신라
  통일 신라 성덕왕 때 백성에게 정전이 지급되어 농민에 대한 국가의 토지 지배력이 강화되었다.
② 관영 상점 설치 → 고려
  고려 시대에는 서경을 비롯한 개경, 동경 등의 대도시에 서적점, 다점 등의 관영 상점이 설치되었다.
③ 건원중보 주조 → 고려
  고려 성종 때 우리나라 최초의 금속 화폐인 건원중보가 주조되었다.
④ 벽란도 : 국제 무역항 → 고려
  고려 시대에는 벽란도가 국제 무역항으로 번성하여 송의 상인을 비롯한 일본, 만양, 아라비아 상인 등과 교역하였다.

26 비변사의 변천

암기박사 비변사 혁파 ⇒ 흥선 대원군 **정답 ③**

정답 해설

제시된 사료에서 '변방의 방비를 담당하는 것'은 비변사를 지칭한다. 조선 중종 때 삼포왜란을 계기로 설치된 비변사는 임진왜란 때 국정을 총괄하는 기구로 발전하였다. 그러나 세도 정치기에는 외척 세력의 권력 기반으로 변질되었고 흥선 대원군이 집권한 시기에 혁파되었다.

오답 해설

① 사헌부, 사간원과 함께 3사 구성 → 홍문관
  홍문관은 조선 성종 때 집현전을 계승하여 설치된 학술·언론 기관으로 사헌부, 사간원과 함께 3사로 불렸다.
② 서얼 출신 검서관 기용 → 규장각
  조선 정조 때 박제가, 이덕무, 유득공 등의 서얼 출신 학자들이 규장각 검서관으로 기용되었다. → *규장각 각신의 보좌, 문서 필사 등의 업무를 맡은 관리*
④ 서울 : 내영 / 수원 : 외영 → 장용영
  장용영은 조선 정조 때 설치된 왕의 친위 부대로, 서울(한성)과 수원(화성)에 각각 내영과 외영이 설치되어 국왕의 호위를 맡았다.
⑤ 대사성, 좨주, 직강 → 성균관
  조선 시대 최고의 국립대학인 성균관은 대사성을 수장으로 좨주, 직강 등의 관직을 두었다.
  → *성균관의 으뜸 벼슬인 정3품의 당상관직*
  → *성균관의 종3품 관직*
  → *성균관의 종5품 관직*

핵심노트 ▶ 비변사의 기능 변화

- 설치 : 3포 왜란(중종 5, 1510)을 계기로 여진족과 왜구에 대비하기 위하여 설치
- 상설 : 을묘왜변(명종 10, 1555)을 계기로 상설 기구화 되어 군사 문제를 처리
- 강화 : 임진왜란을 계기로 기능 및 구성원이 확대
- 변질 : 19세기 세도 가문의 권력 유지 기반으로서 세도 정치의 중심 기구로 작용
- 폐지 : 1865년 흥선 대원군의 개혁 정책으로 비변사는 폐지되고, 일반 정무는 의정부가, 국방 문제는 삼군부가 담당

27 완당 김정희

암기박사 북한산비 : 진흥왕 순수비 고증 ⇒ 김정희 **정답 ③**

정답 해설 → *추사와 함께 김정희의 여러 호 중 하나*

세한도는 완당 김정희가 제주도에서 유배 생활을 할 때 제자 이상적에게 그려준 그림이다. 김정희는 금석과안록에서 북한산비가 진흥왕 순수비임을 고증하였다.

오답 해설

① **발해고 : 남북국이라는 용어 최초 사용 → 유득공**
유득공은 발해고에서 발해를 북국, 신라를 남국으로 칭하며 남북국이라는 용어를 처음 사용하였다.

② **기기도설 : 거중기 설계 → 정약용**
정약용은 기기도설을 참고하여 거중기를 설계하였고, 조선 정조때 수원 화성 축조 시 활용하였다.

④ **양명학 연구 : 강화학파 → 정제두**
정제두는 성리학을 비판하고 지행합일의 실천성을 강조하는 양명학을 연구하여 강화학파를 형성하였다.

⑤ **몽유도원도 → 안견**
안견은 안평대군의 꿈을 소재로 자연스러운 현실 세계와 환상적인 이상 세계를 표현한 몽유도원도를 그렸다.

28 천주교 박해

암기박사 신해박해 ⇒ 황사영 백서 사건 ⇒ 병인박해   정답 ⑤

정답 해설

(가) **신해박해(1791)** : 전라도 진산의 양반 윤지충 등이 신주를 불태우고 모친상을 천주교식으로 지내자 천주교에 대해 비교적 관대했던 정조도 이들을 사형에 처하였다.

• **황사영 백서 사건(1801)** : 황사영이 신유박해의 실태와 외국 군대의 출병을 요청하는 백서를 작성하여 중국 베이징의 구베아 주교에게 보내려다 발각되었다.

(다) **병인박해(1866)** : 천주교에 대한 최대의 박해로 흥선 대원군은 프랑스 베르뇌 신부 등 8천여 명을 처형하였다.

오답 해설

① **중광단 결성(1911) → (다) 이후**
대종교의 지도자들이 항일 무장 단체인 중광단을 조직하였고, 3·1 운동 직후 북로 군정서로 개편되었다.

② **조선불교유신론 저술(1913) → (다) 이후**
만해 한용운이 불교 개혁을 위해 조선불교유신론을 저술하였다.

③ **보은 집회(1893) → (다) 이후**
동학교도와 농민들이 충청북도 보은에서 교조 신원을 요구하는 대규모 집회를 열고 탐관오리 숙청과 반봉건, 반외세를 요구하였다.

④ **지봉유설(1614) → (가) 이전**
조선 중기의 실학자 이수광이 한국 최초의 백과사전적 저술인 지봉유설에서 천주실의를 소개하였다.

핵심노트 ▶ 천주교 박해 사건

• **추조 적발 사건(정조, 1785)** : 이벽, 이승훈, 정약용 등이 김범우의 집에서 미사를 올리다 발각
• **반회 사건(정조, 1787)** : 이승훈, 정약용, 이가환 등이 김석대의 집에서 성경 강습
• **신해박해(정조, 1791)** : 전라도 진산의 양반 윤지충 등이 신주를 소각하고 모친상을 천주교식으로 지냄
• **신유박해(순조, 1801)** : 벽파(노론 강경파)가 시파를 축출하기 위한 정치적 박해, 정약용·정약전 등이 강진과 흑산도로 유배, 황사영 백서 사건 발생
• **기해박해(헌종, 1839)** : 안동 김씨와 풍양 조씨의 세도 쟁탈전 성격, 척사윤음 반포, 오가작통법을 이용하여 박해
• **병오박해(헌종, 1846)** : 김대건 신부 처형
• **병인박해(고종, 1866)** : 대왕대비교령으로 천주교 금압령. 최대의 박해, 프랑스 신부와 남종삼 등 8천여 명 처형, 병인양요 발생 원인

29 박규수의 활동

암기박사 제너럴 셔먼호 사건 ⇒ 박규수   정답 ③

정답 해설

박지원의 손자이며 진주에서 일어난 농민 봉기 때 안핵사로 파견된 인물은 박규수이다. 대동강에 침입하여 통상을 요구하며 행패를 부리던 미국 상선 제너럴 셔먼호를 박규수와 평양 관민들이 격침하였다.

오답 해설

① **조선 중립화론 건의 → 유길준**
영국이 러시아의 남하를 견제하기 위해 거문도를 불법으로 점령하자 유길준이 조선을 영세 중립국으로 보장하는 조선 중립화론을 건의하였다.

② **대한매일신보 창간 → 양기탁**
한말의 언론인이자 독립운동가인 양기탁이 영국인 베델과 함께 대한매일신보를 창간하였다.

④ **지구전요 저술 → 최한기**
한말의 실학자 최한기는 서양의 과학 기술을 정리한 지구전요를 저술하였는데 우주계의 천체, 지상과 지구상의 자연 및 인문 지리를 담고 있다.

⑤ **심행일기 저술 → 신헌**
조선 후기 무신이자 외교가인 신헌은 일본과 맺은 강화도 조약 체결의 전말을 기록한 심행일기를 남겼다.

30 갑신정변의 결과

암기박사 갑신정변 ⇒ 한성 조약 체결   정답 ②

정답 해설

근대 국가 수립을 위해 김옥균 등의 급진 개화파가 일으킨 사건은 갑신정변이다. 우정총국 낙성 축하연에서 벌어진 갑신정변의 결과 조선과 일본 사이에 한성 조약이 체결되었다.

오답 해설

① **보국안민, 제폭구민 → 동학 농민 운동** (나라 일을 돕고 백성을 편안하게 함)
안핵사 이용태가 동학교도를 색출·탄압하자 농민군은 보국안민과 제폭구민을 기치로 한 무장포고문을 선포하고 봉기를 지속하였다. (폭도를 제거하고 백성을 구함 보국안민, 제폭구민을 기치로 내걸었다.)

③ **교정청 설치 → 동학 농민 운동**
동학 농민 운동 당시 고종이 내정 개혁을 실시하기 위한 개혁 추진 기구로 교정청을 설치하였다.

④ **구식 군인에 대한 차별 → 임오군란**
신식 군대인 별기군과의 차별 대우가 발단이 되어 구식 군인이 임오군란을 일으켰다.

⑤ **보빙사 파견 → 조·미 수호 통상 조약**
미국과 조·미 수호 통상 조약이 체결된 후 미국 공사의 서울 부임에 답하여 민영익 등이 보빙사를 미국에 파견되었다.

31 3·1 운동

암기박사 3·1 운동 ⇒ 일제 : 제암리 학살 사건

정답 ③

정답 해설

대한민국 임시 정부의 수립 배경이 되었던 일제 강점기 최대의 민족 운동은 3·1 운동이다. 3·1 운동의 전개 과정에서 일제가 수원 제암리 주민들의 집단 학살을 자행하였다.

오답 해설

① 김광제 : 대구 국민 대회 → 국채 보상 운동
정부의 외채를 국민의 힘으로 상환하여 국권을 회복하고자 대구에서 개최한 국민 대회에서 김광제 등의 발의로 국채 보상 운동이 일어났다.

② 순종의 인산일 → 6·10 만세 운동
순종의 인산일을 기회로 삼아 6·10 만세 운동이 일어나 격문 살포와 시위 운동이 전개되었다.

④ 신간회 : 진상 조사단 파견 → 광주 학생 항일 운동
광주에서 발생한 한·일 학생 간의 충돌을 일본 경찰이 편파적으로 처리하여 광주 학생 항일 운동이 발생하자 신간회에서 진상 조사단을 파견하여 지원하였다.

⑤ 성진회 : 항일 학생 비밀 결사 단체 → 광주 학생 항일 운동
광주 학생 항일 운동은 광주에서 조직된 항일 학생 비밀 결사 단체인 성진회와 각 학교 독서회에 의해 전국적으로 확산하였다.

32 제1차 갑오개혁

암기박사 은본위제 도입 ⇒ 제1차 갑오개혁

정답 ③

정답 해설

김홍집 친일 내각이 초정부적 정책 의결 기구인 군국기무처를 설치하고 추진한 개혁은 제1차 갑오개혁이다. 제1차 갑오개혁 때 은화를 본위 화폐로 하는 은본위제가 본격적으로 도입되었다.

오답 해설

① 원수부 설치 → 광무개혁
광무개혁 때 고종 황제는 군 통수권 장악을 위해 황제 직속의 원수부를 설치하였다.

② 재판소 설치 → 제2차 갑오개혁
김홍집과 박영효의 친일 연립 내각이 주도한 제2차 갑오개혁 때 재판소를 설치하여 사법권을 독립시켰다.

④ 태양력 채택 → 을미개혁
을미사변 후 김홍집 친일 내각이 주도한 을미개혁에서 태양력을 공식 채택하였다.

⑤ 5군영을 2영으로 통합 → 개화 정책
고종은 개화 정책의 일환으로 군제를 개편하여 5군영을 2영으로 통합하고 별기군을 창설하였다.

33 독립협회의 활동

암기박사 관민 공동회 : 헌의 6조 결의 ⇒ 독립협회

정답 ④

정답 해설

독립문 건설, 러시아의 절영도 조차 요구 규탄 등의 활동을 벌인 단체는 독립 협회이다. 서재필을 중심으로 창립된 독립협회는 관민 공동회를 개최하고 헌의 6조를 결의하였다.

오답 해설

① 대성 학교 설립 → 신민회
안창호와 양기탁이 중심이 되어 조직한 비밀 결사 단체인 신민회는 민족 교육을 위해 평양에 대성 학교를 설립하였다.

② 고종 강제 퇴위 반대 운동 → 대한 자강회 ┌ 정미7조약
일제가 고종을 강제 퇴위시키고 순종을 즉위시킨 후 한·일 신협약을 체결하자 대한 자강회는 고종의 강제 퇴위 반대 운동을 주도하였다.

③ 집강소 : 폐정 개혁안 → 동학 농민 운동
동학 농민 운동 당시 청·일군의 개입으로 전주 화약이 성립하자 농민군은 전라도 일대의 집강소를 중심으로 폐정 개혁안을 실천하였다.

⑤ 홍범 14조 반포 → 제2차 갑오개혁
고종은 제2차 갑오개혁 때 종묘에 나가 독립 서고문을 바치고, 개혁의 기본 방향을 제시한 홍범 14조를 반포하였다.

34 제1차 한·일 협약

암기박사 스티븐스 : 외교 고문 ⇒ 제1차 한·일 협약

정답 ①

정답 해설

미국 샌프란시스코에서 사살된 친일 인사 스티븐스는 대한제국의 외교 고문이었다. 일제는 러·일 전쟁의 전세가 유리하게 전개되자 제1차 한·일 협약의 체결을 강요하였고 스티븐스가 대한제국의 외교 고문으로 부임하였다.

오답 해설

② 시모노세키 조약 → 삼국 간섭
일본이 청·일 전쟁에서 승리한 후 체결한 시모노세키 조약에 따라 청으로부터 요동반도를 할양받았으나, 이를 견제하고자 러시아, 프랑스, 독일의 삼국 간섭으로 일본은 요동반도를 반환하였다.

③ 105인 사건 → 신민회 해체
신민회는 국권 회복과 공화정체의 국민 국가 건설을 목적으로 안창호와 양기탁이 중심이 되어 조직된 비밀 결사 단체로 일제가 조작한 105인 사건으로 해체되었다.

④ 조·러 수호 통상 조약 → 거문도 사건
갑신정변 이후 조·러 수호 통상 조약이 체결되자 영국이 러시아의 남하를 견제하기 위해 거문도를 불법으로 점령하였다.

⑤ 을미사변 → 아관파천
을미사변으로 명성황후가 시해되자 신변에 위험을 느낀 고종이 러시아 공사관으로 피신하였다.

35 임병찬의 활동

암기박사 독립 의군부 조직 ⇒ 임병찬

정답 ②

정답 해설

조선 총독부에게 국권 반환 요구서를 발송하려다 체포되어 순국한 인물은 임병찬이다. 그는 고종의 밀지를 받아 고종의 복위 및 대한 제국의 재건을 목표로 독립 의군부를 조직하였다.

오답 해설

① 이완용 습격 → 이재명
이재명은 명동 성당 앞에서 국권 피탈에 앞장섰던 친일파 이완용을 습격하여 중상을 입혔다.

③ 한국통사 저술 → 박은식
박은식은 "나라는 형(形)이요, 역사는 신(神)이다."라는 국혼을 강조하며, 일본의 침략 과정을 정리한 한국통사를 저술하였다.

④ 13도 창의군 총대장 → 이인영
정미의병이 확산되는 과정에서 13도 창의군의 총대장으로 유생 이인영이 서울 진공 작전을 지휘하였다.

⑤ 단연보국채 집필 → 서상돈
서상돈은 논설 단연보국채를 집필하여 정부의 외채를 국민의 힘으로 상환하자는 국채 보상 운동에 적극 참여하였다.

36 조선 혁명군

암기박사 영릉가 전투 ⇒ 조선 혁명군

정답 ②

정답 해설

국민부 산하 군사 조직으로 총사령 양세봉이 지휘한 부대는 조선 혁명군이다. 양세봉의 조선 혁명군은 중국 의용군과 함께 영릉가 전투에서 일본군과 싸워 크게 승리하였다.

오답 해설

① 간도 참변 : 자유시 이동 → 대한 독립 군단
대한 독립 군단은 간도 참변 이후 조직을 정비하고 밀산에서 집결하여 자유시로 이동하였다.

③ 조선 독립 동맹 산하 군사 조직 → 조선 의용군
조선 의용대가 조선 독립 동맹 산하의 군사 조직으로 개편된 조선 의용군은 중국 팔로군에 편제되어 항일 전선에 참여하였다.

④ 인도 · 미얀마 전선에 투입 → 한국 광복군
대한민국 임시 정부 산하의 한국 광복군은 영국군의 요청으로 태평양 전쟁에 참가하여 연합군과 함께 인도 · 미얀마 전선에 투입되었다.

⑤ 중국 국민당 정부의 지원 → 조선 의용대
중국 국민당 정부의 지원을 받아 우한에서 창설된 조선 의용대는 포로 심문, 요인 사살, 첩보 작전을 수행하였다.

37 형평 운동

암기박사 백정에 대한 차별 철폐 ⇒ 형평 운동

정답 ④

정답 해설

'공평은 사회의 근본이요, 애정은 인류의 본량'이라는 구호 아래 진주에서 시작된 운동은 형평 운동이다. 이학찬을 중심으로 조선 형평사가 조직되어 전개한 형평 운동은 백정에 대한 사회적 차별 철폐를 주장하였다.

오답 해설

① 통감부의 탄압으로 중단 → 국채 보상 운동
국채 보상 운동은 정부의 외채를 국민의 힘으로 상환하여 국권을 회복하자는 운동으로 통감부의 탄압으로 중단되었다.

② 중국의 5 · 4 운동에 영향 → 3 · 1 운동
일제 강점기 최대의 민족 운동인 3 · 1 운동은 중국 전역에서 일어난 반일 애국 운동인 중국의 5 · 4 운동에 영향을 주었다.

③ 대한 자강회 결성 → 을사늑약
을사늑약 이후 헌정 연구회를 계승한 대한 자강회가 연설회와 강연회 등을 통해 활발한 애국 계몽 운동을 펼쳤다.

⑤ 여권통문 발표 → 서울 북촌 양반 여성들
서울 북촌의 양반 여성들이 주축이 되어 여성 교육의 중요성을 강조한 여권통문을 발표하였다. ← 대한민국 최초의 여성 권리 선언문

핵심노트 ▶ 형평 운동(1923)

- 배경 : 백정들은 갑오개혁에 의해 법적적으로는 권리를 인정받았으나, 사회적으로는 오랜 관습 속에서 계속 차별
- 조직 : 이학찬을 중심으로 한 백정들은 진주에서 조선 형평사를 창립
- 전개 : 사회적으로 평등한 대우를 요구하는 형평 운동을 전개
- 변질 : 1930년대 중반 이후 경제적 이익 향상 운동으로 변질

38 무단 통치기의 사회 모습

암기박사 조선 태형령, 헌병 경찰제 ⇒ 무단 통치기

정답 ③

정답 해설

조선 총독부가 토지 조사 사업을 진행하던 시기는 1910년대의 무단 통치기이다. 이 시기에 일제는 조선인에 한하여 태형을 통해 형벌을 가하는 조선 태형령과 헌병이 경찰 업무를 대행하는 헌병 경찰제를 시행하였다.

오답 해설

① 황국 신민 서사 암송(1937) → 민족 말살 통치기
일제는 민족 말살 통치기에 천황에게 충성을 맹세하는 황국 신민 서사의 암송을 강요하였다.

② 경성 제국 대학 설립(1924) → 문화 통치기
조선 교육회가 우리 손으로 대학을 설립하고자 조선 민립 대학 기성회를 중심으로 모금 운동을 전개하였으나 일제가 경성 제국 대학을 설립하여 중단되었다.

④ 원산 총파업(1929) → 문화 통치기
원산 총파업은 노동 조건 개선을 요구하며 전개한 1920년대 최대의 파업 투쟁으로 중국, 프랑스 등의 노동 단체로부터 격려 전문을 받았다.

⑤ 나운규 : 아리랑(1926) → 문화 통치기
나운규가 감독한 영화 아리랑이 단성사에서 처음 개봉되어 한국

영화를 획기적으로 도약시키는 계기가 되었다.

39 조선어 학회

> **암기박사** 한글 맞춤법 통일안과 표준어 제정 ⇒ 조선어 학회
> **정답** ④

정답 해설

최현배, 이극로 등 다수의 회원이 사전 편찬 활동을 하다 치안 유지법으로 탄압을 받은 단체는 조선어 학회이다. 조선어 학회는 한글 맞춤법 통일안과 표준어 사정안을 제정하고 우리말 큰사전 편찬 사업도 추진하였다.

오답 해설

① 순한글 계몽 일간지 → 제국신문
　제국신문은 이종일이 발행한 순한글의 계몽적 일간지로 주로 일반 대중과 부녀자를 대상으로 하였다.

② 태극 서관 설립 → 신민회
　신민회는 민중 계몽을 위해 태극 서관을 설립하여 계몽 서적을 보급하였다.

③ 독립 청원서 제출 → 신한 청년당
　상해에서 결성된 신한 청년당은 파리 강화 회의에 김규식을 대표로 파견하여 독립 청원서를 제출하였다.

⑤ 한글 연구 목적 → 국문 연구소
　한글 연구를 목적으로 설립된 국문 연구소는 주시경을 중심으로 국문을 정리하고 한글의 문자 체계를 정리하였다.

40 김구 & 여운형

> **암기박사** (가) 한인 애국단 ⇒ 김구
> (나) 조선 건국 준비 위원회 ⇒ 여운형
> **정답** ②

정답 해설

(가) 김구 / (나) 여운형

ㄱ. 김구는 상해에서 임시 정부의 위기 타개책으로 한인 애국단을 조직하였고, 이 단체 소속의 이봉창과 윤봉길이 의거 활동을 전개하였다(1931).

ㄷ. 8·15 광복 직후 일제의 패망과 광복에 대비하여 건국 작업을 진행하기 위해 여운형이 중심이 되어 조선 건국 준비 위원회가 조직되었다(1945).

오답 해설

ㄴ. 조선 혁명 간부 학교 설립 → 김원봉
　의열단 단장 김원봉은 중국 국민당 정부의 지원을 받아 조선 혁명 간부 학교를 세워 독립군을 양성하였다.

ㄹ. 독립 촉성 중앙 협의회 결성 → 이승만
　미국에서 귀국한 이승만을 중심으로 조국의 자주 독립을 촉진하기 위해 정당 통일 운동 차원에서 독립 촉성 중앙 협의회가 결성되었다.

41 제헌 국회

> **암기박사** 양원제 : 민의원 + 참의원 ⇒ 장면 내각
> **정답** ③

정답 해설

4·19 혁명으로 이승만 대통령이 하야한 후 허정 과도 정부가 내각 책임제를 채택하면서 장면 내각이 출범하였고 국회가 민의원과 참의원의 양원제로 운영되었다.

오답 해설

① 반민족 행위 처벌법 제정 → 제헌 국회
　이승만 정부 때에 제헌 국회에서 일제의 잔재를 청산하기 위한 반민족 행위 처벌법이 제정되었다.

② 간접 선거 : 대통령 선출 → 제헌 국회
　제헌 국회에서 간접 선거 방식으로 이승만을 대통령으로 선출하여 유엔 총회에서 한반도의 유일한 합법 정부로 승인받았다.

④ 일부 지역 : 국회의원 미 선출 → 제헌 국회
　5·10 총선거를 반대한 제주도의 일부 지역에서는 선거가 무효 처리되고 국회의원이 선출되지 못하였다.

⑤ 귀속 재산 처리법 제정 → 제헌 국회
　이승만 정부 때에 제헌 국회에서 일제가 남긴 재산을 민간인 연고자에게 분배하는 귀속 재산 처리법을 제정하였다.

42 6·25 전쟁 답 없음

> **암기박사** 제2차 미·소 공동 위원회 개최 ⇒ 6·25 전쟁 이전
> **정답** 없음

정답 해설

중공군의 개입으로 국군과 유엔군이 흥남항을 통해 대규모 철수 작전을 전개한 것은 6·25 전쟁 중의 일이다. 제2차 미·소 공동 위원회(1947)는 대한민국 정부 수립 이전에 개최되었으므로 6·25 전쟁(1950) 이전의 일이다.

오답 해설

① 국민 방위군 사건 → 6·25 전쟁 중
　1·4 후퇴 때 국민 방위군 간부들이 방위군 예산을 부정 착복한 결과 철수 도중 수많은 병사들이 아사한 국민 방위군 사건이 국회에서 폭로되었다.

② 원조 물자 배급 → 6·25 전쟁 중
　이승만 정부 때에 6·25 전쟁이 발발하였고 미국 정부의 경제 원조에 관한 협정에 따라 원조 물자를 지원받았다.

③ 지가 증권 발급 → 6·25 전쟁 중
　제헌 국회에서 지가 증권을 발급하여 5년간 지급하는 농지 개혁법이 1949년에 제정되었으므로, 1950년에 발발한 6·25 전쟁 중에도 지가 증권이 발급된 것으로 볼 수 있다.

④ 반공 포로 석방 → 알 수 없음
　이승만 정부가 6·25 전쟁 당시 유엔군의 휴전 협상 진행에 반대하여 거제도 포로 수용소에 있던 반공 포로를 석방하였다고 하나 실제 포로가 석방되었는지의 여부를 확인할 수 없다.

한국사 능력검정시험 3개년 기출문제

43 이승만 정부

정답 ⑤

암기박사 진보당 사건 ⇒ 이승만 정부

정답 해설

야당의 선거 유세장에 가지 못하도록 한 조치로 대구 시내 고등학생들이 시위를 벌인 2·28 민주 운동은 이승만 정부 때의 일이다. 이승만 정부 때 조봉암을 중심으로 진보당이 창당되었으나 평화 통일론을 주장한 조봉암과 간부들이 간첩 혐의로 구속되었다.

오답 해설

① 프로 야구 6개 구단 출범 → 전두환 정부
전두환 정부 때에 프로 야구 6개 구단이 창단되어 프로 야구가 정식으로 출범되었다.

② YH 사건 → 박정희 정부
박정희 정부 때에 야당 당사에서 YH 무역 노동자들이 폐업에 항의하며 농성하는 'YH 사건'이 발발하였다.

③ 삼청 교육대 설치 → 전두환 정부
전두환 정부 때 비상계엄이 발령된 직후 국가보위비상대책위원회가 사회 정화를 명분으로 전국 각지의 군부대 내에 삼청 교육대를 설치하였다.

④ 인민혁명당 재건위 사건 → 박정희 정부
박정희 정부 때 유신 반대 투쟁을 벌인 인사들의 배후가 인민 혁명당 재건위라며 관련자들이 탄압받았다.

44 헌법의 변천 과정

정답 ④

암기박사 3선 개헌 ⇒ 7·4 남북 공동 성명 ⇒ 유신 헌법

정답 해설

(가) 3선 개헌(1969) : 박정희 정부의 장기 집권 의도로 6차 개헌 때 3선 개헌이 강행되어 대통령의 연임이 3회로 허용되었다.
• 7·4 남북 공동 성명(1972. 7) : 박정희 정부 때에 7·4 남북 공동 성명을 발표하여 '자주, 평화, 민족 대단결'의 민족 통일 3대 원칙을 제시하였다
(나) 유신 헌법(1972. 12) : 박정희 정부 때 제7차 개헌인 유신 헌법에 따라 통일 주체 국민 회의가 설치되고 대통령에게 국회 해산권이 부여되는 등 권한이 극대화 되었다.

오답 해설

① 지방 자치제 전면 시행(1995) → (나) 이후
김영삼 정부 때에 지방 자치단체장 선거를 포함한 지방 자치제가 전면 시행되었다.

② 여수·순천 10·19 사건(1948) → (가) 이전
여수에 주둔하던 군인들이 제주 4·3 사건 진압을 거부하고 순천까지 무력 점거하는 여수·순천 10·19 사건이 일어났다.

③ 5·16 군사 정변(1961) → (가) 이전
4·19 혁명 후 장면 내각이 성립하였으나, 박정희를 중심으로 한 군부 세력이 5·16 군사 정변을 일으켜 권력을 장악하였다.

⑤ 6·3 시위(1964) → (가) 이전
박정희 정부 때에 한·일 회담에 따른 굴욕적인 한·일 국교 정상화에 반대하여 6·3 시위가 전개되었다.

45 박정희 정부

정답 ①

암기박사 함평 고구마 피해 보상 운동 ⇒ 박정희 정부

정답 해설

서울 동대문 평화시장에서 노동운동가 전태일이 근로 기준법 준수를 외치며 분신한 사건은 박정희 정부 때의 일이다. 박정희 정부 때 함평군 농협이 농민들이 수확한 고구마를 전량 수매하기로 하고 이를 이행하지 않아 함평 고구마 피해 보상 운동이 전개되었다(1976).

오답 해설

② 3저 호황 → 전두환 정부
전두환 정부 때에 저유가·저금리·저달러의 3저 호황으로 물가가 안정되고 수출이 증가하였다.

③ 한미 자유 무역 협정(FTA) 체결 → 노무현 정부
노무현 정부 때에 한·미 자유 무역 협정(FTA)이 체결되어 미국과의 무역 장벽을 허무는 계기가 되었다.

④ 경제 협력 개발 기구(OECD) 가입 → 김영삼 정부
김영삼 정부 때에 선진국 진입의 관문인 경제 협력 개발 기구(OECD)에 29번째 회원국으로 가입하였다.

⑤ 최저 임금 위원회 설치 → 전두환 정부
전두환 정부 때 근로자의 최저 임금 결정을 위한 최저 임금 위원회가 설치되었다.

46 부석사 소조여래좌상

정답 ⑤

암기박사 부석사 무량수전 ⇒ 소조여래좌상

정답 해설

영주 부석사 무량수전의 건물 내부에 있는 고려 시대의 불상은 부석사 소조여래좌상으로, 현재 남아 있는 소조불상 중 가장 크고 오래되었다.

오답 해설

① 석굴암 본존불상 → 통일 신라
통일 신라 시대에 건립된 석굴암 경내에 있는 불상으로, 균형미가 뛰어나고 조각의 최고 경지를 보여 준다.

② 금동 관음보살 좌상 → 고려 후기
고려 후기의 보살상으로 이국적인 얼굴과 원반 형태의 귀걸이가 중국 원나라 불상의 영향을 받은 것으로 보인다.

③ 하남 하사창동 철조 석가여래 좌상 → 고려 전기
경기도 하남시 하사창동에 있는 고려 전기의 폐사지인 천왕사지에서 출토된 철불이다.

④ 금동 미륵보살 반가사유상 → 삼국 시대
풍부한 조형성과 함께 뛰어난 주조기술을 선보여 동양 조각사에 있어 걸작으로 평가되는 삼국 시대의 대표적인 금동 불상이다.

47 우리나라 대외 항쟁

정답 ③

암기박사: 평양성 전투(나·당) ⇒ 처인성 전투(몽골) ⇒ 동래성 전투(왜) ⇒ 용골산성 전투(후금)

정답 해설

- (나) **평양성 전투**(668) : 고구려의 마지막 왕인 보장왕 때 나·당 연합군이 고구려의 평양성을 공격하자 고구려가 당에 항복을 요청하였다.
- (가) **처인성 전투**(1232) : 몽골의 2차 침입 때 김윤후가 처인성에서 적장 살리타를 사살하고 몽골군을 물리쳤다.
- (라) **동래성 전투**(1592) : 임진왜란 초기 송상현 부사가 동래성 전투에서 항전하였으나 부산 일대가 왜구에 의해 함락되었다.
- (다) **용골산성 전투**(1627) : 조선 인조 때 친명배금 정책을 빌미로 후금이 침입하여 정묘호란이 발발하자 정봉수가 용골산성에서 항전하였다.

48 부산 지역의 역사

정답 ①

암기박사: 내상 : 무역 활동 ⇒ 부산

정답 해설

임진왜란 초기 송상현 부사가 동래성 전투에서 항전한 지역은 부산이다. 조선 후기에는 부산의 초량 왜관을 통해 내상이 일본과 무역 활동을 전개하였다.

오답 해설

② **보덕국 → 익산**
 고구려가 멸망한 뒤 보장왕의 서자 안승이 신라 문무왕에 의해 금마저(익산)에서 보덕국의 왕으로 책봉되었다.

③ **홍경래의 난 → 평안도** → 평안도민
 조선 순조 때 평안도에서 서북민에 대한 차별과 가혹한 수취에 반발하여 홍경래가 봉기하였다.

④ **만적의 난 → 개경**
 개경(개성)에서 최충헌의 사노 만적을 비롯한 노비들이 신분 해방을 도모하며 반란을 일으켰다.

⑤ **소작 쟁의 → 암태도**
 전남 신안군 암태도에서 지주 문재철의 횡포에 맞서 농민들이 소작료 인상률 저지를 위한 소작 쟁의가 일어났다.

49 6월 민주 항쟁의 결과

정답 ②

암기박사: 6월 민주 항쟁 ⇒ 6·29 민주화 선언 : 5년 단임의 대통령 직선제 개헌

정답 해설

박종철 고문치사와 전두환 정부의 4·13 호헌 조치 발표로 호헌 철폐와 독재 타도 등의 구호를 외친 6월 민주 항쟁이 촉발되었다. 그 결과 노태우의 6·29 민주화 선언에 따라 5년 단임의 대통령 직선제 개헌안이 통과되었다.

오답 해설

①·⑤ **이승만 대통령 하야 : 허정 과도 정부 구성 → 4·19 혁명**
 4·19 혁명으로 이승만 대통령이 하야한 후 허정 과도 정부가 내각 책임제를 채택하면서 장면 내각이 출범하였다.

③ **김영삼 : 국회의원직 제명 → 부·마 민주 항쟁**
 박정희 정부 때에 야당 총재인 김영삼의 국회의원직 제명을 계기로 부산과 마산에서 부·마 민주 항쟁이 촉발되었다.

④ **유네스코 세계 기록 유산 → 5·18 민주화 운동**
 2011년에 5·18 민주화 운동 관련 기록물이 유네스코 세계 기록 유산으로 등재되었다.

50 노태우 정부의 통일 노력

정답 ④

암기박사: 남북한 유엔 동시 가입 ⇒ 노태우 정부

정답 해설

소련, 중국을 비롯한 사회주의 국가들과 관계 개선을 추구한 것은 노태우 정부 때의 북방외교이다. 노태우 정부 때에 제46차 UN 총회에서 개별 회원국으로 남북한이 유엔에 동시에 가입하였다.

오답 해설

① **남북 조절 위원회 구성 → 박정희 정부**
 박정희 정부 때에 7·4 남북 공동 성명을 실천하기 위한 남북 조절 위원회가 구성되어 통일 방안이 논의되었다.

② **개성 공업 지구 건설 합의 → 김대중 정부**
 김대중 정부 때에 평양에서 최초로 남북 정상회담이 개최되었고 남북한의 교류 협력을 위한 개성 공업 지구 건설에 합의하였다.

③ **10·4 남북 정상 선언 → 노무현 정부**
 노무현 정부 때에 제2차 남북 정상회담이 개최된 후 10·4 남북 정상 선언을 발표하여 기본 8개 조항에 합의하고 공동으로 서명하였다.

⑤ **최초의 남북 이산가족 고향 방문 → 전두환 정부**
 전두환 정부 때에 남북 이산가족 고향 방문단의 교환 방문이 최초로 실현되어, 평양에서 이산가족 고향 방문과 예술 공연이 이루어졌다.

핵심노트 ▶ 노태우 정부의 통일 정책

- **7·7선언(1988)** : 북한을 적대의 대상이 아니라 상호 신뢰·화해·협력을 바탕으로 공동 번영을 추구하는 민족 공동체 일원으로 인식
- **한민족 공동체 통일 방안(1989)** : 자주·평화·민주의 원칙 아래 제시
- **남북 고위급 회담, 남북한 유엔 동시 가입(1991)** : 제46차 유엔 총회에서 남북한이 각각 별개의 의석을 가진 회원국으로 유엔에 가입
- **남북 기본 합의서 채택(1991)·발효(1992)** : 상호 화해와 불가침, 교류 및 협력 확대 등을 규정
- **한반도 비핵화 공동 선언 채택(1991)·발효(1992)** : 핵무기의 보유나 사용금지 등을 규정

시스컴은
여러분을
응원합니다

www.siscom.co.kr